Rhinoceros 3D Bible for Jewelry Modeling

NURBS modeling for window

태 학 원

머 리 말

산업적 요구와 효율적인 디자인작업을 위해 많은 디자이너들은 CAD(Computer Aided Design)와 CAM(Computer Aided Manufactuaring)을 이용하여 모델링과 렌더링을 해결하기 시작하였다. 이와 더불어 3D 모델링 및 렌더링 프로그램들도 꾸준히 개발되고 향상되어 왔다. 다양한 3D 프로그램들 중 Rhino 3D 프로그램은 다른 프로그램에 비해 모델을 간편하게 만들 수 있는 인터페이스를 가지고 있으며, 정확한 치수 작업과 데이터 용량이 적어 일반적인 컴퓨터 사양에서도 사용이 가능하다. 또한 속도가 빠르다는 장점을 가지고 있어 최초로 개발된 1.0버전부터 현재의 5.0버전까지 디자이너들에게 큰 호응을 얻고 있다.

Rhino는 Window용으로 개발된 3D NURBS 커브, 서페이스, 솔리드 모델러로서 다양한 물체의 형태를 정확하게 모델링 할 수 있으며, Rhino의 사용하기 쉬운 인터페이스와 신속한 음영처리, 그 외의 많은 모델링 기능을 사용하여 직감적이고, 자연스럽게 3D모델링 작업을 할 수 있다. Rhino의 많은 장점들 중 가장 큰 장점은 호환성이다. Rhino 프로그램을 개발한 Robert Mcneel & Associates사의 Robert Mcneel 사장은 필자들과의 인터뷰에서 "이상적인 Rhino 프로그램의 사용은 타 프로그램과의 효율적인 연계성"이라 밝혔다. 디자인 문제 해결을 위해 Rhino 프로그램과 다른 프로그램과 서로 도움이 되는 것을 중요시한다는 뜻이다. 이러한 점 때문에 Rhino의 호환성은 다른 프로그램들에 비해 월등히 뛰어나게 개발되었고 현재 다양한 분야의 디자이너들에게 사용되고 있다.

Rhino 3D 4.0버전은 2006년 7월부터 약 8개월 동안 많은 베타버전을 걸쳐 2007년 3월 정식버전을 출시하였다. Rhino를 개발한 미국 Robert Mcneel & Associates사에서는 4.0 버전을 이제까지의 Rhino 개발 역사상 가장 의미 있는 새 버전이라 평가하고 있다. 10가지 주요 신기술과 500개가 넘는 새로운 기능 및 향상된 기능이 추가되었는데 그 중 향상된 디스플레이와 인터페이스는 Rhino를 접하는 모든 작업자에게 큰 매력을 주고 있다. 거기에 2012년 하반기에 출시된 5.0버전은 보다 새로운 기능들이 추가되어 사용자들에게 효율적인 작업시간과 편리성을 가지게 해주고 있다. 또한 추가된 기능들 중에는 주얼리 분야를 위한 기능들이 많이 추가되어 주얼리 디자이너와 디자이너를 꿈꾸는 학생들에게는 큰 도움이 될 것이라 생각한다. 이 책은 3D 모델링을 위해 새로운 메뉴와 향상된 기능을 중심으로 구성하였다. 라이노 3D 프로그램의 소개 와 메뉴얼 설명을 구체적으로 기재했는데, 메뉴 바를 중심으로 File 메뉴부터 Rhino 기본 렌더링 메뉴까지 구체적으로 설명하였다. 이 책자가 주얼리 디자인 분야에 있는 많은 이들에게 조금이나마 도움이 되기를 희망한다.

끝으로 출간될 수 있도록 기회를 주신 태학원의 이무형 사장님께 진심으로 감사를 드리며 무사히 편집을 마칠 수 있도록 도움을 주신 많은 부들께 감사드린다. 또한 관심을 아끼지 않은 가족들과 무엇보다 길을 열어주신 하나님께 감사를 드린다.

2013년 1월

정용진 · 남상원

Contents

Rhino 3D 개요

Contents

Contents

Contents

Contents

Contents

RHINO 3D

Rhino 3D 개요

01 Rhino 3D 개요-1 Rhino 활용

Rhino 전설

- Rhino 3D CAD 소프트웨어의 개발자들이 개발과정 초기에 Prototype의 이름을 "Rhino" 라고 이 프로그램을 부르기 시작했다. Rhinoceros 즉, 코뿔소에 관한 소품들과 사진들이 조금씩 사무실에 쌓이기 시작했고 제품의 베타 시험 시기에 이르러서는 그 이름이 굳어지게 되었다.

Rhino 3D에 대하여

- Rhino는 Window용으로 개발된 3D NURBS Curve, Surface, Solid Modeler이다. Rhino를 사용하여 다양한 형태를 정확하게 모델링 할 수 있으며 Rhino의 사용하기 쉬운 Interface와 신속한 음영처리, 그 외의 많은 모델링 기능을 사용하여 직감적이고, 자연스럽게 3D모델링 작업을 할 수 있다.
- Rhino는 디자인, 설계, CAM, 엔지니어링, 쾌속조형(Rapid Prototyping)분석, 랜더링, 애니메이션, 일러스트레이션 소프트웨어의 파일을 읽어오고 쓸 수 있다. Rhino는 또한 3D디지타이저를 직접 지원한다.
- Rhino는 매개 변수적 특징 기반의 Solid Modeler, 설계 소프트웨어, 랜더링과 애니메이션 소프트웨어, CAM소프트웨어, 분석 소프트웨어는 아니지만 이러한 모든 제품들과 함께 사용할 수 있는 Modeler이다.
- Rhino는 인간의 경험을 구현하는 것이 목적인 자유 형식 형상을 디자인하는 디자이너를 위한 주요 모델링 도구이다. 현재 CAD/CAM기술로는 어려운 제품의 최종적인 외형을 Rhino를 사용하여 모두 구현할 수 있다.
- 그래픽 디자이너와 일러스트레이터를 위하여 Rhino에는 .ai파일의 지원 및 스플라인의 작성, 편집 도구등과 같은 다양한 도구가 있다.
  캐릭터 애니메이터와 가상현실 디자이너가 Rhino를 사용하여 유용하게 NURBS 모델링을 할 수 있다.
- Rhino를 사용하여 스케치, 이미지, 일러스트레이션 파일, CAD파일, 멀티미디어 파일, 실제 모델로부터 디자인을 전개 할 수 있다.

- 현재 CAD와 매개 변수적 모델링 소프트웨어를 사용한 제품 모델링 작업에 Rhino를 보조적인 도구로 병용하면 작업 공정을 향상 시킬 수 있다. 자유 형식을 만드는 기술과 이러한 소프트웨어와의 데이터의 호환이 가능하여, 이제까지 PC에서는 불가능했던 폭넓은 디자인 옵션을 사용할 수 있다. Rhino는 누구나 쉽게 이용할 수 있으며 가격대도 다른 유사한 프로그램에 비하여 부담이 없다.

산업 디자인 분야를 위한 Rhino

- 3차원에서의 아이디어 구현, 디자인에 대해 좀더 나은 느낌을 얻기 위한 랜더링, 세부작업 및 치수 작성을 위해 데이터를 사용자의 CAD시스템으로 전송하거나, 데이터를 직접 CAM으로 이동시키는 등, Rhino는 자유롭고, 제어가 가능하며, 정확한 모델링 작업 환경을 제공한다. 또한 같은 모델을 사용하여 바로 제품을 제작할 수 있다.
- Rhino의 사용하기 쉬운 CAD인터페이스와 기능, 명령을 사용하여 복잡한 3D디자인의 문제를 쉽게 해결할 수 있다. 2D에서는 놓치기 쉬운 세부적인 부분을 3D에서는 보다 쉽게 발견할 수 있다.

■ 쾌속조형(Rapid Prototyping)

오늘날의 쾌속 조형 기술과 Rhino의 모델링 도구를 사용하여 상상하는 바를 현실에서 구현 할 수 있다. Rhino는 3D프린터와 쾌속 조형 시스템 언어인 STL로 직접 출력할 수 있으며 많은 모델링 제품과 달리 Rhino는 완벽하게 정밀한 모델을 만드는 도구를 갖추고 있다.

그래픽 디자인과 애니메이션분야를 위한 Rhino

Rhino를 사용하여 그래픽 디자인을 3D로 표현할 수 있다. 시점이 다른 화면을 고객이 원하거나, 제품 디자인과 애니메이션 작업 시, 매번 변경할 때마다 다시 시작해야 하는 부담감 없이 Rhino의 3D도구를 사용하여 신속하게 디자인을 개발할 수 있다.

■ 모델링이 손쉽다

Rhino에서 모델링은 한번이다. Rhino의 모델은 2차원의 그래픽 프린트만이 아니라 캐릭터, 로고, 제품을 3차원으로 표현하는데 사용할 수 있다. Rhino의 모델은 폴리머와 합성수지 프로토타이프, 또는 몰드 제조된 부품 등을 만드는데 사용할 수 있다.

■ 신속한 모델링이 가능하다

멀티미디어 디자인에 있어 Rhino에서의 모델링에는 독특한 이점이 많이 있다.

- 신속한 자유형식
- Mesh 모델링보다 빠른 모델링 기술
- Rhino 모델을 사용하여 모든 해상도의 Mesh 작성 기능
- 대부분의 이미지 형식 가져오기

- 대부분의 애니메이션 제품으로 내보내기
- 3DS Max와 Soft Image용의 플러그 인
- 2D와 3D CAD소프트웨어로부터 가져오기
- 2D 일러스트레이션 소프트웨어로부터 가져오기

■ **실제 개체의 디지타이징이 가능하다.**

특별한 명령을 사용하여 실제 모델로부터 직접 3D점을 Capture하고 3D커브를 스케치하며 3D Surface를 생성한다. 기존 제품을 역설계(Reverse Engineering)한다. 대부분의 디자인은 기존의 제품을 바탕으로 한 재 디자인과 성능 개선으로 이루어진다. Rhino는 기존 제품을 크기에 상관없이 모델로 Capture할 수 있다. Rhino에서는 정확한 모델을 가지고 작업을 시작할 수 있다. 또한 Rhino는 DXF, DWG, IGES를 지원하므로 사용하는 CAD소프트웨어와 도면을 교환할 수 있다.

교육 분야를 위한 Rhino

- Rhino를 사용하여 3D디자인과 그래픽 디자인의 커뮤니케이션을 빨리 배울 수 있다. 강사는 소프트웨어의 명령이 아닌 디자인을 가르치는데 집중할 수 있으며, 무엇보다 학생들이 아이디어, 해결방법, 정보, 느낌을 탐색, 개발, 전달하는데 3D 기술이 필요하다는 것을 이해할 수 있다.
- Rhino를 사용하여 심장 판막이에서 배의 선체, 그리고 생쥐에서 괴물에 이르기까지 무엇이든 모델링 할 수 있으며 유연하고, 정확하고, 빠른 작업 환경을 제공한다. 이전에는 몇 배로 값비싼 소프트웨어와 하드웨어만을 사용해야 만들 수 있었던 개체를 모델링하고 랜더링 할 수 있으며 Rhino는 쉽게 배우고 사용할 수 있다.

Rhino 3D NURBS Modeling

- NURBS(Non-Uniform Rational B-Splines: 비균일 유리 B 스플라인)는 간단한 2D의 선, 원, 호, 상자에서 복잡한 3D자유 형식의 유기적 Surface와 Solid에 이르기까지 어떠한 형태도 정확하게 모델링 할 수 있는 수학적 표현 방법이다. NURBS모델은 그 유연성과 정확성으로 인해 일러스트레이션과 애니메이션에서 제조에 이르기까지, 어떠한 과정에도 사용할 수 있다.
- NURBS지오메트리는 형태가 자유롭고 흐르는 듯 하며, 기능과 형태가 모두 중요한 3D에서 작업하는 디자이너들이 사용하는 업계 표준이다. Rhino는 선박, 항공 우주, 자동차의 인테리어 및 외부 디자인에 사용되며 가정용품과, 사무용품, 가구, 의료기기 및 스포츠 장비, 신발, 보석류의 제작자가 자유 형식의 형태를 만들기 위해 Rhino를 사용한다.
- NURBS모델링은 또한 전문 애니메이터와 그래픽 아티스트들이 많이 사용한다. NURBS Modeler의 이점은 다각형 Modeler와 달리 면(Facet)이 없다는 것이다. 모든 해상도에서 모델을 랜더링 할 수 있으며 모든 해상도에서 언제든지 Mesh를 생성할 수 있다.

Rhino의 정확성

- 자유 형식 Modeler의 대부분은 제조 분석과 엔지니어링 분석에 사용할 수 있을 만큼 정확도가 높지 않다. Rhino도 자유 형식 Modeler이므로 많은 사람들이 Rhino는 각각의 용도에 적합한 정도로 정확도가 높지 않다고 생각하기 쉽다. 실제로 Rhino는 대부분의 CAD와 동일하거나, 경우에 따라 그 이상으로 정확한 모델링 가능하다.

모델 보관 방법

3D 모델을 컴퓨터에 보관하는 방법에는 일반적으로 두 가지가 있다.

첫 번째 방법은 Mesh를 사용하는 것이다. Mesh는 Facet이라고 불리기도 하며, 일반적으로는 랜더링, 애니메이션, 개념 설계에 사용된다. Mesh Modeler는 구, 상자, 스플라인, 또한 NURBS와 같은 모델을 만드는 데 있어 정확한 기술을 갖춘 듯이 보인다. 이러한 Modeler는 결국은 보이지 않는 곳에서 모든 것을 Mesh로 변환시킨다. Mesh는 단순히 평평한 삼각형의 집합이므로 본질적으로 정확하지 않다. Surface가 Curve가 있는 형태라도 Mesh Modeler는 평평한 삼각형을 사용하여 그것을 표현한다. 이것은 대부분의 랜더링, 애니메이션, 게임에는 충분하지만 제조를 목적으로 하는 디자인으로는 적합하지 않다. 실제로, 많은 제조 공정에서 Mesh를 사용하고 있으나, 필요한 정밀도를 달성하기 위해서는 제조 응용 프로그램에 의해 Mesh의 밀도가 제어되어야 한다. Rhino는 모델링에 Mesh를 사용하지 않으나, 파일의 내보내기와 랜더링에 필요한 경우에는 NURBS를 어떤 밀도의 Mesh로도 변환시킬 수 있다.

두 번째 방법은 NURBS이다. Rhino를 포함한 대부분의 CAD, CAM, CAE, CAID Modeler는 자유 형식으로 된 형상을 NURBS로 표현한다. NURBS를 사용하는 응용 프로그램들이 NURBS의 실행을 성실히 수행한다면 높은 수준의 복잡하고 어려운 용도로도 충분히 사용할 수 있는 매우 정밀한 자유 형식의 형상을 표시할 수 있다. 응용 프로그램의 주요 초점이 기계 설계이며, 자유 형식의 형상이 아닌 경우에 NURBS실행의 정도는 복잡하고 어려운 자유 형식의 모델링에 충분하지 않을 가능성이 크다.

NURBS란 무엇인가?

NURBS는 Non-Uniform Rational B-Splines(비균일 유리 B 스플라인)의 머리글자이다.Non-Uniform Rational B-Splines은 3D지오메트리를 표현할 수 있다.

- NURBS 지오메트리가 컴퓨터 지원 모델링에 최적인 이유로는 다음의 5가지를 들 수 있다.
  ① NURBS 지오메트리를 교환하는 방법으로는 몇몇의 업계 표준이 있다. 이것은 사용자의 중요한 기하학 모델을 여러 가지 모델링, 랜더링, 애니메이션, 또한 공학 분석 소프트웨어간에 이동할 수 있으며 또한 이동이 가능하다는 전제를 두고 작업할 수 있어야 한다. 이러한 소프트웨어는 사용자의 기하학 정보를 20년 후에라도 사용할 수 있는 방법으로 저장할 수 있다.

② NURBS에는 정확한 의미가 있으며 그 정의 방법은 많이 알려져 있다. NURBS지오메트리의 수학과 이에 대한 컴퓨터 과학은 대부분의 주요한 대학에서 가르치고 있다. 이것은 사용자 지정 응용 프로그램을 만들 필요가 있는 사용자 지정 소프트웨어의 판매자, 공학팀, 산업 디자인 연구소, 애니메이션 제작 회사 등은 NURBS지오메트리에 정통한 프로그래머를 쉽게 발견할 수 있다.

③ NURBS는 선, 원, 타원, 구, 원환 등의 표준 기하학 개체로부터 차체와 인체와 같은 자유 형식 지오메트리까지 정확하게 표현할 수 있다.

④ 패시트로 개체의 근사치를 표현하는 일반적인 방법보다 NURBS로 표현하는 방법이 훨씬 소량의 정보로 1개 분량의 지오메트리를 표현할 수 있다.

⑤ 다음의 NURBS평가 공식은 컴퓨터에서 효율적이며 정확하게 실행될 수 있다.

NURBS지오메트리는 무엇인가?

Rhino는 NURBS를 사용하여 Curve와 Surface를 표현한다. NURBS Curve와 Surface는 조작이 유사하고, 공용의 용어가 사용된다. Curve가 가장 설명하기 쉬우므로, 여기에서는 Curve로 예를 들어 본다. Rhino에는 Surface 도구가 있으며, 이것은 다음에 설명하는 Curve 도구와 매우 유사하다. NURBS커브는 차수, 제어점, 매듭점, 평가공식, 이 4가지로 정의된다.

■ 차수

차수(Degree)는 양의 정수로 나타낸다. 이것은 Curve나 Surface 형태를 결정하는 정수이다. 이 숫자는 보통 1, 2, 3 또는 5이다. Rhino의 선과 폴리라인은 차수 1, Rhino의 원은 차수 2, 그리고 Rhino의 자유 형식 커브의 대부분은 차수 3 또는 5이다. Rhino는 차수 1에서 32까지의 NURBS를 다룬다. 차수 1~5를 각각 1차(linear), 2차(quadratic), 3차(cubic), 5차(quintic)라고 한다. NURBS Curve의 계수는 양의 정수로, '차수+1'과 같다. 마찬가지로 차수는 '계수-1'이다.

NURBS Curve의 형태 변화 없이 차수를 올릴 수 있으나, 차수를 내리면 NURBS커브의 형태 또한 반드시 변한다. Rhino에는 Curve와 Surface의 차수를 변경할 수 있는 도구가 있다.

■ 제어점

제어점(Control Point)은 적어도 '차수+1'이 개수의 점들을 나타낸다.

NURBS커브의 지오메트리를 변경하는 가장 간단한 방법 중 하나는 제어점을 움직이는 것이며, Rhino에서 제어점을 이동하는 방법으로는 여러 가지가 있다. NURBS Curve를 자유롭게 조정하려면 마우스로 제어점을 하나씩 끌어 이동한다. Rhino에는 정확하고 세밀한 조정을 위한 도구가 있으며 제어점에는 무게(Weight)라고 불리는 수치가 붙어 있다. 몇몇의 예외를 제외하면 무게는 양의 정수이다. Curve 제어점의 무게가 모두 같은 경우(보통 1), 커브는 비유리(Non-Rational)로 불린다. 그렇지 않은 경우에는 유리(Rational)라고 한다. 이때 유리는 닫힌곡선의 형식을 의미한다. NURBS의 R은 Rational(유리)을 뜻하며 NURBS커브가 유리화 될 가능성이 있음을 뜻한다. 실제로 대부분의 NURBS Curve는 비유리 커브이다. 원 또는 타원과 같은 몇몇 경우의 NURBS Curve는 언제나 유리 커브이다. Rhino에는 제어점의 무게를 변경하고 검사하는 도구가 있다.

■ 매듭점

매듭점(Knots)은 숫자가 '차수+N-1'인 목록이다. 이때 N은 제어점의 개수이다. 이 숫자의 목록은 매듭점 벡터(Knot Vector)라고 하는 경우도 있으나, 이 경우의 벡터는 3차원 공간 안의 방향과는 무관하다.

매듭점 숫자의 목록은 몇몇의 기술적인 조건을 만족시켜야 한다. 이 기술적인 조건을 만족시키는 표준적인 방법은 매듭점의 목록에서 아래로 내려갈수록 각 숫자가 전의 숫자와 동일하거나 커지도록 하는 것이며, 그리고 중복된 매듭점의 수가 차수의 수를 넘지 않도록 하는 것이다. 예를 들면 차수 3으로 11제어점이 있는 NURBS커브의 경우에 0,0,0,1,2,2,2,3,7,7,9,9,9 는 매듭점의 만족할만한 목록이다. 그러나 0,0,0,1,2,2,2,2,7,7,9,9,9의 목록에는 2가 4개 있어서, 4의 숫자가 차수보다 크므로 매듭점의 목록으로 볼 수 없다. 매듭점 값이 여러 차례 중복되어 있는 것을 매듭점의 다중도(Multiplicity)라고 한다. 앞의 만족할만한 목록의 예에서는 매듭점 값 0은 다중도가 3, 매듭점 값 1은 다중도가 1, 매듭점 값 2는 다중도 3, 매듭점 값 7은 다중도가 2, 그리고 매듭점 값 9는 다중도가 3이다. 매듭점이 차수의 수만큼만 중복되어 있는 예에서는 매듭점 값은 완전 다중도 매듭점(a full-multiplicity knot)이라고 한다. 앞의 예에서 매듭점 값은 0,2,9는 완전 다중이다. 중복되지 않은 매듭점 값은 단순 매듭점(simple knot)이라고 한다. 앞의 예에서는 매듭점 값 1과 3은 단순 매듭점이다.

매듭점 목록이 완전 다중 매듭점으로 시작하여 그 후 단순 매듭점이 계속되고 다시 완전 다중 매듭점으로 끝나고, 또한 이러한 매듭점 값의 증가치가 일정한 경우에 이러한 매듭점을 균일하다고 한다. 예를 들면, 차수 3으로 7개의 제어점이 있는 NURBS커브에 0,0,0,1,2,3,4,4,4의 매듭점이 있다고 한다면, 이 경우의 매듭점은 균일하다. 목록이 0,0,0,1,2,5,6,6,6의 경우는 그 매듭점은 균일하지 않다. 균일하지 않은 매듭점은 비균일(Non-Uniform)이라고 한다. NURBS의 NU는 Non-Uniform(비균일)을 말하는 것으로 NURBS커브의 매듭점은 비균일이 될 수 있는 것을 의미한다.

매듭점 목록 안의 매듭점 값이 중복된 경우에 NURBS커브는 매끄럽지 않게 된다. 극단적인 경우에는 매듭점 목록 안에 완전 다중도 매듭점이 있다는 것은 NURBS커브의 한 부분이 구부러져 뾰족한 꼬임이 생길 수도 있다는 것을 의미한다. 이 성질을 이용하여 디자이너 중에는 매듭점을 추가 또는 삭제하여 제어점을 조정하여, 커브를 보다 매끄럽게 또는 더욱 날카롭게 솟은 형태로 만드는 사람도 있다. Rhino에는 매듭점의 추가와 삭제를 실행하는 도구가 있다. N을 제어점의 수라고 하면, 매듭점의 수는 'N+차수-1'이므로, 매듭점을 추가하면 제어점도 추가되며, 매듭점을 삭제하면 제어점도 삭제된다.

NURBS커브의 형태를 변경하지 않고 매듭점을 추가 할수 있다. 일반적으로 매듭점을 삭제하면 커브의 형태도 변한다. Rhino에서는 고도의 매듭점 삭제 인터페이스가 있어, 제어점을 삭제하면 자동적으로 적절한 매듭점의 삭제도 실행된다.

Rhino 3D Web Site

Rhino Web Site는 이미지 갤러리, 다양한 자습서, 기술적인 문제에 대한 보고서, Rhino와 관련된 사이트로의 링크, 플러그 인과 Rhino에 대한 기타 참고 자료와 뉴스를 볼 수 있다. Rhino의 영어 웹 사이트의 주소는 *www.rhino3d.com*이며, 한국어 웹 사이트는 *www.kr.rhino3d.com* 이다.

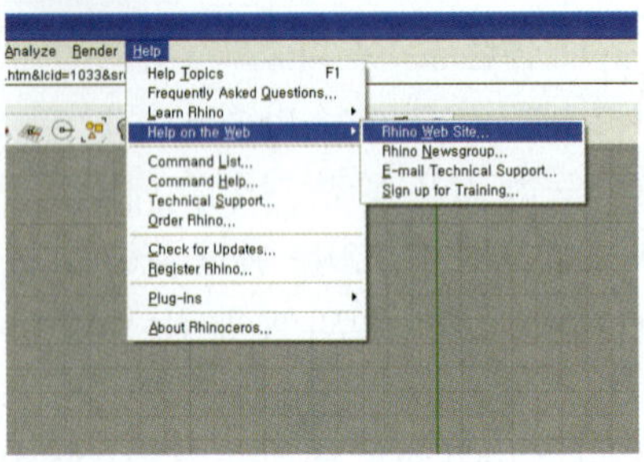

라이노에서 직접 Rhino 웹 사이트로 접속하려면 도움말 메뉴에서, 웹 도움말을 클릭한 후, Rhino 웹 사이트를 클릭 한다.

Rhino 3D 하드웨어 요구 사항

Rhino는 아래와 같은 구성을 가진 일반적인 Window 데스크탑과 노트북 컴퓨터에서 실행된다.

- Pentium, Celeron, 또는 그 이상의 프로세서
- Intel 또는 AMD를 탑재한 Window98/NT/ME/2000/XP/Vista

  Rhino는 Window를 제외한 다른 어떤 운영 체제에서는 일절 전송/설치/실행되지 않는다. 예외적으로 Virtual PC 나 Boot Camp를 탑재한 Apple Macs에서는 실행이 된다.
- 200MB디스크 공간
- 512MB RAM. (1GB 이상을 권장)
- IntelliMouse를 권장

- 3D 디지타이저는 선택사양
- OpenGL 그래픽 카드 권장

Jewelry 분야의 CAD / CAM과 RP(Rapid Prototyping) 개념 이해

1. 쾌속 조형 기술의 개요

1-1. 디지털 조형 기술

20세기 이후 컴퓨터의 발전과 활용은 다양한 분야에서 이루어져 왔다. 특히, 조형(造形)분야에 있어 컴퓨터는 많은 발전과 변화를 가져 왔는데, 단순한 이차원적 특성을 보여주는 프로그램에서부터 삼차원의 정교하고 복잡한 연산의 결과를 활용한 입체 디자인이 선보이며 다양한 사용자들의 욕구를 충족시켜주고 있다. 과거 디자인의 연구 개발과정에서 이루어지던 수작업을 통한 실제 모델링은 슈퍼컴퓨터에서 개인 컴퓨터의 보급으로, 이차원에서 삼차원 CAD 시스템의 발전으로 그리고 평면가공기계에서 입체가공기계 장비의 개발로 인해 그 편리성과 정확성이 놀랄 만큼 발전하여 자동화되고 모델링을 생성할 수 있게 되었다. 일련의 발전과정에서 최초의 컴퓨터가 개발된 시기는 1946년으로 방을 채우는 엄청난 크기였다.

· 최초의 컴퓨터 ENIAC

과학과 기술의 발달로 최초의 수치 제어 기계numerical control machine가 등장하였다. 이때가 1952년경이다. 아직 까지는 초보의 단계인 연산방식의 가공기계는 소프트웨어와 기계의 개발로 한층 정밀하고 조작이 편리해 졌다. 1963년경에 들어서면서 현재 많이 사용하고 있는 2D 그래픽 프로그램의 개발이 이루어지며 대중이 쉽게 접근할 수 있게 된다.

이것이 바로 Computer-aided Design의 시발점이 된다. 또한 지속적인 3D를 이용한 모델링modeling장비의 연구는 1986년경이 되어서야 최초의 사용화 된 쾌속 조형 기술rapid prototyping과 장비의 소개라는 결과로 나타나게 되어 고속 3차원 원형 제작 방식에 의한 시제품 혹은 가원본을 제작할 수 있게 되었다.

삼차원 CAD 프로그램에 의한 디자인과 쾌속 조형 장비로 모델링 하는 과정은 작업의 효율성을 극대화 하는 것이다. 수작업으로 제작하고 가공하여 실제의 공간을 확보해야 할 최종 결과물이 프로그램에서 데이터로 작성되고 일종의 가상공간이라고 할 수 있는 모니터를 통해 컴퓨터가 분석하고 연산 처리한 형상을 확인한다. 이것을 기계가 인식할 수 있는 모델링 데이터 형식으로 전환하여 다양한 쾌속조형 장비에서 실제의 결과물을 만들어 확인할 수 있게 되는 것이다. 현재까지 그 활용의 사례가 적었던 금속 공예분야와 귀금속 장신구 분야에서는 JewelCAD, JCAD3, Rhino Jewelry CAD 등이 학계와 업체를 중심으로 사용되고 있다. 이 프로그램들은 기존의 화면상의 장신구 모델링 위주에서 실제 모델링을 목적으로 개발된 도구로서 귀금속 장신구 및 금속 공예의 다양한 형상을 디자인하기 위한 최적의 소프트웨어로 인식되고 있다.

2. CAD/CAM의 개요 및 역사적 배경

2-1. CAD/CAM의 개요

CAD/CAM이란 컴퓨터를 이용한 설계computer-aided design(CAD) 및 컴퓨터를 이용한 제조computer-aided manufacturing(CAM)을 의미하는 용어이다. 즉, 디지털 컴퓨터의 이용과 관련된 기술된 기술을 의미한다. 컴퓨터 시스템을 이용한 설계와 제조를 수행하기 위해서는 하드웨어 및 소프트웨어가 필요하며, 하드웨어에는 컴퓨터, 디스플레이(모니터), 키보드, 마우스, 디지털 입력 장치인 디지타이저digitizer와 그 밖의 주변 장치를 포함한다. 이때 가장 중요한 것은 복잡한 연산이나 시간을 요하는 렌더링 기능을 수행하기 위한 컴퓨터로 속도와 기억 용량이 중요하다. 또한 소프트웨어는 컴퓨터그래픽/모델링을 실현하기 위한 그래픽 프로그램이나 각종 응용 프로그램을 지칭하는 것으로 적절한 소프트웨어를 선택하는 것이 중요하다.

컴퓨터를 이용한 설계 및 디자인을 하고 있는 CAD 시스템은 흔히 대화식 컴퓨터 그래픽(ICG; Interactive Computer Graphic)에 기초를 두고 있다. 즉 컴퓨터 그래픽이란 컴퓨터가 그림 도는 부호의 형태로 데이터를 제작하거나, 변형, 보여 주게 되는데 적용되는 사용자 지향형 시스템을 의미하는 것이다. 전형적인 ICG 시스템은 하드웨어와 소프트웨어를 도구로 하여 설계자 혹은 디자이너의 지적 기술과 능력을 발휘하고 컴퓨터는 그 능력에 적합한 임무를 수행하여 효과를 극대화 시켜 주는 것이며 이러한 효과를 공동효과 synergistic effect라고 한다. 이렇게 구축된 공동효과 시스템은 설계자 혹은 디자이너의 생산성을 향상시키고, 제품의 품질과 정밀성을 향상시키며, 데이터베이스의 구축이 용이하도록 하는 것이다.

설계 및 디자인된 형상의 결과물은 생산이나 제조를 하기 위한 공정을 거치게 되는데 이것을 CAM이라 하고 그 대표적인 활용이 컴퓨터 수치제어(CNC; computer numerical control)이다. 수치 제어란 제작 혹은 제조공정이 숫자, 문자 및 각종 부호에 의해서 제어되는 자동화의 형식을 의미하며, 수치제어시스템의 세 가지 기본 구성요소는 명령 지시용 프로그램program of instruction, 기계 제어 장치(MCR; Machine Control Unit) 그리고 기계장치machinery 혹은 제어된 공정Controlled Process이다.

NC 기술이 응용되는 분야는 제도, 조립, 검사, 판금, 절삭, 연삭, 용접, 모델링 등등 다양하게 이루어지고 있다.

2-2. CAD/CAM의 역사적 배경

CAD에서 중요한 컴퓨터 그래픽/모델링은 1950년대 중반 MIT 공과대학의 Automatically Programmed Tools언어의 개발로서 컴퓨터를 이용한 수치제어 프로그래밍으로 기하학적인 요소들을 정의하기 위한 대화식 방법의 프로그램이었다. 1950년대 말에는 Semi-Automatic Ground Environment라고 하는 방위 프로그램에서 등장한 Light Pen으로 레이저의 데이터를 분석해서 목표물을 CRT 모니터에 나타내는 시스템의 개발로 향상된 개념을 보여주었다. 본격적인 대화식 컴퓨터그래픽스의 시작은 1960년대 초에 아이반이라는 사람이 MIT에서 "Sketch Pad"라는 프로젝트를 수행하며 브라운관(CRT; cathode ray tube) 화면에 실시간으로 영상을 생성, 조작하는 것으로 시작된다. 당시에 이러한 응용은 상업용 제품의 형태로 만들어진 CAD/CAM의 출현과 개발의 활성화를 만들게 된다. CAM의 응용인 NC(Numeric Control) 기술은 1940년대 말경 John Parsons라는 사람에 의해 개발된 공작 기계용 천공카드의 이용이 시발이 되어 1948년 MIT에서 그의 이론을 근거로 최초의 평면절삭기인 NC 밀링 기계(Milling Machine)의 개발을 시작했다. 1952년에 들어서 시범적인 NC장비의 소개가 일반화되고 그 잠재적인 유용성이 증명되었다. 바로 컴퓨터 수치제어(NC/CNC: Computer Numerical Control)방식의 발전으로 이어져 현재까지 가장 널리 사용되는 가공형식으로 다양한 분야에 응용되고 있다.

1960년도에는 상업용 레이저(laser)가 출현하였고, 1963년에는 최초의 대화식 그래픽 시스템인 CAD가 등장하면서 모델링 방식과 장비의 발전을 한 단계 끌어올리게 된다. 레이저의 출현과 입체를 다루는 모델링 방식들이 바로 고속 원형 제작(RP; Rapid Prototyping)의 기초개념이 된다. RP의 원리는 선형요소를 기본데이터로 처리하는 NC프로그램과는 차이가 있다. 우선 닫힌 형태인 솔리드solid를 기본적인 개념으로 출발한 모델링 방식으로 더욱 복잡하고 정교한 프로그램의 운영과 장비가 필요하게 되었다. 1986년에 들어서 Charles W. Hull이라는 사람이 3D Systems사를 설립하여 액체상태(Liquid-Based)의 모델링 재료를 사용하는 일명 광조형기로 인식되는 입체 모델링 인쇄 장비SLA; Stereo-lithography, LOM(Laminating Object Manufacturing) 공정을 이용하였다. 다른 Solid-

Based RP로는 1991년 Stratasys사가 개발한 융합 적층 모델링(FDM; Fused Deposition Modeling)방식의 장비가 있다. 1996년에는 3D System사에서 다중 분사 모델링(MJM; Multi-Jet Modeling)을 개발했으며, 이 방식은 잉크젯 프린터의 작동법과 유사한 입체 프린터라고 볼 수 있다. 일반 프린터와 다른 점은 잉크를 대신한 열 반응 수지를 사용한다는 점과 작업대(platform)가 z축의 아래로 이동된다는 점이다. 1994년경에는 FDM방식과 3-D Print시스템을 혼합한 3-D Plotting 개념의 ModelMaker가 Solidscape(구 Sanders Prototype)사에 의해 발표되었고 JewelCAD라는 장신구 디자인전용 소프트웨어를 탑재한 이 모델은 현재 MM II 그리고 PatternMaster로 국내에 알려져 있다.

3. 쾌속 조형 기술

3-1. 쾌속 조형 기술의 정의

컴퓨터의 CAD 모델링 시스템을 통하여 제작한 3차원 솔리드 모델을, 컴퓨터로 제어되는 자동화된 조형 기계를 통하여 빠르고 정확하게 물리적인 실체(實體)로 제작하는 CAM 기술을 의미한다. 이는 CAD 시스템은 삼차원 형상을 단지 부호화된 데이터의 형태로 제작하지만, 모니터나 종이를 통하여 그 형상을 이차원적으로 시각화 하거나, 'Rapid Prototyping' 시스템을 통하여 삼차원적 실체(實體)로 형체화 할 수 있게 된다. 이와 같이, 형상 데이터의 출력의 한 형태인 'Rapid Prototyping' 기술은 그 기술의 도입, 개발 단계에서부터 다양한 기술 개발자들과 생산업자들에 의하여 연구, 발전되어 왔기 때문에, 그 기술의 정의나 명칭 또한 다양하다. 하지만 현재는 'Rapid Prototyping' 이라는 명칭이 가장 일반적으로 사용되어지고 있고, 우리말로는 '신속 조형 기술' 또는 '쾌속 성형법' 등으로 번역되어 사용되어 지고 있다.

쾌속 조형 기술에 관한 명칭들

- Solid Freeform Fabrication(SFF)
- Solid Freeform Manufacturing(SFM)
- Fast Free Form Fabrication(FFFF)
- Desktop Manufacturing
- Direct CAD Manufacturing
- Optical Fabrication
- Three Dimensional Printing
- Digital Fabrication

3-2. 조형 방식의 종류

모든 조형(造形) 분야에서 재료를 통하여 형상을 제작 하는 방식은 크게 절삭subtractive, 적층additive 그리고 성형formative의 세 가지 방식들로 분류될 수 있을 것이다. 절삭 방식subtractive process은 형체를 얻기 위하여 최소한 원하는 크기의 형상보다 큰 덩어리 재료로부터 필요한 부분을 제외한 그 외의 부분을 제거하면서 그 형체에 도달하는 방식이다. 반면, 적층 방식additive process은 덩어리로 가공되기 이전의 재료들로 원하는 물체를 제작하기 위하여 그 형상의 수많은 횡단면을 적층하여 형체를 제작하는 방식이다. 마지막으로 성형 방식formative process는 어떤 틀을 이용하거나 또는 단지 재료에 물리적인 힘이나 압력을 가함으로써 원하는 형체를 얻을 수 있는 방식이다. 각각의 제작 방식에는 많은 예들이 있다. 절삭 제작 방식에는 기계 가공의 대부분의 형태들을 포함한다. 여기에는 밀링 가공, 선반 작업, 구멍 뚫기, 톱질, 갈기, 레이저 절단, waterjet 절단과 같은 것들이 포함된다. 그리고 스테레오리소그래피stereolithography 기술과 레이저 소결laser sintering 기술과 같은 쾌속 조형 방식은 적층additive 제작 방식의 범주에 들어간다. 사실, 적층 조형 방식의 아이디어는 전혀 새로운 것이 아니다. 이것은 고대 이집트의 피라미드 축조 기술에서도 사용된 방식이고 현재 까지 다양하게 사용되어 왔지만, 쾌속 조형 기술에서는 모든 제작 공정이 컴퓨터에 의하여 자동으로 제어 된다는 것과 조형 소재나 소재 결합원리와 같은 기술적인 면에서 그 차이점이 있다고 할 수 있다. 실제로 이 쾌속 조형 기술의 적층 조형 방식이 가능하게 된 것은 삼차원 CAD 모델링 시스템 그리고 레이저나 고정밀 동작 제어 기술 등의 발전과 함께 전통적인 분말 야금술, 용접, 사출, CNC 가공, 석판 인쇄술 등의 기술들이 발전, 결합할 수 있었기 때문이다. 성형 방식formative process의 예들은 구부리기, 단조, 전자기 성형electromagnetic forming 그리고 플라스틱 사출 등이 있다. 이들은 판형태의 재료의 구부리기와 용융, 고화 가능한 액체의 주조 모두가 포함된다. 두 가지 이상의 제작 방식들이 결합된 혼합 방식 또한 가능하다. 예를 들어 프레스 작업에서 블랭킹blanking 또는 펀칭punching과 같은 절삭 가공들과 구부리기bending과 성형forming과 같은 성형 가공의 결합 방식을 일반적으로 볼 수 있다.

3-3. 쾌속 조형 기술과 수치 제어 생산 기술

이 두 방식은 모두 삼차원 컴퓨터 지원 디자인computer aided design(CAD) 기술에 그 기반을 두고 있다. 쾌속 조형 기술과 수치 제어 기술은 CAD로부터 생성된 데이터를 통해 실물을 제작한다는 점과 이를 위하여 정교한 수치 제어 기술을 필요로 한다는 공통점을 들 수 있다. 하지만 수치 제어 생산 기술에서는 공구 간섭으로 많은 제약을 받는 반면에 쾌속 조형 기술은 일반적으로 커트와 같은 절삭 공구를 사용하지 않기 때문에 이론적으로 어떠한 복잡한 삼차원 형상도 제작이 가능하다. 이러한 쾌속 조형 기술은 다음과 같은 일반적인 특징들을 가지고 있다.

복잡한 삼차원 형상이나 구조를 제작할 수 있다. 적층 조형 기술을 이용하고 공구 간섭이 없기 때문에 언더컷undercut, 돌출 형상과 같은 복잡한 외부 형상 및 다양한 내부 공간의 조형이 가능하여, 이론적으로 컴퓨터에서 모델링 가능한 모든 형상들을 조형 할 수 있다. 대부분의 공정이 자동화되어 있다. 거의 모든 공정들이 컴퓨터에 의하여 제어 작동되어 작업자가 제작 공정상 복잡한 조절이나 관리를 필요로 하지 않는다. 뿐만 아니라 일반적이 사용에 있어 특별한 지식이나, 고도의 숙련을 필요로 하지 않는다.

상대적으로 짧은 제작 시간을 필요로 한다. 형상의 복잡성, 크기, 개수에 따라 다를 수 있지만, 단순한 제작 시간의 효율적 단축을 이룰 수 있을 뿐만 아니라, 전체적인 디자인 개발에서 생산에 이르기까지 상당한 기간 단축의 효과를 가질 수 있다

동일한 데이터를 가지고 다양한 제작 방식의 선택 할 수 있다. 기본적인 제작 원리는 동일하나, 세부 기술에 있어서 여러 방식들과 그에 따른 다양한 재료들을 이용 할 수 있기 때문에 동일한 데이터를 가지고 여러 결과물을 원하는 목적에 맞게 얻을 수 있다.

3-4. 쾌속 조형 방식의 분류

1998년 처음으로 3D Systems사에서 쾌속 조형 시스템을 상용화시킨 이후 지속적인 연구와 개발을 통하여 현재는 전 세계적으로 20여 가지 방식들이 상업화되어 있다. 이 처럼 다양한 쾌속 조형 시스템들rapid prototyping을 분류하고 논의하는 것은 기술 분야 전체를 볼 수 있을 뿐만 아니라 각각의 기술들을 올바로 파악하고 활용하는데 도움이 된다. 여러 분류 방법 중 조형 재료의 초기 상태에 의하여 분류하는 것이 가장 보편적인 방법들 중의 하나로 사용 되어지고 있는데, 쾌속 조형 기술은 기본적으로 다양한 재료들을 가공하여 모델의 횡단면들을 성형 적층하여 형상을 조형하기 때문에 조형 재료의 초기 상태와 그 특성은 각각의 쾌속 조형 방식의 조형 기술과 그 조형물의 특성을 결정짓는 중요한 요소가 될 수 있다. 이 방법에 의하여 쾌속 조형 시스템을 분류하면 다음과 같다.

1) 조형 재료에 의한 분류

액체상태의 재료를 사용하는 조형 방식 Liquid-Based Rapid Prototyping Systems
가루상태의 재료를 사용하는 조형 방식 Power-Based Rapid Prototyping Systems
고체상태의 재료를 사용하는 조형 방식 Solid-Based Rapid Prototyping Systems
박판의 재료를 사용하는 조형 방식 Sheet-Based Rapid Prototyping Systems

2) 소재 결합 방식에 의한 분류

① 고형화 방식 curing process-광경화성 수지를 광에너지로 경화하여 적층, 조형한다.
② 박판 방식 sheet process-박판의 재료를 재단하여 적층, 조형한다.
③ 분배 dispensing process-용융 가능한 재료를 가열하여 가는 선 또는 미세한 방울로 적층, 조형한다.
④ 소결 방식 sintering process-가루화 된 재료를 열원(熱源), 보통 레이저 광선으로 소결, 적층한다.
⑤ 점착 방식 binding process-가루 재료위에 액체상태의 점착성 물질인 바인더binder를 침적(沈積)하여 입자들을 점착, 조형 한다.

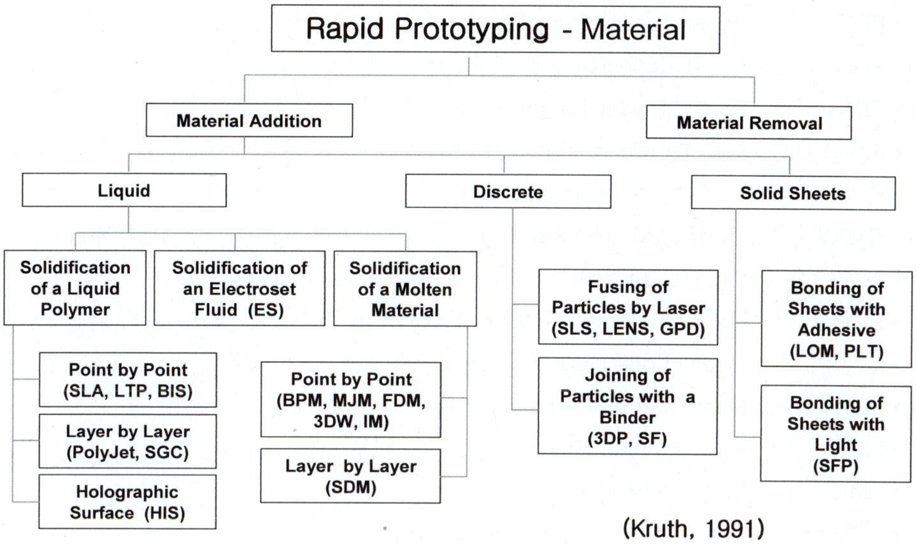

· JP Kruth의 Rapid Prototyping 분류

4. 쾌속 조형 시스템의 종류

1999년의 조사에 의하면 40여개 정도의 다른 쾌속 조형 제조 방식이 확인 되었다. 이들 중 일부는 잘 발전된 주요한 쾌속 조형 방식으로 자리 잡았으나 다른 것들은 훨씬 최근에 알려지게 되었다. 또한 이 목록에는 여전히 개발단계에 있는 시스템들도 있고 상업적으로 이용가능한 주요한 쾌속 조형기술들이 되지 못한 것들도 있다.

1999년도까지 조사된 전 세계의 쾌속 조형 기술들

- 3DP three-dimensional printing
- 3DWM three-dimensional welding and milling
- BPM ballistical particle manufacture
- CAM-LEM computer aided manufacturing-laminated engineering materials
- CC contour crafting
- CLOM curved laminated object manufacturing
- DLF direct light fabrication
- DLMS direct laser metal sintering
- ECLD-SFF electrochemical liquid deposition for solid freeform fabrication
- EDSSM extrusion and deposition of semi-solid metals
- EFF extrusion freeforming
- EPDFF electrophotographic powder deposition for freeform fabrication

- FDC fused deposition of ceramics
- FDM fused deposition modelling
- FDMet fused deposition of metals
- FFF fast freeform fabrication
- FI fast inkjet
- GMAW gas metal arc welding
- LCRHLS local chemical reaction heat by laser scanning
- LCVD laser chemical vapour deposition
- LDM laser diode manufacturing
- LENS laser engineered net shape
- LM layered manufacture
- LML laser microchemical lathe
- LOM laminated object manufacturing
- M2SLS multimaterial selective laser sintering
- Meso SDM mesoscopic shape deposition manufacturing
- Mold SDM mold shape deposition manufacturing
- PLD pulsed laser deposition
- PPD pointwise powder deposition
- RFP rapid freeze prototyping
- RBC robocasting
- RPBPS apid pattern based powdersintering
- RSLA refrigerative stereolithography
- SALD selective area laser deposition
- SADVI selective area laser deposition and vapour infiltration
- SGC solid ground curing
- SLA stereolithography
- SLPR selective laser powder remelting
- SLS selective laser sintering
- TIF temperature induced forming
- TLP thick layer prototyping
- WFDM wirefeed direct metals

5. 쾌속 조형 시스템의 공정

모든 쾌속 조형 방식들은 기본적으로 공통적인 시스템을 가지고 있다. 그것을 크게 준비 작업pre-operation, 제작build, 그리고 제작 후 작업post-operation의 3단계로 분류 할 수 있을 것이다. 사실 각 조형 방식을 구분시켜주는 '제작 과정'은 결과물의 특징을 결정짓는 가장 중요한 부분임에도 불구하고 대부분이 자동화되어 일반 사용자에게는 가장 수동적이고 간단한 공정이 될 것이다. 반면 '준비 작업'은 다시 모델링, 데이터 전환 그리고 모델 검증과 준비로 다시 분류할 수 있다. 이 준비 작업 과정은 대부분의 쾌속 조형 시스템에 있어서 거의 동일한 작업이지만 개개의 작업자들의 창의성과 경험적 지식들이 반영될 수 있을 것이다. 마지막으로 '제작 후 작업'은 각 쾌속 조형 방식에 따라 다소간의 차이를 가진다. 그것은 제작 의도, 재료, 제작 기술과 설정 그리고 활용 목적 등에 따라 다른 후처리들을 필요로 하기 때문이다. 때때로 거의 후처리가 필요 없거나 최소의 후처리만을 필요로 할 경우도 있다.

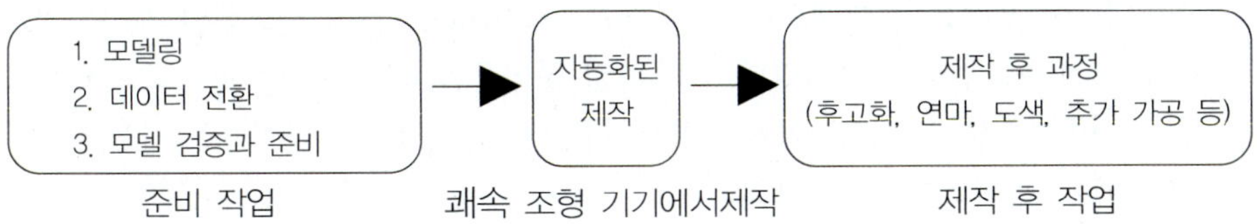

· 쾌속 조형 시스템의 공정

5-1. 모델링modeling

쾌속 조형 공정들 중에서 가장 선행되는 과정으로, 실질적인 결과물의 형상을 결정하는 가장 중요한 작업이다. 디자이너(들)의 창의적인 아이디어가 직접 삼차원의 구조로 형상화되고 전체 제작 과정에 영향을 미칠 수 있는 단계이다. 일반적으로 가장 많은 시간과 노력이 소모되는 작업이라 할 수 있다. 이 단계에서는 CAD 모델링 시스템과 그 시스템을 위한 워크스테이션 즉, 컴퓨터가 필요로 되어진다. 모델링 시스템을 통하여 컴퓨터상에서 삼차원의 물체를 제작하고 데이터화 하게 되는데, 최근에는 역설계 기술reverse engineering technology의 도입으로, 실물로부터 그 표면의 형상을 삼차원적으로 직접 읽어 들여 형상을 제작하는데 활용하고 있다.

이 단계에서, 쾌속 조형 분야의 초심자들에게 발생할 수 있는 두 가지 오해들이 있다. 첫 번째는, NC 프로그래밍과는 달리, 쾌속 조형법은 그 기본 구성 요소가 서페이스이든 솔리드이든지 모델의 닫힌 덩어리가 필요하다는 것이다. 이 혼돈은 새로운 사용자들이 일반적으로 단일 서페이스 혹은 심지어 선 요소조차 그 요소가 될 수 있는 NC 프로그램의 사용에 익숙한 경우가 많기 때문에 발생한다. 두 번째는, 새로운 사용자들은 일반적으로 컴퓨터의 모델링 시스템 내에서 보게 되는 것과 완벽하게 동일한 실물을 얻게 된다고 생각한다는 것이다. 이 두 오해들은 자주 올바르지 못한 작업의 수행하게 되고 시스템을 최적의 조건으로 활용하지 못하여, 그 가능성을 축소시키는 결과를 낳게 된다.

작업 시 구체적인 고려 사항들은 다양하다. 예를 들어 얇은 벽, 작은 홈이나 구멍, 매달린 요소들 그리고 모델의 위치와 방향orientation이나 지지대support 등 을 포함한다. 문세는 일반적으로 각 쾌속 조형 기계들 마다 다른 요구 조건들과 능력들을 가지고 있으며 그 활용과 한계가 다를 수 있기 때문에 일반적으로 생각할 수 있는 것 보다 훨씬 더 복잡하다. 예를 들어, 스테레오리소그래피 방식stereolithography은 모델 제작 시 지지구조를 필요로 하지만, 레이저 소결 방식Laser Sintering은 필요로 하지 않는다. 이것은 단순히 제작과 정상의 문제 뿐만 아니라 쾌속 조형 기계로부터 조형되어져 나올 형상자체의 가능성을 결정 할 수 있는 요소가 될 수 있다.

5-2. 데이터 전환

제작된 솔리드 모델은 쾌속 조형 기계들이 인식할 수 있는 데이터 포맷으로 전환되어야만 한다. 쾌속 조형 기계들을 위하여 가장 보편적으로 사용되는 데이터 포맷은 'STL 파일' 형식이다. 이 포맷은 스테레오리소그래피stereolithography 시스템의 개척자인 미국의 3D Systems사로부터 고안되었다. STL파일 형식은 연속적인 삼각형들로 솔리드 모델의 표면을 재현한 것이다. 높은 곡률의 표면들은 더 작고 많은 삼각형들을 사용하게 되는데, 곡면이 많은 파트들의 STL 파일들은 그 용량이 더욱 커지게 될 수 있다.

모두는 아니라도 거의 모든 주요 CAD/CAM 공급업자들이 CAD-STL 인터페이스를 제공한다. 1990년 이래, 거의 모든 주요 CAD/CAM 생산업자들이 이 인터페이스를 개발하고, 그들의 시스템들과 결합하여 왔다.

・쾌속 조형 시스템의 3단계

이 데이터 전환 작업은 아마도 전체 공정에서 가장 간단한 작업일 것이다. 대부분의 CAD 시스템들은 데이터 전환을 위한 간편하고도 직관적인 도구들을 갖추고 있기 때문에, 사용자는 그 원리에 대한 기본적인 지식만으로 이 작업을 수행할 수 있다. 다만 전환 과정에 있어서 전환하고자 하는 모델 형상의 복잡성과 컴퓨터의 사양에 따라 소요되는 시간에 차이가 생길 수 있다. 필요하다면 지지대도 역시 모델 파일과는 별도로 STL파일로 전환하여 사용할 수 있다. 하지만 지지대는 모델이나 지지대의 검증이나 수정을 위한 전문적인 소프트웨어에서 제작되거나 혹은 수정되어 질수도 있다.

5-3. 모델 검증과 준비

전환된 데이터는 모델링 단계에서 만들어진 솔리드 형상의 표면을 그물조직과도 같은 연속된 삼각형으로 재현한 근사치이다. 따라서 이렇게 근사치로 재현된 STL 모델은 표면의 경계를 따라 틈이나 구멍, 또는 여러 면들이 겹치거나 포개져, 연속된 면들의 조직으로 이루어진 닫힌 덩어리를 이루지 않을 수 있다. 이것은 CAD 모델링 과정에서 발생된 문제일 수도 있고, 완벽하지 않은 CAD-STL 인터페이스에서 생성되는 문제일 수도 있다. 따라서 생성, 전환된 데이터는 반드시 검증 되어야만 한다. 만약 수정되지 않는다면, 나머지 공정에서 지속적으로 문제를 일으키거나, 혹은 전체 공정을 실패로 만들 수 도 있다. 어떤 시스템들은 자동으로 이러한 문제들을 수정할 수도 있고 혹은 전문 소프트웨어를 사용하여 작업자가 직접 수정해야 할 수도 있다.

또한 쾌속 조형 시스템은 STL 모델을 제작대 위에 배치하고 Z축 방향으로 재료를 적층하며 조형하기 때문에 모델의 위치와 방향, 정밀도나 표면 조도 등에 의하여 제작의 결과나 제작 시간이 달라 질수 있기 때문에 이들을 최적화하는 것이 필요하다.

일단 이러한 과정을 마치고 나면, 쾌속 조형 시스템의 컴퓨터는 STL파일들을 분석하고, 모델을 일련의 횡단면들로 절단하게 된다. 그 단면들이 바로 쾌속 조형 기계들에 의하여 여러 방식들과 다양한 재료들로 구현되는 실물들의 제작을 위한 실질적인 데이터들이 되는 것이다. 예를 들어, SLA 시스템에서 모델은 약 0.12mm에서 0.50mm의 두께의 횡단면들로 절단된다. 일반적으로 가장 얇은 층들이 가장 정밀한 결과를 만들어내기 때문에, 모델은 최대한 얇게 절단된다. 모델 성형을 돕는 지지대는 더 거친 상태로 제작 된다. 내부의 크로스해치cross hatch 구조는 제작되는 모델의 내부와 외부의 표면 경계 사이에서 생성되는데, 이것은 벽들을 지지하고 나중에 자외선 빛UV-light의 아래에서 경화될 때까지 경화되지 않은 수지를 담고 있는 역할을 한다.

5-4. 제작 과정

결점들을 수정하고 모델을 횡단면들로 절단하고 난후 시스템은 조형을 시작하게 된다. 물론 충분한 예열을 필요로 하는 쾌속 조형 기계들도 있다. 제작 과정은 대부분의 시스템들이 자동으로 수행하기 때문에, 이 과정에서 작업자는 그리 큰 역할을 담당하지 않는다. 조형 방식이나 재료, 제작하는 모델의 크기나 개수 등 여러 가지 조건에 따라 수 시간에서 수십 시간이 소요 될 수 있다.

5-5. 제작 후 작업

성형이 끝난 모델은 기계로부터 꺼내어 지고 필요한 작업들을 하게 된다. 여기에는 후경화 post-curing, 지지대 제거, 표면 처리, 도색, 그리고 구멍 뚫기, 밀링이나 선반 가공과 같은 추가적인 기계 가공을 포함한다. 이 과정에서는 일반적으로 수작업들이 필요한 경우가 있는데, 작업 중 결과물들을 손상시킬 위험이 있기 때문에 작업자는 세심한 주의를 요할 수도 있다. 그리고 몇몇 주요 신속 조형 시스템들의 필요한 후처리 작업은 아래 표에서 요약 되어 있다.

신속 조형 기술

후처리 작업	SLS[1]	SLA[2]	FDM[3]	LOM[4]
세정	✓	✓	×	✓
후고화	×	✓	×	×
마무리	✓	✓	✓	✓

· 주요 쾌속 조형 방식들의 후 작업들

SLS[1] -선택적 레이저 소결 방식Selective Laser Sintering
SLA[2] -스테레오리소그래피 방식Stereolithography
FDM[3] -융합 적층 방식Fused Deposition Modeling
LOM[4] -박막 적층 방식Laminated Object Manufacturing

기계 내에서 성형을 마친 모델은 그 표면에 성형 작업에 사용되지 않고 남은 재료들이 묻어 있을 수 있다. 세정 작업은 이러한 잉여 재료들을 모델의 표면으로부터 제거하는 작업이라 할 수 있다. 예를 들어, SLA 방식에서는 표면에 액체상태의 수지들이, SLS방식에서는 가루 입자들이, 그리고 LOM 방식에서는 종이 등과 같은 재료들이 남아 있게 된다. 뿐만 아니라 이 작업은 광경화 조형 방식과 같이 제작 중 지지대를 가진 방식의 경우, 사용된 지지대의 제거 작업도 포함하게 된다. 지지대의 제거는 일반적으로 수작업으로 이루어지는데, 그로 인하여 제작된 모델을 손상 시킬 위험이 있고, 내부에 생성된 지지대의 제거가 곤란한 경우가 있을 수 있다. 이러한 기술적인 이유로 조형 구조나 형상의 제한이 있을 수 있는데, 이와 같은 문제들을 해결하기 위하여 자동으로 혹은 최소한의 수작업으로 제거 할 수 있는 지지대들이 소개 되어 왔다. 예를 들어 물이나 화학약품에 용해되거나, 오븐과 같은 열기구등에서 용융될 수 있는 재료들이 바로 그것이다.
그리고 광경화 조형 방식의 경우 액체상태의 수지를 빛을 이용하여 경화하는 방식인데, 그 기술에 따라 기계 내에서 성형 중 모델을 이루는 모든 수지 재료가 경화시키지 않는 경우가 있는데, 후고화 작업post-curing은 바로 이러한 액체 상태의 수지를 완전히 경화시킬 뿐만 아니라, 경우에 따라 성형 중 발생한 결점을 보완하는 역할도 한다고 한다.

마무리 작업은 제작된 모델의 표면을 개선하여 그 활용도를 높이는 것이다. 모래연마, 줄질, 그리고 도색과 같은 미적인 외향을 향상시키기 위한 이차적이 후처리를 포함한다. 그리고 조형된 모델에 필요한 형상을 추가하기 위하여 구멍 뚫기나 나사선 제작, 그리고 밀링이나 선반 가공과 같은 추가적인 기계 가공을 통하여 기능적 활용도를 높일 수도 있다. 이러한 작업 중, 주의할 것은 후처리 작업 중 작업자의 피부와 직접 접촉하지 말아야 하는 재료들을 사용하는 방식들도 있기 때문에 재료에 대한 사전 지식과 그에 합당한 안전 장비의 착용이 필요하다.

Rhino 3D를 활용한 Jewelry Design Basic Process 소개

■ 과정 1 Design Concept & Design Motif Image선정

디자인 또는 자신의 디자인 아이디어를 자유롭게 발상하여 디자인 컨셉 및 모티브를 선정하여 이미지를 찾아본다. 예제로 보고 있는 디자인 모티브는 창살 문양에서 보여주는 나눔과 분할에 관한 모티브 이미지이다.

■ 과정 2 Idea Sketch

이렇게 선정된 모티브를 기준으로 반지 형태의 다양한 각도 및 방향으로 아이디어 스케치작업을 한다.

■ 과정 3 Modeling

아이디어 스케치 과정을 통해 완성된 스케치를 기준으로 캐드 상에서 정확한 치수와 물리적 크기 등을 입력하여 모델링 하여 본다.

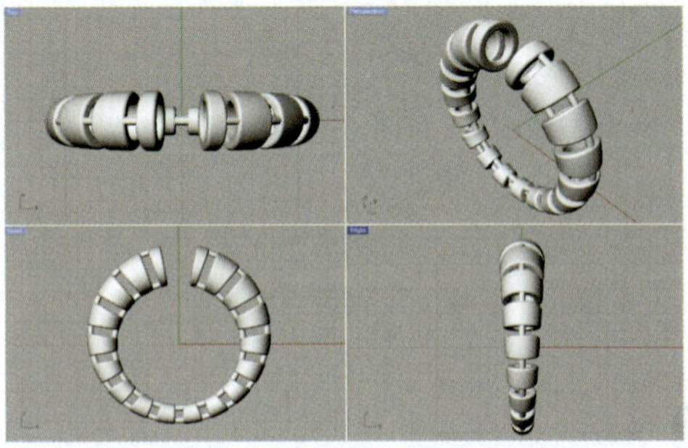

■ 과정 4 Rendering

완성된 모델링을 가지고 자신이 원하는 재료와 가공방법을 고려하고 라이노의 기본 랜더러나 플라밍고 랜더러를 이용하여 실사 이미지로 랜더링하여 본다.

■ 과정 5 Layout 작업

디자인 모티브와 아이디어 스케치 그리고 완성된 모델링과 랜더링을 통해 레이아웃 작업을 하여 포트폴리오화 시켜본다.

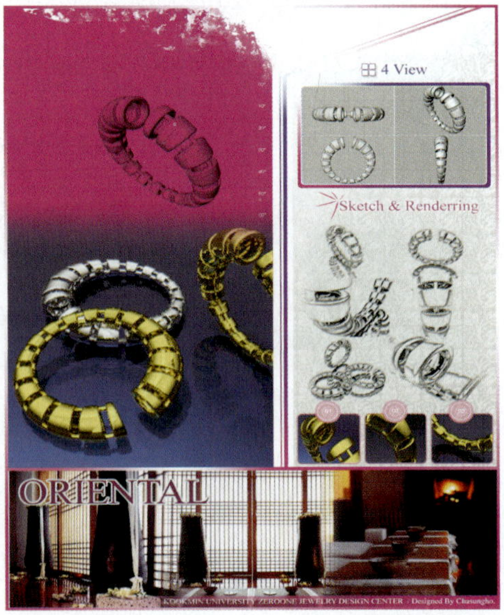

■ 과정 6 STL 변환과 에러 체크

실물로 제작을 위해 RP장비에 문제가 없는지 확인 작업을 한다. 모델링 데이터를 가지고 RP제작을 위해 STL형식의 파일 변환을 수행하게 되는데 STL은 RP용 데이터 포맷을 의미한다. STL은 Mesh값을 조정하는 옵션을 가지며 변환 하게 될 때 Mesh값이 크면 데이터 용량이 증가하게 된다. 만약 STL파일 제작을 하기 전에 라이노 3D모델링 데이터 상에서 에러체크를 통해 문제 있는 곳을 수정 작업한다. 이러한 과정을 통해 기계적인 에러확률을 줄여준다.

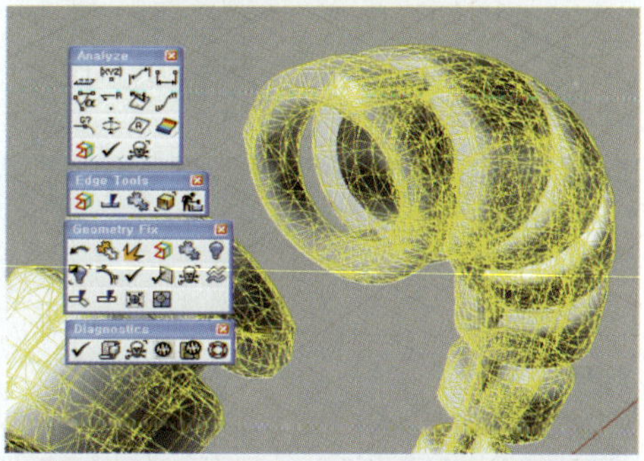

■ 과정 7 RP장비를 통한 3차원 가공

캐드 상에서 완성된 모델링을 고속모형제작기 작업을 위해 데이터를 보낸다.
RP장비를 통해서 STL파일로 된 데이터를 3차원 형상의 원형을 가공하게 된다. 레이어의 적층 두께나 정밀도에 따라 결과물의 해상도가 달라지며, 결과물은 작업물의 크기와 정밀도 설정에 따라 수시간에서 수십 시간이 소요될 수 있다.
위의 이미지에 나오는 재료는 최근 가장 각광을 받고 있는 광경화성 수지 재료인데 그 재료로 나온 원본이다.

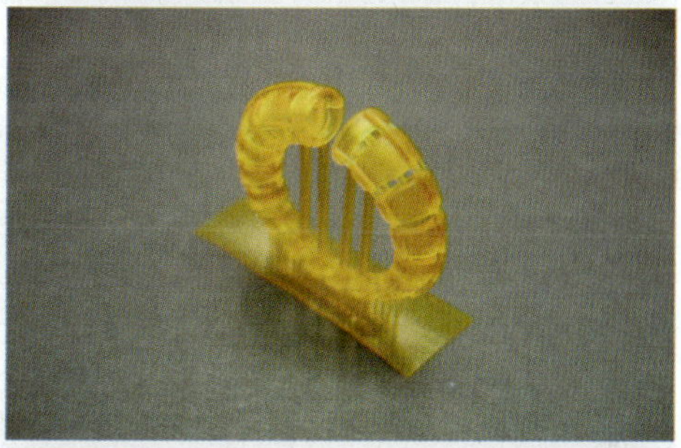

■ 과정 8 실물 완성

18K금과 백금으로 주물가공하여 완성한 것이다. RP에서 완성한 모델을 이용하여 주물가공을 한다. 원하는 재료를 선택하여 주물이 완료되면 마무리 가공을 하면 모든 공정이 끝난다. 18K금과 백금으로 완성된 이미지이다.

보석 샘플 Download

Rhino 3D 프로그램에 있어 Menu Sample 및 Modeling작업을 위해서는 각 형태별 보석 샘플이 필요하다. 이 보석 샘플을 다운로드 받을 수 있는 웹 사이트 주소는 *www.ncadjewelry.com*이다.

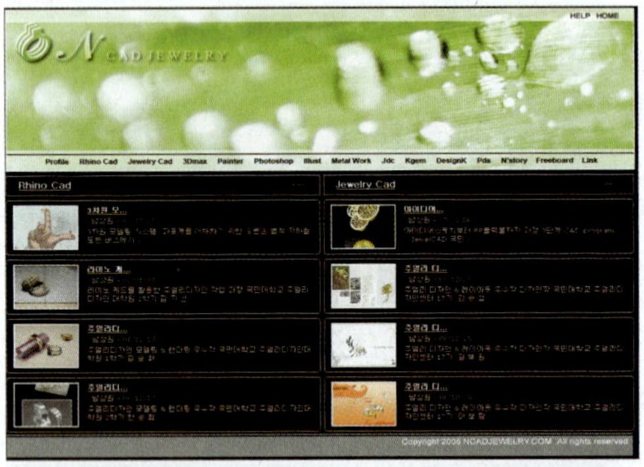

① 웹 사이트 주소를 입력하면 다음 이미지에 나타난 것과 마찬가지로 홈페이지에 들어갈 수 있다.

② 상단 'Pds' Tab을 클릭 하면 Page 맨 윗부분에 '보석 샘플'라고 적혀 있는 제목이 있다. 이 제목을 클릭 한다. 다운로드 시킨다. 원형 형태의 보석과 다른 종류의 보석을 사용 및 편집할 수 있다.

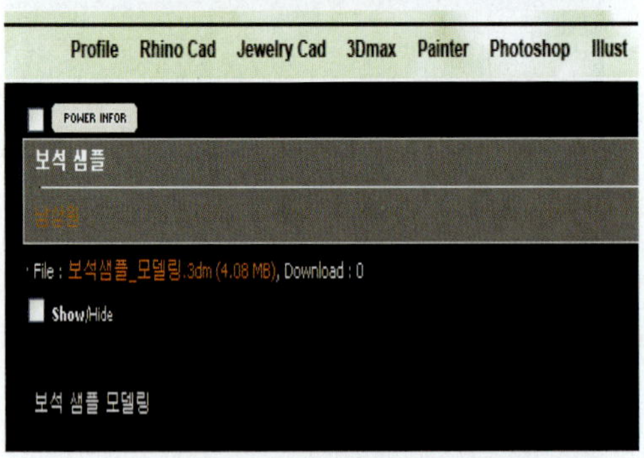

③ '보석 샘플_모델링.3dm' File을 클릭하여 다운로드 시킨다. 원형 형태의 보석과 다른 종류의 보석을 사용 및 편집할 수 있다.

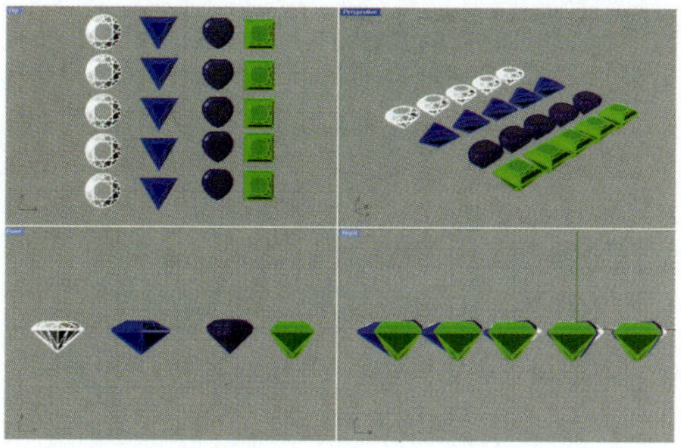

④ 파일을 Open 시킨다. 형태가 다른 보석 개체를 볼 수 있다. 이렇게 다운로드 되어진 파일은 보관하여 모델링 및 랜더링 작업 시 유용하게 사용할 수 있다.

02 Rhino 3D 개요-2 3D 모델링의 기하학적 요소

Rhino 3D 지오메트리(Geometric-모델링의 기하학적 요소들) 유형

3차원 모델링에서 사용하는 기하학적 요소들은 크게 Point, Curve, Surface, Solid, Mesh의 5가지로 분류하는데 가장 기본이 되는 기하학적 요소는 Curve이다. Curve로부터 Surface와 Solid를 만드는 것이 가장 일반적인 3차원 모델링 방법이다.
Rhino의 지오메트리에는 Point, NURBS Curve, Polycurve, Surface, Polysurface, Solid(Closed Surface), Polygon Mesh가 있다. 체적을 가지는 Surface와 Polysurface가 Solid를 정의한다.

점 (Point)

점은 이론적으로 크기는 없지만 위치 값을 가지고 있는 개체를 말한다. 점 개체는 3D 공간 상에서 하나의 점을 나타내며 Rhino에서 가장 단순한 개체이다.
점은 공간의 어느 곳에나 배치할 수 있으며, 커브를 따라 점을 균일한 간격, 또는 지정된 거리를 두고 배치할 수 있다. 일반적으로 라이노에서 점은 다른 개체의 위치를 정하거나 기준을 지정할 때 많이 사용된다.

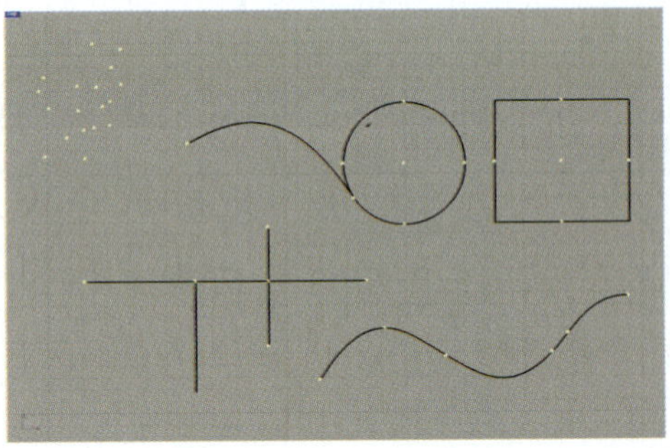

다음은 중요한 기하학적 특성 점들이다.
① End Point: 끝점이라 정의하며 직선, 곡선의 가장 끝에 있는 점을 말한다.
② Mid Point: 중간점이라 정의하며 직선, 곡선을 이등분하는 점을 말한다.
③ Center Point: 중심점이라 정의하며 원, 타원의 중심인 점을 말한다.
④ Intersection Point: 교차점이라 정의하며 직선, 곡선이 서로 만나는 점을 말한다.
⑤ Perpendicular Point: 직교점이라 정의하며 서로 직각으로 교차하여 만나는 점을 말한다.
⑥ Tangent Point: 접점이라 정의하며 직선, 곡선이 접선을 이루는 점을 말한다.
⑦ Quadrant Point: 사등분 점이라 정의하며 원, 타원의 사등분하는 점을 말한다.

커브 (Curve)

커브는 기하학적으로 길이와 방향을 가지고 있지만 두께는 없는 개체를 말한다. 일반적으로 Rhino 3D 모델링 방식에서는 커브라는 상위 개념 속에 직선과 곡선 등 모든 선을 포함해서 말한다. 원, 호, 타원 등과 같은 곡선을 단순곡선이라 하며, 한 개의 곡선 안에서 곡률이 변하는 곡선을 자유곡선이라 한다.

자유곡선은 제어점을 이용하는 방식에 따라 다음과 같이 두 가지로 구분할 수 있다.

- 보간 곡선(Interpolation Curves) 곡선이 모든 제어점을 자연스럽게 전부통과 하는 곡선으로써, 스플라인(Spline) 곡선이 대표적이다.
- 근사 곡선(Approximation Curves) 곡선이 제어점에 가깝게 접근하지만, 제어점을 통과하지 않는 곡선을 말한다. 근사곡선에는 NURBS(Non-Uniform Rational B-Spline)곡선, B-Spline, Bezier 곡선이 대표적이다. 라이노에서는 NURBS (Non-Uniform Rational B-Spline)커브를 사용한다.

서페이스 (Surface)

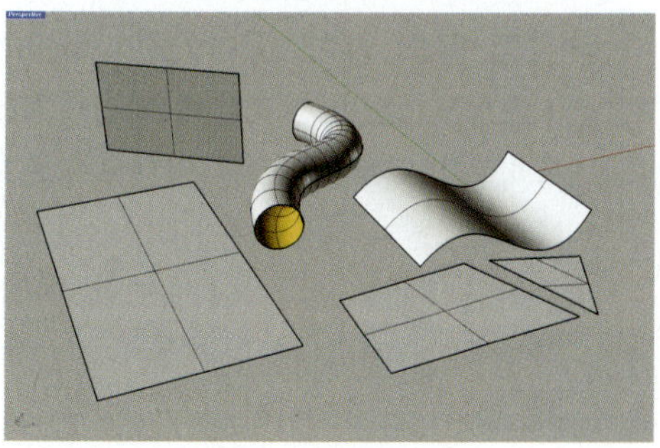

일반적으로 Surface는 Edge로 이루어진 면을 의미하며 이론적으로 면적을 가지고 있지만 두께가 없는 개체를 말한다. 3차원 모델링 프로그램에서의 Surface는 크게 2차원 평면상에 표현되는 평면(Plane)과 3차원 공간상에 표현되는 곡면 모두를 정의한다.

Rhino에서는 Surface라 하면 1개의 단일 Surface를 의미한다. 여러 개 Surface를 폴리서페이스(Polysurface)라 한다. Surface나 Polysurface가 완벽하게 닫혀 있으면 솔리드(Solid)라 정의한다. 또한 Rhino에서 모든 Surface는 3D NURBS Surface이며 평면, 원통과 같은 간단한 형상만이 아니라, 자유 형식, 조각된 Surface도 단일 Surface 표현을 사용하여 표현할 수 있으며 Edge가 같이 만나는 부분을 Seam이라고 한다. Surface가 직사각형 형태가 아닌 경우에는 이것은 잘렸거나, Edge와 Edge에 있는 제어점이 서로 가까워진 것을 말한다.

폴리서페이스 (Polysurface)

2개 이상의 Surface가 결합된 개체를 Polysurface라 정의한다. 라이노에서는 Surface에 적용하여 사용할 수 있는 명령이 Polysurface에는 적용되지 않는 경우가 있다. 체적을 포함하는 Polysurface가 Solid를 정의한다.

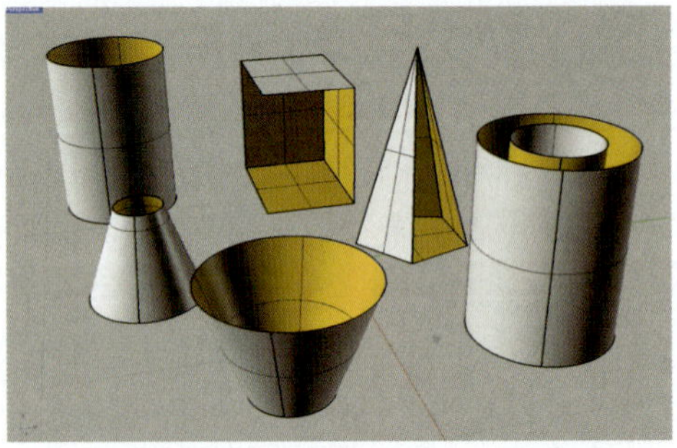

솔리드 (Solid)

일반적으로 Solid는 Surface가 완벽하게 결합된 3차원 개체를 의미한다. Solid는 폭과 높이, 깊이를 가지고 있으며 Surface가 두께를 갖게 되면 Solid가 되는 것이다. Rhino에서 Solid의 의미는 Surface가 어느 한 곳도 구멍이 나지 않게 닫혀 결합된 3차원 개체를 의미하며 하나의 Surface로 이루어진 Solid와 Polysurface로 이루어진 Solid가 있다. 구, 원환, 타원체와 같이 하나의 Surface가 결합된 경우와 상자, 원뿔, 원뿔대, 원통과 같이 2개 이상의 Surface가 결합된 경우가 있다. 하나의 Surface로 이루어진 경우는 제어점을 켜서 형태 변형 작업이 가능하며 2개 이상의 Polysurface로 이루어진 경우는 제어점을 켤 수 없다. 이와 같은 경우는 Polysurface를 분해한 다음 제어점을 켜 작업 한 후 재결합하면 된다.

다각형 메쉬 개체 (Polygon Mesh)

지오메트리를 표현하는데 다각형 메쉬를 사용하는 Modeler들이 많이 있으므로 Rhino는 Mesh 명령을 사용하여 NURBS지오메트리를 다각형 메쉬로 변환하여 내보낼 수 있으며 다각형 메쉬 지오메트리의 만들기, 내보내기, 표시하기가 가능하다.

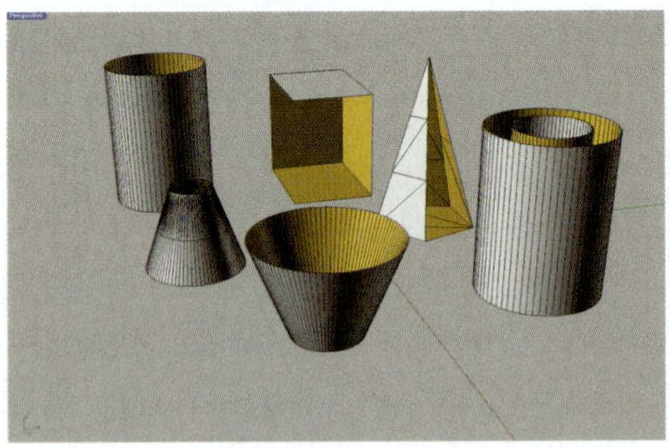

03 Rhino 3D 개요-3 인터페이스 소개

Rhino 3D 화면

라이노의 화면은 크게 5개의 영역과 3개의 평행 투상도와 1개의 투시 투상도를 가진 Viewport 1개 영역으로 구분할 수 있다.

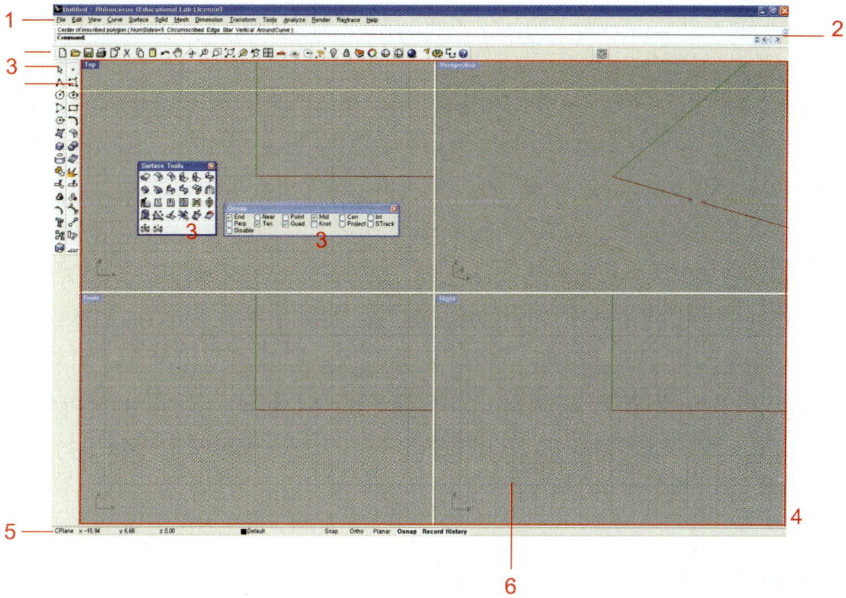

1. Menu Bar

메뉴가 표시되는 영역이며 명령어를 선택하여 실행한다.

2. Command Area

명령어를 입력하는 영역이며 사용한 명령들을 순서대로 표시해주는 영역이다.
Command Line과 Command History Window로 구성되어 있다.
Command Area은 명령어들과 명령 Prompts를 보여준다. 스크린의 위 또는 아래에 고정될 수 있고 또는 어느 곳에나 띄울 수 있다. Command History를 보여주는 창을 열기 위해서는 F2를 누른다. Command Area 창 안의 명령어들은 선택되어질 수 있고 Windows Clipboard로 복사되어질 수 있다.
Command Line은 키보드로 명령어나 명령어의 옵션 설정사항을 입력하는 곳이다. 명령어의 첫 글자를 입력하면 그 글자로 시작되는 명령어의 리스트가 표시된다. 표시된 명령어 리스트 중 사용할 명령어를 마우스로 클릭 하여 사용한다.

Command History Window 에서는 사용한 명령들을 순서대로 표시해준다. F2키를 누르면, Command History Window가 화면에 따로 표시된다.

3. Toolbar

명령어 버튼들이 표시되는 영역이다. Main Toolbar와 Standard Toolbar로 구분된다.

Main Toolbar는 Point, Curve, Surface, Solid를 만들고 편집하는 명령어 버튼들을 모아 놓은 영역이다. 모델링 작업에서 가장 많이 사용하는 영역이다. 왼쪽이 Main Toolbar 1, 오른쪽이 Main Toolbar 2이다.

Standard Toolbar는 Zoom, Pan, Render 등의 모델링 작업에 필요한 보조 명령어 버튼들을 모아 놓은 곳이다.

Tooltips은 도구 힌트라 하며 각각의 버튼이 무엇을 하는지 알려준다. 라이노에서는 많은 버튼들이 두 가지 명령들을 수행할 수 있는데 도구 힌트는 어느 버튼이 두 가지 기능을 가지고 있는지 알려준다.

Flyouts은 Toolbar들의 많은 버튼들은 플라이아웃 도구모음에 다른 명령 버튼들을 포함할 수 있다. 일반적으로 Flyouts Toolbar는 기본 명령과 유사한 명령들을 포함한다. Flyouts Toolbar의 버튼을 선택하게 되면 Flyouts Toolbar는 사라진다.

Flyouts 되는 버튼들은 오른쪽 아래 구석에 조그만 하얀 삼각형으로 표시되어 있는데 Flyouts Toolbar를 열기 위해서는 그 버튼 위에 마우스의 커서를 올려놓고 잠시 동안 왼쪽 마우스 버튼을 클릭하고 있거나 마우스의 두 버튼을 동시에 클릭하거나 오른쪽 버튼을 클릭 한다.

4. Graphics Area

Viewport가 표시되는 영역이다. Graphics Area안에서 Viewport는 여러 개를 표시할 수 있다.

5. Status Bar

마우스 포인터의 좌표 값을 보여주는 기능이다. 간단한 레이어 작업을 할 수 있는 창을 표시해 주며 Grid Snap, Ortho, Object Snap칸으로 구성되어 있다.

6. Viewport

Graphics Area안에 3개의 평행투상도(Top, Front, Right)와 1개의 투시투상도(Perspective)를 표시하는 영역을 말한다.

여러 개의 Viewport 보기 상태에서 현재 작업이 진행 중인 Viewport를 활성

Viewport(Active Viewport)라고 한다. 활성 Viewport는 Viewport 이름이 진하게 표시된다. 한 번에 한 개의 Viewport만이 활성화된다.
여러 개의 Viewport 보기 상태에서 한 개의 Viewport를 최대화해서 보려면, 원하는 Viewport의 이름을 더블 클릭 한다. 한 개의 Viewport를 최대화 보기 상태에서 여러 개의 Viewport 보기 돌아가려면 Viewport의 이름을 더블 클릭 한다.

Rhino 3D Interface Basic Menu

마우스

라이노 Viewport에서 왼쪽 마우스 버튼은 물체들을 선택하거나 위치를 잡을 수 있다. 오른쪽 마우스 버튼은 이동과 확대/축소, 상황에 맞는 메뉴를 띄우기, 그리고 Enter Key를 누르는 것과 같은 역할을 포함한 여러 기능을 가지고 있다. 모델 내의 개체를 선택하거나, 메뉴상의 명령어들 또는 Options, 그리고 Toolbars 내의 버튼들을 선택하기 위하여 왼쪽 마우스 버튼을 사용한다. 명령을 종결하거나 바루 직전의 명령을 반복하기 위해서는 오른쪽 마우스 버튼을 사용한다.
Viewport에서 장면을 이동하거나 회전하기 위하여 오른쪽 마우스 버튼과 함께 Drag한다. Viewport에서 화면을 앞으로 당기거나 뒤로 보내기 위해 마우스 휠을 사용하거나 Ctrl 키를 누른 채로 마우스 오른쪽 버튼을 누른 채 드래그 하면 미세하게 Zoom기능을 사용할 수 있다.

Entering Commands (명령어들 입력하기)

명령어들을 입력하고, 명령 옵션을 선택하고, 좌표를 입력하고, 거리와 각도 또는 반지름을 입력하고, 단축어들을 입력하고 그리고 Command prompts를 보기위해 Command line을 사용한다.
Enter Key와 Spacebar 그리고 명령이 초기화가 되었을 때의 마우스 우측 버튼은 같은 기능을 수행한다

Clickable options (클릭 가능한 옵션들)

명령 옵션을 사용하기 위해서는 Command line상의 옵션을 클릭하거나 옵션의 밑줄 그어진 글자를 입력하고 Enter키를 누르면 된다. 이때 대문자는 의미가 없다.

Repeating commands (명령들 반복)

마지막 명령을 반복하기 위하여 Viewport에서 오른쪽 클릭 또는 Enter 혹은 Spacebar를 누른다. 이전의 명령들을 반복하기 위하여 Command line의 창에서 오른쪽 클릭하고 그리고 목록으로부터 선택한다.

Canceling commands (명령 취소)

명령을 취소하기 위하여, Esc키를 누르거나 메뉴로부터 새로운 명령을 입력 혹은 다른 버튼을 선택한다.

View Recent Commands (최근 명령 보기)

최근에 사용된 명령어들을 보기 위하여 Command line을 오른쪽 클릭 한다. 그 명령을 반복하려면 Pop-Up 메뉴로부터 그것을 선택한다.

Help (도움말)

라이노 도움말에 접근하기 위하여 언제든지 F1키를 누른다.

화면 확대 / 축소 (Zoom In and Zoom Out)

Viewport에 표시되는 개체의 표시상태를 축소 확대한다. 가장 쉬운 방법은 Ctrl 키를 누른 상태에서 마우스 오른쪽 버튼으로 상하로 드래그한다. 위쪽으로 드래그 하면 줌인(Zoom In)하여 확대해서 볼 수 있고, 아래쪽으로 드래그하면 줌 아웃(Zoom Out)하여 여러 개체를 한꺼번에 볼 수 있다.

화면 이동 (Pan)

Viewport에 표시된 개체의 크기를 변경하지 않은 상태에서 화면을 상하좌우로 이동한다. 가장 쉬운 방법은 Shift키를 누른 상태에서 마우스 오른쪽 버튼으로 원하는 방향으로 드래그한다.

화면 회전 (Rotate)

화면을 회전시킨다. Perspective Viewport에서 많이 사용한다. Perspective Viewport에서 마우스 오른쪽 버튼으로 회전시킬 방향으로 드래그한다.

화면 복구 기능으로 Home Key를 눌러 화면 상태를 한 단계씩 뒤로 되돌린다. 이때 End Key를 누르면 화면 상태를 한 단계씩 앞으로 되돌릴 수 있다.

Esc

Esc키를 사용하여 작업을 취소할 수 있다. 명령 실행 중에 Esc키를 누르면 명령이 취소된다. 명령 실행 중이 아닌 상태에서 명령 프롬프트가 표시 중일 경우에 Esc키를 누르면 먼저 명령 행에 문자를 입력하는 중에 Esc키를 눌러 이제까지 입력한 문자를 지우게 된다. 또한 선택된 개체를 선택 해제할 수 있으며 점의 표시를 끈다.
예를 들어, 개체를 선택하고 그 중 일부 제어점이 표시되어 있으며, Scale명령을 시작한 경우에 Esc키를 한 번 누르면 명령 취소, Esc키를 다시 누르면 선택된 개체의 선택 해제, 세번째로 Esc키를 누르면 제어점을 끈다.

작업 실수의 실행 취소

원하지 않는 변경을 했을 때, Undo명령을 사용하여 바로 전 단계로 되돌아갈 수 있다. 화면의 변경, 음영모드 또는 옵션의 설정을 실행 취소하지 않는다.
단축 키는 Ctrl + Z로 기본 설정이 되어 있으며 Redo명령은 Undo명령으로 실행 취소된 명령을 순서대로 다시 실행한다. 단축 키는 Ctrl + Y를 누르면 된다.

Window 잘라내기, 복사, 붙혀 넣기, 삭제

Window의 표준적인 편집 명령인 잘라내기(Ctrl + X), 복사(Ctrl + C), 붙혀 넣기(Ctrl + V), 삭제(Delete)는 Rhino의 개체에도 실행된다.

개체 선택하기

Rhino의 대부분의 작업은 개체의 선택을 필요로 한다. 개체를 선택하는 가장 일반적인 방법이 개체의 어느 한 부분을 클릭 하는 것이다. 개체의 선택을 해제하려면 Viewport에서 개체가 없는 부분을 클릭 한다. 선택된 개체는 강조 표시된다.
한 번에 한 개 이상의 개체를 선택하려면, Shift키를 누른 상태에서 개체를 클릭하면 된다.
선택된 개체의 집합에서 개체를 제외시키려면, Ctrl 키를 누르고 개체를 다시 클릭 한다.
선택을 취소하려면, 개체가 없는 부분을 클릭하거나 Esc키를 누른다.

Basic Modeling Aids (기본 모델링 보조도구)

모델링을 정확하고 편리하게 진행할 수 있도록 도와주는 기본 도구들이다. 대표적인 모델링 보조도구로는 Grid Snap, Ortho, Planar, Object Snap등이 있다.

마우스 커서 (Cursor)의 명칭

Cursor에는 세 부분이 있다. 하얀 화살표로 표시되는 일반적인 마우스 커서와 Cursor Crosshair(가는 십자선 커서)와 Marker(표식)이다.

Cursor Crosshair는 언제나 마우스를 따라 이동한다. Grid Snap과 Ortho와 같이 Marker의 이동에 제한을 받는 경우에는 Marker가 Cursor Crosshair의 중심에서 벗어나는 경우가 있다. 마우스 왼쪽 단추를 사용하여 점을 지정하는 경우에 실제로 선택되는 것은 Cursor Crosshair의 위치가 아닌 Marker에 있는 위치이다.

■ 일반적인 마우스 커서

현재 마우스 커서의 위치를 표시한다.

■ Cursor Crosshairs

항상 마우스를 따라 다닌다.

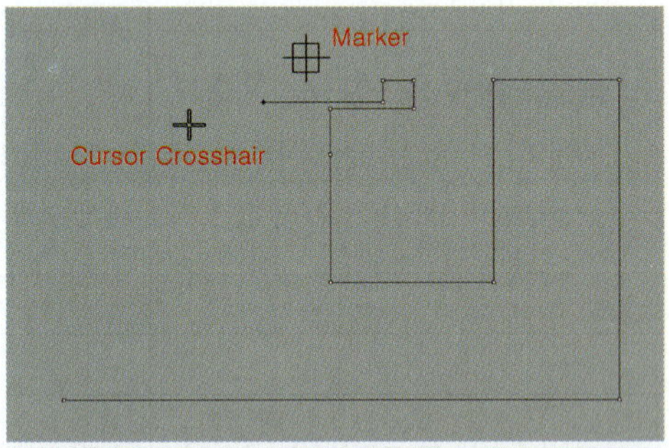

■ Marker

Marker는 평소에는 Cursor Crosshairs의 중앙에서 함께 이동하지만 Grid Snap이나 Ortho등의 제한 기능을 사용하면, Cursor Crosshairs의 중앙에서 벗어나 제한조건에 의해 제한된 위치를 따라 이동한다.
예를 들어 Ortho Mode를 사용 중 일 때 Cursor Crosshairs는 어느 방향으로나 이동하지만 Marker는 수직과 수평방향으로만 이동한다.

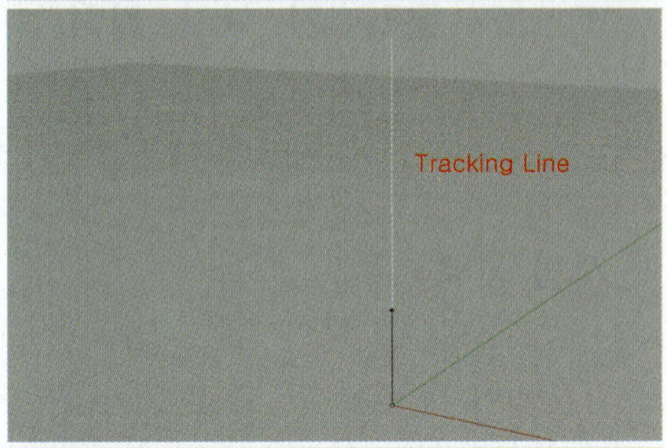

■ Tracking Line

Elevator Mode등에 의해 Marker의 움직임이 제한을 받을 때 입력된 마지막 점의 위치와 현재 Marker사이를 선으로 표시해준다.

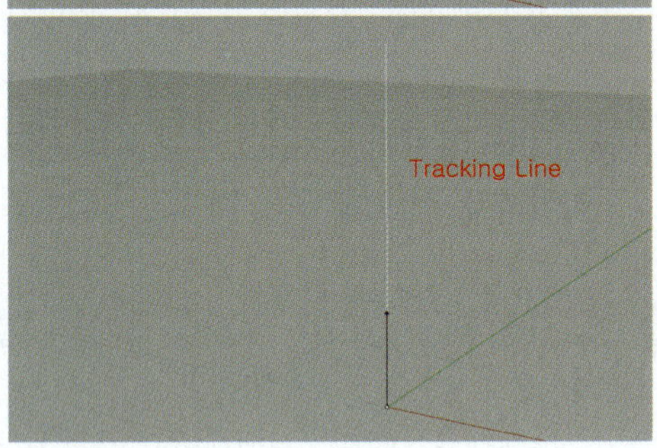

■ Cursor의 이동 제한하기

Rhino에서는 정확하게 모델링 할 수 있도록 표식의 이동을 제한할 수 있다. 이 기능을 사용하면, 표식의 이동은 모델링하는 공간에서 지정된 점, 또는 지정된 선을 따라 이동하도록 제한된다.

• 다음과 같이 Cursor의 이동을 제한하는 기능에 대해서 알아본다.
  - Grid Snap은 Marker의 이동을 CPlane의 Grid Snap 간격으로 제한한다.
  - Ortho는 Marker 이동을 지정된 각도로 제한한다.
  - 각도 제한은 Marker 이동을 마지막 점으로부터 지정된 각도로 제한한다. 이것은 Ortho와는 달리 각도의 모서리는 그 당시에만 선택되어 있는 명령에 대해서만 유효하다.

- 거리 제한은 Ortho의 이동을 마지막 점에서 어느 일정한 거리로 제한한다.
- Elevator Marker 이동을 지정된 어느 한 점에서 CPlane에 수직으로 제한한다.
- Planar는 Marker 이동을 CPlane과 평행으로 마지막 점이 위치하는 평면으로 제한한다.
- Tab키는 Marker 이동을 마지막 점과 현재 커서의 위치를 연결하는 선으로 제한한다.

Modeling Aid Mode (모델링 보조 모드)

Status Bar에서 클릭 하여 설정한다.
모델링을 정확하고 효과적으로 진행할 수 있도록 Grid Snap Mode, Ortho Mode, Planar Mode, Object Snap Mode와 같은 모델링 보조 모드를 사용한다. 화면 하단의 Status Bar에서 설정하고자 하는 모드를 클릭하여 사용한다.
각 모드는 한 번 클릭 하여 On시킬 수 있고 다시 한 번 클릭 하면 Off상태로 전환된다.

Grid

단축키 F7를 누르면 화면상에 Grid가 On 또는 Off된다.
현재 Viewport의 CPlane에 그리드를 표시하는 기능이다.

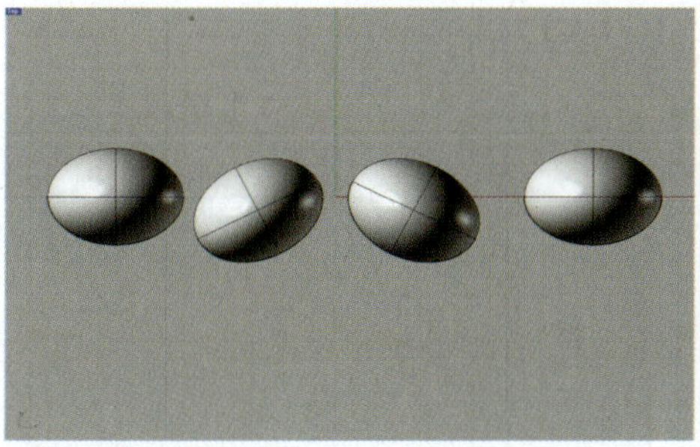
Grid On

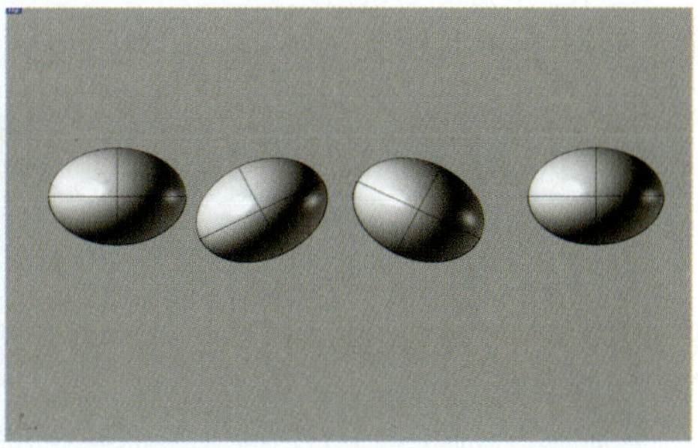
Grid off

Grid Snap

단축키 F9 또는 S를 누르거나 Status bar의 Snap 단추를 클릭하면 Grid Snap을 On 또는 Off시킬 수 있다.
Marker가 Grid의 눈금을 일정한 간격으로 Snap하도록 제한한다. Grid Snap을 사용하면 일일이 치수를 입력하지 않아도 Viewport에서 Grid를 보면서 Snap하여 정확하게 모델링을 진행할 수 있다. Grid Snap의 간격은 기본값이 1로 설정되어 있다.

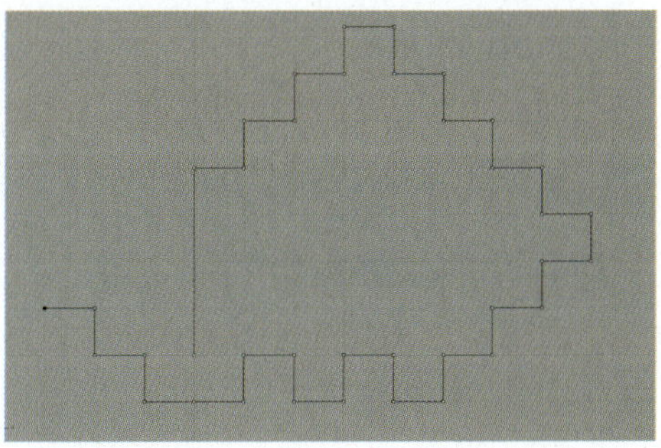

Ortho Mode

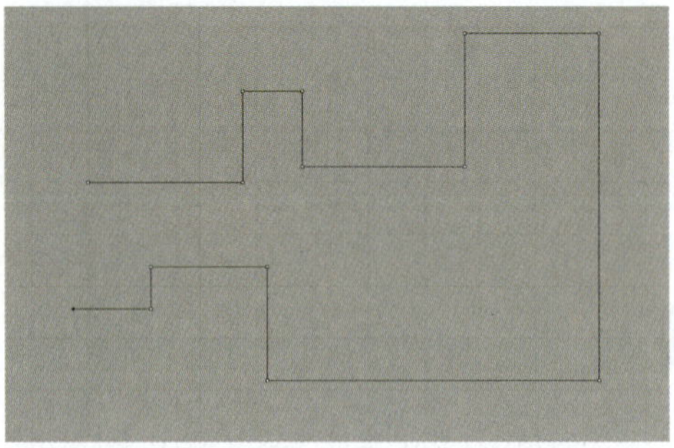

단축키 F8 또는 Shift키를 누르면 Ortho Mode를 On 또는 Off시킬 수 있다.
Marker가 설정된 각도로만 움직일 수 있도록 각도를 제한한다. 기본값은 수직, 수평 방향인 90도이고 변경할 수 있다. 수직, 수평 방향으로 선을 긋거나 개체를 이동, 복사할 때 사용하면 편리하다.
Shift키를 누른 상태에서 조작하면, Ortho Mode는 일시적으로 Status bar에 표시된 상태와 반대로 전환한다.

Planar Mode

단축키 P를 입력한 다음 Enter Key를 누르면 Planar Mode를 On 또는 Off시킬 수 있다.
입력하는 좌표 점들이 CPlane에서 같은 높이를 유지하도록 제한한다.
즉 입력하는 좌표 점들이 CPlane과 일정한 거리만큼 떨어진 평행한 평면 위에 입력되도록 제한한다. Planar Mode를 사용하면, Marker 이동은 이전의 점이 위치하는 평면으로 제한된다. 이 평면은 활성 Viewport CPlane에 평행하다. Planar Mode를 사용하면 CPlane을 다시 설정할 필요 없이 같은 평면 위에 그릴 수 있다.

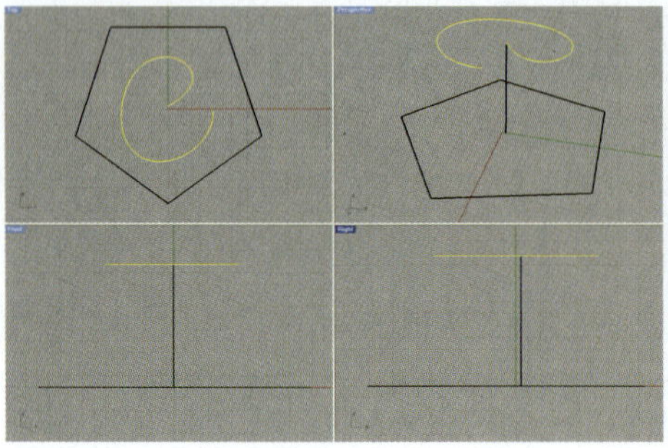

Planar On

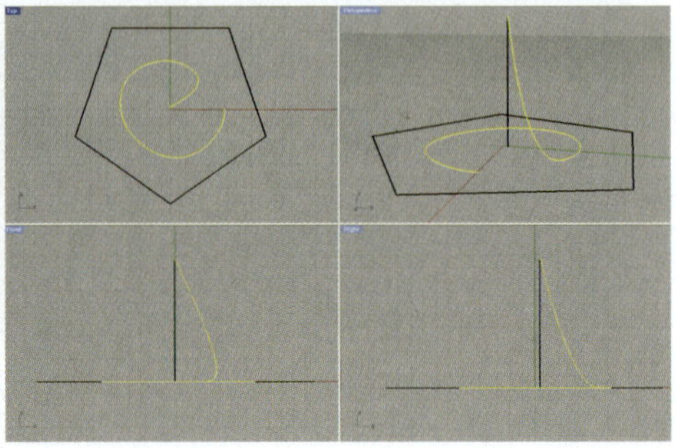

Planar Off

Osnap Mode

Object Snap은 점의 입력이 필요할 때 사용한다. Object Snap은 Marker 움직임을 끝점, 교차점 등과 같은 Object의 특별한 점으로 제한시킨다.

Disable Object Snap

설정되어 있는 Object Snap을 일시적으로 중단한다. Object Snap의 선택이 해제되는 것은 아니다.

Elevator Mode

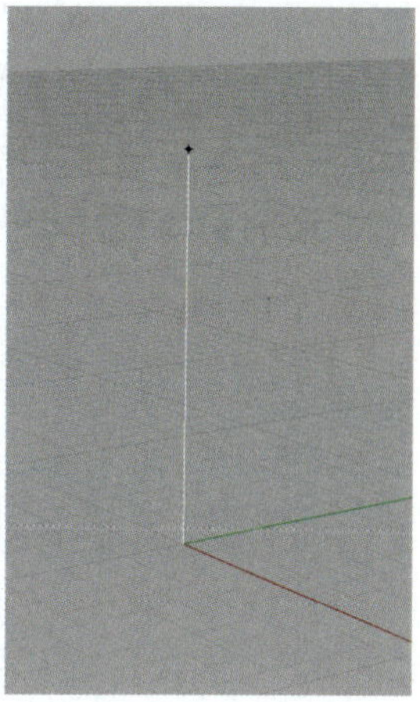

Marker를 CPlane의 Z축 방향으로 이동시키려면 Ctrl키를 누르고 구성 평면위에 있는 임의 의 점을 클릭 하여, Marker를 CPlane으로부터 수직으로 이동시킨다. Elevator Mode를 사용하면 구성 평면에 지정한 점을 수직으로 이동할 수 있으므로 Perspective Viewport에서의 작업이 수월해진다.

■ Elevator Mode를 사용하는 방법

① Perspective Viewport에서 Curve명령을 시작한다.
② 다음 점을 배치하려면 Ctrl키를 누른 상태에서 CPlane을 클릭 한다.
③ 다음 점을 배치하려면, Ctrl키를 누른 상태에서 CPlane을 클릭한다.
④ 점을 CPlane으로부터 위로 이동하고 클릭 한다.
⑤ 이와 같은 방법으로 점을 여러 개 배치한다.
⑥ Enter 키를 눌러 Curve명령을 종료한다.

• 다른 Viewport에서 Elevator Mode를 시작하려면
① Ctrl 키를 누른 상태에서 클릭 하여 Elevator Mode를 시작한다.
② Viewport를 변경하여 다시 클릭 한다.
새로운 CPlane에 대하여 Elevator Mode가 새로이 시작한다.

■ Elevator Mode를 취소하려면

① Ctrl 키를 누른 상태에서 클릭하여 Elevator Mode를 시작한다.
② Ctrl 키를 놓은 후, 다시 Ctrl 키를 누른 상태에서 클릭 한다.
Elevator Mode는 멈추지만 그와 무관하게 현재 명령은 실행된다.

■ Elevator Mode와 개체 끌기

Elevator Mode를 사용하여 개체를 끌어 이동할 수 있다. 이동하고자 하는 개체를 선택한다. Ctrl 키를 누른 상태에서 선택 집합을 마우스 왼쪽 단추로 클릭한 후 끌어온다. 다른 Viewport에서(또는 Perspective), 지정한 점과 선택 집합의 새 위치를 가리키는 표식을 연결하는 Tracking Line을 볼 수 있다. 원하는 위치에서 마우스 왼쪽 단추를 놓아 개체를 배치한다.

■ CPlane에 대하여 수직으로 개체를 끌려면

① 이동할 개체를 선택한다.
② Ctrl 키를 누른 상태에서 선택 집합을 마우스 왼쪽 단추로 클릭 하여 끈다.

다른 Viewport에서 지정한 점과 선택 집합의 새 위치를 가리키는 표식을 연결하는 추적선을 볼 수 있다.

③ 원하는 위치에서 마우스 왼쪽 단추를 놓아 개체를 배치한다.

Tab키를 사용하여 Marker 방향을 고정하기

Tab키를 사용하여 Marker 이동을 첫 번째 점과 표시의 위치를 연결하는 선으로 제한할 수 있다. 원의 중심을 통과하고 더 멀리 연장되는 선을 그리고자 할 때 이 기술을 사용한다.

■ Tab 제한의 예

① 원을 그린다.

② Line명령을 시작한다.

③ Cen Osnap이 활성화된 상태에서 Cursor를 원 가까이로 가져가면 Marker가 원의 중심으로 Snap한다.

④ Marker가 원의 중심으로 스냅하면 Tab키를 누르고 Cursor를 원의 중심으로부터 멀리 이동한다. 선이 원의 중심을 통과한다.

3차원 좌표계 (3D Coordinate System)

3차원 공간상에서 어떤 특정한 점의 위치를 표시하는 방법을 말하며 점, 선, 면, 기타 기하학적 형태의 위치를 정의하기 위해서 기준점(Reference Point) 또는 원점(Origin Point)을 참조한다.

월드 좌표계와 로컬좌표계 (World Coordinate System & Local Coordinate System)

월드 좌표계(World Coordinate System)는 변하지 않는 고정된 절대 좌표계를 말하며 고정된 기준 좌표계로 모든 개체에 동일하게 적용되는 좌표계를 정의한다.
절대좌표계(Absolute Coordinate)라고도 하며 서로 직교하는 X, Y, Z축을 사용하며 원점을 기준으로 측정한다.
로컬 좌표계(Local Coordinate System)는 사용자좌표계(Userl Coordinate System)라고도 하며 사용자가 필요한 위치에 원점을 설정하여 사용할 수 있는 사용자 좌표계를 말한다.
로컬좌표계는 사용자가 3차원 공간의 원하는 위치로 이동하여 사용할 수 있는 좌표계이다.
일반적으로 3차원 모델링 시스템에서는 월드, 로컬 좌표계 이 2 가지 좌표계를 동시에 사용한다.

절대좌표와 상대좌표(Absolute Coordinate & Relative Coordinate)

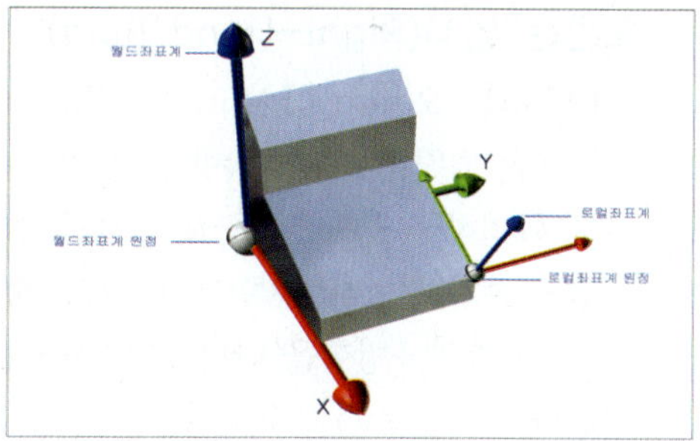

절대좌표(Absolute Coordinate)는 월드좌표계의 원점을 기준으로 측정한 위치 값을 말하며 좌표계 내 모든 개체들에 대해 동일한 원점이 적용된다.

상대좌표(Relative Coordinate)는 직전에 지정된 점의 위치가 원점이 되어 다음 점의 상대적 위치 값을 말하며 기준점이 어딘가에 따라 상대좌표 값이 달라진다.

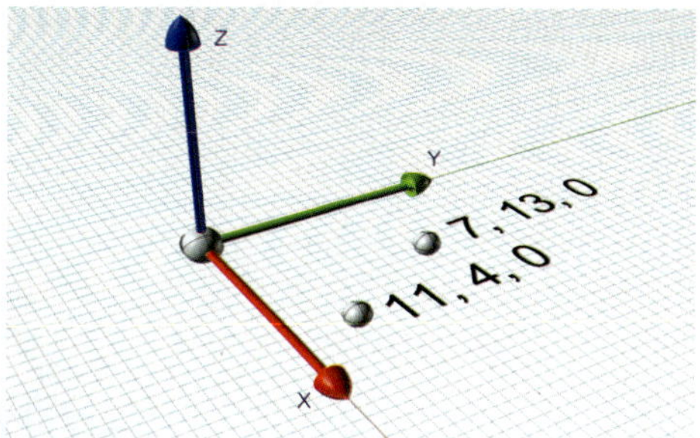

직교좌표계와 극 좌표계 (Cartesian Coordinate System & Polar Coordinate System)

직교좌표계(Cartesian Coordinate System)는 데카르트 좌표라고도 불리며 서로 직교하는 X, Y ,Z축을 설정하고 이 3개의 축이 교차하는 점을 원점으로 하며 이 원점을 기준으로 좌표계 내의 다른 점의 위치를 측정하게 된다. 가장 일반적으로 사용되는 좌표계로써 절대좌표, 상대좌표 2가지 모두 직교 좌표계를 사용할 수 있다.

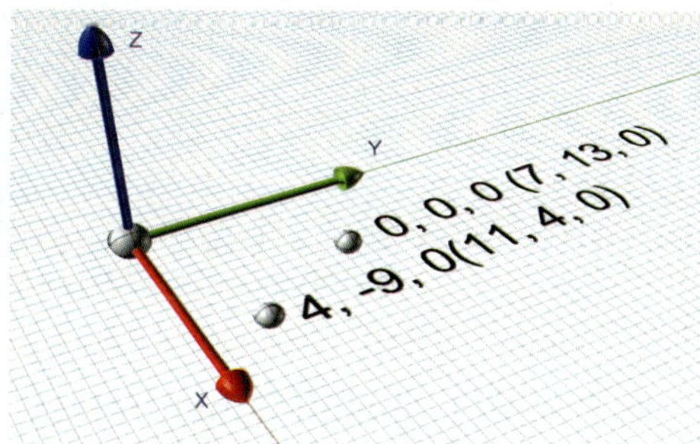

극좌표계(Polar Coordinate System)는 원점으로부터의 거리와 각도를 사용하여 X-Y 평면상의 한점의 위치를 표시하는 좌표계로써 절대좌표, 상대좌표 2가지 모두 극 좌표계를 사용할 수 있다.

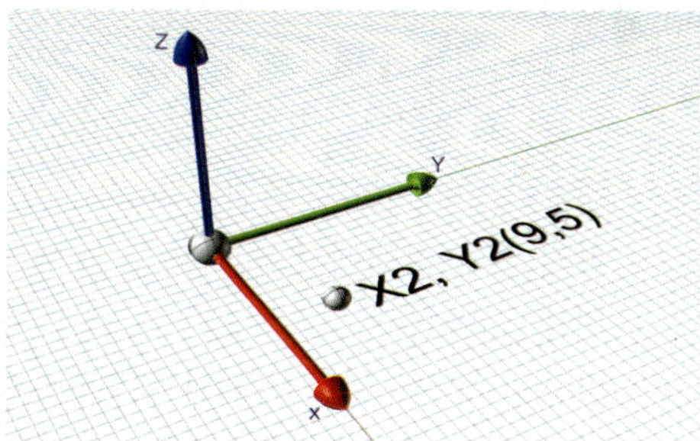

각도 표시 방향

일반적으로 3차원 모델링 시스템에서는 반시계 방향을 각도의 +방향, 시계 방향을 −방향으로 표시한다. Rhino 3D에서도 반시계 방향을 각도의 +방향, 시계 방향을 −방향으로 표시한다.

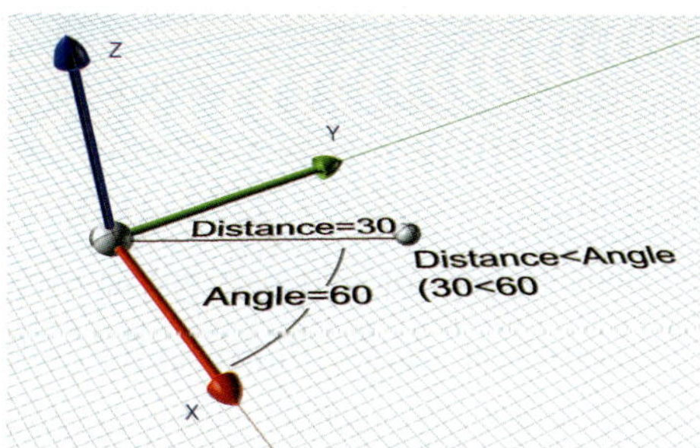

오른손 법칙(Right-Hand Rule)

Rhino는 오른손 법칙(Right-Hand Rule)을 따른다.

오른손 법칙은 Z축의 방향을 결정하는데 도움이 된다. 오른손 법칙을 적용하여 축의 +방향을 확인하려면 오른손으로 주먹을 쥔 다음, 엄지, 검지, 중지 3개의 손가락을 곧게 편다. 엄지 손가락이 가르치는 방향이 X-축의 +방향을 가리킬 때, 검지 손가락이 가르치는 방향이 Y-축의 +방향을 나타내며 손바닥과 중지 손가락이 가르치는 방향이 Z-축의 +방향이 된다.

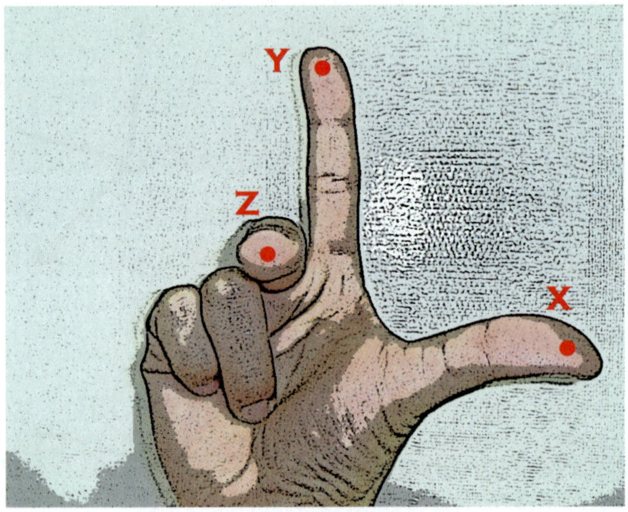

컨스트럭션 플레인(Construction Plane)

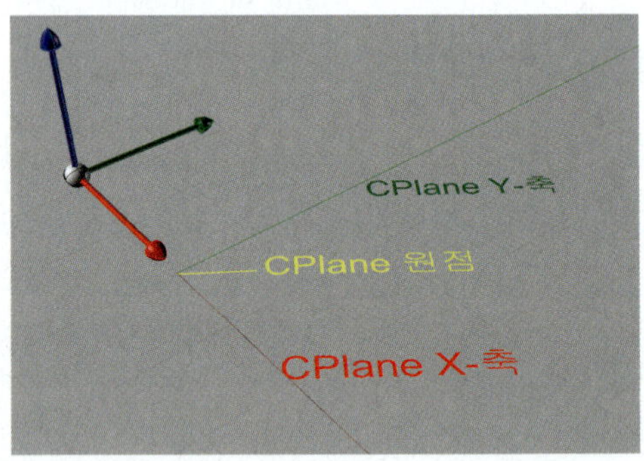

흔히 CPlane이라고 하며 Viewport의 Grid가 표시되는 평면으로서 현재의 작업이 진행되는 평면이다. 만약 Elevator Mode나 Object Snap 등의 모델링 보조 모드를 사용하지 않은 상태에서 Curve를 그리면 CPlane 위에 그려진다.

라이노에서는 월드 좌표와 CPlane 좌표 2개의 좌표계를 사용한다. CPlane은 원점, X-축, Y-축, 그리드를 가지고 있다.

Grid는 CPlane 위에 그려진다. 굵은 빨간색 선은 CPlane의 X-축을 표시하며 굵은 녹색 선은 CPlane의 Y-축을 표시한다. 빨간색 선과 녹색 선이 만나는 곳은 CPlane의 원점이다. CPlane은 라이노의 로컬 좌표계를 의미하기도 한다. 기본적으로 CPlane 좌표는 월드 좌표와 일치하지만 사용자의 필요에 따라 다른 위치에 다른 각도로 설정하여 사용 할 수 있다. 라이노의 표준 Viewport들은 각 Viewport와 일치하는 CPlane을 표시하지만,

Perspective Viewport는 절대 좌표계의 Top Viewport의 CPlane과 일치한다.

- Top Viewport의 CPlane은 월드 좌표계의 X-Y 평면과 일치한다.
- Front Viewport의 CPlane은 월드 좌표계의 X-Z평면과 일치한다.
- Right Viewport의 CPlane은 월드 좌표계의 Y-Z평면과 일치한다.

04 Rhino 3D 개요-4 환경설정

Document Properties

문서 속성은 개별 라이노 파일과 함께 저장되는 속성들이며 현재 모델의 설정을 관리하는 기능이다.

Rhino Render

Antialiasing 기능은 이미지는 매끄럽게 보이나 랜더링의 속도가 느려진다. 그렇기 때문에 최종 렌더링 작업을 할 경우를 제외하고는 높게 설정하지 않는 것이 작업을 효율적으로 진행할 수 있다.

Rhino의 기본 렌더러를 사용하여 렌더링 할 때의 옵션을 설정한다.

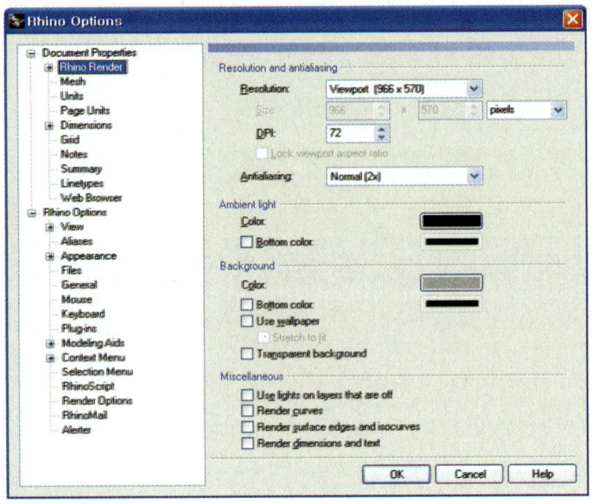

Resolution and antialiasing

■ Resolution

Viewport Resolution

현재 선택되어진 Viewport를 Rendering하는 기능이다.

Custom

사용자 지정 해상도를 사용하여 선택된 Viewport를 Rendering하는 기능이다.

Preset Size

선택된 Pixel 해상도로 선택된 Viewport를 Rendering하는 기능이다.

Size

인쇄용 이미지의 크기를 결정할 때 효율적으로 사용할 수 있으며 해상도와 DPI설정을 기준으로, 선택된 단위 시스템을 사용하여 이미지의 크기를 계산한다.

이미지의 크기를 Pixel, Inch, Millimeters, Centimeters로 설정할 수 있다.

DPI

인치 당 이미지 Dots의 수를 나타낸다.

Lock Viewport Aspect Ratio

사용자 설정 해상도를 설정할 때 화면의 가로 : 세로의 비율을 유지하게 하는 기능이다.

Antialiasing

고르지 않은 가장자리와 텍스트 또는 커브를 매끄럽게 처리하는 방식이다.

Pixel 영역에서 취한 여러 샘플의 평균 값으로 계산하여 랜더링에서 각 Pixel을 계산한다. 이로 인해 표시되는 이미지는 매끄럽게 보이나 랜더링의 속도가 느려진다.

Antialiasing=None Antialiasing=10 X

Ambient light

■ **Color**

랜더링된 이미지의 장면 중 가장 어두운 부분의 색을 지정하는 기능이다.
모델에 어두운 부분의 색은 개체의 색과 주변 광원 색의 혼합이다.

■ **Bottom color**

하단 부위에 다른 색을 설정하는 기능이다.

Background

■ **Color**

랜더링 작업 시 배경색을 지정하는 기능이다.

■ **Bottom color**

이 기능을 설정하면 기본적으로 그라데이션 효과를 나타내는 배경색을 만들 수 있다.

■ Use wallpaper

Viewport 배경 무늬를 배경을 지정하는 기능이다.

■ Stretch to fit

배경 무늬를 Viewport에 맞추는 기능이다.

■ Transparent background

이 기능을 설정하면 배경색이 투명하게 지정하는 기능이다. 기본적으로 Black색이 지정된다.

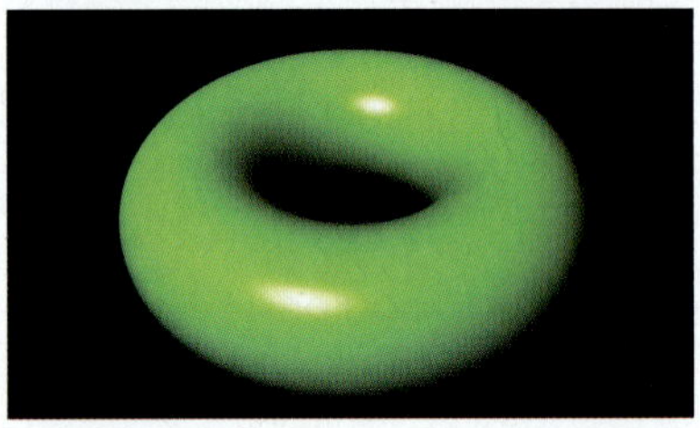

Miscellaneous

■ Use Light On Layers That Are Off

Hide 명령으로 숨긴 조명과 꺼진 레이어의 조명을 랜더링에 포함시킨다.

■ Render curve

Curve 개체를 같이 랜더링 작업 시 보여주게 하는 기능이다.

■ Render surface edges and Isocurves

Surface의 edge와 Isocurve를 같이 랜더링 작업 시 보여주게 하는 기능이다.

■ Render dimension and text

치수와 문자를 랜더링 작업 시 보여주게 하는 기능이다.

Render Details

Render acceleration grids

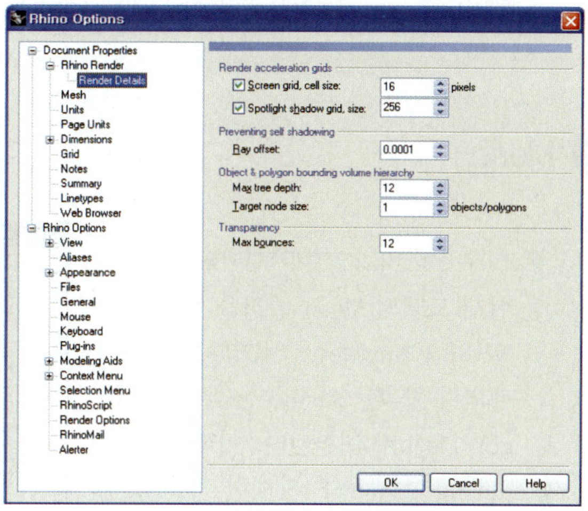

■ Eye Ray와 Shadow Ray속도의 그리드

셀 크기/수를 제어하는 기능이다. Eye Ray는 카메라에서 장면으로 비추는 주요 광선을 말한다.

■ Screen grid, cell size

그리드 셀의 너비와 픽셀 단위이다. 그리드 셀의 크기가 작을수록 이를 생성하는데 메모리가 많이 소요된다. 하지만 최종 랜더링시에는 속도가 빨라진다. 기본값을 16Pixel로 설정되어 있다.

■ Spotlight shadow grid, size

그림자 광선은 눈 광선과 장면이 서로 교차하는 영역이 발견되었을 때, 장면에서 각각의 조명을 향해 비추는 광선이다. 일반적으로 랜더링 시간의 큰 부분은 그림자 광선을 Trace 하는데 사용된다. 집중 조명 그리드는 픽셀 대신, 수 많은 그리드 셀로 정의된다. 이는 조명에는 픽셀 크기를 적용할 수 없기 때문이다. 기본 값은 256으로 설정되어 있다.

Preventing self shadowing

■ Ray offset

광선을 간격띄우는 기능이다. 눈 광선과 장면이 교차되는 지점이 발견되면, 그림자 광선을 계산 하기전에 각각의 조명을 향하여 교차점이 이동하게 된다.

Object & polygon BSP tree

BSP Tree는 랜더링 속도를 올리는 또 다른 방법이다. 깊이가 깊을수록 Node 크기가 작아지며 메모리가 많이 소요될수록 생성 시간이 길어진다.

■ Max tree depth

Tree를 생성할 때, 장면을 몇 번이나 하위 분할이 가능한지를 제어하는 기능이다.

■ Tangent node size

개체 또는 다각형을 가진 각 Node의 최적 크기를 정의하는 기능이다.

Transparency

■ Max bounce

투명도 Bounce 설정은 광선이 투명한 개체에 닿는지 또는 추적하는지를 제어하는 기능이다.

Mesh

■ File Menu 〉 Properties 〉 Mesh

현재 모델의 Mesh 설정을 관리한다. NURBS Surface를 음영처리하거나 렌더링 할 때, Surface는 우선 Polygon Mesh로 변환된다. 이러한 Rendering Mesh의 자세한 Option은 NURBS Surface가 어떻게 Polygon Mesh로 변환되는지를 제어하게 된다. 기본 설정의 Shade와 Rendering의 질에 만족되지 않을 경우에 이 값을 조절하면 효율적이다.

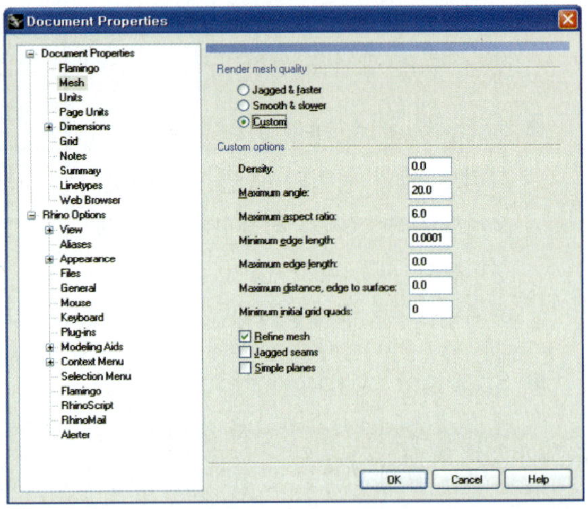

Render mesh Quality

■ Jagged & faster

개체가 고르지 않게 보일 수 있으나, Shaded와 Rendering의 속도가 상대적으로 빨라지게 설정하는 기능이다.

■ Smooth & slower

개체가 매끄럽게 보이지만 Shaded와 Rendering에 오랜 시간이 소요된다.

■ Custom

사용자 지정 옵션을 설정하는 기능이다.

Custom Options

■ Density

Polygon의 Edge가 원래 Surface에 얼마나 가까운지를 제어하는 공식이다.
값은 0과 1 사이이며 값이 클수록 Polygon의 수가 많은 Mesh로 생성된다.

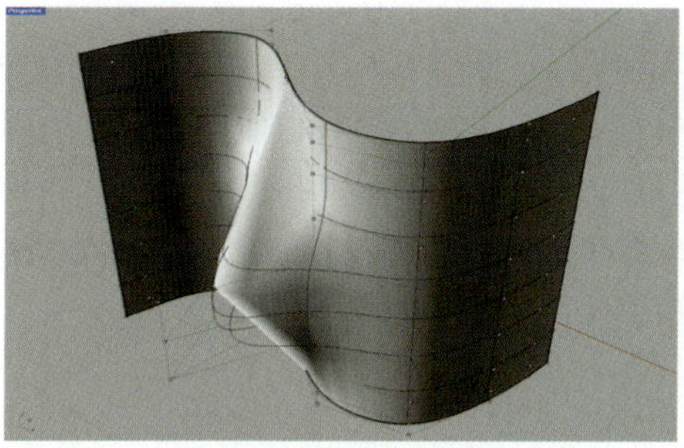

Density = 0 지정한 경우

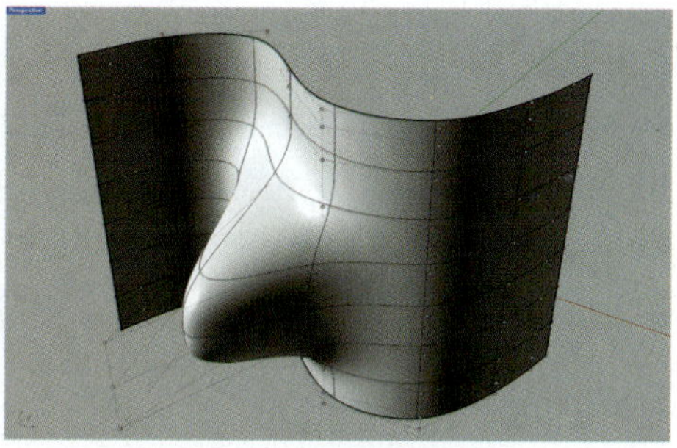

Density = 1 지정한 경우

■ Maximum Angle

Mesh 정점의 임의의 지점에서부터 Surface Normal 사이의 허용되는 최대 변경 각도이다. Facet Edge 끝에 정점이 있는 경우 두 정점은 서로 이웃하게 된다.
이 옵션의 기본값은 20 도이고 제안되는 범위는 5도부터 90도까지 이며 크기 조정의 영향을 받지 않는다. 값이 작을수록 Mesh 속도가 느려지고, 더욱 정확해지며, 다각형 개수의 수가 많아진다. Rendering 작업 시 가장 많이 사용되는 기능 중 하나이다.
만약 평평하고, 구불구불한 영역이 있는 Surface를 Mesh 처리할 때, 평평한 영역은 적은 수의 삼각 Mesh로 구불구불한 영역은 더 많은 수의 삼각 Mesh로 처리하려면 Maximum Angle 옵션을 사용하고 Maximum edge length를 0으로 설정한다.

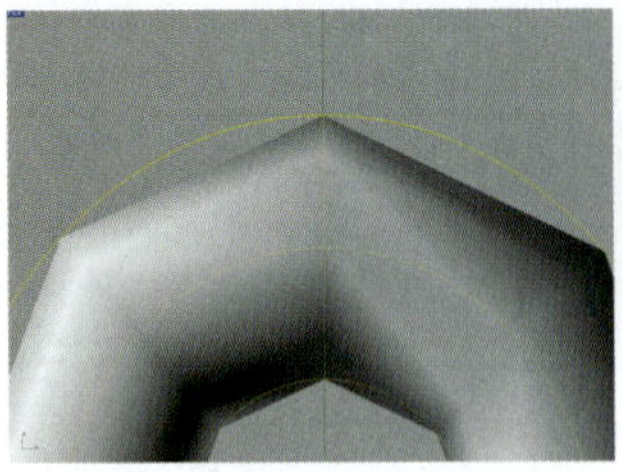

Maximum Angle = 80

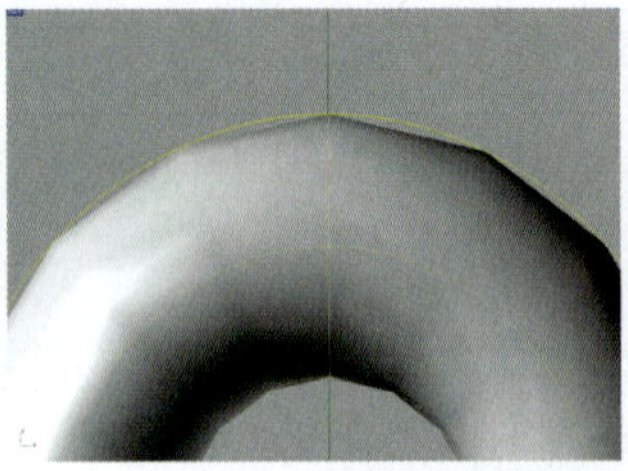

Maximum Angle = 40

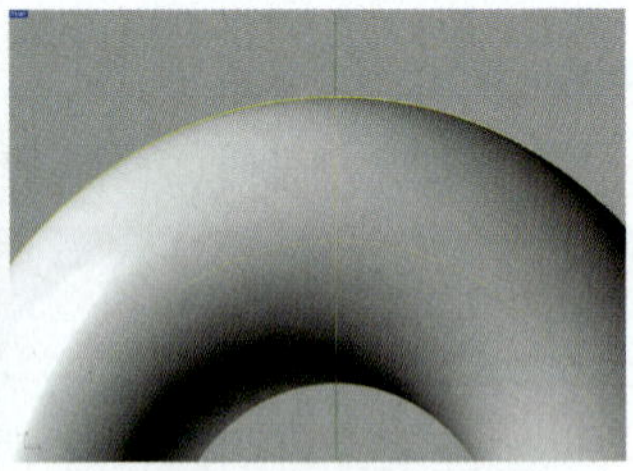

Maximum Angle = 10

■ Maximum aspect ratio

Surface는 처음에는 일반 사각 Mesh로 모자이크 처리된 후에 Mesh가 구체화된다. 초기 사각 Mesh가 구성되고 그 평균적인 사각 Mesh의 최대 종횡비는 최대 종횡비와 같거나 더 작다. 값이 작을수록 Mesh 작성처리는 늦어지나 등변에 가까운 좋은 형태의 다각형이 되며 그 수도 많아지게 된다. 이 값을 0으로 설정하면 이 옵션이 꺼지는데 0은 제한이 없음을 뜻한다. 이것은 초기 Mesh 그리드 사분면의 대략적인 최대 종횡비이다.

이 옵션의 기본값은 0 이며 제안되는 범위는 1부터 100까지 이며 크기 조정의 영향을 받지 않는다.

만약 길고 가는 개체를 음영 처리할 때 최대 종횡비로 0.0을 사용한다. 이로 인해 무한의 비율을 사용할 수 있다. 다른 매개 변수로 Mesh의 매끄러움을 제어한다.

■ Minimum edge length

최소 Edge 길이보다 짧은 Edge가 있는 경우 Mesh 면의 분할이 더 이상 이루어지지 않는다. 이것은 초기 Mesh 그리드 사분면의 대략적인 최소 Mesh 길이이기도 하다.

이 옵션의 기본값은 0.0001 단위이며 모델의 크기에 따라 사용 가능한 범위는 다르다. 값이 클수록 Mesh 작성의 처리속도가 빨라지지만, Mesh의 정확도가 떨어지고 다각형 수가 적어지게 된다. 이 값을 0으로 설정하면 이 옵션이 꺼지게 된다.

■ Maximum edge length

Maximum Edge Length 기능은 Maximum Angle값과 같은 기능이나 불필요하게 용량을 차지 할 수 있다.

모든 Polygon Edge가 이 값보다 짧아질 때까지 Polygon이 분할된다. 이것은 초기 Mesh 그리드 사분면의 대략적인 최대 가장자리 길이이기도 하다.

값이 작을수록 Mesh 처리 속도는 느려지고, 균일한 크기의 다각형의 수가 많아지게 된다. 이 값을 0으로 설정하면 이 옵션이 꺼지게 되고 이 옵션의 기본값은 0이며 모델의 크기에 따라 사용 가능한 범위는 다르다. 이 설정은 크기 조정의 영향을 받게 된다. Refine옵션이 켜져 있으면 Edge의 길이가 이 값보다 작아질 때까지 나누어가게 된다.

이 기능은 주로 Poygon이 대략 균일한 크기인지를 확인하는 데 사용되며 주얼리 제품을 Rendering 작업 시 2~5값을 최적 값으로 적용한다. RP 작업 시는 1~3으로 설정한다.

■ Maximum distance, edge to surface

Polygon Edge의 중간점에서 NURBS Surface까지의 거리가 이 값보다 작아질 때까지 Polygon을 분할한다. 이것은 초기 Mesh 그리드의 다각형 가장자리의 중간점에서 NURBS Surface까지의 대략적인 최대 거리이다. 값이 작을수록 Mesh 작성처리는 늦어지나, 보다 정확한 Mesh가 되며 다각형의 수도 많아지게 된다. 이 값을 0으로 설정하면 이 옵션이 꺼지게 되고 기본값은 0이며, 모델의 크기에 따라 사용 가능한 범위는 다르다.

이 기능은 일반적인 다각형 Mesh 허용오차 설정으로 사용할 수 있다. RP 작업 시 0.01로 맞추어 준다.

■ Minimum initial grid quads

초기 Mesh 그리드에서의 Surface당 사각 Mesh의 수이다. 실제로는 Rhino는 각 Surface에 적어도 여기에 설정된 수의 다각형을 사용하게 된다.

값이 클수록 Mesh 작성 속도가 늦어지나, 보다 정확한 Mesh가 되고 다각형은 더욱 균등하게 배분되어 그 수도 많아지게 된다. 이 값을 0으로 설정하면 이 옵션이 꺼지며 이 옵션의 기본값은 16 도이고 제안되는 범위는 0부터 10000까지 이다.

옵션은 크기 조정의 영향을 받지 않는다.

이 기능은 정교하게 세부묘사 되어있는 Surface를 Mesh하는 다각형의 수가 충분히 많은지를 확인하는 데 사용할 수 있다.

■ Refine mesh

이 기능은 Maximum Angle 기능과 연관있으며 일반적으로 이 기능을 체크한 상태에서 Maximum Angle값을 바꾸어준다.

이 기능이 체크되어 있으면 Refine이 켜져 있으면 대부분 사각 Mesh를 얻을 수 있다. 초기 Mesh 후 Rhino는 최대 각도, 최소 가장자리 길이, 최대 가장자리 길이, 가장자리에서 Surface까지의 최대 거리 옵션에서 정의된 기준에 맞을 때까지 Mesh 구체화하기를 순환한다.

다각형 가장자리를 따르는 Surface Normal 사이의 각도가 이 옵션에서 정의된 값보다 작아질 때까지 Mesh를 구체화한다. 기본값은 20 도이며, 제시된 범위는 5에서 90도까지이다. 최대 각도를 0으로 설정하면 옵션이 꺼지며, 크기 조정의 영향을 받지 않는다.

이 확인란을 선택 해제하면 빠른 Mesh 작성 속도, Mesh 정확도의 저하, 낮은 다각형의 수의 결과를 가져오게 된다. 또한 이 확인란의 선택 해제로 인해 트림 해제된 각각의 Surface 자르기 가장자리와 결합한 가장자리로부터 떨어진 Surface 영역은 균등한 크기의 사각형으로 Mesh가 된다.

> 선택 해제 시 빠른 Mesh 작성 속도, Mesh 정확도의 저하, 낮은 다각형의 수, 트림 해제된 각각의 Surface, 자르기 가장자리와 결합한 가장자리로부터 떨어진 Surface 영역은 균등한 크기의 사각형으로 Mesh가 된다.

■ Jagged seams

모든 Surface는 독립적으로 Mesh 처리되며 결합된 Surface 가장자리의 Mesh는 서로

> 이 기능을 선택하지 않으면 밀폐된 Mesh가 만들어지게 된다.

꿰매지지 않는다. Polysurface에서 각 Surface의 Mesh는 반드시 밀폐된 Mesh를 이루는 것은 아니며 이 기능을 선택하지 않으면, 밀폐된 Mesh가 만들어지게 된다.
빠른 Mesh 작성, 낮은 다각형의 수, 렌더링된 이미지에서 결합된 Surface 사이의 틈이 생기는 결과를 가져오게 된다.
Rhino는 단일의 Trim되지 않은 Surface를 Mesh 작업하지 않는 한, 밀폐된 사각형 Mesh를 지원하지 않는다. 이러한 경우 Mesh 구체화하기의 확인란을 선택 해제하고 이 기능을 선택하여 사각형 Mesh를 생성한다.

■ Simple Planes

평면 Surface에 대해 최소의 Polygon 수를 이루게 한다. 복잡하게 트림된 경우에는 변환 속도가 느려 질수 있다. 모든 평면형 Surface는 Surface Edge를 Mesh 작성하고, Edge로 둘러싸인 영역을 삼각형으로 채우는 방법으로 Mesh된다.
느린 Mesh 작성, 평면형 Surface상의 최소 다각형의 수의 결과를 가져오게 된다. 복잡한 Trim Surface를 Mesh 작성할 때 특히 느려질 수 있다.

■ Pack Texture

Mapping 작업 시 사용하는 기능으로 이 명령을 체크하면 Mapping을 할 때 하나의 Map을 균등하게 적용하며 체크를 하지 않으면 Surface 한 면마다 Mapping되어 이미지 크기가 각각 다르게 나온다.

Unit

■ File Menu 〉 Properties 〉 Units

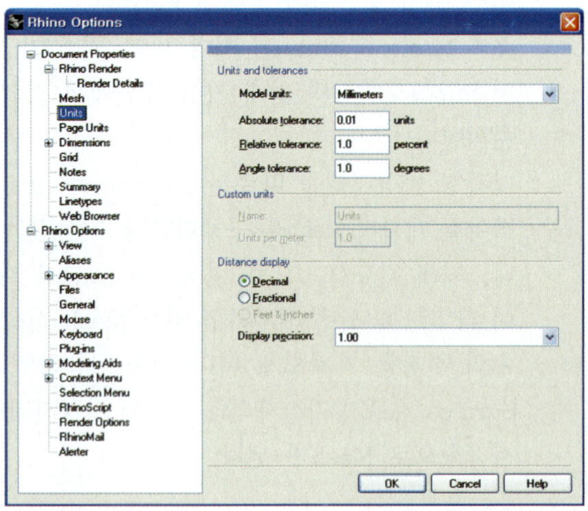

모델링에서 사용할 치수단위계와 공차, 명령줄과 상태표시줄에서의 거리 표시 단위와 공차를 설정하는 기능이다.

Units and Tolerances

■ Model Units

Model에서 사용할 Units을 제어하는 기능이다. Unit System에서 다른 치수 단위계로 변경할 때, Geometry의 크기를 치수단위계의 변경에 맞춰서 스케일을 자동으로 조정할 것인지를 묻는다.

■ Absolute Tolerances

이 기능은 절대로 정확할 수 없는 새 Geometry를 생성할 때 사용한다. 예를 들어, Trimming Surface, Offset, Boolean Operation 등에서는 보통 근사 값 Approximate Geometry를 만든다.

■ Relative Tolerance

일부 명령에서 사용하는 상대공차를 설정하는 기능이다. 개체에서 어떤 치수를 기준으로 하는 상대공차가 절대공차 보다 작은 값으로 설정되어 있는 경우 절대공차 대신 상대공차를 사용한다.

■ Angle Tolerance

일부 명령에서 사용하는 각도공차를 설정하는 기능이다.
각도공차는 Geometry를 만들거나 수정할 때 Geometry의 각도가 허용공차 이하인 근사 값 Approximate Geometry를 만들기 위해 사용된다. Rhino에서는 두 개의 Geometry의 각도가 공차 값 이하의 각도로 만날 때 Tangency와 같은 어떤 기준을 만족시키는 것으로 평가한다.

Custom Units

Rhino에서 제공하는 단위 이외에 사용할 단위를 설정하는 기능이다.

■ Name

단위의 이름을 입력하는 기능이다.

■ Units per meter

meter에 대한 축적을 입력하는 기능이다.

Distance display

Status Bar의 거리 표시와 Command Line의 거리와 길이 표시를 설정하는 기능이다.

■ Decimal

표시를 십진법(1.25)으로 설정하는 기능이다.

■ Fractional

표시를 분수(1-1/4)로 설정하는 기능이다.

■ Feet & Inches

표시를 Feet와 Inch(1 '-3')로 설정하는 기능이다.

■ Display precision

거리 표시에 사용할 소수 자리 또는 분수의 정밀도를 설정하는 기능이다.

■ Unit 설정 시 유의사항

- 주얼리 제품 디자인 모델링에서는 Model Units(모델 단위)를 Millimeter로 설정하고, 모델링하는 제품의 크기에 따라 그리드의 간격을 조정하여 사용하는 것이 편리하다.
- 치수 단위(Unit)와 공차(Tolerance)는 모델링을 시작할 때 설정하고, 변경하지 않은 것이 가장 좋은 방법이다.
- Template를 사용하는 것이 좋다. 라이노의 기본 단위계(Default Unit Ststem)는 Millimeter이고 기본공차는 0.01mm이다. 자주 사용하는 단위계가 기본값과 다르면, 자신이 자주 사용하는 단위계 환경을 설정한 파일을 Template로 저장하여 사용하는 것이 효과적이다.
- 절대공차(Absolute Tolerance)는 0.0001이하로는 설정하지 않는 것이 좋다. 절대공차(Absolute Tolerance)를 0.0001이하로 설정하면, 일부작업의 처리가 상당히 느려진다.

Page Unit

File Menu 〉 Properties 〉 Units
현재 모델의 Layout Page 단위를 관리하는 기능이다.

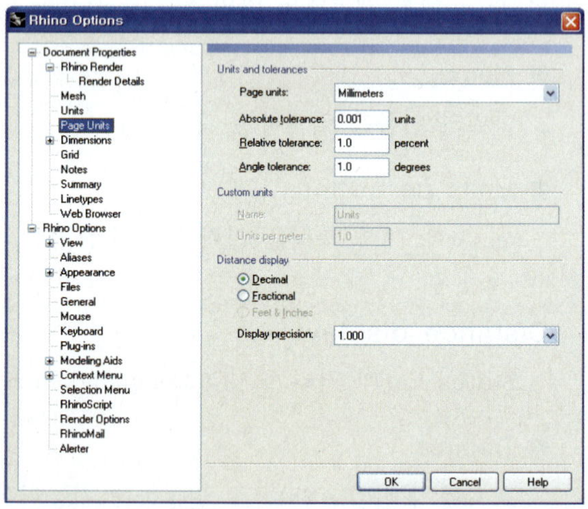

Units and Tolerances

■ Page Units

Layout Page에서 사용되는 단위를 제어하는 기능이다. 어느 한 단위 시스템에서 다른 시스템으로 변경하면, 새로 지정한 단위에 맞춰 Geometry의 배율을 조정할지를 묻는 Prompt가 표시된다.

Dimension

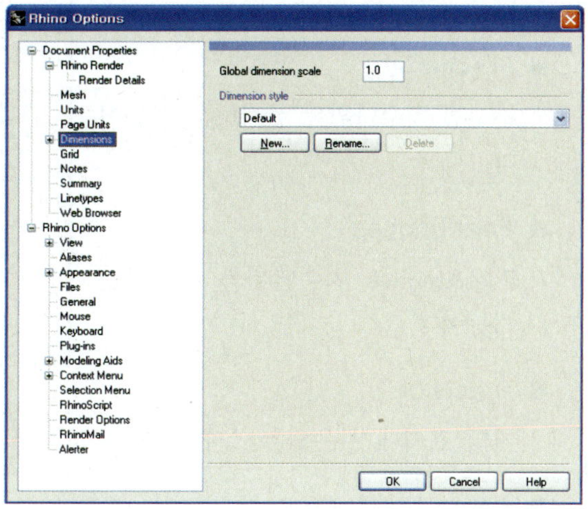

■ Dimension Properties

현재 모델의 치수 설정을 관리하는 기능이다.

■ Global dimension scale

일반적으로 인쇄 비율을 바꾸는 기능으로 Text Height, Extension line extension, Extension line offset, Arrow length는 여기서 지정된 숫자로 배가 된다.

■ Dimension style

현재 치수 Style을 설정하는 기능이다.

■ Actions

New
새 치수 Style을 생성하는 기능이다.
Rename
치수 Style의 이름을 바꾸는 기능이다.
Delete
치수 Style을 삭제하는 기능이다.

Dimension Default

현재 모델의 기본 치수 스타일을 관리하는 기능이다.

■ Name

치수 스타일 이름을 표시한다.

■ Font

치수 텍스트의 글꼴을 지정할 수 있으며 기본 설정된 글꼴은 Arial이다.

■ Number Format

Decimal, Fractional, Feet&Inches 3가지로 치수단위를 지정할 수 있으며 기본 설정은 Decimal이다. 치수단위를 변경하면 이전에 기입되어 있는 치수의 단위 역시 변경된다.

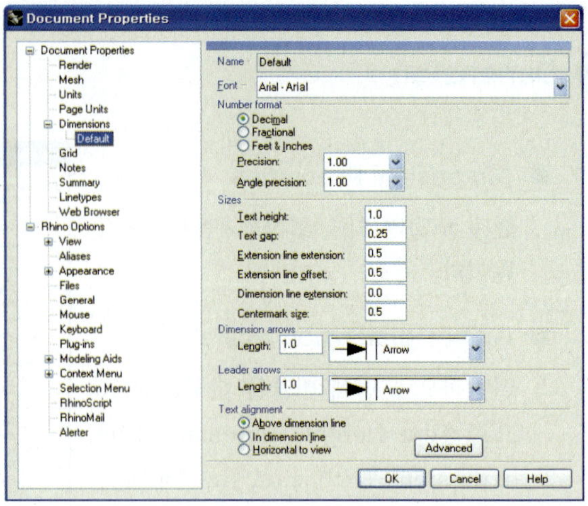

■ Decimal

십진법 치수단위를 설정하는 기능이다.

■ Fractional

분수법 치수단위를 설정하는 기능이다.

■ Feet&Inches

Feet&Inches 치수단위를 설정하는 기능이다.

■ Precision

거리 표시에 사용되는 소수점 아래 자리수를 설정하는 기능이다.

■ Angle Precision

각도 표시에 사용되는 소수점 아래 자리수를 설정하는 기능이다.

■ Sizes

문서 단위의 Text와 Item 크기를 설정한다.

■ Text height

글자 크기 조절 기능이다.

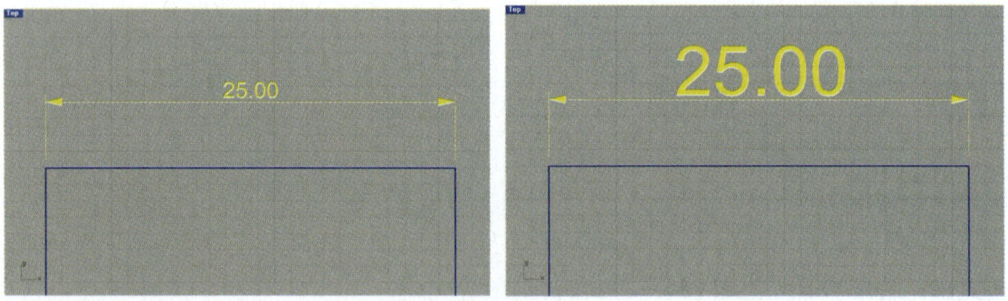

■ Text Gap

글자와 치수선 사이 공백의 크기 조절 기능이다.

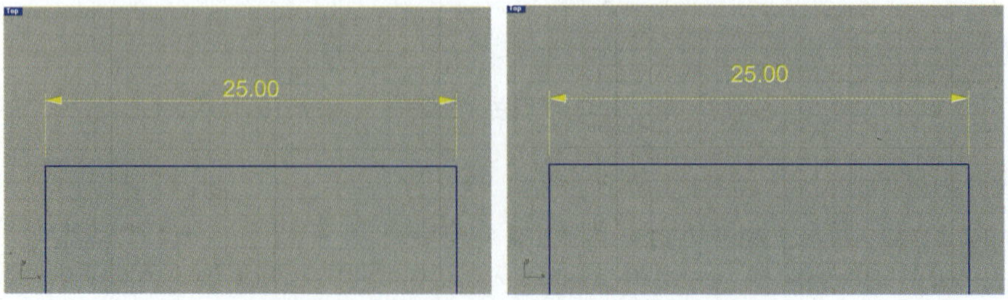

■ Extension line extension

치수선 위의 연장선의 길이를 지정하는 기능이다.

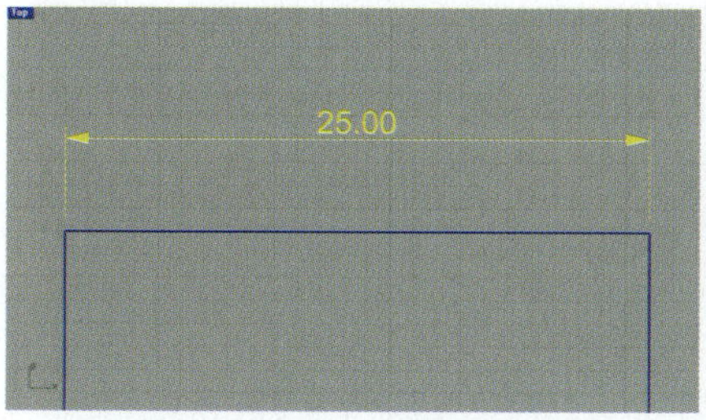

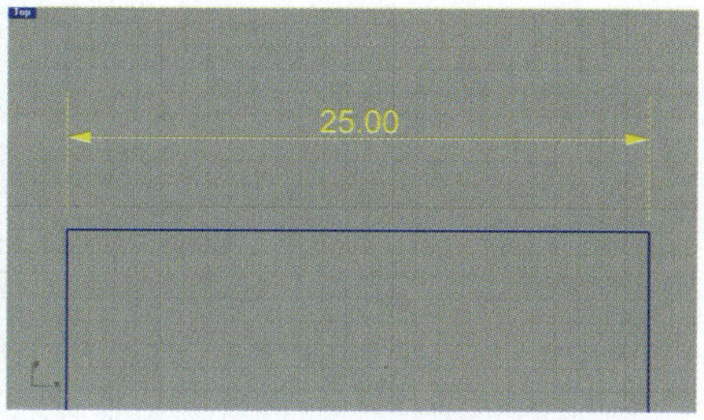

■ Extension line offset

개체상의 치수 점에서 연장선의 시작점까지의 거리를 지정하는 기능이다.

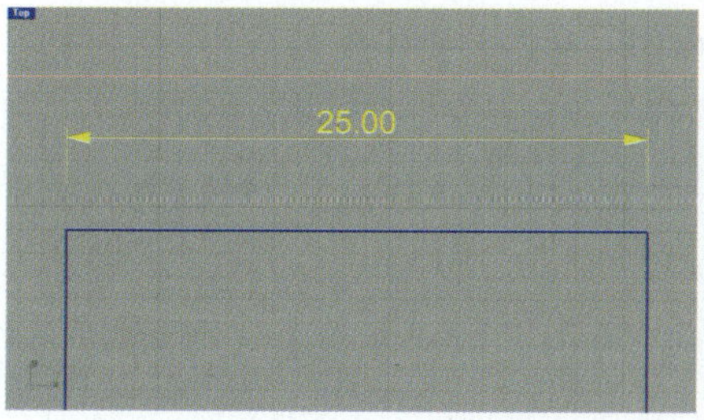

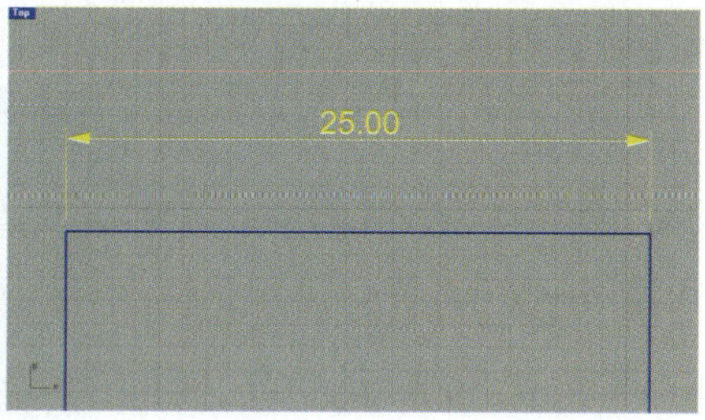

■ Dimension line extension

치수선의 거리는 연장선을 지나치도록 연장된다.

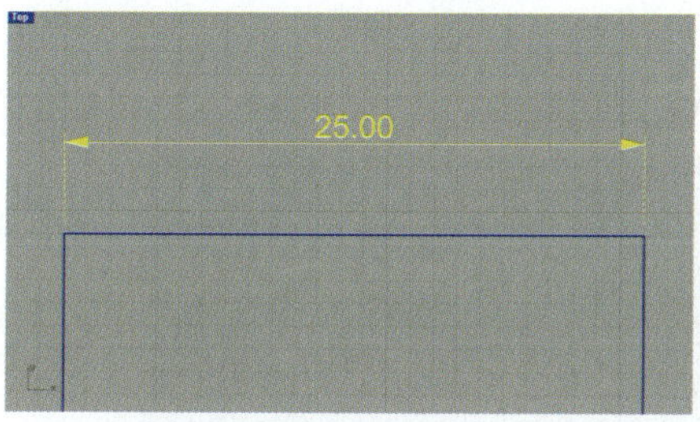

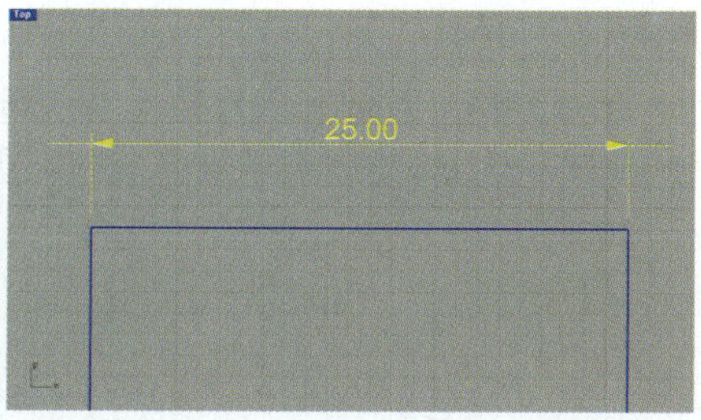

■ Centermark size

반지름과 지름 치수의 중심표시 크기를 지정하는 기능이다.

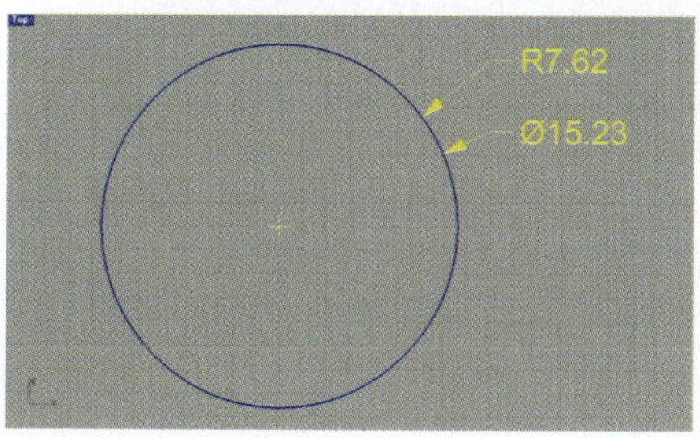

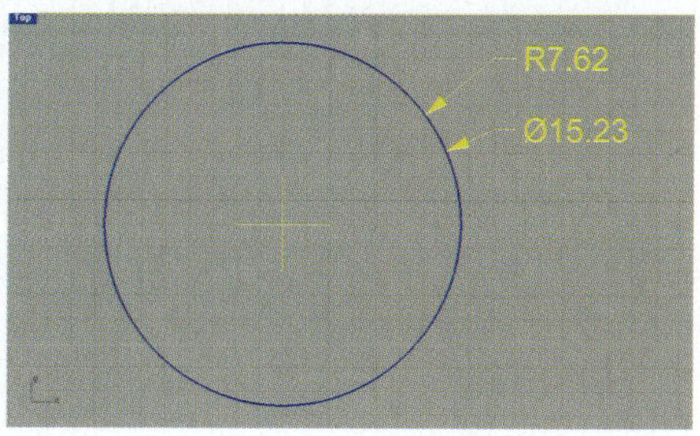

■ Dimension arrows Length

치수선 끝의 화살표 길이를 지정할 수 있으며 6개의 지시선 종류가 기본적으로 제공된다.

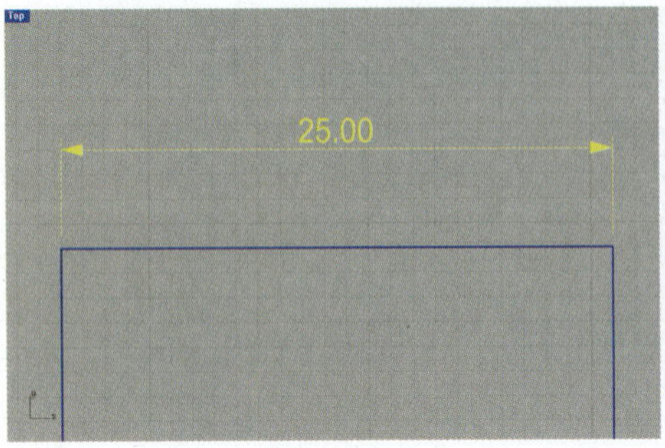

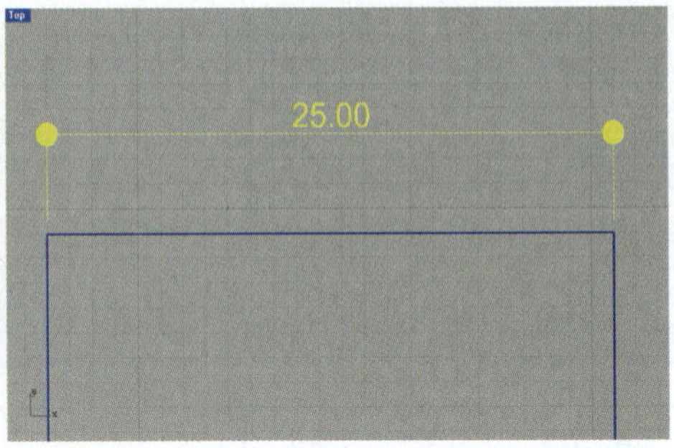

■ Leader arrows Length

지시선 끝의 화살표 길이를 지정할 수 있으며 6개의 지시선 종류가 기본적으로 제공된다.

■ Text alignment

치수선에 표시되는 치수 문자의 위치를 조정할 수 있다.

■ Above dimension line

기본설정으로 치수선 위에 치수문자가 위치하게 지정한다.

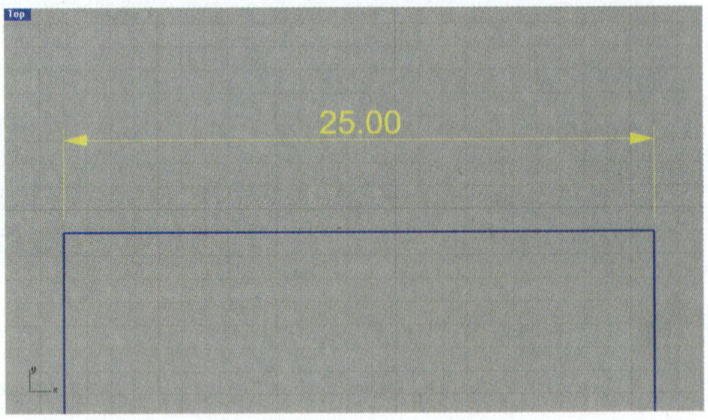

■ In dimension line

치수선 사이에 치수 문자가 위치하게 지정한다.

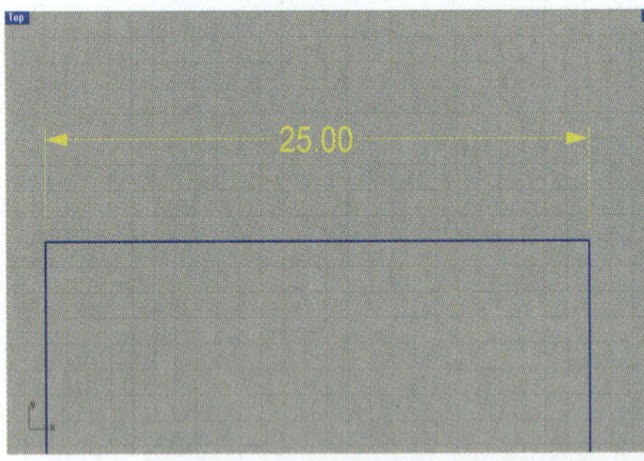

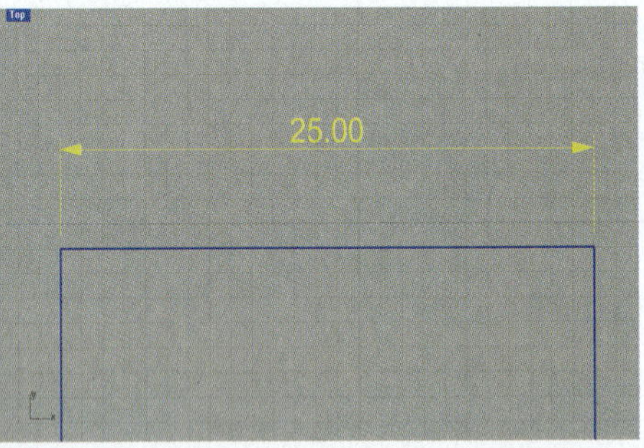

■ Horizontal to view

치수선의 방향에 상관없이 Text를 View에 수평하게 하여 작성하는 기능이다.

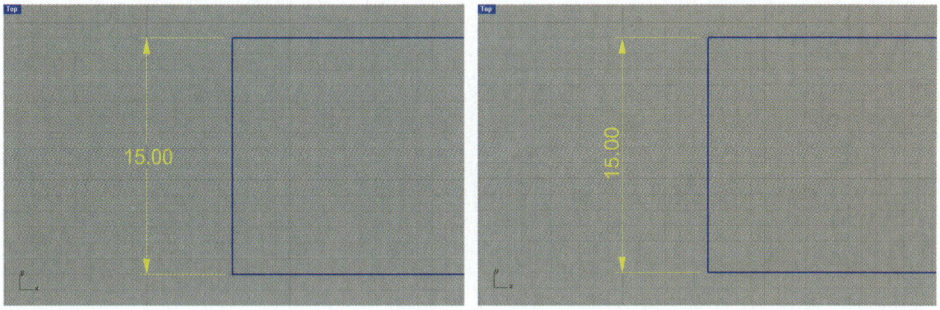

Advanced

Primary text

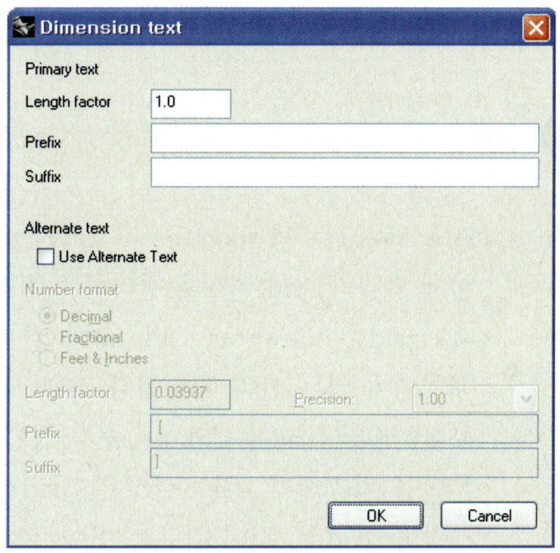

■ Length factor

Rhino 단위와 치수 단위 사이의 변환 계수를 지정하는 기능이다.

■ Prefix

치수 Text에서 접두 표기로 사용할 Text이다.

■ Suffix

치수 Text에서 접미 표기로 사용할 Text이다.

■ Alternate text

주요 Text에 추가로 다른 단위 시스템을 표시하는 기능이다.

■ Use Alternate Text

대체 단위 시스템을 On시키는 기능이다.

■ Number Format

대체 치수의 단위 시스템을 설정하는 기능이다.

■ Decimal

십진법 치수단위를 지정하는 기능이다.

■ Fractional

분수법 치수단위를 지정하는 기능이다.

■ Feet&Inches

Feet&Inches 치수단위를 지정하는 기능이다.

■ Length factor

Rhino 단위와 대체 단위 사이의 변환 계수이다.

■ Precision

표시되는 소수점 자릿수를 나타낸다.

■ Prefix

치수 Text에서 접두 표기로 사용할 Text이다.

■ Suffix

치수 Text에서 접미 표기로 사용할 Text이다.

Grid

Grid extents 기능은 그리드의 범위를 원점을 기준으로 설정하며 그리드의 최대 범위는 10,000단위이다. 여기에서 설정된 값은 전체 Grid범위에서 반지름 값을 설정하는 것이다.

File Menu 〉 Properties 〉 Grid

현재 모델의 Grid 설정을 관리하는 기능이다. Grid는 Viewport CPlane의 일부에 배치되어 있는 선의 배열이다. CPlane은 무한하지만 Grid는 CPlane 중 지정된 부분만을 차지한다. Grid설정은 Grid선의 간격과 Grid축, 절대 좌표축 아이콘의 표시 상태를 제어할 수 있다.

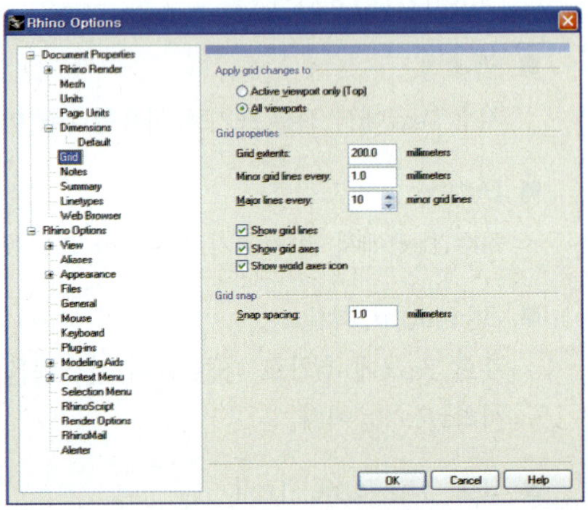

Apply grid changes to

Active viewport only[활성화된 Viewport Name]

Grid의 변경사항을 활성화된 Viewport에만 적용시키는 기능이다.

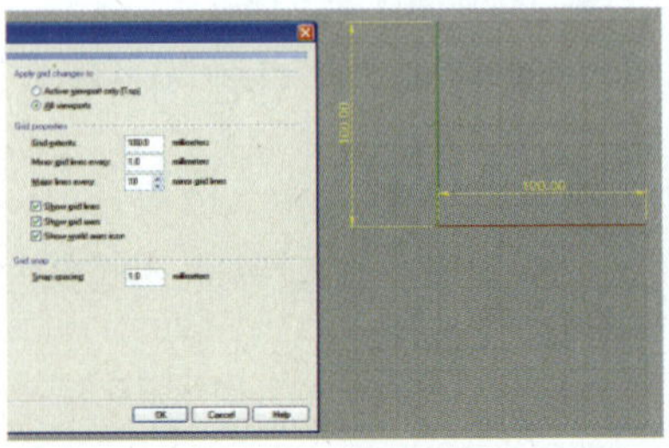

■ All Viewport

그리드의 변경사항을 모든 Viewport에 적용시키는 기능이다.

Grid Properties

- **Grid extents**

  그리드의 범위를 원점을 기준으로 설정하며 그리드의 최대 범위는 10,000단위이다.

- **Minor Grid lines every**

  가는 Grid 선의 간격을 설정하는 기능이다. 현재 설정한 단위를 기준으로 설정한다.

- **Major lines every**

  굵은 Grid 선의 간격을 설정하는 기능으로 가는 그리드 선 몇 개마다 굵은 Grid 선을 표시할 것인지를 설정한다.

- **Show grid lines**

  Grid 선을 보여주는 기능이다.

- **Show grid axes**

  X, Y축 선을 보여주는 기능이다.

- **Show world axes icon**

  절대좌표계를 나타내는 아이콘을 보여주는 기능이다.

- **Grid Snap**

  Grid spacing

  Grid Snap 간격을 설정하는 기능이다.

Note

모델링 파일과 함께 저장할 정보를 입력한다. File Menu 〉 Note명령으로도 열어볼 수 있다.

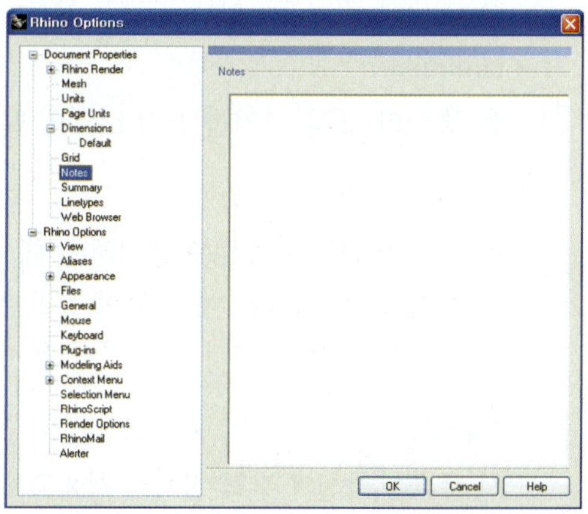

Summary

현재 모델에 대한 요약 정보를 표시하는 기능이다.

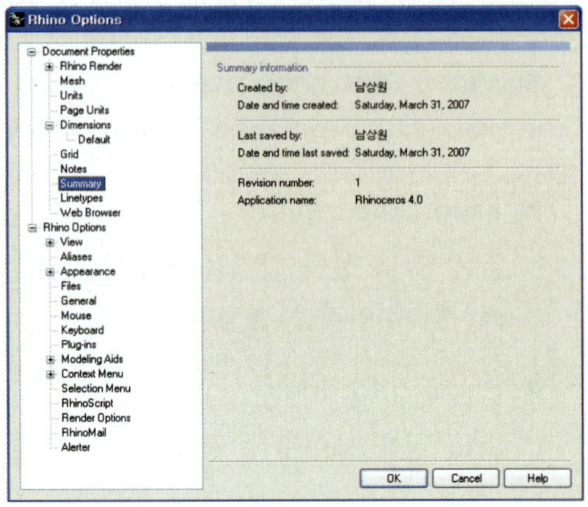

Summary Information

파일을 만든 사용자 이름, 파일이 만들어진 날짜와 시간, 마지막으로 파일을 저장한 사용자 이름, 날짜와 시간, 저장한 회수, 라이노 버전, 등의 요약 정보를 포함하고 있다. 이 정보는 Window탐색기에서도 표시되며 라이노 파일을 오른쪽 버튼으로 클릭한 다음 속성(Properties)을 선택할 수 있다.

Linetypes

File Menu 〉 Properties 〉 Linetypes 현재 모델의 Line Type Pattern을 관리하는 기능이다. 점선 또는 파선을 사용하여 커브를 표시하는 기능이다.
선 종류는 개체와 레이어 속성으로 적용되며 커브 개체에만 영향을 미친다.

〈Options〉

• **Inches**

선 종류의 표시 크기를 Inch로 설정하는 기능이다.

• **Millimeter**

선 종류의 표시 크기를 Millimeter 설정하는 기능이다.

• **Scale**

Viewport에서 선 종류를 표시하는 데 사용되는 배율을 제어한다. 배율 설정은 인쇄에는 영향을 주지 않는다. 예를 들어 1/2" 선과 1/2" 공간이 반복되도록 정의된 파선 패턴이 있는 경우 인쇄 배율과 상관없이 용지 상에 그대로 인쇄된다.

• **Pattern**

선 종류는 파선과 간격 길이가 쉼표로 구분된 목록으로 정의되며, 항상 파선으로 시작한다. 길이가 0 인 파선은 점이다.

• Delete

선 종류의 정의를 삭제하는 기능이다.

• Add

선 종류의 정의를 추가하는 기능이다.

Web Browser

3DM 파일에 첨부된 HTML 파일 또는 웹 주소를 관리하는 기능이다. WebBrowser 명령은 연결된 웹 주소를 "항상 위"에 표시되는 대화 상자에 표시 한다.

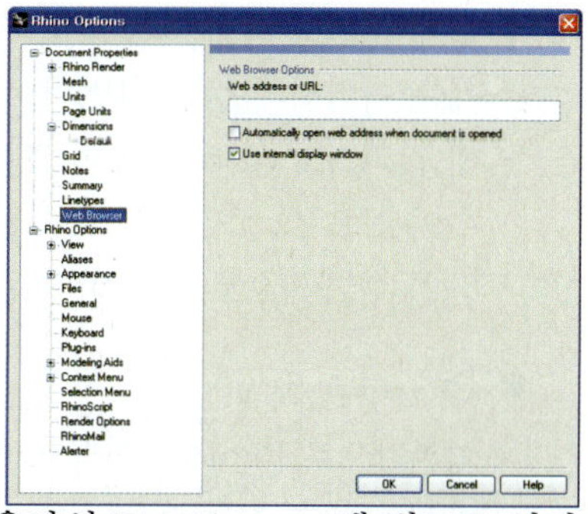

〈Options〉

Automatically open web address when document is opened Rhino가 시작되면 Web Page를 자동으로 여는 기능이다.

• Use internal display window

내부 웹 페이지 표시 창을 사용하는 기능으로 이 창에는 Brower 제어가 없다.

이 Option을 선택되지 않는 경우에는 Web Page가 사용자의 Web Browser에 별도로 열리게 된다.

〈Rhino Options〉

Rhino Options을 사용하여 Rhino의 사용자 Interface를 사용자가 지정할 수 있다.

Rhino Options

View

Tools Menu 〉 Option 〉 View
View 조작을 제어하는 기능이다.

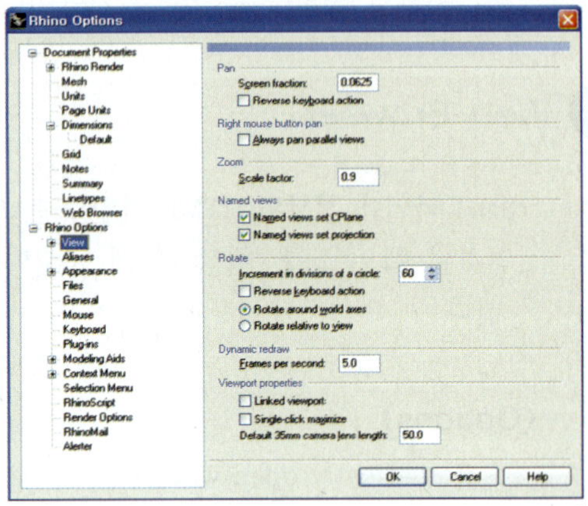

■ Pan

키보드의 초점 이동 작동을 제어하는 기능이다.

Screen Fraction

키보드를 사용하여 초점 이동 할 때 Rhino는 단계 적으로 초점 이동한다. 초점 이동의 단계는 여기서 설정된 화면의Screen Fraction의 값과 Viewport의 높이 또는 너비의 픽셀 수의 곱으로 정의된다. Viewport에서 키보드로 Pan(화면이동: Shift + 화살표 키)을 실행하면 단계적으로 화면이 이동하게 된다.

■ Reverse Keyboard Action

기본값으로 Rhino는 화살표 키 방향으로 카메라를 이동시킬 수 있다. 이 항목을 체크하면 카메라 대신 장면(Scene)을 이동시킨다. Rhino의 기본 설정으로는 누르는 화살표와 방향으로 카메라가 초점 이동한다.

Right Mouse Button Pan

■ Always pan parallel views

View에서 CPlane이 일직선으로 보이지 않을 때 평행 Viewport를 회전하지 않도록 설정하는 기능이다.

Zoom

■ Scale factor

키보드나 휠 마우스로 줌을 실행하면, Scale factor에서 설정된 단계로 줌을 실행하는 것이다. 키보드의 줌은 Shift 키와 같이 Page Up키와 Page Down키를 사용하며 Scale factor값은 〈0.01~0.99〉사용할 수 있다. Scale factor값을 작게 설정하면 한 번에 줌이 많이 실행되며 Scale factor값을 크게 설정하면 줌이 적게 실행된다.

Named Views

■ **Named views set CPlane**

명명된 View로 변경하면 그 View와 함께 저장된 CPlane도 다시 설정된다.

■ **Named views set projection**

명명된 View로 변경하면 그 View와 함께 저장된 Viewport 투영도 다시 설정된다.

Rotate

View의 회전을 제어하는 기능이다.

■ **Increment in divisions of circle**

키보드 화살표 키로 View를 회전시키면 단계적으로 회전하게 된다. 기본값으로 원의 1/60인 6도로 설정되어 있다.

■ **Reverse keyboard action**

기본적으로 Rhino는 카메라를 화면주위로 회전시키게 되어 있는데 이 항목을 체크하면 카메라 대신 장면을 회전시킨다.

■ **Rotate around world axes**

View를 World Axes로 회전시키는 기능이다.

■ **Rotate Relative to view**

화살표 키를 이용하여 View의 수직 또는 수평축을 중심으로 이동시키는 기능이다.

Dynamic redraw

View를 초점 이동, 확대/축소, 회전할 때 장면이 그때마다 다시 그려지게 되는데 큰 모델을 다시 그리기를 항상 실행하면 속도가 매우 느려진다.
다시 그리기에 시간이 지나치게 걸리는 경우에는 기본 설정에 의해 다시 그리기가 중단된 다.

■ **Frames per second**

View를 확대/축소했을 때 Rhino가 다시 그리려고 하는 1초당 프레임의 수를 설정하는 기능이다.

Viewport properties

■ **Linked viewport**

실시간 View동기화를 사용하는 기능이다. 이 항목을 체크하면 Perspective View를 제외한 Top, Front, Right View가 Link된다.

■ Single-click maximize

Viewport 제목을 두 번 클릭이 아닌 한 번의 클릭으로 Viewport를 최대화 시킬 수 있 다.

■ Default 35mm camera lens length

Viewport 투영방식이 평행에서 투시로 변경될 때 Viewport 카메라 렌즈의 길이를 설정하는 기능이다.

SpaceBall

SpaceBall설정은 SpaceBall형식으로 된 장치의 조작을 설정하는 기능이다.

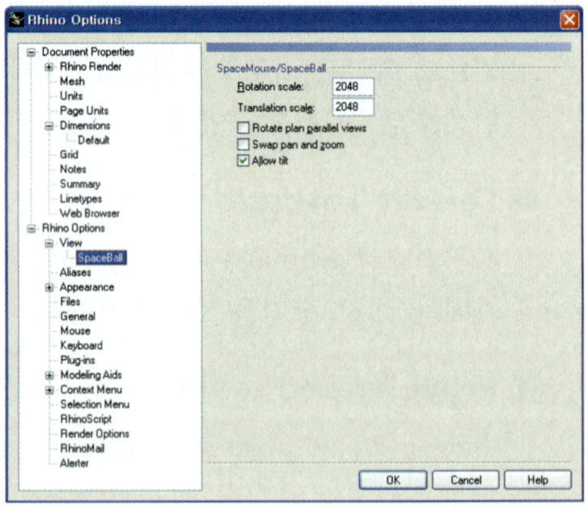

■ SpaceMouse/SpaceBall

SpaceMouse또는 SpaceBall을 사용할 때 회전을 View에 Rotate relative to view로 설정한다.
또한 마찬가지로 Rhino에서 자유 이동을 실행하려면 Option 대화 상자의 View 페이지에서 Rotate Mode를 View에 Rotate relative to view으로 설정한다.

■ Rotation scale

3D제어기의 감도를 설정하는 기능으로 값이 작을수록 Puck제어기의 감도가 높아진다.

■ Translation scale

3D제어기의 감도를 설정하는 기능으로 값이 작을수록 Puck제어기의 감도가 높아진다.

■ Rotate plan parallel view

SpaceBall을 비틀 때 Plan Parallel View가 회전하도록 하는 기능이다. 만약 이 Option을 사용 안하게 되면 Plan Parallel View는 회전할 수 없으나 확대/축소 또는 초점 이동은 할 수 있다.

■ Swap pan and zoom

SpaceBall을 위 아래로 밀거나 당기면 화면을 확대/축소하고 양쪽으로 화면을 초점 이동하게 된다. 만약 이 Option을 사용 안하게 되면 SpaceBall을 위 아래로 누르거나 당기는 것은 화면을 위 아래로 초점 이동하고 SpaceBall을 앞 뒤로 당기면 화면을 확대/축소하게 된다.화면을 위 아래로 초점 이동하고 SpaceBall을 앞뒤로 밀거나 당기면 화면을 확대/축소가 실행된다.

■ Allow tilt

SpaceBall을 양쪽으로 비틀면 화면이 상하로 이동하게 된다.

Aliases

사용자 설정 명령으로서 Rhino Command나 Command Script를 실행하도록 정의될 수 있다. Aliases는 보통의 Rhino Command처럼 사용할 수 있으며 자주 사용하는 Rhino Command나 Command Script에 대한 단축어로 만들어서 사용할 수 있다. 현존하는 Rhino Command나 Command Script를 덮어쓰기 하여 다른 제품과 Command Name을 공유할 수 있다.

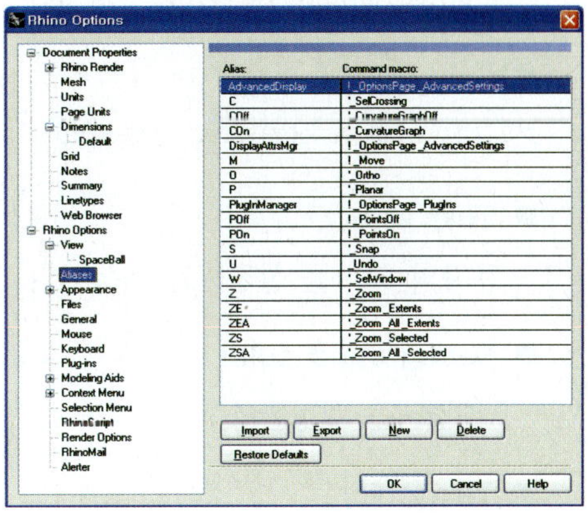

■ Command Macro

Command Alias의 정의가 표시되는 기능이다.

■ Import

Alias를 텍스트 파일로부터 Import시키는 기능이다.

■ Export

Alias를 텍스트 파일로 Export시키는 기능이다.

■ New

새로운 Alias를 생성하는 기능이다.

■ Delete

선택한 Alias를 지우는 기능이다.

Appearance

Rhino의 화면 표시와 Viewport 그리고 개체 표시에 영향을 주는 기능이다.

Language used for display

Rhino의 Interface에서 사용할 언어를 설정하는 기능이다. 일반적으로 한국어와 영어로 구분되어 있으며 설정을 바꾼 후 프로그램을 종료한 다음 다시 실행하면 설정한 언어로 실행된다.

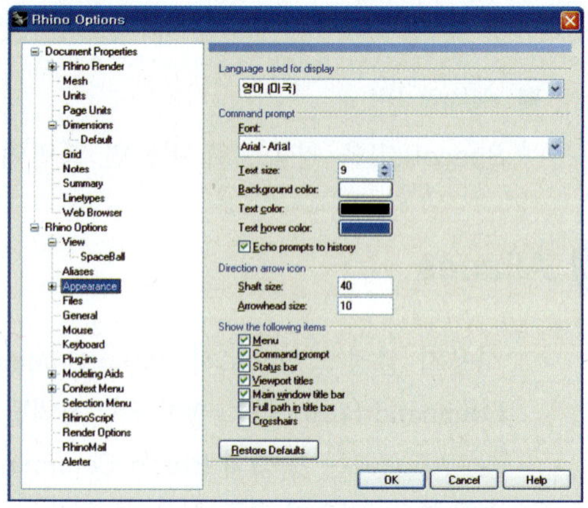

Command Prompt

이 설정은 Command Prompt와 Command history window에 영향을 끼친다.

■ Font

글꼴 이름을 설정하는 기능이다.

■ Text size

문자의 크기를 설정하는 기능이다.

■ Background color

배경색을 설정한다.

■ Text color

문자의 색을 설정한다.

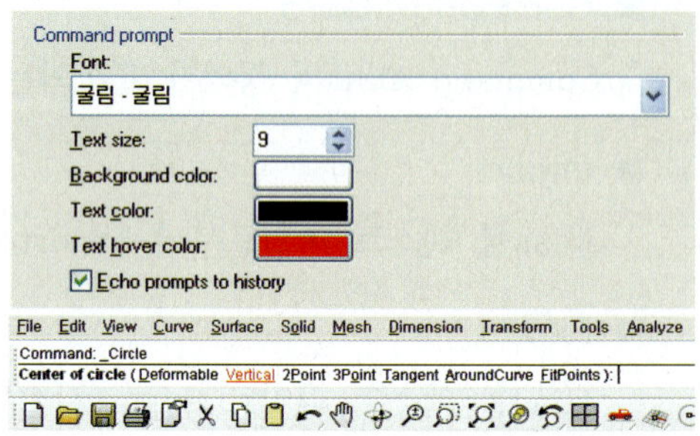

■ Text hover color

마우스를 명령줄에 표시된 Option 위에 놓았을 때 해당 Option이 다른 Option과 구분할 수 있도록 변경되는 색을 설정하는 기능이다.

■ Echo prompts to history

명령줄에 표시된 Prompt를 사용한 후, Command History Window로 이동시킨다. 이 항목이 선택되어 있지 않으면, Command line에서 사용한 명령의 세부 Option사항들인 Prompt들을 Command history window로 이동시키지 않고, 명령어 이름만 이동시킨다.

Direction arrow icon

■ Shaft size

Analyze Menu 〉 Direction 명령에서 사용하는 화살표의 축의 길이를 설정한다.

■ Arrowhead size

Analyze Direction 명령에서 사용하는 화살표의 크기를 설정한다.

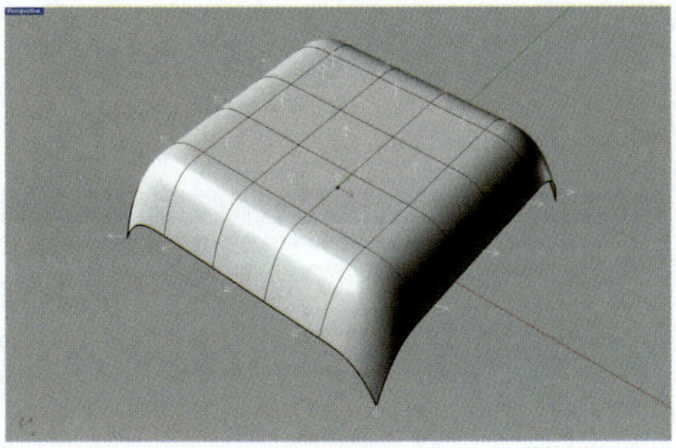

Shaft Size = 45

Arrowhead size = 15

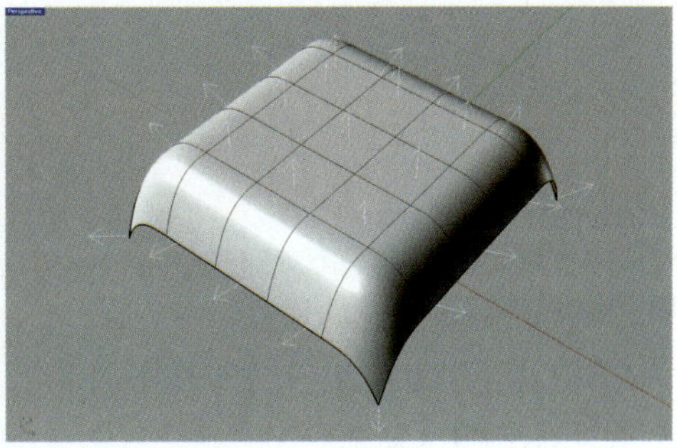

Shaft Size = 90

Arrowhead size = 30

■ Show the following items

체크한 항목을 화면에 표시한다.

■ Menu

메뉴 바를 화면에 표시하는 기능이다.

Command prompt

Command line과 Command history window를 화면에 표시하는 기능이다.

Status bar

Status bar를 화면에 표시하는 기능이다.

Viewport titles

Viewport 제목을 화면에 표시하는 기능이다.

Main window title bar

Main window의 제목줄을 화면에 표시하는 기능이다.

Full path in title bar

파일의 전체 경로를 Main window의 제목줄에 표시하는 기능이다.

Crosshairs

View를 꽉 채우는 십자선을 화면에 표시하는 기능이다.

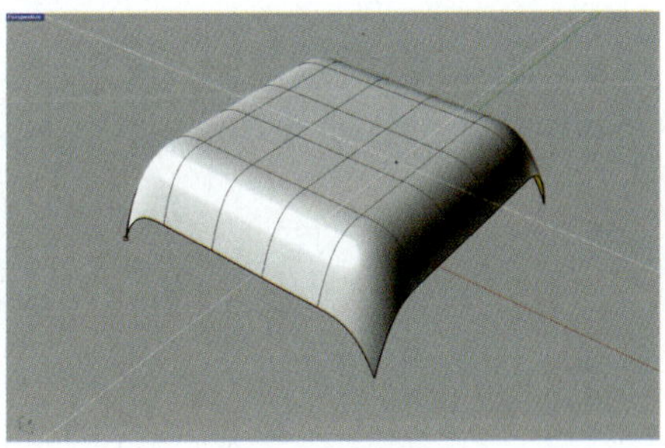

■ Restore Defaults

처음 설정된 기본 값으로 복원시키는 기능이다.

Colors

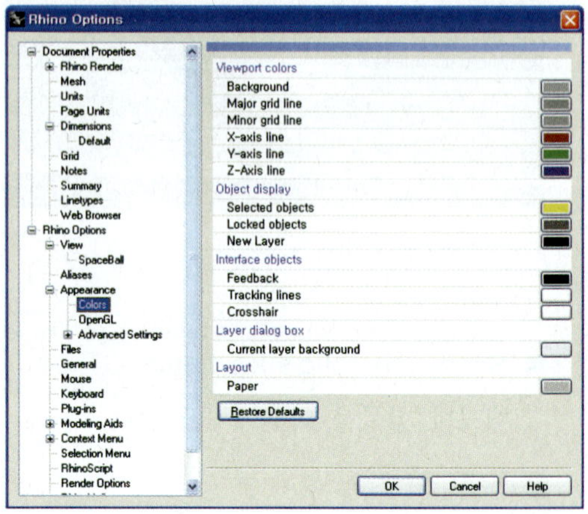

Viewport colors

■ Background

Grid 밑의 작업 영역의 배경색을 설정하는 기능이다.

■ Major grid line

굵은 Grid 색상을 설정하는 기능이다.

■ Minor grid line

가는 Grid 색상을 설정하는 기능이다.

■ X-axis line

CPlane의 X-축의 색상을 설정하는 기능이다.

■ Y-axis line

CPlane의 Y-축의 색상을 설정하는 기능이다.

■ Z-axis line

CPlane의 Z-축의 색상을 설정하는 기능이다.

Object display

■ Selected objects

선택된 개체를 표시할 때 그 색상을 지정하는 기능이다.

■ Locked objects

잠긴 개체의 색을 지정하는 기능이다.

■ New Layer

새 레이어의 색을 지정하는 기능이다.

Interface objects

■ Feedback

Feedback Curve의 예로 개체를 드래그하여 이동시킬 때 원래 위치에 있는 개체와 드래그된 개체를 연결하는 선이 있다. 그 선의 색상을 지정하는 기능이다.

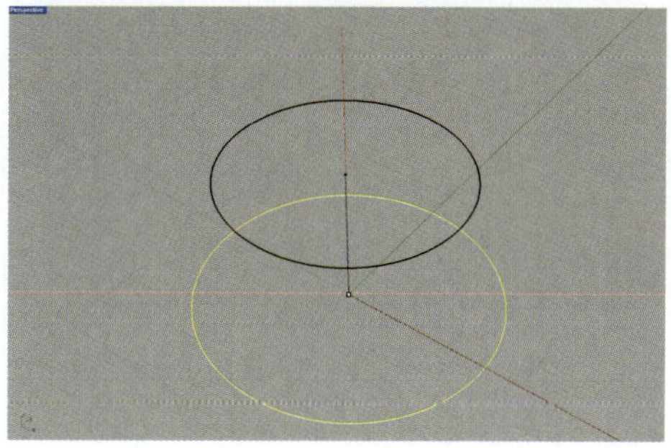

■ Tracking lines

추적선의 색상을 지정하는 기능이다.

■ Crosshair

View를 꽉 채우는 십자선의 색상을 지정하는 기능이다.

Layer dialog box

■ Current layer background

Layer 대화상자에 있어 현재 활성화된 Layer를 표시할 때 사용하는 배경색을 지정하는 기능이다. 프로그램을 종료 후 다시 실행 시킬 때 배경색이 바뀐 것을 알 수 있다.

Layout

■ Paper

Page Layout 메뉴 설정으로 생긴 Page의 색상을 지정할 수 있다.

■ Restore Defaults

처음 설정된 기본 값으로 복원시키는 기능이다.

OpenGL

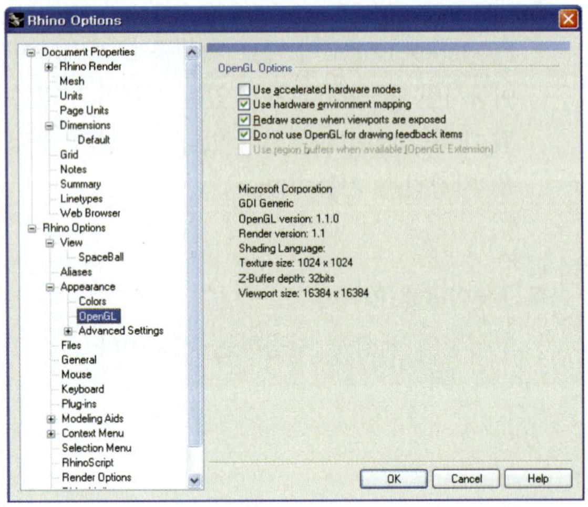

〈OpenGL Options〉

- **Use accelerated hardware modes**

  하드웨어 가속을 사용한다. OpenGL 가속이 Rhino와 문제를 일으킬 경우, 이 Option을 체크를 해제한다.

- **Use hardware environment mapping**

  사용자의 컴퓨터에 설치된 OpenGL카드가 Environment Mapping을 지원하면 Rhino Environment Map과 Zebra가 훨씬 빨리 진행된다.
  사용자의 컴퓨터에 설치된 그래픽 카드가 Environment Mapping을 지원하지 않을 경우에는 이 Option이 효과가 없다.

- **Redraw scene when viewports are exposed**

  다른 창을 Rendering 된 상태의 Viewport로 드래그 했을 때, 올바르게 새로 고침 되는 것을 확실하게 한다.

- **Do not use OpenGL for drawing feedback items**

  예를 들어 개체 선택 강조표시 같은 그리기 Feedback에 Window 표시를 사용하는 기능이다.

- **Use region buffers when available (OpenGL Extension)**

  Back Buffer의 저장과 복원을 최적화하는 것을 돕는 기능이다. 몇 개의 시스템은 Region buffer를 제대로 지원하지 않는다.

Advanced Settings

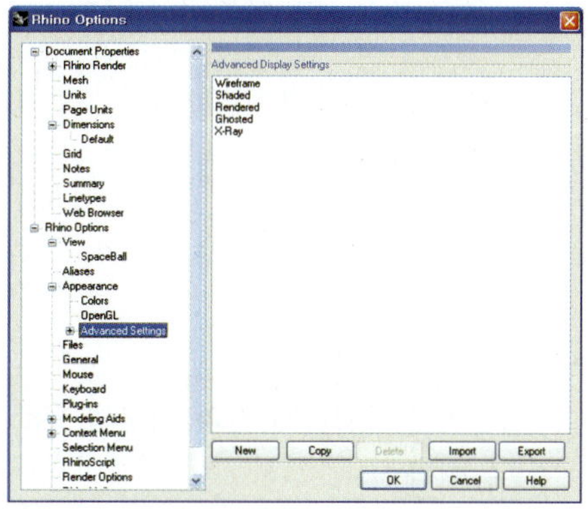

고급 설정 모드를 관리하는 기능이다.

이 기능은 4.0버전에 새로 추가된 기능으로 Display Mode를 기준으로 각 Mode에 따라 개체별로 기능을 적용 시킬 수 있게 되어 있다.

■ Advanced Display Settings

화면 표시 모드를 고급 설정하는 기능으로 기본적으로 크게 Wireframe, Shaded, Rendered, Ghosted, X-Ray 5가지로 나누어져 있다.

Actions

■ New

새로운 사용자 지정 Display Mode를 만드는 기능이다.

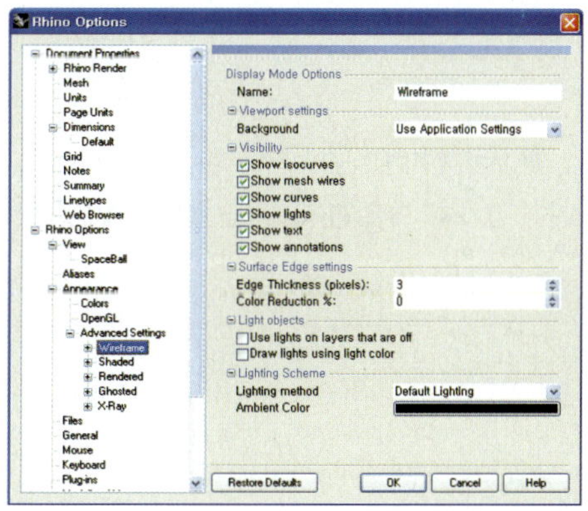

■ Copy

Display Mode를 복사하는 기능이다.

■ Delete

사용자 지정 Display Mode를 삭제하는 기능이다.

■ Import

Display Mode를 가져오는 기능이다.

■ Export

Display Mode를 내보내는 기능이다.

⟨Display Mode Options⟩

• Name

각 Display 상태를 표시하는 기능이다.

Viewport settings

■ Background

Use Application Settings

Color 메뉴에서 설정한 색을 지정하는 기능이다.

■ Solid Color

색을 설정하는 기능이다.

■ Image File

이미지 파일을 불러와 배경색으로 설정하는 기능이다.

■ Gradient 2 Colors

2가지 색을 Gradient 효과로 지정하는 기능이다.

■ Gradient 4 Colors

4가지 색을 Gradient 효과로 지정하는 기능이다.

Visibility

■ Show Isocurves

화면상에 Isocurves를 보여주는 기능이다.

■ Show Mesh wires

화면상에 Mesh wires를 보여주는 기능이다.

■ Show Curves

화면상에 Curves를 보여주는 기능이다.

■ Show Lights

화면상에 Lights를 보여주는 기능이다.

■ Show Text

화면상에 Text를 보여주는 기능이다.

■ Show Annotations

화면상에 Annotations를 보여주는 기능이다.

Shade Settings

■ Shade Objects

개체에 Shaded 처리하는 기능이다.

■ X-Ray all wires

개체에 X-Ray Display Mode로 보여주는 기능이다.

■ Flat shading

단순 Shaded되어 보여주는 기능이다.

■ Color & Material usage

Object's Color

개체의 속성에서 지정된 색을 사용하는 기능이다.

Gloss

개체에 광택 정도를 설정하는 기능이다.

Transparency

개체에 투명 정도를 설정하는 기능이다.

■ Single color for all objects

모든 개체에 단일 색을 적용하는 기능이다.

Single object color

색을 지정하는 기능이다.

■ Rendering Material

Rendering 재질을 이용하여 Shaded하는 기능이다.

■ Custom material for all objects

사용자 지정 단추를 클릭 하여 사용자 지정 재질을 지정하는 기능이다.

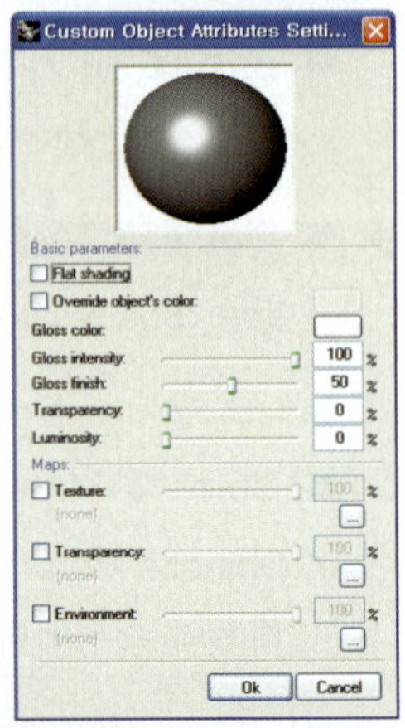

Backface 설정 기능은 작업자가 편리하게 Surface개체의 앞, 뒷면을 구분하여 작업할 수 있게 도와주는 기능이다.

■ Backface settings

뒷면에 색을 설정할 수 있는 기능이다.

Use front face settings

앞면에 설정된 색을 사용하는 기능이다.

■ Cull Backfaces

뒷면을 보이지 않게 표시하는 기능이다.

■ Use Object's Color

개체의 속성에서 지정된 색을 사용하는 기능이다.

Gloss

지정된 색의 광택 정도를 설정하는 기능이다.

Transparency

지정된 색의 투명 정도를 설정하는 기능이다.

■ Single Color for all backfaces

모든 뒷면에 단일 색을 설정하는 기능이다.

Gloss

지정된 단일 색의 광택 정도를 설정하는 기능이다.

Transparency

지정된 단일 색의 투명 정도를 설정하는 기능이다.

Single backface color

색을 지정하는 기능이다.

■ Rendering Material

지정된 뒷면 색을 Rendering 재질을 이용하여 설정하는 기능이다.

■ Custom material for all objects

사용자 지정 단추를 클릭 하여 사용자 지정 재질을 지정하는 기능이다.

Surface Edge settings

■ Edge Thickness (pixels)

Surface Edge 두께를 나타내는 기능이다.

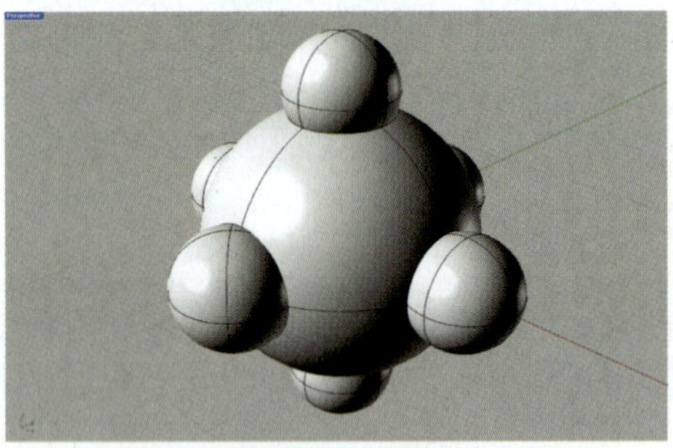

Edge Thickness (pixels)=1

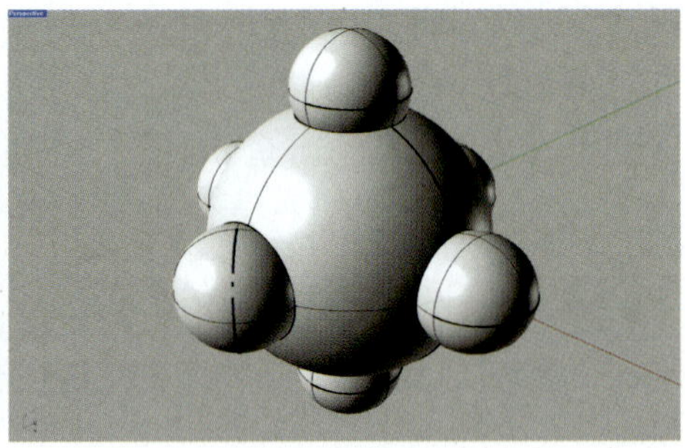

Edge Thickness (pixels)=5

■ Color Reduction %

Surface Edge의 색을 감소시키는 기능이다.

Light objects

■ Use lights on lavers that are off

꺼진 Layer에서 조명을 사용하는 기능이다.

■ Draw lights using light color

조명 색을 사용하여 조명 그리기 기능이다.

Lighting Scheme

■ Lighting method

Default Lighting

지정된 조명이 없거나 사용 중인 다른 조명이 없을 때 사용되는 기능이다.

Scene Lighting

현재 모델/장면의 조명 개체를 사용하는 기능이다.

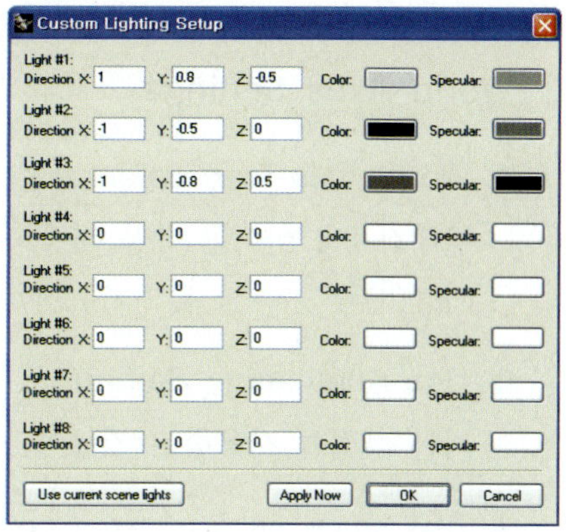

■ Custom Lighting

사용자 지정 조명을 8개까지 설정할 수 있다.

〈Options〉

• Light #

Directions

방향 값 0,0,0설정은 방향이 없으므로 "이 조명을 사용하지 않음"을 뜻한다.

Color

색을 지정하는 기능이다.

Specular

정반사 기능이다.

Use current scene lights

방향 조명이 있는 장면의 조명을 구분하고 최대 8개의 조명까지 사용하는 기능이다.

– Option은 장면에 방향 조명이 없었다고 해도 현재의 모든 설정 값을 대화 상자에서 삭제한다.

– 방향 조명은 절대좌표를 사용한 카메라 방향 조명으로 변환된다.

• Apply Now

조명을 모델에 적용하는 기능이다.

• Ambient Color

색 선택 대화 상자에서 색 막대를 클릭하여 색을 지정하는 기능이다.

Grid

Grid Settings

Display의 Grid설정을 지정하는 기능이다.

■ Grid usage

Use Document Settings

Document Properties에서의 Grid 사용법을 같이 사용한다는 메뉴이다.

Use Mode Specific Settings

개별적인 모드 설정을 지정하는 기능이다.

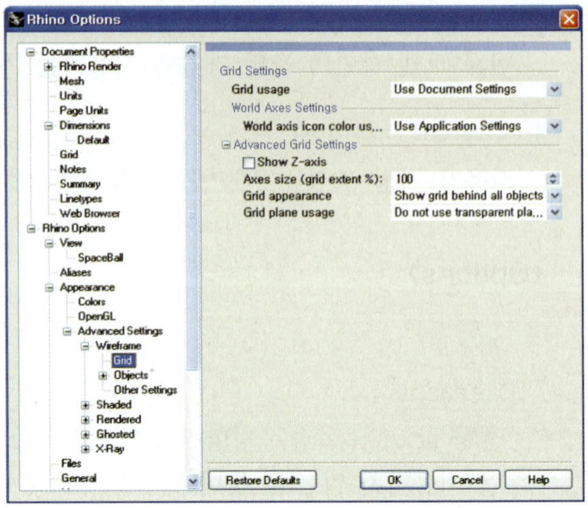

World Axes Settings

■ World Axis icon color us

절대좌표축 아이콘 색을 사용하는 기능이다.

■ Use Application Settings

기본 설정을 사용하는 기능이다.

■ Use same as grid axes colors

Option 〉 Appearance 〉 Color에서 Grid축의 색을 설정하는 기능이다.

■ Use specified custom colors

색 선택 대화 상자에서 색 막대를 클릭 하여 색을 지정하는 기능이다.

Advanced Grid Settings

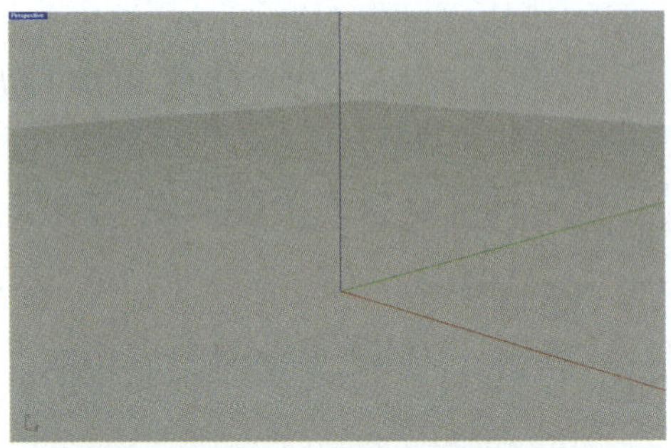

■ Show Z-axis

Z-축을 보여주는 기능이다.

■ Axes size (grid extent %)

축의 크기를 Grid 범위 %로 설정하는 기능이다.

Grid appearance

■ Show grid behind all objects

모든 개체 뒤에 Grid를 표시하는 기능이다.

■ Show grid on top of objects

개체 위에 Grid를 표시하는 기능이다.

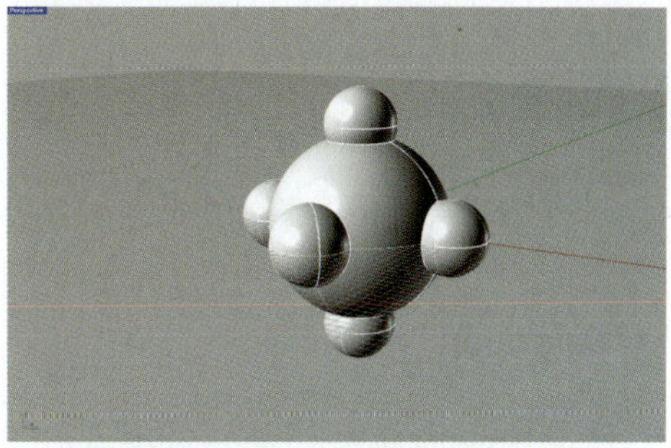

■ Use transparent grid

투명 Grid를 표시하는 기능이다.
Pipeline 설정이 Window일 때는 투명도를사용할 수 없다.

Grid plane usage

■ Do not use transparent plane

투명 평면을 사용하지 않는 기능이다.

■ Use transparent plane

Pipeline 설정이 Window일 때는 투명도를 사용할 수 없다.

Plane color

평면 색을 지정하는 기능이다.

■ Plane transparency %

평면 투명도를 설정하는 기능이다.

■ Plane visibility

평면 표시 상태를 보여주는 기능이다.

■ Show only when grid is on

Grid가 켜진 경우에만 표시하는 기능이다.

■ Show always

언제나 표시하는 기능이다.

Objects

개체의 특성 표시를 지정하는 기능이다.

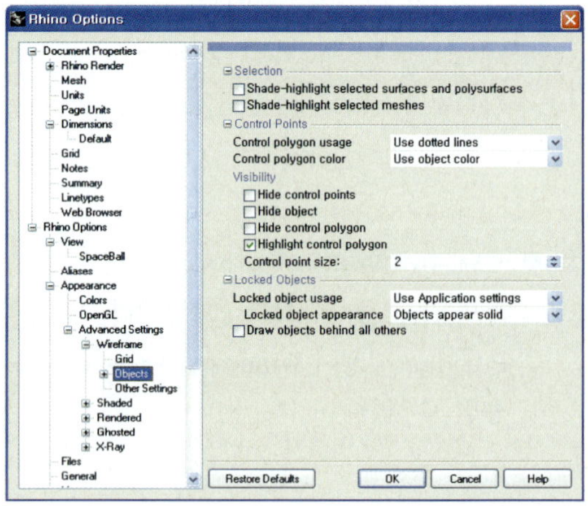

Selection

■ Shade-highlight selected surfaces and polysurfaces

선택된 Surface와 Polysurface에 High-light 색으로 Shaded처리 하는 기능이다.

■ Shade-highlight selected meshes

선택된 Mesh에 Highlight 색으로 Shaded처리 하는 기능이다.

Control Points

■ Control Polygon usage

Control Polygon 사용법 지정에 관한 메뉴이다.

■ Use dotted lines

Control Point사이 접선의 선 종류를 점선으로 지정하는 기능이다.

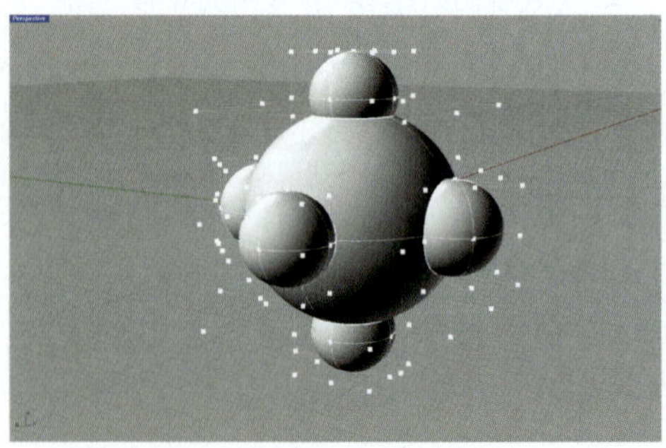

■ Use solid lines

Control Point사이 접선의 선 종류를 실선으로 지정하는 기능이다.

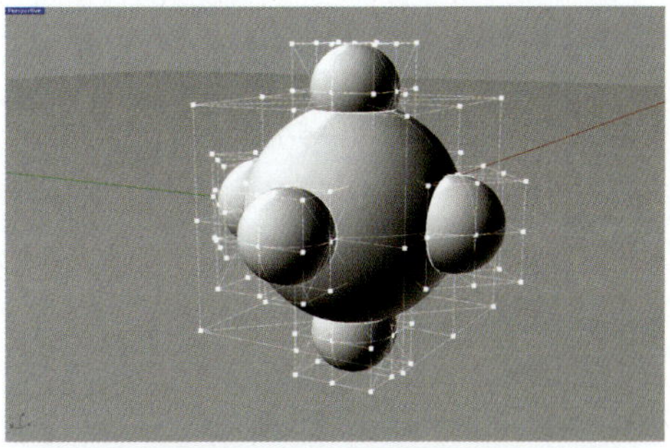

■ Line thickness

Control Point사이 실선의 두께를 지정하는 기능이다.

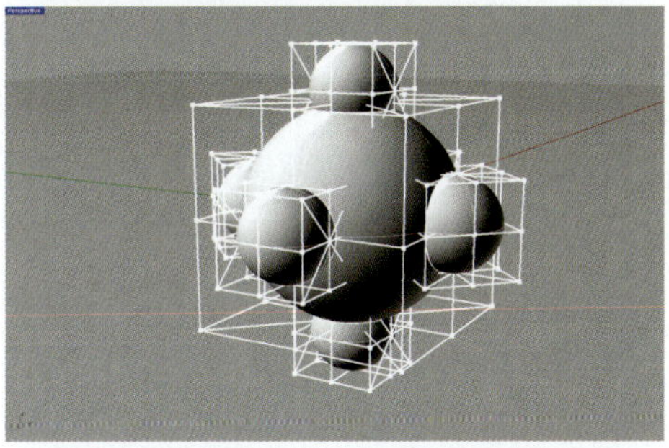

■ Control Polygon color

Control Polygon Color를 지정하는 기능이다.

Use object color

지정되는 색(레이어)에 맞추어 같은 색을 사용하는 기능이다.

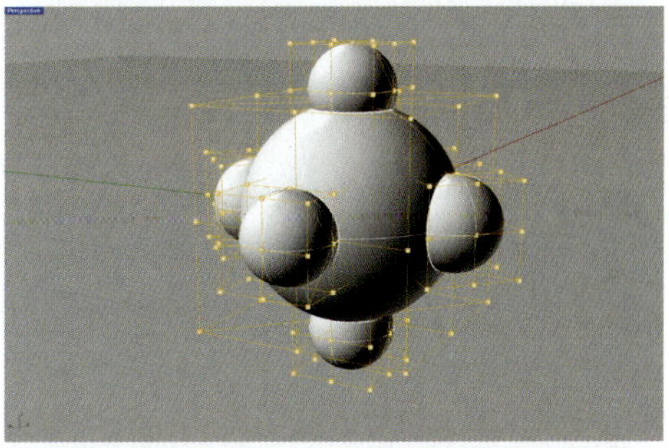

■ Use fixed color

바뀌는 색에 상관없이 고정되는 색을 사용하는 기능이다.

■ Polygon color

색을 지정하는 기능이다.

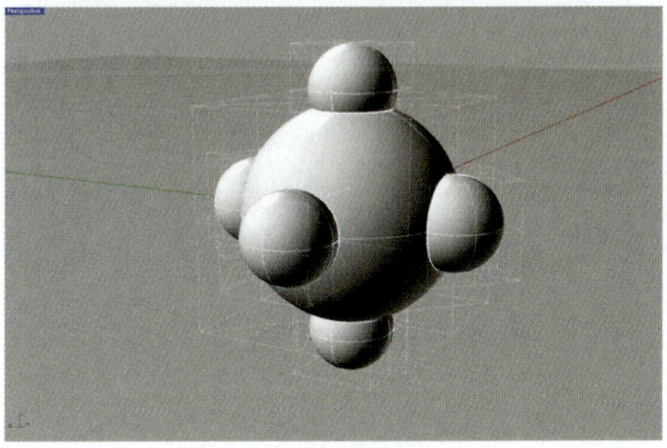

Visibility

■ Hide control points

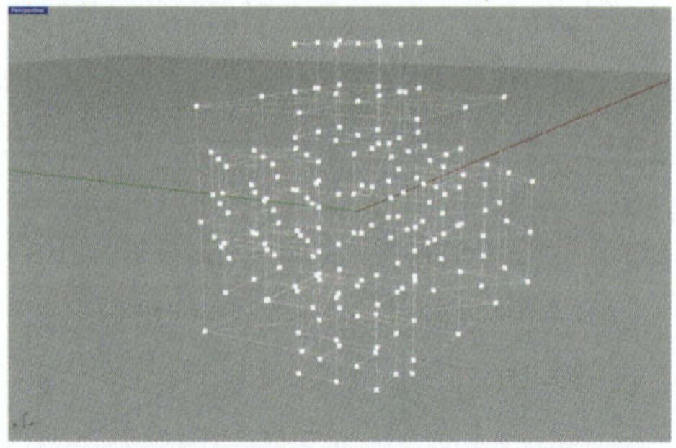

Control Points만을 숨기는 기능이다.

Hide object

개체를 숨기는 기능이다.

Hide control polygon

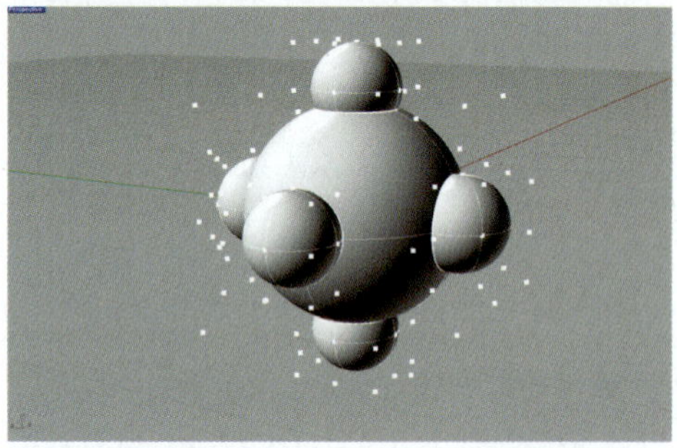

Control polygon을 숨기는 기능이다.

Highlight control polygon

Control Points를 선택 할 경우 인접해 있는 Control polygon을 활성화되게 하는 기능이다.

Control Point size

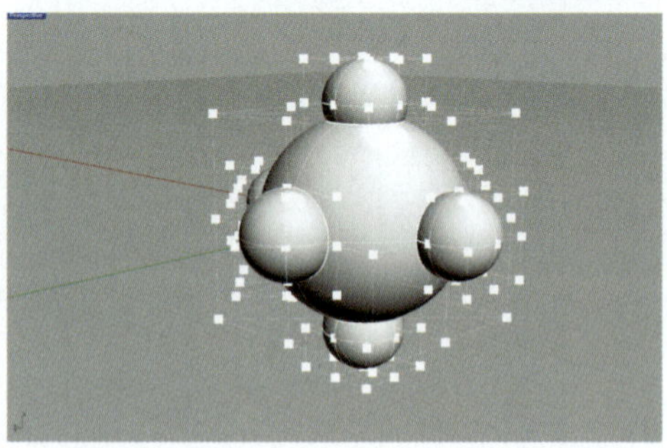

Control Point 크기를 조절하는 기능이다.

Locked Objects

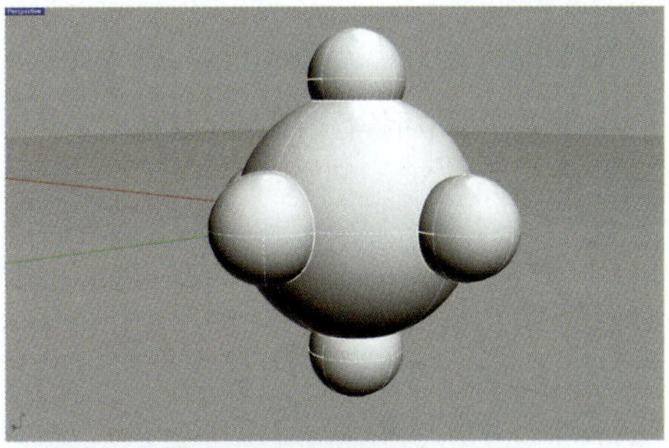

■ Locked object usage

개체에 Lock Option을 사용하는 기능이다.

■ Use object's display attributes

작업자가 개체에 지정한 색으로 표현한다.

■ Use specified lock color

색을 지정하여 Lock Color를 표시한다.

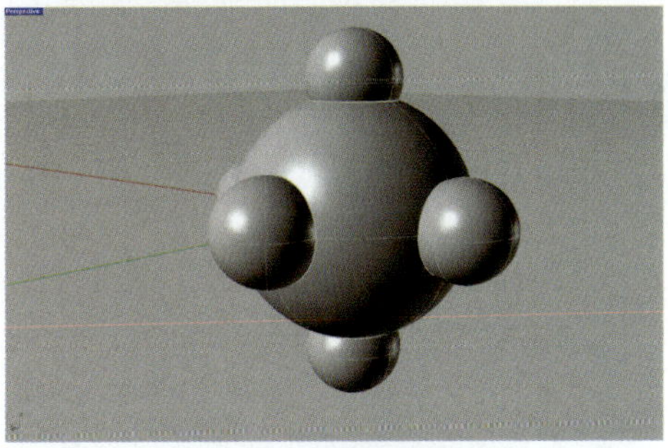

■ Use application settings

Option 〉 Appearance 〉 Color에서 지정한 색으로 설정하는 기능이다.

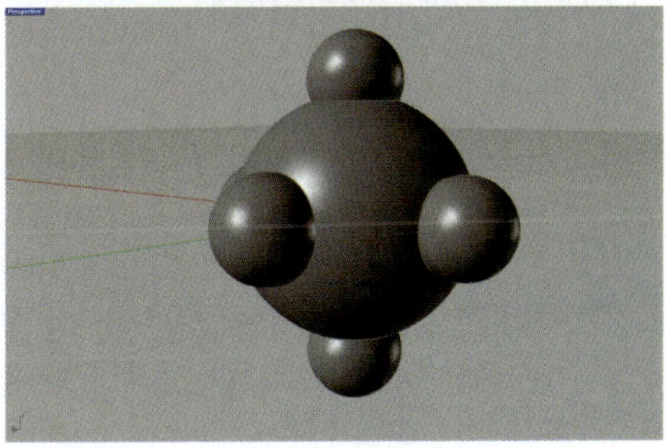

■ Locked objected appearance

Use application settings이 지정될 때 활성화되는 메뉴로써 Lock을 설정한 개체를 표현하는 기능이다.

■ Objects appear solid

잠긴 개체를 단색으로 표시하는 기능이다.

■ Objects appear transparent

잠긴 개체를 투명하게 보이게 하는 기능이다.

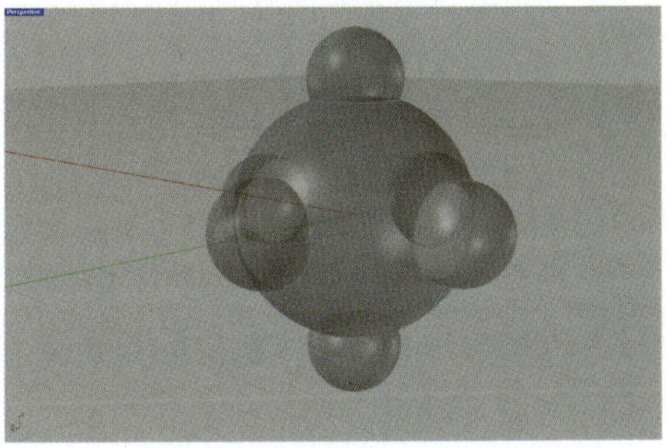

■ Transparency %

투명 정도를 설정하는 기능이다. 100%일 경우 화면에서 완전 사라진다.

■ Draw objects behind all others

모든 개체 뒤의 놓여진 개체를 그리는 기능이다.

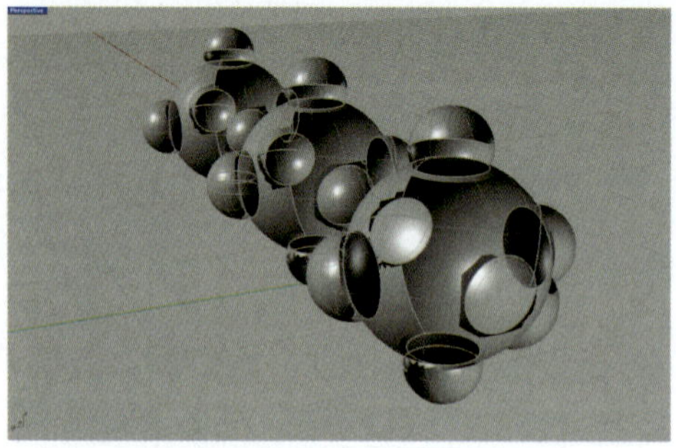

Points

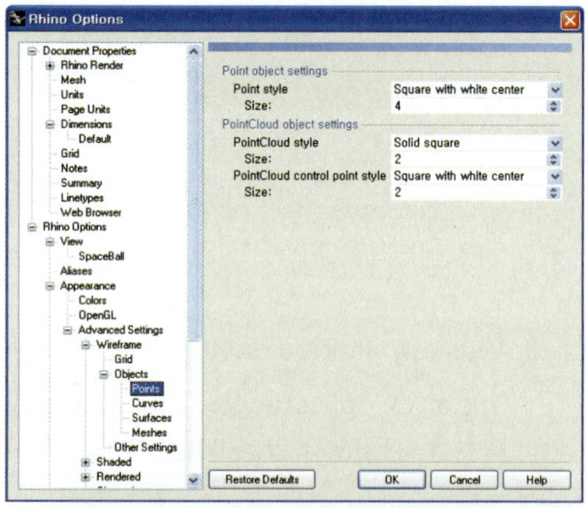

점 개체의 Display 특성을 지정하는 기능이다.

Point object settings

■ Point style

Points 스타일을 지정하는 기능이다.

■ Square with white center

가운데를 하얀색으로 한 사각형 형태로 지정하는 기능이다.

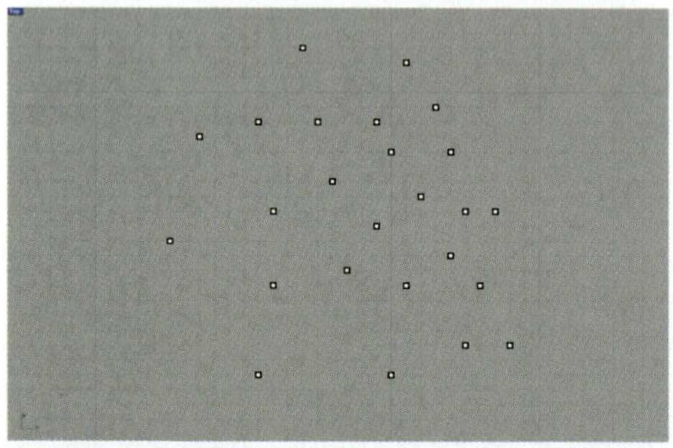

■ Solid Square

Solid 형태의 사각형으로 지정하는 기능이다.

Size

Point 크기를 지정한다.

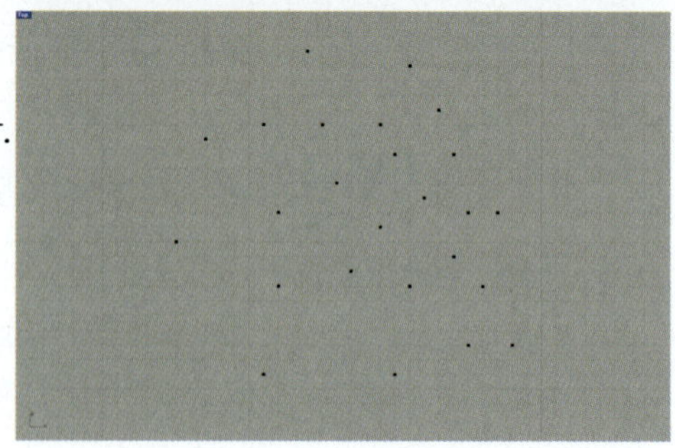

■ Point Cloud object settings

Point Cloud 개체의 각종 기능을 설정한다.

Point Cloud style

Square with white center

가운데를 하얀색으로 한 사각형 형태로 지정하는 기능이다.

Solid Square

Solid 형태의 사각형으로 지정하는 기능이다.

Size

Point Cloud 크기를 지정하는 기능이다.

■ Point Cloud Control Point Style

Point Cloud Control Point 스타일을 설정하는 기능이다.

Square with white center

가운데를 하얀색으로 한 사각형 형태로 지정하는 기능이다.

Solid Square

Solid 형태의 사각형으로 지정하는 기능이다.

Size

Point Cloud Control Point 크기를 지정하는 기능이다.

Curve Settings

Curve의 Display 특성을 지정하는 기능이다.

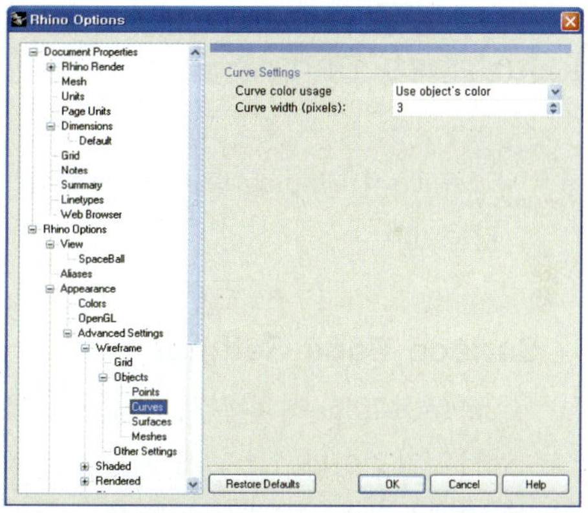

■ Curve color usage

Use object's color

작업자가 지정한 레이어 색으로 표현한다.

■ Use single color for all curves

모든 커브를 하나의 색으로 표현한다.

평균적으로 2~3 정도 설정하여 작업해주지만 섬세한 모델링 작업을 할 때에는 1로 설정하는 것이 효율적이다.

Curve width (pixels)

모든 커브의 두께를 지정하는 기능이다.

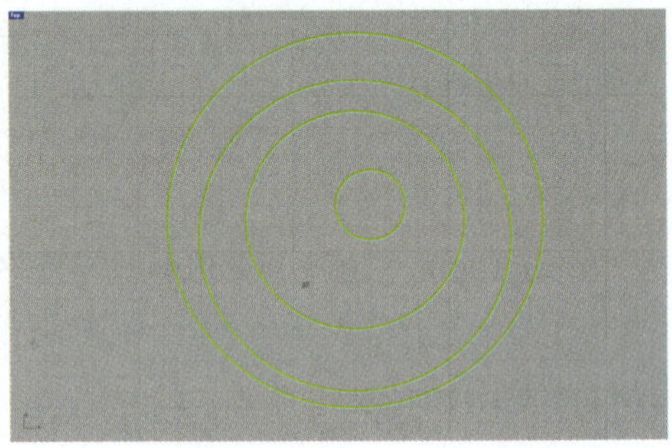

Surfaces Setting

Surface의 Display 특성을 지정하는 기능이다.

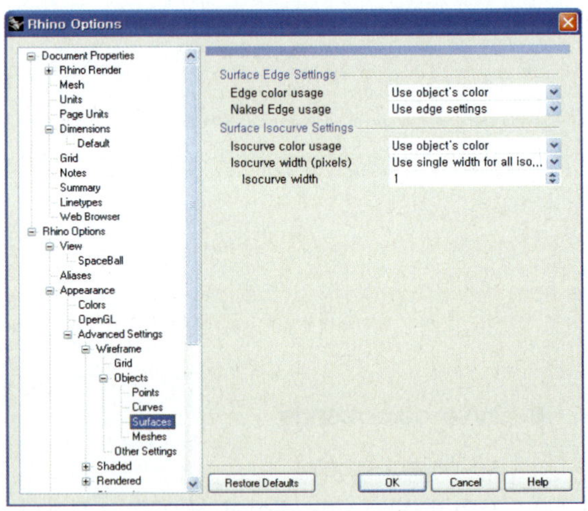

Surface Edge Settings

Surface Edge에 관한 설정값을 조절하는 기능이다.

■ Edge color usage

Surface Edge 색을 지정하는 기능이다.

■ Use object's color

개체에 지정된 색을 사용하는 기능이다.

다음 예제는 Surface Isocurve Settings 에 Isocurve color usage를 Use single color for all isocurves로 지정한 상태에서 설정 값을 적용하였다.

■ Use Isocurve color

Isocurve 색을 사용하는 기능이다.

■ Use single color for all edges

열린 Edge의 색을 지정된 하나의 색으로 보여주는 기능이다.

■ Naked Edge usage

Use Edge settings

가장 자리의 설정을 사용한다.

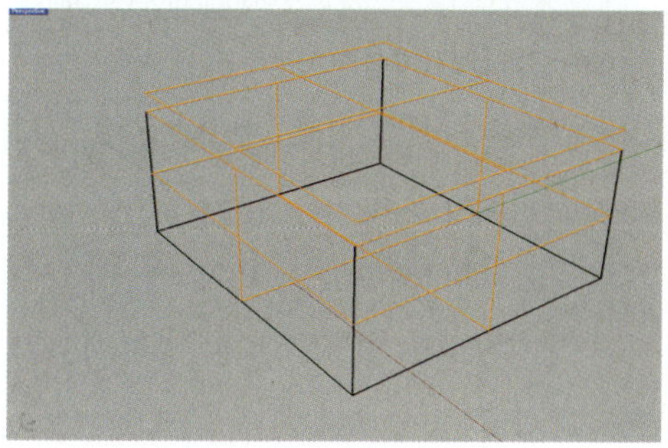

■ Use separate settings for Naked

별도의 설정을 사용한다.

Edge Thickness (pixels)

Edge의 두께를 지정하는 기능이다.

Color Reduction %

색을 감소시키는 기능이다.

Surface Isocurve Settings

Isocurve 설정 값을 조절하는 기능이다.

■ Isocurve color usage

Isocurve 색을 지정한다.

Use object's color

개체의 색과 같이 사용한다.

Use single color for all Isocurve

지정된 색으로 Isocurve를 표현한다.

Use specified UV colors

U, V방향을 표시하는 Isocurve를 각각 표현할 수 있다.

■ Isocurve width (pixels)

Use single width for all Isocurve

Isocurve의 두께를 지정할 수 있다.

Use specified UV widths

Isocurve의 U,V 방향별로 두께를 지정한다.

Isocurve width

Isocurve의 두께를 설정한다.

Mesh

Mesh 개체의 Display 특성을 지정하는 기능이다.

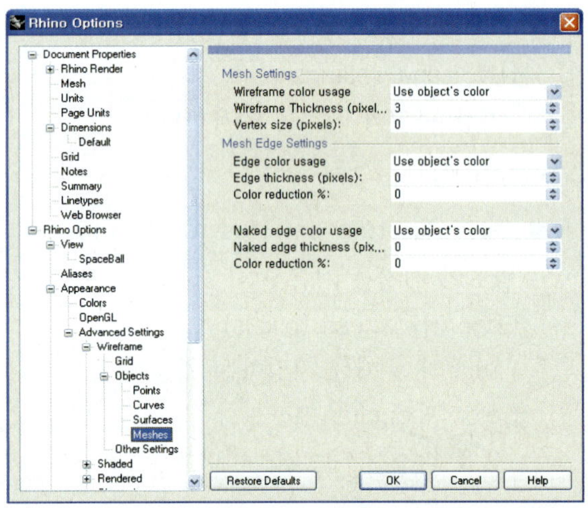

Mesh Settings

Mesh 개체에 관한 Option값을 설정한다.

■ Wireframe color usage

Wireframe 상태에서의 색을 지정한다.

■ Use object's color

지정된 색(레이어)으로 표현한다.

■ Use single color for all meshes

모든 Mesh에 대한 색을 하나의 색으로 지정하는 기능이다.

■ Wireframe Thickness (pixels) usage

Wireframe 상태에서 선 두께를 지정하는 기능이다.

■ Vertex size (pixels)

Vertex 크기를 지정한다. 0으로 지정하면 Vertex가 보이지 않는다.

Mesh Edge Settings

Mesh Edge Option값을 설정하는 기능이다.

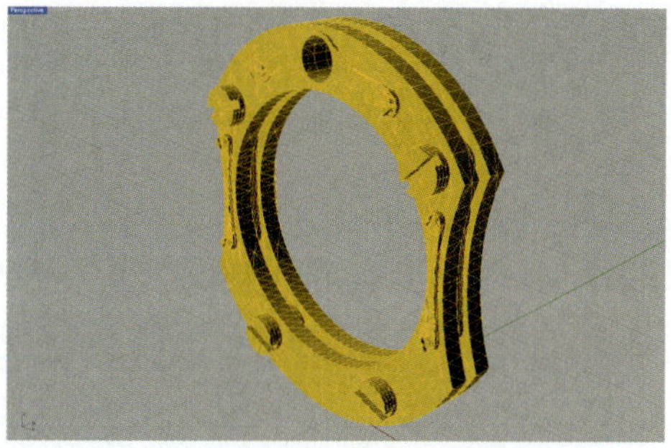

■ Edge color usage

Edge 색을 지정한다.

■ Use object's color

지정된 색(레이어)과 같이 조절한다.

■ Use single color for all edges

모든 Mesh의 Edge 색을 하나의 색으로 지정하는 기능이다.

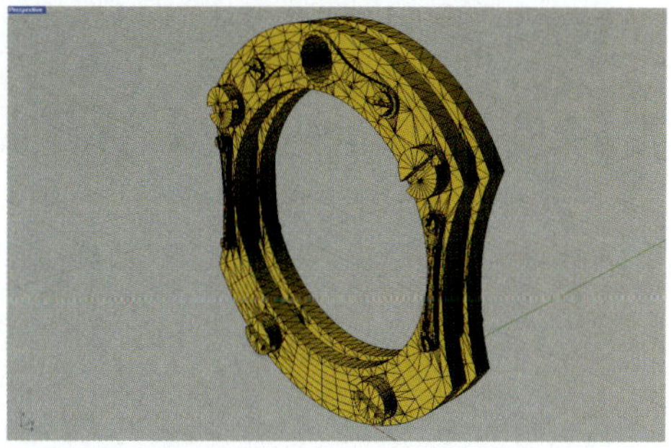

■ Edge Thickness (pixels) usage

Mesh Edge 두께를 지정하는 기능이다.

Color Reduction %

색 감소 기능이다.

■ Naked edge color usage

Naked edge 색을 지정한다.

Use object's color

지정된 색(레이어)과 같은 색과 같이 Naked edge를 지정한다.

Use single color for all naked edge

모든 Naked edge 색을 하나의 색으로 표현한다.

Naked edge Thickness (pixels) usage

Naked edge 두께를 표시한다.

Color Reduction %

색 감소 기능이다.

Other Settings

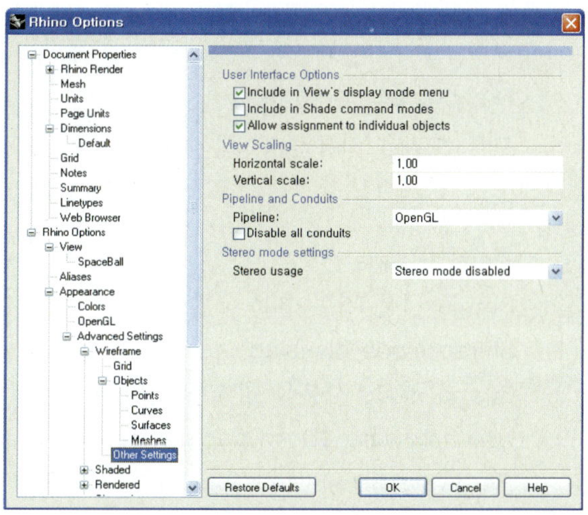

〈User Interface Options〉

Include in View's display mode menu View의 Display 메뉴를 포함한다.

• Include in Shade command modes

Shade Command Mode에 포함한다.

• Allow assignment to individual objects

개별적인 개체에 적용을 허용한다.

• View Scaling

Horizontal scale 가로 크기를 조정하는 기능이다.

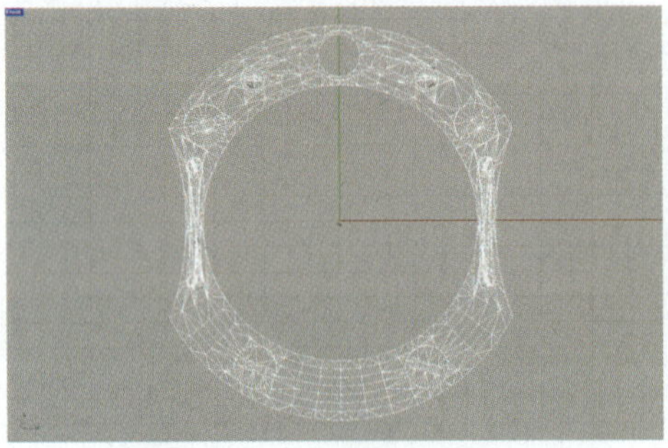
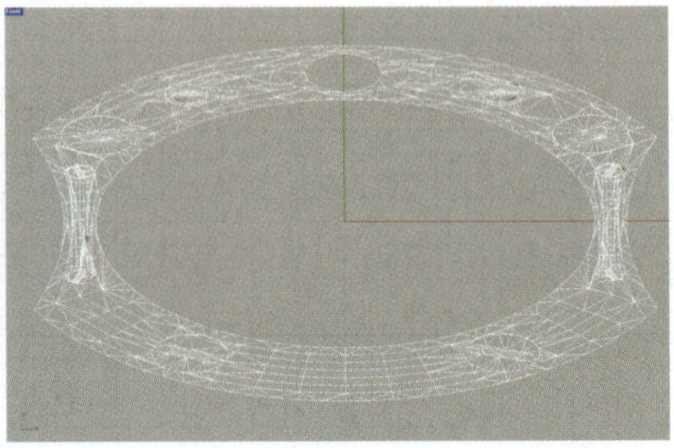

Vertical scale 세로 크기를 조정하는 기능이다.

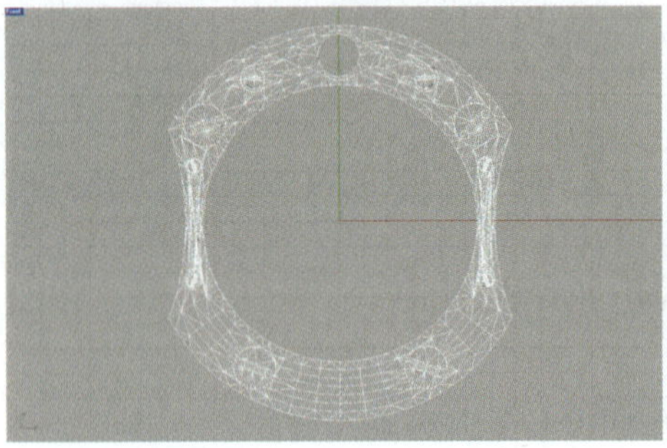
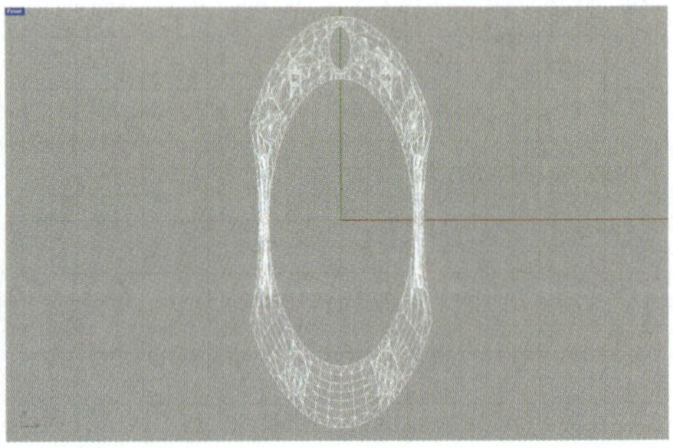

• Pipeline and Condunits

Pipeline

Display Pipeline은 모든 Viewport(Wireframe, Shade, Ghosted 등)의 표시를 처리하는 기능이다. 표시는 Windows 또는 OpenGL 그래픽 카드에서 처리한다.

• Disable all conduits

모든 도관을 사용하지 않는다.

• Stereo mode settings

Stereo usage

Stereo 사용 기능이다.

Stereo mode disabled

Stereo mode 사용을 하지 않는다.

Use hardware 3D shutter glasses

Hardware 3D shutter glasses를 사용한다.

Files

Tools Menu 〉 Option 〉 Files
Rhino 파일의 위치와 자동 저장 파일 관련사항을 설정하는 기능이다.

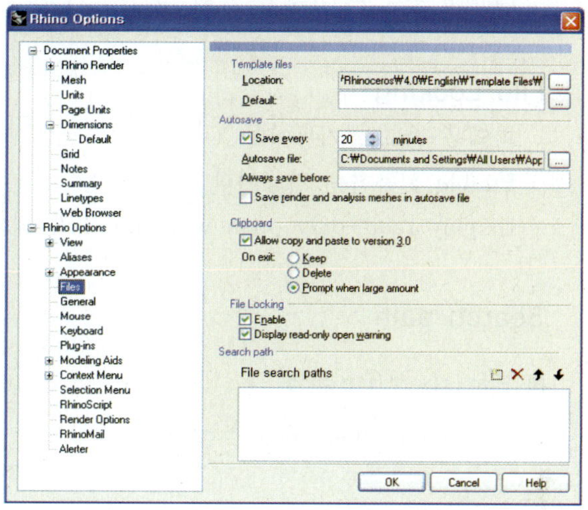

Template files

■ Location

Template files의 위치를 지정한다.

■ Default

Rhino가 시작할 때 사용될 Template files의 이름을 정의하는 기능이다.

Autosave

Autosave 기능은 작업을 진행하는 도중에 컴퓨터 전원이 나가는 경우, 컴퓨터 시스템 오류, 프로그램 오류 등 작업이 뜻하지 않게 멈추게 되는 경우 정해진 시간대에 맞추어 자동 저장시켜 파일을 복원시켜주는 기능이다. 보통 10분 정도 맞추어준다.

■ Save every _ minutes

자동저장 간격을 지정하는 기능이다.
자동 저장의 기능을 켜고 저장 간격을 정의한다. 자동 저장이 활성화되면 작업 중인 모델의 복사 본은 자동 저장 파일에 자동적으로 저장된다.

■ Autosave file

자동저장 파일의 이름과 위치를 지정하는 기능이다.

■ Always save before

명령이 시작되기 전에 파일을 저장할 명령의 목록을 설정하는 기능이다.
Save render and analysis meshes in autosave files
자동저장 파일에 Mesh를 같이 저장시키는 기능으로 이 설정이 꺼져 있으면 Mesh 없이 저장된다.

Clipboard

■ Allow copy and paste to version 3.0

3.0 Version으로 Copy와 Paste를 실행시키는 기능이다.

■ On exit

Keep 종료 시 개체를 유지 시키는 기능이다.

Delete 종료 시 개체를 삭제 시키는 기능이다.

Prompt when large amount 종료 시 개체 크기가 큰 경우 메시지 표시가 나타나게 한다.

File Locking

파일을 잠그는 기능이다.

Enable 사용하는 기능이다.

Display read-only open warning 읽기 전용 경고 표시 기능이다.

Search path

■ File search paths

Texture와 Bump Map을 Rendering하는데 사용되는 Bitmap을 검색하는 위치이다.

■ New

파일을 찾을 경로를 추가하는 기능이다.

■ Delete

파일을 찾을 경로를 삭제하는 기능이다.

■ Up

선택한 경로를 목록에서 위로 이동한다. 위에 있는 경로부터 파일을 찾는 기능이다.

■ Down

선택한 경로를 목록에서 아래로 이동시키는 기능이다.

General

Undo설정 횟수는 보통 50번 정도로 설정해준다.

메뉴 기능, 명령 취소, 시작 명령을 설정하는 기능이다.

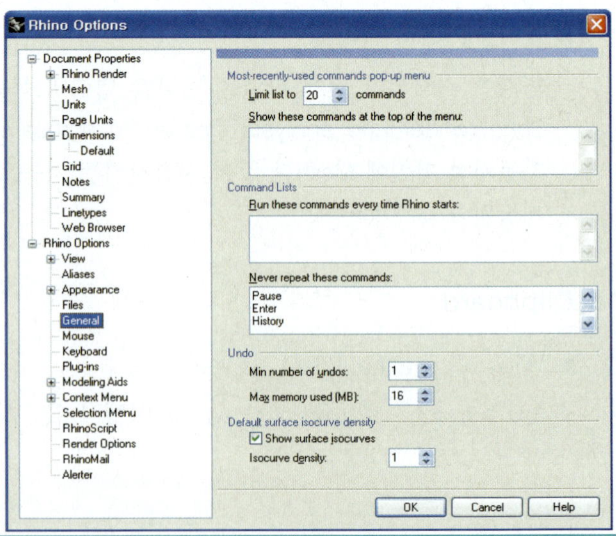

Most-recently-used command pop-up menu

Command Area를 오른쪽 마우스 버튼으로 클릭하거나 마우스 가운데 단추를 클릭하면 가장 최근에 사용한 명령 목록이 Pop-up Menu로 표시가 된다.

■ Limit list to _ commands

가장 최근에 사용한 명령 목록에 표시할 최대 명령어 개수를 설정하는 기능이다.

Show these commands at the top of the menu

즐겨 사용하는 명령은 항상 가장 최근에 사용한 명령의 목록 위의 Pop-up Menu에 표시된다.

Command Lists

■ Run these commands every time Rhino starts

Rhino를 시작할 때, 자동으로 실행할 명령어 목록을 지정하는 기능이다.

■ Never repeat these commands

Enter 키로 방금 사용한 명령을 반복할 때, 반복에서 제외시킬 명령들을 지정하는 기능이다.

Undo

■ Min number of undos

Undo Buffer에서 보관할 최소 Undo 단계수를 지정하는 기능으로 Rhino는 메모리의 양에 관계없이 설정된 최소수의 Undo 단계를 기억한다.

Max memory used (MB)

Undo Buffer에서 최대 메모리 크기를 MB로 지정한다. 최소 Undo 단계수가 더 큰 메모리를 필요로 하면 Undo Buffer용 최대 메모리 크기는 더 커질 수도 있다.

Default Surface Isocurve Density

■ Show surface Isocurve

새 개체에서 Surface Isocurve Display를 설정하는 기능이다.

Isocurve density

Isocurve의 밀도를 지정하는 기능이다.

Mouse

선택과 드래그에 대한 마우스 작업을 설정한다.

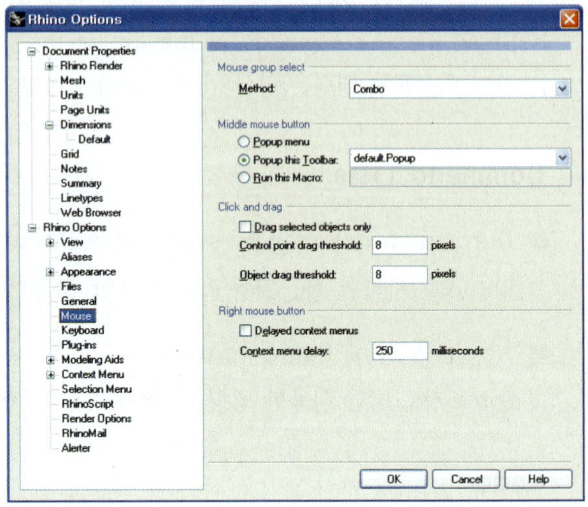

Mouse group select

■ Method

Combo

왼쪽에서 오른쪽으로 드래그하면 Window Selection, 오른쪽에서 왼쪽으로 드래그하면 Crossing Selection 선택으로 설정하는 기능이다.

■ Window Box

Select Crossing 명령을 사용하지 않는 한 항상 Window Selection 으로 설정하는 기능이다.

■ Crossing Box

Select Window 명령을 사용하지 않는 한 항상 Crossing Selection으로 설정하는 기능이다.

Middle mouse button

단추가 3개인 마우스의 가운데 단추를 클릭하거나 또는 휠 마우스상의 휠을 누를 때의 동작을 선택할 수 있다.

■ Pop-up Menu

커서 위치에 두 부분의 메뉴가 Popup 된다. 상단 부분에는 선호하는 명령어 목록이 표시되고, 하단 부분에는 가장 최근에 사용한 명령들이 표시된다.

Popup this Toolbar

커서 위치에서 Popup될 Toolbar를 선택한다.

Run this Macro

가운데 마우스 버튼을 누를 때 실행된 명령들을 입력하는 기능이다.

Click and Drag

■ Drag selected objects only

이미 선택되어 있는 개체만 드래그할 수 있게 하는 기능이다.
실수로 개체를 마우스로 드래그 하는 것을 방지할 수 있다.

■ Control point drag _ pixels

의도하지 않은 드래그를 막아 주는 기능으로 화면상에서 Control Point를 마우스로 끌기 시작하는 곳에서 점이 움직이기 시작하기까지의 거리를 픽셀로 지정한다. 해상도가 높은 화면에서는 이 값을 높이 설정한다.

■ Object drag _ pixels

화면상에서 마우스로 끌기 시작하는 곳에서 개체가 움직이기 시작하기까지의 거리를 픽셀로 지정한다. 해상도가 높은 화면에서 이 값을 높이 설정한다.

Right mouse button

■ Delayed context menus

오른쪽 마우스 버튼을 잠시 누르고 있다가 놓으면 바로 가기 메뉴가 나타난다.

■ Context menu delay _ milliseconds

바로가기 메뉴가 표시될 때까지 마우스 오른쪽 단추를 클릭 한 채로 있어야 할 시간을 밀리 초로 설정한다. 마우스 오른쪽 단추의 클릭과 동시에 상황에 맞는 메뉴가 표시되게 하려면 이 시간을 0으로 설정한다.

Keyboard

Rhino 명령이나 Alias, Command Script를 실행할 기능 키나 단축키 조합을 설정한다.

■ Key

Rhino에서 사용 가능한 바로 가기 키의 조합이다.
Command macro
바로 가기 키의 정의를 나타낸다.

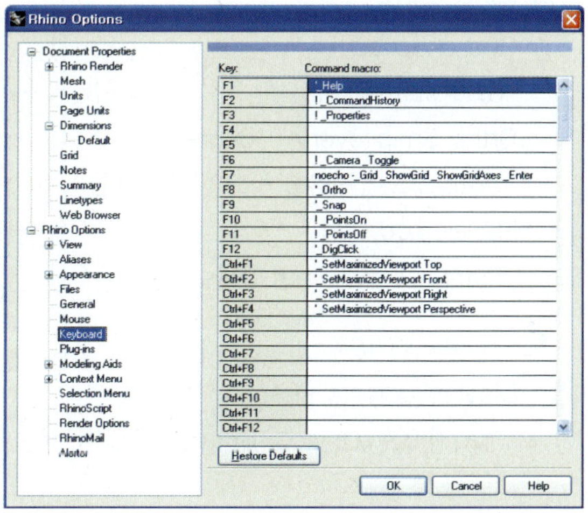

■ Restore Defaults

시스템 기본 값 설정을 복원하는 기능이다. 사용자가 지정한 매크로 설정이 없어지게 된다.

Plug-ins

Plug-ins을 관리하려면 목록 영역에서 오른쪽 버튼을 클릭하고 Option을 선택한다.

■ Plug-ins

Show All Plug-ins

모든 Plug-ins을 표시하는 기능이다.

■ Show Loaded Plug-ins

Load된 Plug-ins을 표시하는 기능이다.

■ Show Unloaded Plug-ins

Unload된 Plug-ins을 표시하는 기능이다.

■ Custom

사용자 지정 기능이다.

Modeling Aids

Modeling Aids는 모델링을 정확하게 할 수 있도록 도와주는 기능이다.

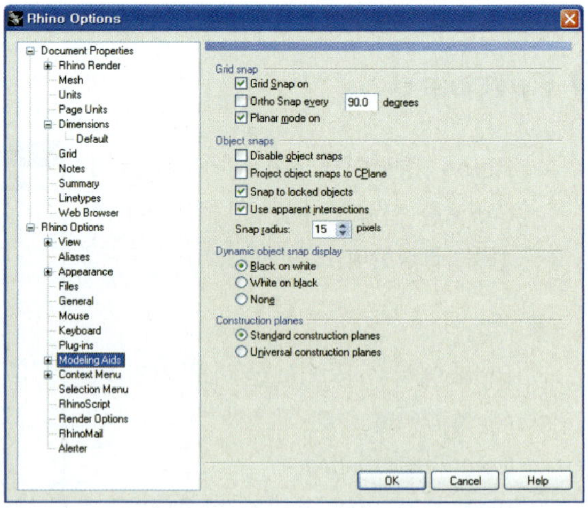

■ Grid Snap

Grid snap on

Grid snap을 사용한다.

Ortho Snap every _ degree

Ortho 모드에 사용할 각도를 설정한다.

Planar mode on

Planar 모드를 사용한다.

■ Object snaps

Disable objects snaps

일시적으로 Objects Snap을 중단시키는 기능이다.

Project object snaps to CPlane

Objects snap된 점의 위치를 선택한 Viewport의 CPlane에 투상시키는 기능이다.

Snap to locked objects

잠긴 개체와 잠긴 Layer에 있는 개체도 Snap시키는 기능이다.

Use apparent intersections

이 기능을 실행하면 Objects Snap중 교차점을 Snap할 때, 개체가 3차원 공간에서 정확하게 교차하지 않아도 작업 중인 선택된 Viewport에서 교차하는 것처럼 보이면 Snap하게 한다.

■ Snap radius _ pixels

Objects Snap이 작동하는 영역의 반지름을 픽셀 수로 설정하는 기능이다. 커서가 이 반지름 안에 들어가면, Marker가 Snap할 점으로 점프하게 된다.

Dynamic object snap display

Objects Snap Label의 표시 방법을 설정하는 기능이다. Objects Snap Label은 Objects Snap이 작동할 때 화면에 표시되는 End, Int, Cen 등의 Objects Snap의 이름을 말한다.

■ Black on white

Objects Snap Label을 흰 바탕에 검정 글씨로 표시하는 기능이다.

■ White on black

Objects Snap Label을 검정 바탕에 흰 글씨 표시하는 기능이다.

■ None

Objects Snap Label을 표시하지 않는다.

Construction planes

Viewport에서의 CPlane 특성을 지정하는 기능이다.

■ Standard construction planes

각 Viewport의 CPlane은 다른 모든 CPlane에 대하여 독립적이다.

■ Universal construction Planes

Viewport에 있는 CPlane의 특성은 서로 연결되어 있다. 모두 동일한 원점을 공유하며 서로에 대하여 Normal 방향으로 배치되어 있다.

한 Viewport에서 CPlane을 이동, 회전, 또는 변경하면 다른 Viewport의 CPlane들도 그에 따라 변경하므로, CPlane의 90도/오른쪽 각도/Normal 방향이 유지된다.

Nudge

선택한 개체를 조금씩 이동시키는 기능이다.

Nudge keys

■ Arrow keys

화살표 키를 Nudge키로 사용한다.
〈PageUp〉과 〈PageDown〉키는 Z-축 방향의 Nudge키로 사용되며, 〈Alt + 화살표〉는 View를 회전시키게 된다.
Alt + Arrow keys
〈Alt + 화살표〉를 Nudge키로 사용한다.
〈Alt + PageDown〉과 〈Alt + PageDown〉키는 Z-축 방향의 Nudge키로 사용한다.

Nudge direction

■ Use CPlane axes

Nudge 키가 선택된 Viewport에서 CPlane 축에 대하여 선택된 개체를 이동시키는 기능이다.

■ Use world axes

Nudge 키의 이동 기준을 World Axes의 X-Y축 평면을 기준으로 작동시키는 기능이다.

■ Use view axes

Nudge 키의 이동 기준을 View Axes의 축을 기준으로 작동시키는 기능이다.

■ Use UVN

Nudge 키의 이동 기준을 UVN 방향을 기준으로 작동시키는 기능이다.

Nudge Steps

■ Nudge key alone _ milimeters

Nudge키를 1회 눌렀을 때 움직이는 이동 거리를 지정하는 기능이다.

■ Ctrl + Nudge key _ milimeters

〈Ctrl〉키와 〈Nudge〉키를 같이 눌렀을 경우 움직이는 이동 거리를 지정하는 기능이다.
Shift + Nudge key _ milimeters
〈Shift〉키와 〈Nudge〉키를 같이 눌렀을 경우 움직이는 이동 거리를 지정하는 기능이다.

SmartTrack

SmartTrack은 다양한 3D상의 점, 공간의 다른 Geometry, 좌표축의 방향 등의 상호 암묵적인 관계를 사용하여 Rhino Viewport에서 그려지는 임시 참조선과 점의 시스템을 말한다.

■ 임시 무한대의 추적선과 Smart 점은

Object Snap에서 실제의 선과 점처럼 사용할 수 있다. 추적선의 교차, 수직 추적선, Smart 점에 직접 Snap할 수 있으며, 추적선과 실제 커브와의 교차에서도 Snap이 가능하다. 추적선과 Smart점은 명령이 실행되는 동안에 표시된다.
가장 오래된 Smart점이 사라지면 새 점이 추가되며, 현재의 최대 개수에 따라 새로운 점을 추가 또는 'Capture'할 수 있다. Capture된 Smart점은 필요하지 않으면 언제든지 지울 수 있다.

Capture Smart Points

■ Automatically

Object Snap Point에 마우스를 가져가면 Smart점을 자동으로 Capture한다.

■ Manually

Ctrl 키를 한 번 눌러 Smart점을 공간에서 원하는 위치에 배치할 수 있다. 이 기능을 사용하여 커브를 따라 Smart점을 쉽게 배치할 수 있다. Ctrl 키를 두 번 누르게 되면 모든 Smart점을 지울 수 있다.

- Capture된 Smart점은 자체의 색과 스타일로 표시된다. Capture되었으나 현재 활성이 아닌 점은 회색의 십자형으로 표시되며, 활성인 Smart점은 파란색으로 표시된다.
- Smart 점이 일단 Capture되면 추적선이 표시되며, 커서와 Capture된 점이 예측 가능한 관계를 가지게 된다.
- 예측가능하다는 의미는 두 Smart점의 Ortho선이 서로 교차하는 지점 가까이 또는 그 지점에 커서가 해당 점을 통과하여 Ortho선을 따르거나 또는 Ortho선 가까이에 있게 됨을 뜻한다. Ortho 추적 선은 Ortho Angle 명령에서의 설정을 따른다.
- 단일 Smart점이 강조 표시되고, 거리를 둔 Ortho 커서가 보이면 거리를 입력하거나, 상대 좌표를 입력하여 활성 Smart점에 대한 상대적인 점을 배치한다.

Object Snap은 점을 연속해서 선택할 때 지속적으로 사용하는 것과, 단 한 번의 선택에만 활성화하여 사용하는 것 모두 가능하며 Grid Snap, Ortho, Distance, Angle, Elevator Mode, Planar Mode 등 다른 제한 조건보다 우선적으로 적용한다.

Object Snap

■ Perpendicular

Perpendicular Object Snap이 활성일 때, 추적 선에 대하여 수직인 Smart점상에 커브가 있거나, 그 가까이에 있을 때에는 추적 선이 표시될 수 있다.

Tangent

Tangent Object Snap이 활성일 때, 커브에 접하는 추적선이 표시될 수 있다.
Perpendicular와 Tangent 추적 선은 Ortho Mode 추적 선과 다른 색으로 표시된다.

General

■ Enable SmartTrack

SmartTrack 기능을 사용할 수 있게 하는 기능이다.

■ Smart point activation delay _ milliseconds

Smart point가 보여 지는 시간을 조절하는 기능이다.

■ Max number of smart points

Smart point의 최대 개수를 지정하는 기능이다.

Appearance

■ Dotted lines

추적 선 스타일을 점선으로 표현하는 기능이다.

■ Line color

추적 선 색상을 지정하는 기능이다.

■ Tan and perp line color

Tangent 와 Perpendicular 추적 선의 색을 지정하는 기능이다.

■ Point color

Capture되었으나 비활성화된 Smart점의 색을 지정하는 기능이다.

■ Active point color

활성화 된 Smart점의 색을 지정하는 기능이다.

Behavior

■ Implied From

단일 smart 점이 강조 표시되고, 거리를 둔 직교 커서가 보이면, 거리를 입력하거나, 상대 좌표를 입력하여 활성 Smart점에 대한 상대적인 점을 배치한다.
Alt+Enter 키를 눌러 마지막으로 지정한 점으로부터 법선 거리 제한을 활성화한다.

■ Smart Ortho

SmartTrack의 기능을 Ortho Mode로 바꾸어 사용한다.
Smart Ortho를 켜거나 끈다. Smart Ortho는 이전에 Capture한 점으로 되돌아갈 필요 없이 자동으로 마지막으로 지정한 점에서 Ortho 추적 선을 그리며 Ortho 설정과는 무관하다. Smart Ortho는 동시에 Ortho를 켜고 끄는 것과 같다. 커서가 Ortho 방향 또는 Object Snap에서 멀어질 때 법선 지정처럼 실행된다. 커서가 Ortho 방향에 가까이 가면, Ortho지정과 같이 실행된다.

Smart tangents

Tangent Object Snap이 활성일 때, 접하는 추적 선을 그리는 기능을 켜거나 끈다.
지속성 Tangent점과 End Object Snap을 활성화하고 Curve또는 Polyline을 그려 본다.
Curve End에 Snap하면 Smart Tangent 추적 선을 볼 수 있다.

■ Parallels

Tangent Object Snap이 활성화 될 때, Parallels 추적 선을 그리는 기능을 켜거나 끈다.
Smart Tangent선과 지속성 Tangent점, End Object Snap을 사용하도록 설정하고 다른 Object Snap을 사용하여 Curve End와 다른 점에 Snap한다. 평행 추적선이 표시된다.

■ Semipermanent points

각 마우스 클릭 후에 점을 삭제하는 것과 반대로, 명령이 실행되는 동안 Capture된 점이 유지되도록 전환한다. 예를 들어, Copy 명령을 사용할 때 마우스를 클릭 하여 점을 배치해도 기존의 Smart점이 지워지지 않는다.

Cursor tooltips

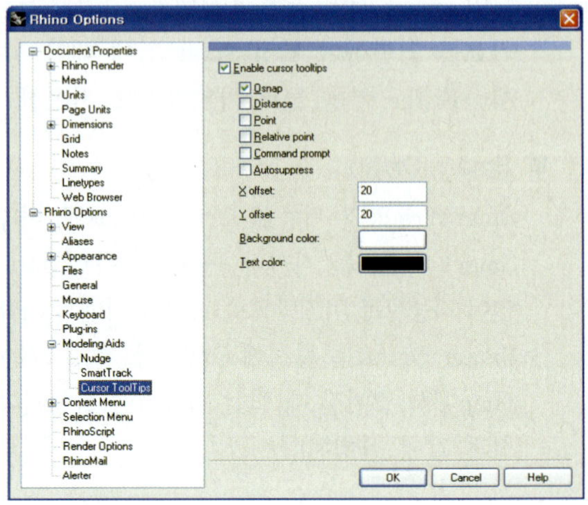

커서 위치의 커서 도구 설명 정보를 나타내는 기능이다.

■ Enable Cursor Tooltips

커서의 도구 설명을 켜는 기능이다.

■ Osnap

각각의 Osnap 기능을 표시하는 기능이다.

■ Distance

개체의 길이를 나타내는 기능이다.

■ Point

CPlane을 중심으로 한 좌표 값을 나타내는 기능이다.

■ Relative Point

상대 좌표 값을 나타내는 기능이다.

■ Command prompt

명령줄에 나타나는 명령어 및 순서를 나타내는 기능이다.

■ Autosuppress

가장 유용한 도구 설명만을 표시하도록 시도하는 기능이다.

■ X Y offset

Cursor의 위치를 기준으로 X Y 좌표방향으로 이격되는 간격을 설정하는 기능이다.

■ Background color

배경색을 지정하는 기능이다.

■ Text color

Text 색을 지정하는 기능이다.

Context Menu

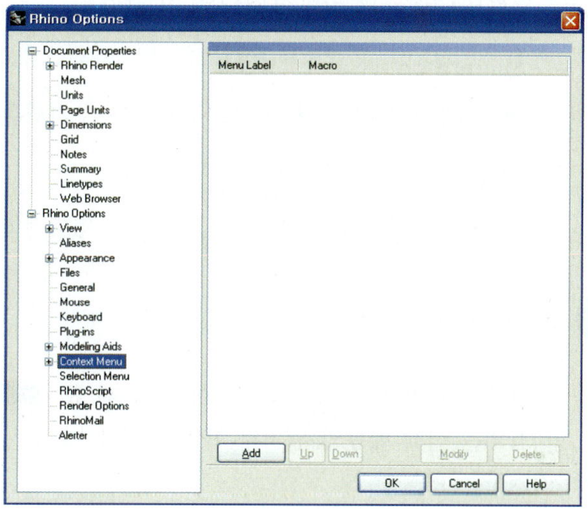

오른쪽 클릭으로 표시되는 상황에 맞는 메뉴의 페이지 표시에 추가된 매크로이다.

Context Menu Pages

■ Context Menu

선택된 개체가 없을 때, Viewport에서 마우스 오른쪽 클릭으로 표시되는 메뉴를 제어하는 기능이다.

■ Control Point Menu

Control Point상에서 마우스 오른쪽 클릭으로 표시되는 메뉴를 제어하는 기능이다.

■ Object Menu

개체상에서 마우스 오른쪽 클릭으로 표시되는 메뉴를 제어하는 기능이다.

Actions

■ Add

새로운 상황에 맞는 메뉴 항목을 추가하는 기능이다.

■ Up

메뉴 항목을 목록에서 위로 이동하여 표시하는 기능이다.

■ Down

메뉴 항목을 목록에서 아래로 이동하여 표시하는 기능이다.

■ Modify

기존의 상황에 맞는 메뉴 항목을 변경하는 기능이다.

■ Delete

기존의 상황에 맞는 메뉴 항목을 삭제하는 기능이다.

〈Add Macro Options〉

- Menu item label

상황에 맞는 메뉴에 표시되는 이름이다.

- Seperator

메뉴 항목 사이에 표시되는 구분선을 추가하는 기능이다.

- Macro

메뉴 항목이 선택되었을 때 실행되는 명령 Macro이다.

Selection Menu

하나 이상의 개체가 지정 영역에 있을 때 표시되는 선택 메뉴의 위치와 화면 표시를 제어하는 기능이다.

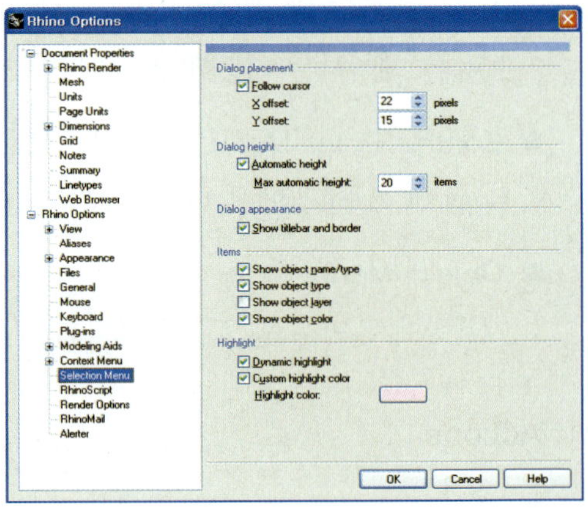

Dialog placement

메뉴가 표시되는 위치를 지정하는 기능이다.

■ Follow cursor

선택 메뉴가 커서 위치에 표시되는 기능이다.

X Y offset _ pixels

선택 메뉴가 커서에서 떨어져 있어야 하는 X, Y방향의 값을 지정하는 기능이다.

Dialog height

선택 메뉴에 표시되는 개체의 수를 지정하는 기능이다.

■ Automatic height

모든 개체가 표시될 때까지 또는 Max automatic height 설정에서 지정한 숫자에 이를 때까지 메뉴를 확장하는 기능이다.

Max automatic height _ items

Automatic height 설정이 선택되었을 때 개체가 표시되는 최대 수이다.

Dialog appearance

■ Show titlebar and border

제목 표시줄과 테두리의 표시를 지정하는 기능이다. 저장 공간을 많이 차지하지 않게 하려면 이 기능을 끈다.

Items

메뉴에서 표시되는 개체에 대한 설명을 지정하는 기능이다.

■ Show object name/type

개체 이름이 있으면 개체 이름을 표시한다. 이름이 없을 경우에는 개체 유형을 표시하게 된다.

Show object Type, Layer, Color

개체 유형, 레이어, 색을 표시하는 기능이다.

Highlight

■ Dynamic highlight

선택 메뉴 상에서 아이템 위로 마우스를 움직일 때 개체가 강조 표시 여부를 제어하는 기능이다.

Custom highlight color

마우스 커서를 선택 메뉴에서 이동할 때 표시되는 개체의 강조 표시 색을 설정하는 기능이다.

Highlight

강조 표시된 개체의 사용자 지정 색을 클릭 하여 선택하는 기능이다.

RhinoScript

RhinoScript의 구성을 설정하는 기능이다.

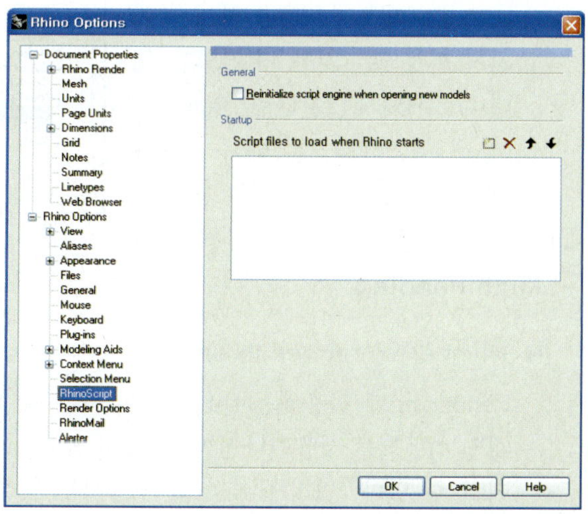

General

Reinitialize script engine when opening new models

Modeling Session간에 RhinoScript가 모든 Global Subroutines과 함수, 변수들을 메모리로부터 개방하는지

의 여부를 지정한다.

■ Startup

Scripts to load when Rhino starts

Rhino를 시작할 때 load할 편집기를 지정하는 기능이다. 여기에서 목록에 없는 Script는 요구하는 즉시 load된다.

New

새로운 시작 Script를 추가하는 기능이다.

Delete

선택한 목록에서 Script를 삭제하는 기능이다.

Up

선택한 Script를 목록에서 위로 이동한다. 위에 있는 Script부터 순서대로 실행하게 된다.

Down

선택한 Script를 목록에서 아래로 이동시키는 기능이다.

Render Options

General

■ Two stage render

장면을 Rendering할 때 Render 명령과 RenderPreview 명령 실행의 두 단계로 실행된다. 가장 중요한 Detail을 먼저 Rendering하여 제대로 표시되는지를 확인하며 이미지가 완성되는 것을 기다린다. 제대로 표시되지 않는다면, Rendering을 취소하고 계속해서 편집한다.

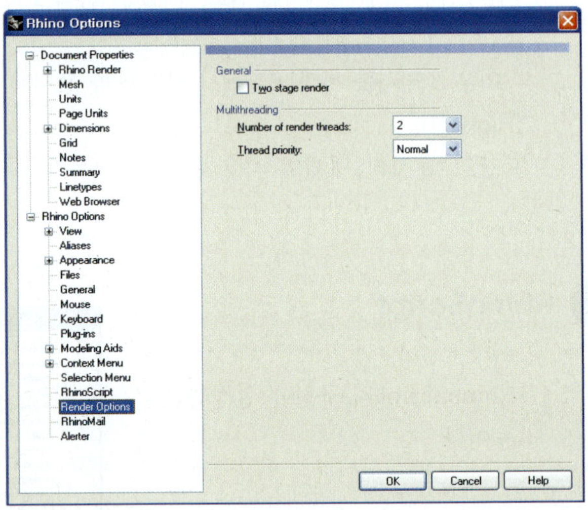

Multitheading

■ Number of render threads

Rendering에 사용되는 threads의 수를 제어하는 기능이다. 듀얼 코어 또는 듀얼/쿼드 CPU 컴퓨터를 사용한다면 다중 동시 Rendering thread를 사용하여 렌더링 속도를 향상시킬 수 있다. 멀티 thread를 설정하는 것은 다소 번거롭다.

■ Thread priority

다른 처리 과정과 비교한 Rendering의 상대적 우선 순위처리를 제어하는 기능이다. 우선 순위가 낮을수록 Rendering을 처리시의 Rendering 속도는 느리지만 컴퓨터의 응답이 빠르다.

RhinoMail

Rhino Mail Option을 구성하는 기능이다.

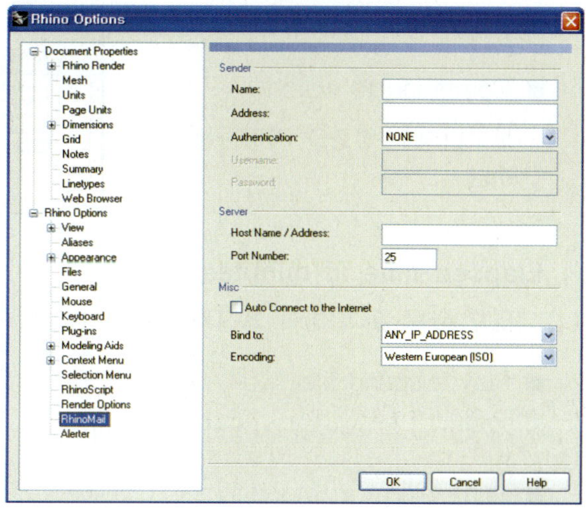

Sender

■ Name

받는 사람에게 표시되는 이름이나.

■ Address

사용자가 메시지를 받기를 원하는 계정 주소이다.

■ Authentication

귀하의 E-mail 계정과 동일하다.

■ Server

작업자의 E-mail 계정과 동일하다.

■ Host Name / Address

Port Number

시스템 관리자의 특정한 지시 사항이 있는 경우에만 변경하는 기능이다.

■ Misc

시스템 관리자의 특정한 지시 사항이 있는 경우에만 사용하는 기능이다.

Alerter

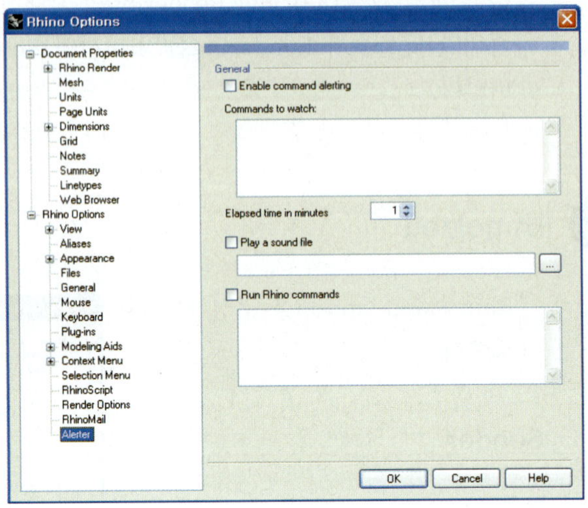

지정된 명령이 사용자가 지정한 시간보다 오래 걸리면 알림을 표시한다.

General

■ Enable command alerting

알림을 켜는 기능이다.

■ Command to watch

모니터링할 명령을 지정하는 기능이다.

Elapsed time in minutes

명령 완료 후 알림이 표시되는 시간을 설정하는 기능이다.

■ Play a sound file

재생할 소리 파일을 지정하는 기능이다.

■ Run Rhino commands

모니터링하는 명령이 완료되면 이 명령을 실행한다.

Part Ⅰ

01 FILE

FILE TOOLBAR

문서를 관리할 수 있는 툴바로 새로운 파일 만들기, 다양한 방식의 저장 아이콘, 프린트와 관련된 명령들을 볼 수 있다.

New (새로 만들기)

메뉴: File Menu 〉 New

단축키: Ctrl + N

버튼: 왼쪽 클릭

기능: 템플릿을 기준으로 새로운 라이노 모델을 만드는 기능이다.

새로운 파일을 생성시키는 명령으로 템플릿 파일열기 대화창에서 원하는 템플릿을 지정하여 파일을 만든다. 라이노 프로그램과 함께 제공된 템플릿은 주로 단위 설정을 기준으로 선택할 수 있도록 준비되어 있으며, 사용자가 자주 사용하는 기능과 단위를 설정해 놓은 사용자 지정 템플릿을 사용하기도 한다. 화면하단의 'No Template'은 작업자가 작업이 종료된 이후에 단위를 지정할 수 있도록 가능케 하는 명령으로 매우 유용하다. 이와 함께 다음 작업에도 동일한 단위로 지정하여 저장하고자 한다면 'Use this file when Rhino starts' 항목을 체크한다.

■ Template

템플릿은 일반적인 Rhino 3DM 파일이며, 템플릿에 레이어, 그리드 크기, 단위, 허용 오차를 기본적으로 설정해 둘 수 있다. 라이노와 함께 설치된 기본 템플릿을 사용할 수 있으며, 또한 자신만의 독자적인 템플릿을 저장하여 사용할 수 있다.

다른 기능과 함께 모델을 준비하고 'Save As Template'명령을 사용하여 새로운 템플릿으로 저장한다. 이 경우 기존의 템플릿과 같이 라이노를 열 때 마다 템플릿 파일 대화상자에서 이 파일 사용의 확인란을 선택하여 각 템플릿을 사용할 수 있다.

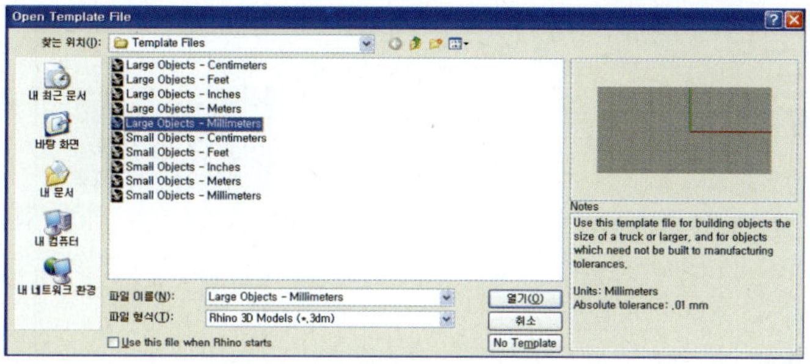

Open (열기)

메뉴: File Menu 〉 Open

단축키: Ctrl + N

버튼: 왼쪽 클릭

기능: 기존 라이노 파일 또는 다른 지원되는 형식을 파일을 여는 기능이다.

File 〉 Open을 클릭하거나 아이콘을 클릭하면 Open 대화상자가 열린다. 이곳에서 자신이 원하는 파일을 Open하면 된다. 파일을 선택하면 미리보기와 파일의 노트를 확인 할 수 있다.

• Open 가능한 포맷은 다음과 같다.

Rhino 3D Models (*.3dm), Rhino Worksession (*.rws), IGES (*.igs; *.iges)
STEP (*.stp; *.step), VDA (*.vda), AutoCAD drawing file (*.dwg)
AutoCAD drawing exchange file (*.dxf), MicroStation file (*.dgn)
SolidWorks (*.sldprt; *.sldasm), MotionBuilder (*.fbx), PDF Files (*.pdf; *.ai, *.eps)
Points File (*.asc; *.csv; *xyz; *.cgo_ascii), 3D Studio (*.3ds), LightWave (*.lwo)
Stereolithography (*.stl), WaveFront OBJ (*.obj), Raw Triangles(*.raw)
GHS Geometry (*.gf; *.gft), WAMIT (*.gdf), Recon M and PTS Files (*.m, *.pts)
PLY – Polygon File Format (*.ply), SLC (*.slc), ZCorp (*.zpr), DirectX (*.x)
SketchUp (*.skp), AutoCAD hatch pattern file (*.pat), VRML (*.vrml, *.wrl)

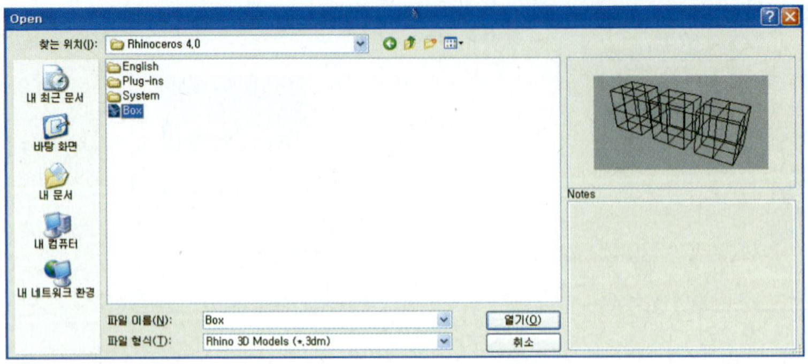

Save (저장하기)

메뉴: File Menu 〉 Save

단축키: Ctrl + S

버튼: 왼쪽 클릭

기능: 현재 작업 중인 3DM 파일을 저장한다.

저장할 경로를 지정하고 파일 이름과 파일 형식을 정하여 저장하는 명령이다.

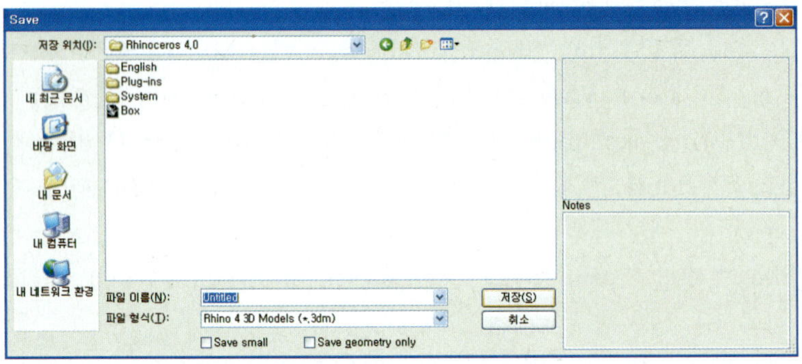

- Save 가능한 포맷은 다음과 같다.

  Rhino 4 3D Models (*.3dm), Rhino 3 3D Models (*.3dm), Rhino 2 3D Models (*.3dm), IGES (*.igs; *.iges), STEP (*.stp; *.step), ACIS (*.sat), VDA (*.vda), Parasolid (*.x_t), AutoCAD drawing file (*.dwg), AutoCAD drawing exchange file (*.dxf), 3D Studio (*.3ds), Adobe Illustrator (*.ai), WaveFront (*.obj), POV-Ray Mesh (*.pov), Raw Triangles(*.raw), RenderMan (*.rib)

  Stereolithography (*.stl), Moray UDO (*.udo), VRML (*.vrml, *.wrl), Window Metafile (*.wmf), DirectX (*.x), Object Properties (*.csv), Points File (*.txt)

SLC (*.slc), ZCorp (*.zpr), GHS Geometry file (*.gf), GHS Part Maker file (*.pm) WAMIT (*.gdf), MotionBuilder (*.fbx), XGL (*.xgl)

Save Small (작게 저장)

메뉴: File Menu 〉 Save Small

버튼: 왼쪽 클릭

기능: 현재 열려 있는 파일을 자동으로 줄여 약 1/3 정도의 적은 용량 데이터로 저장한다.
용량이 적으므로 랜더링 메쉬 또는 비트맵 미리보기 등의 기능이 없이 파일을 저장한다. 디스크 공간을 절약하거나, 파일을 다른 사람에게 이메일 또는 다른 전자 매체로 보낼 때 시간을 절약할 수 있음으로 이 명령을 사용하면 효율적이다.
모델을 처음으로 음영처리할 때 오랜 시간이 걸리는 경우, 파일을 열거나 처음으로 음영처리할 때 시간을 절약할 수 있다.

Incremental Save (증분 저장)

메뉴: File Menu 〉 Incremental Save

버튼: 왼쪽 클릭

기능: 연속된 번호로 파일을 저장하는 명령이다.
순차적으로 작업과정을 저장할 경우에 유용하게 사용되며, 저장 할 때마다 연속되는 번호가 정해지므로 일종의 백업파일과 같은 역할을 하기도 한다. 따라서 중요한 파일을 실수로 덮어쓰는 경우를 대비할 수 있다.

Auto Save (자동 저장)

이 명령은 모델을 복구할 수 있는 유일한 방법이다. 저장 안 함을 선택하면 자동 저장된 파일이 제거된다.

메뉴: Tools 〉 Rhino Option 〉 File 〉 Auto Save

버튼: 왼쪽 클릭

기능: 파일 자동저장 명령이다.
파일을 자동적으로 저장하도록 시간과 저장 경로를 지정할 수 있다. 작업 중 갑자기 프로그램이 종료될 경우, 모델을 복구할 수 있는 유일한 방법으로서 파일이 자동 저장되도록 설정하는 명령이다. 이때 가장 최근에 자동 저장된 부분까지의 작업과정과 정보만을 복구할 수 있음으로 라이노속싱 내화상사

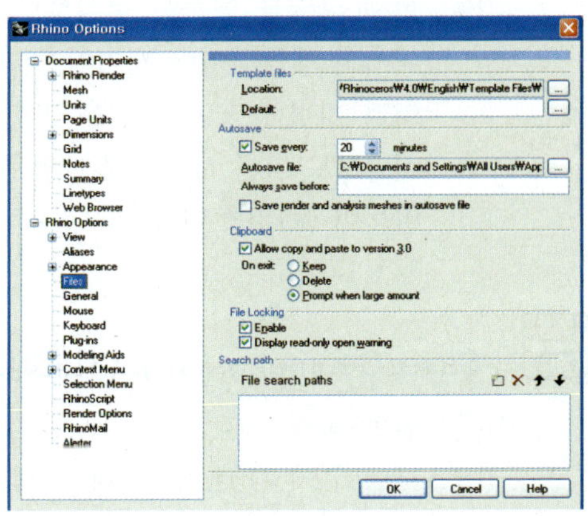

에서 저장시간을 적절하게 설정하는 것이 중요하다. 이외에 선택항목에서 자동 저장의 간격, 자동 저장할 때의 파일 이름, 지정한 명령 이전에 항상 저장되도록 하는 등 명령을 설정 할 수 있다. 'Save every'에 체크를 하지 않으면 자동 저장될 파일이 생성되지 않는다.

| Save As (다른 이름으로 저장)

메뉴: File Menu 〉 Save As

기능: 현재 작업 중인 파일을 다른 이름으로 저장하는 명령이다. 저장과정에서 작업 중인 파일은 자동으로 종료되고, 새롭게 저장된 파일만 열린 상태로 남는다.

Save As 가능한 포멧은 다음과 같다.

Rhino 4 3D Models (*.3dm), Rhino 3 3D Models (*.3dm), Rhino 2 3D Models (*.3dm), IGES (*.igs; *.iges), STEP (*.stp; *.step), ACIS (*.sat), VDA (*.vda), Parasolid (*.x_t), AutoCAD drawing file (*.dwg), AutoCAD drawing exchange file (*.dxf), 3D Studio (*.3ds), Adobe Illustrator (*.ai), WaveFront (*.obj), POV-Ray Mesh (*.pov), Raw Triangles(*.raw), RenderMan (*.rib) Stereolithography (*.stl), Moray UDO (*.udo), VRML (*.vrml, *.wrl), Window Metafile (*.wmf), DirectX (*.x), Object Properties (*.csv), Points File (*.txt) SLC (*.slc), ZCorp (*.zpr), GHS Geometry file (*.gf), GHS Part Maker file (*.pm)WAMIT (*.gdf), MotionBuilder (*.fbx), XGL (*.xgl)

| Save as Template (템플릿으로 저장)

메뉴: File Menu 〉 Incremental Save

버튼: 오른쪽 클릭

기능: 현재 파일을 템플릿 형식으로 저장한다.

여기서 템플릿이란 레이어, 그리드, 뷰포트 위치, 단위, 허용 공차 등을 사용자가 미리 지정해 놓은 파일을 말한다. 사용자가 자신이 사용하는 작업환경과 동일한 설정으로 다른 사람에게 파일을 보내 작업을 해야 한다면 이와 같은 템플릿 파일을 만들어 보내면 된다.

| Save Geometry only (지오메트리만 저장)

버튼: 왼쪽 클릭

기능: 모델의 지오메트리 개체만 저장한다.

레이어, 재질, 속성, 노트 등은 저장되지 않으며, 마치 개체를 내보내기 실행하는 것과 유사한 방식으로 모델의 정보만 저장한다. 새로운 파일은 만들어지지만, 라이노 활성 모델이 되지는 않는다.

| Insert (삽입)

일반적으로 Individual Objects로 체크하여 사용한다.

메뉴: File Menu 〉 Insert

단축키: Ctrl + I

버튼: 왼쪽 버튼

기능: 현재 열린 파일에 다른 파일로부터 개체를 가져와 삽입 또는 불러드리는 기능이다. 옵션에서 개체를 배치, 크기 조정, 회전하거나 그룹, 블록, 개체의 형식으로 지정하여 가져올 수 있다. 이와 같이 Block Instance, Group, Individual Object 형식으로 지정한 후에 삽입할 개체의 파일을 지정한 후 OK 버튼을 클릭한다.

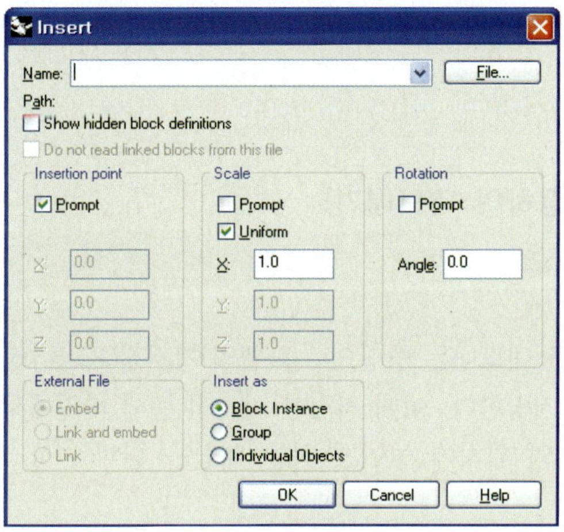

| Import (가져오기)

메뉴: File Menu 〉 Import

버튼: 오른쪽 클릭

기능: 다른 파일의 개체를 현재 파일로 불러들여 가져오는 기능이다.

- Import 명령은 라이노가 열 수 있는 모든 파일 형식을 지원한다.
- 3DM 파일이 아닌 다른 포맷을 라이노 3D 파일 내부에 추가할 수 있다.

Import 가능한 포맷들은 다음과 같다.

Rhino 3D Models (*.3dm), Rhino Worksession (*.rws), IGES (*.igs; *.iges) STEP (*.stp; *.step), VDA (*.vda), AutoCAD drawing file (*.dwg), AutoCAD drawing exchange file (*.dxf), MicroStation file (*.dgn)

SolidWorks (*.sldprt; *.sldasm), MotionBuilder (*.fbx), PDF Files (*.pdf; *.ai, *.eps) Points File (*.asc; *.csv; *xyz; *.cgo_ascii), 3D Studio (*.3ds), LightWave (*.lwo), Stereolithography (*.stl), WaveFront OBJ (*.obj), Raw Triangles(*.raw), GHS Geometry (*.gf; *.gft), WAMIT (*.gdf), Recon M and PTS Files (*.m, *.pts), PLY – Polygon File Format (*.ply), SLC (*.slc), ZCorp (*.zpr), DirectX (*.x), SketchUp (*.skp), AutoCAD hatch pattern file (*.pat), VRML (*.vrml, *.wrl)

R·P(Rapid Prototype) 모델링 작업을 할 때 일반적으로 사용하는 메뉴로써 STL, SLC 파일을 전환할 때 주로 사용한다.

Export Selected (선택된 개체 내보내기)

메뉴: File Menu 〉 Export Selected

버튼: 오른쪽 클릭

기능: 현재 열려있는 파일의 선택된 개체(Object)를 다른 포맷으로 내보내는 기능이다. 도면을 작성하기 위해 일러스트 포맷으로 변환하거나 RP(Rapid Prototype) 장비로 물체를 입체화하기 위해 포맷을 전환할 경우 등에 많이 사용되는 매우 유용한 변화저장기능이다.

Export With Origin (원점을 설정하여 내보내기)

메뉴: File Menu 〉 Export With Origin

버튼: 오른쪽 클릭

기능: 현재 열린 파일에서 선택한 개체를 내보내는 명령으로 모델의 기저점(Base point)을 지정하고, 새 파일명을 입력하여 저장한다. 이때 지정한 기저점은 새 파일에서 모델이 자동적으로 절대 좌표(0,0,0)의 위치에 놓이게 하는 역할을 한다.

Export Bitmap (비트맵 내보내기)

버튼: 왼쪽 버튼

기능: 모델링 작업에서 사용되었던 배경이미지의 원본파일을 내보내는 기능으로서 사용된 모든 이미지를 지정한 폴더나 새롭게 생성한 폴더에 저장하는 명령이다. 단 작업중인 파일을 종료하지 않을 경우에만 가능하다.

현재 파일에서 모델링 세션 동안 사용된 적이 있는 모든 비트맵은 Export Bitmap 명령으로 저장이 가능하다. 따라서 10개의 배경이미지를 화면에 배치했었다면 이 이미지들은 Export Bitmap명령으로 지정한 폴더나 새롭게 생성한 폴더에 저장이 가능하다. 이때 이미지 파일은 원본의 형식을 유지하며 저장된다. 한편 일반적으로 모델을 저장할 때에는 마지막 비트맵만이 .3dm파일에 저장된다.

Note (노트)

메뉴: File Menu 〉 Note

기능: 모델에 추가할 수 있는 텍스트 노트를 입력하는 기능으로 실제의 모델에 메모지를 붙이듯 주를 다는 것이다.

- 노트 창을 라이노 창의 위/아래/옆면에 고정시킬 수 있다.
- 노트 창에 입력된 노트는 문서 속성 대화상자의 노트 페이지에 표시된다.
- 이 명령은 라이노 3DM 파일과 IGES파일에서 함께 저장된다.

Properties (속성)

메뉴: File Menu 〉 Properties

버튼: 왼쪽 클릭

기능: 라이노 3D의 문서속성과 프로그램 속성을 설정할 수 있는 대화상자를 여는 기능이다. 2가지 속성을 공유하는 대화상자는 각종 메뉴의 다양한 경로로 접근이 가능하다. 라이노 3D를 효과적으로 사용하기 위해서는 반드시 숙지해야 하는 중요한 기능을 보여준다.

Print (인쇄)

메뉴: File Menu 〉 Print

버튼: 왼쪽 버튼

기능: 뷰포트 내용의 이미지를 인쇄하는 기능이다. 왼쪽에 제어 기능이 있으며, 지속적으로 업데이트되는 인쇄 미리보기 창이 오른쪽에 나타난다.

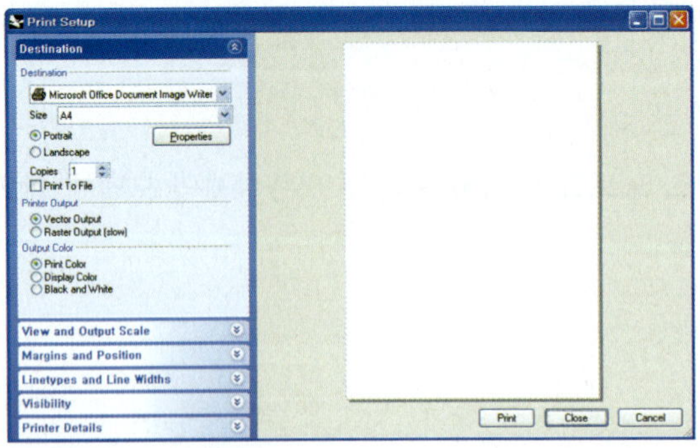

Destination 대상 패널

Destination (대상 패널)

■ Destination (대상)

설치된 프린터 목록을 표시하는 기능이다.

Size : 프린터에 의해 지원되는 용지 크기를 설정한다.

Properties : Window 프린터 드라이버를 설정한다.

Landscape/Portrait : 가로/세로의 용지 방향을 설정하는 기능이다.

Copies : 출력되는 복사 매수를 설정하는 기능이다.

Print to File : 파일로 인쇄하기

■ Printer Output (프린터 출력)

인쇄 방법을 정의하는 기능이다.

Vector Output

벡터 출력하는 방식이다.

선, 곡선, 그리고 채워진 영역으로 인쇄할 때 사용한다.

Raster Output (slow)

점 방식으로 출력이다. (저속)

비트맵 이미지로 인쇄할 때 사용한다.

■ Output Color (출력색)

Print Color (인쇄색)

레이어 또는 속성의 인쇄색 설정을 사용하여 커브와 와이어프레임을 인쇄한다.

Display Color (표시색)

뷰포트에 표시되는 와이어프레임 색과 동일한 색으로 개체를 인쇄한다.

Black and White (흑백색)

컬러를 회색조로 변환하게 인쇄한다.

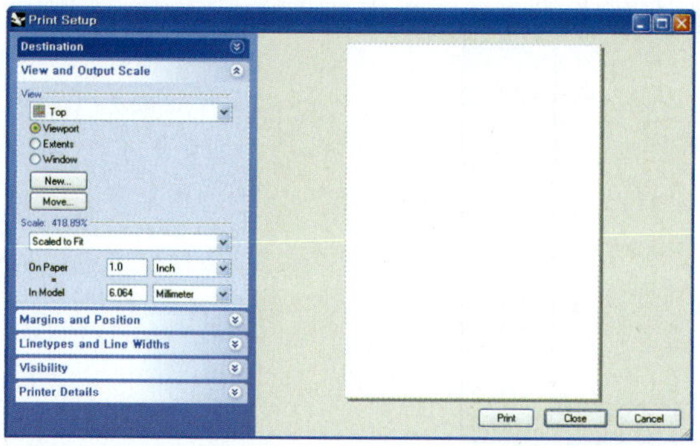

View and Output Scale 뷰와 출력 배율 패널

View and Output Scale (뷰와 출력 배율 패널)

■ View (보기)

뷰포트 이름과 레이아웃 페이지 목록이다.

Viewport

현재의 뷰포드 표시를 인쇄한나.

Extents

모델의 모든 개체가 현재 뷰포트에 포함되도록 확대/축소하는 기능이다.

Window

선택된 창 영역을 인쇄하는 기능이다.

New (새로 만들기)

새로운 인쇄영역을 선택하는 기능이다.

Move (이동)

선택된 인쇄영역을 이동하는 기능이다.

■ Scale (배율)

현재 디스플레이의 배율을 퍼센트로 표시하는 기능이다. 목록에서 배율을 선택하거나, 용지 단위=모델 단위의 배율을 설정한다.

On Paper (용지에서 인쇄된 종이에 적용된 단위 설정한다.

In Model (모델에)

모델에서 사용된 대등한 단위로 설정한다.

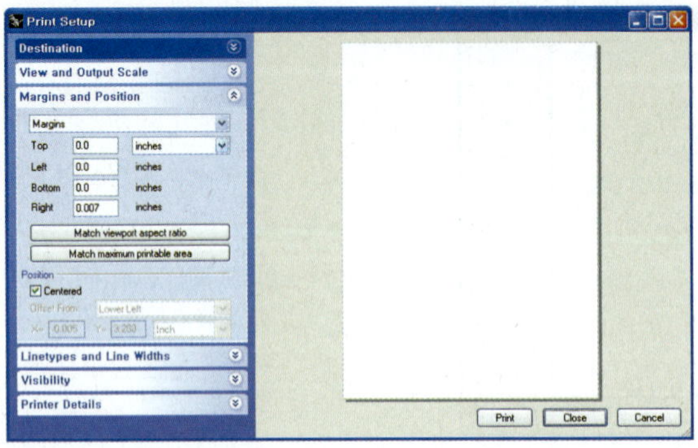

Margins and Position 여백과 위치 패널

Margins and Position (여백과 위치 패널)

페이지 주변의 인쇄되지 않는 영역을 설정하거나 확장하는 기능이다.

Margins (여백) : 각 옵션은 여백, 너비, 높이 옵션을 제어한다.

Top, Left, Width, Height : 위, 왼쪽, 넓이, 높이

Top, Right, Width, Height : 위, 오른쪽, 넓이, 높이

Bottom, Left, Width, Height : 아래, 왼쪽, 넓이, 높이

Bottom, Right, Width, Height : 아래, 오른쪽, 넓이, 높이

Centered, Width, Height : 중앙, 넓이, 높이

Match viewport aspect ratio (뷰포트를 종횡비로 일치시킴)

인쇄하기 위해 선택된 뷰포트/레이아웃처럼 같은 면 비율로 여백과 위치 설정하여 인쇄한다.

Match maximum printable area (최대 인쇄 가능한 영역 맞추기)

용지의 여백을 프린터의 최소한의 값으로 재설정하는 기능이다.

■ Position (위치)

Centered (중앙)

이미지를 종이의 중앙으로 옮기는 기능이다.

From (간격띄우기 기준)

중앙의 확인란이 선택되지 않았으면 간격띄우기 옵션 중에서 선택한다.

Lower Left : 왼쪽 아래로

Upper Left : 왼쪽 위로

Lower Right : 오른쪽 아래로

Upper Right : 오른쪽 위로

X, Y, offset values and unit system X, Y, 간격띄우기와 단위 시스템

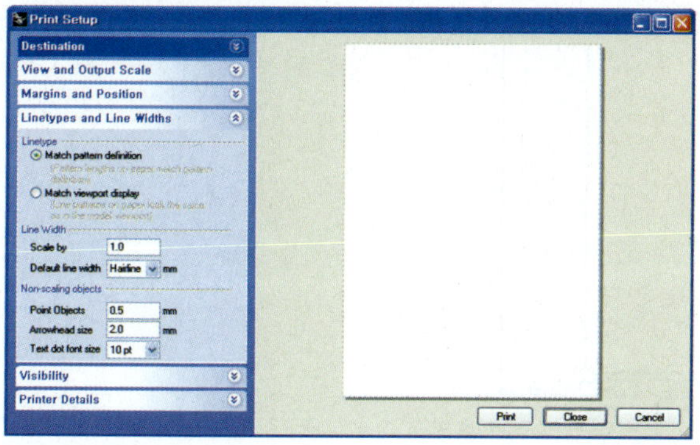

Linetypes and Line Widths　선 종류와 선 두께 패널

Linetypes and Line Widths (선 종류와 선 두께 패널)

■ Linetype (선 종류)

Match pattern definition : 패턴 정의에 맞추는 기능

인쇄된 선 종류 패턴이 현재 표시와 일치하게 하는 기능

Match viewport display : 뷰포트 디스플레이 맞추기

인쇄된 선 종류 유형으로 최근 보여준 속성 맞추기

■ Line Width (선 두께)

Scale by : (크기 조정 배수)

인쇄된 선 두께를 전체적으로 조정하는 배수 값이다.

Default line width : (기본 선 두께)

"가는 선"부터 법선 두께(mm), "인쇄 안함"까지의 범위로 선택할 수 있는 기능이다.

■ Non-scaling objects (크기 조정하지 않는 개체)

Point Objects : (점 개체)

인쇄된 페이지에서의 점 개체 크기이다.

Arrowhead size : (화살촉 크기)

인쇄된 페이지에서의 화살촉 크기이다.

Text dot font size: (텍스트 점 글꼴 크기)

인쇄된 페이지에서의 나타난 텍스트 점 글꼴 크기

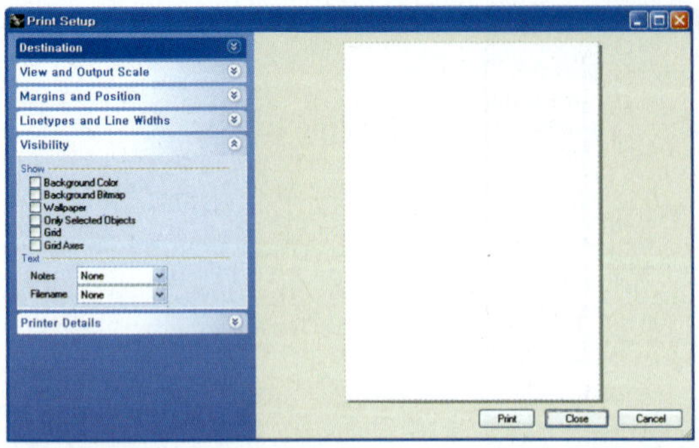

Visibility 표시 상태 패널

Wallpaper은 출력창의 넓이에 맞추기 위해 항상 스트레치된다. 배경 크기를 일정하게 유지하기 위해서는 배경 비트맵을 사용하면 된다.

Visibility (표시 상태 패널)

인쇄된 페이지에 추가할 선택 사항 항목이다.

■ Show

Background Color : (배경색) 뷰포트 배경색을 출력하는 기능이다.

Background Bitmap : (배경 비트맵) 뷰포트 배경 비트맵 출력하는 기능이다.

Wallpaper : (바탕 무늬) 뷰포트 바탕 무늬를 출력하는 기능이다.

* Wallpaper은 출력창의 넓이에 맞추기 위해 항상 스트레치된다. 배경 크기를 일정하게 유지하기 위해서는 배경 비트맵을 사용하면 된다.

Only Selected Objects : (선택된 개체만) 선택된 물체만 출력하는 기능이다.

Grid : (그리드) 구성 평면의 그리드를 인쇄하는 기능이다.

Grid Axes : (그리드 축) 구성 평면의 그리드 축을 인쇄하는 기능이다.

■ Text

Notes : 노트 창의 내용을 인쇄하는 기능이다.

None : 노트가 인쇄되지 않음.

Top : 종이의 윗부분의 노트를 인쇄한다.

Bottom : 종이의 아랫부분 노트를 인쇄한다.

Filename : 경로가 포함된 전체 파일 이름을 인쇄하는 기능이다.

None : 파일 이름이 인쇄되지 않음.

Top : 종이의 윗부분의 파일 이름을 인쇄한다.

Bottom : 종이의 아랫부분 파일 이름을 인쇄한다.

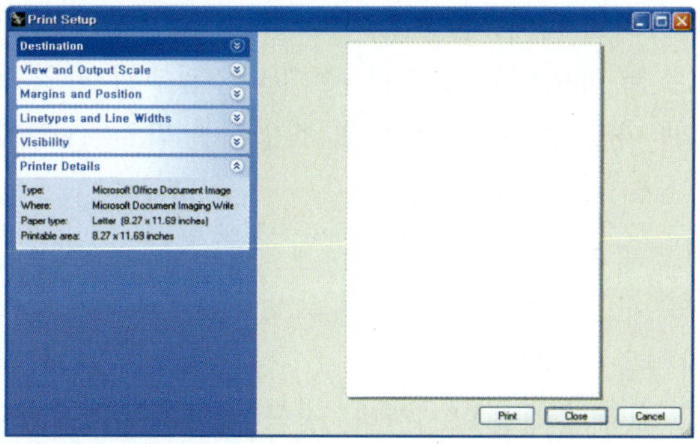

Printer Details 프린터 세부 정보 패널

Printer Details (프린터 세부 정보 패널)

드라이버와 환경설정에 의해 보고된 것처럼 최근에 선택된 프린터 세부사항 내용을 보여주는 기능이다.

| Worksession Manager (작업회기 관리사)

메뉴: File Menu 〉 Worksession Manager
기능: 기존 모델을 참조하여 지오메트리로 여는 기능이다.

Worksession 기능은 프로젝트를 많은 파일로 분할하므로, 여러 사용자가 하나의 큰 프로젝트를 작업할 수 있게 한다. 각각의 사용자는 프로젝트의 다른 부분을 편집할 수 있으며 동시에 프로젝트 안의 관련된 부분을 볼 수 있다. 필요에 의해 새로 고침 하는 것에 따라, 각각의 사용자가 프로젝트 관련 부분의 최신 버전을 볼 수 있다. 하나의 파일은 한 번에 한 사람의 사용자만 열어서 편집할 수 있으나, 다른 사용자들이 그 파일을 볼 수 있는 장점이 있다. Rhino 모델 외에도 Rhino가 가져올 수 있는 어떤 형식도 파일로 첨부할 수 있다. 첨부된 지오메트리는 편집(이동, 크기 조정)할 수 없으나, 작성 명령(복사, 돌출)의 입력정보로 사용할 수 있다. 첨부된 파일의 지오메트리는 레이어 이름의 일부로 열거된 첨부 모델의 파일명을 동반하여, 레이어의 독특한 세트에 표시된다. 한 모델의 수많은 레이어 상태를 보존하기 위해서도 작업세션을 사용할 수 있다. 첨부된 지오메트리의 레이어 상태

(색, 켜기/끄기, 잠금, 인쇄색, 인쇄 너비, 선종류)를 바꿀 수 있으나, 첨부된 파일로부터 레이어를 삭제하거나 새 레이어를 추가할 수 없다. 첨부된 파일 목록과 그의 레이어 상태는 현재 모델 파일에 저장되지 않고, 작업세션 파일(.rws)에 저장된다.

〈Option〉

Status : 현재 편집용으로 열린 파일을 표시한다.

Locked : 첨부된 파일의 잠금/잠금 해제 상태를 표시한다. 잠금 아이콘의 도구설명에서 이제까지 파일을 열었던 사람에 대한 정보를 표시된다.

Alias : 첨부된 모델 이름이다.

Path : 첨부된 파일로의 경로이다.

Attachments

Attach : 외부 파일을 작업 세션 목록에 첨부한다.

Detach : 작업 세션 목록에서 외부 파일을 제거한다.

Active : 선택된 모델이 편집용으로 열린다.
현재 모델이 닫히고, 첨부된 모델이 열린다. 현재 활성화 된 모델을 저장할지를 묻는 메시지가 표시된다.

Refresf All : 모든 첨부된 파일을 업데이트한다.

Lock Info : 첨부된 파일의 잠금/잠금 해제된 상태와 파일을 연 사람의 정보를 표시한다.

• Session

Open : 작업세션 파일을 연다.

Save : 작업세션 파일을 저장한다.

Save As : 작업세션 파일을 다른 이름으로 저장한다.

Close : 작업세션 관리자를 닫는다.

Exit (종료)

메뉴: File Menu 〉 Exit

기능: 현재 열려있는 파일을 닫는 기능이다.

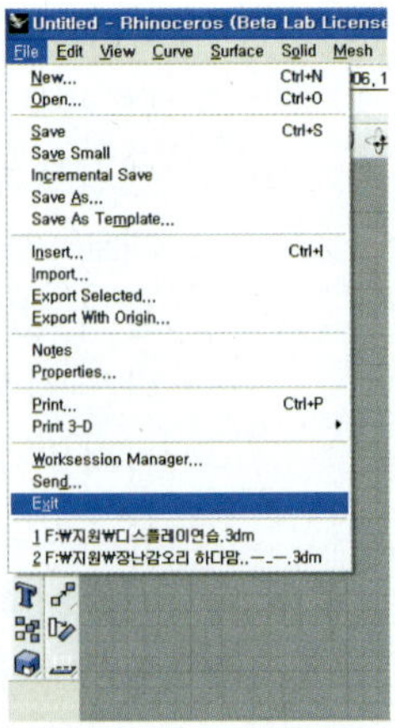

Send (파일 보내기)

메뉴: File Menu 〉 Send

기능: E-mail에 파일을 자동 첨부하여 보내는 기능이다.

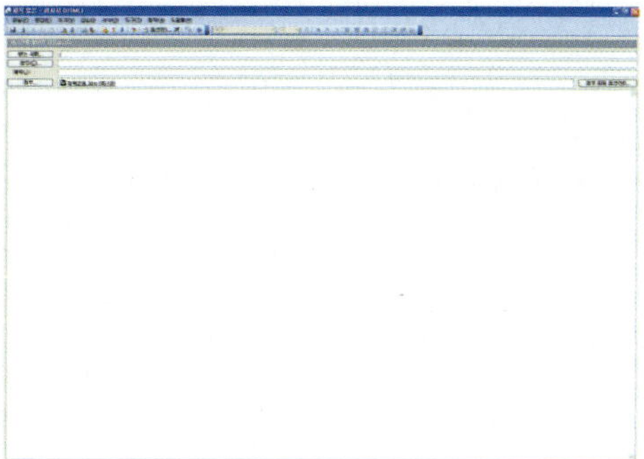

Recent File (최근 파일)

기능: 최근 작업했던 파일명과 위치가 기록되며, 손쉽게 바로 파일을 열수도 있다.

Part Ⅱ

02 EDIT

개체를 다양하게 편집할 수 있는 명령과 기능으로 메뉴가 구성되어 있다.

UNDO TOOLBAR

Undo (실행취소)

경로: Edit Menu 〉 Undo

단축키: Ctrl + Z

버튼: 왼쪽 버튼

기능: 마지막으로 작업한 내용부터 이전 작업 단계로 후퇴하는 기능이다.

Redo (다시실행)

메뉴: Edit Menu 〉 Redo

단축키: Ctrl + Y

버튼: 오른쪽 버튼

기능: 실행취소(Undo) 한 내용을 다시 되돌리는 또는 실행하는 기능이다.

Undo Selected (선택한 개체 실행취소)

버튼: 왼쪽 버튼

기능: 이 기능은 오직 선택되어진 개체에만 적용한 명령들을 실행취소하는 기능.

Undo Multiple (다중 실행취소)

메뉴: Edit Menu 〉 Undo Multiple

버튼: 왼쪽 버튼

기능: 이 명령을 실행하면 다중 실행취소 대화상자가 나타나며, 지금까지 수행한 명령들이 순번으로 나타난다. 실행취소를 원하는 단계까지 선택하고 OK를 클릭하면 여러 단계의 실행취소가 이루어진다.

Chapter 02

Redo Multiple (다중 다시실행)

메뉴: Edit Menu 〉 Redo Multiple

버튼: 오른쪽 버튼

기능: 이 명령을 실행하면 다중 다시실행 대화상자가 나타나며, 지금까지 실행취소한 명령들이 순번으로 나타난다. 다시실행을 원하는 단계까지 선택하고 OK를 클릭하면 여러 단계의 다시실행이 이루어진다.

Clear Undo

버튼: 왼쪽 버튼

기능: 실행취소와 다시실행의 단계를 기억하는 메모리 버퍼를 지워주는 기능으로 다중 실행취소와 다중 다시실행 대화상자에 나타나는 명령항목의 기록을 지우는 것이다.

※ Undo 횟수 조절 기능
Standard Toolbar 〉 Tools 〉 General 〉 Undo – Min number of undos
컴퓨터의 메모리 용량과 지정한 횟수에 따라 실행취소가 가능한 단계를 조절할 수 있다.

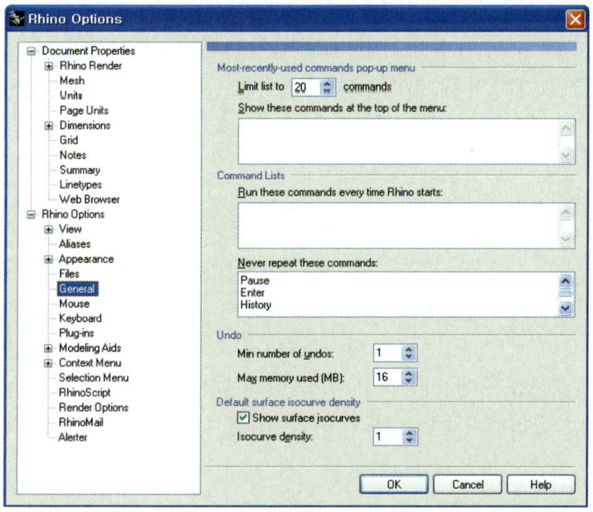

Cut (잘라내기)

메뉴: Edit Menu 〉 Cut

단축키: Ctrl + X

버튼: 왼쪽 버튼

기능: 이 명령을 실행하면 삭제(Delete)명령과 매우 유사하게 선택된 물체를 삭제하지만, 삭제와는 다르게 잘라내기 명령으로 사라진 물체는 컴퓨터의 클립보드(임시보관소; Clipboard)에 기억되어 붙여넣기(Paste)를 수행할 수 있다. 반면 삭제 명령은 클립보드에 남지 않아 붙여넣기를 실행할 수 없다.

Window의 표준적인 편집 명령인 잘라내기(Ctrl + X), 복사(Ctrl + C), 붙혀 넣기(Ctrl + V), 삭제(Delete)는 Rhino의 개체에도 실행된다.

| Copy (복사)

메뉴: Edit Menu 〉 Copy

단축키: Ctrl + C

버튼: 왼쪽 버튼

기능: 복사하는 기능으로 선택된 부분을 컴퓨터의 클립보드에 기억시킨다.

개체의 속성과 위치는 개체와 함께 저장된다.

개체의 그룹을 복사하면, 복사된 개체들이 새 그룹이 된다. 복사된 개체가 원래 개체의 그룹에 추가되지 않는다.

Rhino로 개체를 붙여넣기하면, 개체는 원래 레이어와 같은 레이어에 배치된다. 이 레이어가 없는 경우에는 개체를 붙여넣기 할 때 레이어가 만들어진다.

붙여넣기 도구모음 단추에서 오른쪽 클릭하여 현재 레이어로 개체를 붙여 넣는다.

지오메트리 외에도 뷰포트 이미지와 명령 히스토리 텍스트도 복사된다.

Paint Shop Pro 또는 Microsoft Word와 같이 이미지를 사용할 수 있는 프로그램에 붙여넣기하면, 뷰포트 이미지가 붙여진다.

| Paste (붙여넣기)

메뉴: Edit Menu 〉 Paste

단축키: Ctrl + V

버튼: 왼쪽 버튼

기능: 이 명령은 물체를 임시로 클립보드에 저장하고 이를 다시 화면에 붙여 넣는 기능이다.

만약 클립보드에 아무것도 입력되어 있지 않다면, 이 명령은 수행이 불가능한 비활성화 상태가 된다.

붙여넣기 도구모음 단추에서 마우스의 오른쪽 클릭을 수행하여 현재 레이어로 개체를 붙여 넣는다.

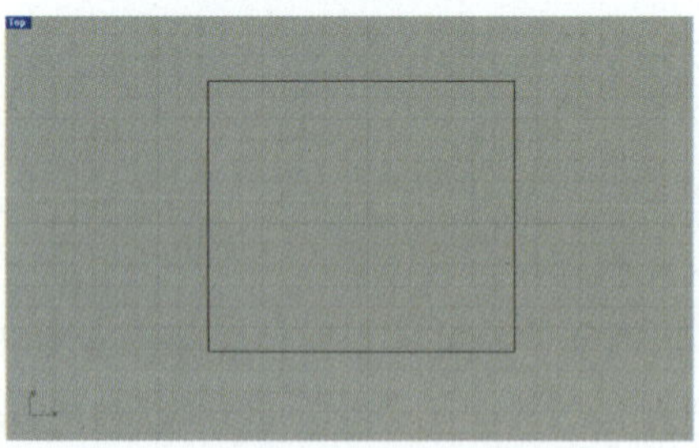

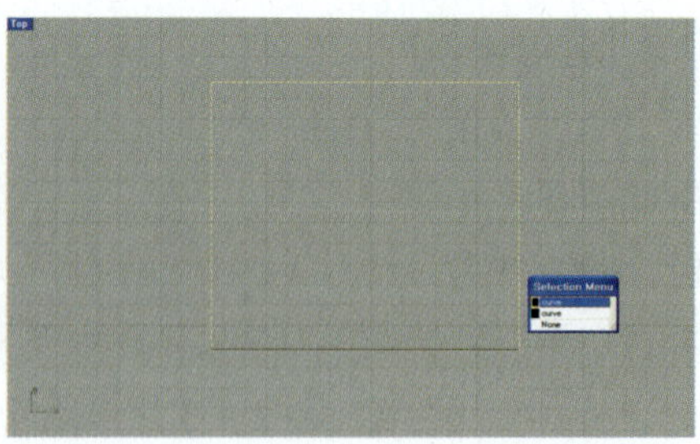

Delete (삭제)

메뉴: Edit Menu 〉 Delete

단축키: Del

기능: 선택한 물체를 삭제하는 기능이며, 키보드의 Delete 버튼을 사용해도 동일한 결과를 얻을 수 있다. 하지만 잘라내기 명령과는 다르게 삭제된 물체는 클립보드에 남겨지지 않는다.

Select Objects (개체 선택)

메뉴: Edit Menu 〉 Select Objects

기능: 개체(오브제; object)를 선택하는 기능이다.

• 하나의 개체를 클릭하는 방법

① 선택하려는 개체를 마우스 왼쪽 버튼으로 클릭한다.

② 개체가 아닌 다른 지점을 클릭하여 개체 선택을 해제한다.

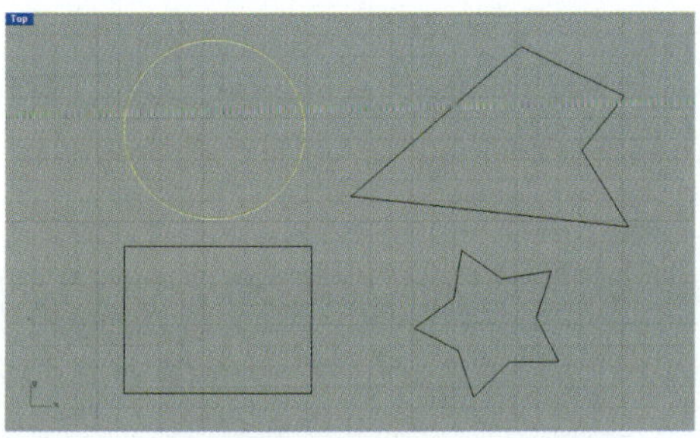

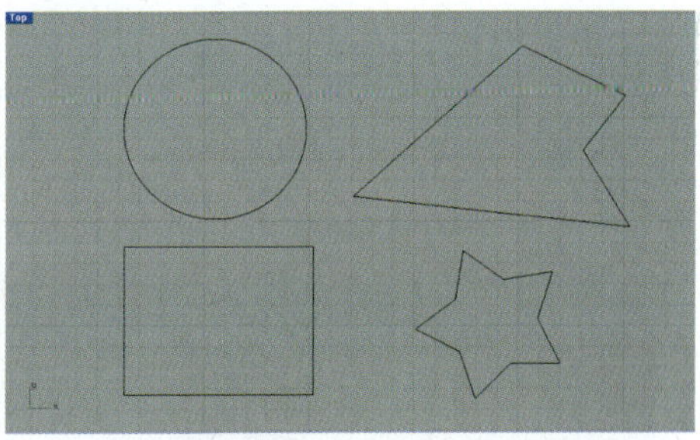

• Window 직사각형으로 개체 선택방법

화면드래그 모드로 선택할 경우, 선택 영역 직사각형 안에 완전히 들어간 개체만이 선택된다. 실행은 마우스 왼쪽버튼을 누른 상태에서 화면의 왼쪽에서 오른쪽으로 화면드래그 하는 방법으로 물체를 선택한다.

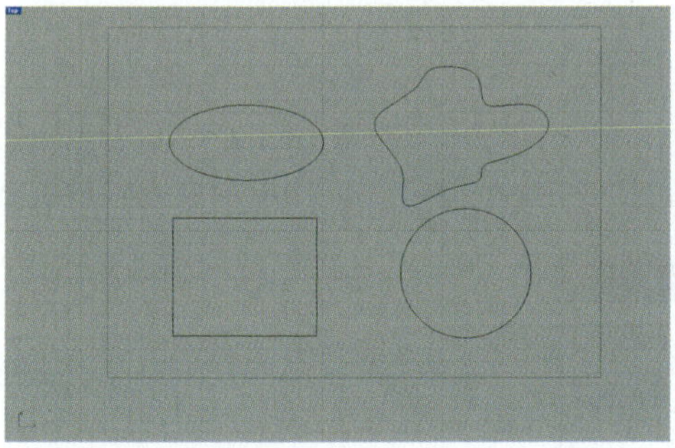

• Crossing 직사각형으로 개체 선택방법

횡단드래그 모드로 선택을 할 경우, 선택 영역 직사각형 안에 포함된 개체와 일부만이라도 걸쳐진 개체 모두가 선택된다. 마우스 왼쪽버튼을 누른 채 오른쪽에서 왼쪽으로 횡단드래그하는 방법으로 물체를 선택한다.

- 선택 집합에 추가/제외하는 방법

  한 개체를 클릭하는 동안, 또는 Window/Crossing 선택을 사용하는 동안, Shift 키를 누르면서 마우스 왼쪽 버튼으로 클릭하여 선택한다.

- 선택에서 제외시키려면

  한 개체를 클릭하는 동안, 또는 Window/Crossing 선택을 사용하는 동안, Ctrl키를 누른다.

- 선택 메뉴

  커서 영역에 여러 개체가 겹쳐있어 어느 개체를 선택하려는지 프로그램이 인식할 수 없는 경우에는 선택 메뉴가 팝업 표시된다. 이때 선택 메뉴가 팝업 표시 되었을 때, 현재 개체와 목록에 있는 개체의 이름이 강조 표시된다.

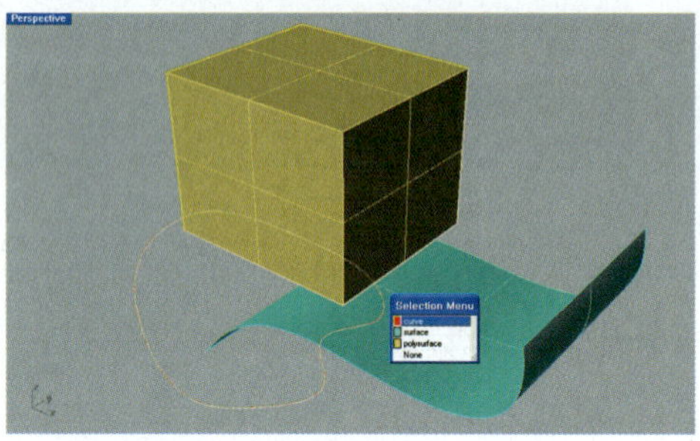

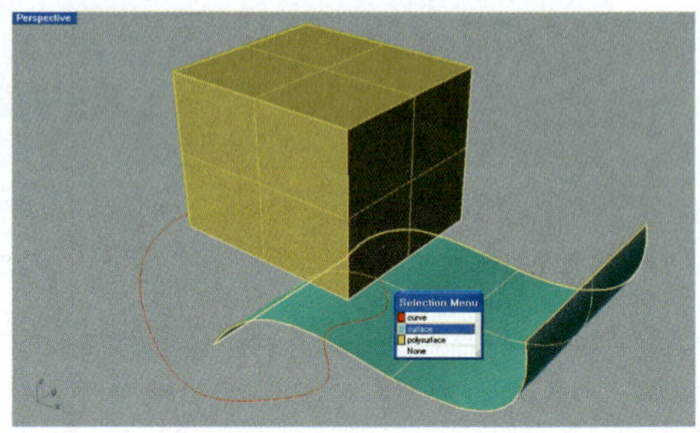

SELECT TOOLBAR

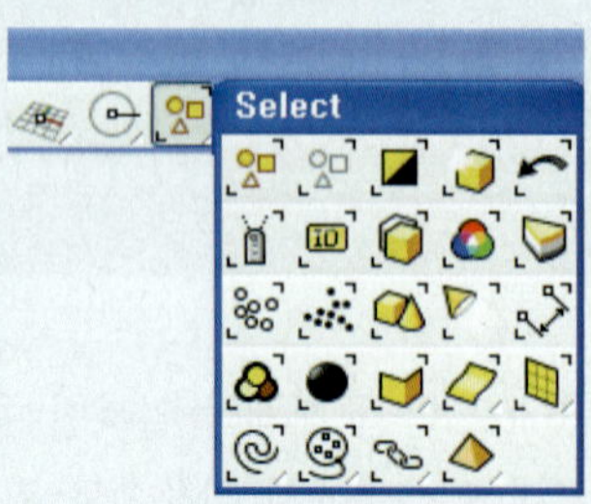

| All Objects

메뉴: Edit Menu 〉 Select Objects 〉 All Objects
단축키: Ctrl + A
버튼: 왼쪽 클릭
기능: 모든 개체를 동시 선택한다.

| None

메뉴: Edit Menu 〉 Select Objects 〉 None
버튼: 왼쪽 클릭
기능: 아무것도 선택하지 않는 기능이며 선택을 해제한다.

| Invert

메뉴: Edit Menu 〉 Select Objects 〉 Invert
버튼: 왼쪽 클릭
기능: 선택된 개체 이외의 것을 반대로 선택한다.

| Previous Selection

메뉴: Edit Menu 〉 Select Objects 〉 Previous Selection
버튼: 왼쪽 클릭
기능: 전 단계에 선택되어진 상태로 실행하는 기능이다.

| Last Created Objects

메뉴: Edit Menu 〉 Select Objects 〉 Last Created Objects
버튼: 왼쪽 클릭
기능: 마지막으로 제작된 개체를 선택하는 기능이다.

| Points

메뉴: Edit Menu 〉 Select Objects 〉 Points
버튼: 외쪽 클릭
기능: 파일내부의 모든 포인트를 선택한다.

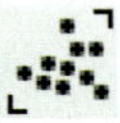

| Point Clouds

메뉴: Edit Menu 〉 Select Objects 〉 Point Clouds

버튼: 왼쪽 클릭

기능: 파일내부의 모든 Point Clouds를 선택한다.

SELECT CURVES TOOLBAR

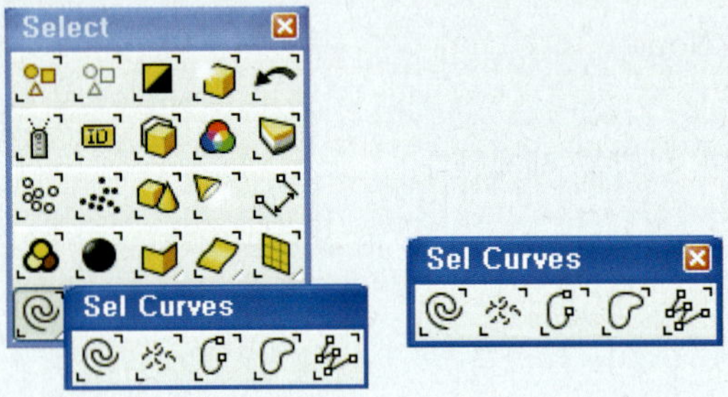

| Curves

메뉴: Edit Menu 〉 Select Objects 〉 Curves

기능: 파일내부의 모든 커브를 선택한다.

| Short Curves

버튼: 왼쪽 클릭

기능: 지정된 길이보다 짧은 모든 커브를 선택하는 기능이다.

| Open Curves

버튼: 왼쪽 클릭

기능: 모든 열린 커브를 선택하는 기능이다.

| Closed Curves

버튼: 왼쪽 클릭

기능: 모든 닫힌 커브를 선택하는 기능이다.

| Polylines

메뉴: 왼쪽 클릭

기능: 파일내부의 모든 폴리라인을 선택한다.

SELECT SURFACE TOOLBAR

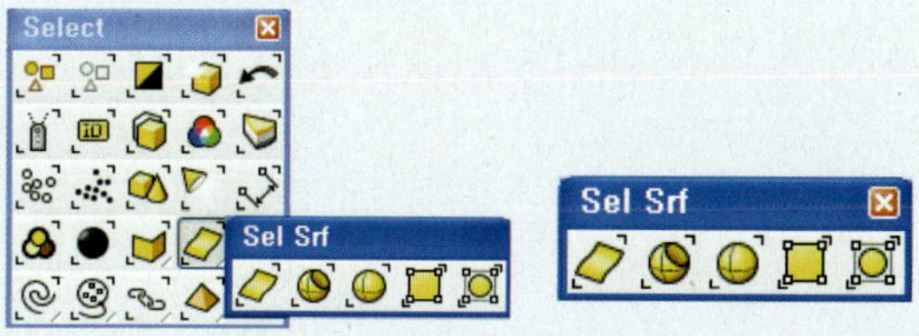

| Surfaces

메뉴: Edit Menu 〉 Select Objects 〉 Surfaces

기능: 파일 내부의 모든 서페이스를 선택한다.

| Open Surfaces

버튼: 왼쪽 버튼

기능: 파일 내부의 열린 서페이스를 모두 선택하는 기능이다.

| Closed Surfaces

버튼: 왼쪽 버튼

기능: 파일 내부의 닫힌 서페이스를 모두 선택하는 기능이다.

| Untrimmed Surfaces

버튼: 왼쪽 버튼

기능: 트림되지 않은 모든 서페이스를 선택하는 기능이다.

| Trimmed Surfaces

버튼: 왼쪽 버튼

기능: 트림된 모든 서페이스를 선택하는 기능이다.

SELECT POLYSURFACE TOOLBAR

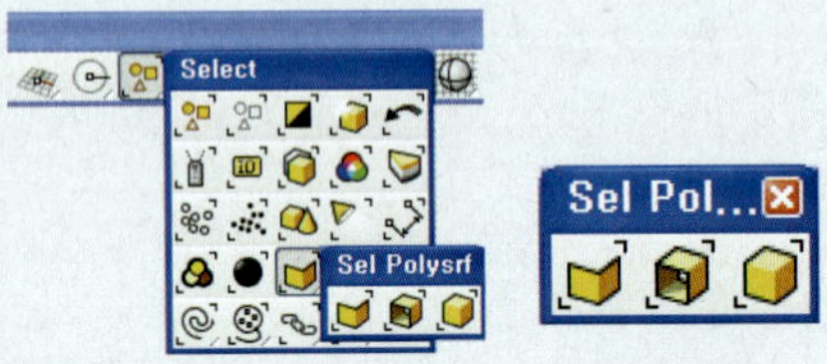

| Polysurfaces

메뉴: Edit Menu 〉 Select Objects 〉 Polysurfaces

버튼: 왼쪽 버튼

기능: 파일내부의 모든 폴리서페이스를 선택하는 기능이다.

| Open Polyurfaces

버튼: 왼쪽 버튼

기능: 열린 모든 폴리서페이스를 선택하는 기능이다.

| Closed Polyurfaces

버튼: 왼쪽 버튼

기능: 닫힌 모든 폴리서페이스를 선택하는 기능이다.

SELECT MESHES TOOLBAR

| Meshes

메뉴: Edit Menu 〉 Select Objects 〉 Polygon Meshes
버튼: 왼쪽 버튼
기능: 파일 내부의 모든 메쉬를 선택한다.

| Open Meshes

버튼: 왼쪽 버튼
기능: 파일 내부의 모든 열린 메쉬를 선택한다.

| Closed Meshes

버튼: 왼쪽 버튼
기능: 파일 내부의 모든 닫힌 메쉬를 선택한다.

| Lights

메뉴: Edit Menu 〉 Select Objects 〉 Lights
버튼: 왼쪽 클릭
기능: 파일내부의 모든 라이트(조명)를 선택한다.

| Dimensions

메뉴: Edit Menu 〉 Select Objects 〉 Dimensions
버튼: 왼쪽 클릭
기능: 파일 내부의 모든 수치입력 개체를 선택한다.

Text Blocks

메뉴: Edit Menu 〉 Select Objects 〉 Text Blocks
버튼: 오른쪽 클릭
기능: 파일 내부의 모든 텍스트 블럭을 선택한다.

Block Instance

메뉴: Edit Menu 〉 Select Objects 〉 Block Instance
버튼: 왼쪽 클릭
기능: 모든 블록 인스턴스를 선택한다.

By layer

메뉴: Edit Menu 〉 Select Objects 〉 By layer
버튼: 왼쪽 클릭
기능: 레이어를 기준으로 모든 개체를 선택한다. 대화 상자에서 지정 단추를 사용하여 레이어에서 개체를 선택한다.

Layer By Number

버튼: 오른쪽 클릭
기능: 레이어 번호로 개체를 선택한다. 첫 번째 레이어의 번호는 '0' 인데 각각의 레이어에는 Rhino 편집 세션 중에 할당된 번호가 있다. 모델을 닫고 다시 열면 번호가 변경될 수 있다. 이 번호는 레이어 대화 상자에 표시되는 번호와 무관하다. 삭제된 레이어도 번호를 갖는다.

By Color

메뉴: Edit Menu 〉 Select Objects 〉 By Color
버튼: 왼쪽 클릭
기능: 지정된 색을 가진 모든 개체를 선택한다.

By Object Name

메뉴: Edit Menu 〉 Select Objects 〉 By Object Name
버튼: 왼쪽 클릭

기능: 물체의 이름으로 개체를 선택한다.

| By ID

버튼: 왼쪽 클릭

기능: 물체의 고유 ID로 개체를 선택한다.

| By Group Name

메뉴: Edit Menu 〉 Select Objects 〉 By Object Name

버튼: 왼쪽 클릭

기능: 그룹으로 개체를 선택한다.

| By Block Name

메뉴: Edit Menu 〉 Select Objects 〉 By Object Name

버튼: 오른쪽 클릭

기능: 파일 내부에 있는 모든 블록 이름으로 개체를 선택한다.

| Duplicate Objects

메뉴: Edit Menu 〉 Select Objects 〉 Duplicate Objects

버튼: 왼쪽 클릭

기능: 다른 개체의 속성과 상관없이, 다른 개체와 기하학적으로 동일한 개체를 선택한다.

| All Duplicate Objects

버튼: 오른쪽 클릭

기능: 이 명령은 복사본과 원본을 모두 선택하므로, 해당 모델 버전의 전/후를 비교하여 변경된 개체를 확인할 수 있다.

| Dots

메뉴: Edit Menu 〉 Select Objects 〉 Dots

버튼: 왼쪽 클릭

기능: 모든 주석을 표현하는 점을 선택하는 기능이다.

SELECT CHAIN TOOLBAR

끝과 끝이 만나는 서페이스 가장자리 또는 커브를 선택한다.

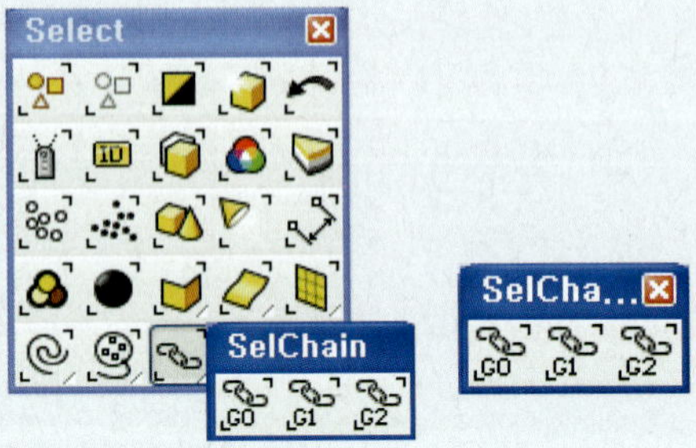

Select Chain with G-0 continuity

버튼: 왼쪽 클릭

기능: G-0 연속성을 가진 커브 또는 서페이스를 선택한다.

Select Chain with G-1 continuity

버튼: 왼쪽 클릭

기능: G-1 연속성을 가진 커브 또는 서페이스를 선택한다.

Select Chain with G-2 continuity

버튼: 왼쪽 클릭

기능: G-2 연속성을 가진 커브 또는 서페이스를 선택한다.

〈Options〉

- **Auto Chain (자동 연속 선택)**

  커브 또는 서페이스 가장자리를 선택하면 연속성의 레벨로 연결된 모든 커브 세그먼트를 자동적으로 선택한다.

- **Chain Continuity (연속 선택 연속성)**

  연속성의 레벨을 제어한다.

- **Undo (실행취소)**

마지막 세그먼트 선택을 실행취소한다.

- **Next (다음)**

다음 세그먼트를 선택한다.

- **All (모두)**

모든 세그먼트를 선택한다.

SELECT HISTORY TOOLBAR

 | Select Objects with history

버튼: 왼쪽 클릭

기능: History를 가진 개체를 선택한다.

 | Select Children

버튼: 왼쪽 클릭

기능: 현재 선택된 개체의 자식격(Children)에 해당하는 개체를 선택한다.

 | Select Parents

버튼: 왼쪽 클릭

기능: 현재 선택된 개체의 부모격(Parents)에 해당하는 개체를 선택한다.

[예제]

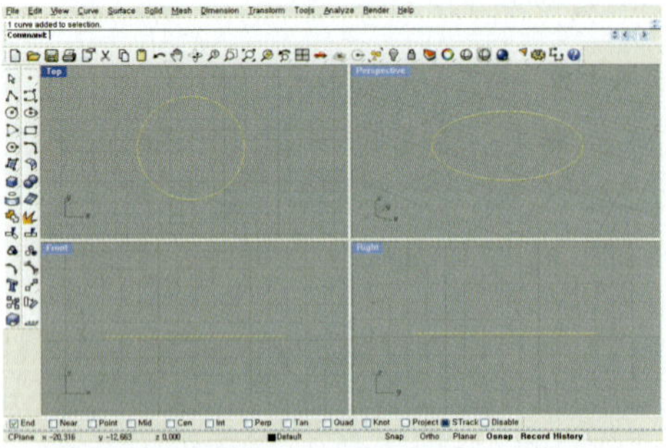

① Circle 형태를 만든 후 History를 기록한다.

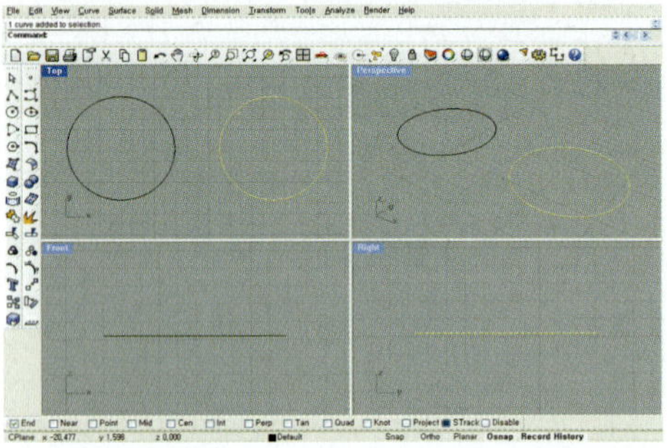

② 복사 기능을 이용하여 하나의 원형 커브 선을 만든다.

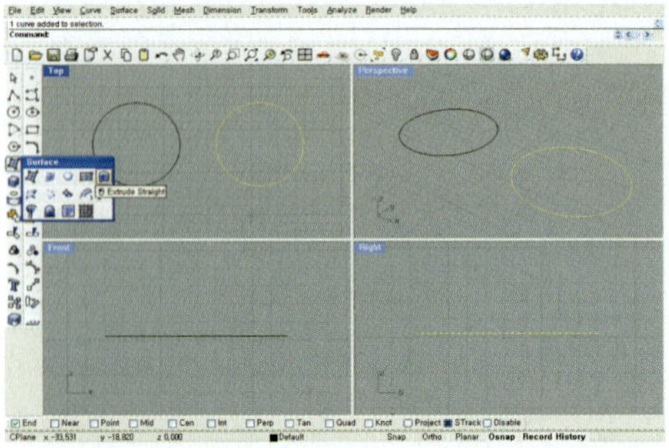

③ 복사한 원형 커브선을 활성화 시킨 다음 서페이스 메뉴 중 Extrude Straight메뉴를 선택한다.

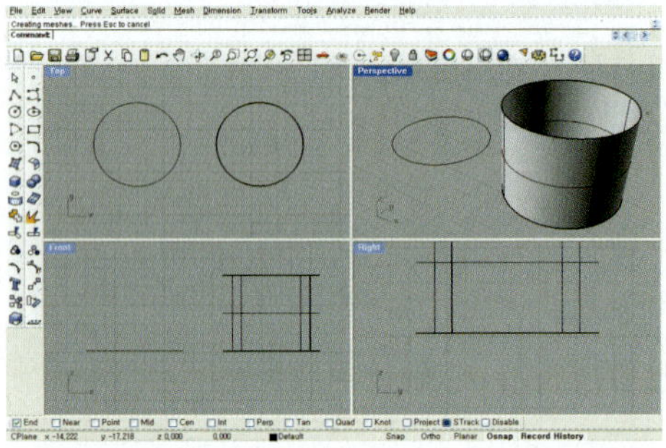

④ 한쪽 방향으로 서페이스가 만들어진 것을 볼 수 있다.

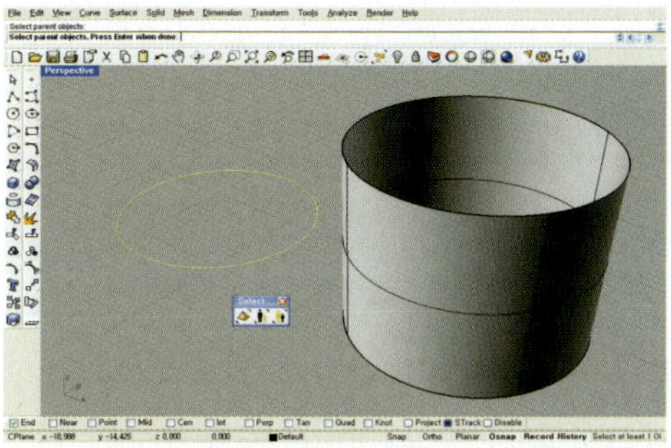

⑤ Select Children을 선택한다. 명령줄에 Parent에 해당하는 개체를 선택하라 한다. 이때 처음에 제작한 원형 커브 선을 선택하고 Enter키를 친다.

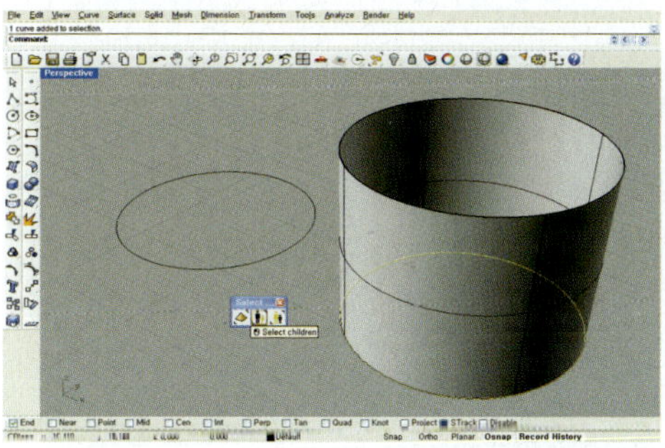

⑥ 처음에 제작한 원형 커브로부터 복사한 원형 커브가 선택되어진다. 이때 연속해서 다시 번 Enter키를 치면 Extrude Straight메뉴로 제작된 서페이스가 선택되어진다.

SELECT CONTROL POINTS TOOLBAR

제어점 또는 조절점을 선택하는 기능이다.

제어점 선택은 넙스 모델러에서는 기본적인 선택방법이다. 넙스 모델링의 기본 개념은 제어점을 선택하여 그 강도와 위치를 변경하는 것이며, 이와 같은 방법으로 커브 혹은 서페이스의 형태를 변경할 수 있다.

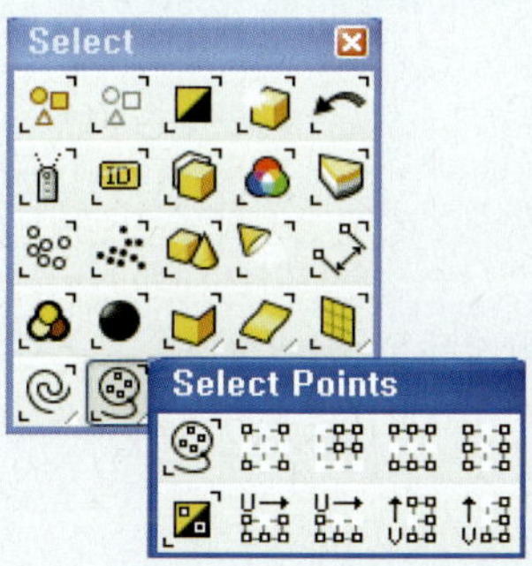

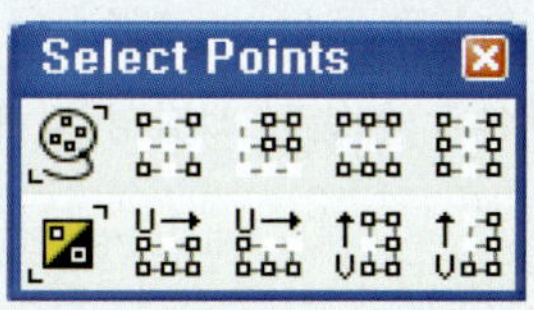

처음 제작되어진 개체를 통해 만들어진 개체는 처음 개체에 종속되어 지는 것을 확인할 수 있다.

| Lasso Points (올가미 선택)

메뉴: Edit Menu 〉 Select Control Points 〉 Lasso

버튼: 왼쪽 클릭

기능: 자유 선택 툴을 이용해서 제어점을 선택한다.

명령줄에 'lasso'를 입력하면 'click or drag left mouse button to lasso-press enter to select points' 라는 문구가 나온다. 이 말은 '선택하고자 하는 부분을 마우스 왼쪽 버튼을 이용하여 클릭하거나 드래그하고 키보드의 Enter를 누르시오' 라는 의미이다.

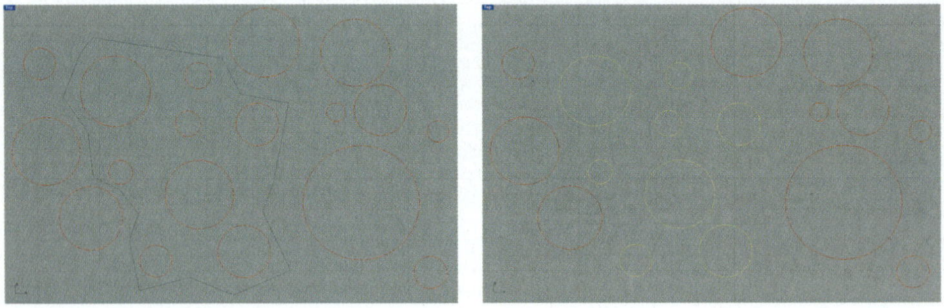

| Connected Points (인접한 점 선택)

메뉴: Edit Menu 〉 Select Control Points 〉 Connected

버튼: 왼쪽 클릭

기능: 현재 선택되어 있는 제어점과 인접해 있는 제어점을 선택한다.

| Select U

경로: Edit Menu 〉 Select Control Points 〉 Select U

버튼: 왼쪽 클릭

기능: 현재 선택되어 있는 제어점과 동일한 U방향의 제어점들을 선택한다.

| Select V

메뉴: Edit Menu 〉 Select Control Points 〉 Select V

버튼: 왼쪽 클릭

기능: 현재 선택되어 있는 제어점과 동일한 V 방향의 제어점들을 선택한다.

Select UV

메뉴: Edit Menu 〉 Select Control Points 〉 Select UV

버튼: 왼쪽 클릭

기능: 현재 선택되어 있는 제어점과 동일한 UV 방향의 제어점들을 선택한다.

Next U

메뉴: Edit Menu 〉 Select Control Points 〉 Next U

버튼: 왼쪽 클릭

기능: 현재 선택되어 있는 제어점에 해당하는 U방향의 시계 방향으로 인접한 제어점을 선택한다.

Previous U

메뉴: Edit Menu 〉 Select Control Points 〉 Previous U

버튼: 오른쪽 클릭

기능: 현재 선택되어 있는 제어점에 해당하는 U방향의 반시계 방향으로 인접한 제어점을 선택한다.

Next V

메뉴: Edit Menu 〉 Select Control Points 〉 Next V

버튼: 왼쪽 클릭

기능: 현재 선택되어 있는 제어점 V방향의 '–' 방향으로 제어점을 선택한다.

Previous V

메뉴: Edit Menu 〉 Select Control Points 〉 Previous V

버튼: 오른쪽 클릭

기능: 현재 선택되어 있는 제어점 V 방향의 '+' 방향으로 인접한 제어점을 선택한다.

Add Next U

메뉴: Edit Menu 〉 Select Control Points 〉 Add Next U

버튼: 왼쪽 클릭

기능: 현재 선택되어 있는 제어점 U방향의 시계방향으로 인접한 제어점을 추가로 선택한다.

| Add Previous U

메뉴: Edit Menu 〉 Select Control Points 〉 Add Previous U

버튼: 오른쪽 클릭

기능: 현재 선택되어 있는 제어점 U 방향의 반시계 방향으로 인접한 제어점을 추가로 선택한다.

| Add Next V

메뉴: Edit Menu 〉 Select Control Points 〉 Add Next V

버튼: 왼쪽 클릭

기능: 현재 선택되어 있는 제어점 V 방향의 시계방향으로 인접한 제어점을 추가로 선택한다.

| Add Previous V

메뉴: Edit Menu 〉 Select Control Points 〉 Add Previous V

버튼: 오른쪽 클릭

기능: 현재 선택되어 있는 제어점 V방향의 반시계 방향으로 인접한 제어점을 추가로 선택한다.

| Invert

메뉴: Edit Menu 〉 Select Control Points 〉 Invert

버튼: 왼쪽 클릭

기능: 현재 선택되어 있는 제어점들과 반전되는 제어점들을 선택하는 기능이다.

POINT EDITING TOOLBAR

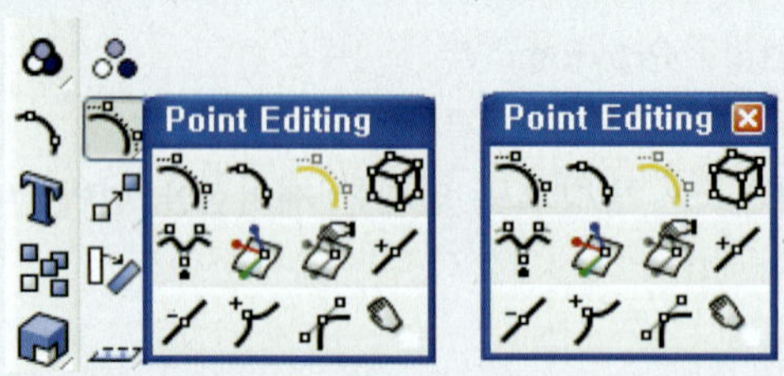

Control Points On

메뉴: Edit Menu 〉 Control Points 〉 Control Points On

단축키: F10

버튼: 왼쪽 클릭

기능: 선택된 개체의 제어점을 활성화시키는 기능이다.

폴리서페이스는 연결면(Seam)이 뜻하지 않게 분열되지 않도록 연결이 된 상태이다. 따라서 폴리서페이스의 경우 연결면을 확인하기 위해 제어점을 켤 수 없다. 제어점 편집하려면 개체를 각각의 서페이스로 먼저 분해하거나 또는 ExtractSrf 명령을 사용하여 편집하려는 서페이스를 분리해야만 가능하다.

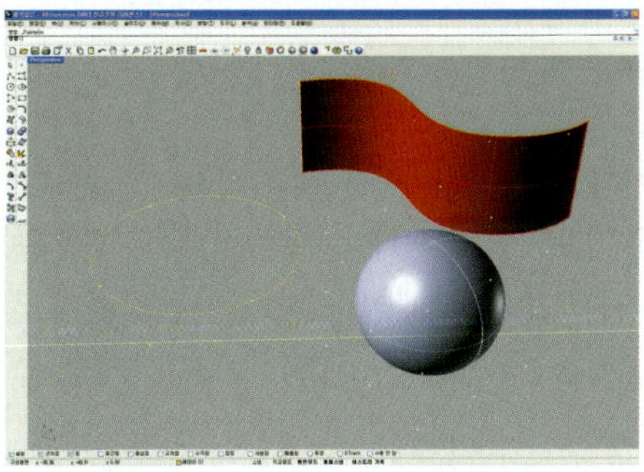

Control Points Off

메뉴: Edit Menu 〉 Control Points 〉 Control Points Off

단축키: F11

버튼: 오른쪽 클릭

기능: 선택된 개체 제어점을 끄는 기능이다.

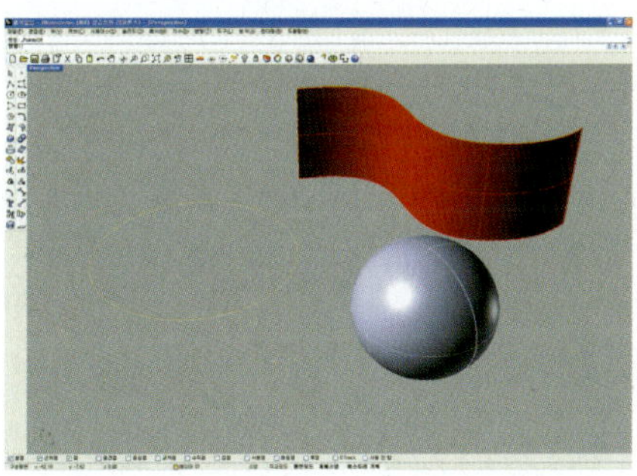

Hide Points

메뉴: Edit Menu 〉 Control Points 〉 Hide Points

기능: 선택된 제어점과 편집점을 화면에서 숨기는 기능이다.

Show Points

메뉴: Edit Menu 〉 Control Points 〉 Show Points

기능: 모든 숨겨진 제어점과 편집점을 화면에 표시하는 기능이다.

| Insert Control Point

메뉴: Edit Menu 〉 Control Points 〉 Insert Control Point

버튼: 왼쪽 클릭

기능: 커브 또는 서페이스상의 제어점 행이나 열에 제어점을 추가하는 기능이다. 제어점 삽입(Insert Control Point)은 커브 또는 서페이스의 형태에 영향을 준다. 반면 매듭 삽입(Insert Knot) 명령은 커브 또는 서페이스 형태를 변경하지 않는다.

〈Option〉

Direction (U V)

제어점의 방향을 U 또는 V방향으로 선택 변경하는 기능이다.

Toggle (전환)

제어점의 방향을 쉽게 전환하는 기능이다.

Extend (연장)

서페이스의 끝에서부터 다음 제어점까지의 절반만큼의 거리로 서페이스를 연장하는 기능이다.

Midpoint (중간점)

두 제어점 사이의 중간에 제어점을 배치하는 기능이다.

[예제]

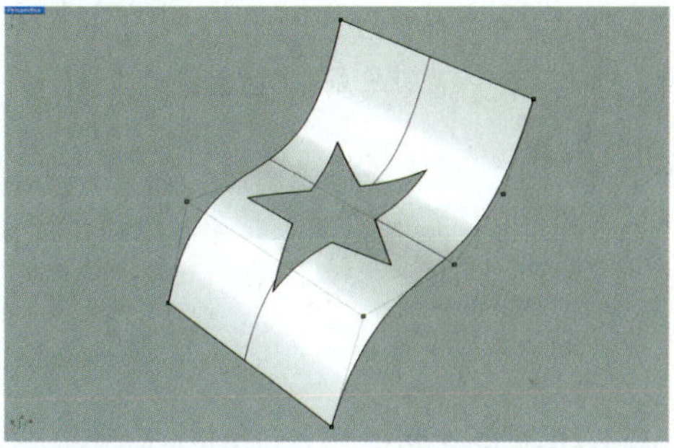

① 다음과 같은 형태의 서페이스를 제작한 후 서페이스를 선택 Control Point On한다.

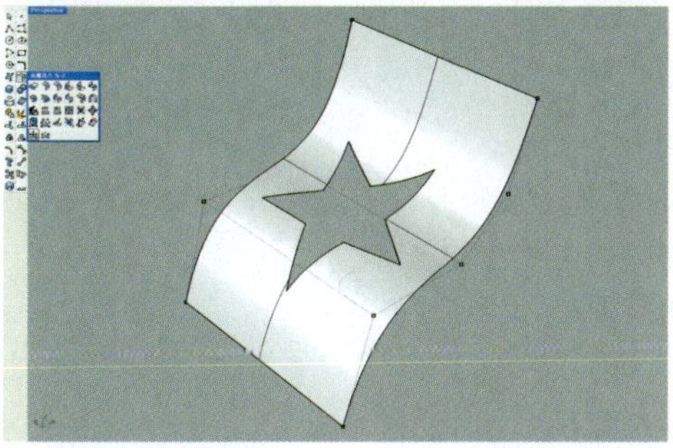

② Main Toolbar 〉 Surface Too 〉 Insert Control Point를 선택한다.

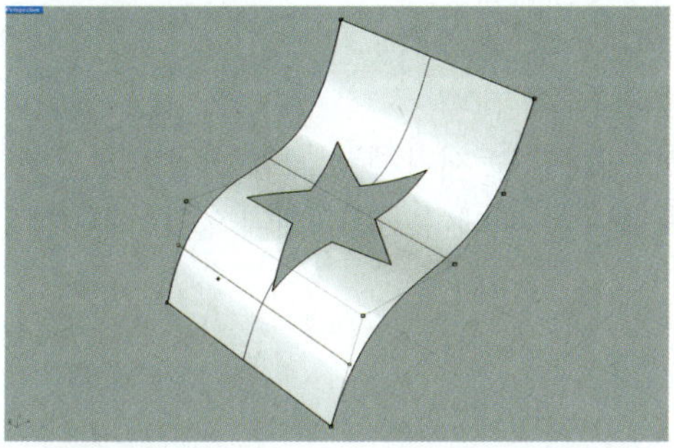

③ 서페이스를 선택과 동시에 다음과 같이 V방향으로 제어점을 삽입할 위치를 찾게 된다.

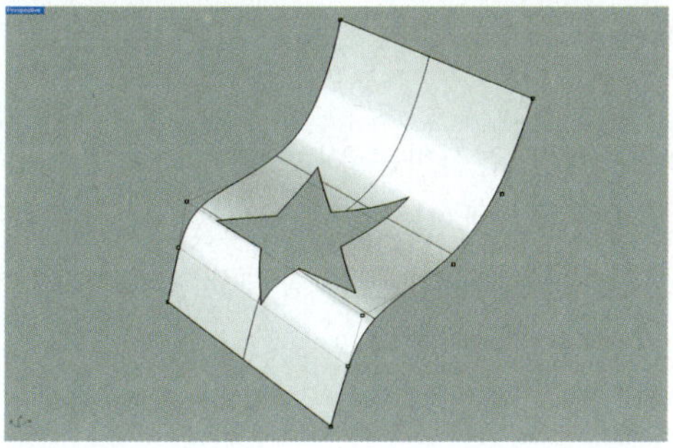

④ 제어점을 삽입함과 동시에 서페이스 형태가 변형이 되는 것을 알 수 있다.

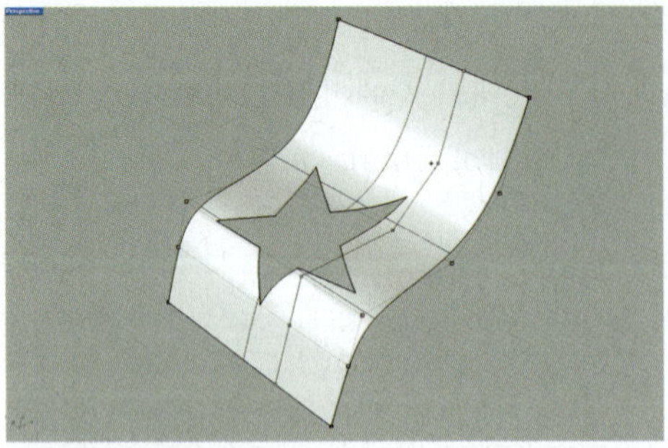

⑤ Toggle또는 Direction을 선택하여 현재 제어점의 방향을 U방향으로 바꾸어 본다. 이미지와 같이 이번에는 다른 방향으로 제어점을 삽입할 수 있게 된다.

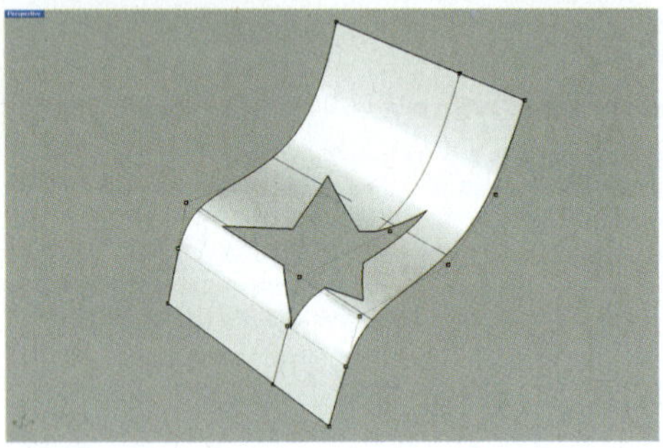

⑥ 클릭과 동시에 제어점이 추가되며, 서페이스 형태가 변형 되는 것을 다시 확인 할 수 있다.

| Remove Control Point

메뉴: Edit Menu 〉 Control Points 〉 Remove Control Point

버튼: 왼쪽 클릭

기능: 커브 또는 서페이스 상의 제어점 행에서 제어점을 제거하는 기능이다.
이 기능을 사용하여 제어점을 제거하면 커브 또는 서페이스의 형태에 영향이 미치는 것을 확인할 수 있다.

| Edit Weight

메뉴: Edit Menu 〉 Control Points 〉 Edit Weight

버튼: 왼쪽 클릭

기능: 커브 또는 서페이스 제어점의 중량값(weight)를 편집하는 기능이다.
중량값은 '조절점에서 각 조절점이 커브, 서페이스에 영향을 미치는 힘'이라고 할 수 있다. 이 힘의 강도에 따라서 개체의 모양이 변형된다. 높은 중량값은 커브 또는 서페이스가 제어점에 더욱 밀접하게 당겨진다는 의미이다.

Weight = 0.2

Weight = 1

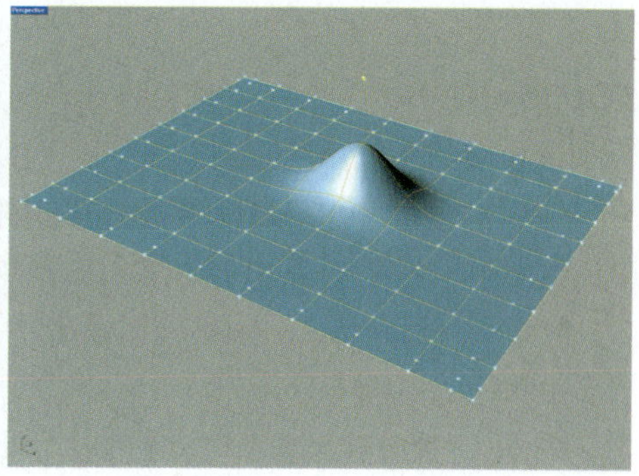

Weight = 10

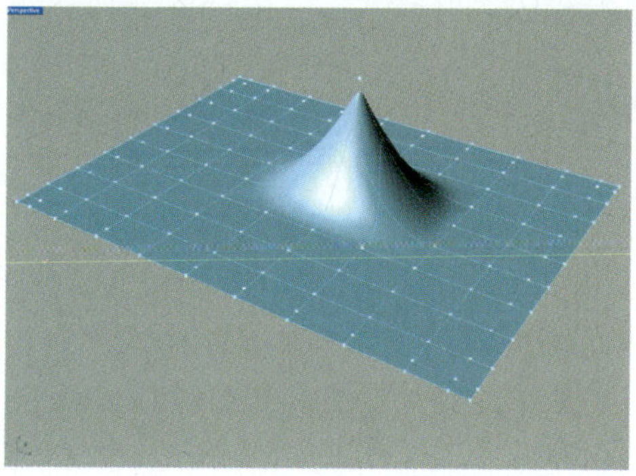

| Points Off Selected

버튼: 왼쪽 클릭

기능: 선택된 개체의 Control Point와 Edit Point를 끄는 기능이다.

| Insert Kink

메뉴: Edit Menu 〉 Control Points 〉 Insert Kink

버튼: 왼쪽 클릭

기능: 얽힘점을 추가하는 기능이다.

| Insert Knot

메뉴: Edit Menu 〉 Control Points 〉 Insert Knot

버튼: 인쪽 클릭

Knot(매듭점)의 위치를 파악할 때 사용하기도 한다.

기능: 매듭점을 커브 또는 서페이스에 삽입하는 기능이다.

〈Option〉

Automatic

가능한 한 일정한 구조를 유지하기 위해 기존의 얽힘점 사이의 중간에 매듭점/매듭선을 추가한다. 점을 더욱 잘 끌어당기도록 매듭의 균등한 배분을 유지하면서, 커브 또는 서페이스의 매듭 밀도를 높여 제어점을 추가한다.

Symmetrical (대칭)

'예'를 선택하면 커브 또는 서페이스의 가운데를 기준으로 양쪽에 매듭점이 추가된다.

Direction (방향)

U 방향, V 방향 또는 두 방향 모두 지정한다.

Toggle (전환)

방향을 U 방향 또는 V 방향으로 전환한다.

| Remove Knot

메뉴: Edit Menu 〉 Control Points 〉 Remove Knot

버튼: 왼쪽 클릭

기능: 커브 또는 서페이스에서 매듭점을 삭제하는 기능이다.

| Show Edit Points

메뉴: Edit Menu 〉 Control Points 〉 Show Edit Points

버튼: 왼쪽 클릭

기능: 매듭의 평균값으로 계산된 커브상의 점을 표시하는 기능이다.

편집점(Edit Point)과 제어점(Control Point)은 유사하지만, 항상 커브 상에 위치하며 하나의 편집점을 움직이면 일반적으로 전체 커브의 형태가 변경되는 점이 다르다. 반면 제어점을 움직이면 커브에서 하위 영역의 형태만이 변경된다. 편집점은 커브의 내부에 있는 점이 특정한 위치를 정확하게 통과하도록 설정할 때 유용하다. 제어점의 조정은 커브의 "정형성(Fairness)"을 유지하면서 형태를 변경할 때 적합하다.

| Insert Edit Points

메뉴: Edit Menu 〉 Control Points 〉 Insert Edit Points

버튼: 오른쪽 클릭

기능: 커브에 편집점을 추가한다.

Handlebar editor

메뉴: Edit Menu 〉 Control Points 〉 Handlebar editor

버튼: 왼쪽 클릭

기능: 일러스트레이터의 스플라인 베지어 곡선처럼 커브 또는 서페이스를 편집하는 기능이다. 이 기능은 컨트롤 포인트의 접선을 사용자의 임의로 편집하는 기능이다. 단점으로는 한쪽 스플라인(곡률을 지정하는 커브)을 움직이려고 아무리 노력해도 변경되지 않는다.

■ Curve인 경우 사용 방법

① 커브를 선택한다.

② Handlebar 그립을 클릭하고 끌어 움직인다.

③ 개체 가까이를 클릭하여 Handlebar를 표식의 위치까지 이동한다.

④ Enter키를 눌러 명령을 종료한다.

■ Surface인 경우 사용 방법

① Surface를 선택한다.

② Handlebar 중 하나를 클릭하고 끌어 움직인다.

③ Alt키를 누른 상태에서 Surface상의 점을 Surface Normal 방향으로 끌어온다.

④ 개체 가까이를 클릭하여 Handlebar를 표식의 위치까지 이동한다.

⑤ Enter키를 눌러 명령을 종료한다.

Move UVN

버튼: 왼쪽 버튼

기능: 서페이스 U, V, N 방향을 따라 선택된 서페이스 제어점을 이동하는 기능이다.

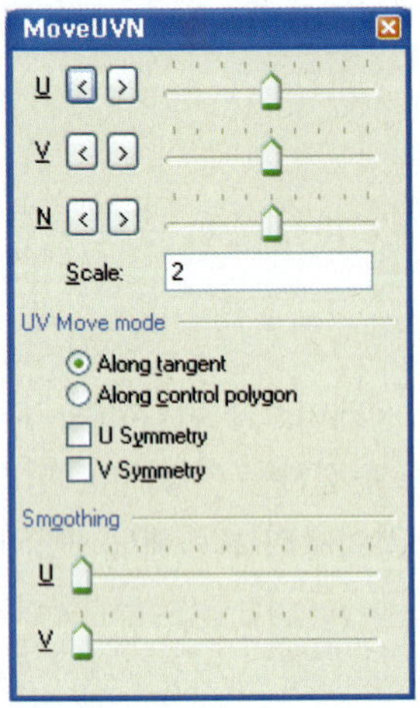

〈Options〉

– U / V / N

U, V, N방향의 제어점을 이동한다.

• Scale (배율)

Rhino 단위로 슬라이더의 배율을 설정하는 기능이다.

• UV Move mode

· Along tangent (탄젠트 접면을 따라)
평면의 점을 대략 서페이스에 접하게 이동한다.

· Along control polygon (제어 다각형을 따라)
제어 다각형을 따라 점을 이동한다.

· U / V Symmetry
편집할 모든 점이 선택되어 있어야 하며 동시에 대칭적인 서페이스의 양 쪽을 편집할 수 있게 한다.

• Smoothing

동작을 결합 가능하게 하기 위하여, MoveUVN을 실행하기 전에 매끄럽게 하는 작업을 한다. 매끄럽게 함으로써 제어점의 그리드 간격이 균등해져, 그 후 다른 제어를 사용하여 형상을 조금씩 변경할 수 있다.

[예제]

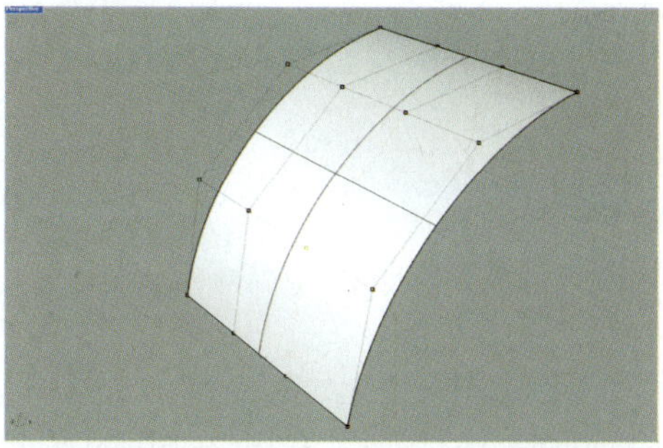

① 다음과 같은 형태의 서페이스를 만든 후 Control Points On한다.

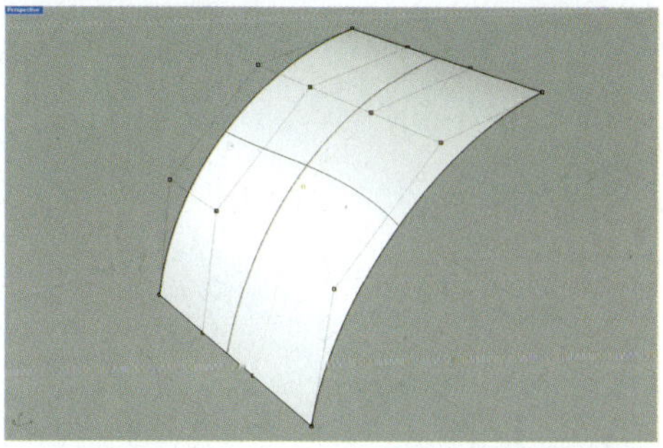

② Move UVN 메뉴를 사용하여 U방향으로 이동시켜 본다. 선택한 Control Point가 U방향으로 이동하는 것을 알 수 있다.

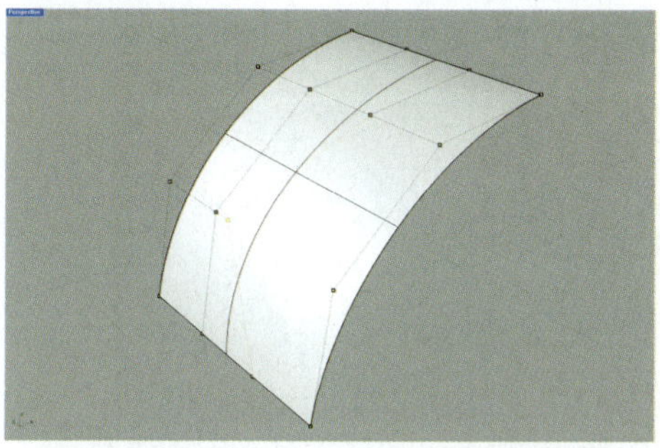

③ V방향으로 이동시켜 본다. 선택한 Control Point가 V방향으로 이동하는 것을 알 수 있다.

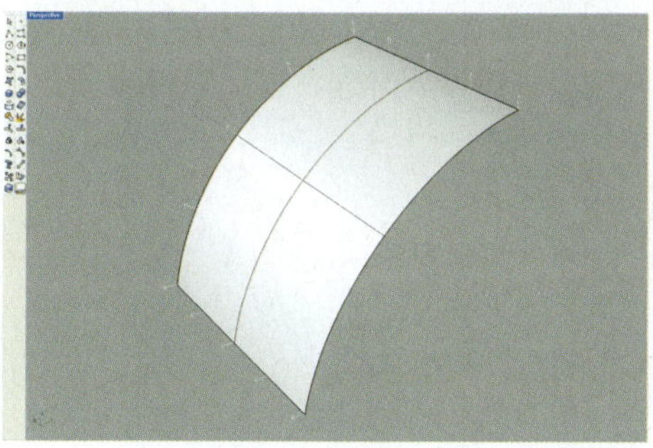

④ Main Toolbar 〉 Analyze Direction 으로 해당 서페이스의 Normal방향을 확인해 본다.

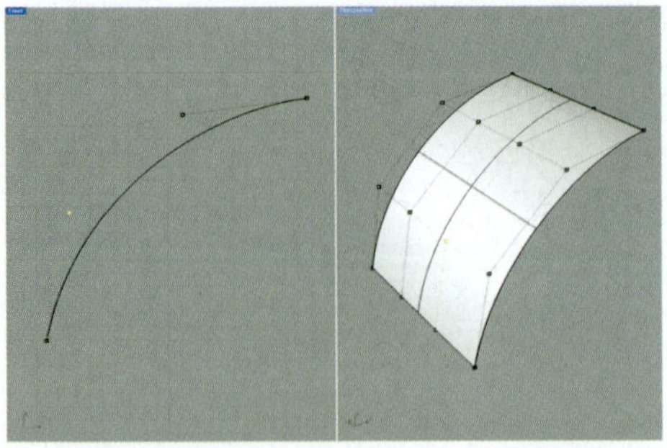

⑤ 다시 Control Point를 체크하여 Move UVN메뉴를 사용한다.

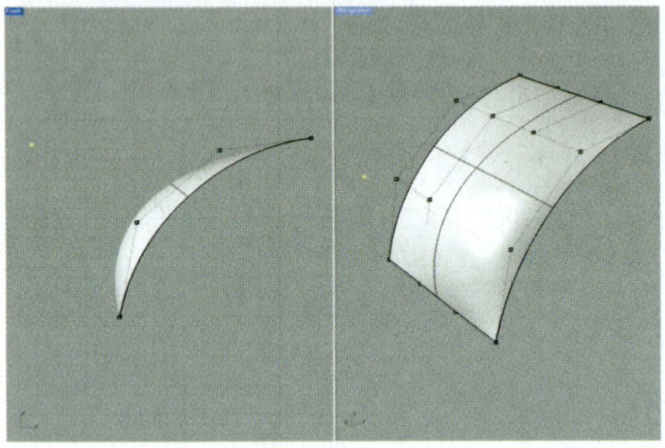

⑥ Normal 방향으로 Control Point가 이동하는 것을 볼 수 있다.

* 다양한 방향설정에 따른 제어점의 이동 장면은 다음과 같다.

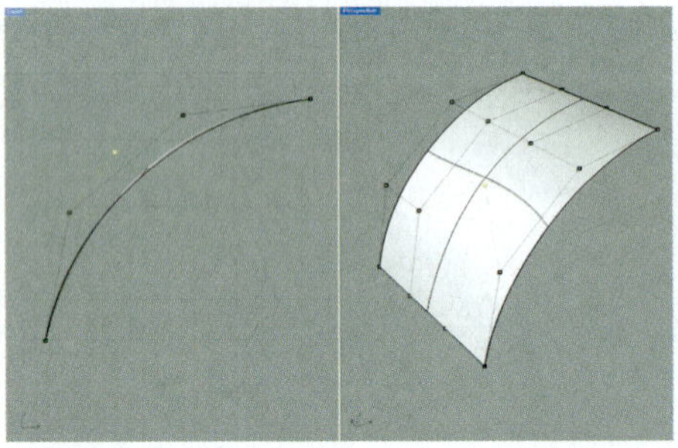

Along Tangent 방향 설정 이동 장면

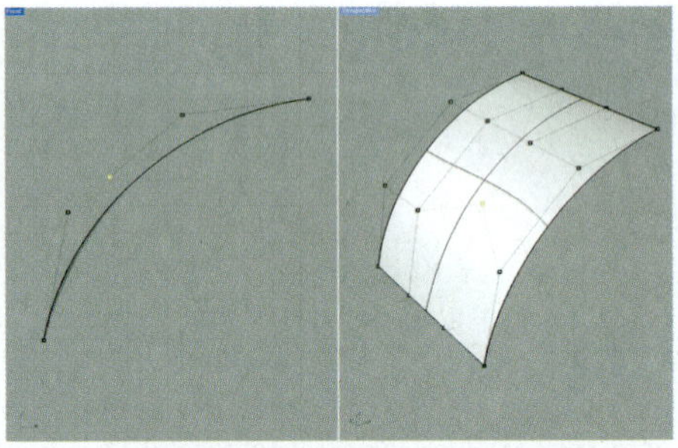

Along Control Poilygon 방향 설정 이동 장면

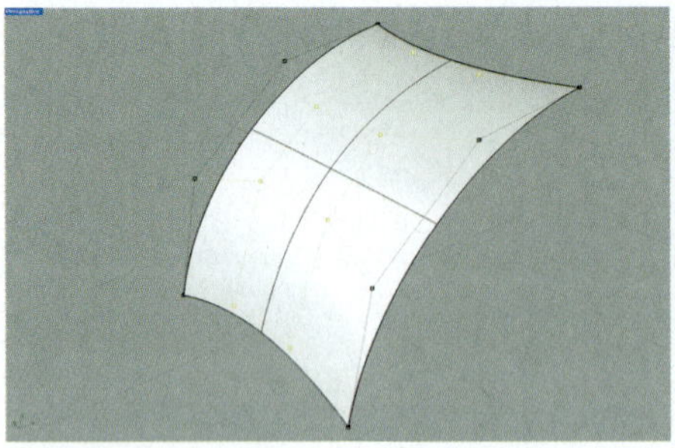

U Symmetry 체크 〉 U방향 이동

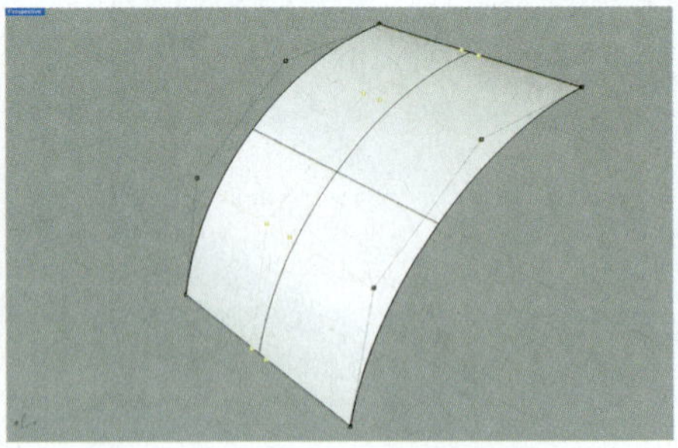

V Symmetry 체크 〉 V방향 이동

Change Drag Mode

버튼: 왼쪽 버튼

기능: 개체를 CPlane, View, 절대좌표 X-Y 축 또는 서페이스에 대해 평행으로 끌도록 한다.

〈Options〉

- CPlane

개체를 구성평면에 대하여 평행으로 끌도록 설정한다.

- 절대좌표

개체를 절대좌표 X-Y 평면에 대하여 평행하게 끌도록 설정한다.

- View

개체를 View 평면에 대하여 평행으로 끌도록 설정한다.

- UVN

서페이스 제어점이 서페이스, U 방향, V 방향, N 방향을 따르도록 설정한다.

- Next

개체를 목록에서 다음에 있는 모드로 끌도록 설정하는 기능이다.

VISIBILITY TOOLBAR

파일 내부에 많은 데이터가 존재하여 서로 어떤 것인지 구별하기 힘든 경우가 발생한다. 이때 Visibility 기능을 사용하면 편리하게 작업 할 수 있다. 작업하고자 하는 개체만 화면에 보이게 하고 나머지는 잠시 보이지 않게 하면 정말 편리한 작업이 가능하고 뿐만 아니라 메모리 할당량도 줄어들어 컴퓨터의 속도가 향상된다.

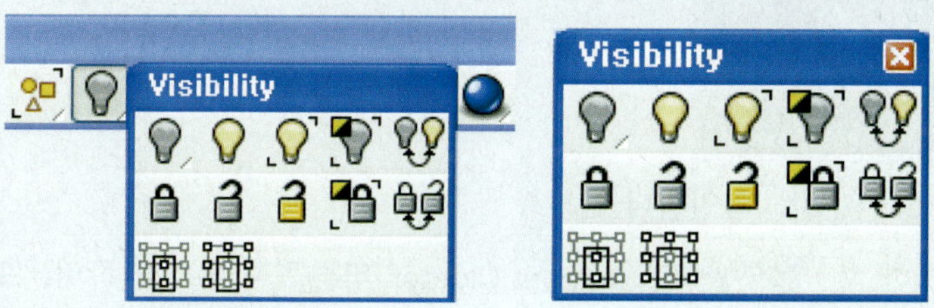

Hide

메뉴: Edit Menu 〉 Visibility 〉 Hide

단축키: Ctrl + H

버튼: 왼쪽 클릭

기능: 선택한 개체를 감추는 기능이다.

Show

메뉴: Edit Menu 〉 Visibility 〉 Show

단축키: Ctrl + Alt + H

버튼: 왼쪽 클릭

기능: 숨겨진 개체를 보여주는 기능이다.

HIDE CLUSTER TOOLBAR

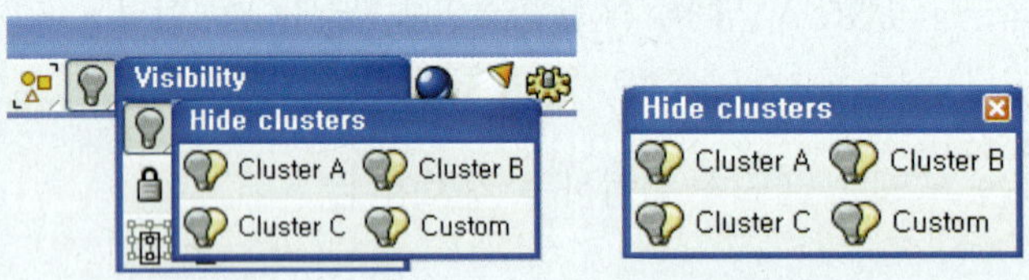

① Torus 3 개체를 선택한 후 

Cluster A 버튼의 마우스 왼쪽 버튼을 클릭한다.

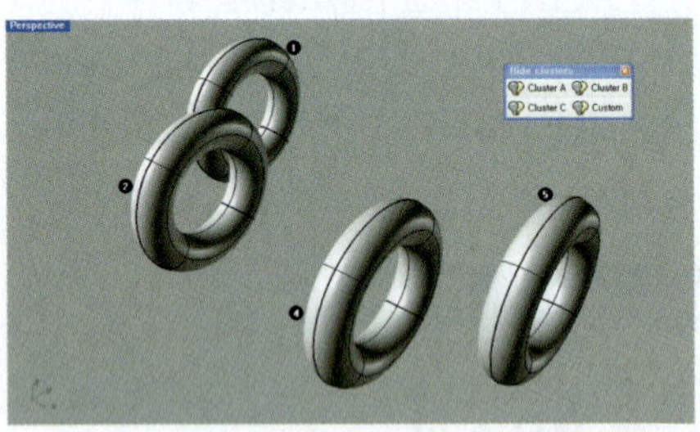

② Torus 3 개체가 Hide된 것을 확인한다.

③ Torus 5 개체를 선택한 후 

Custom Cluster 버튼을 마우스 왼쪽버튼으로 클릭한다. 명령줄에 5를 기록 후 Enter키를 친다. 마찬가지로 Hide된 것을 알 수 있다.

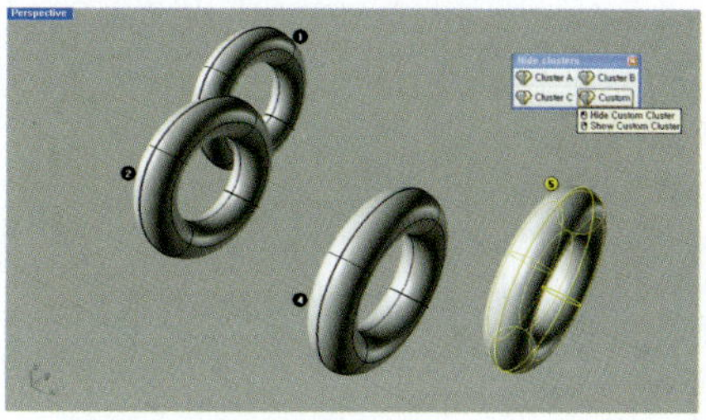

④ 

Cluster A 버튼을 마우스 오른쪽 버튼으로 클릭 한다. 숨겨진 Torus 3 개체가 보여 지는 것을 알 수 있다.

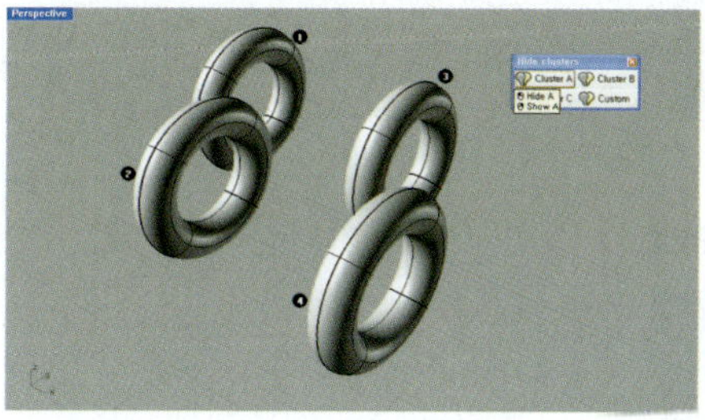

⑤ 

Custom Cluster 버튼을 마우스 오른쪽 버튼으로 클릭한 후 명령줄에 5를 기록 한 후 Enter키를 친다. 숨겨진 Torus 5 개체가 나타나는 것을 알 수 있다.

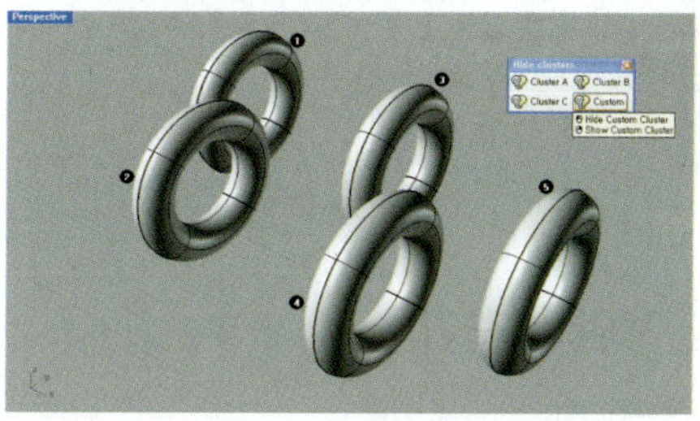

Show selected (선택된 개체 표시)

메뉴: Edit Menu 〉 Visibility 〉 Show selected

단축키: Ctrl + Shift + H

버튼: 왼쪽 클릭

기능: 숨겨진 개체 중에서 지정된 개체만을 보이게 하는 기능이다.

[예제]

① 명령을 실행하면 Hide된 물체가 화면에 나타난다.

② 보여주길 원하는 물체를 선택한 후 Enter 키를 친다.

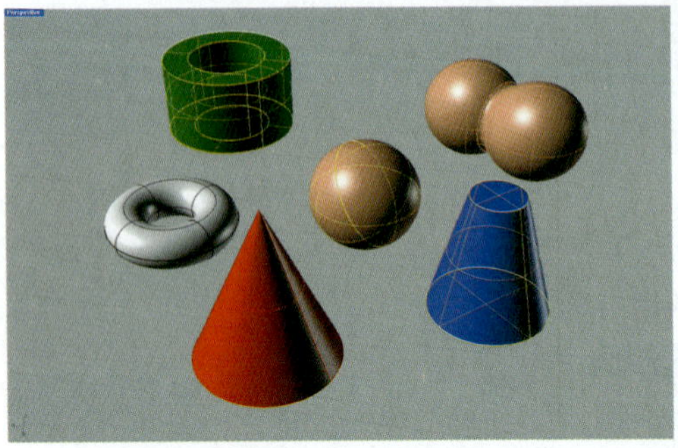

③ 선택되어진 개체만(보여주길 원하는 개체만) 화면상에 나타나는 것을 알 수 있다.

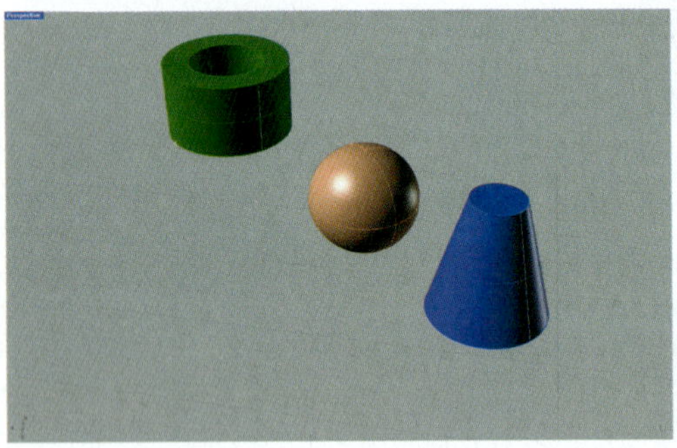

| Swap Hidden and Visible (숨김 및 보임 바꾸기)

메뉴: Edit Menu 〉 Visibility 〉 Swap Hidden and Visible

버튼: 왼쪽 클릭

기능: 모든 보이는 개체를 숨기고, 이전에 숨긴 모든 개체를 표시하는 기능이다.

| Invert Selection and Hide Objects

버튼: 왼쪽 클릭

기능: 선택된 개체를 제외한 나머지 개체를 숨기게 하는 기능이다.

| Lock

메뉴: Edit Menu 〉 Visibility 〉 Lock

단축키: Ctrl + L

버튼: 왼쪽 클릭

기능: 선택된 개체의 상태를 설정한다. 잠금 상태에서는 표시되고, 스냅도 가능하지만 편집하기 위해 선택할 수 없다.

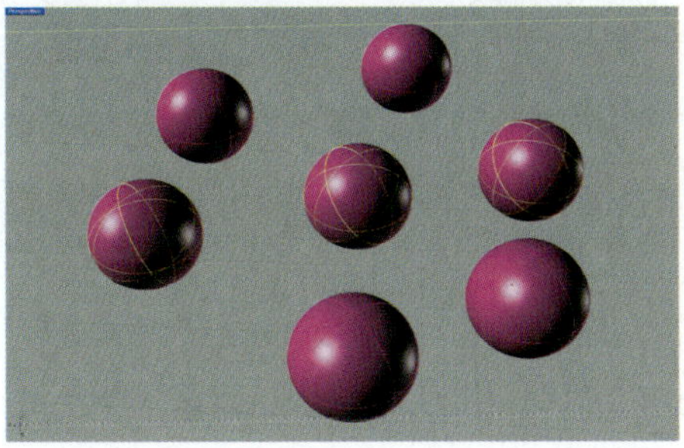

| Unlock

메뉴: Edit Menu 〉 Visibility 〉 Unlock

단축키: Ctrl + Alt + L

버튼: 왼쪽 클릭

기능: 모든 잠긴 개체를 잠금 해제하는 기능이다.

| Unlock selected

메뉴: Edit Menu 〉 Visibility 〉 Unlock selected

단축키: Ctrl + Shift + L

버튼: 왼쪽 클릭

기능: 선택되고 잠긴 개체를 잠금 해제하는 기능이다.

| Swap Locked and Unlocked (잠긴 개체와 잠금 해제된 개체 바꾸기)

메뉴: Edit Menu 〉 Visibility 〉 Swap Locked and Unlocked

버튼: 왼쪽 클릭

기능: 모든 잠긴 개체를 잠금 해제하고, 이전에 잠기지 않은 개체를 잠그는 기능이다.

Invert Selection and Lock Objects (선택 반전과 개체 잠금)

메뉴: Edit Menu 〉 Visibility 〉 Invert Selection and Lock Objects

버튼: 왼쪽 클릭

기능: 선택된 개체를 제외한 나머지 개체를 잠기게 하는 기능이다.

Control Point Visibility

Visibility와는 다르게 조절점에 대해서만 편집을 용이하게 도와주는 기능이다.

Hide Control Points

버튼: 왼쪽 클릭

기능: 선택된 조절점을 보이지 않게 하는 기능이다.

Show Control Points

버튼: 오른쪽 클릭

기능: 화면에서 감추어진 조절점을 보이게 한다.

Invert Selection and Hide Control Points

버튼: 왼쪽 클릭

기능: 선택되어진 제어점을 제외한 나머지 제어점이 선택되면서 숨겨지는 기능이다.

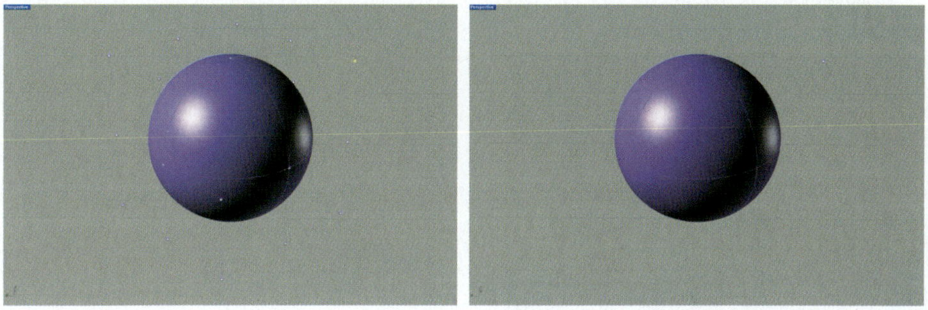

Show Hidden Control Points

버튼: 오른쪽 클릭

기능: 화면에서 감추어진 컨트롤 포인트를 보이게 한다.

GROUPING TOOLBAR

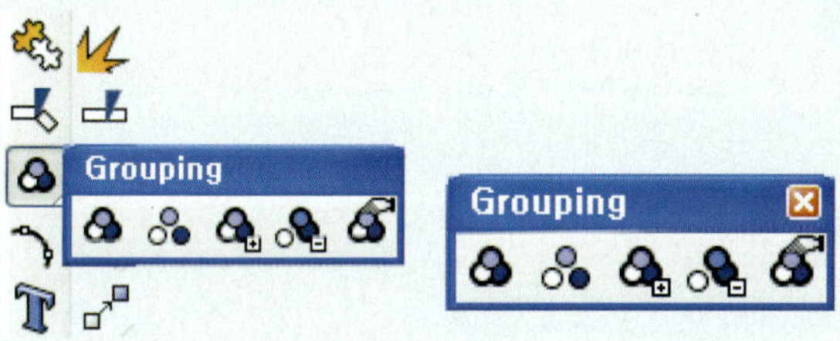

Group (그룹지정)

메뉴: Edit Menu 〉 Groups 〉 Group

단축키: Ctrl + G

버튼: 왼쪽 클릭

기능: 선택된 개체를 사용하여 단일 유닛을 만드는 기능이다.

한번 그룹으로 묶이게 되면 분해(Explode)가 불가능하며 Join와는 다르게 개체를 이어주지는 못한다. 분해와 연결을 원하는 경우 그룹해제를 하고 실행하면 된다.

[예제]

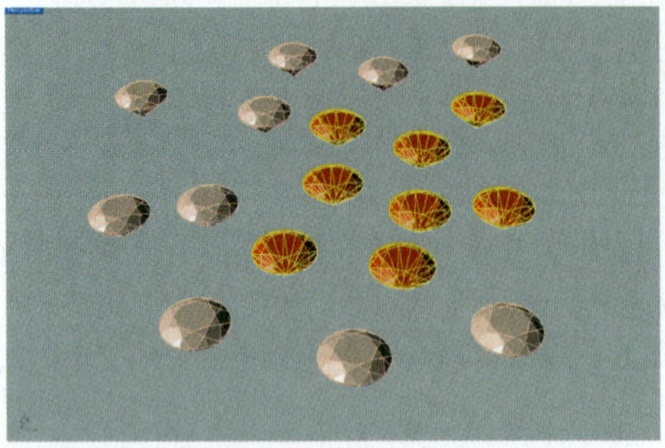

① 빨강색 보석을 선택하여 Group기능을 사용한다.

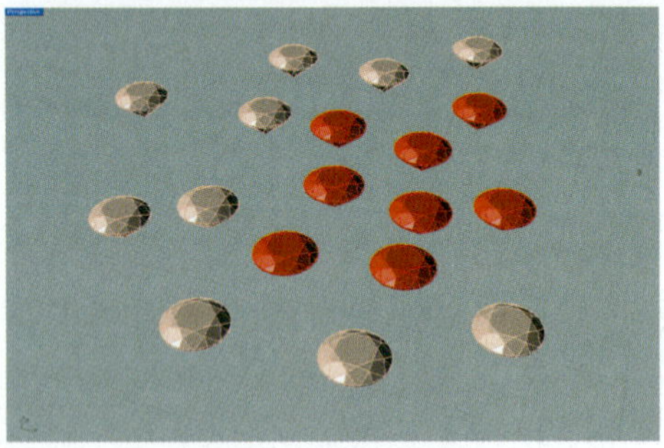

② 빨강색 보석 중 어떠한 하나를 선택하면 빨강색 보석 모두 하나의 개체처럼 선택되어진다.

| Ungroup (그룹해제)

메뉴: Edit Menu 〉 Groups 〉 Ungroup

단축키: Ctrl + Shift + G

버튼: 왼쪽 클릭

기능: 그룹화된 개체의 그룹 상태를 해제하는 기능이다.

| Add to Group (그룹에 추가하기)

버튼: 왼쪽 클릭

기능: 선택된 그룹에 개체를 추가하는 기능이다.

Remove from Group (그룹에서 제거하기)

버튼: 왼쪽 클릭

기능: 부모 그룹에서 선택된 개체를 분리하는 기능이다.

| Set Group Name (그룹 이름 설정)

메뉴: Edit Menu 〉 Groups 〉 Set Group Name

버튼: 왼쪽 클릭

기능: 선택된 그룹의 이름을 지정하는 기능이다.

기존 그룹 이름과 같은 그룹 이름을 설정하여 두 그룹을 결합할 수 있다.

Create Block Definition (블럭 정의 만들기)

메뉴: Edit Menu 〉 Blocks 〉 Create Block Definition

단축키: Ctrl + B

버튼: 왼쪽 클릭

기능: 하나 또는 그 이상의 개체를 결합하는 단일 개체를 정의하는 기능이다.

Insert Block Instance (블럭 샘플 삽입)

메뉴: Edit Menu 〉 Blocks 〉 Insert Block Instance

단축키: Ctrl + I

버튼: 왼쪽 클릭

기능: Block Instance를 가져오는 기능이다.

Block Manager (블럭 관리자)

메뉴: Edit Menu 〉 Blocks 〉 Block Manager

기능: 모델에서 블록 정의를 관리하는 기능이다.

Layer (레이어)

라이노3D는 레이어(작업층) 개념을 이용하여 개체를 관리한다. 이 레이어 개념은 관리뿐만 아니라 개체의 선택과 속성에도 영향을 미친다. 개체를 동일한 레이어별로 선택할 수 있으며 서로 다른 개체를 동일한 레이어로 변경할 수도 있다.

개체가 한 레이어 위에 있을 때, 개체 모두를 한 번에 켜거나, 화면보기의 와이어프레임 표시의 색을 변경하거나, 한 번의 선택으로 개체 모두를 선택할 수 있다. 이와 함께 레이어 대화 상자에는 모델의 레이어를 관리하는 도구가 있다.

■ 바로가기 창 표시 방법

상태 표시줄의 Layer창틀을 마우스 왼쪽 버튼으로 클릭 한다.

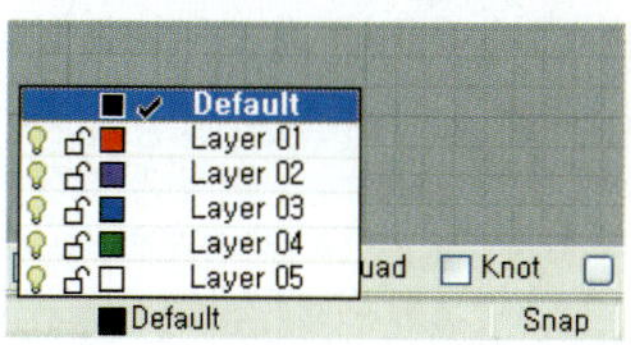

■ Layer 대화 상자를 여는 방법

상태 표시줄의 Layer창틀을 마우스 오른쪽 버튼으로 클릭 한다.

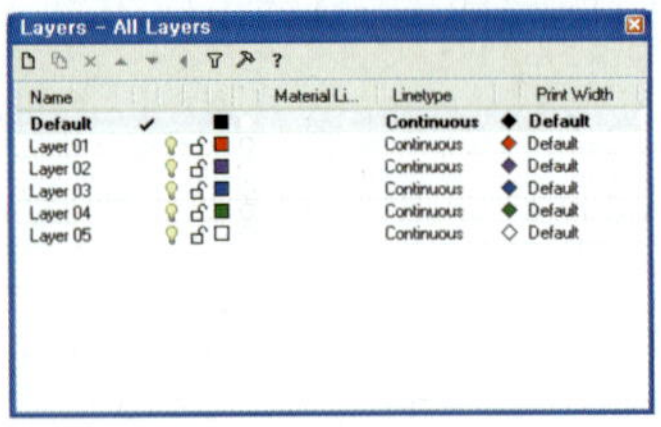

Layer Toolbar Options (레이어 툴바 선택사양)

New Layer (새 레이어)

추가되는 각 레이어는 자동적으로 번호가 만들어진다. 후에 레이어를 편집하여 이름을 바꿀 수 있으며, 상황에 맞는 메뉴를 사용하는 것 외에도, 레이어를 두 번 클릭하거나, 레이어 이름필드를 선택하고 'F2' 키를 눌러 이름을 바꿀 수 있다.

① 레이어 대화상자가 열린다.

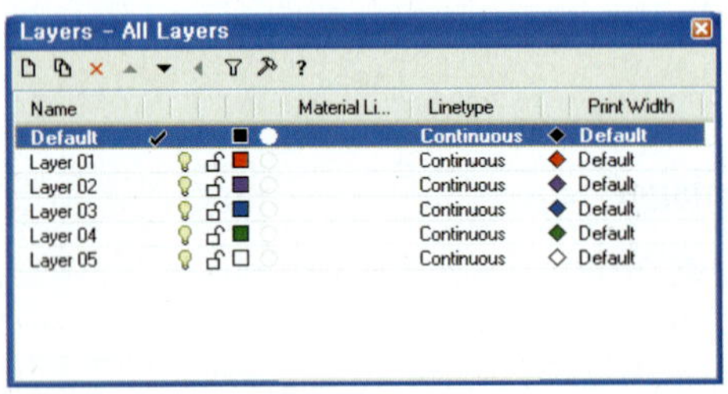

② New 버튼을 누르면 레이어가 추가된다. 이때 레이어 이름을 정할 수 있다. 또한 색도 설정할 수 있다.

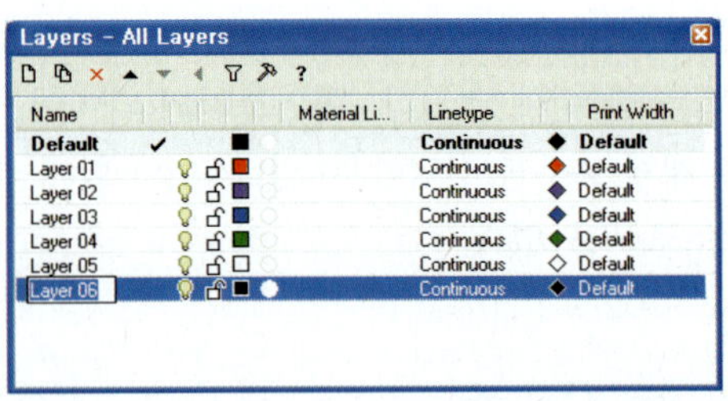

③ 자신이 원하는 색을 설정하여 'OK'버튼을 누른다. 또한 재질 버튼을 클릭하면 다음과 같은 재질편집(Material Editor) 대화상자가 나타나며, 개체의 재질을 설정할 수 있다.

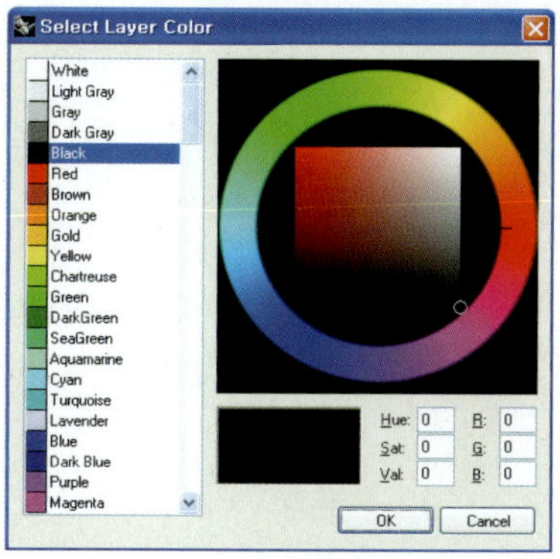

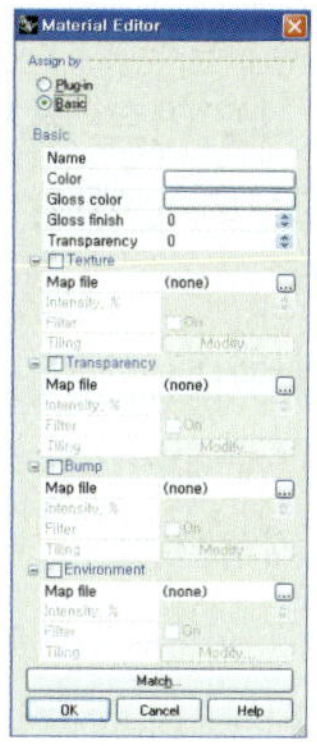

■ New Sub Layer (새 하위 레이어)

선택된 레이어의 하위 레이어를 새로 만든다.

■ Delete (삭제)

삭제하려는 레이어에 개체가 있는 경우, 경고 대화 상자가 표시된다.

■ Move Up / Down (한 단계 위로 이동)

목록에서 선택된 레이어 위 아래로 이동하는 기능이다.

■ Move Up One Parent (한 단계 위로 이동)

레이어 트리 구조에서 선택된 레이어를 한 단계 위로 이동한다.

■ Filters (필터)

모델이 다수의 레이어를 사용한 경우, 레이어의 목록을 관리하기 힘들어질 수 있습니다. 이때 레이어 필터를 사용하여 대화 상자에서 레이어 표시를 조정할 수 있습니다. 필터 처리된 상태는 대화 상자의 제목에 표시된다.

■ Tools (도구)

Select All (모두 선택)

목록에서 현재 표시된 모든 레이어를 선택하는 기능이다.

Invert Selection (선택 반전)

선택 상태를 반전시키는 기능이다.. 모든 선택된 레이어는 선택 해제되고, 선택 해제된 레이어는 선택된다.

Select Objects (개체 선택)

레이어를 변경할 개체를 선택하는 기능이다.

Select Object Layers (개체 레이어 선택)

선택된 개체를 일치시킬 레이어를 선택하는 기능이다.

Change Objects to Layer (개체 레이어 변경)

선택된 레이어의 개체를 변경하는 기능이다.

Copy Objects to Layer (개체를 레이어로 복사)

개체를 선택된 레이어에 복사하는 기능이다.

Collapse All (모두 축소)

모든 Child 레이어를 숨기는 기능이다.

Expand All (모두 확장)

모든 Child 레이어를 표시하는 기능이다.

Help

도움말 항목을 표시하는 기능이다.

〈Layer Options (레이어 선택사양)〉

■ Current (현재)

선택 표시와 음영처리는 현재 레이어임을 나타내준다.

■ Name (이름)

레이어의 이름을 나타낸다. 기본적으로 숫자가 병행되어 표시된다.

■ Locked/Unlocked (잠금/잠금해제)

레이어의 표시 여부에 따라 개체를 편집 및 편집기능을 잠그어 주는 기능이다.

■ On/Off (켜기/Rm기)

레이어의 표시 여부에 따라 개체를 시각화시키는 기능이다.

■ Color (색상)

이 레이어에 있는 개체의 기본 화면 표시색을 지정하는 기능이다.

■ Material (재질)

재질은 랜더링에 사용되는 색과 기타 속성이다.

■ Material Library (재질 장고)

재질 참고는 기본 설정에 의해, 이 레이어의 개체에 적용된다.

■ Line Type (선 유형)

레이어에 적용된 선 종류

■ Print Color (인쇄 색)

인쇄 전용으로 레이어에 적용된 색을 나타낸다.

■ Print Width (인쇄 너비)

인쇄 전용으로 레이어에 적용된 선 너비이다.

LAYER TOOLBAR

| Change Object Layer (개체 레이어 바꾸기)

메뉴: Edit Menu 〉 Groups 〉 Change Object Layer

버튼: 왼쪽 클릭

기능: 현재 설정되어 있는 레이어를 변경한다.

[예제]

① 다음과 같은 개체에 각 레이어 색을 설정한다.

② 빨강색 레이어 개체를 선택한 후 Change Object Layer를 클릭한다.

③ 다음과 같은 Layer for Objects 대화상자가 열리면 원하는 레이어를 선택한 후 OK버튼을 누른다.

④ 빨강색 레이어 개체가 설정된 레이어로 바뀐 것을 볼 수 있다.

 | Match Object Layer (개체 레이어 일치시키기)

메뉴: Edit Menu 〉 Groups 〉 Match Object Layer

버튼: 오른쪽 클릭

기능: 선택된 개체의 레이어 속성을 변경하여 다른 선택된 개체의 레이어 속성에 대응하도록 하는 기능이다.

 | Copy Objects to Layer (레이어로 개체 복사하기)

메뉴: Edit Menu 〉 Groups 〉 Copy Objects to Layer

버튼: 왼쪽 클릭

기능: 선택된 개체를 지정된 레이어로 복사한다.

 | All Layer On (모든 레이어 켜기)

메뉴: Edit Menu 〉 Groups 〉 All Layer On

버튼: 왼쪽 클릭

기능: 모든 레이어의 상태를 활성화된 상태로 변경한다. 레이어의 상태는 on, off, lock상태로 변경할 수 있다. off된 레이어가 있다는 조건이 성립되면 이 명령을 사용할 수 있다.

One Layer On (하나의 레이어 켜기)

메뉴: Edit Menu 〉 Groups 〉 One Layer On
버튼: 왼쪽 클릭
기능: 하나의 레이어만 뷰포트에서 보이게 한다.

One Layer Off (하나의 레이어 끄기)

메뉴: Edit Menu 〉 Groups 〉 One Layer Off
버튼: 왼쪽 클릭
기능: 하나의 레이어를 뷰포트에서 안보이게 한다.

Set Current Layer (현재 레이어 구성하기)

메뉴: Edit Menu 〉 Groups 〉 Set Current Layer
버튼: 왼쪽 클릭
기능: 현재의 레이어 상태를 변경한다.

Change to Current Layer (현재 레이어로 변경하기)

메뉴: Edit Menu 〉 Groups 〉 Change to Current Layer
버튼: 오른쪽 버튼
기능: 선택된 개체를 현재 지정된 레이어로 변경(이동)하는 기능이다.

Duplicate Layer (레이어 복사하기)

메뉴: Edit Menu 〉 Groups 〉 Duplicate Layer
버튼: 왼쪽 클릭
기능: 현재 선택된 레이어 속성과 지오메트리를 포함한 상태로 새로운 레이어를 복사하는 기능이다.

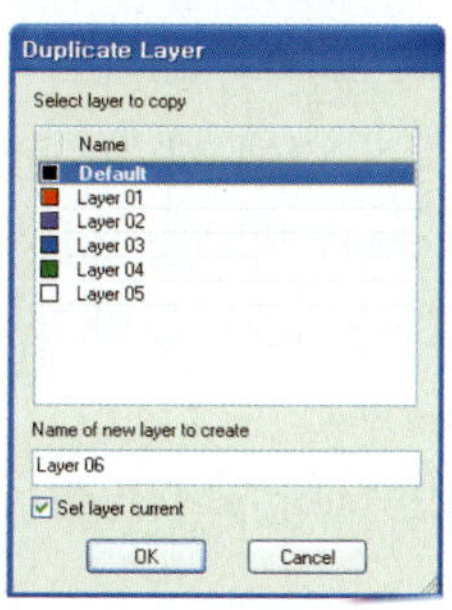

Layer State Manager (레이어 상태 관리)

메뉴: Edit Menu 〉 Groups 〉 Layer State Manager

버튼: 왼쪽 클릭

기능: 파일에 레이어의 현재 상태를 저장하거나, 파일에서 레이어 상태를 불러오는 기능이다.

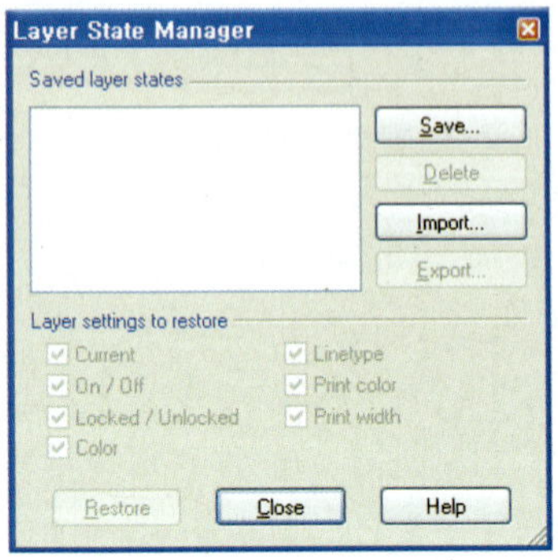

결합될 두 커브 또는 두 서페이스가 다른 레이어에 있는 경우에 결합된 개체는 처음 선택된 개체의 속성을 가진다. 여러 레이어에 있는 개체를 창 상자 또는 교차 상자 선택으로 미리 선택했다면, 결합된 개체는 그 여러 개의 레이어 중 하나에 만들어지지만 어느 레이어인지는 예측할 수 없다.

Join (결합)

메뉴: Edit Menu 〉 Join

단축키: Ctrl + J

버튼: 왼쪽 클릭

기능: 개체를 합치는 기능이다.

여러 개의 커브 혹은 서페이스를 결합 경우는 각 커브, 서페이스를 연결되어 있는 순서대로 선택하여 결합시킨다. 명령 실행 시 각 개체가 연결되어 있지 않은 경우, 연결되어 있지 않다는 팝업 창이 활성화된다. 이를 주의하고 실행하면 여러 개체를 하나의 개체로 결합시킬 수 있다.

결합기능은 개체를 단순히 합치는 기능 이외에 면의 틈새를 없애주는 역할도 가지고 있다. 이와 같이 여러 개의 선을 폴리라인으로, 커브를 폴리커브로, 서페이스를 폴리서페이스 또는 솔리드로 개체들를 결합할 수 있다.

열려있던 폴리서페이스의 가장자리에 접하는 서페이스는 결합할 수 있다. 결과적으로 각각의 서페이스로 분해가 가능한 폴리서페이스가 되는 것을 말한다.

결합으로 인해 서페이스의 근본적인 지오메트리가 변하지 않는다. 각가의 면들이 틈이 없는 이음새로 연결되도록 인접한 서페이스를 붙이는 것에 지나지 않는다. 틈이 메워지도록 서페이스 지오메트리를 변경하려면 MatchSrf 명령을 사용하거나, FilletSrf, BlendSrf, BlendEdge, FilletEdge, NetworkSrf, Patch 등의 명령으로 사용하여 새 서페이스를 만들어 틈을 메워주어야 한다.

두 개의 인접한 서페이스를 단일 서페이스로 변경하려면 MergeSrf 명령을 사용한다.

[예제] curve

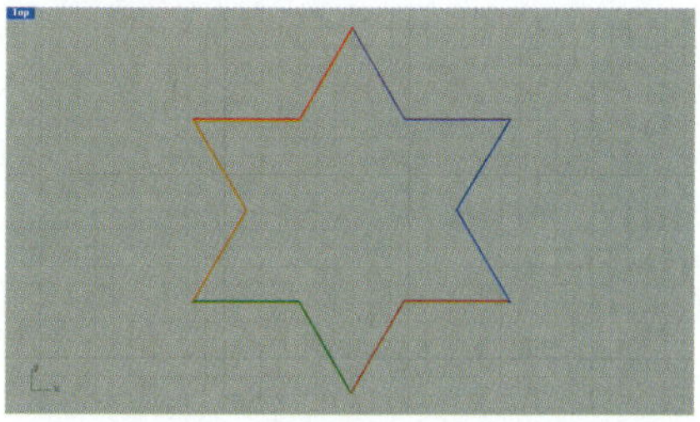

① 다음은 각각 다른 작업층(레이어)에 그려진 6개의 개별적인 폴리라인 형태이다.

② 결합명령을 실행하고 이미지와 같이 결합할 두 개의 선을 선택하고 'Enter'키를 친다.

③ 두개의 선이 결합되면서 현재 지정된 레이어 색으로 개체가 변한 것을 알 수 있다.

④ 같은 방법으로 폴리라인들을 선택한 후 Enter키를 친다.

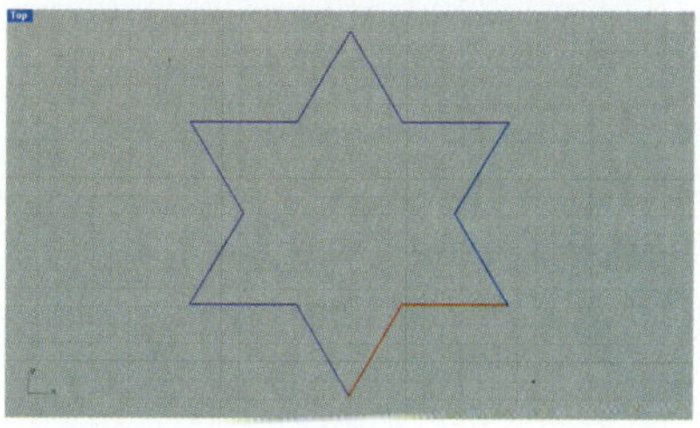

⑤ 현재 지정된 레이어색으로 변하면서 여러 개의 폴리라인이 결합된 것을 볼 수 있다.

⑥ 모두 선택하여 결합명령을 실행한다. 명령줄에 "6개의 커브가 하나의 커브로 결합" 되었다는 문구가 나타나며 실행이 완료된다.

```
6 curves joined into one closed curve.
Command:
```

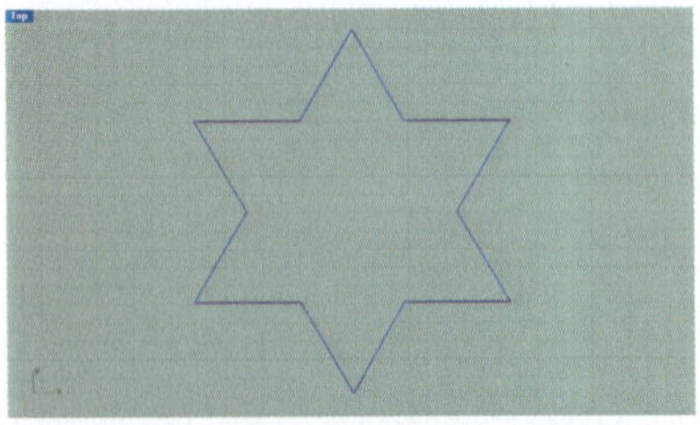

[예제] surface join

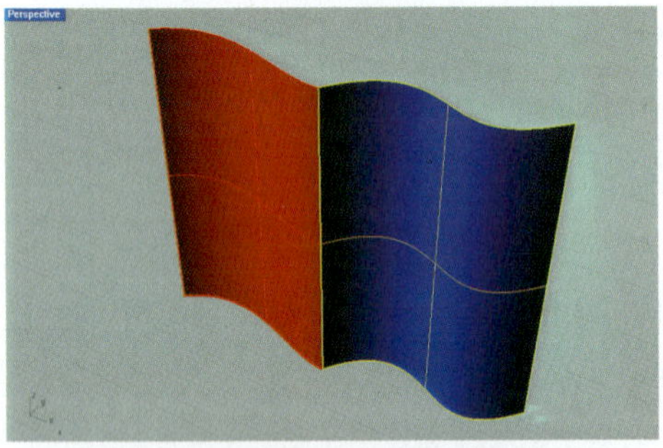

① 개별적인 2개의 서페이스 중 하나를 선택한 후 결합명령을 실행한다.

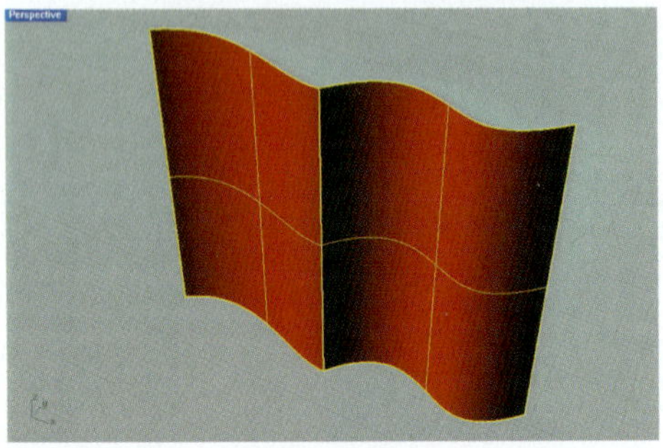

② 두 개의 서페이스가 결합된 것을 알 수 있다.

이 기능은 결합된 커브 또는 서페이스 사이의 연결을 제거한다.

Explode (분해하기)

메뉴: Edit Menu 〉 Explode

버튼: 왼쪽 클릭

기능: 개체를 구성 요소로 분해하는 기능이다.
이 기능은 결합된 개체 또는 최초 솔리드로 작업된 개체를 분해하여 각각의 서페이스나 커브 형태로 속성을 바꿔준다.

■ 개체 분해 결과

Dimension	〉	Curve + Text
Group	〉	Group에 포함된 개체를 분해하지만, 개체의 Group된 상태는 유지
Hatch	〉	단일 세그먼트 선과 평면형 서페이스
Mesh	〉	Mesh 부분과 Mesh
Cage 제어	〉	Curve + Surface + Cage
Polysurface	〉	Surface
Polycurve	〉	Single Segment Curve, 단일 곡선의 선분
Polyline	〉	Single Segment Line, 단일 직선의 선분
Text	〉	Line, 곡선이나 직선의 분리된 개체

[예제] curve의 경우

① 8개의 폴리라인 명령으로 결합된 복합선을 선택한다.

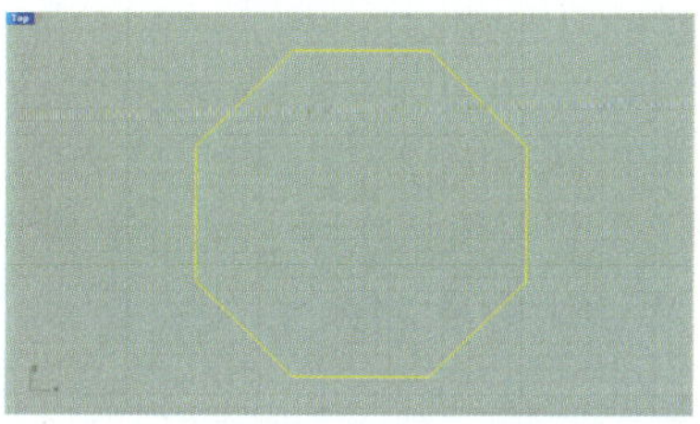

② 선택한 후 분해명령을 실행한다.

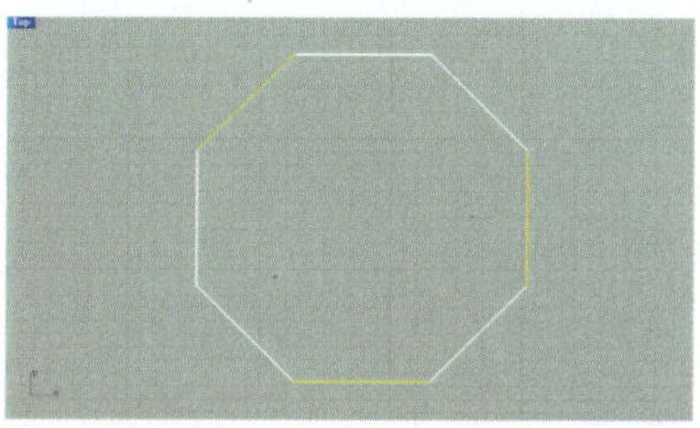

③ 명령줄에 “하나의 커브가 8개의 커브로 세분화됨”과 같이 실행된 것을 볼 수 있다.

```
Exploded a curve into 8 segments.
Command:
```

[예제] Polysurface / Solid의 경우

① 다음과 같은 닫힌 폴리서페이스 개체를 만들어 본다.

② 개체를 선택한 후 분해명령을 실행한다.

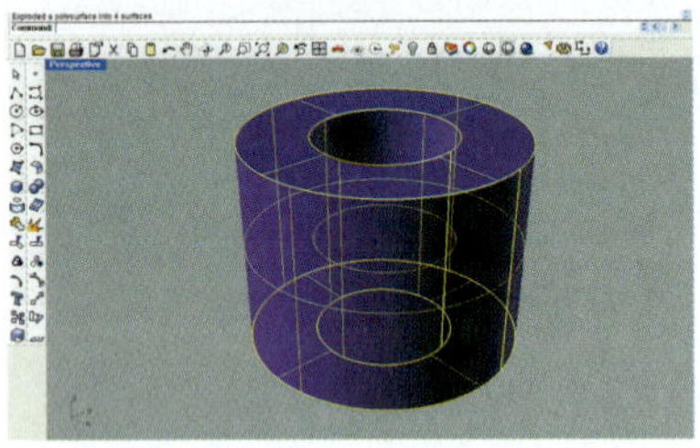

③ 명령줄에 "하나의 폴리서페이스가 4개의 서페이스로 분해됨"이라는 문구를 확인할 수 있다. 그림과 같이 면을 선택하고 움직이면 면들이 따로 분해된 것을 볼 수 있다.

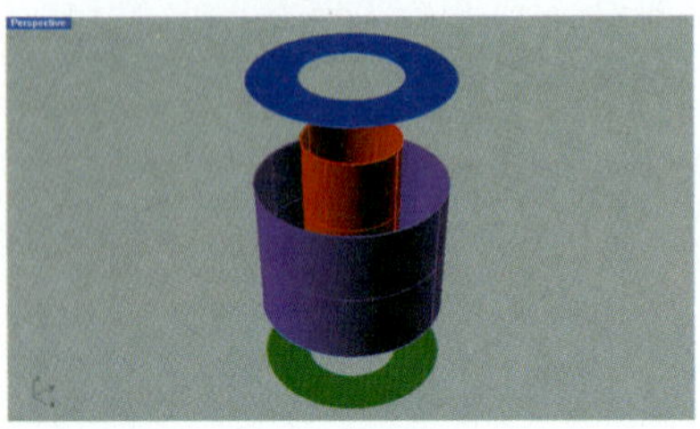

Extract Surface (면 추출하기)

메뉴: Main Toolbar 2 〉 Extract Surface

Solid Tools 〉 Extract Surface

Geometry Fix 〉 Extract Surface

버튼: 왼쪽클릭

기능: 폴리서페이스에서 선택한 면(서페이스)을 분리하거나 그 복사본을 만드는 기능이다. 이 명령은 분해명령과 다르게 폴리서페이스에서 선택한 서페이스만을 추출할 수 있으므로 유용하다.

[예제] Polysurface / Solid의 경우

① 다음과 같은 닫힌 폴리서페이스 형태를 만들어 본다.

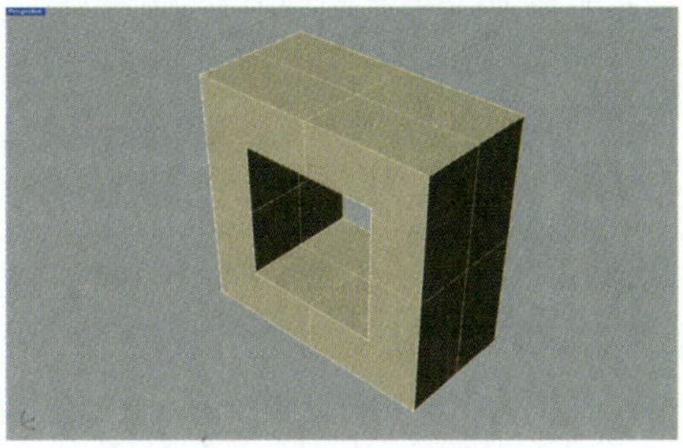

② 툴바에서 면 추출명령을 클릭한 후 추출하고 싶은 면을 선택한 후 'Enter'키를 클릭한다. 추출된 면을 제외한 나머지 면들은 폴리서페이스 속성의 결합된 개체 그대로 인식된다.

Trim (베어내기)

메뉴: Edit Menu 〉 Trim

단축키: Ctrl + T

버튼: 왼쪽 클릭

기능: 자르고 삭제하는 기능이다.

다른 개체와 교차하는 개체의 내부/외부에서 선택된 부분을 베어내기 한다.

Trim 명령과 Split 명령은 유사하다. 개체를 자를 때는 제거할 부분을 선택하여 삭제하며, 개체를 분할할 때에는 모든 부분이 그대로 남는 것이 두 명령의 차이점이다.

〈Options〉

- **Extend Lines (선 연장)**

선 개체가 절단 개체로 사용될 때, 해당 선의 가상 연장선이 사용된다. 따라서 절단 개체로 사용된 선이 베어낼 개체와 교차하지 않을 경우에도 직접 개체와 접촉시키지 않아도 된다.

- **Use Apparent Intersections (외관상의 교차부분 사용하기)**

선 개체 작업이 이루어지는 활성화면에 대하여 베어내기 명령이 수행됨으로 적절한 활성화면을 선택하여야 작업이 가능하다. 이때 직접적인 교차가 이루어지지 않아도 된다. 즉, 활성 화면상에서 교차하듯이 보이기만 된다. 반면 면과 면개체의 경우에는 직접적인 교차가 이루어져야 베어내기가 가능하다.

[베어내기 참고]

- 베어내기 하려는 부분을 선택하기 어려운 경우, 분리명령(Split)을 사용한 후 원하지 않는 부분을 삭제하면 용이하다.
- Top, Front, Right와 같은 평면도에서 선 개체를 사용하여 서페이스를 베어내는 경우, 선 개체가 서페이스에 투영되는 3면중 적정한 활성화면을 선택한다.
- 입체도와 같이 기울기가 있는 활성면에서 작업을 할 경우, 평면곡선(planar curve)의 절단개체는 수직방향으로 투영되듯이 서페이스에 적용되어 베어내기를 할 수 있다.
- 입체도와 같이 기울기가 있는 활성면에서 작업을 할 경우, 입체적인 방향으로 제작된 곡선(3-D curve)의 절단개체는 평면곡선과는 다르게 서페이스에 투영된다. 마치 근접점(closest point)을 찾아주는 것과 같이 서페이스 방향으로 곡선이 끌려 투영된다.
- 베어낸 부분을 되돌리기 위해 베어내기 복원명령(Untrim)을 사용하면 서페이스에서 베어낸 부분을 복원하기 쉽다.

[예제] Curve + Curve

① 두개의 커브 선을 만든다.

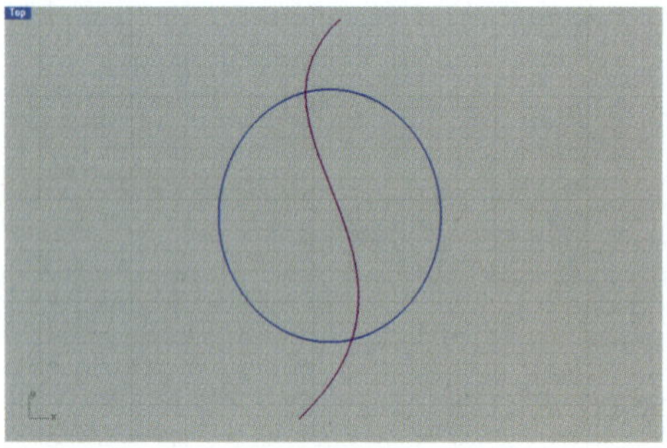

② 두개의 커브 선을 선택하고 Enter키를 친다.

③ 우측 부분의 커브 선을 선택한다.

④ 이미지와 같이 위 아래의 커브선을 클릭하여 Trim시킨다.

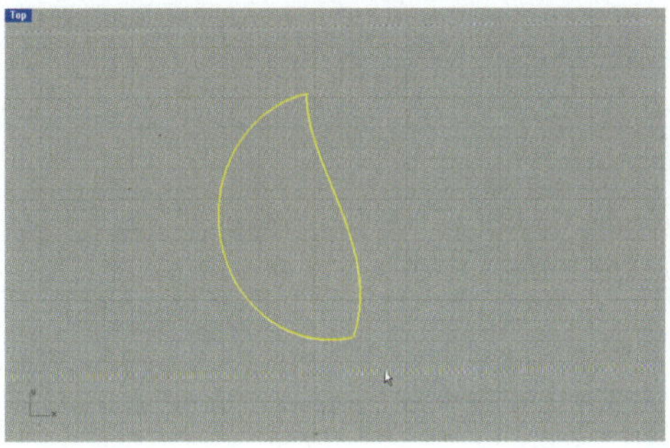

⑤ 완성된 커브 선을 볼 수 있다.

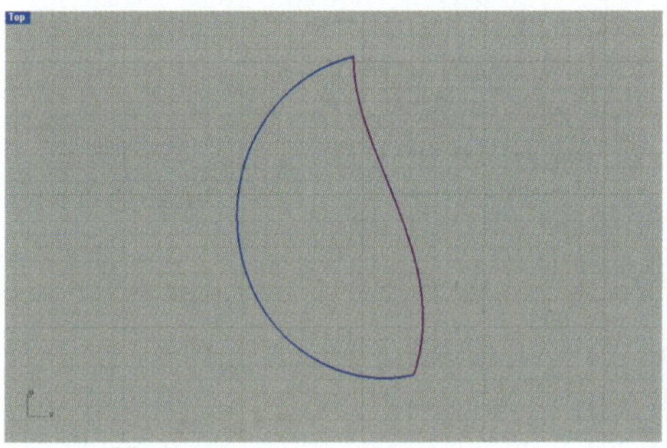

[예제] Curve + Surface

① 다음과 같이 Curve와 Surface를 선택한다.

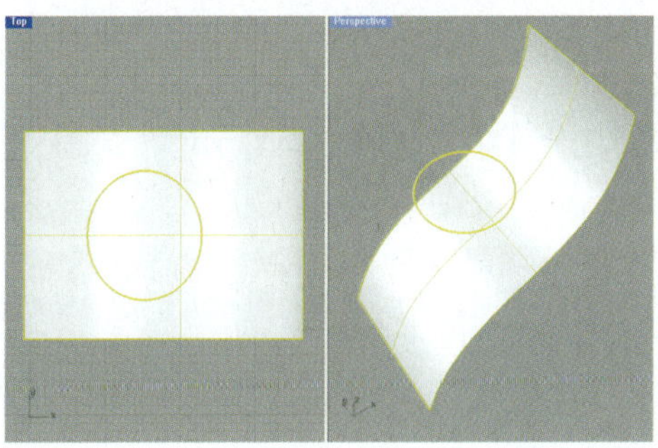

② 커브 선과 서페이스를 선택한 후 Enter 키를 친다.

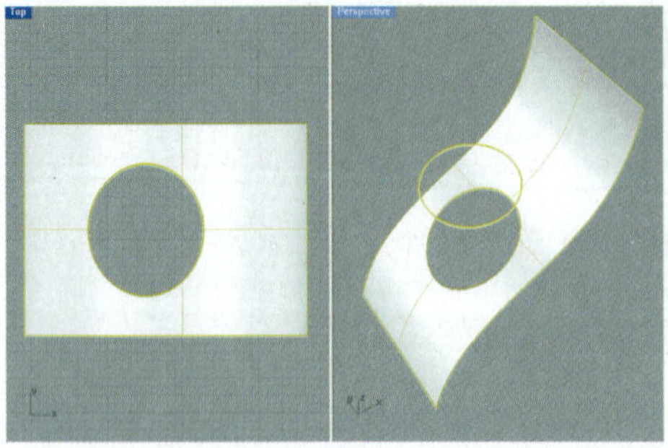

③ Trim시키고 싶은 부분을 클릭한다. 클릭한 부분이 잘려지며 삭제되는 것을 볼 수 있다.

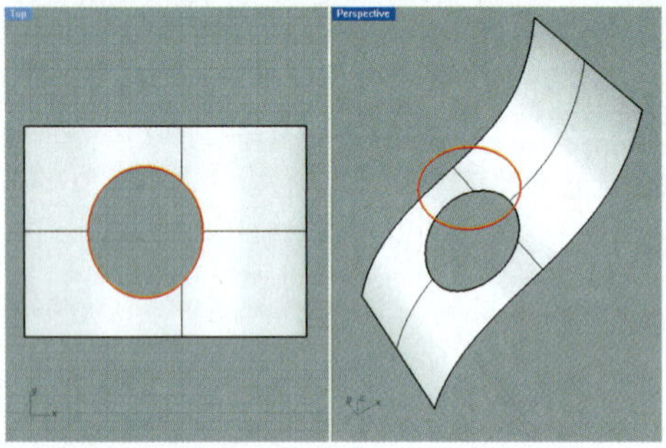

[예제] Curve + Polysurface

① 커브와 폴리서페이스 개체를 선택한 후 Trim시키고 싶은 부분을 클릭한다.

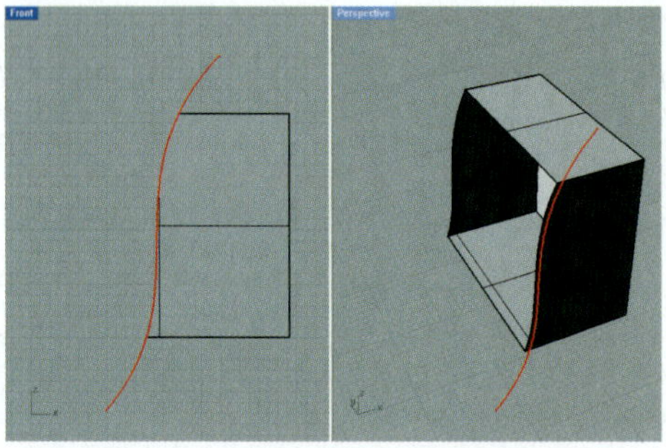

[예제] Surface + Polysurface

① 서페이스와 폴리서페이스 개체를 선택한 후 Trim시키고 싶은 부분을 클릭한다.

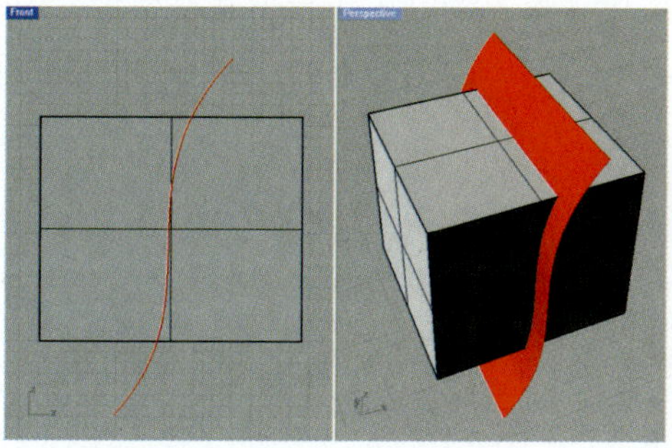

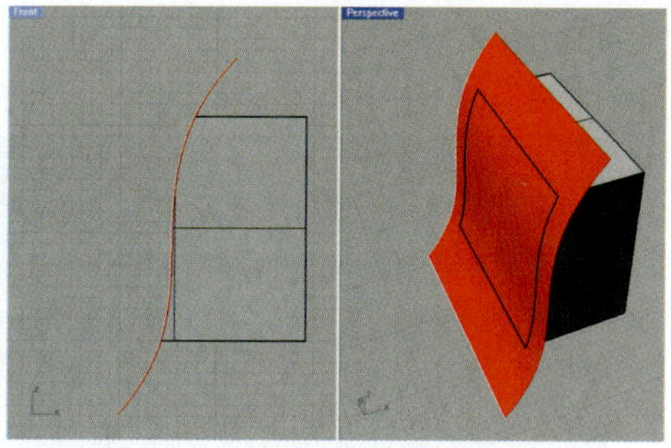

Trimmed Surfaces (베어낸 면)

베어낸 면(Trimmed Surfaces)의 속성에는 두 부분이 있다. 이것들은 지오메트리의 형태와 베어낼 곡선으로 명시되며, 외곽이 잘려나간 서페이스 또는 안쪽에 구멍이 난 서페이스가 이에 해당한다.

이와 같은 베어낸 면에는 절단개체로 인식되는 곡선이 존재한다고 말할 수 있다. 이때 절단부위의 기초(기저)가 되는 면을 기저면(underlying surface) 또는 원본이라 한다. 종종 이 기저면은 절단선보다 클 수도 있으나 눈으로 확인할 수 없다. 왜냐하면 라이노3D에서는 절단선에 의해 살린 면은 화면상에 표시하지 않기 때문이다.

단지 이러한 기저면은 형태의 지오메트리(가하학적 정의)를 규정할 뿐이며, 절단면은 단지 어느 부분이 베어졌었는지를 표시하는 것에 불과하다. 예를 들어 이미 베어진 개체의 면이 있다고 가정하고 제어점을 활성화하면 절단된 면의 바깥쪽에도 제어점이 존재하고 활성화되는 것을 확인할 수 있다. 결국 베어짐 명령을 통해 제작된 서페이스의 절단선과 기존의 서페이스의 제어점은 서로 무관함을 알 수 있다.

만약 베어낸 면(Trimmed Surfaces)의 잘려나간 부분(기저면)이 지나치게 넓을 경우 베어낸 면 줄이기명령(ShrinkTrimmedSrf)을 실행하면 잘리고 남은 면만큼의 크기로 경계면이 축소된다. 제어점을 켜주면 경계선이 축소된 것을 확인할 수 있다.

Untrim (베어내기 복원)

이 명령을 사용하여 베어내기 명령으로 만들어진 구멍이나 잘려나간 면을 복원하면 기저면(원본)으로 되돌릴 수 있다. 해당 명령을 선택하고 절단면의 경계를 클릭하면 기존의 기저면이 복원된다.

Split (쪼개기)

메뉴: Edit Menu 〉 Split

단축키: Ctrl + Shift + S

버튼: 왼쪽 클릭

기능: 다양한 개체를 사용하여 NURBS 개체를 쪼개기(나누는) 기능이다.

[예제] Curve + Curve + Point

① 다음과 같이 Curve와 Point 개체를 생성한다.

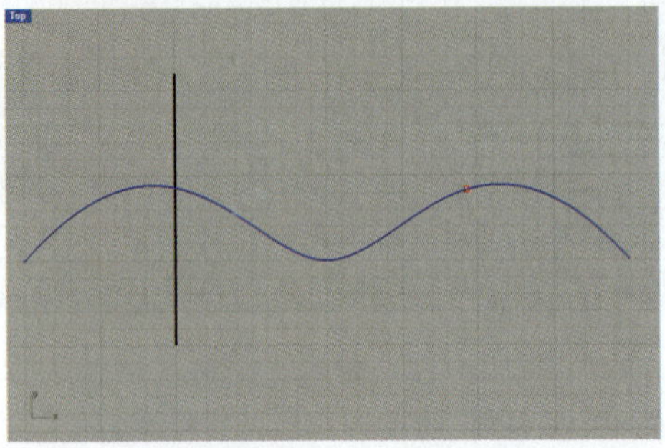

② 분리시킬 곡선을 선택한다.

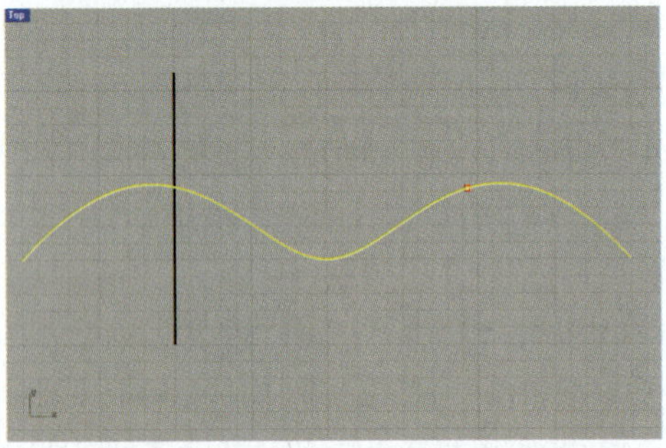

③ 절단에사용할 직선을 선택한 후 'Enter'키를 누른다.

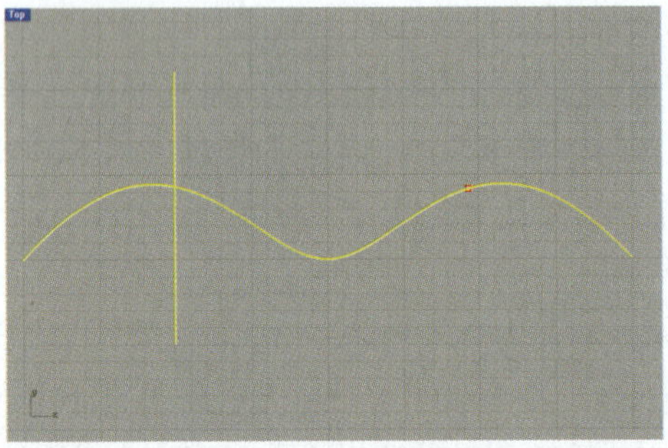

④ 선이 나누어진 것을 확인할 수 있다.

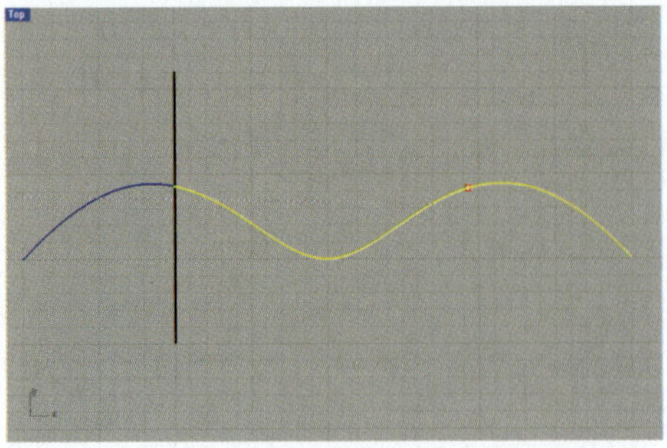

⑤ 같은 방법으로 점(point)을 이용하여 나누기 기능을 사용한다.

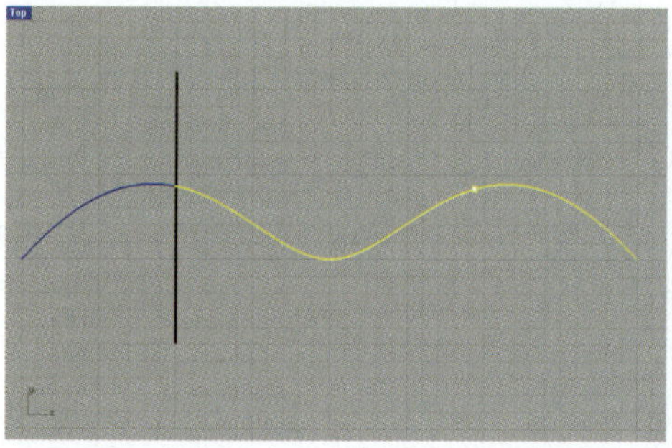

⑥ 점에 의해 곡선이 나누어진 것을 확인할 수 있다.

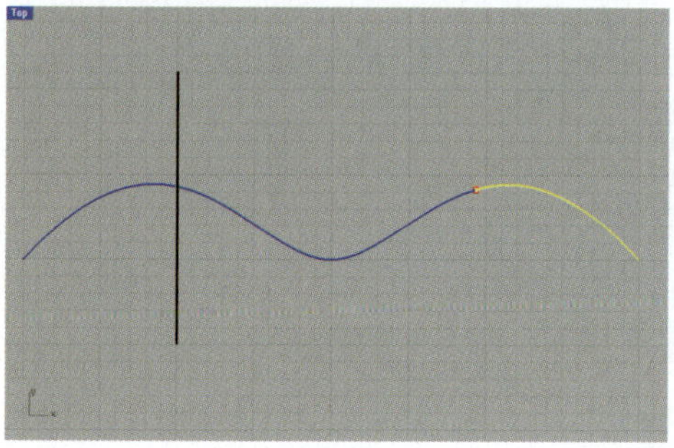

[예제] Curve + Surface

① 절단용 선 형태와 나누고자 하는 면 형태를 생성한다.

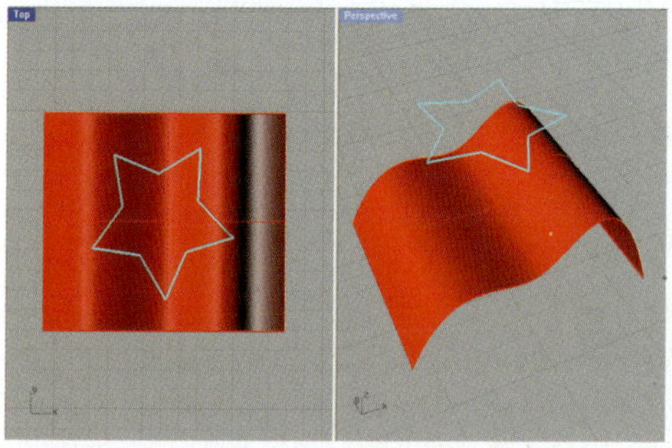

② 나누고자 하는 면을 선택한다.

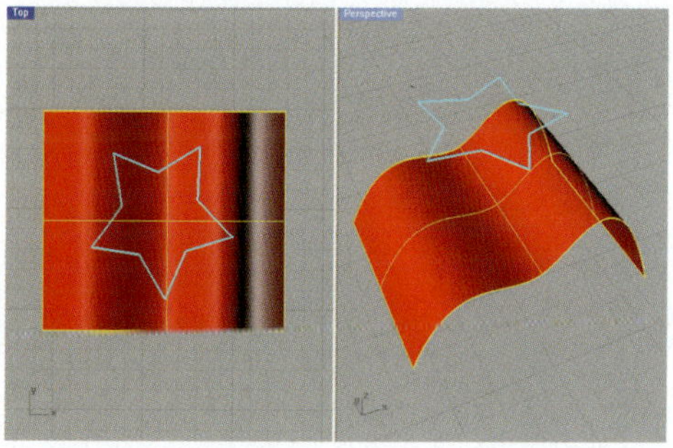

③ 절단용 개체(Cutting Object)로 별 모양의 커브 선을 선택한다. 선택 후 'Enter'키를 누른다.

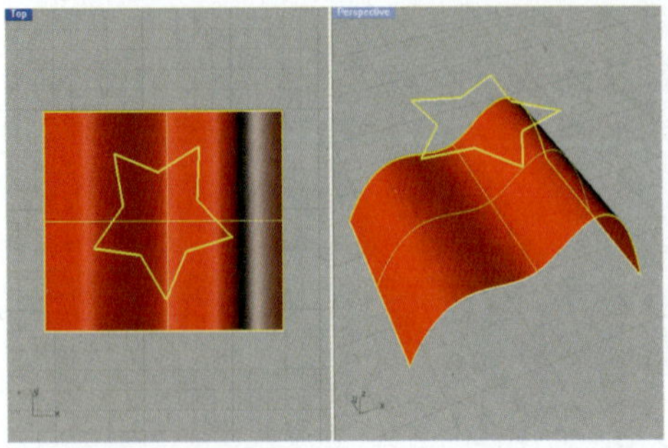

④ 절단용 개체의 형태에 맞추어 곡면이 나누어진 것을 볼 수 있다.

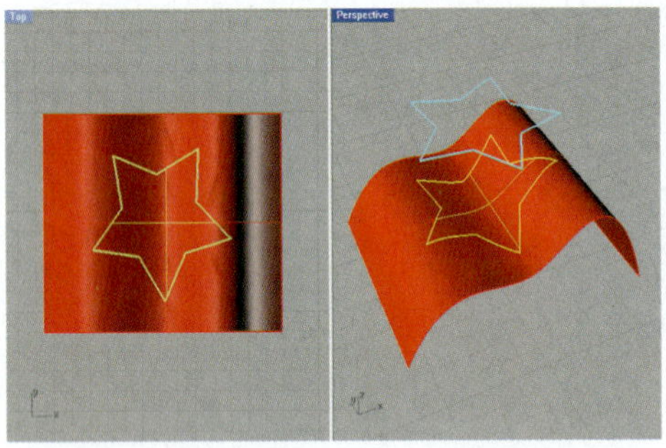

⑤ 확인을 위해 나누어진 별면을 이동시켜 본다.

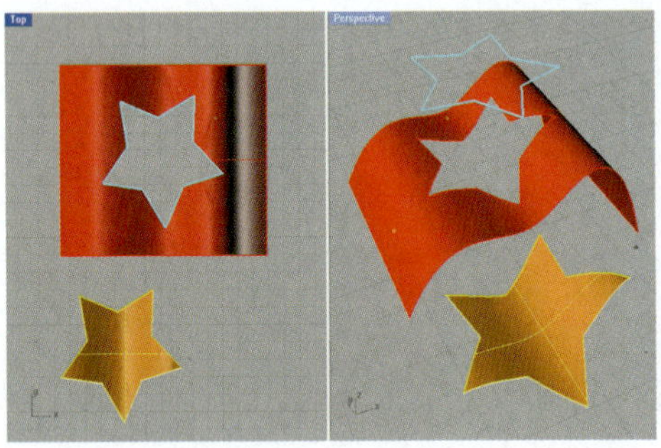

[예제] Surface + Polysurface

① 다면체(Polysurface)와 단순면(Surface)를 이용한 나누기 명령을 위해 개체를 준비한다.

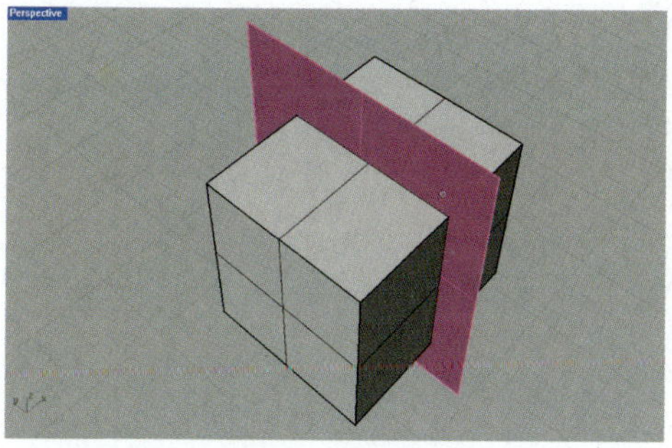

② 단순면에 의해 다면체가 분할된 것을 볼 수 있다.

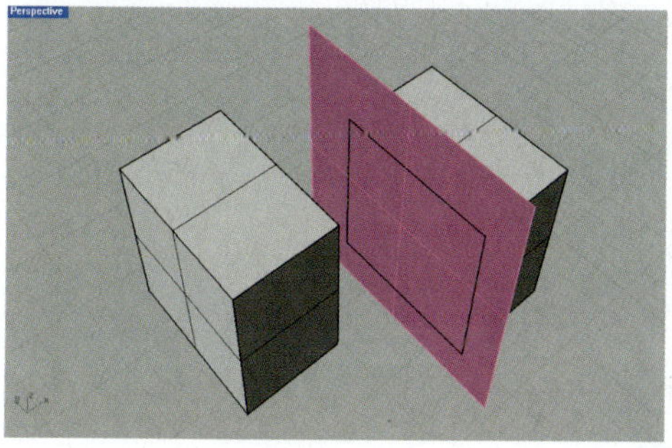

〈Options〉

• Point

커브상에서 위치를 지정하여 분할시키는 기능이다.

• Isocurve

개체의 해당 면을 구성하는 격자선(Isocurve)으로 개체를 분할시키는 기능이다. 하나의 면이 선택되었을 때만 표시된다.

• Direction

U : 면의 방향 속성중 U방향의 격자선으로 단순면을 분할한다.
V : 면의 방향 속성중 V방향의 격자선으로 단순면을 분할한다.
Both : 면의 방향 속성중 U방향과 V방향의 격자선을 동시에 사용하여 단순면을 분할한다.

[예제] U와 V방향 분할

① 도너스 형태의 원환체(Torus)를 생성한다.

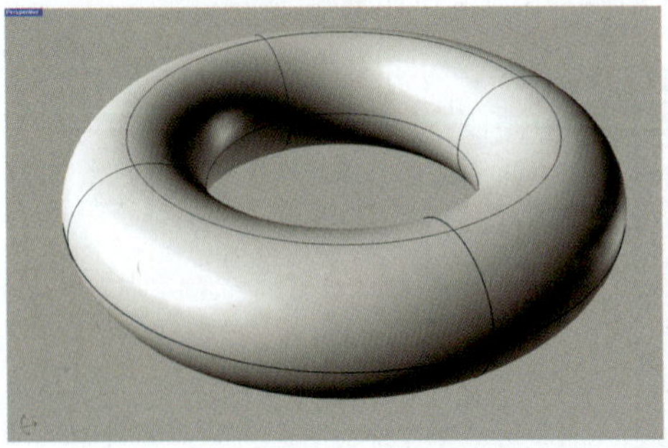

② 환원체를 선택한 후 나누기 기능을 사용한다. 격자선(Isocurve)를 선택한 후 방향지정(Direction)은 U방향을 설정한다. 원하는 위치를 선택한 후 'Enter'키를 누른다. 해당 격자형태에 맞추어 면이 절단되는 것을 볼 수 있다.

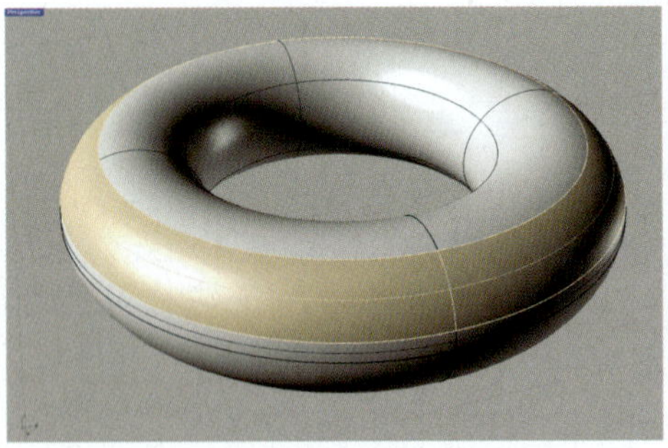

③ 방향지정(Direction)은 V방향을 설정하고 원하는 위치를 선택한 후 'Enter'키를 누른다. 해당 격자형태에 맞추어 면이 절단되는 것을 볼 수 있다.

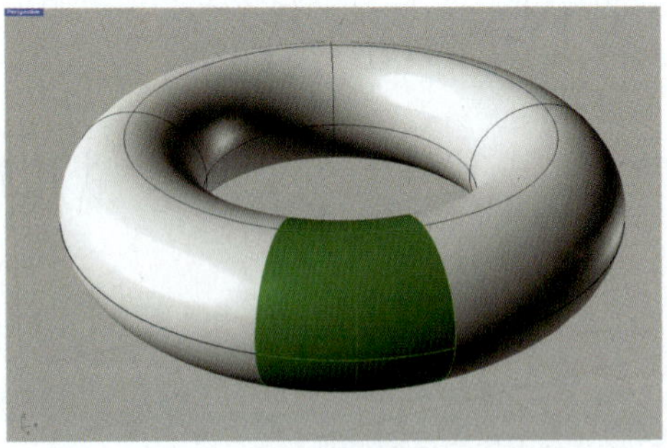

■ Toggle

방향을 U방향과 V방향으로 전환한다.

■ Shrink

Yes : 베어낸 면 줄이기명령(ShrinkTrimmedSrf)과 유사항 것으로 절단하고 남은 면을 절단된 외곽선에 가깝도록 줄여주는 기능.

No : 절단된 면에 맞추어 기저면을 줄이지 않도록 설정하는 기능.

Change Drag Mode (끌기방식 변경하기)

메뉴: Edit Menu 〉 Change Drag Mode

기능: 개체를 Cplane, View, World X-Y axis 또는 Surface에 대해 평행으로 끌도록 하는 기능이다.

〈Options〉

• Cplane

개체가 구성평면(Cplane)과 평행으로 끌리도록 설정한다.

• World

개체가 절대좌표 X-Y의 기준면과 평행하게 끌리도록 설정한다.

• View

개체가 선택된 활성화면과 평행하게 끌리도록 설정한다.

• UVN

면의 제어점이 면의 방향속성인 U방향, V방향, 법선방향(Normal direction)을 따라 끌리도록 설정한다.

• Next

개체가 목록에서 다음에 있는 모드로 끌리도록 설정한다.

PROPERTIES TOOLBAR

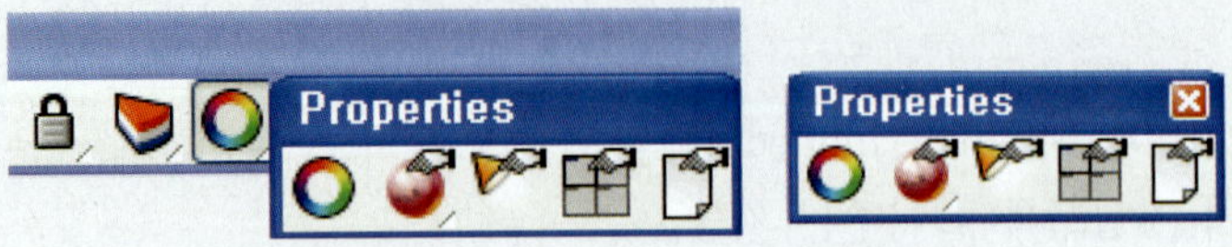

| Objects Properties (개체 속성설정)

메뉴: Edit Menu 〉 Objects Properties

단축키: F3

버튼: 왼쪽 버튼

기능: 개체의 속성을 설정하고 관리하는 기능이다.

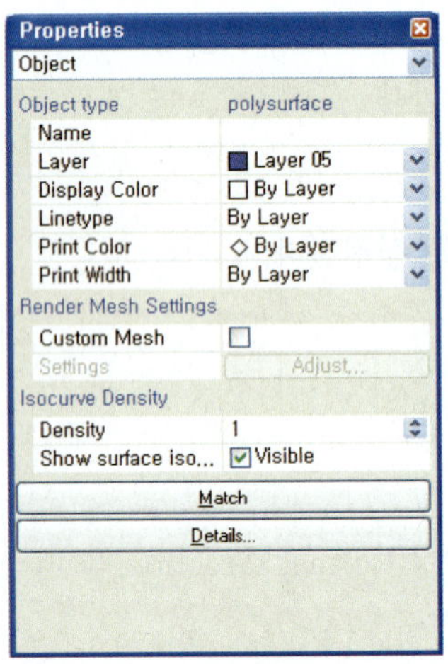

개체 속성관리 대화상자

Object Type

직선 또는 곡선(curve), 면(surface), 다면체(polysurface) 등이 표시된다.

■ Name

개체 이름은 Rhino 3DM 파일에 저장되며 개체 이름을 허용하는 파일 형식으로 내보내기 실행된다.

■ Layer

개체의 레이어를 변경하려면 목록에서 레이어를 선택한다. 레이어는 새로 만들 수 있으며 속성 또한 레이어 대화 상자에서 변경된다.

■ Display Color

개체의 색상은 해당 레이어의 색상을 따르거나 개체 속성으로 설정할 수 있다.
By Layer : 개체 레이어의 표시색을 사용한다
By Parent Parent : 기준을 사용한다.
Specified color : 지정된 색을 사용한다.

■ LineType

By Layer : 개체 레이어의 선 종류를 사용한다.
Specified LineType : 지정된 선 종류를 사용한다.

■ Print Color

By Display : 표시색을 사용하여 인쇄한다.
By Layer : 레이어색을 사용하여 인쇄한다.
By Parent : 부모 기준색을 사용하여 인쇄한다.
Specified color : 지정된 색을 사용하여 인쇄한다.

■ Print Width

By Layer : 레이어 인쇄 너비를 사용하여 인쇄한다.
By Parent : 부모 기준 인쇄 너비를 사용하여 인쇄한다.
Default : 기본값 인쇄 너비를 사용하여 인쇄한다.
No Print : 인쇄하지 않는다.
Specified Width : 지정된 인쇄 너비를 사용하여 인쇄한다.

Render Mesh Settings (랜더 메쉬 설정)

- Custom Mesh : 켜기/끄기
- Settings Adjust : 다각형 메쉬의 자세한 설정 대화상자를 연다.

Isocurve Density (격자선 밀도)

■ Density (밀도)

격자선(Isocurve)의 개수를 정의하며 표면상에 표시된다.

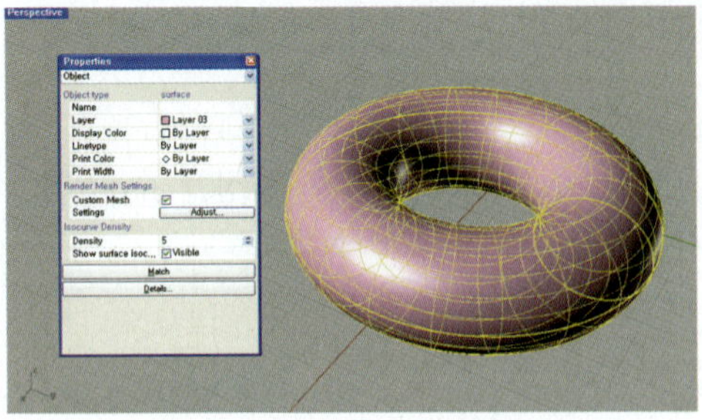

Value 1: 매듭점(knot)이 없는 영역에 격자선(Isocurve)이 한 개 또는 매듭점 격자선이 만들어진다.

Value 2: 매듭점 사이에 비매듭점 격자선이 한 개 만들어지고, 매듭점 격자선도 만들어진다.

Value 3: 매듭점 사이에 비매듭점 격자선이 두 개 만들어지고, 매듭점 격자선도 만들어진다.

■ Show surface Isocurve (표면의 격자선 보기)

표면의 격자선 표시를 지정한다.

새 개체의 기본 격자선의 밀도를 변경하려면 옵션 대화상자에서 일반 페이지로 간다.

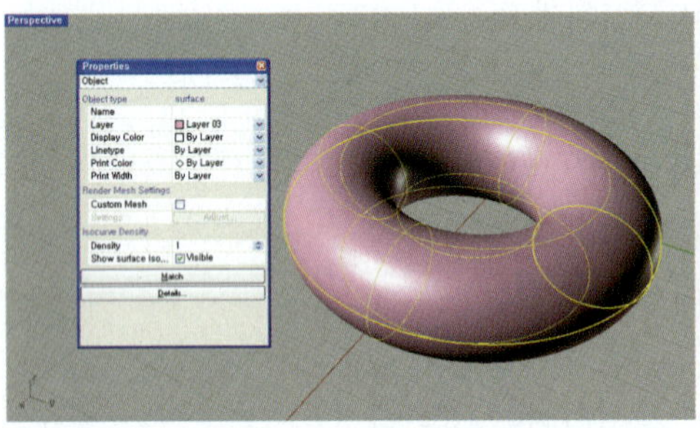

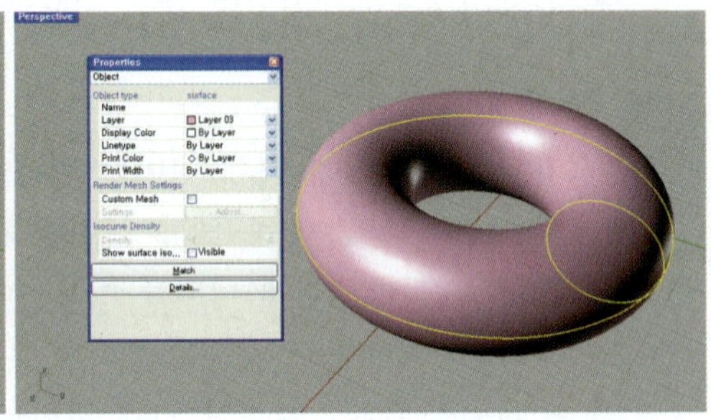

Match (일치명령)

기능: 모델에 있는 다른 개체의 레이어, 표시색, 선종류, 인쇄색, 인쇄너비, 서페이스 아이소커브 밀도와 일치하도록 선택된 개체의 속성을 설정한다. 일치시킬 속성이 있는 개체를 선택한다.

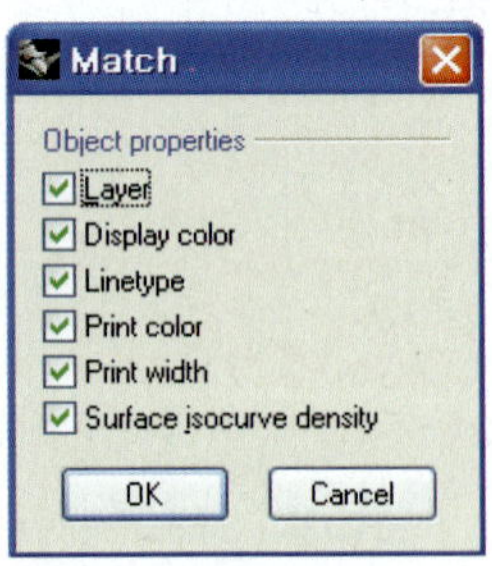

Detail (상세사항)

기능: 개체 표시에 대한 기술 정보가 표시된다.

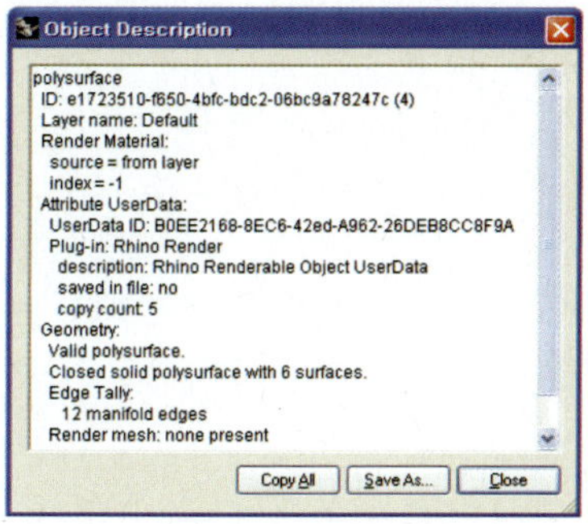

Material Type (재질 유형)

기능: Rendering용 재질을 지정하는 기능이다.

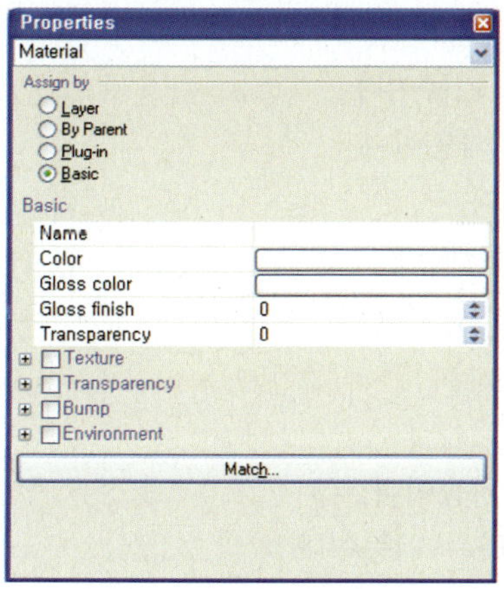

Assign by : 개체의 Rendering에 사용할 재질을 지정하는 기능이다.

Layer : 개체가 할당되어 있는 Layer Color를 Rendering에 적용하는 기능이다.

By Parent : Block을 만들 때 효율적인 Option이다.

개체 속성을 부모 기준으로 설정하면, 레이어별로 설정되었을 때처럼 계속해서 그리게 된다. 하지만 해당 개체가 Block 정의의 일부가 되어 삽입되면, Block 정의에 있는 해당 개체는 Block 삽입에 적용된 속성을 따르게 된다.

Plug-in : Plug-in Program을 사용하여 Rendering 재질을 지정한다.

Basic : 라이노의 내장된 Renderer를 사용하는 기능이다. Rhino Render를 사용하여 Render 할 경우, Basic을 체크하고 Render한다. Basic을 선택해야 각 Option값을 설정할 수 있다.

Basic (기본 설정)

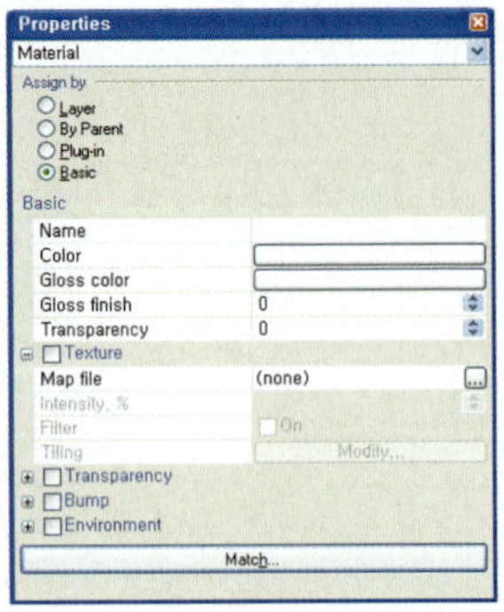

■ Name

Rendering에 사용하는 개체의 이름을 지정하는 기능이다.

Color : Rendering에 사용할 Color를 지정하는 기능이다.

Gloss Color : 표면의 Color를 지정하는 기능이다.

Gloss Finish : 표면의 광택 정도를 지정하는 기능이다.

Transparency : 재질의 투명 정도를 지정하는 기능이다.

Texture (질감)

Bitmap File을 사용하여 재질을 Mapping하는 기능이다.

Map File : 사용할 Bitmap File의 경로를 지정하는 기능이다.

Intensity : Bitmap File이 기준 색에서 취하는 정도를 지정하는 기능이다.

Filter : Surface의 여러 점이 Texture에서 동일한 점으로 Mapping되면 해당 이미지가 Pixelated (Texture의 색상이 불규칙한 계단처럼 깨져서 표시되는 현상)된다. 이 기능은 이러한 변환을 매끄럽게 처리한다. 대부분의 경우, Pixelated가 매끄럽게 표시되지만 매우 작은 Texture를 거대한 Surface에 Mapping하면 Filter는 Texture를 희미하게 표시하게 된다.

Tiling : 이미지를 Mapping에 있어 U, V방향 설정값을 조절할 수 있다.

Transparency (투명도)

이미지의 투명도를 조절하는 기능이다.

Bump (표면굴곡)

Bump Mapping에 사용할 Bitmap File을 지정하는 기능이다.

Environment (주변환경)

마치 반사되듯이 Surface에 Mapping될 Bitmap의 이름을 정의하는 기능이다.

Match (일치)

다른 개체의 Color, Gloss Finish, Transparency, Texture, Bump, Environment와 일치하도록 선택된 개체의 속성을 지정하는 기능이다.

Texture Mapping (재질 매핑)

개체에 첨부된 Mapping Channel과 이러한 채널과 관련 있는 Texture Channel의 속성을 표시하는 기능이다. Texture Channel은 Bitmap Texture가 개체에 적용되는 방식을 지정하는 매개변수의 설정이다.

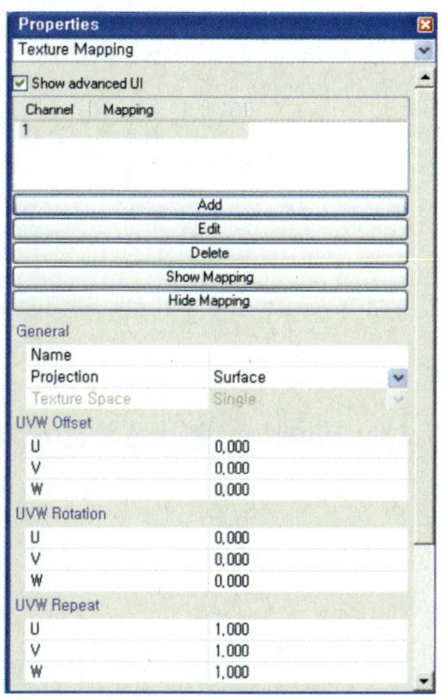

Mapping Channel (매핑 채널)

Mapping Channel은 Texture Mapping 매개변수의 집합을 갖는다. 각 Mapping Channel은 숫자로 구분된다. 하나의 개체가 여러 개의 채널을 가질 수 있으며, 따라서 다른 종류의 Texture Mapping을 여러 개 가질 수 있다.

Show Advanced UI (상급 UI 보기)

자세한 매핑 채널 편집기를 표시하는 기능이다.

Texture Mapping (재질 매핑)

■ Default

모든 Texture는 UV Surface Mapping을 사용하여 개체에 적용된다. UV Surface Mapping은 개체의 구조에 따라 개체를 둘러싸도록 Texture를 Stretch한다.
Custom: 사용자 지정 Mapping을 설정하는 기능이다.

■ Add

Mapping Channel을 추가하는 기능이다.

■ Edit

선택된 Mapping Channel을 편집하는 기능이다.

■ Delete

선택된 Mapping Channel을 삭제하는 기능이다.

■ Show Mapping

개체의 Mapping Widget을 보여주는 기능이다.

■ Hide Mapping

개체의 Mapping Widget을 숨기는 기능이다.

Parallel(평행투상도법)는 객관적인 제도 작업을 요구할 때 사용하는 기능이다.

Viewport Properties (화면 속성설정)

Viewport Properties 관리한다.
3 Viewport Page (일반 뷰포트, 페이지 뷰포트, 디테일 뷰포트)에는 해당 뷰포트에 대응하는 제어와 정보가 포함되어 있다.

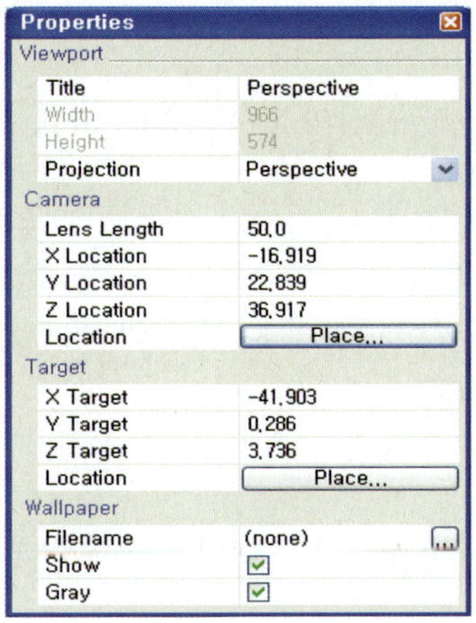

〈Option〉

Viewport

Title : 화면의 좌측 상단에 표시되는 제목설정이다.

Projection : 화면의 투상 방법을 설정하는 기능이다.

Parallel : 위면, 정면, 우측면도와 같이 화면을 평행 투사시키는 기능으로 투시(원근감)효과가 없다.

Perspective : 화면을 투시 투상시키는 기능으로 원근감 효과가 표현된다. 입체화면에 적용한다.

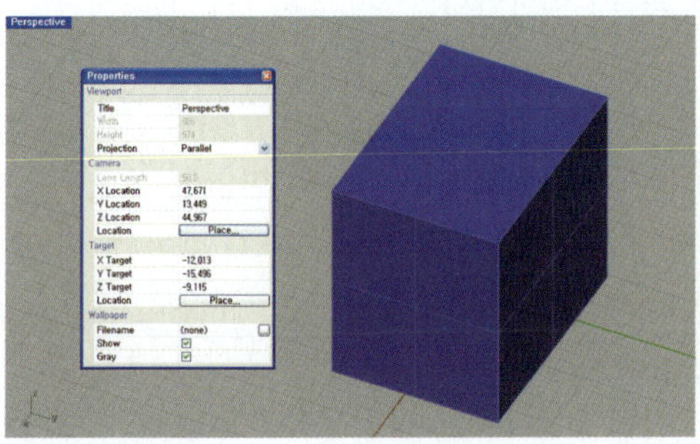

Parallel 상태

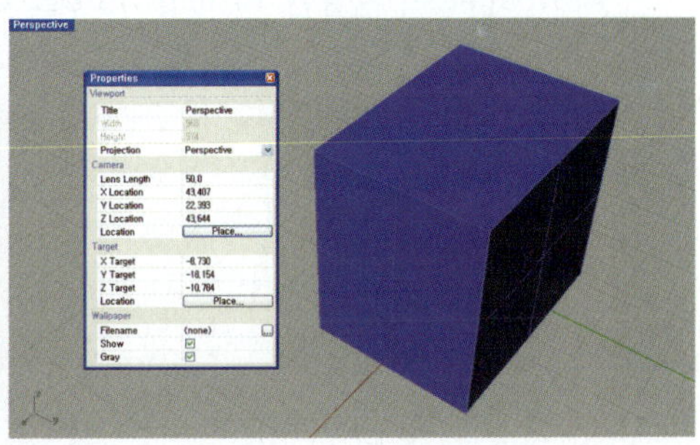

Perspective 상태

Camera (카메라)

Viewport에 적용할 카메라의 렌즈 거리를 설정하는 기능으로 투상방법을 투시로 설정할 때 사용할 수 있다. 50mm 표준 렌즈가 기본값으로 설정되어 있다.

Camera and Target Locations (X, Y, Z) (카메라와 목표위치)

Camera와 Target의 위치를 설정하는 방법이다.

■ Camera

Camera의 위치를 월드 좌표계(World Coordinates System)상의 X, Y, Z의 좌표 값으로 지정하는 기능으로 좌표 값 대신 점을 클릭해도 된다.

■ Target

Target의 위치를 월드 좌표계(World Coordinates System)상의 X, Y, Z의 좌표 값으로 지정하는 기능으로 좌표 값 대신 점을 클릭해도 된다.

■ Place Camera and Target

Camera와 Target의 위치를 명령줄에서 X, Y, Z의 좌표 값으로 지정하는 기능으로 좌표 값 대신 점을 클릭해도 된다.

〈Wallpaper Options (벽지 선택사양)〉

Viewport의 Grid 밑에 Bitmap File을 표시하는 기능이다. Wallpaper로 사용하는 Bitmap File은 Viewport를 Zoom, Pan, Rotate하여도 변하지 않으며 Rendering에서는 표시되지 않는다.

• Show wallpaper

Wallpaper로 설정한 Bitmap File을 Viewport에 표시한다.

• Show wallpaper as gray scale

Wallpaper로 설정한 Bitmap File을 Gray로 표시한다.

Part Ⅲ

03 VIEW

라이노의 모델링 과정에서 사용되는 화면의 다양한 설정과 물체를 표현하는 화면보기를 설정하는 메뉴이다.

VIEW TOOLBAR

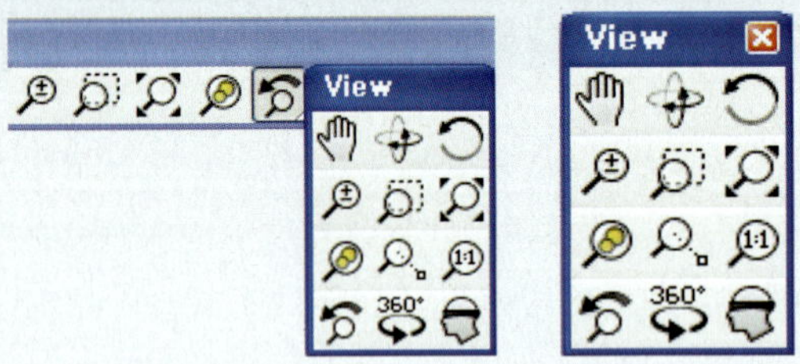

렌더링 작업 중 Depth of Field기능을 사용할 때 주로 많이 사용하는 기능으로 초점 거리를 맞춘 후 실수로 화면을 움직였을 때 효율적으로 복구 시킬 수 있는 기능이다.

Undo View Change (화면보기 변경 실행취소)

메뉴: View Menu 〉 Undo View Change

단축키: Home

버튼: 왼쪽 버튼

기능: 화면보기(Viewport)를 변경 이전의 화면으로 되돌리기

Redo view change (실행취소한 화면보기 다시실행)

메뉴: View Menu 〉 Redo view change

단축키: End

버튼: 오른쪽 버튼

기능: 실행취소한 화면보기를 원상태의 화면으로 되돌리기

Pan (화면 상하좌우 이동)

메뉴: View Menu 〉 Undo

단축키: Shift + RMB(Right Mouse Button)

버튼: 왼쪽 버튼

기능: 활성화면의 카메라의 위치와 대상을 화면과 같이 평행하게 이동시키는 기능이다.

마치 그림을 그리고 있는 도화지를 움직여 주는 것과 동일한 기능이다. 모델링 작업 시 매우 유용하다. 참고로 Perspective View를 제외한 다른 View에서는 마우스 오른쪽 버튼을 클릭하는 것만으로도 명령이 적용된다.

Rotate (화면회전)

메뉴: View Menu 〉 Rotate

단축키: Ctrl + Shift + RMB(Right Mouse Bbutton)

버튼: 왼쪽 버튼

기능: 화면창(Viewport)을 회전시켜 보는 기능이다.

ZOOM (확대/축소 화면보기)

현재 View를 확대하여 보거나 혹은 축소하여 바라볼 때 사용하는 기능이다.

Zoom Dynamic (동적인 확대/축소 화면보기)

메뉴: View Menu 〉 Zoom 〉 Zoom Dynamic

단축키: Ctrl + RMB(Right Mouse Button)

버튼: 왼쪽 버튼

기능: 마우스를 드래그하여 화면/축소기능을 사용한다.

Zoom Window (구역설정 확대 화면보기)

메뉴: View Menu 〉 Zoom 〉 Zoom Window

단축키: Ctrl + W

버튼: 왼쪽 버튼

기능: 마우스로 구역을 설정하여 지정한 부분만을 확대하는 기능이다.

Zoom Target (카메라가 보는 목표와 구역을 설정하여 화면보기)

메뉴: View Menu 〉 Zoom 〉 Zoom Target

버튼: 오른쪽 버튼

기능: 특정 지점이나 위치를 기준으로 카메라를 통해 보는 듯이 마우스로 구역을 설정하고 확대하는 기능이다.

화면이 물체를 중심으로 알맞게 보이는 기능이며 원점(X축:0, Y축:0, Z축:0)을 중심으로 화면이 알맞게 보이는 기능은 4 Default Viewport 기능이다.

Zoom Extents (활성화면에 개체를 가득 채워 보기)

메뉴: View Menu 〉 Zoom 〉 Zoom Extents

단축키: Shift + Ctrl + E

버튼: 왼쪽 버튼

기능: 현재 활성화되어 있는 화면의 모든 개체를 알맞은 크기로 보이게 하는 기능이다.

Zoom Extents All (4면도에 모든 개체를 가득 채워 보기)

메뉴: View Menu 〉 Zoom 〉 Zoom Extents All

단축키: Alt + Ctrl + E

버튼: 오른쪽 버튼

기능: 4면도의 각 화면에 있는 모든 개체를 가득 채워 보이도록 하는 기능이다. 그림은 명령을 실행한 예이다.

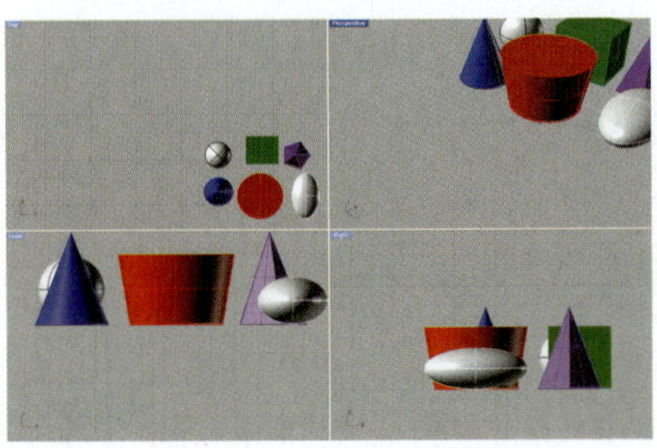

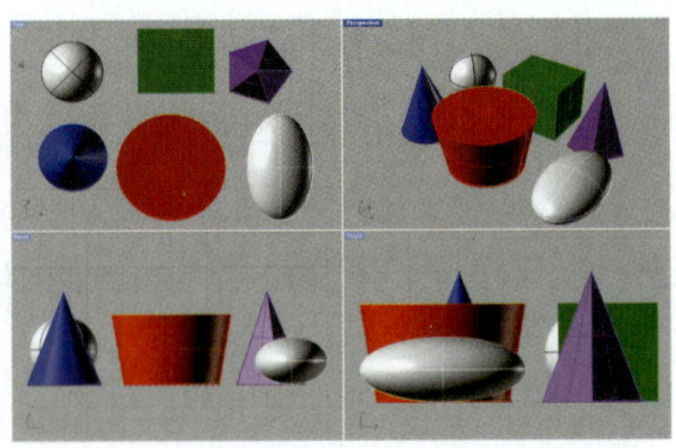

| Zoom Selected (선택한 개체만 화면에 가득 채워 보기)

메뉴: View Menu 〉 Zoom 〉 Zoom Selected

버튼: 왼쪽 버튼

기능: 현재 선택되어 있는 개체만 화면에 가득 채워 보는 기능이다.

| Zoom Selected All (선택한 개체만 4면도에 가득 채워 보기)

메뉴: View Menu 〉 Zoom 〉 Zoom Selected All

버튼: 오른쪽 버튼

기능: 현재 선택되어 있는 개체를 모든 화면에서 가득 채워 보는 기능이다.
아래 이미지와 같이 확대하고자 하는 개체를 선택한 후 명령을 실행한다. 선택된 원통형 개체가 모든 화면에서 확대되어 보이는 것을 알 수 있다.

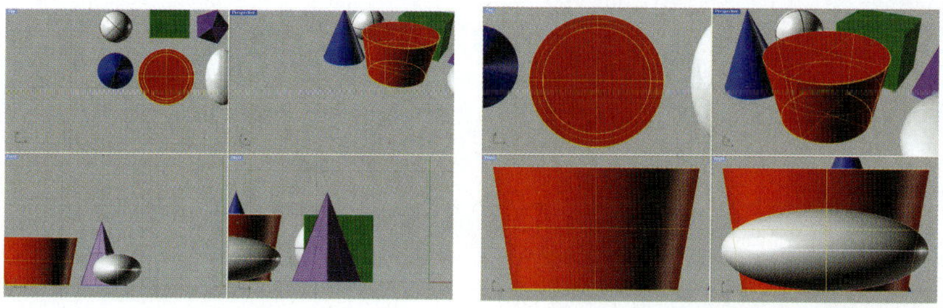

| Zoom 1:1 (1:1 확대/축소 화면보기)

메뉴: View Menu 〉 Zoom 1:1

버튼: 왼쪽 버튼

기능: 화면에서 개체가 실물 크기로 보이도록 현재 화면을 확대/축소하는 기능이다.
이 명령을 제대로 실행하려면 우선 화면조정명령(Calibrate)을 실행하여 실제비율로 화면이 보이도록 조정해야 한다. 또한 모델링을 위한 단위가 설정되어야 한다.

■ 입체도(Perspective View)에서 1:1 확대/축소하기

카메라가 보는 목표와 구역을 설정하여 화면보기(Zoom Target) 명령으로 화면을 조정한 이후에 1:1 확대/축소하기를 실행한 경우에만 개체를 실물크기로 볼 수 있다.

■ 평면도(Parallel View)에서 1:1 확대/축소하기

평면도의 모든 개체를 실물크기로 볼 수 있다. 단 카메라가 수직으로 물체를 보고 있는 경우에만 가능하다. 예를 들어 화면을 조정하여 기울어져 보인다면 1:1 실물크기로 개체를 볼 수 없다.

Zoom 1:1 Calibrate (1:1 확대/축소 비율조정)

메뉴: View Menu 〉 Zoom 1:1 Calibrate

버튼: 오른쪽 버튼

기능: 1:1 확대/축소하기를 실제 길이로 정확히 하기 위해 1:1 비율을 설정하는 기능이다. 이 기능을 올바르게 수행하기 위해서는 몇 가지 사전작업을 준비해야 한다. 다음은 이를 위한 작업 순서이다.

[예제]

① 다음과 같은 반지 형태를 준비하고 적절한 도면을 선택한다.

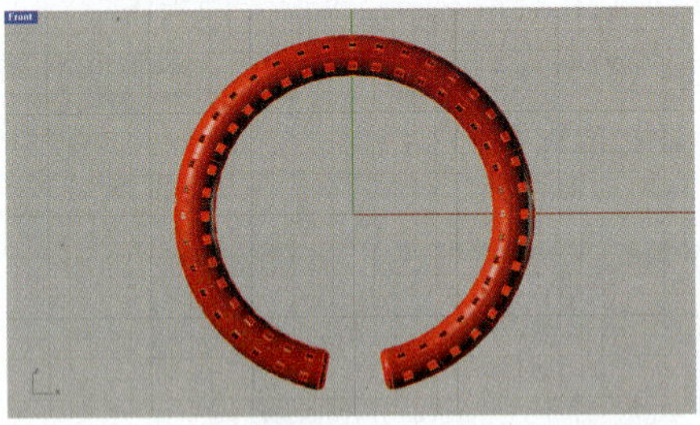

② 1:1 확대/축소하기를 실행하면 다음과 같은 대화상자가 나타난다.

③ Zoom 1 to 1 Calibration 대화상자에 이 막대를 측정하기(Measure this bar)라고 적힌 파란색 막대그래프를 측정해야 한다. 모니터 상에서 직접 자를 이용하여 실측한다. 측정된 값을 막대 길이(Length of bar)에 수치로 입력하고 측정한 단위설정을 한 후 'OK'버튼을 실행한다.

④ 1:1 확대/축소하기를 실행하면 실물크기로 보이는 화면으로 바뀌는 것을 알 수 있다.

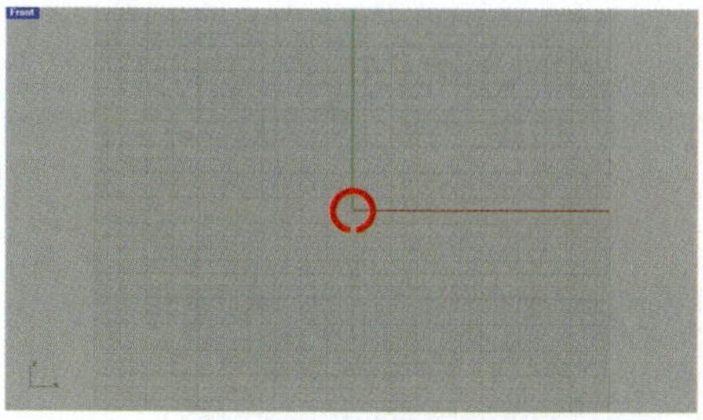

Factor (배율)

기능: 화면을 입력한 비율값(Factor)으로 확대/축소하는 기능이다. 1보다 큰 값은 확대이며, 0에서 1사이는 축소이다.

[예제]

① 명령줄에 'Zoom'을 적고 'Enter'키를 누르면 다양한 선택사양이 나타난다. 이 중에서 배율(Factor)을 선택한 후 1.1의 수치를 입력한다. 이 수치는 1.1배를 의미한다. 따라서 10% 정도 확대가 되는 기능이다.

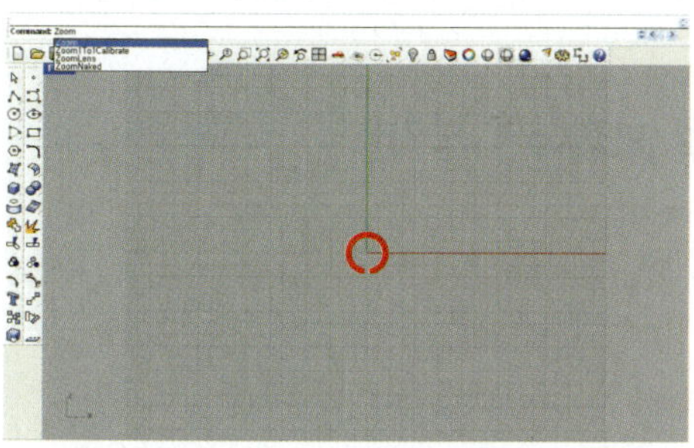

② 일정비율로 확대하기(Zoom by Scale Factor)를 실행하면 클릭을 할 때 마다 10%씩 화면이 확대되는 것을 알 수 있다.

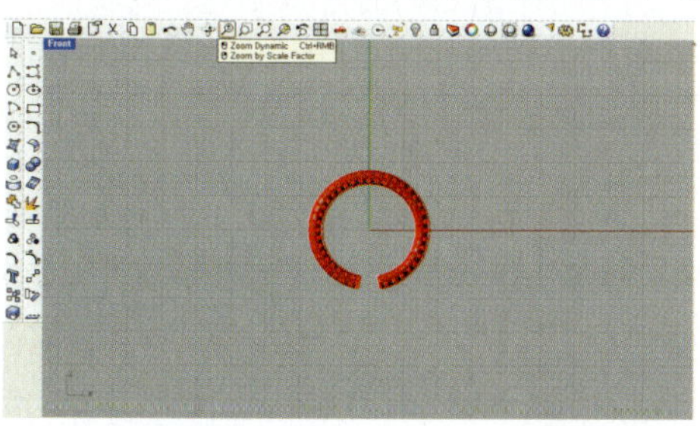

Dolly Zoom (입체도에서 카메라의 위치와 렌즈 길이로 조정하여 화면보기)

메뉴: View Menu 〉 Set Camera 〉 Adjust Lens Length and Dolly

버튼: 왼쪽 버튼

기능: 입체도에서 카메라 위치를 이동함과 동시에 렌즈 길이를 변경하며, 개체를 대상 평면에 대략 동일한 크기로 유지하는 기능이다. 마우스를 드래그하여 조정하며 실행한다.

Lens Zoom (입체도에서 카메라 렌즈 길이로 조정하여 화면보기)

메뉴: View Menu 〉 Set Camera 〉 Adjust Lens Length

버튼: 오른쪽 버튼

기능: 입체도에서 카메라의 렌즈 길이를 마우스로 조정하여 화면을 보는 기능이다.

렌더링 작업 전 완성된 모델링 또는 디자인된 기본 형태를 Presentation 할 때 효율적으로 사용될 수 있다.

Turntable (텐테이블과 같이 화면을 회전하여 보기)

메뉴: View Menu 〉 Set Camera 〉 Turntable

Viewport Title 〉 Set Camera 〉 Turntable

버튼: 왼쪽 버튼

기능: 화면의 주시점(Viewport Target Point)을 중심으로 하여 계속해서 화면을 회전시키는 기능이다. 턴테이블 대화상자에서 속도와 방향을 제어할 수 있다. '+' 값으로 가면 시계 반대 방향으로 회전하며, '–' 값으로 가면 시계 방향으로 회전한다. 또한 입력한 수치에 따라 회전의 속도가 증가한다.

| Set Redraw Off (화면 다시 그리기 끄기)

버튼: 왼쪽 버튼

기능: 스크립트 동안에 화면 다시 그리기, 구성평면이나 카메라 변경을 방지하는 기능이다.

| Set Redraw On (화면 다시 그리기 켜기)

버튼: 오른쪽 버튼

기능: Set Redraw On은 화면 다시 그리기를 켜는 기능이다.

| Tilt View (카메라와 주시점간 축을 기준으로 화면 돌려보기)

메뉴: View Menu 〉 Set Camera 〉 Tilt View
Viewport Title 〉 Set Camera 〉 Tilt View

버튼: 왼쪽 버튼

기능: 카메라(Camera)와 주시점(Target)을 선으로 연결한 축을 기준으로 화면을 회전시켜 보는 기능이다.

〈Option〉

Left : 화면을 시계 반대 방향으로 회전하게 한다.

Light : 화면을 시계 방향으로 회전하게 한다.

Set View

현재 물체를 제작 중인 구성도면(Cplane; construction plane) 또는 절대좌표계(world coordinate system)의 일반적인 화면을 4면도의 표준도면(Top, Bottom, Left, Right, Front, Back, Perspective)으로 변경하는 것을 말한다. 다음은 이 2가지 화면설정의 예이다.

〈절대좌표 ; World〉

절대좌표계의 평면으로 인식되도록 배경에 좌표를 나타내는 그리드와 함께 바뀌는 것을 볼 수 있다.

| Top

개체를 위에서 내려다 본 모습, 평면도(top view)로 변경한다.

| Bottom

기능: 개체를 아래쪽에서 올려다 본 모습, 저면도(bottom view)로 변경한다.

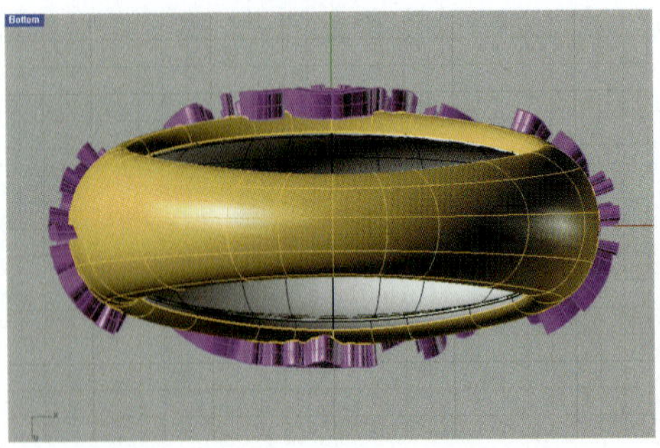

| Left

기능: 개체를 왼쪽에서 본 모습, 좌면도(left view)로 변경한다.

| Right

기능: 개체를 오른쪽에서 본 모습, 우면도(right view)로 변경한다.

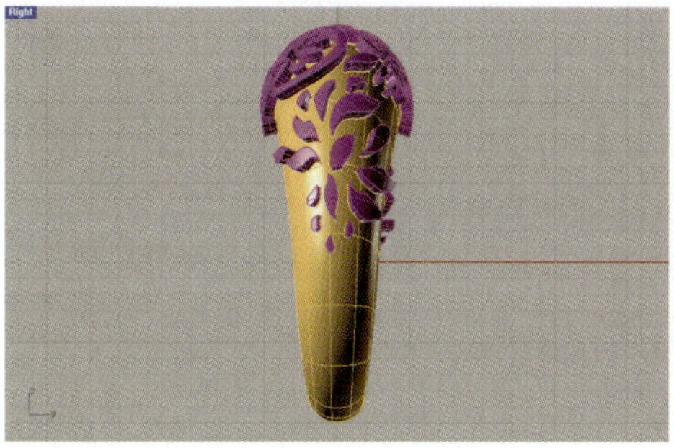

| Front

개체를 정면에서 본 모습, 정면도(front view)로 변경한다.

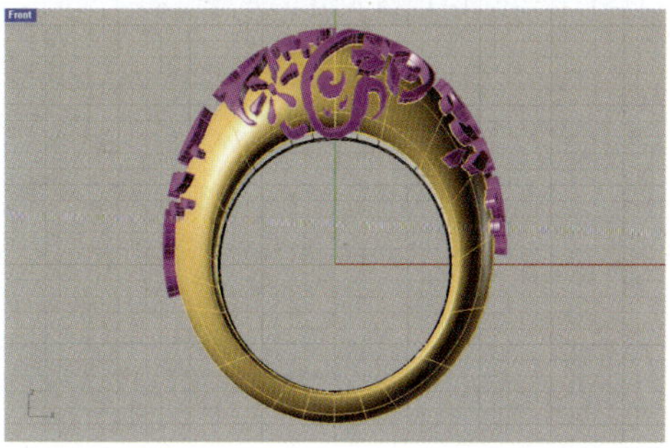

| Back

기능: 개체를 뒷면에서 본 모습, 후면도(back view)로 변경한다.

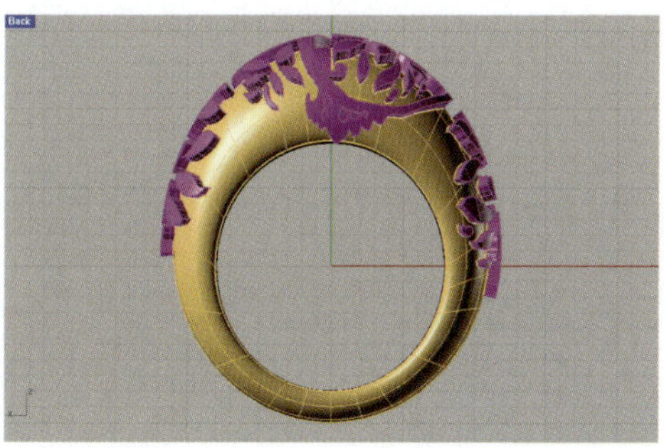

| Perspective

기능: 개체를 입체적으로 본 모습, 입체도(perspective view)로 변경한다.

〈구성평면 ; Cplane〉

현재 물체를 제작 중인 구성도면(Cplane; construction plane)을 다른 지점에서 바라보는 것을 확인할 수 있다. 그리드의 방향이 그대로 유지되는 것을 볼 수 있다.

| Top

| Bottom

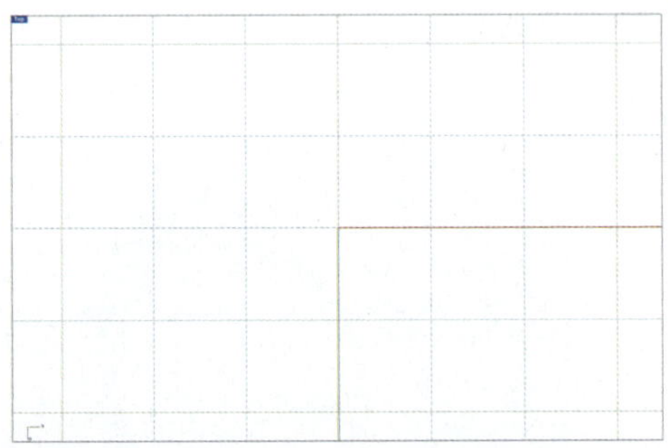

| Front

| Back

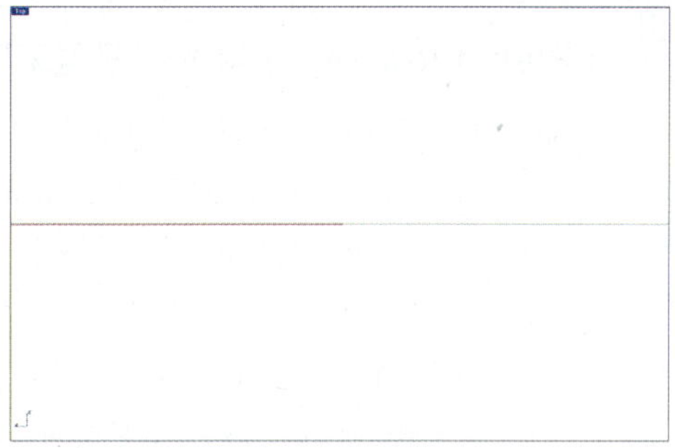

| Right

| Left

| Named View (지정된 화면)

명명된 화면목록을 관리하는 기능으로 지정한 화면을 저장, 복원하고 편집하는 기능이다.

〈Option〉

Save : 명명된 화면을 저장하는 기능

Restore : 명명된 화면을 불러오는 기능

Delete : 명명된 화면을 삭제하는 기능

Rename : 명명된 화면의 이름을 바꾸는 기능

Import : 3DM파일에서 명명된 화면을 가져오는 기능

Restore Background Bitmap : 화면을 불러왔을 때 배경이미지도 불러오게 하는 기능.

Plan View of Cplane (구성도면 평 맞추기)

메뉴: View Menu 〉 Set View 〉 Plan

|Viewport Title 〉 Set View 〉 Plane

기능: 선택된 구성도면(Cplane)을 〈0,0〉로 화면 중앙에 정렬시키는 동시에 평면으로 평을 맞추어 주도록 재설정하는 기능이다. 작업 중인 구성도면이 기울어져 있는 경우 재설정할 때 유용하다. 특히 입체도에서 기울어진 개체의 면을 기준으로 구성도면을 변경한 경우에 사용하면 적합하다. 이 명령을 실행하여 변경된 구성도면의 평을 맞추면, 구성도면이 평면으로 인식되어 화면에 새로운 개체를 맞추어 그리기에 편리하다.

Perspective Match (투시도와 벽지이미지 일치시키기)

메뉴: View Menu 〉 Set Camera 〉 Match Wallpaper Image

Viewport Title 〉 Set Camera 〉 Match Wallpaper Image

버튼: 왼쪽 클릭

기능: 수동으로 투시도를 이미지에 일치시켜 화면의 배경 무늬로 사용하는 기능이다. 수동작업을 통해 이미지를 일치시키는 것으로 유용하다.

Set Cplane (그리드 도면 설정하기)

기능: 활성화면에서 원점을 지정하여 구성도면(Cplane; Construction Plane)을 설정하는 기능이다. 용어 구성(Construction)은 '사용자 정의 좌표(UCS)'의 개념이다. 사용자가 임의로 좌표의 기준점과 방향을 지정하여 생성되는 도면의 환경을 말한다. 다른 말로 '그리드 도면'이라고 할 수 있다.

기본적으로 그리드 도면은 무한대이다. 화면에서 그리드 도면의 선 배열을 그리드(Grid)라고 한다. 그리드는 모델링을 위한 시각적 참조사항일 뿐이며 그리드 선의 크기, 간격, 색은 선택사양에서 용도에 따라 변경이 가능하다.

그리드 도면의 x축과 y축이 기본값으로 Grid에 표시된다. 그리드 축에 대한 표시 상태와 색은 선택사양에서 용도에 따라 변경이 가능하다.

SET CPLANE TOOLBAR

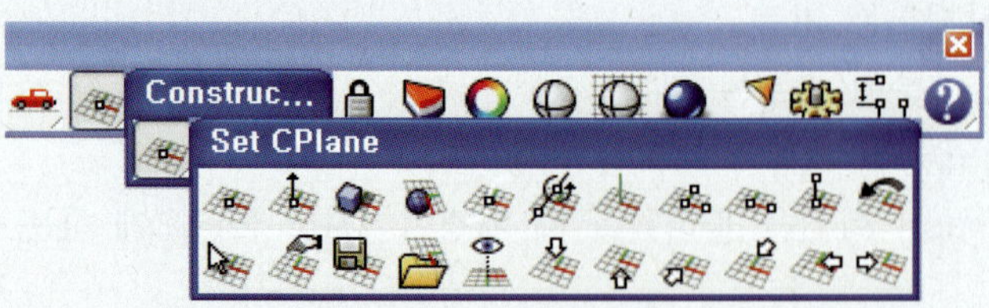

CONSTRUCTION TOOLBAR

Set UPlane mode (그리드 도면 통괄선택 적용하기; Universal mode)

메뉴: Tool 〉 Option 〉 Modeling Aids 〉 Construction planes 〉 Universal construction planes

버튼: 왼쪽 클릭

기능: 통괄선택(Universal mode)을 사용하면 모든 화면에서 그리드 도면의 특성이 링크되어 동시에 작동된다. 라이노 선택사양(Rhino Option) 대화상자의 모델링 보조항목(Modeling Aids) 페이지에서 이러한 사항을 설정할 수 있다.

Set CPlane mode (그리드 도면 표준선택 적용하기; Standard mode)

메뉴: Tool 〉 Option 〉 Modeling Aids 〉 Construction planes 〉 Standard construction planes

버튼: 오른쪽 클릭

기능: 표준선택(Standard mode)을 사용하면 그리드 도면만 개별적으로 작동한다. 라이노 선택사양(Rhino Option) 대화상자의 모델링 보조항목(Modeling Aids) 페이지에서 이러한 사항을 설정할 수 있다.

Mobile Construction Plane (개체와 연계된 이동방식 그리드 도면)

메뉴: View Menu 〉 Set CPlane 〉 Mobile Construction Plane

버튼: 왼쪽 클릭

기능: 선택된 개체에 그리드 도면을 지정하는 기능이다. 마치 개체에 그리드 도면이 연계된 효과를 가진다. 개체를 이동, 회전, 변경하는 경우 개체에 첨부된 그리드 도면도 이를 기억함으로 매우 유용하게 사용된다. 아이콘 선택 후 명령줄 하위명령(선택사양)에서 Refresh 명령을 실행하면, 그리드 도면이 변경한 물체와 연계되어 변경된다.

Attach : 개체에 이동방식 그리드 도면을 첨부하는 기능이다.

〈Option〉

Vertical : 현재 그리드 도면에 대하여 수직으로 그리드 도면을 변경 설정한다.

Z-Axis : X축 대신 Z축을 설정한다.

Automatic Update Options

Yes : 개체의 위치가 변경되면 자동으로 그리드 도면을 갱신한다.

No : Refresh 옵션을 사용하여 그리드 도면을 수동으로 갱신한다.

- Detach : 개체와 모바일 구성평면 사이의 링크를 제거한다.
- Modify : 자동 업데이트 옵션을 변경한다.
- Refresh : 자동 업데이트 모드 옵션이 아니요로 설정되어 있을 때 그리드 도면을 갱신한다.
- Show : 개체 상에 그리드 도면의 원점과 축방향 아이콘을 표시한다.

SET CPLANE TOOLBAR

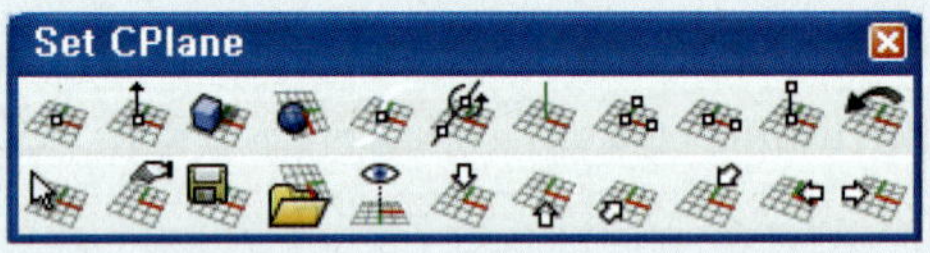

| Set Cplane Origin (좌표의 원점으로 그리드 도면 조정하기)

메뉴: View Menu 〉 Set CPlane 〉 Origin

버튼: 왼쪽 클릭

기능: 새로운 원점 X, Y, Z를 〈0,0,0〉으로 설정하는 기능이다.

〈Options〉

모두 예(All Yes)를 선택하면 모든 화면의 그리드 도면(CPlane) 원점이 사용자가 지정한 위치로 변경된다.

| Set Cplane Perpendicular to Curve (직선/곡선에 대해 수직으로 그리드 도면 조정하기)

메뉴: View Menu 〉 Set CPlane 〉 Perpendicular to Curve

버튼: 왼쪽 클릭

기능: 현재 직선/곡선이 있는 화면에서 그리드 도면을 직선/곡선에 수직방향으로 설정한다.

| Set Elevation Cplane (수직으로 그리드 도면 이동하기)

메뉴: View Menu 〉 Set CPlane 〉 Elevation

버튼: 왼쪽 클릭

기능: 그리드 도면의 Z방향(수직방향)을 변경한다.

명령어 입력 창에 그리드 도면의 움직일 거리(Distance to move CPlane)라는 문구가 나온다. 이때 원하는 거리를 지정하면 개체가 생성되는 Z방향의 최초 시작 높이를 변경할 수 있다. 일반적으로 고도(Elevation)을 지정하지 않으면 defalt값은 '0'으로 지정된다.

| Set Cplane To Object (개체에 밀착하여 그리드 도면 설정하기)

메뉴: View Menu 〉 Set CPlane 〉 To Object

버튼: 왼쪽 클릭

기능: 그리드 도면을 개체로 맞추어 설정한다.

화면상에서 그리드 도면을 붙이고자 하는 직선/곡선이나 표면을 선택한다. 새 그리드 도면의 원점과 접점은 개체의 '중간점'을 기준으로 도면이 붙게 된다. 이때 개체가 Trim된 경우 베어내기 이전의 개체로 인식하여 원점이 인식되고 그리드 도면이 설정된다.

| Set Cplane To Surface (표면에 밀착하여 그리드 도면 설정하기)

버튼: 왼쪽 클릭

기능: 그리드 도면을 표면에 맞추어 설정한다.

개체에 그리드 도면을 붙이는 것과 유사하나 원점의 위치와 방향을 자유롭게 지정할 수 있다.

| Perpendicular to curve (직선/곡선의 수직으로 그리드 도면 붙이기)

메뉴: View Menu 〉 Set CPlane 〉 Perpendicular to Curve

버튼: 왼쪽 클릭

기능: 현재 화면에 있는 직선/곡선에 대하여 그리드 도면을 수직단면으로 설정한다.

| Set Cplane: Rotate (그리드 도면 회전하기)

메뉴: View Menu 〉 Set CPlane 〉 Rotate

버튼: 왼쪽 클릭

기능: 그리드 도면을 입체적으로 회전시키는 기능이다.

| Set Cplane: Vertical (수직으로 그리드 도면 설정하기)

메뉴: View Menu 〉 Set CPlane 〉 Vertical

버튼: 왼쪽 클릭
기능: 현재 화면에서 수직 단면으로 그리기 도면을 설정한다.

| Set Cplane by 3Points

메뉴: View Menu 〉 Set CPlane 〉 3Points
버튼: 왼쪽 클릭
기능: X, Y, Z축 방향에 해당하는 지점을 3개의 점으로 지정하여 그리드 도면을 설정한다. 그리기 도면 메뉴 중 가장 많이 사용하는 명령으로 3개의 점을 이용하여 X, Y, Z축 방향을 지정할 수 있는 것이다. 기울기가 있는 개체의 면에 그리드 도면을 설정할 때 사용한다.

| Set Cplane by X-Axis

메뉴: View Menu 〉 Set CPlane 〉 X Axis
버튼: 왼쪽 클릭
기능: X축의 원점과 끝점방향을 변경하여 그리드 도면을 지정한다.

| Set Cplane by Z-Axis

메뉴: View Menu 〉 Set CPlane 〉 Z Axis
버튼: 왼쪽 클릭
기능: Z축의 원점과 끝점을 변경하여 그리드 도면을 지정한다.

| Previous Cplane (이전 그리드 도면)
Undo Cplane Change (그리드 도면 설정상태 되돌리기)

메뉴: View Menu 〉 Set CPlane 〉 Undo Cplane Change
단축키: Shift + Home
버튼: 왼쪽 클릭
기능: 이전 그리드 도면으로 되돌리는 명령이다.

| Next Cplane (다음 그리드 도면)
Redo Cplane Change (되돌리기 이전 그리드 도면으로)

메뉴: View Menu 〉 Set CPlane 〉 Redo Cplane Change
단축키: Shift + End
버튼: 오른쪽 클릭

기능: 되돌리기 명령 이전의 그리드 도면으로 다시 변경하는 명령이다.

Select Saved Cplane (저장된 그리드 도면 선택하기)

버튼: 왼쪽 클릭

기능: 미리 저장된 그리드 도면의 이름을 선택하여 도면을 설정하는 명령이다.

Named CPlane (저장된 그리드 도면 관리하기)

버튼: 왼쪽 클릭

기능: 이름이 저장된 그리드 도면을 관리하는 기능으로 새로 저장하고, 편집하고, 복원하는 기능이다. 이 명령을 실행하면 관리가 가능한 Named Cplane 대화상자가 화면에 나타난다.

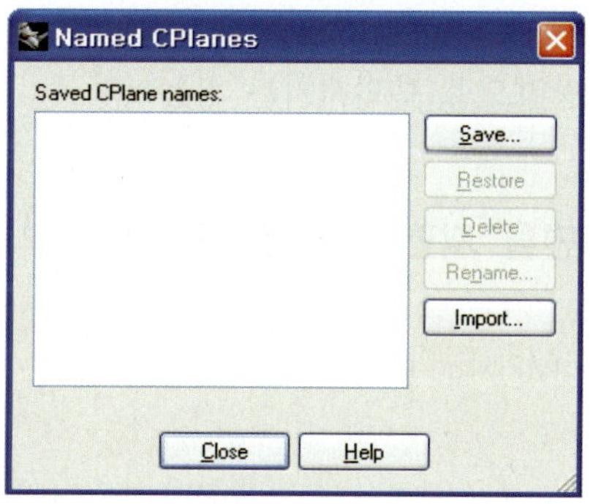

Save CPlane by Name (저장할 그리드 도면 이름 기록하기)

버튼: 왼쪽 클릭

기능: 설정한 그리드 도면을 저장하고자 할 때 이름을 기록하여 저장하는 기능이다.

Restore CPlane by Name (복원할 그리드 도면 이름 지정하기)

버튼: 오른쪽 클릭

기능: 다시 복원시킬 그리드 도면을 선택하는 기능으로 이름을 명령줄에 입력하여 실행한다.

Read Named Cplanes from FIle (파일에서 그리드 도면을 불러오기)

버튼: 왼쪽 클릭

기능: 그리드 도면이 저장되어 있는 파일에서 그리드 도면을 불러오는 기능이다. 이 명령을 선택하고 명령줄에 들여올 파일이름(Filename to import)을 입력, 실행하면 그리드

도면을 불러 올 수 있다.

| Set Cplane to View (현재 보는 방향으로 그리드 도면을 고정하기)

메뉴: View Menu 〉 Set CPlane 〉 To View

버튼: 왼쪽 클릭

기능: 개체가 포함된 화면을 회전시키거나 위치를 변경한 상태를 유지하고자 할 때 사용하는 기능이다. 위치가 정해지면 이 명령으로 그리드 도면을 고정한다. 주로 입체도에서 유용하게 사용된다.

| Set Cplane World Top (그리드 도면을 평면도 방향으로 지정하기)

메뉴: View Menu 〉 Set CPlane 〉 World Top

버튼: 왼쪽 클릭

기능: 변경된 그리드 도면을 3각법의 평면도 방향으로 복귀시키는 기능이다.

| Set Cplane World Bottom (그리드 도면을 저면도 방향으로 지정하기)

버튼: 왼쪽 클릭

기능: 변경된 그리드 도면을 3각법의 저면도 방향으로 복귀시키는 기능이다.

| Set Cplane World Front (그리드 도면을 정면도 방향으로 지정하기)

메뉴: View Menu 〉 Set CPlane 〉 World Front

버튼: 왼쪽 클릭

기능: 변경된 그리드 도면을 3각법의 정면도 방향으로 복귀시키는 기능이다.

| Set Cplane World Back (그리드 도면을 후면도 방향으로 지정하기)

버튼: 왼쪽 클릭

기능: 변경된 그리드 도면을 3각법의 후면도 방향으로 복귀시키는 기능이다.

| Set Cplane World Right (그리드 도면을 우측면도 방향으로 지정하기)

메뉴: View Menu 〉 Set CPlane 〉 World Right

버튼: 왼쪽 클릭

기능: 변경된 그리드 도면을 3각법의 우측면도 방향으로 복귀시키는 기능이다.

| Set Cplane World Left (그리드 도면을 좌측면도 방향으로 지정하기)

버튼: 왼쪽 클릭

기능: 변경된 그리드 도면을 3각법의 좌측면도 방향으로 복귀시키는 기능이다.

[예제] 그리드 도면(Cplnae) 활용편

① 보라 계열 색을 가진 면에 'Jewelry'라는 텍스트 형태의 커브를 위치시키려 한다.

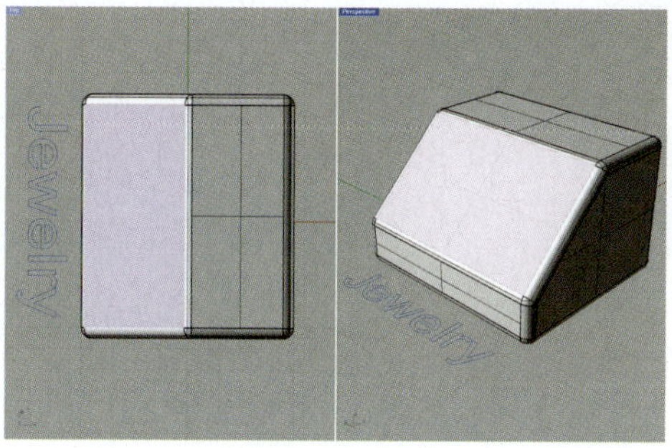

② Set CPlane 3 Points 메뉴를 사용하여 이미지와 같은 순서로 End점을 찍어 나간다.

③ 실행됨과 동시에 CPlane이 보라계열의 면과 그리드 도면이 일치되는 것을 알 수 있다.

Rotate 기능을 사용하여 확인해본다.

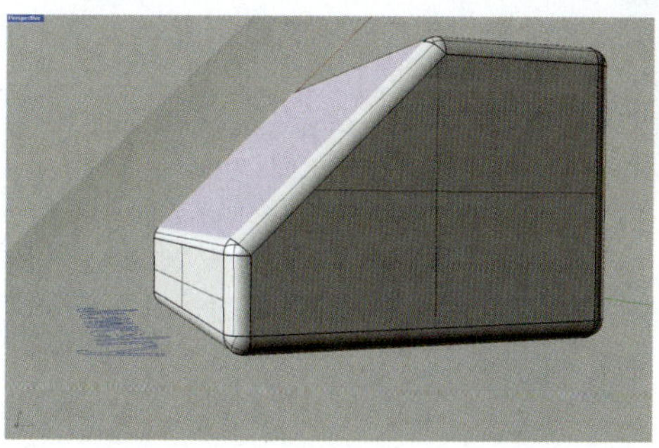

④ Top View에서 텍스트 형태의 커브를 드래그하여 활성화시킨다. 다음으로 Project to CPlane을 실행한다. 'Delete Input Objects?' 문구가 나오면 Perspective View 빈 여백을 마우스 우측버튼을 클릭한다.

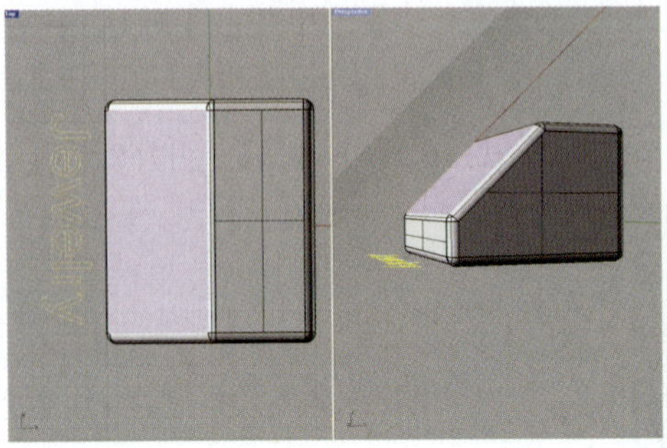

⑤ 다음과 같이 텍스트 형태의 커브가 Perspective View CPlane에 일치되는 것을 볼 수 있다.

⑥ Move 기능을 이용하여 보라계열 면에 위치시킨다.

⑦ Split 기능을 이용하여 보라계열의 면을 먼저 선택한다.
Enter키를 누른다.

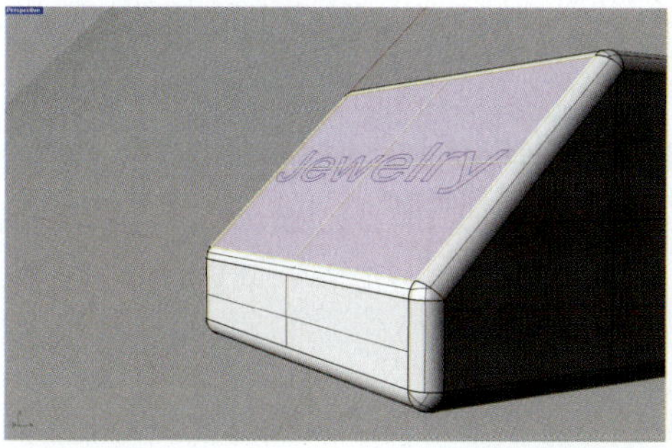

⑧ 다음으로 텍스트 형태의 커브를 선택한 후 Enter키를 누른다.

⑨ 커브 형태에 맞추어 면이 Split된 것을 레이어 작업을 통해 확인할 수 있다.

⑩ 커브 형태로 Split되어진 면들을 선택한 후 Surface 메뉴 중 Extrude Straight를 실행한다.

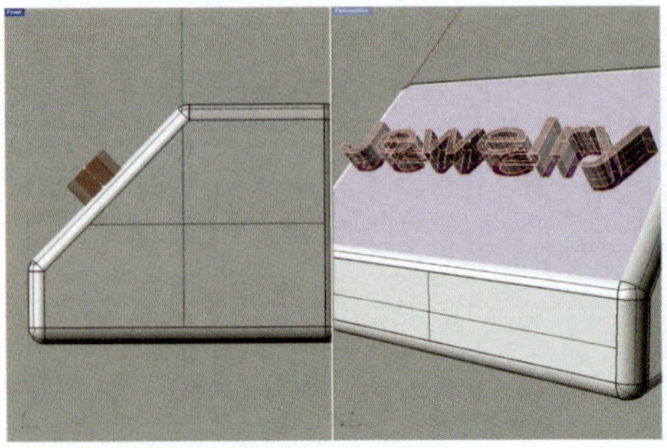

⑪ Option에서 Cap = Yes로 전환한 후 Enter키를 누른다.
보라계열 면에 수직방향으로 닫힌 폴리서페이스가 만들어진 것을 확인 할 수 있다.

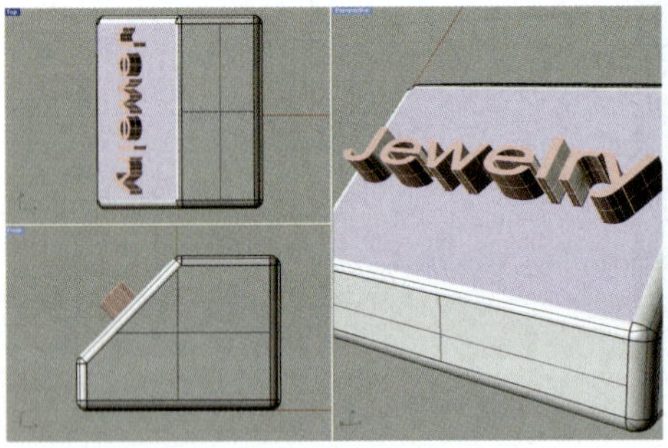

Set Camera (카메라 설정하기)

작업자가 화면을 보는 것은 카메라가 작업 모델을 보는 것과 동일하다. 따라서 카메라를 어떻게 설정하는지에 따라 대상을 입체도에서 손쉽게 확인할 수 있다. 다음은 이를 조정하기 위한 세부 명령들이다.

Place Target (대상 배치)

아이콘: 없음.
메뉴: View Menu 〉 Set Camera 〉 Place Target
기능: 카메라의 초점을 변경한다. 활성화면이 초점을 중심으로 재설정되는 것을 확인할 수 있다.

Place Camera and Target (카메라 및 대상 배치)

아이콘: 없음.
메뉴: View Menu 〉 Set Camera 〉 Place Camera and Target
기능: 카메라의 위치와 초점을 지정한다. 이 기능을 사용할 경우는 점(point) 개체와 같은

보조 개체를 사용하면 원하는 지점을 설정하는데 효과적이다.

Move Target To Objects (대상을 개체로 이동)

아이콘: 없음.

메뉴: View Menu 〉 Set Camera 〉 Move Target To Objects

기능: 선택된 개체의 경계 상자 중심부를 기준으로 화면의 초점을 이동시키는 기능이다.

Orient Camera To Surface (카메라의 방향/방위를 표면을 기준으로 정렬하기)

아이콘: 없음.

메뉴: View Menu 〉 Set Camera 〉 Orient Camera To Surface

기능: 카메라의 방향(방위)을 화면의 개체를 기준으로 설정하는 명령이다. 선택된 개체의 표면에 해당하는 법선(Normal)을 따라 화면이 정렬되는 것이다.

Show Camera (카메라 화면에 표시하기)

아이콘: 없음.

메뉴: View Menu 〉 Set Camera 〉 Show Camera

단축키: F6

기능: 입체도를 제외한 3면도의 화면상에 카메라와 초점을 표시하는 기능이다. 이때 카메라로 표시되는 개체의 조절점을 이동조정하면 입체도에 영향을 주는 것을 확인할 수 있다. 즉, 카메라를 통해 보는 것과 작업자가 확인할 수 있는 입체도가 동일하다는 것을 알 수 있다. 수치에 의한 조정과 비교해 화면에서 시각적으로 확인이 가능하므로 매우 유용하다.

> 렌더링 작업 중 Depth of Field기능을 사용할 때 필수적으로 사용하는 기능으로 Depth of Field기능 중 초점거리를 측정할 때 사용된다.

- 입체도를 제외한 3면도에 카메라 개체가 표시된다.
- 입체도는 카메라를 통해 보고 있는 대상과 동일하게 나타난다.
- 카메라 개체의 제어점을 사용하여 카메라와 대상간의 거리, 초점의 위치, 렌즈의 길이 등을 조절할 수 있다.
- 피라미드 모양은 카메라의 시야(FOV; Field of View) 등의 정보를 제공한다.
  - 피라미드 끝의 제어점은 카메라의 시점이다.
  - 피라미드 끝점과 축을 통과하여 지나가는 일직선의 반대쪽 끝점이 초점이다.
  - 하단부의 직사각박스 한쪽 변 가운데에 있는 점이 카메라 위쪽으로 회전을 제어한다.
  - 직사각의 모서리에 있는 점은 시야(FOV) 또는 렌즈의 각도를 나타낸다.
  - 점선으로 된 영역은 절단면(Clipping plane)으로 화면에 개체가 보여질 수 있는 최소한의 영역을 표시하는 것이다. 이 영역에 들어온 물체만이 입체도에 나타난다.

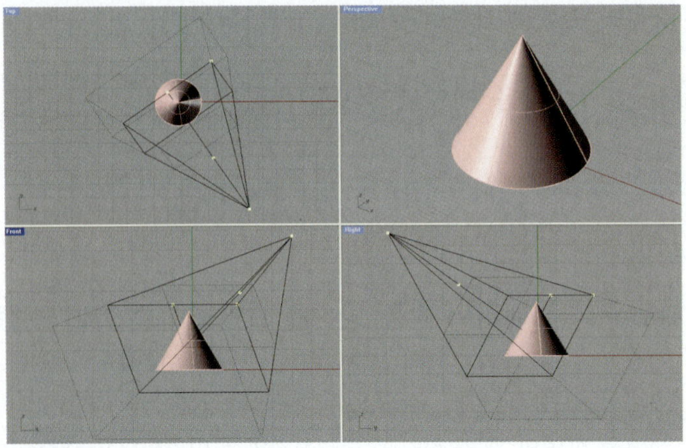

■ 카메라 보기를 사용하는 예

- Perspective View 카메라의 왼쪽 위로 조명을 배치해야 할 경우, 다른 화면를 사용하여 조명을 배치하는 동안 카메라를 켜고 이를 확인할 수 있다.
- 렌더링 할 개체의 위로 서페이스에 강한 정반사광을 비춰야 할 경우 등 반대편에 조명을 설정하거나, 카메라와 같은 각도로 조명을 설정할 경우 기준이 됨으로 유용하다.
- 카메라의 시점을 모델의 특정 부분에 정확히 설정할 수 있다.
- 확대/축소명령의 대상선택 기능을 사용하여 카메라 대상을 정할 수 있고, 대상을 화면에서 확대/축소할 수 있다. 대상의 유용성을 묘사하는데 효과적으로 사용된다.

| Rotate Camera (카메라 회전)

메뉴: View Menu 〉 Set Camera 〉 Rotate Camera

버튼: 오른쪽 버튼

단축키: Ctrl + Alt + RMB

기능: 카메라를 돌려보는 것과 동일하게 화면을 회전시키는 기능이다.

〈Options〉

Down : 대상을 아래로 회전한다.

Left : 대상을 왼쪽으로 회전한다.

Light : 대상을 오른쪽으로 회전한다.

Up : 대상을 위로 회전한다.

Lens Zoom (입체도에서 카메라 렌즈 길이로 조정하여 화면보기)

메뉴: View Menu 〉 Set Camera 〉 Adjust Lens Length

버튼: 오른쪽 버튼

기능: 입체도에서 카메라의 렌즈 길이를 마우스로 조정하여 화면을 보는 기능이다.

Set Lens Lenth (렌즈 길이를 조정하여 입체도 보기)

버튼: 왼쪽

기능: 렌즈의 길이를 명령줄에 입력하여 입체도를 확대/축소하여 보는 기능이다.
우선 입체도를 활성화면으로 선택하고 아이콘을 클릭하여 명령을 실행한다. 명령줄에 새로운 카메라 렌즈의 길이를 수치로 입력하면 입체도가 입력한 길이로 확대/축소하여 보이는 것을 확인할 수 있다.

VIEWPORT LAYOUT TOOLBAR

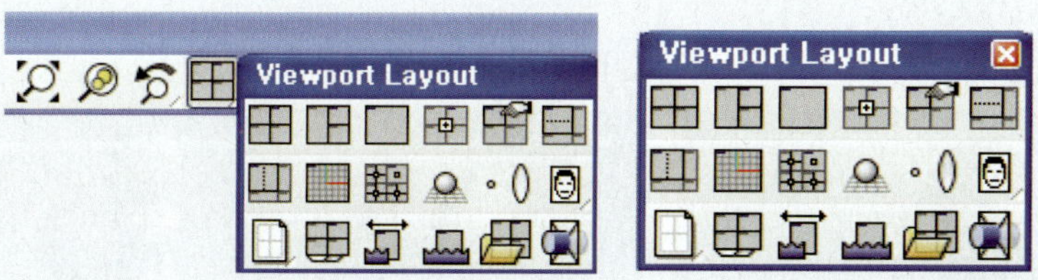

4View Viewport

메뉴: View Menu 〉 Viewport Layout 〉 4View Viewport

버튼: 왼쪽 버튼

기능: Top, Front, left, Perspective의 4개의 Viewport로 화면을 구성한다.

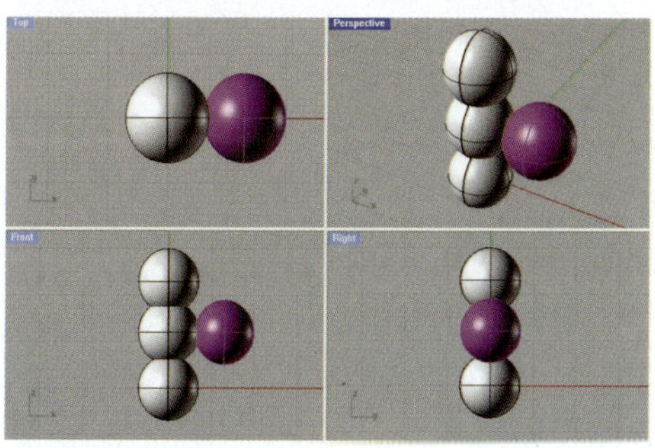

3View Viewport

메뉴: View Menu 〉 Viewport Layout 〉 3View Viewport

버튼: 왼쪽 버튼

기능: Top, Perspective, Front의 3개의 Viewport로 화면을 구성한다.

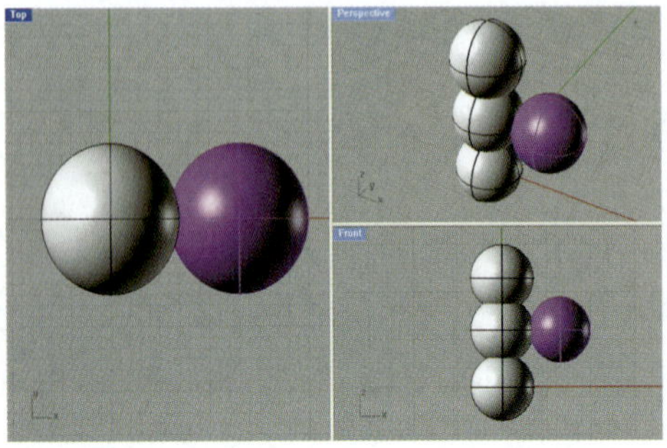

Maximize

메뉴: View Menu 〉 Viewport Layout 〉 Maximize

버튼: 왼쪽 버튼

기능: 활성화된 Viewport를 최대화 시키는 기능이다.

Maximum

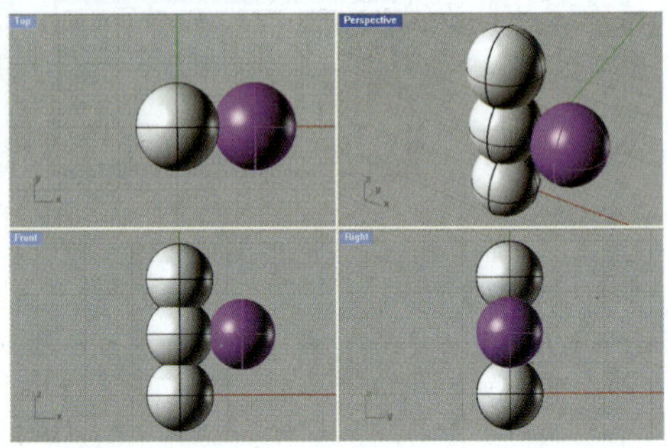

Restore

New Viewport

메뉴: View Menu 〉 Viewport Layout 〉 New Viewport

버튼: 왼쪽 버튼

기능: Viewport 내부에 새로운 Viewport를 추가하는 기능이다.

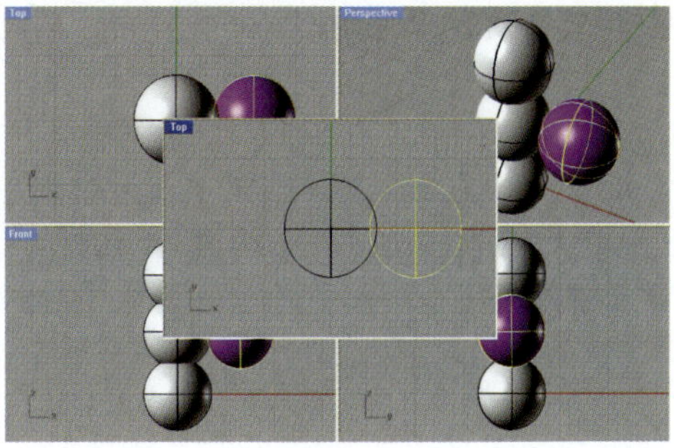

Viewport Properties

메뉴: View Menu 〉 Viewport Properties

버튼: 왼쪽 버튼

기능: 화면의 기본적인 속성을 설정하는 기능으로 화면속성(Viewport Properties) 대화상자에서 세부사항을 조정한다. 일부 항목은 라이노 선택사양(Rhino Options) 대화창의 화면항목(View)아래 화면속성과 관련된 기능이 있다.

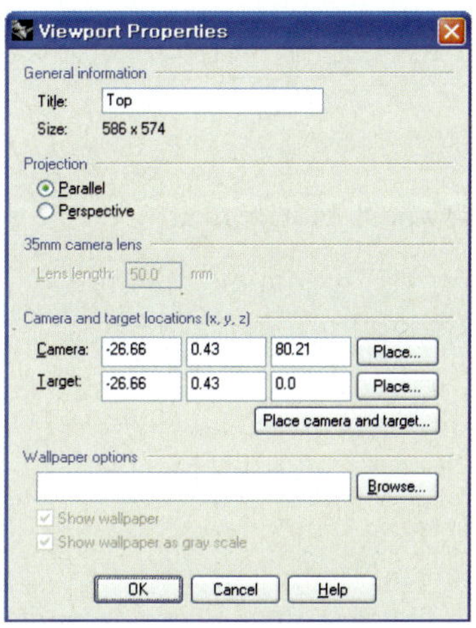

■ Title

Viewport 제목은 Viewport의 왼쪽 모서리에 표시된다.

■ Size

Viewport의 크기를 픽셀로 표시한다.

■ Projection

Parallel

Viewport를 평행 투영으로 설정한다.

Parallel는 일부 시스템에서는 직교 뷰라고도 한다. 평행 뷰에서 모든 그리드선은 서로 평행하며, 동일한 개체의 경우, 뷰에서의 위치와 무관하게 같은 크기로 표시된다.

■ Perspective

Viewport를 투시 투영으로 설정한다.
투시 뷰에서는 그리드선이 소실점에서 만난다. Viewport상에서 깊이 감을 느낄 수 있다.
투시 투영에서는 멀리 있는 개체를 작게 표시한다.

■ 35mm camera lens

투영이 투시로 설정되었을 때, 카메라 렌즈의 길이를 바꿀 수 있다. 35mm카메라의 "보통" 렌즈 길이는 43-50mm이다.
Camera and target locations (X, Y, Z)
Camera-카메라의 위치 정보이다.
target-초점에 대한 정보이다.

■ Wallpaper options (배경 무늬 옵션)

배경 무늬는 Viewport에서 그리드의 배경을 표시하는 Bitmap이다. 확대/축소, 초점 이동, 또는 뷰를 회전할 때 변경되지 않는다.

Split Viewport Horizontal

메뉴: View Menu 〉 Viewport Layout 〉 Split Viewport Horizontal
버튼: 왼쪽 버튼
기능: Viewport를 가로 방향으로 추가 분할하는 기능이다.

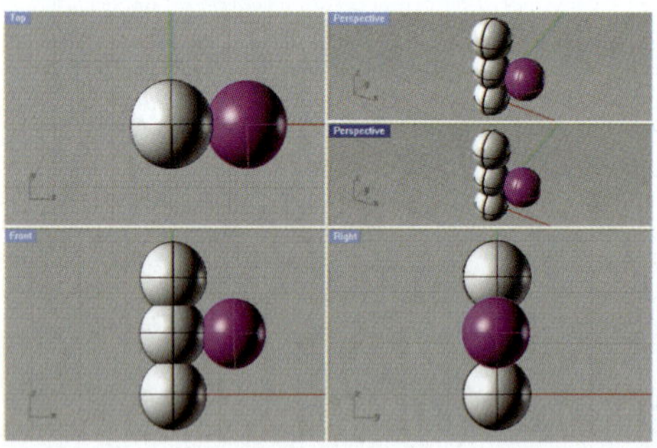

Split Viewport Vertical

메뉴: View Menu 〉 Viewport Layout 〉 Split Viewport Vertical
버튼: 왼쪽 버튼
기능: Viewport를 세로 방향으로 추가 분할하는 기능이다.

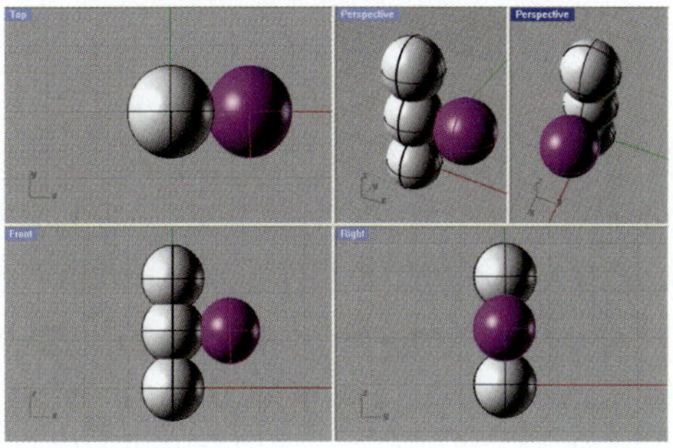

Grid On / Off

버튼: 왼쪽 클릭

기능: X, Y축만을 제외하고 화면상에 그리드(Grid)를 켜주거나 끄는 기능이다.

Synchronize Views (3면도 화면 동기화)

메뉴: View Menu 〉 Set Camera 〉 Synchronize Views

버튼: 왼쪽 버튼

기능: 입체도를 제외한 나머지 3면도의 화면을 현재 선택된 화면 기준으로 같은 중심과 배율을 동기화하는 기능이다.

디자인 제도 중 기본 4면도법을 이해할 수 있는 기능이다.

Toggle Linked Views (3면도 화면 연동기능)

버튼: 오른쪽 버튼

기능: 입체도를 제외한 나머지 3면도의 화면보기가 현재 선택된 화면 기준으로 같은 중심과 배율로 자동연동 또는 해지되도록 설정하는 기능이다.

Change View Projection (그리드가 평행한 화면보기와 입체적인 화면보기 바꾸기)

버튼: 왼쪽 버튼

기능: 그리드의 격자가 평행(Parallel)하기 보이는 상태와 입체적인(Perspective) 각도로 보이는 상태를 번갈아 바꿔주는 기능이다.

Set Perspective Angle (입체도적인 화면보기 각도 설정하기)

버튼: 오른쪽 버튼

기능: 화면보기를 입체적으로 보는 기능으로 작업자가 시야각(Field of view angle)을 원하는 각도로 입력하여 화면을 볼 수 있다. 입체도를 제외한 3면도에서만 실행된다.

Background Bitmap 기능은 작업자가 원하는 이미지를 밑그림으로 이용하여 감성적인 형태나 정확한 형태를 요구 할 때 효율적으로 사용하는 기능이다.

BACKGROUND BITMAP

배경 이미지는 어떠한 물체를 밑그림으로 하여 따라 그리기 하거나 디자인을 분석하고자 할 경우에 유용하다. 활성화되어 있는 화면에 밑그림을 삽입하는 기능으로 배경 비트맵은 언제나 그리드 도면(Cplane)의 X축에 대하여 정렬되어 있다. 그리드 도면에 대하여 비트맵 이미지(Bitmap)를 회전시키려면 비트맵 편집명령을 실행하여 편집하여 이미지의 위치를 변경하거나 회전시켜 고정하면 된다. 또한 그리드 도면을 직접 회전시키거나 위치를 다시 지정하여 그 위에 이미지를 배치시킨다. 이와 같은 비트맵 이미지는 한 화면에 한 이미지만 배치할 수 있으며, 두 번째 이미지를 배치하고자 하면 첫 번째 이미지가 화면에서 삭제된다. 하지만 비트맵 내보내기(Export bitmaps)를 실행하면 배경으로 사용되었던 비트맵 이미지를 외부로 저장할 수 있다. 단 작업중인 파일을 종료하지 않을 경우에만 가능하다.

〉 BACKGROUND BITMAP TOOLBAR

 | Place Background Bitmap (비트맵 이미지 배경에 지정하기)

메뉴: View Menu 〉 Background Bitmap 〉 Place

버튼: 왼쪽 클릭

기능: 현재 활성화된 화면에 이미지를 배치하는 기능이다. 비트맵 배경이미지는 모델링 작업을 위한 보조일 뿐, 렌더링 되는 장면에 속하지 않는다. 새로운 이미지를 지정하면 기존 배경이미지는 자동으로 교체된다.

① 위치지정(Place) 기능을 실행하면 비트맵 이미지를 가져오기 위한 대화상자가 열린다. 원하는 이미지를 선택한 후 OK버튼을 누른다.

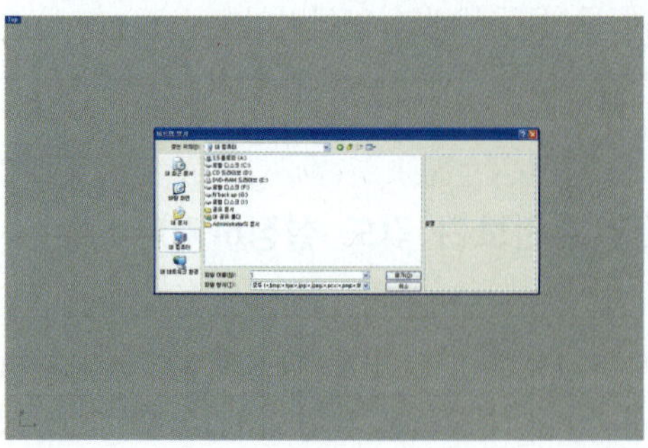

② 기본적으로 라이노에서는 이미지를 회색조(Grayscale)로 설정하여 불러온다.

③ 풀다운 메뉴의 View Menu 〉 Background Bitmap 〉 Grayscale 항목에서 체크를 해제하면서 원본 이미지의 색을 표현할 수 있다.

Refresh

메뉴: View Menu 〉 Background Bitmap 〉 Refresh

기능: 파일이 변경되면 저장된 비트맵 이미지를 새롭게 갱신하는 기능이다.

| Remove

메뉴: View Menu 〉 Background Bitmap 〉 Remove

버튼: 왼쪽 클릭

기능: 현재 화면에서 배경 이미지를 제거하는 기능이다.

Extract

메뉴: View Menu 〉 Background Bitmap 〉 Extract

기능: 현재 화면에 보이는 배경이미지만 외부 파일로 저장하는 기능이다.

Align

메뉴: View Menu 〉 Background Bitmap 〉 Align

버튼: 왼쪽 클릭

기능: 비트맵 이미지를 선택된 점에 정렬시키는 기능이다.

① 다음과 같은 위치에 있는 이미지와 지정하고자 하는 범위를 정하여 점(point)를 생성시킨다. 또는 다른 개체를 기준으로 정할 수 있다. 예제를 위해 미리 점을 생성하여 이동하려는 위치에 만들었다.

② 명령줄의 지시에 따라 이미지의 기본 위치정보를 보여주는 모서리의 점을 순서대로 선택하고 이동을 원하는 지점의 위치에 해당하는 개체 또는 점을 순서에 맞게 선택한다.

③ 이미지가 지정한 점을 기준으로 이동되고 정렬되면서 크기가 비례에 따라 작아지는 것을 볼 수 있다.

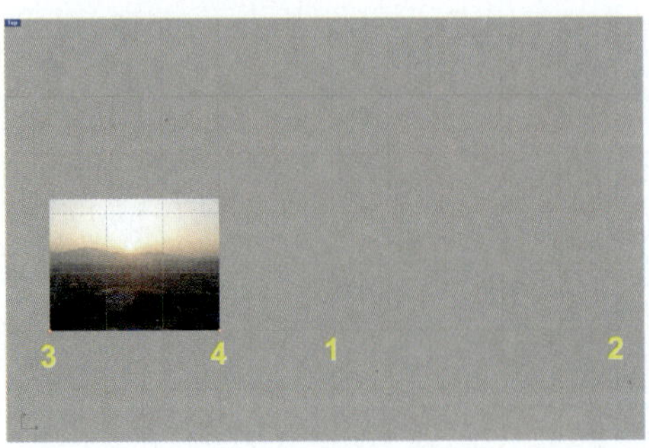

Grayscale

메뉴: View Menu 〉 Background Bitmap 〉 Grayscale

기능: 기본적으로 라이노에서는 이미지를 회색조(Grayscale)로 설정하여 불러온다. 풀다운 메뉴의 Grayscale 항목에서 체크를 해제하면서 원본 이미지의 색을 표현할 수 있다.

- Yes : Background Bitmap이 회색조로 표시된다.
- No : Background Bitmap이 컬러로 표시된다.

| Move

메뉴: View Menu 〉 Background Bitmap 〉 Move

버튼: 왼쪽 클릭

기능: 배경 이미지를 이동시키는 기능이다. 이미지의 기준점을 설정하고 이동하면 된다.

| Scale

메뉴: View Menu 〉 Background Bitmap 〉 Scale

버튼: 왼쪽 클릭

기능: 배경 이미지의 크기를 변경하는 기능으로 동일한 비율로 이미지를 줄일 때 적합하다.

Hide Background Bitmap

메뉴: View Menu 〉 Background Bitmap 〉 Hide
버튼: 왼쪽 클릭
기능: 배경 이미지를 숨겨 보이지 않게 하는 기능이다.

Show Background Bitmap

버튼: 오른쪽 클릭
기능: 배경 이미지를 다시 보이게 하는 기능이다.

SHEET LAYOUT TOOLBAR

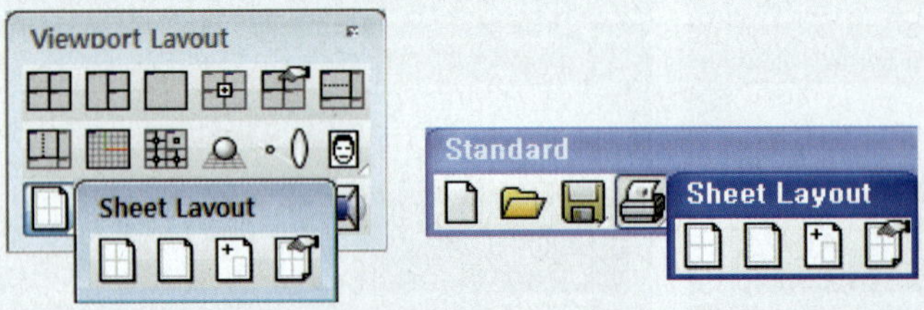

Page Layout (인쇄용 페이지 레이아웃)

레이아웃 화면(Layout Viewport)는 프린터나 PDF 파일로 전송할 용지를 나타낸다. 레이아웃 화면에는 다양한 모델의 도면과 주석(제목 블록, 노트 등)이 포함될 수 있다. 참고로 모델 화면(Model Viewport)과 레이아웃 화면(Layout Viewport)은 각각 다른 기능을 수행한다.

Model Viewport (모델 화면)

모델 화면은 모델링에 적합한 단위와 정밀도를 사용하여 다양한 개체의 면과 솔리드 모델을 만든다.

Layout Viewport (레이아웃 화면)

레이아웃 화면에서는 모델의 도면 디테일을 하나 이상 배치하고 노트, 재질, 제목 블록, 배율 막대 등과 같이 인쇄 시 용지에 표시되는 주석 정보를 추가한다. 이와 같은 기능은 모델링 영역의 아래에 있는 탭에서 액세스할 수 있다. 화면 탭(Viewport Tabs) 명령은 탭(Tab)을 켜거나 끈다.

Detail Viewports (상세 화면)

레이아웃 화면에는 상세 화면이 포함되어 있다. 상세 화면은 모델을 보여주며, 이외에 현재 화면의 상세정보와 개체의 속성을 보여준다. 프린트가 불가능한 속성과 색상, 폭 등의 다른 속성이 개체의 상세한 속성이다.

Active Viewport (활성 화면)

Top, Front, left, Perspective 등의 4면도를 선택할 수 있다. 해당 화면을 활성화시키는 기능으로서 마우스로 직접 원하는 도면을 설정하여 활성화 할 수 있다.

| New Layout: 4 Details (새로운 4면도 레이아웃 페이지 생성)

버튼: 왼쪽 클릭

기능: 새로운 4면도 레이아웃 작업이 가능한 레이아웃 화면을 생성하는 기능이다. 화면 레이아웃(Viewport Layout) 툴바에서 새로운 4면도 레이아웃 페이지 생성(New Layout: 4 Details) 아이콘을 마우스의 왼쪽 버튼을 클릭하여 실행한다.

| New Layout: 1 Details

버튼: 오른쪽 클릭

기능: 새로운 1면도 레이아웃 작업이 가능한 레이아웃 화면을 생성하는 기능이다. 화면 레이아웃(Viewport Layout) 툴바에서 새로운 4면도 레이아웃 페이지 생성(New Layout: 4 Details) 아이콘을 마우스의 오른쪽 버튼을 클릭하면 1면도 레이아웃 페이지 생성(New Layout: 1 Details)을 실행할 수 있다.

| New Layout

메뉴: View Menu 〉 Page Layout 〉 New Page Layout

버튼: 왼쪽 클릭

기능: 새로운 레이아웃 작업이 가능한 레이아웃 화면을 새로운 페이지 레이아웃(New Page Layout) 대화상자를 통해 생성하는 기능이다.

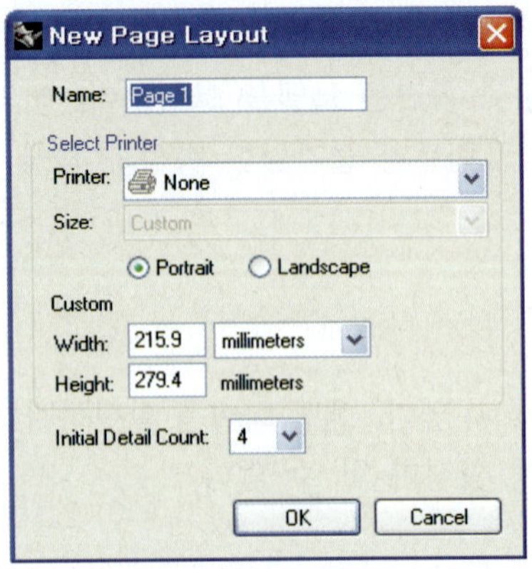

New Page Layout 실행 시 나타나는 대화상자

〈Options〉

• **Name**

Layout Viewport 이름이다.

• **Paper Size**

Width/Height : 용지의 크기와 레이아웃의 너비 (X 길이), 높이 (Y 길이)를 설정한다. 선택한 프린터에서 용지 크기를 지원하지 않는 경우 프린터 설정을 사용할 수 없다.

Units : 용지 크기 단위이다.

Printer : 구성된 Windows 프린터의 목록에서 대상 프린터를 선택한다.

Size : 목록에서 지원되는 용지 크기를 선택한다.

Portrait/Landscape : 방향을 설정한다.

Initial Detail Count : 시작할 Detail의 수이다.

[예제]

① 새로운 페이지 레이아웃(New Page Layout) 대화상자에서 원하는 선택사양의 값을 설정하여 새로운 레이아웃 페이지를 생성시킨다.

② 레이아웃(Layout)에 테두리를 그리거나, 제목 블록(Title Block)을 삽입한다. 모델의 프로젝트 이름, 용지 번호, 용지 내용 등과 같은 글자를 추가하여도 좋다.

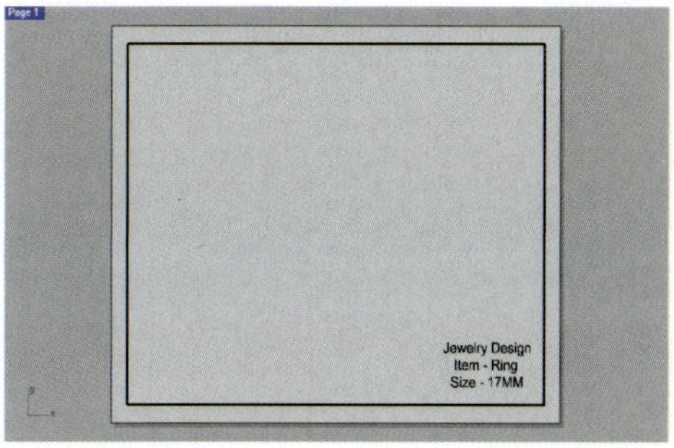

③ 글자나 제목 블록 등 주석 개체를 추가한다.

④ 상세도면(Detail)를 만들고 레이아웃상에서 배치를 조정한다.

⑤ 상세도면에서 모델의 방향, 크기를 설정한다.

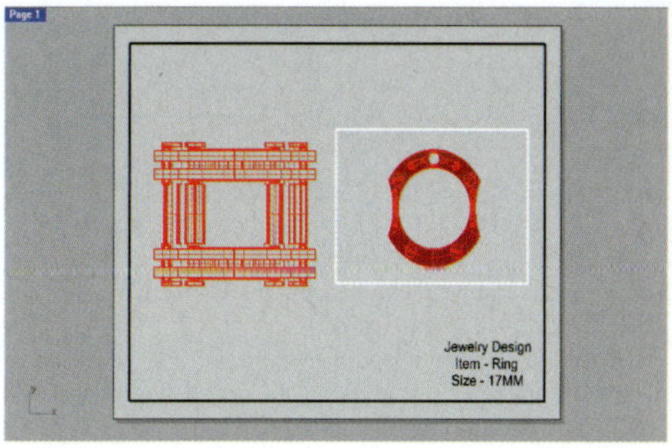

⑥ 상세 화면에서 모델 지오메트리에 적용할 글자나 치수를 입력한다. 모델 지오메트리를 정확하게 반영시키려면, 이 화면에 치수를 추가하여야 한다. 여기에 추가된 글자와 치수는 페이지가 아닌, 모델과 상관관계가 있는 것이다.

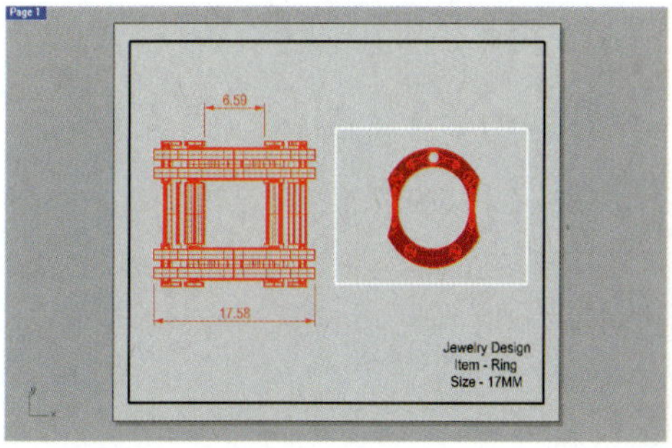

⑦ 인쇄될 페이지의 상세도면 가장자리 표시 여부를 설정한다.

⑧ 인쇄를 설정한다.

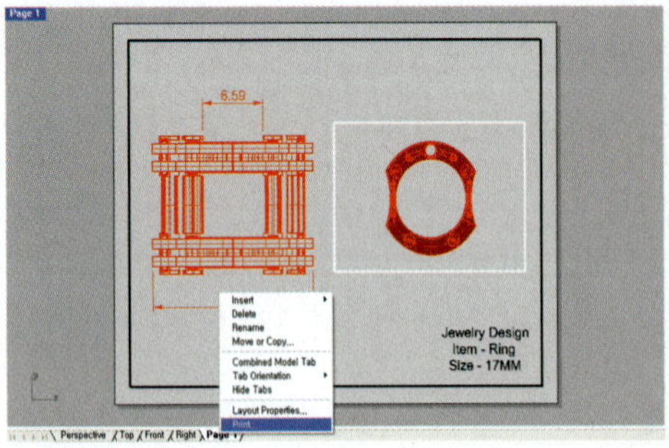

⑨ 배경 색과 선 두께를 설정한 후 인쇄한다.

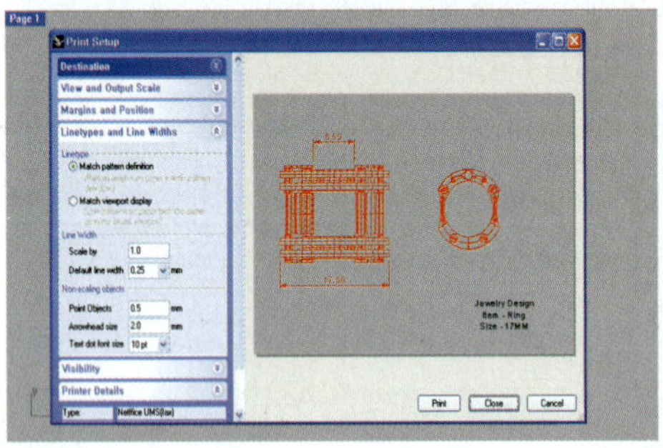

Detail

메뉴: View Menu 〉 Page Layout 〉 Add Detail View

버튼: 왼쪽 클릭

기능: 레이아웃 상세화면을 관리하는 기능이다.
상세화면은 레이아웃 화면에 배치할 수 있는 모델링 화면이다.

① 직사각형을 그려 상세화면(Detail View)을 추가한다.

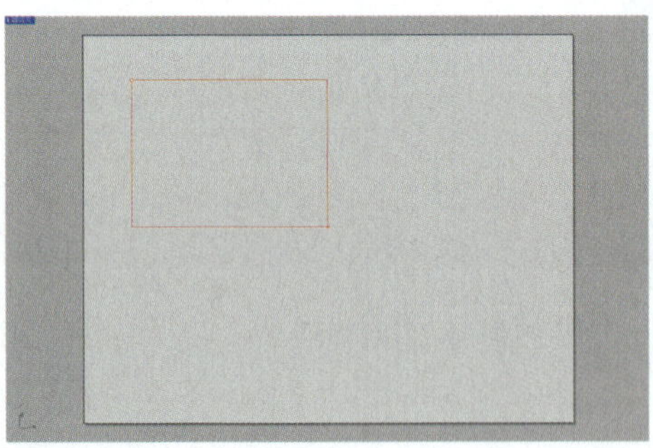

② 개체가 포함된 상세화면이 박스방식으로 화면에 나타나며 위치 및 다양한 편집기능을 실행할 수 있다.

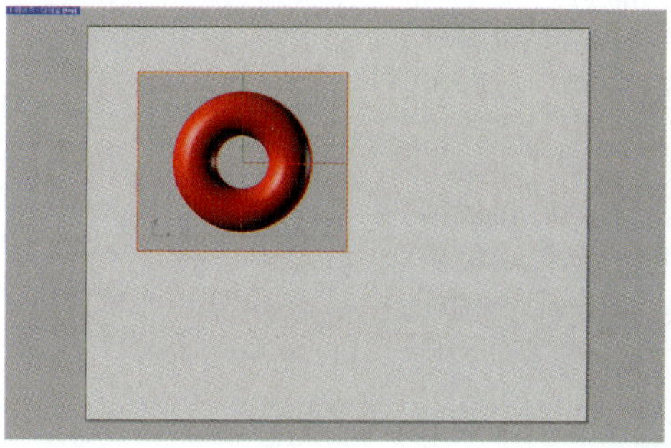

③ 상세화면의 제어점을 켜기(On) 위해 라인을 선택한다.

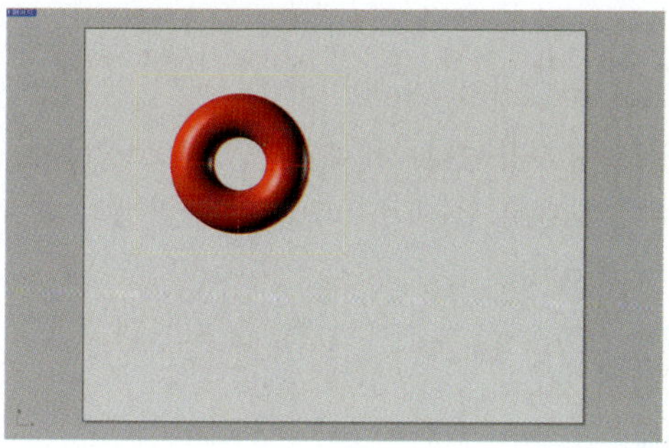

④ 상세화면의 외곽선을 편집하기 위해  제어점 켜기(Control Point On)을 실행하여 제어점을 켜준다.

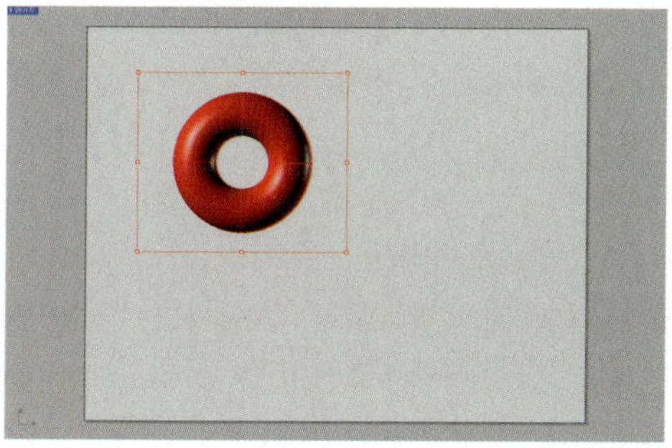

⑤ 모서리의 제어점을 선택하여 크기 조절을 실행한다.

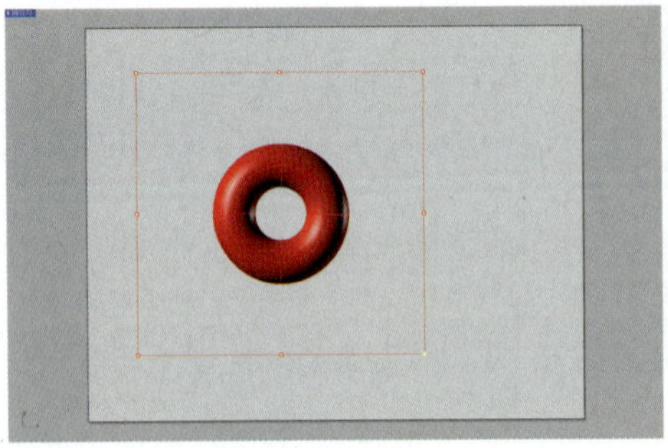

Enable

메뉴: View Menu 〉 Page Layout 〉 Enable Detail View

기능: 세부화면에서 모델을 편집할 수 있도록 허용한다. 세부화면을 박스 안쪽을 두 번 클릭하여 활성화 상태를 만든다. 이때 모델을 움직이거나 편집이 가능하다. 주의할 점은 실제 모델에도 영향을 준다는 것이다.

Scale

메뉴: View Menu 〉 Page Layout 〉 Scale Detail View

기능: 페이지에 표시되는 길이 값에 대하여 모델의 길이 값을 설정하는 기능이다.

| Layout Properties

버튼: 왼쪽 클릭

기능: 레이아웃 화면 속성(Layout Viewport Properties)을 관리한다. 이 명령을 실행하면 페이지 레이아웃 수정(Modify Page Layout) 대화창이 나타난다. 이 대화창은 새로운 페이지 레이아웃 대화창과 동일한 내용을 포함하면 단지 명칭만 다르게 쓰인다. 기능이 동일함으로 같은 방법으로 기본적인 페이지의 크기나 방향 등을 설정한다.

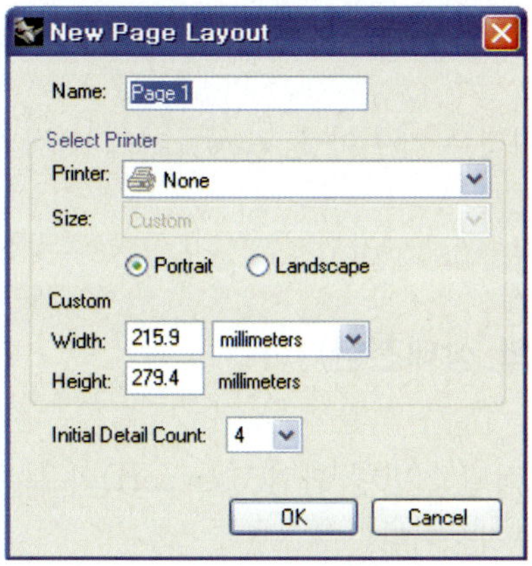

Modify Page Layout 대화상자

Show Viewport Tabs

메뉴: View Menu 〉 Viewport Layout 〉 Show Viewport Tabs

버튼: 왼쪽 버튼

기능: 표준 모델링 화면과 복수 페이지 레이아웃 유형을 관리할 때 유용하며 각 화면탭 또는 페이지 레이아웃탭이 표시된다. 탭을 두 번 클릭하여 화면의 이름을 변경 할 수 있으며 탭을 오른쪽 클릭하여 화면 관리를 위한 상황에 맞도록 메뉴를 표시한다.

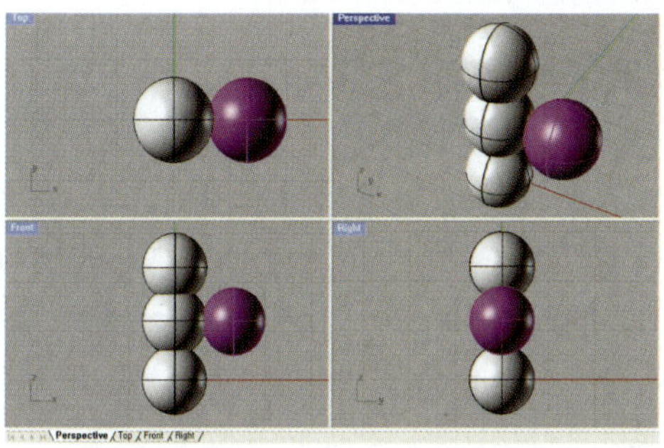

〈Options〉

- Show/Hide/Toggle

Viewport Tab의 표시 상태를 표시/숨김/전환한다.

- Align

Tab 위치를 라이노의 Viewport 화면을 중심으로 위치시키는 기능이다.

- Model Tabs

Separate (별도)

각 모델 Viewport 당 하나의 Tab을 표시한다.

Combined

모든 모델의 Tab을 하나의 Tab으로 통합한다. 이것은 레이아웃 Viewport에서 작업할 때 유용하다.

Toggle Floating Viewport (부유형 화면의 상태전환)

버튼: 왼쪽 버튼

기능: 라이노의 화면유형을 전환하는 명령으로 고정된 일반형 화면(Viewport)과 부유형 화면(Floating Viewport) 사이를 전환하는 기능이다.

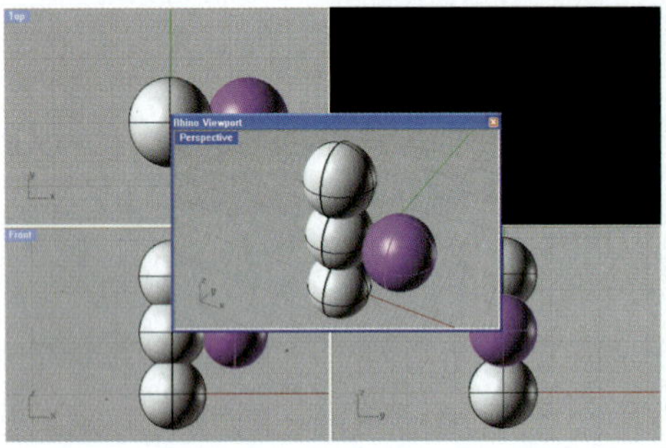

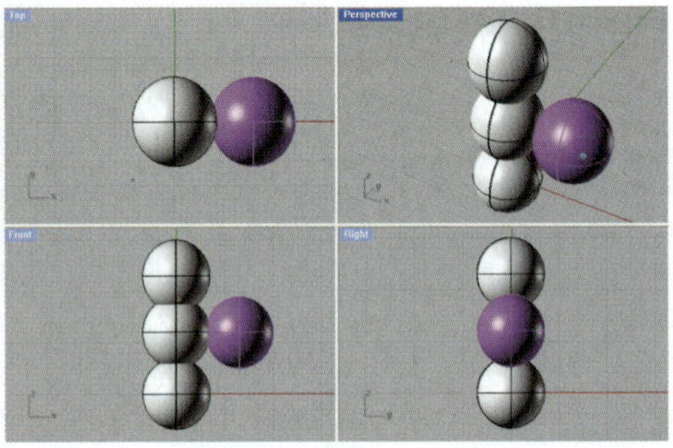

New Floating Viewport (새로운 부유형 화면 생성하기)

버튼: 오른쪽 버튼

기능: 새로운 부유형 화면을 생성하는 기능이다. 부유형 화면은 다중 모니터에서 유용하게 사용되며 작업과정이 이루어지는 동안만 유효하다. 작업과정에서 부유형 화면은 프로그램 창 테두리의 바깥에 위치할 수 있으며 레이아웃 화면과 모델링 화면에서 모두 사용할 수 있다. 파일을 종료하면 일반화면 보기로 재설정 된다.

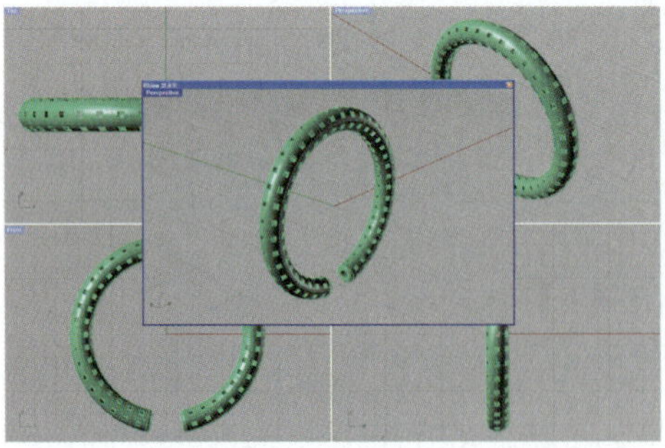

Read Viewports From File (다른 파일로부터 화면 레이아웃을 불러오기)

메뉴: View Menu 〉 Viewport Layout 〉 Read Viewports From File

버튼: 왼쪽 버튼

기능: 다른 라이노 모델의 레이아웃과 일치하도록 현재 모델의 화면 레이아웃을 설정하는 기능이다. 명령을 실행하여 읽고자 하는 파일을 선택하면 현재 작업 중인 화면의 레이아웃이 선택한 파일의 화면 레이아웃으로 변경된다.

Clipping Plane (오려내기 판)

버튼: 왼쪽 클릭

기능: 오려내기 판(Clipping Plane)을 화면에 표시하고 판을 기준으로 앞부분의 개체만 보는 기능이다. 우선 현재 화면에서 오려내기 판을 사각으로 설정한다. 설정과 동시에 오려내기 판의 앞쪽에 있는 개체만 제외하고 모든 개체가 화면에서 사라진다. 즉, 지정된 부분만을 통해 개체를 파악하는 기능이다.

- 오려내기 판은 무한대의 판으로 인식된다. 이 판을 기준으로 앞에 놓인 개체만 화면에 표시된다.
- 오려내기 판의 포인터는 표시될 개체를 향하는 방향을 향하고 있다.
- 입체도에 효과가 나타남으로 여러 개체 중에서 특정 개체만을 랜더링을 하거나 보고자 할 경우에 사용하면 적합하다.

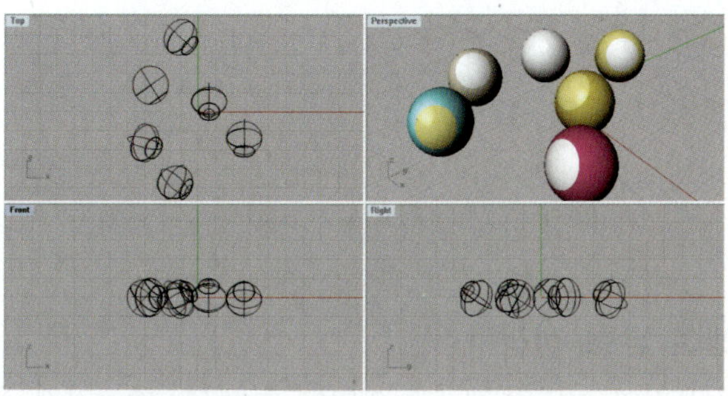

오려내기 판 적용 전 개체보기

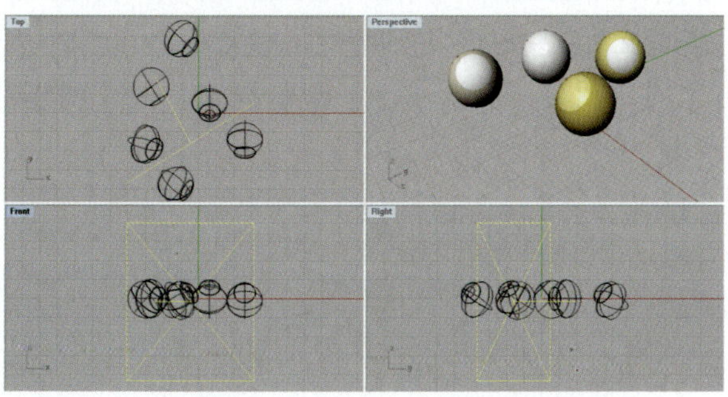

오려내기 판 적용으로 판 앞쪽에 있는 개체만 보기

View Capture To File (화면을 캡처하여 파일로 내보내기)

메뉴: View Menu 〉 Capture 〉 View Capture To File

버튼: 왼쪽 클릭

기능: 현재 View의 이미지를 파일로 저장하는 기능이다.

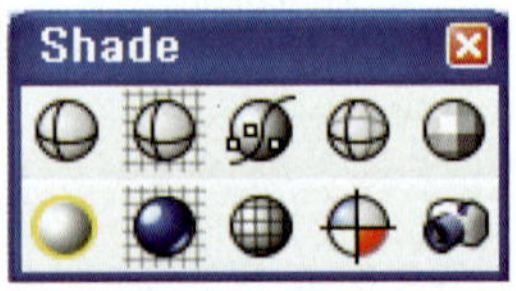

View Capture To Clipboard (화면을 캡처하여 클립보드에 저장하기)

메뉴: View Menu 〉 Capture 〉 View Capture To Clipboard

버튼: 오른쪽 클릭

기능: 활성화된 뷰포트 이미지를 저장하여 윈도우 클립보드(임시저장)에 저장하는 기능. 포토샵이나 그림판 프로그램을 이용하여 확인 할수 있다.

Close Viewport (활성화면 닫기)

메뉴: View Menu 〉 Close Viewport

기능: 활성화된 화면을 닫는 기능이다.

Remesh Shade (메쉬 재실행하고 음영 실행하기)

메뉴: View Menu 〉 Remesh Shade

기능: 선택된 개체에서 렌더링 메쉬를 지우고 다시 생성하여 음영을 새로 고치는 기능이다.

Set Display Mode (디스플레이 유형 설정하기)

디스플레이의 다양한 방식을 적용하여 화면의 개체를 확인할 수 있다. 총 6가지 유형이 있으며 다음과 같다. 선형프레임(Wireframe), 음영효과(Shaded), 랜더링효과(Rendered), 반투명효과(Ghosted), 투명효과(X-Ray), 평면음영효과(Flat Shade)가 이에 해당한다. 개체를 편집하는 과정이나 제작 시 구조나 입체감 등을 확인할 수 있어 매우 유용하게 사용된다.

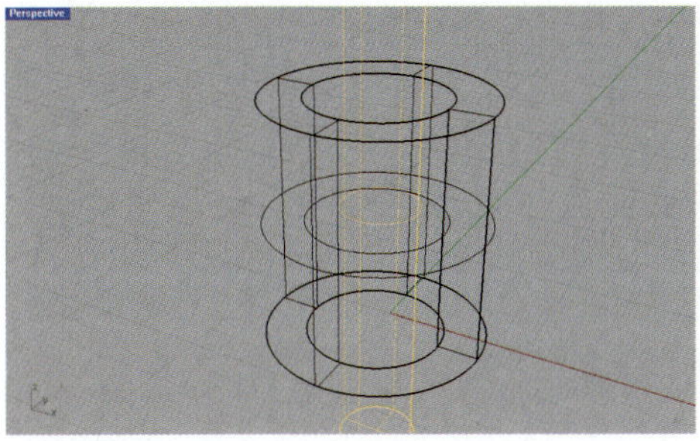

Wireframe

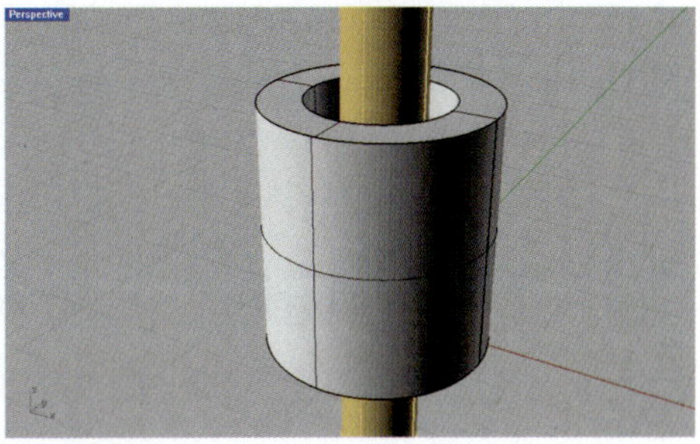

Shaded

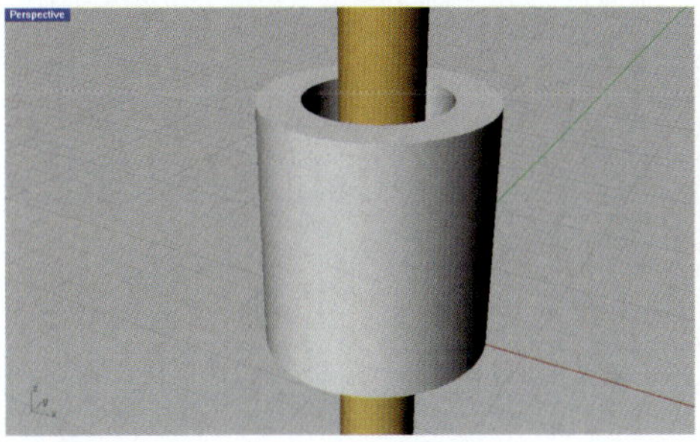

Rendered

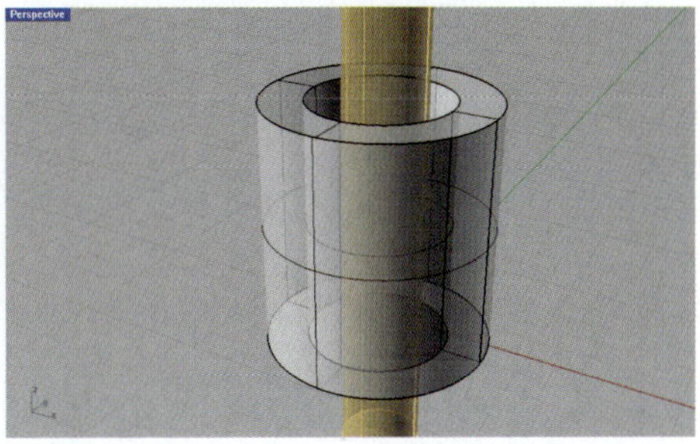

Ghosted

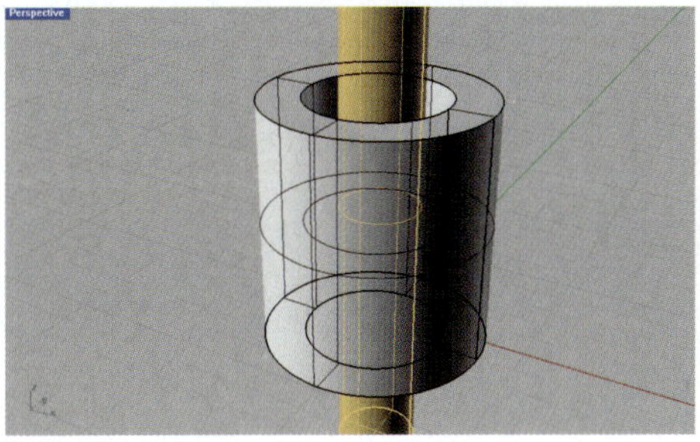

X-Ray

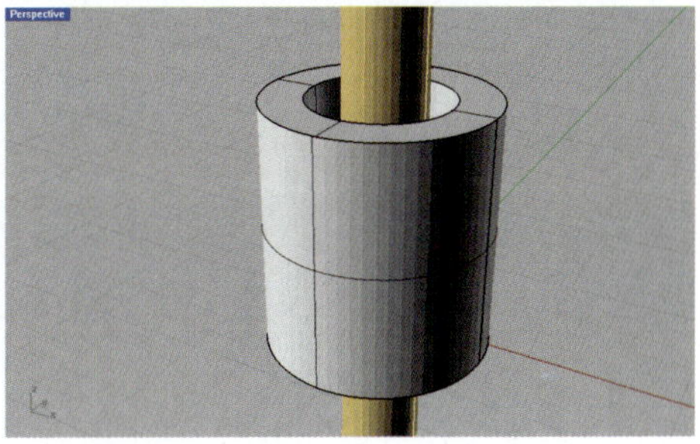

Flat Shade

Part Ⅳ

04 CURVE

개체의 뼈대를 그리는 경우에 반드시 필요한 점, 직선, 곡선 등을 그리기 쉽게 용도에 따라 준비된 명령들에 대한 메뉴이다. 개체의 생성과정에서 가장 중요한 부분이다.

POINT OBJECT

점 개체(Point Object)는 라이노에서 가장 단순한 개체이며, 점 개체 낚아채기(Point Object Snap)을 사용하면 점을 손쉽게 배열할 수 있다. 한 개의 점 또는 여러 개의 점을 배열할 수 있으며, 개체 간의 관계에 따라 새로운 점을 기존의 다른 점에 가까이 배열하거나, 곡선/직선을 따라 균일한 간격 또는 지정된 거리를 두고 배열할 수 있다. 개체로서의 점(Point Object)과 제어점(Control Point)은 그 속성이 다르다. 제어점은 개체의 형태를 구성하고 조정할 수 있는 것으로 표시(Mark) 또는 곡선/직선(Curve), 면(Surface), 조명(Light), 치수(Dimension)와 같이 개체에 고정되어 있어 개체에서 분리될 수 없다.

점은 이론적으로 크기는 없지만 위치 값을 가지고 있는 개체를 말한다. 점 개체는 3D 공간상에서 하나의 점을 나타내며 Rhino에서 가장 단순한 개체이다.
점은 공간의 어느 곳에나 배치할 수 있으며, 커브를 따라 점을 균일한 간격, 또는 지정된 거리를 두고 배치할 수 있다. 일반적으로 라이노에서 점은 다른 개체의 위치를 정하거나 기준을 지정할 때 많이 사용된다. 또한 Point Object는 Control Point 즉 제어점과 다르다. 제어점은 Mark 또는 Curve, Surface, Light, Dimension과 같이 개체에 고정되어 있으며, 개체에서 분리될 수 없다.

CURVE OBJECT

곡선/직선에는 선(Lines), 다중선(Polylines), 원호(Arcs), 원형(Circles), 다각형(Polygons), 타원형(Ellipses), 나선형(Helixes), 소용돌이형(Spirals)이 있다. 또한 이것들은 방향을 가지고 있으며 형태를 결정하는 제어점이 있다.

POINT TOOLBAR

각종 점들을 생성시키는 명령으로 개체와의 관계나 용도에 따라 용이하게 만들 수 있는 명령들이 있다.

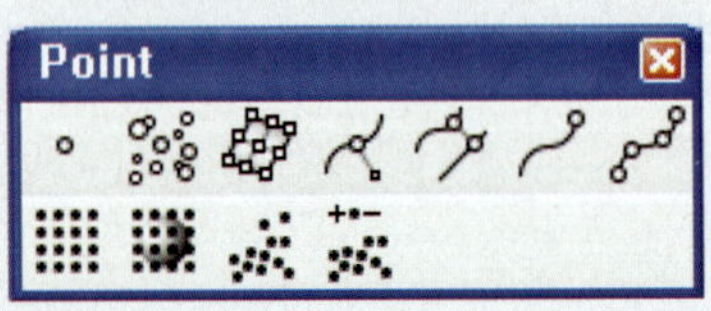

| Single Point (한 개의 점 생성하기)

메뉴: Curve 〉 Point Object 〉 Single Point

버튼: 왼쪽 클릭

기능: 독립된 점(point)을 생성하는 기능이다. 한 번에 하나의 점을 화면에 생성시킨다.

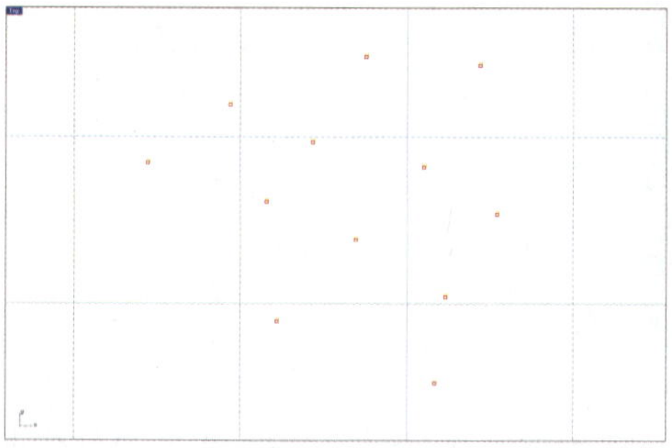

| Multiplc Points (다중 점들 생성하기)

메뉴: Curve 〉 Point Object 〉 Multiple Points

버튼: 왼쪽 클릭

기능: 여러 개 점을 연속적으로 만들 수 있는 기능이다.

| Closest Point (개체에 가장 가까운 점)

메뉴: Curve 〉 Point Object 〉 Closest Point

버튼: 왼쪽 클릭

기능: 선택한 특정 개체에 가장 가까운 점을 생성하게 하는 기능이다. 대상 개체에서 직각의 방향으로 가장 가까운 점이 생성된다.

〈Options〉

• Object

서로 가장 가까운 점에서 선택된 두 개체로 점 개체가 만들어지게 하는 기능이다.

• Create Line

'Yes'를 선택하면 기준점과 개체 상의 가장 가까운 점 사이에 선을 생성시키는 기능이다.

Chapter 04

[예제] 1 curve – no line

① 곡선을 선택한 후 포인트를 생성하고 싶은 그리드 상의 인접한 위치를 정하여 마우스를 클릭한다.

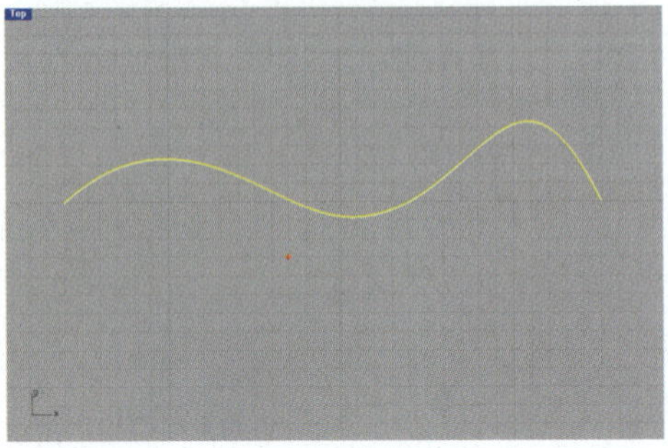

② 클릭한 지점과 선택한 커브의 가장 최단거리를 자동으로 찾아 점이 생성된다.

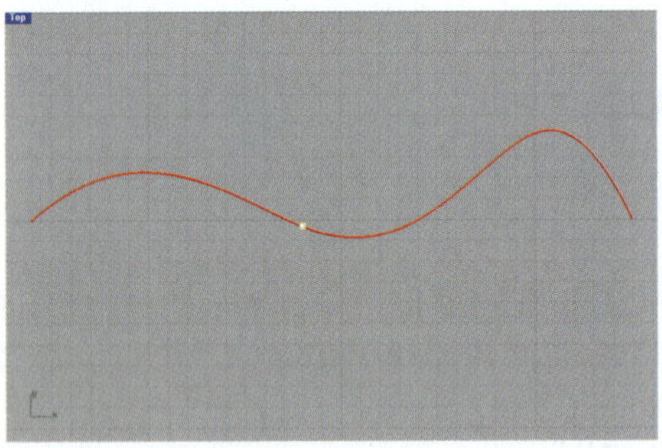

[예제] 2 curve – Create Line

① 2개의 곡선을 생성하고  복수의 개체 사이에서 가장 가까운 점(Closest Points between multiple object) 명령을 실행한다.

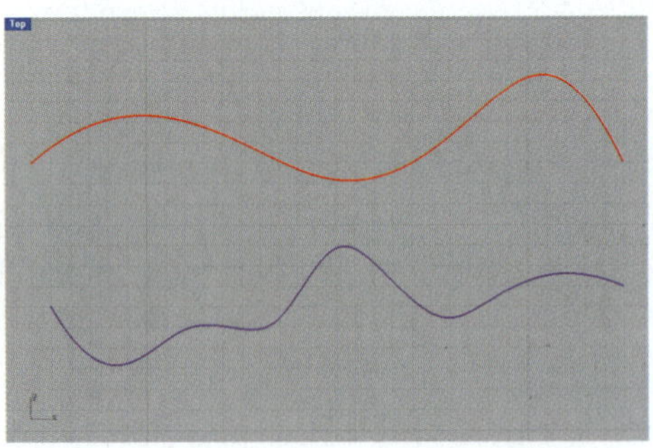

② 우선 한 쪽의 곡선을 선택한 후 'Enter'키를 누른다. 명령줄에 '곡선/직선이나 점을 선택하시오' (Select curve or point object) 문구가 나오면 다른 쪽의 곡선을 선택한다.

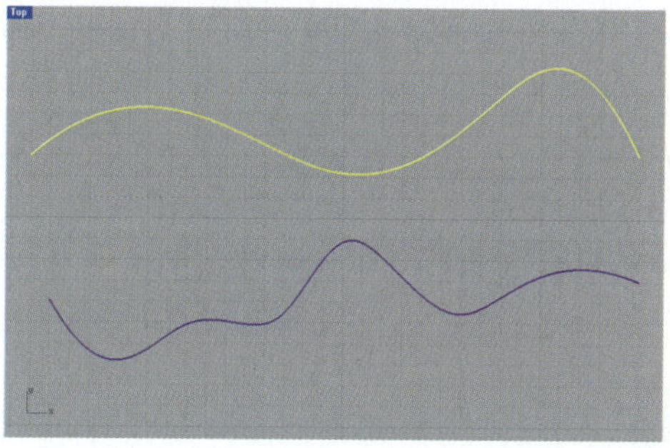

③ 2개의 곡선 사이에 가장 가까운 지점을 자동으로 찾아 점이 생성되는 것을 볼 수 있다.

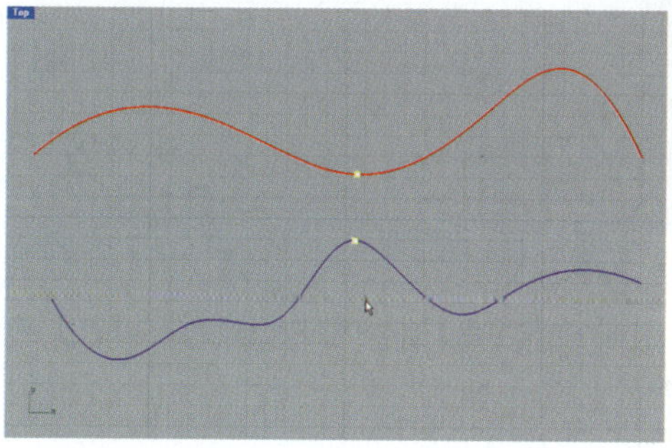

④ 1에서 2번의 순서와 같이 진행하되 명령줄의 하위명령에서 선을 만들기=예(Create Line=Yes)를 선택한다. 다른 쪽 곡선을 선택하면 점과 점 사이로 연결선(Line)이 생성되는 것을 알 수 있다.

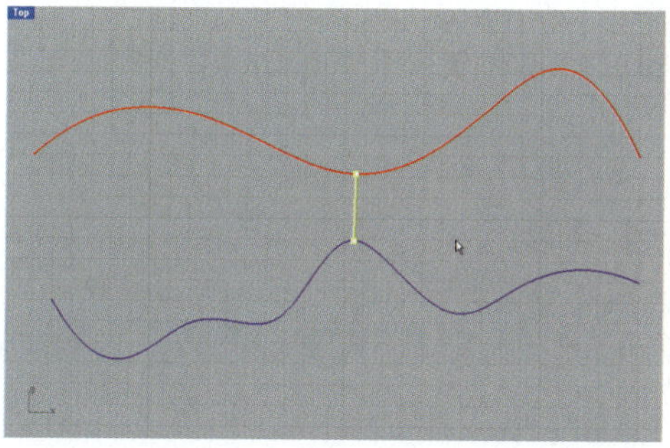

Drape Points (씌우듯 점 생성하기)

메뉴: Curve 〉 Point Object 〉 Drape Points

버튼: 왼쪽 클릭

기능: 단순면(Surface), 다면체(Polysurface), 또는 고형체(Solid) 위에 포장을 하듯이 규칙적인 간격의 점을 생성시키는 기능이다. 이것은 활성화된 화면의 그리드 도면

(CPlane)을 향해 투영된 점과 개체가 교차하는 다중 점으로 이루어진 그리드를 만드는 것이다.

[예제]

① 닫힌 면 형태를 생성한 후 샘플 이미지와 같이 평면도에서 점의 그리드를 생성시키고자 하는 위치만큼 마우스를 끌어준다.

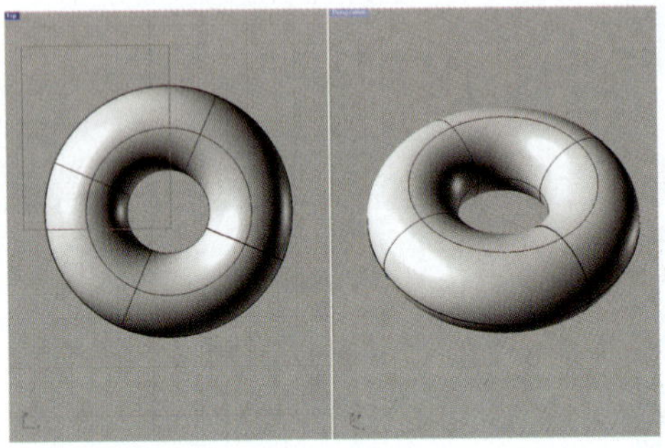

② 드래그 된 위치로 하여 닫힌 Surface 형태에 맞추어 점들이 생성되는 것을 알 수 있다.

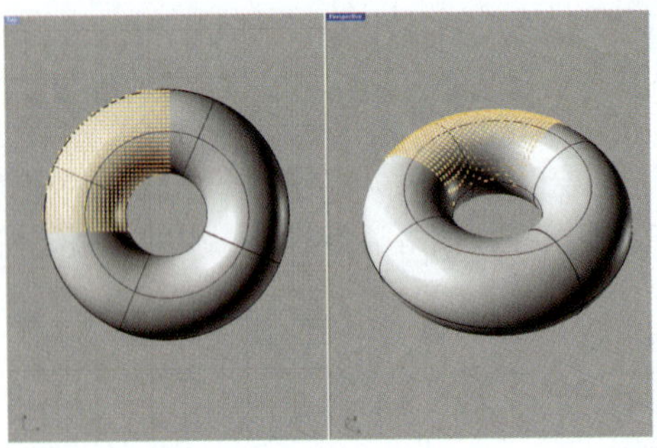

| Mark Curve Start (커브 시작에 점 생성)

메뉴: Curve 〉 Point Object 〉 Mark Curve Start
버튼: 왼쪽 클릭
기능: 선택한 곡선의 시작 위치에 점을 생성시키는 기능이다.

| Mark Curve End (커브 끝에 점 생성)

메뉴: Curve 〉 Point Object 〉 Mark Curve End
버튼: 오른쪽 클릭
기능: 선택한 곡선의 끝나는 위치에 점을 생성시키는 기능이다.

Divide Curve by Length of Segments (곡선/직선을 길이로 나누어 점 만들기)

메뉴: Curve 〉 Point Object 〉 Divide Curve by 〉 Length of Segments
버튼: 왼쪽 클릭
기능: 선택한 곡선을 지정한 길이로 분할하여 점들을 생성시킨다. 이 기능은 정확한 치수를 요하는 작업을 할 때 유용하게 사용된다.

[예제]

① 길이 40mm의 직선/곡선을 생성한다. 9mm간격으로 나누기 위해 명령을 실행한다.

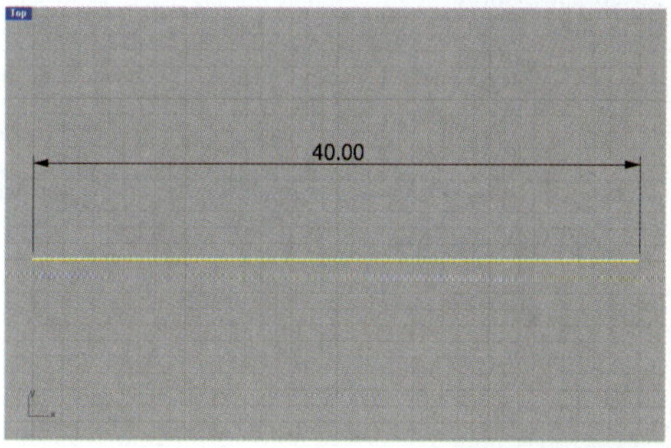

② 총 4개의 마디(Segments)로 나누어지며 각각의 마디는 정확히 9mm간격으로 균등하게 나누어진다. 마지막 4mm는 남는 부분이란 것을 확인할 수 있다.

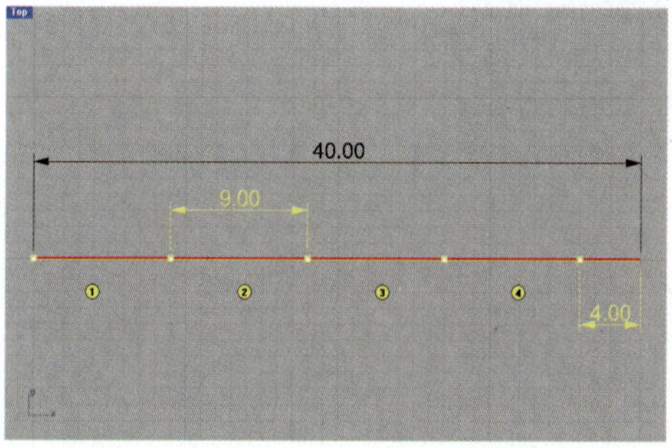

Divide Curve by Number of Segments (곡선/직선을 등분하여 점 만들기)

메뉴: Curve 〉 Point Object 〉 Divide Curve by 〉 Number of Segments
버튼: 오른쪽 클릭
기능: 곡선/직선을 지정한 숫자만큼 등분하여 점들을 생성시킨다.

[예제]

① 길이 40mm의 직선/곡선을 생성한다. 7개의 마디(Segment)를 나누기 위해 7을 입력하고 명령을 실행한다.

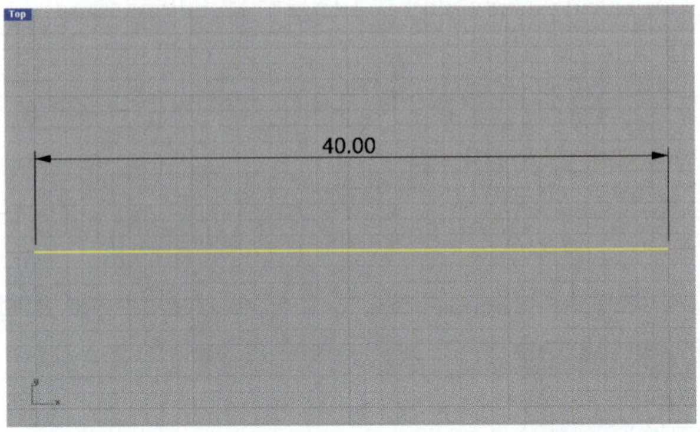

② 자동적으로 각 Segment 길이를 계산하여 7개 Segments로 선분이 나누어진 것을 확인할 수 있다. 균등한 분할을 요하는 작업에 유용하다.

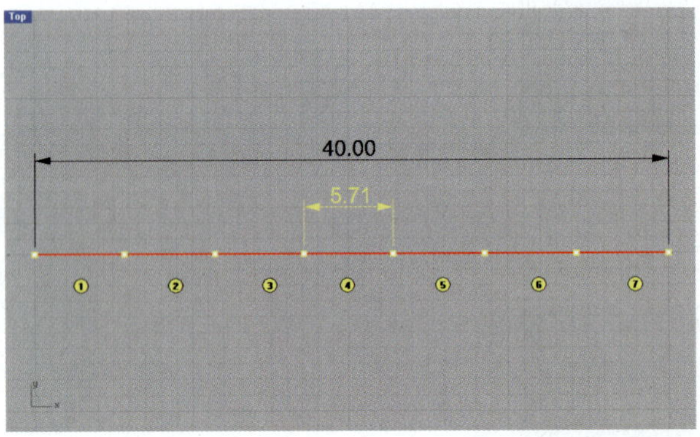

Create Point Cloud

메뉴: Curve 〉 Point Cloud 〉 Create Point Cloud

버튼: 왼쪽 클릭

기능: 점들을 그룹화하거나, 파일 공간을 줄이기 위해 여러 개의 점을 구름점(Point Cloud)으로 개체화한다. 구름점은 기본적으로 일반점보다 작게 설정되어 표시된다. 이와 같이 생성된 구름점을 해체하려면 분해(Explode) 명령을 선택한다.

[예제]

① 화면에 만들어진 여러 개의 점들 중 일부를 그룹화하여 구름점으로 만들고자 한다. 해당되는 점들을 선택한다.

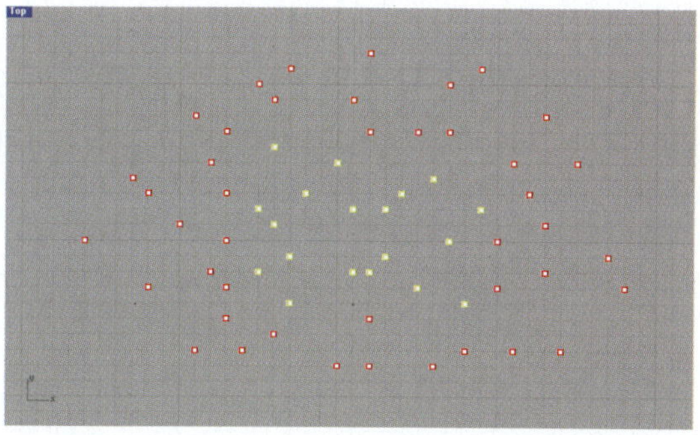

② 구름점 명령을 실행하면 화면에서 보는 것과 같이 작은 점이 모여 구름 같이 그룹화된다.

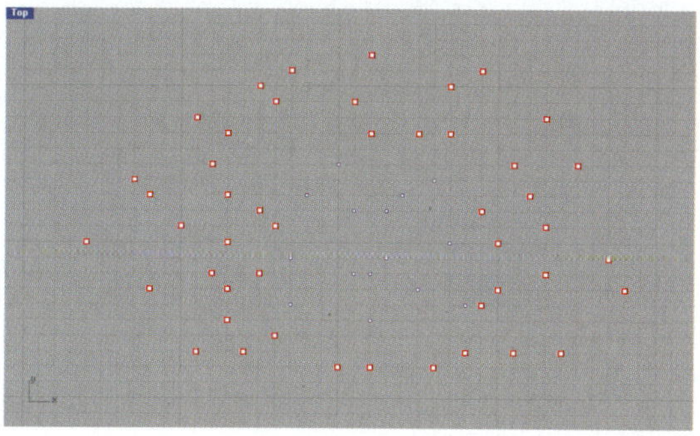

Add to Point Cloud (구름점으로 추가하기)

버튼: 왼쪽 클릭

기능: 기존 구름점에 개별적인 점이나 다른 구름점을 추가하는 기능이다.

Remove from Point Cloud (구름점에서 제거하기)

버튼: 오른쪽 클릭

기능: 구름점에 소속된 점의 일부를 제거하는 기능이다.

Point Grid (점형 그리드)

버튼: 왼쪽 클릭

기능: 그리드를 만들기 위한 설정으로 X, Y축에 해당하는 점의 개수와 전체 그리드의 범위를 지정하여 구름점의 그리드를 만드는 기능이다.

Point Cloud Section (구름점 단면 지정)

메뉴: Curve 〉 Point Cloud 〉 Point Cloud Section

버튼: 왼쪽 클릭

기능: 구름점의 점들 간에 교차하는 평면형 곡선이나 직선을 만드는 기능이다. 이 명령을 실행하면 구름점 단면 선택사양(Point Cloud Section Option) 대화상자가 나타난다.

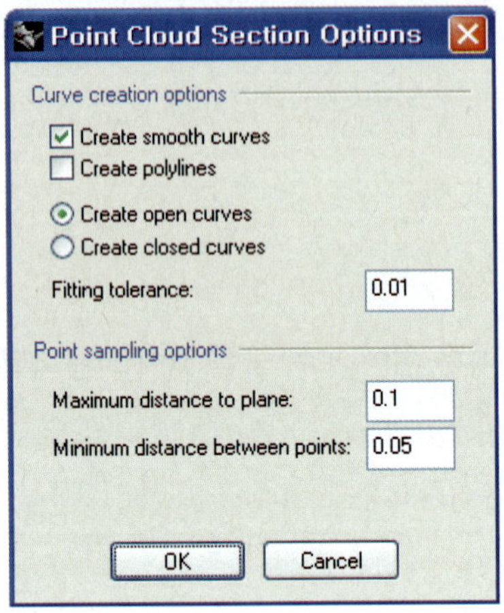

〈Options〉

• Create smooth curve (매끄러운 커브 만들기)

매끄러운 커브를 만드는 기능으로 커브와 폴리라인을 모두 생성할 수 있다.

• Create polylines (폴리라인 만들기)

폴리라인을 만드는 기능으로 커브와 폴리라인을 모두 생성할 수 있다.

• Create open / closed curves (열린 / 닫힌 커브 만들기)

열리거나 닫힌 커브를 생성한다.

• Fitting tolerance (맞춤 허용오차)

폴리라인을 통과하도록 커브를 맞추는 데 사용되는 허용오차이다.

• Point sampling options

Maximum distance to plane (평면까지의 최대 거리)

샘플 점을 취한 평면 주변의 "Slab" 두께이다. 이러한 샘플 점은 단면 평면에 투영되며, 이들을 연결하는 폴리라인이 발견된다. 이 거리는 점 구름의 크기와 점의 간격에 의해 정해진다.

• Minimum distance between points (점 사이의 최소 거리)

인접한 샘플 점 사이의 최소 간격의 임계값으로 이 값보다 가까운 점이 있으면 일부는 사용되지 않는다.

LINE TOOLBAR

다양한 직선을 만드는 명령으로 용도에 따라 적절하고 세분화된 기능을 활용하여 만들 수 있다.

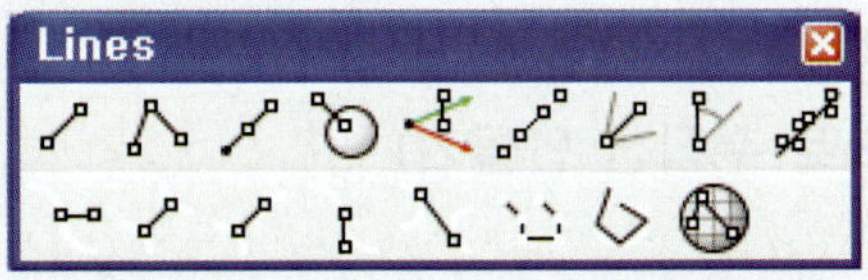

Single Line (단순 직선)

메뉴: Curve 〉 Line 〉 Single Line

버튼: 왼쪽 클릭

기능: 하나의 Line 커브를 생성하는 기능이다.

Line Segments (직선의 선분)

메뉴: Curve 〉 Line 〉 Line Segments

버튼: 오른쪽 클릭

기능: 각각 분할된 Line 커브를 생성한다. 생성된 커브를 클릭 하여 확인해보면 독립된 Line임을 알 수 있다.

Polyline (다중선)

메뉴: Curve 〉 Polyline 〉 Polyline

버튼: 왼쪽 클릭

기능: Line Segments와 반대로 하나의 개체로 연결된 Line 커브를 생성한다.

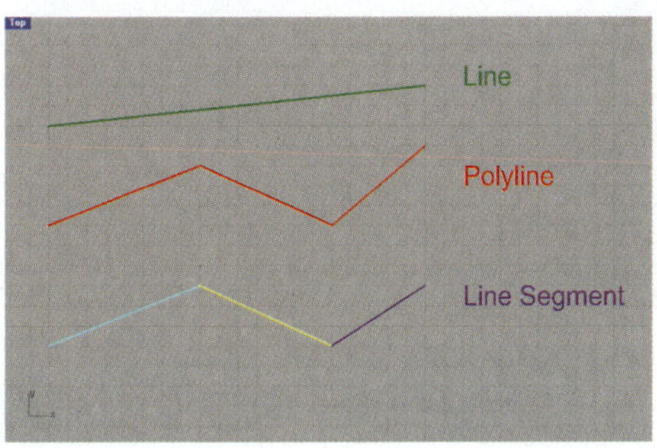

Line: from Midpoint (중간점에 대칭되는 직선 만들기)

메뉴: Curve 〉 Line 〉 Line from Midpoint

버튼: 왼쪽 클릭

기능: 지정한 중간점을 기준으로 직선을 대칭되게 생성하는 기능이다.

Normal to Surface (표면의 법선방향으로 수직선 만들기)

메뉴: Curve 〉 Line 〉 Normal to Surface

버튼: 왼쪽 클릭

기능: 선택한 표면에서 표면소성의 3가지 방향 중 하나인 법선방향(Normal)으로 직선을 만드는 기능이다. Normal은 보통 우리말로 법선 또는 방향선이라고 하며 표면에만 해당되는 명령이다.

① 다음과 같은 곡면 개체를 생성한다.

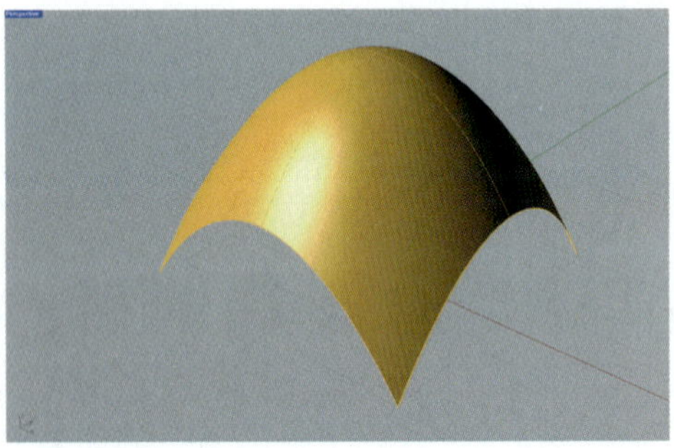

② 분석메뉴(Analyze)에서 분석방향(Analyze Direction) 기능을 사용하여 법선방향을 확인한다.

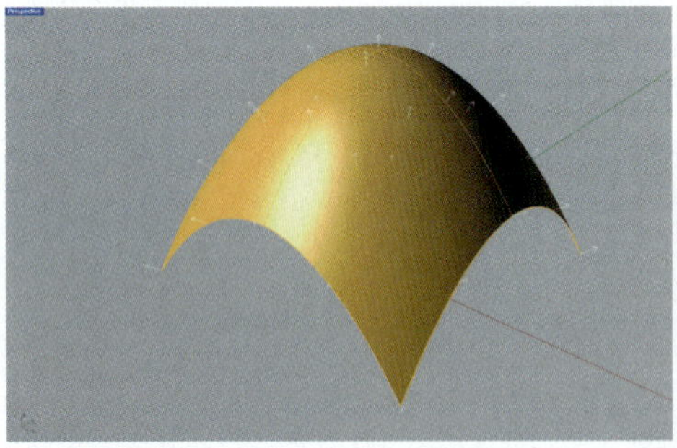

③ 표면의 법선(Normal to Surface)기능을 사용하여 곡면의 법선방향으로 궤도선이 생성되어 생성될 선의 방향을 예측할 수 있다.

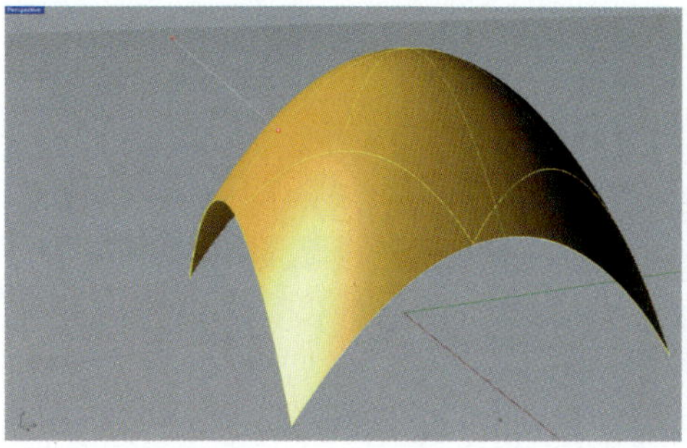

④ 원하는 길이를 입력하여 직선을 생성한다. 법선방향으로 생성된 것을 볼 수 있다.

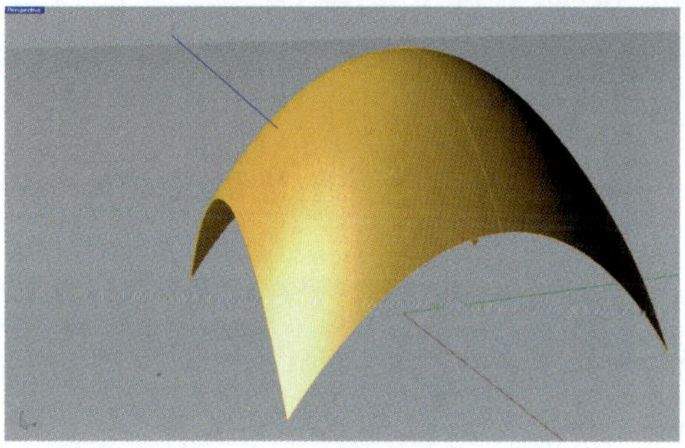

⑤ 5와 6번은 법선방향을 확인하는 과정으로 참고하기 바란다. 우측면도에서 곡선/직선에 대해 수직선(Perpendicular from curve) 만들기를 사용하여 법선방향으로 생성된 곡선에 수직으로 또 다른 직선을 만들어 본다.

⑥  각도 치수계(Angle Dimension) 기능을 실행하여 두 개의 직선이 90도 각도를 가지고 있는 것을 확인할 수 있다. 따라서 표면에 대해 법선방향(Normal to Surface) 명령은 선택한 지점의 표면부터 90도 방향으로 직선을 생성되는 것임을 알 수 있다.

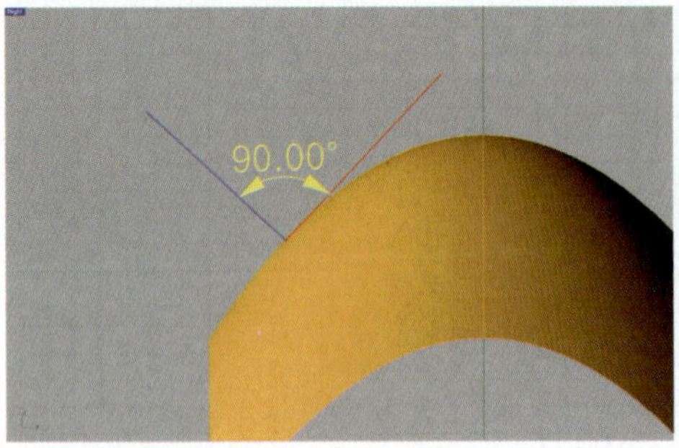

Vertical to CPlane (그리드 도면에 대해 수직선 만들기)

메뉴: Curve 〉 Line 〉 Vertical to CPlane

버튼: 왼쪽 클릭

기능: 현재의 그리드 도면(Cplane)에서 수직 방향으로 직선을 생성하는 기능이다.

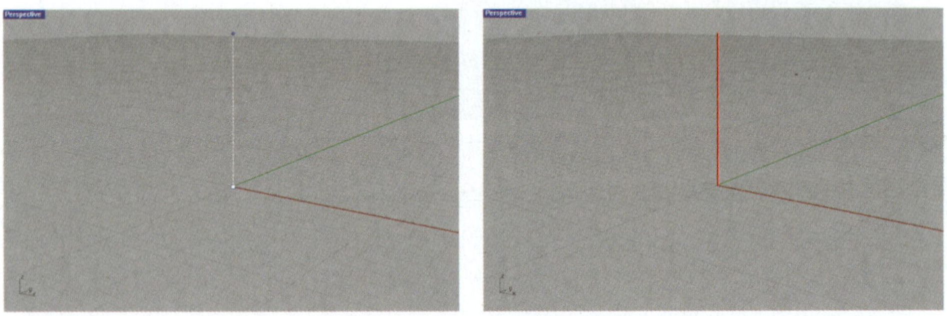

명령 실행 전과 후 생성된 수직선을 확인할 수 있다.

From 4 Points (4개의 점으로 만드는 직선)

메뉴: Curve 〉 Line 〉 From 4 Points

버튼: 왼쪽 클릭

기능: 4개의 점들을 이용한 직선을 생성하는 기능이다.

Angled (일정 각도로 선 그리기)

메뉴: Curve 〉 Line 〉 Angled

버튼: 왼쪽 클릭

기능: 직선 커브에서 지정된 각도만큼 회전된 직선을 만든다.

[예제]

① 한 개의 직선을 생성한 후 아래와 같은 순서로 클릭한다. 명령줄에 각도값 60을 입력한다. 궤도선(Tracking Line)과 표시점(Mark)이 60도 각도로 나타나는 것을 볼 수 있다.

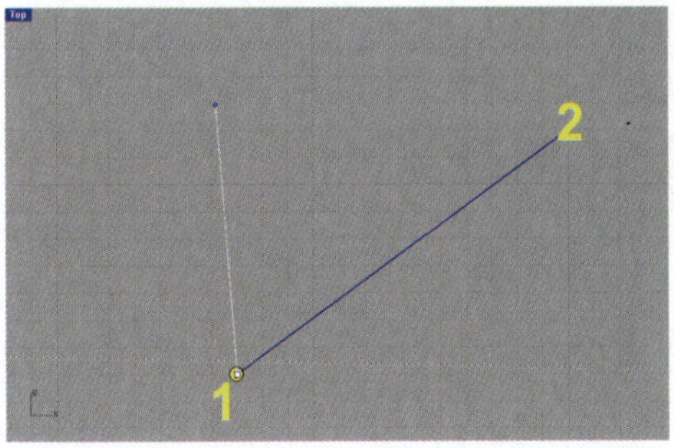

② 입력한 각도로 직선이 생성된 것을 확인 할 수 있다. 만약 원하는 길이가 있다면 명령줄에서 끝선(End of line)길이 값의 해당 수치를 입력한다.

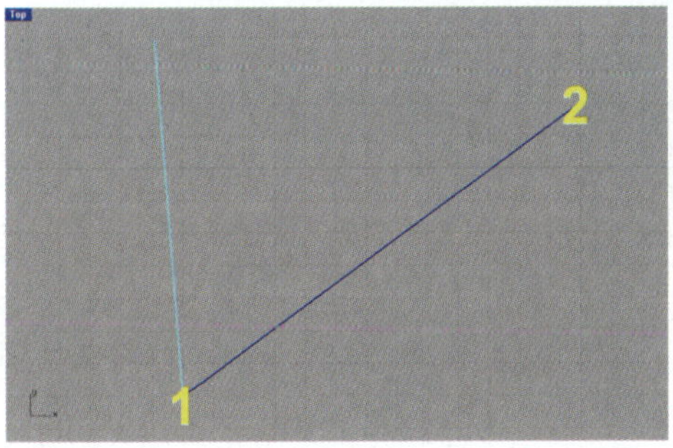

| Bisector (이등분하는 선 그리기)

메뉴: Curve 〉 Line 〉 Bisector
버튼: 왼쪽 클릭
기능: 두 개 직선 사이 각도에 대한 이등분 선(직선)을 생성시킨다.

① 90도 각도로 이루어진 선을 생성한다. 이등분선 그리기(Bisector) 명령을 실행한 후 이미지와 같은 순서로 클릭한다.

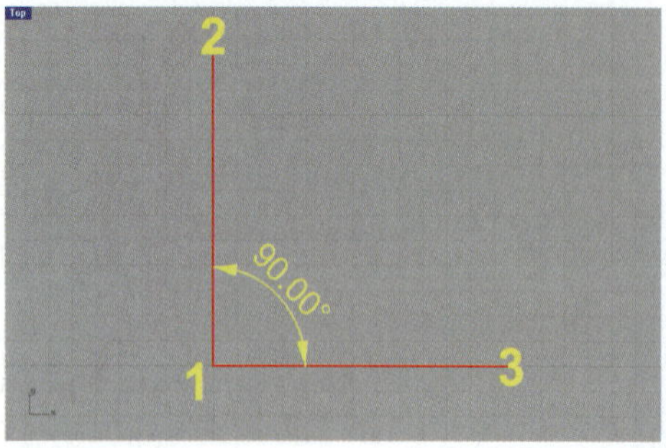

② 선택항목에서 양 방향으로 이등분선 만들기(Bisector from Midpoint)를 실행하면 궤도 선이 기준점을 중심으로 대칭이 되게 만들어지는 것을 확인 할 수 있다.

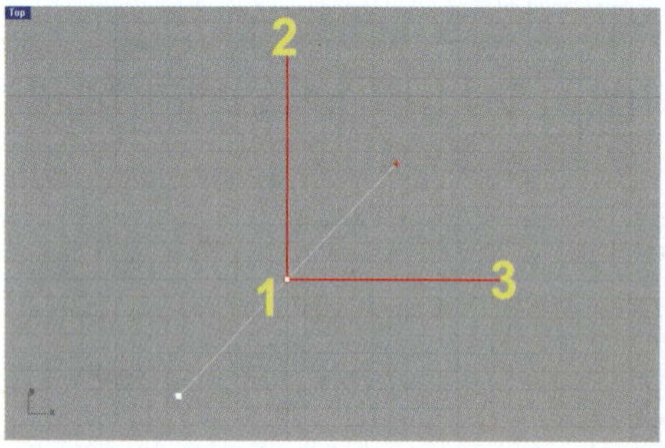

③ 일단 한쪽 방향으로 선택한 후 'Enter'키를 누른다. 두 직선의 이등분 각도로 직선이 생성된 것을 확인 할 수 있다.

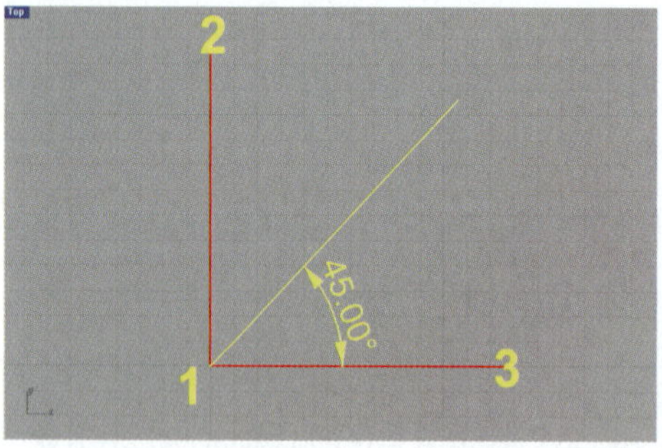

| Line Through Points (점들을 통과하는 직선 만들기)

메뉴: Curve 〉 Line 〉 Line Through Points

버튼: 왼쪽 클릭

기능: 여러 개의 점을 통과하는 직선을 만드는 명령이다. 점들과의 평균지점을 통과하며 직선이 생성되는 기능이다.

체인 모델링이나 Rotate-3D기능을 이용할 때 효율적으로 사용된다.

| Line: Perpendicular from curve (곡선에서 만들어진 수직선)

메뉴: Curve 〉 Line 〉 Perpendicular from curve

버튼: 왼쪽 클릭

기능: 선택한 곡선에서 수직으로 만들어지는 직선을 생성한다.

| Line: Perpendicular to curve (곡선에 근접한 수직선 만들기)

버튼: 오른쪽 클릭

기능: 선택한 지점에서 곡선에 가장 근접한 수직선을 생성한다.

| Line: Perpendicular to Two Curves (2개의 곡선에 대한 수직선)

메뉴: Curve 〉 Line 〉 Perpendicular to 2 curves

버튼: 왼쪽 클릭

기능: 수평으로 만들어진 2개의 곡선에 대해 수직인 곡선을 생성한다.

| Line: Tangent and Perpendicular to Curve (곡선에 연결되는 접선과 수직점 만들기)

메뉴: Curve 〉 Line 〉 Tangent, Perpendicular

버튼: 왼쪽 클릭

기능: 곡선의 접선과 수직 점을 연결하는 곡선을 생성한다.

| Line: Tangent from curve (곡선에서 접선 만들기)

메뉴: Curve 〉 Line 〉 Tangent from curve

버튼: 왼쪽 클릭

기능: 곡선에서 접선의 직선을 생성하는 기능이다.

| Line: Tangent to Two curves (2개의 곡선에 연결되는 접선 만들기)

메뉴: Curve 〉 Line 〉 Tangent to 2 curves

버튼: 왼쪽 클릭

기능: 두 개의 곡선을 연결하는 접선을 만든다. 방향을 바꾸려면 곡선을 선택하는 순서를 변경한다.

| Polyline: Through Points (점들을 지나는 곡선 만들기)

메뉴: Curve 〉 Polyline 〉 Through Points
버튼: 왼쪽 클릭
기능: 여러 개의 점을 연결하는 라인 커브를 생성시키는 기능이다.

Convert Curve to Polyline (곡선을 다중선으로 변환하기)

메뉴: Curve 〉 Polyline 〉 Convert Curve to Polyline
버튼: 왼쪽 클릭
기능: 곡선을 다중선으로 변경하는 기능이다. 이 기능은 곡선을 생성하고 변경될 다중선의 굴절 각도를 정확하게 지정할 수 있다. 허용 오차를 높은 값으로 설정하면 보다 적은 수의 다중선 마디(Polyline Segments)를 생성할 수 있다.

〈Options〉

• Output

Arcs : 커브를 Arc Segments로 변환하는 기능으로 거의 직선에 가까운 커브 섹션은 직선 Segments로 변환하게 된다.

Lines : Curve를 Polyline Segments로 변환하는 기능이다.

• Simplify Input

Yes

동일 선상의 Line Segment와 Arc Segment를 결합하는 기능이다.
이 기능을 사용하면 호와 선 Segment로 이루어진 NURBS 커브는 정확한 호와 선 Segment로 분리되어 더 정확한 호와 선으로 변환되게 된다.
이 단계는 명령에서 설정된 사용자 지정 허용오차가 아니라, 절대 허용오차와 각도 허용오차를 사용하여 실행된다.

No

일반 NURBS 커브를 호 또는 선으로 변환하면서, 특히 커브가 절대 허용오차에 대하여 지나치게 작을 때, 때로는 단순화가 지나치게 과격하게 실행될 수 있다. 이러한 경우 단순화를 선택 해제하면 더 정확하고 바람직한 결과를 가져올 수 있다.

• DeleteInput

원래 개체 삭제하는 기능이다.

• AngleTolerance

Arc Segment 끝점의 커브 방향에서 허용된 최대 편차값이다.
이 기능은 커브의 근사치를 가장 적은 수의 세그먼트로 나타낼 때 유용한 기능이다.

• Tolerance

시스템 허용오차 설정을 무시하는 기능이다.

| Polyline on Mesh (메쉬물에 다중선 만들기)

메뉴: Curve 〉 Polyline 〉 Polyline on Mesh

버튼: 왼쪽 클릭

기능: 메쉬(Mesh) 형태의 개체 위에 다중선(Polyline)을 생성하는 기능이다. 이 기능이 적용되려면 개체를 메쉬물로 변형한 후 실행한다.

RECTANGLE TOOLBAR

사각형 형태를 만드는 기능이다. 4개의 연결된 직선을 이용하여 사각형을 만드는 것과 동일한 결과를 얻게 된다.

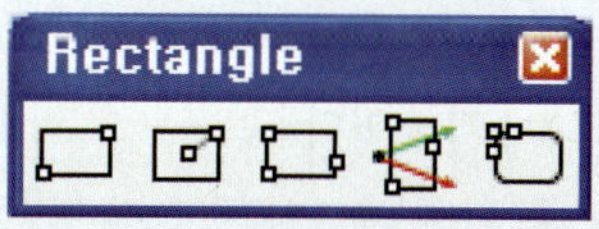

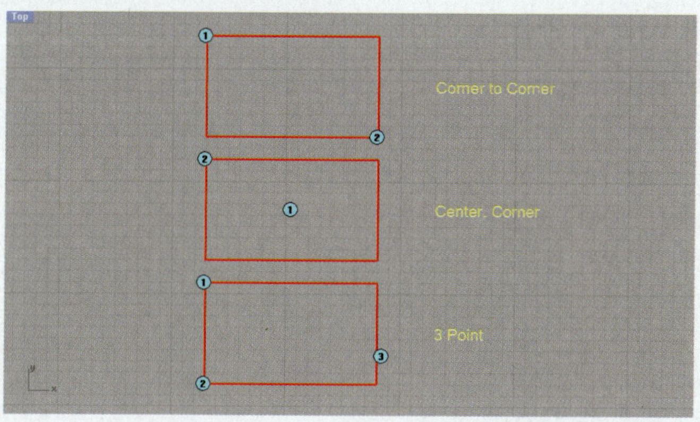

| Corner to Corner (모서리에서 모서리로 사각형 만들기)

메뉴: Curve 〉 Rectangle 〉 Corner to Corner

버튼: 왼쪽 클릭

기능: 하나의 지점과 이에 대응되는 대각선 방향의 지점을 이용한 사각형을 만드는 기능이다.

| Center, Corner (중앙에서 모서리로 사각형 만들기)

메뉴: Curve 〉 Rectangle 〉 Corner to Corner

버튼: 왼쪽 클릭

기능: 중심점과 모서리를 이용한 사각형을 만드는 기능이다.

| 3Points (3개의 점으로 사각형 만들기)

메뉴: Curve 〉 Rectangle 〉 Corner to Corner

버튼: 왼쪽 클릭

기능: 3개의 점을 이용한 사각형을 만드는 기능이다. 첫 번째와 두 번째 점은 사각형의 한 변이 되며, 세 번째 점은 사각형의 길이 또는 높이가 된다.

| Vertical (그리드 도면에 대해 수직인 사각형 만들기)

메뉴: Curve 〉 Rectangle 〉 Corner to Corner

버튼: 왼쪽 클릭

기능: 활성화된 그리드 도면에 대해 수직인 사각형을 만드는 기능이다.

| Rounded (둥근 모서리 사각형 만들기)

메뉴: Curve 〉 Rectangle 〉 Corner to Corner

버튼: 왼쪽 클릭

기능: 둥근 모서리를 가진 직사각형을 만드는 기능이다.

〈Options〉

- Coner

Arc : 둥근 모서리는 Circular Arc이다.

Conic : 둥근 모서리는 Conic의 단면이다.

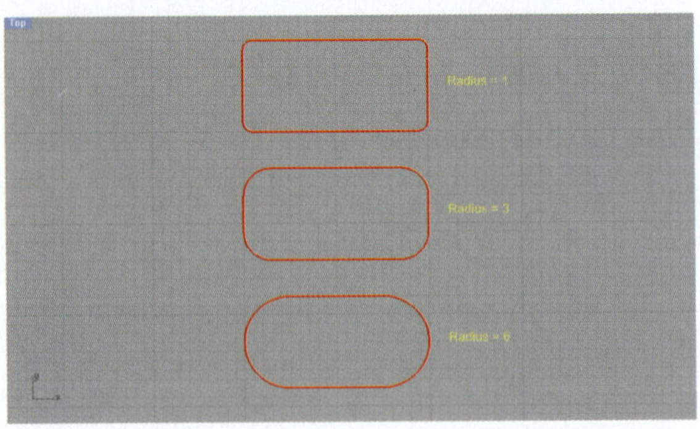

POLYGON TOOLBAR

지정된 변의 수를 가진 다각형을 생성하는 기능이다.

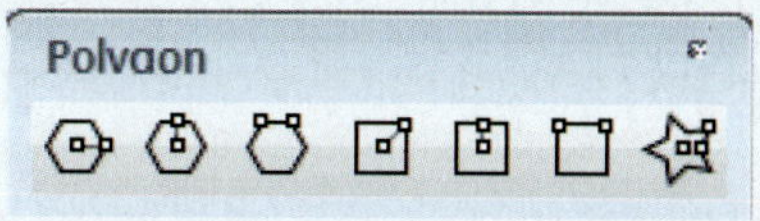

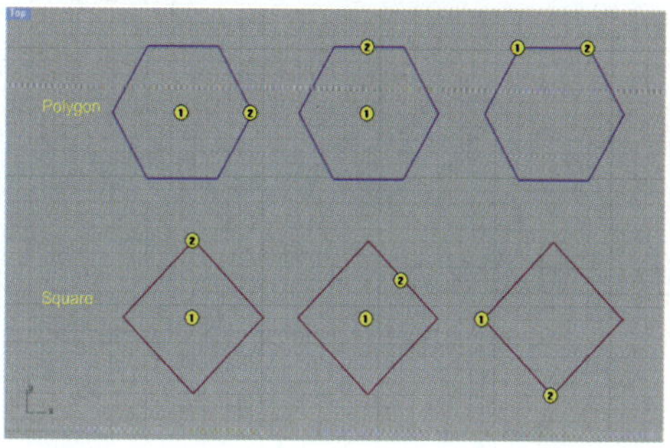

| Polygon: Center, Radius (원에 내접하는 다각형 만들기)

메뉴: Curve 〉 Polygon 〉 Center, Radius

버튼: 왼쪽 클릭

기능: 내접 다각형(Inscribed Polygon) 만들기로 지정한 반지름을 가진 가상의 원에 변의 모서리가 접하는 다각형을 그리는 기능이다.

| Circumscribed Polygon: Center, Radius (원에 외접하는 다각형 만들기)

Circumscribed Polygon (외접 다각형)

버튼: 왼쪽 클릭

기능: 외접 다각형(Circumscribed Polygon) 만들기로 중심점에서 다각형의 변 중간점까지의 거리를 기준으로 다각형을 그리는 기능이다.

| Polygon: Edge (한 변을 기준으로 다각형 만들기)

메뉴: Curve 〉 Polygon 〉 By Edge

버튼: 왼쪽 클릭

기능: 한 변의 길이를 기준으로 다각형을 만드는 기능이다.

〈Options〉

Flip : 반대편으로 뒤집기

NumberSides: 다각형의 모서리 수

Vertical : 활성 구성 평면에 대하여 수직으로 다각형을 그린다.

Around Curve : 기존 커브의 주변에 다각형을 그린다.

Polygon: Star (별모양 만들기)

메뉴: Curve 〉 Polygon 〉 Star

버튼: 왼쪽 클릭

기능: 별 모양의 다각형을 그리는 기능이다.

Square: Center, Corner (내접 정사각형 만들기)

버튼: 왼쪽 클릭

기능: 내접하는 정사각형을 만드는 기능이다.

Circumscribed Square: Center, Radius (외접 정사각형 만들기)

버튼: 왼쪽 클릭

기능: 외접하는 정사각형을 만드는 기능이다.

Polygon: Star (한 변을 기준으로 다각형 만들기)

버튼: 왼쪽 클릭

기능: 한 변을 기준으로 정사각형을 만드는 기능이다.

FREE-FORM

직선 형태의 커브가 아니라 곡선 형태의 커브 생성 기능을 말한다. NURBS 커브는 일반적으로 이런 형태를 기본 형태로 취하고 있다. 모델링 작업에 있어 가장 많이 사용되는 2개의 명령은 Control Point Curve와 Interpolate Points Curve 기능이다. Control Point Curve명령은 근사 곡선이라 말하며 Control Point를 기준으로 커브를 생성한다. Interpolate Points Curve명령은 보간 곡선이라 말하며 선택한 점을 통과하는 커브를 그린다.

■ Control Point

Control Point는 NURBS 기저 함수의 계수이다. Control Point는 Vertex (제어 정점) 또는 Node(노드)로도 불리 운다. Control Point는 커브, 서페이스, 조명, 치수와 같은

개체상의 표식 또는 Grip이며, 개체에서 분리될 수 없다.

■ Edit Point

NURBS Curve (Knot 점의 평균으로 계산) 상의 점이다.

CURVE TOOLBAR

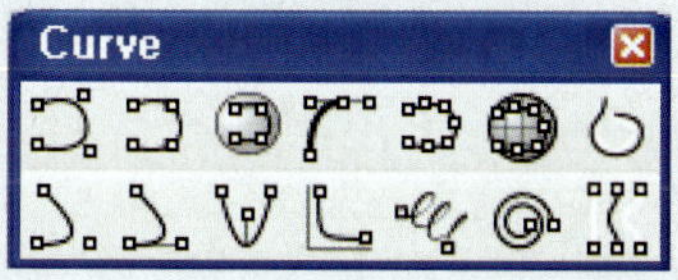

| Control Point Curve (제어점으로 곡선 만들기)

메뉴: Curve Menu 〉 Free-Form 〉 Control Points

버튼: 왼쪽 클릭

기능: Control Point를 생성하여 그것을 기준으로 커브를 생성하는 기능이다.
이 명령은 Curve의 차수, 즉 Degree 값은 〈점의 개수〉 −1 인 커브를 만든다. 이것은 제어점의 개수가 차수의 설정보다 작거나 같게 설정되어 있는 경우 발생한다.

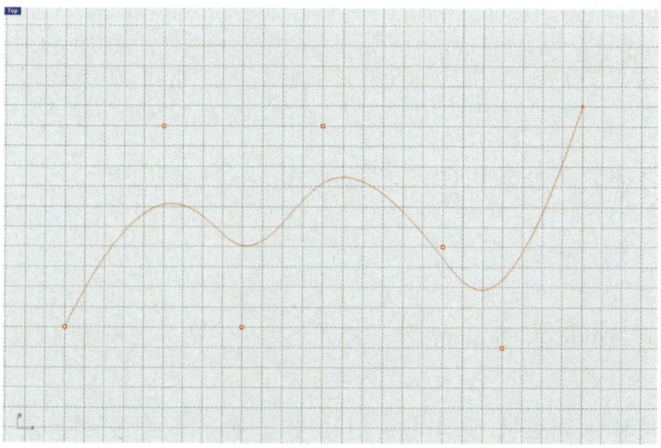

| Interpolate Curve

메뉴: Curve Menu 〉 Free-Form 〉 Interpolate Curve

버튼: 왼쪽 클릭

기능: 보간 곡선이라 하며 많은 CAD 프로그램에서 보간 커브를 스플라인이라고 한다.
공간에서 선택된 위치를 통과하는 커브를 그리는 기능이다.

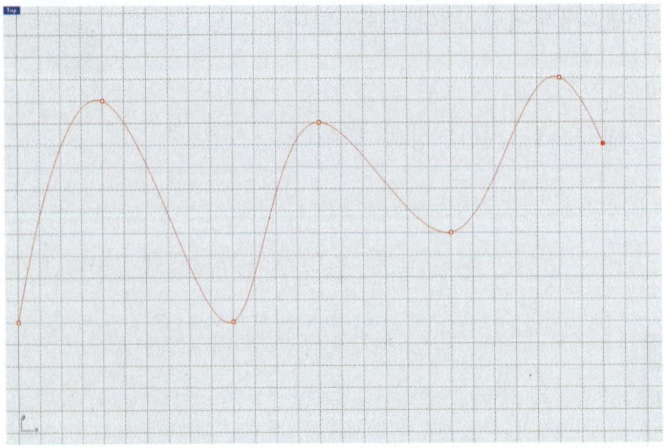

Handle Curve

메뉴: Curve Menu 〉 Free-Form 〉 Handle Curve
버튼: 왼쪽 클릭
기능: 일러스트레이션 프로그램 스타일인 연속적인 베지어 커브를 그리는 기능이다.

〈Options〉

• Alt Key

Alt 키를 눌러 Kink를 배치한다.

• Ctrl 키

Ctrl 키를 눌러 커브 점 위치를 이동하며 Ctrl 키를 놓아 점을 배치한다.

Sketch

메뉴: Curve Menu 〉 Free-Form 〉 Sketch
버튼: 왼쪽 클릭
기능: 모니터 화면에 스케치하듯 커브를 생성하는 기능이다. 마우스 왼쪽 버튼을 클릭한 상태로 커브를 만든다. 처음에 나타난 화면은 부드럽지 못한 형태를 나타낸다. 그러나 마우스에서 손을 떼면 자동으로 보정되어 부드러운 형태로 변형된다. 또한 이 기능을 사용해서 단일 커브를 여러 Viewport에서 그릴 수 없다.

Sketch On Surface

메뉴: Curve Menu 〉 Free-Form 〉 Sketch On Surface
버튼: 오른쪽 클릭

기능: 선택한 Surface 위에 스케치 방식으로 커브를 생성하는 기능이다.

Sketch On Polygon Mesh

메뉴: Curve Menu 〉 Free-Form 〉 Sketch On Surface

버튼: 왼쪽 클릭

기능: 선택한 Polygon Mesh위에 스케치 방식으로 커브를 생성하는 기능이다.

Interpolate On Surface

메뉴: Curve Menu 〉 Free-Form 〉 Interpolate On Surface

버튼: 왼쪽 클릭

기능: 선택한 서페이스 위에 Interpolate Curve를 생성하는 기능이다.

Fit To Points (점에 맞춤)

메뉴: Curve Menu 〉 Free-Form 〉 Fit To Points

버튼: 오른쪽 클릭

기능: 지정한 포인트를 Curve Type별로 커브 선을 만들어 내는 기능이다.

〈CurveType〉

■ Interpolated

커브가 선택된 점을 통과하게 하는 기능이다.

■ ControlPoint

커브의 제어점이 선택된 점에 배치되게 하는 기능이다.

Curve Through Surface Control Point

선택한 서페이스의 Control Point를 생성하여 그 Control point에 맞추어 커브를 생성하는 기능이다.

Fit To Polyline (폴리라인에 맞춤)

메뉴: Curve Menu 〉 Free-Form 〉 Fit To Polyline

버튼: 왼쪽 클릭

기능: 지정한 폴리라인을 Curve Type별로 커브를 만들어 내는 기능이다.

〈CurveType〉

■ Interpolated

커브가 폴리라인의 정점을 통과하게 하는 기능이다.

■ ControlPoint

커브의 제어점이 폴리라인의 정점에 배치되게 하는 기능이다.

Conic

메뉴: Curve Menu 〉 Conic

버튼: 왼쪽 클릭

기능: 원뿔 단면 커브를 생성한다. rho라고 불리는 값이 원뿔 커브의 유형을 제어하며 타원형 커브의 rho값은 0.0과 0.5사이이다. 포물선 커브의 rho값은 0.5이며 쌍곡선의 rho값은 0.5와 1사이이다.

〈Options〉

Apex : 정점을 지정하게 하는 기능이다.

Perpendicular : 기존 커브 상에서 원하는 위치로 수직 표시기를 끌어가게 하는 기능이다.

Tangent : 기존 커브상에서 원하는 위치로 접점 표시기를 끌어가게 하는 기능이다.

〈Types of conics〉

■ Ellipse

오른쪽 원형 원뿔의 닫힌 평면형 단면 커브. rho 값이 0.0 보다 크고 0.5 보다 작다.

■ Parabola

원뿔의 기준 원과 옆을 통과하는 평면과 오른쪽 원뿔의 교차. rho 값 0.5

■ Hyperbola

원뿔의 기준원에 수직인 평면과 오른쪽 원뿔의 교차. rho 값이 0.5보다 크고 1보다 작다.

Parabola by Focus

메뉴: Curve Menu 〉 Parabola 〉 Focus, Direction

버튼: 왼쪽 클릭

기능: 초점, 방향, 끝점으로 포물선을 생성하는 기능이다.

Parabola by Vertex

메뉴: Curve Menu 〉 Parabola 〉 Vertex, Focus
버튼: 오른쪽 클릭
기능: 정점과 끝점으로 포물선을 생성하는 기능이다.

〈Options〉

■ MarkFocus

초점 위치에 점 개체를 배치하는 기능이다.

■ Half

포물선을 절반만 생성하는 기능이다.

Hyperbola

메뉴: Curve Menu 〉 Hyperbola
버튼: 왼쪽 클릭
기능: 계수, 초점, 정점을 지정하여 쌍곡선을 그린다.

〈Options〉

• Center, focus, end

중심점, 초점, 끝점을 사용하여 쌍곡선을 생성하는 기능이다.

• FromCoefficient (계수 지정)

쌍곡선 방정식의 A와 B 계수를 사용하여 커브를 정의하는 기능이다.

• FromFoci

쌍곡선이 초점에서 시작하도록 그리는 기능이다.

• FromVertex

쌍곡선이 정점에서 시작하도록 그리는 기능이다.

Helix (원통형 나선)

메뉴: Curve Menu 〉 Helix
버튼: 왼쪽 클릭
기능: 원통형 나선 커브를 그리는 기능이다. 첫 번째 점은 시작점, 두 번째 점은 끝점이며

Turns의 수와 Pitch의 수가 서로 반비례 되는 것을 유의한다.

마지막 점은 반지름이다. 이 원통형 나선 커브를 만들 때는 생성하고자 하는 개체의 전체모양을 생각하고, 적정 Viewport를 선택해야 한다.

〈Options〉

• Vertical

축이 CPlane에 대하여 수직인 Helix를 그리는 기능이다.

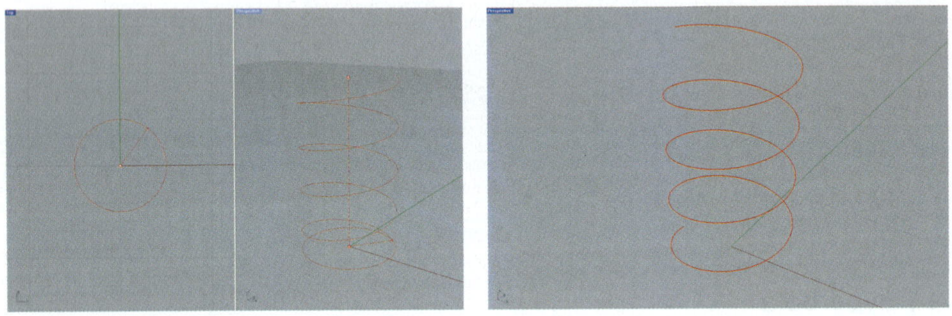

• Around Curve

커브를 중심으로 Helix를 그리는 기능이다.

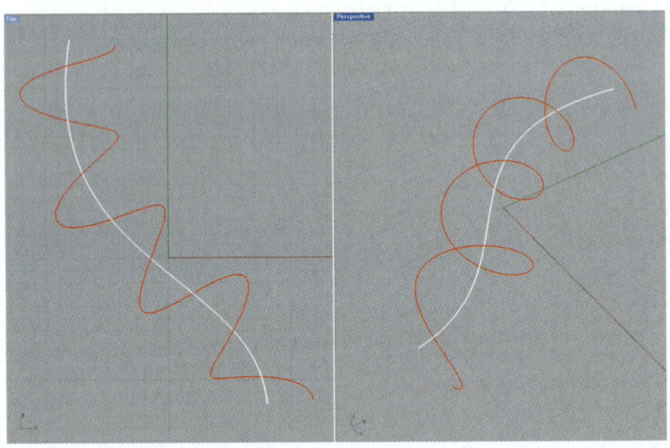

• Diameter

원의 반지름과 지름 지정 상태를 전환하여 값을 적용한다.

Mode : 현재 실행 중인 설정을 표시하는 기능이다.

Turns : Turns의 수가 우선시 되고, Pitch값은 자동으로 조정된다.

Pitch : Pitch의 수가 우선시 되고, Turns값은 자동으로 조정된다.

Turns : 회전의 수를 입력하는 기능이다.

Pitch : 회전 사이의 거리 값을 입력하는 기능이다.

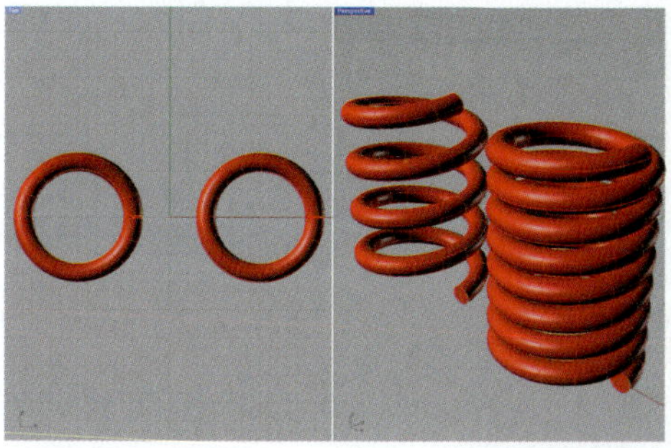

Turn 과 Pitch값에 의한 Helix 형태 변화

Reverse Twist : Twist의 방향을 시계 반대 방향으로 바꾸는 기능이다.

Spiral (원뿔형 나선)

메뉴: Curve Menu 〉 Helix

버튼: 왼쪽 클릭

기능: 원뿔형 나선 커브를 그리는 기능이다. 나선의 회전 수와 커브 사이의 거리를 제어하거나 비틀린 방향을 반전 시킬 수 있다. 평면형의 원뿔형 나선과, 구성 평면에 대해 수직으로 또는 커브 주변에 원뿔형 나선을 만들 수 있다.

■ Flat

평면형의 원뿔형 나선을 그리는 기능이다.

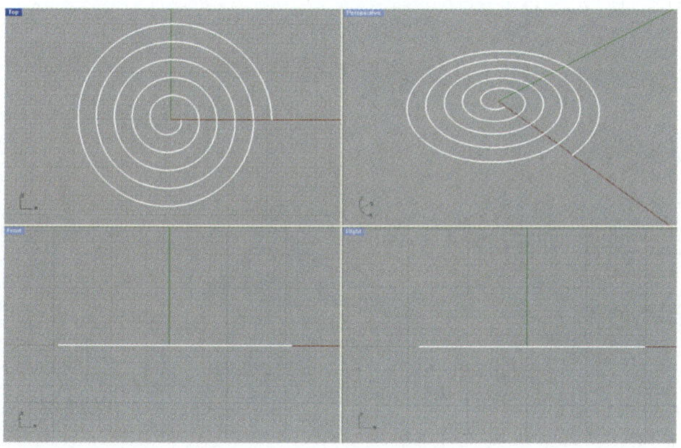

■ Vertical

선택한 구성 평면에 대하여 수직으로 원뿔형 나선을 그리는 기능이다.

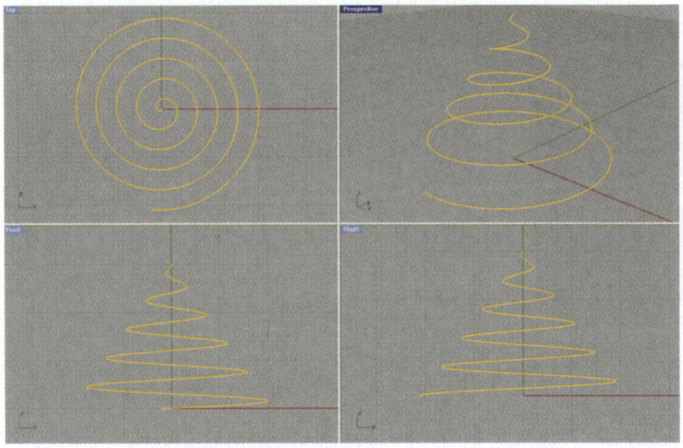

■ Around Curve

기준 커브의 주변에 원뿔형 나선을 그리는 기능이다.

CIRCLE TOOLBAR

중심점, 반지름, 지름, 점들을 정의하여 원을 그리는 명령이다.

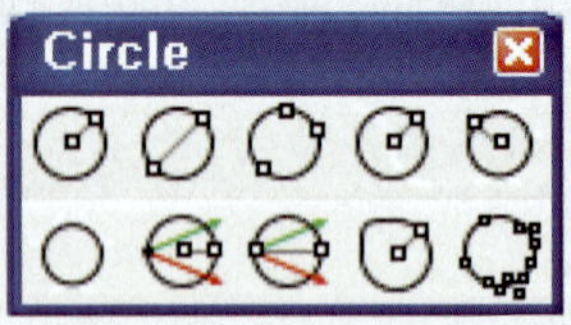

 | Center, Radius

메뉴: Curve Menu 〉 Circle 〉 Center, Radius

버튼: 왼쪽 클릭

기능: 중심점과 반지름의 값으로 원을 만든다.

 | Deformable (변형가능)

버튼: 왼쪽 클릭

기능: 사용자가 지정한 차수와 점의 개수를 갖도록 Curve의 NURBS 근사치를 만드는 기능이다.

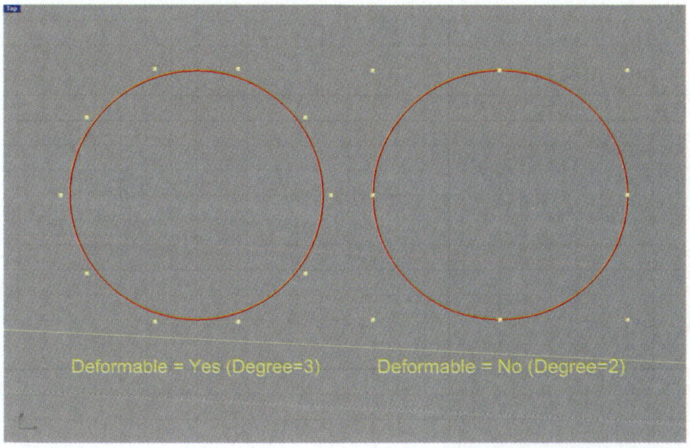

〈Option〉

Degree : 커브의 차수를 설정한다.
PointCount : 커브의 Control Point 숫자를 설정한다.

| 2Points (지름)

메뉴: Curve Menu 〉 Circle 〉 2Points (Diameter)
버튼: 왼쪽 클릭
기능: 지름을 사용하여 원을 그린다.

| 3Point

메뉴: Curve Menu 〉 Circle 〉 3Point
버튼: 왼쪽 클릭
기능: 원주에 있는 3점을 기준으로 원을 그린다.

| Around Curve (커브주변)

메뉴: Curve Menu 〉 Circle 〉 Around Curve
버튼: 왼쪽 클릭
기능: 기존 커브 주변에 원을 그리는 기능이다.

[예제]

① 다음과 같은 커브를 생성한 후 Control Point On을 실행한다.

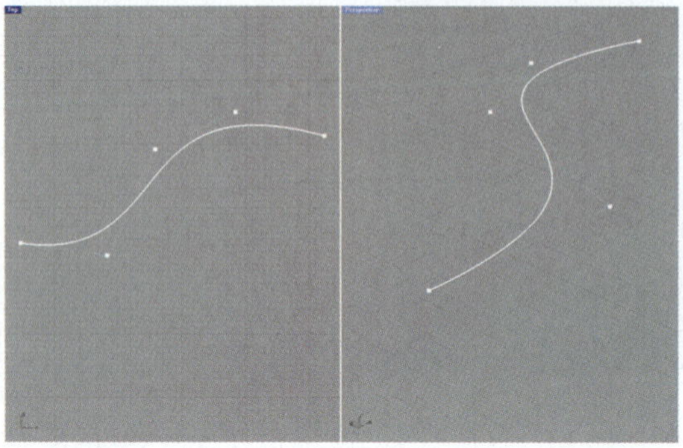

② Around Curve를 실행하여 커브의 끝점을 선택한 후 원하는 크기로 원 커브를 생성한다.

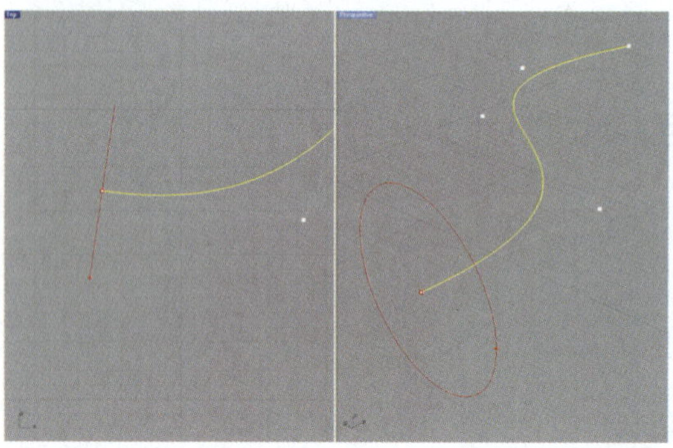

③ 크기를 정한 후 마우스 왼쪽 버튼을 클릭한다.

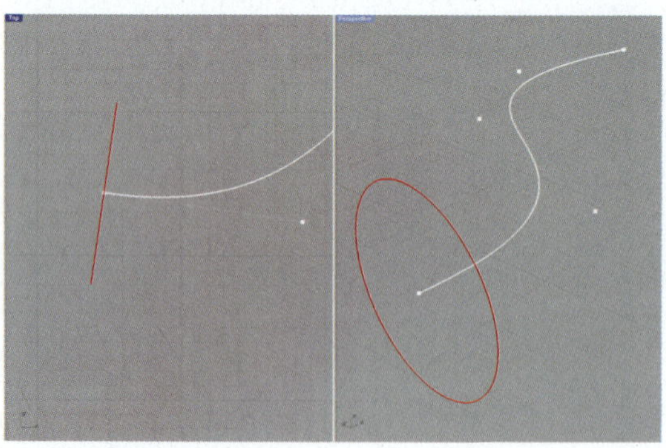

④ Control Point On을 실행하였을 때 보이는 포인트를 한 구간 연결하면 점선과 일치가 되는 것을 알 수 있다. Line을 생성한 후 생성한 Line에 수직방향으로 또 하나의 Line을 만들어 준다. Angle Dimension으로 각도를 측정한다. 90도 각도가 측정되는 것을 알 수 있다. 여기에서 알 수 있듯이 Around Curve는 커브의 접선 방향에 수직한다는 것을 알 수 있다.

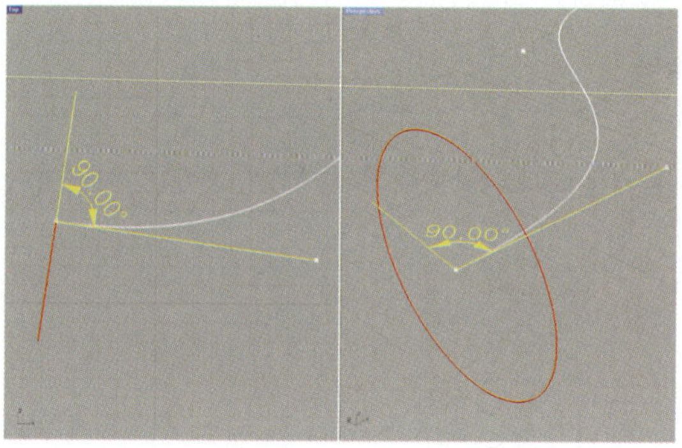

⑤ 다양한 크기로 원형 커브를 만들어 본다.

Tangent, Tangent, Radius

메뉴: Curve Menu 〉 Circle 〉 Tangent, Tangent, Radius
버튼: 왼쪽 클릭
기능: 두 개의 커브를 이용하여 접선과 접선 그리고 반지름을 이용한 원을 생성하는 기능이다.

Tangent to Curves

메뉴: Curve Menu 〉 Circle 〉 Tangent to Curves
버튼: 왼쪽 클릭
기능: 3개의 커브에 접한 원을 생성하는 기능으로 이 명령이 실행되기 위한 조건으로 3개의

커브가 있어야 한다.

| Vertical to CPlane, Center, Radius

버튼: 왼쪽 클릭

기능: CPlane 화면에 수직으로 중심점과 반지름을 이용한 원을 생성하는 기능이다.

| Vertical to CPlane, Diameter

버튼: 왼쪽 클릭

기능: CPlane 화면에 수직으로 지름의 크기를 이용해서 원을 생성하는 기능이다.

| Fit Points

버튼: 왼쪽 클릭

기능: 점 개체에 맞춰 원을 그리는 기능이다.

ARC TOOLBAR

호의 중심점, 시작점, 끝점, 각도, 통과점, 방향과 같이
호를 정의하는 점들을 사용하여 호를 그린다.

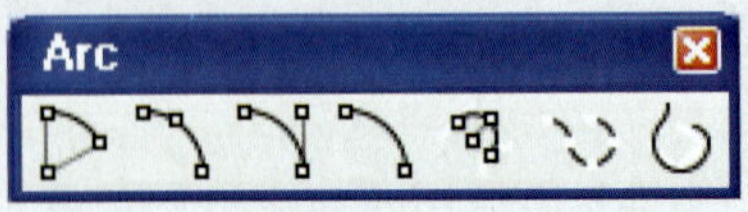

〈Option〉

- Deformable

변형하기 쉽도록 Control Point를 추가하여 호를 생성하는 기능이다.

- StartPoint

시작점, 끝점, 방향을 사용하여 호를 생성하는 기능이다.

- Tangent

기존의 커브에 대하여 접하는 호를 생성하는 기능이다.

• Extension

기존의 커브를 연장하여 호를 생성하는 기능이다.

| Center, Start, Angle

메뉴: Curve Menu 〉 Arc 〉 Center, Start, Angle
버튼: 왼쪽 클릭
기능: 중심점과 시작점 그리고 각도를 이용한 호를 생성한다.

| Start, End, Direction

메뉴: Curve Menu 〉 Arc 〉 Start, End, Direction
버튼: 왼쪽 클릭
기능: 시작점, 끝점, 그리고 방향을 이용한 호를 생성한다.

| Start, End, Point

메뉴: Curve Menu 〉 Arc 〉 Start, End, Point
버튼: 왼쪽 클릭
기능: 시작점, 끝점, 그리고 포인트를 이용한 호를 생성한다.

| Start, End, Radius

메뉴: Curve Menu 〉 Arc 〉 Start, End, Radius
버튼: 왼쪽 클릭
기능: 시작점, 끝점, 반지름을 이용한 호를 생성한다.

| Start, Point, End

메뉴: Curve Menu 〉 Arc 〉 Start, Point, End
버튼: 오른쪽 클릭
기능: 시작점, 포인트, 그리고 끝점을 이용한 호를 생성한다.

| Tangent, Tangent, Radius

메뉴: Curve Menu 〉 Arc 〉 Tangent, Tangent, Radius
버튼: 오른쪽 클릭
기능: 두 개의 접선과 반지름을 이용한 호를 생성한다.

| Tangent to Curve

메뉴: Curve Menu 〉 Arc 〉 Tangent to Curve
버튼: 왼쪽 클릭
기능: 특정 커브(3개)를 이용하여 호를 생성한다.

ELLIPSE TOOLBAR

두 개의 고정 축과 한 개의 유동 축을 이용하여 생성되는 지점들의 집합으로 정의할 수 있으며 중심점과 각각의 축을 지정하거나, 하나의 축의 양 끝점과 다른 축과의 거리를 지정하여 타원 형태를 생성한다.

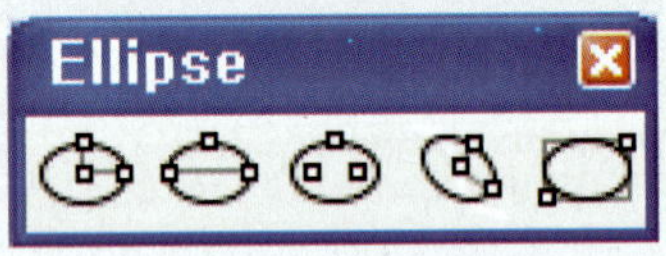

〈Option〉

- Deformable

변형하기 쉽도록 Control Point를 추가하여 Ellipse를 생성하는 기능이다.

- Vertical

타원의 중심점과 구성평면에 대하여 수직인 축을 그린다.

- Corner

타원의 범위를 표시하는 직사각형의 모서리로부터 생성하는 기능이다.

- Diameter

지름의 점을 지정하여 타원을 생성하는 기능이다.

- From Foci

타원 내부 두 개의 중심점을 이용해서 타원을 생성하는 기능이다.

- Around Curve

기존 커브의 주변에 타원을 생성하는 기능이다.

| From Center

메뉴: Curve Menu 〉 Ellipse 〉 From Center

버튼: 왼쪽 클릭

기능: 중심점, 첫 번째 축, 두 번째 축을 사용하여 타원을 생성한다.

| Diameter

메뉴: Curve Menu 〉 Ellipse 〉 Diameter

버튼: 왼쪽 클릭

기능: 지름의 점을 지정하여 타원을 생성하는 기능이다.

| From Foci

메뉴: Curve Menu 〉 Ellipse 〉 Diameter

버튼: 왼쪽 클릭

기능: 타원 내부 두 개의 중심점을 이용해서 타원을 생성하는 기능이다.

| Corner

버튼: 왼쪽 클릭

기능: 타원의 범위를 표시하는 직사각형의 모서리로부터 생성하는 기능이다.

| Around Curve

버튼: 왼쪽 클릭

기능: 기존 커브의 주변에 타원을 생성하는 기능이다.

EXTEND TOOLBAR

경계까지 연장하거나, 선 또는 호로 연장한다. 또한 부드럽게 연장 할 수 있으며 경계는 커브 또는 서페이스가 될 수 있다. 연장된 커브는 기존의 커브와 결합되어 하나의 커브가 된다.

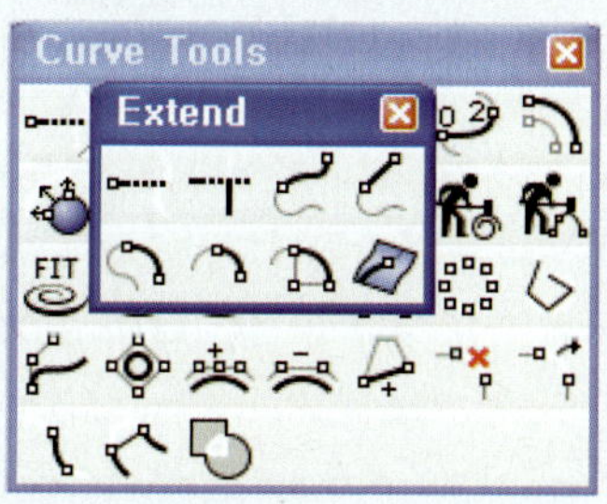

Extend Curve

메뉴: Curve Menu 〉 Extend Curve 〉 Extend Curve
버튼: 왼쪽 클릭
기능: 연장시키고자 하는 커브를 연장시키는 기능이다.

[예제]

① 다음과 같이 붙어있지 않은 커브를 하나 만들어 준다.

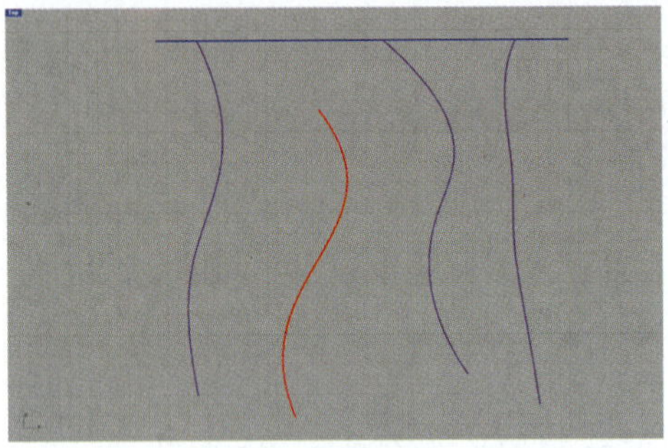

② Extend Curve 메뉴를 실행한 후 Boundary objects (경계 개체 선택) 또는 연장시킬 길이를 입력한다. 여기에서는 경계 개체를 선택한다. 상단에 위치한 Line을 선택한다.

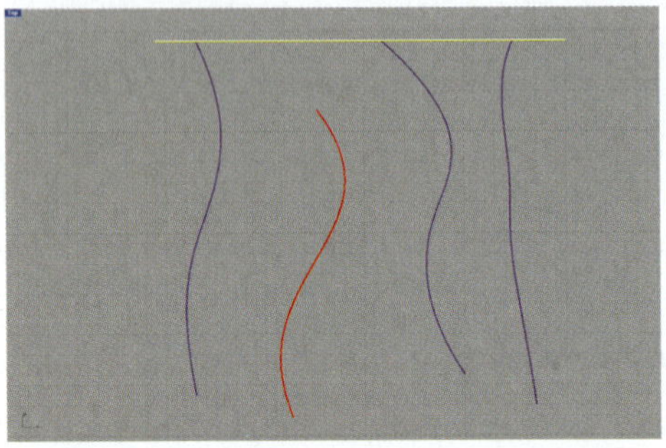

③ 다음으로 연장시킬 커브의 대략적 위치를 선택한다. 경계 개체에 연장시킬 커브가 달라붙으며 연장되는 것을 볼 수 있다.

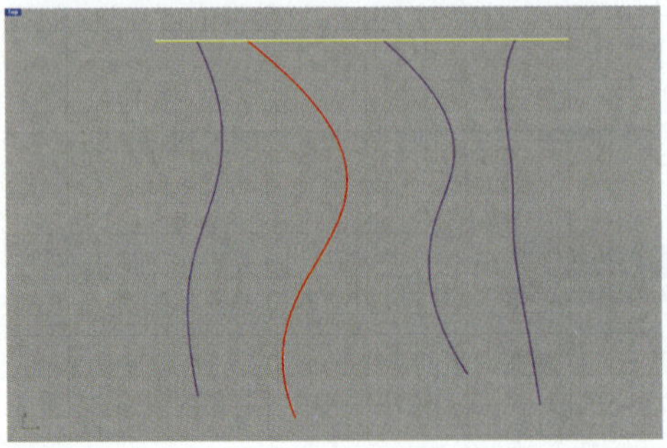

By Line

메뉴: Curve Menu 〉 Extend Curve 〉 By Line
버튼: 왼쪽 클릭
기능: 커브를 직선인 세그먼트로 연장시키는 기능이다.

By Arc

메뉴: Curve Menu 〉 Extend Curve 〉 By Arc
버튼: 왼쪽 클릭
기능: 커브를 호 세그먼트로 연장시키는 기능이다.

By Arc with Center

메뉴: Curve Menu 〉 Extend Curve 〉 By Arc with Center
버튼: 왼쪽 클릭
기능: 중심점을 기준으로 커브를 호 세그먼트로 연장시키는 기능이다.

By Arc to Point

메뉴: Curve Menu 〉 Extend Curve 〉 By Arc to Point
버튼: 왼쪽 클릭
기능: 두개의 포인트를 이용한 호를 만드는 방식으로 커브를 연장시키는 기능이다.

Curve on Surface

메뉴: Curve Menu 〉 Extend Curve 〉 Curve on Surface
버튼: 왼쪽 클릭
기능: 서페이스의 표면에 존재하는 커브를 연장시키는 기능이다.

Connect

메뉴: Curve Menu 〉 Connect Curves
버튼: 왼쪽 클릭
기능: 커브가 다른 끝점과 만나도록 연장하고 Trim시키는 기능이다.

〈Options〉

• Join

Yes를 선택하여 두 커브를 결합하는 기능이다.

• ExtendArcBY

Arc : 입력 커브에 접하도록 호 세그먼트로 호를 연장하는 기능이다.
Line : 입력 커브에 접하도록 선 세그먼트로 호를 연장하는 기능이다.

[예제]

① Connect 메뉴를 실행한 후 두 개의 커브를 하나씩 선택하여 준다.

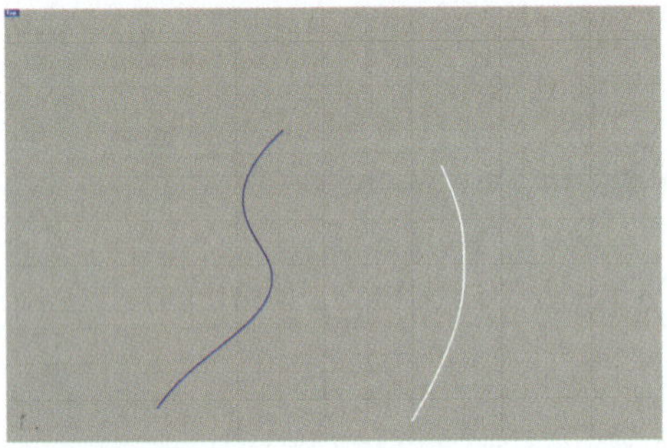

② 선택되어진 커브가 서로 연장되면서 Trim되어진 것을 볼 수 있다.

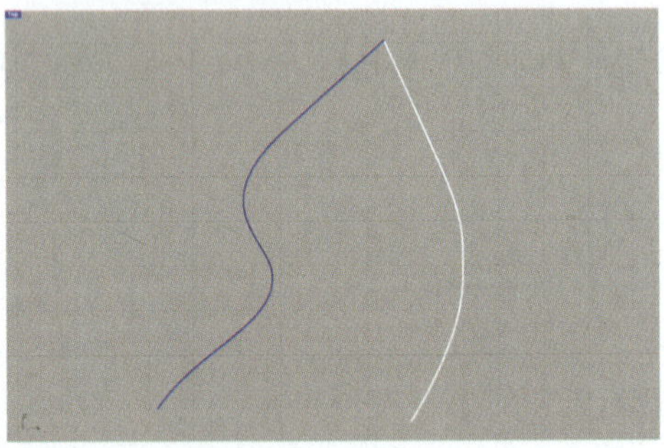

CURVE TOOLS TOOLBAR

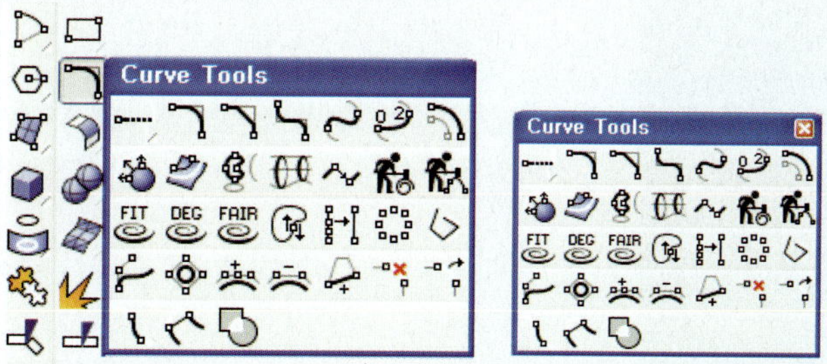

Fillet Curves (커브 모깎기)

메뉴: Curve Menu 〉 Fillet Curves

버튼: 왼쪽 클릭

기능: 2개의 커브나 선의 모서리를 곡선으로 만드는 기능이다. 2개의 커브나 선은 서로 떨어져 있거나 교차해도 생성이 가능하며 Fillet의 기본값은 '1'이다. 작업 상황에 맞추어 사용자가 값을 변경할 수 있다. 이 기능은 두 커브 사이에 지정된 반지름을 가진 호(G1블렌드)를 삽입하고 호에 맞춰 커브를 자르는 것이며 모깎기 부분이 자른 커브에 닿아, 커브에 접한다.

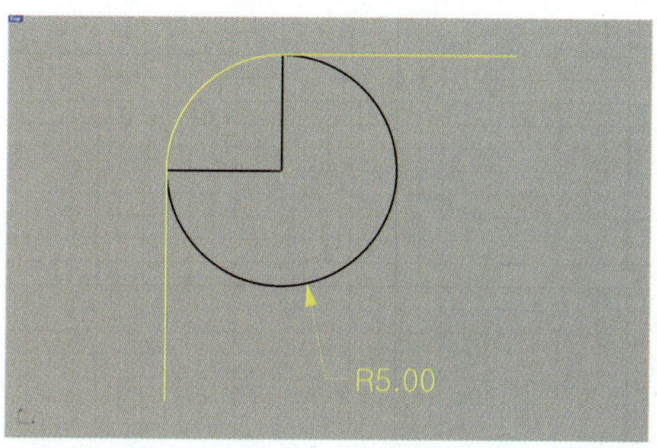

Fillet Radius 값을 5로 지정한 경우

[예제]

① 다음과 같이 연결된 커브와 서로 떨어진 커브들을 생성한다.

② Fillet 메뉴를 실행한 후 Radius 값을 입력한 후 서로 연결된 커브를 순차적으로 선택한다. 입력된 Radius값으로 인해 곡선(호)이 생성된 것을 알 수 있다.

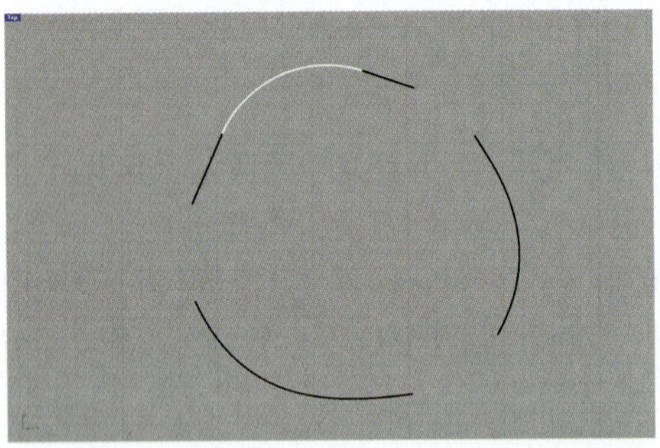

③ 서로 이격된 커브들도 선택하여 본다.

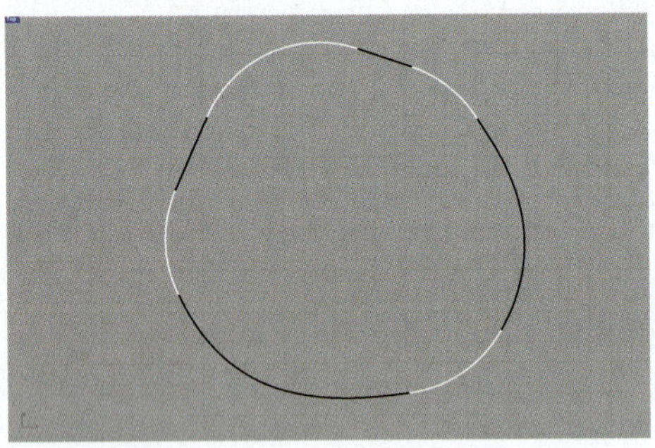

〈Options〉

- Radius

Fillet : 반지름 값을 변경하는 기능이다.

Join : Yes로 설정하면 커브가 Trimmed/Extended되어 Fillet, Chamfer, Blend, Join이 실행된다.

Trim : Yes로 설정하면 원래 커브가 Fillet, Chamfer, Blend 커브 실행되도록 Trimmed된다.
ExtendArcsBy : 호에 Fillet 또는 Chamfer를 실행했으나 Fillet 커브 또는 Chamfer 선과 만나게 하기 위하여 연장해야 할 필요가 있을 때 적용한다.

- Arc

유효성을 유지하며 호가 연장된다.

- Line

호는 선 세그먼트로 연장되며, 이 선 세그먼트는 호에 결합되어 호가 Polycurve로 변환된다.

| Fillet Corners

메뉴: Curve Menu 〉 Fillet Corners
버튼: 왼쪽 클릭
기능: Polycurve의 모서리와 지정된 반지름을 가진 호가 있는 Polyline을 Fillet 실행하는 기능이다.

[예제]

Fillet Corners Radius = 4 입력 후 Enter 키를 누른다. 명령을 실행한 후 Explode 시켜 Fillet 기능이 적용된 커브를 선택하여 본다.

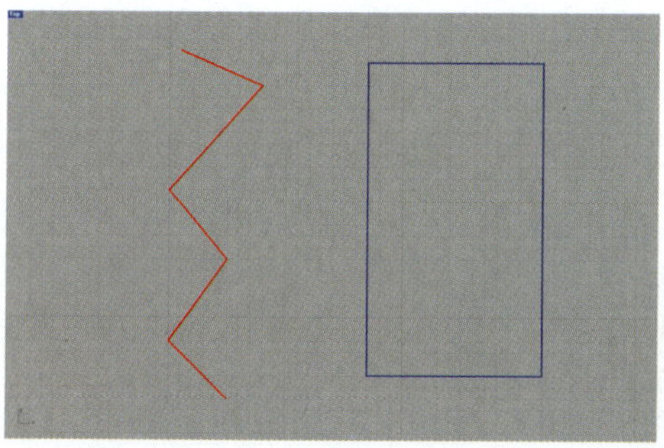
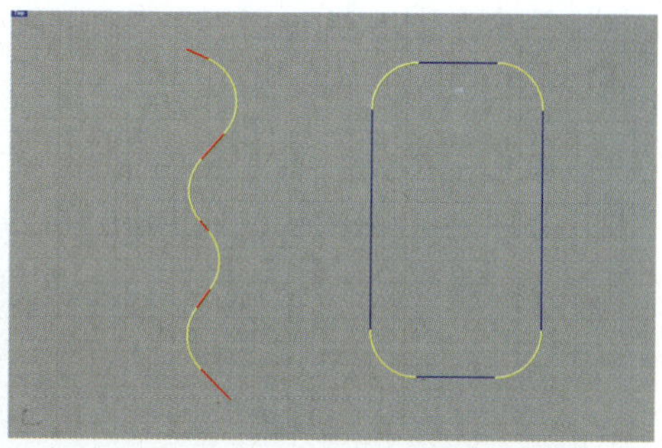

| Chamfer Curves (커브 모따기)

메뉴: Curve Menu 〉 Chamfer Curves
버튼: 왼쪽 클릭
기능: 두 커브 사이에 일직선의 세그먼트를 필요에 따라 자르거나 연장하여 생성하는 기능으로 생성된 커브는 각을 생성한다.

[예제]

① 다음과 같이 연결된 커브와 서로 떨어진 커브들을 생성한다.

② Chamfer 메뉴를 실행한 후 Distance 값을 입력한 후 서로 연결된 커브를 순차적으로 선택한다. 입력된 Chamfer값으로 인해 커브가 생성된 것을 알 수 있다.

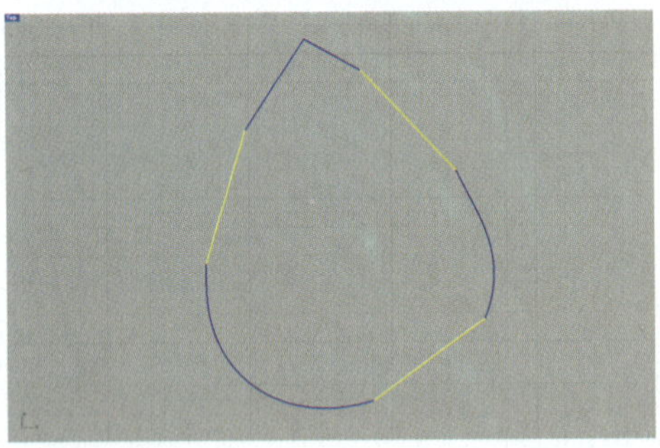

〈Options〉

• Distances

커브의 교차에서 Chamfer까지의 거리이다.

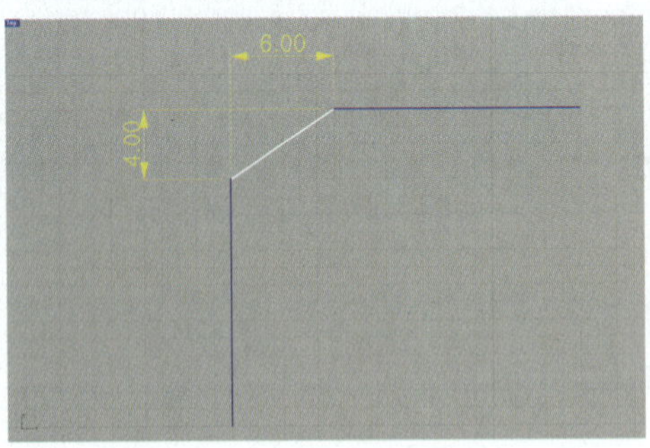

• Join

Yes로 설정하면 커브가 Trimmed/Extended되어 Fillet, Chamfer, Blend, Join이 실행된다.

• Trim

Yes로 설정하면 원래 커브가 Fillet, Chamfer, Blend 커브 실행되도록 Trimmed된다.

■ ExtendArcsBy

호에 Fillet 또는 Chamfer를 실행했으나 Fillet Curve 또는 Chamfer Line과 만나게 하기 위하여 연장해야 할 필요가 있을 때 적용한다.

■ Arc

유효성을 유지하며 호가 연장된다.

■ Line

호는 선 세그먼트로 연장되며, 이 선 세그먼트는 호에 결합되어 호가 Polycurve로 변환된다.

| Offset Curve

메뉴: Curve Menu 〉 Offset Curve

버튼: 왼쪽 클릭

기능: 커브를 복사하여, 복사된 커브상의 모든 위치가 원래 커브로부터 지정된 거리로 떨어져 있게 하는 기능이다. 기본적으로 Offset 커브는 원본 커브와 Control Point 수가 다르다.

적절하게 작은 Offset Distance와 Smooth Curve를 사용하면 가장 좋은 결과를 얻을 수 있다. 그렇지 않으면, 커브에 Kink 또는 왜곡될 수 있다.

Offset 기능을 실행하여 생성된 커브는 원본 커브와 조절점 수가 다르다. 하지만 Loose기능이 추가된 Offset 명령을 스크립트 작성으로 제작하여 사용하면 원본 커브의 조절점 수 일치가 가능하다.

[예제]

① 다음과 같은 커브 개체를 생성한다.

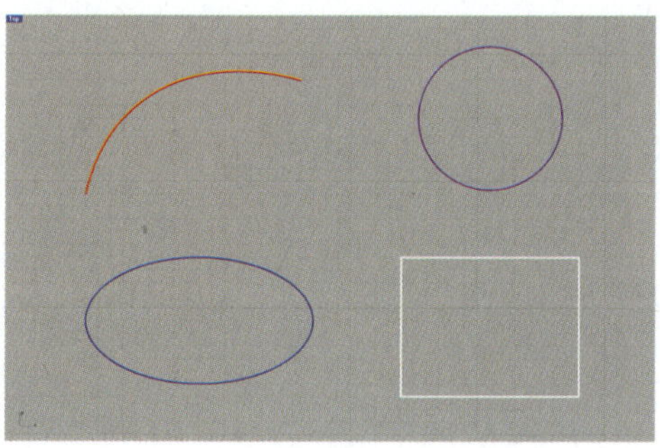

② 각 커브에 Offset 메뉴를 사용한다. 1번과 2번 Offset된 커브를 보면 Offset된 커브가 원본 커브와 Control Point 수가 다른 것을 확인할 수 있다.

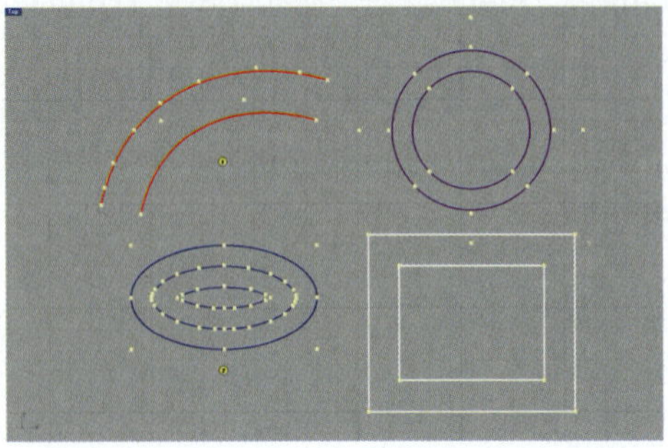

〈Options〉

• Distance

Offset 거리를 설정하는 기능이다.

• Corner

모서리를 Offset하는 방법을 변경하는 기능이다. 직사각형을 바깥쪽으로 Offset하여 다음 옵션들의 차이를 확인할 수 있다.

• Sharp

커브를 Offset하고, 서로 교차할 때까지 직선으로 연장한다.

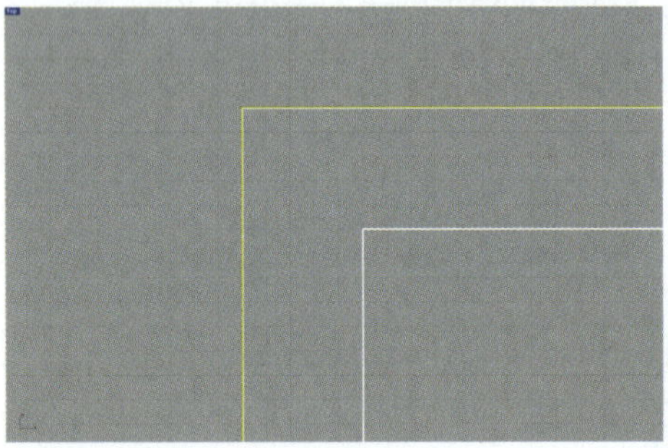

• Round

커브를 Offset하고, Offset한 거리와 같은 반지름의 Arc로 Fillet 실행한다.

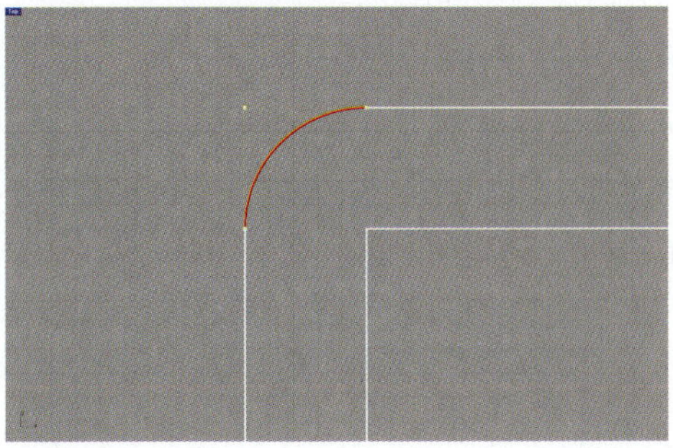

• Smooth

커브를 Offset하고, G1 Continuity 커브로 Conic 연결한다.

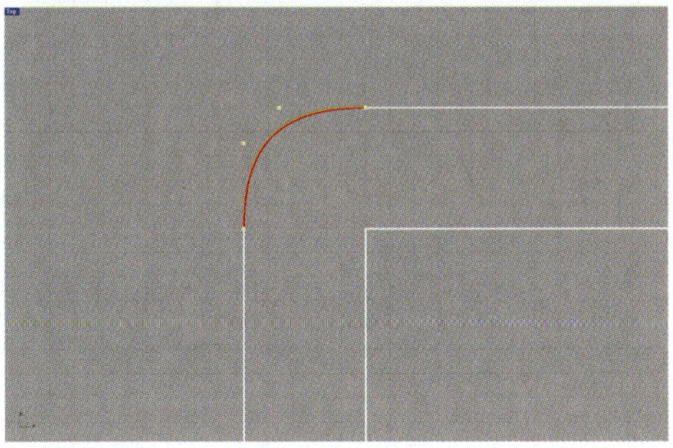

• Chamfer

커브를 Offset하고 끝점 사이를 직선으로 연결한다.

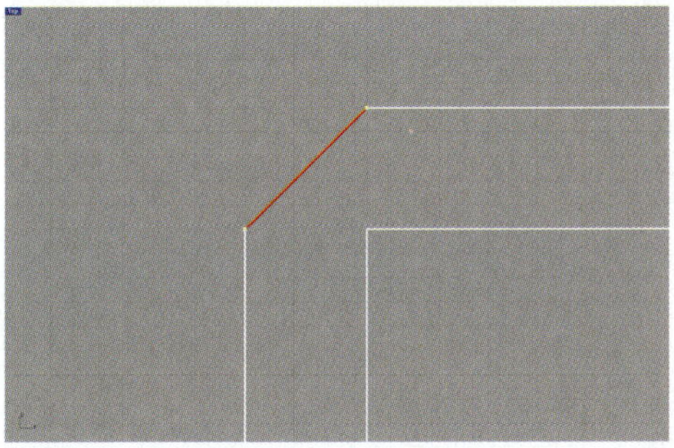

• ThrouhPoint

Offset 거리를 지정하는 대신, 한 점을 지정하여 Offset하는 기능이다.

• Tolerance

Offset 커브의 허용오차를 설정한다. 0을 입력하면 기본 허용오차를 사용하게 된다.

Offset Curve On Surface (서페이스상의 커브 간격띄우기)

버튼: 왼쪽 클릭

기능: Surface에 커브를 복사하여, 복사된 커브의 모든 위치가 원래 커브로부터 지정된 거리로 떨어져 있으며, 또한 Surface에 생성되게 하는 기능이다.

〈Options〉

• ThroughPoint

Offset 거리를 지정하는 대신, 한 점을 지정하여 Offset하는 기능이다.

• Flip

커브 또는 서페이스 방향을 역방향으로 설정하는 기능이다.

[예제]

① 다음과 같은 Surface를 생성한 후 Ellipse와 Project to Surface 기능을 이용하여 커브를 생성된 Surface에 On시킨다.

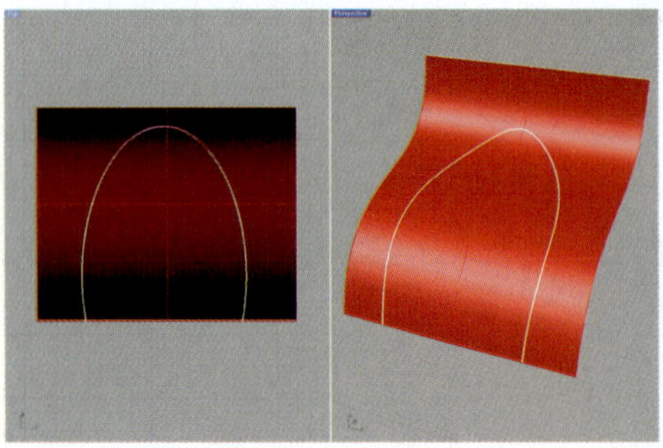

② 커브를 선택한다.

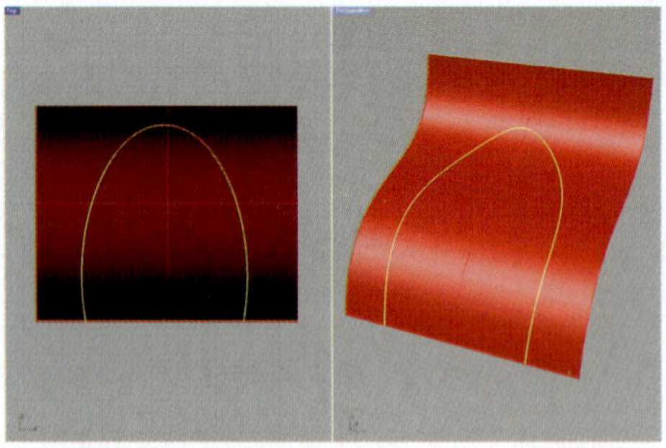

③ 기준이 되는 Surface를 선택한다. Offset되는 방향이 표시되는 것을 볼 수 있다. 거리 값을 설정한 후 Enter키를 누른다.

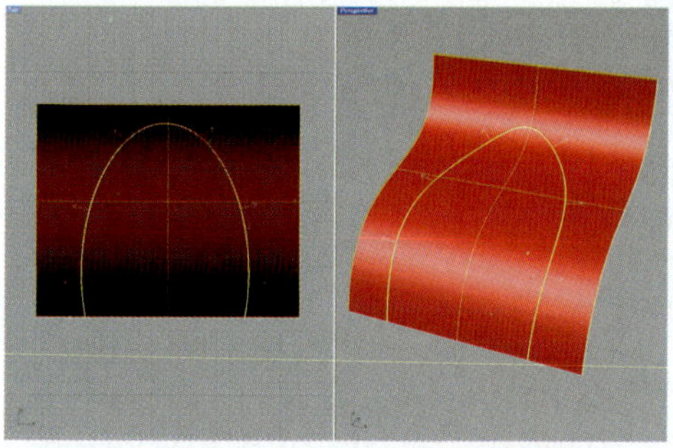

④ 설정된 방향과 거리 값에 의해 하나의 커브가 Offset된 것을 볼 수 있다.

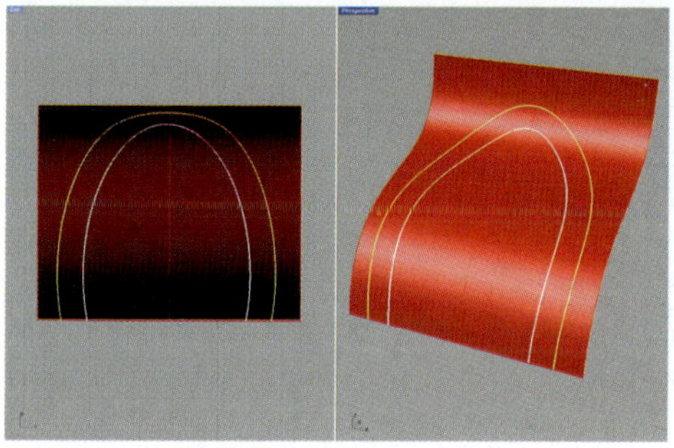

 | Offset Normal to Surface (서페이스에서 법선방향으로 간격띄우기)

메뉴: Curve Menu 〉 Offset Normal to Surface

버튼: 왼쪽 클릭

기능: Surface의 Normal Direction에서 Surface에 커브를 복사하는 기능이다. 복사된 커브의 모든 위치가 원래 커브로부터 지정된 거리만큼 떨어져 있게 된다.

Surface의 Normal 방향은 Main 2 Toolbar 〉 Analyze Direction 기능을 사용하여 확인할 수 있다.

[예제]

① Right View와 Perspective View를 설정한 후 다음과 같은 Surface를 생성한 후  Ellipse와  Project to Surface 기능을 이용하여 커브를 생성된 Surface에 On시킨다.

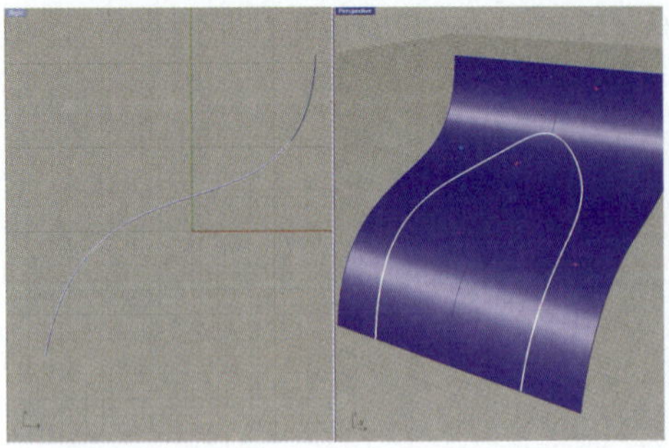

② Offset Normal to Surface 메뉴를 실행한 후 서페이스 위에 있는 커브를 선택한다.

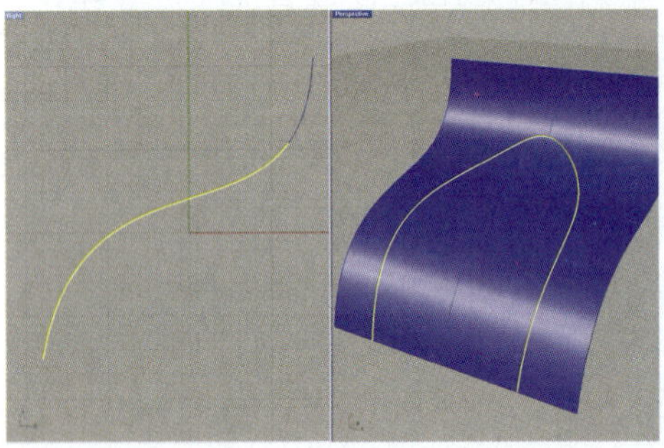

③ 커브를 선택한 후 서페이스를 선택하면 다음과 같이 Tracking Line이 생성된다. 전체 높이 값을 설정하여 Enter키를 누른다.

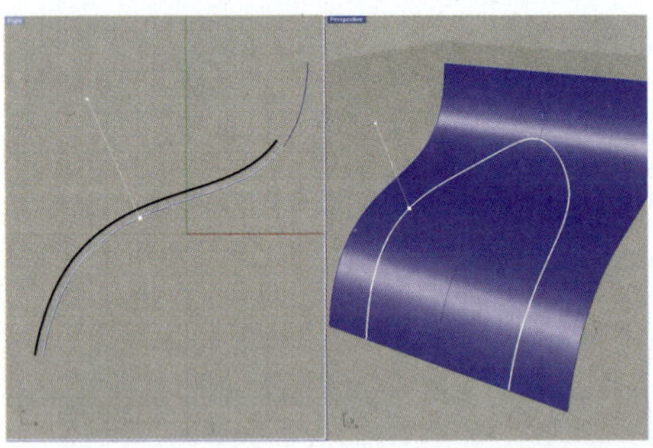

④ 설정된 높이 값으로 커브가 Offset되어진 것을 볼 수 있다.

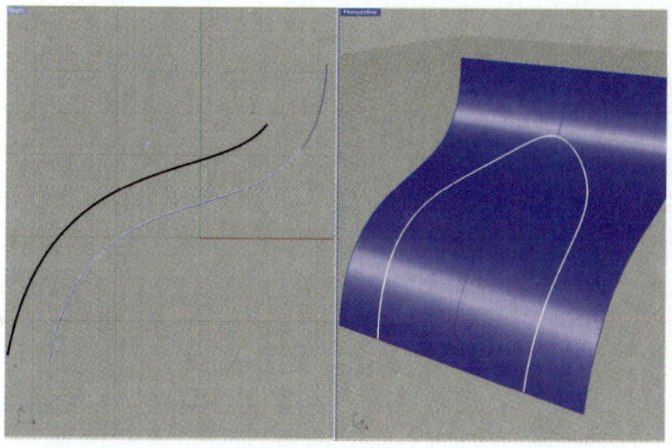

⑤ 다음으로 Fin 높이를 지정할 위치를 선택한다. 위치를 선택한 후 높이값을 지정한다.

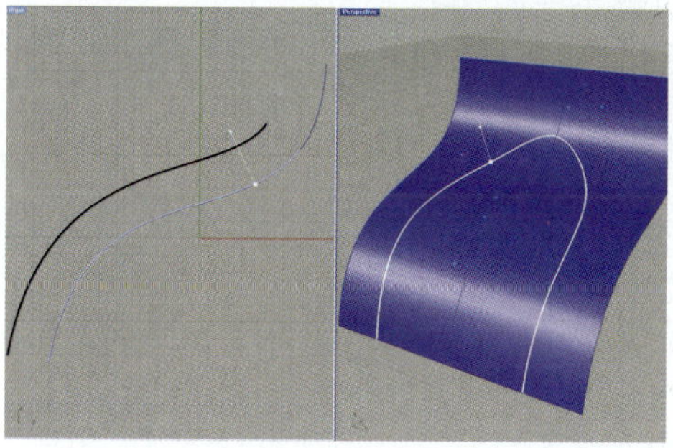

⑥ Right View에서 보면 알듯이 지정한 위치가 개별적인 높이 값으로 바뀐 것을 볼 수 있다.

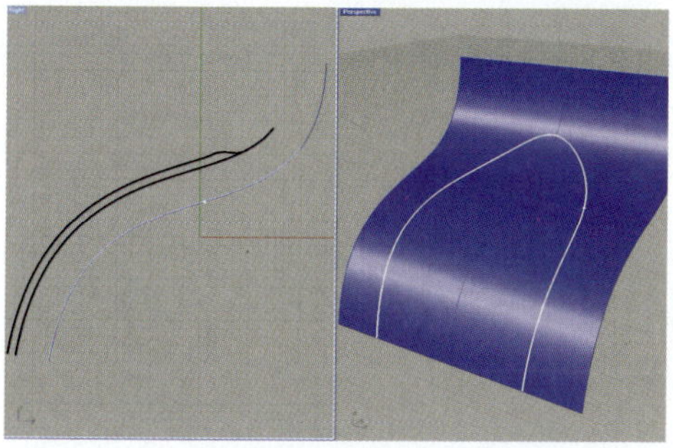

⑦ 다시 한 번 다른 위치를 찾아 Fin 높이값을 설정해본다.

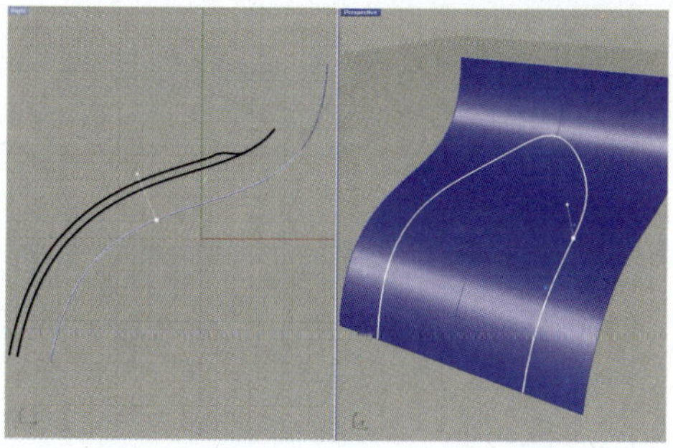

⑧ 개별적으로 Offset되어진 것을 볼 수 있다.

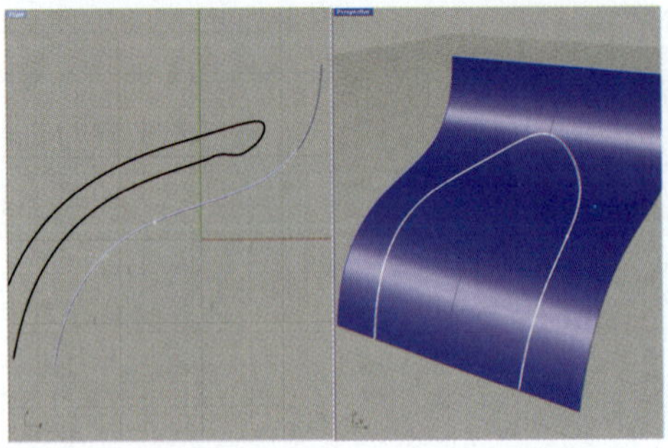

⑨ Enter키를 누르고 나면 Offset 된 것을 알 수 있다.

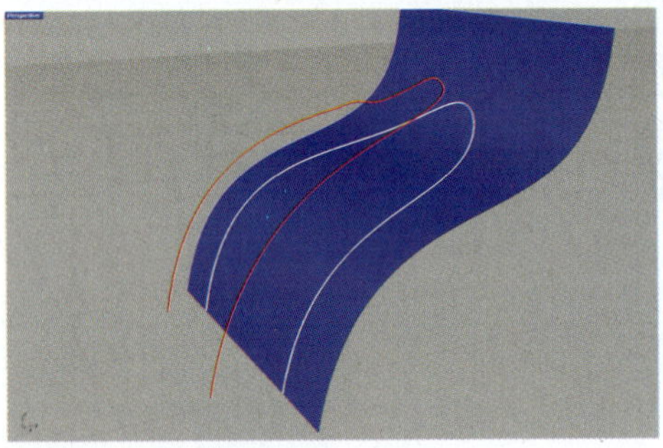

Continuity (연속성)

Continuity는 커브와 서페이스 사이의 관계를 나타내며 각 연속성의 단계에서는 이전 단계에서의 조건이 충족되었다고 가정한다.

Position (G0)

Position는 위치만을 측정한다. 각 커브의 끝점이 공간에서 동일한 위치에 있는 경우, 커브는 끝점에서 Position Continuity (G0)를 갖는다.

[예제]

① 두개의 이격된 커브를 생성한 후 각 커브의 끝점 근처를 클릭 한다. Match Curve를 선택한다. 대화 상자에서 Continuity 값을 Position에 체크 하고 Preserve other end는 None에 체크 한다. 나머지 옵션은 체크하지 않고 OK버튼을 누른다. Control Point On을 하여 각 커브의 제어점을 표시한다.

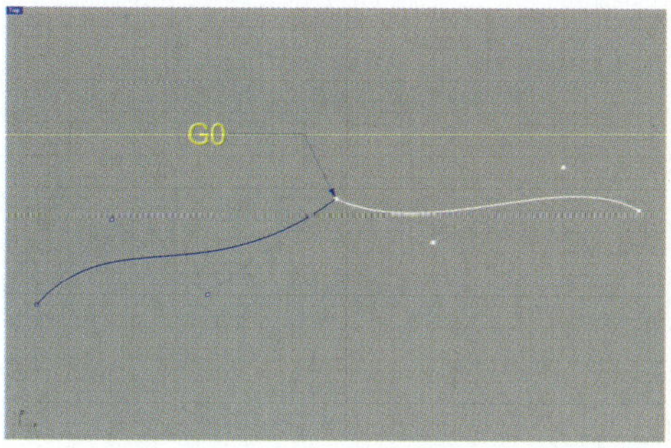

② Match Curve기능을 적용한 커브를 선택한 후 Curvature Graph On기능을 실행한다. 대화 상자에서 Display Scale로 크기 조절한다. Position Continuity (G0) 그래프를 확인할 수 있다.

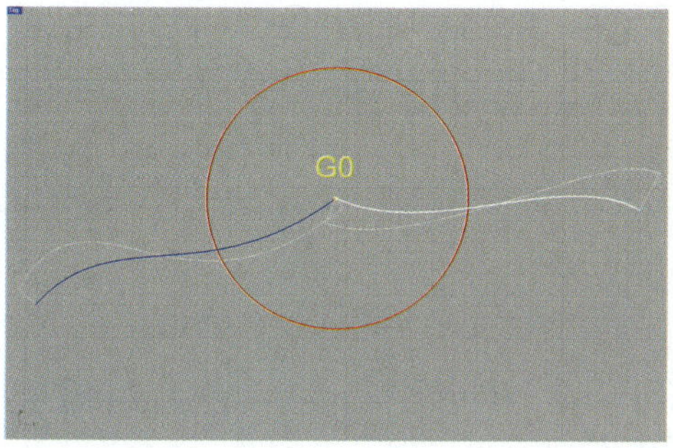

Tangent (G1)

Tangent는 끝점의 위치와 커브 방향을 측정한다. 방향은 각 커브의 첫 번째 점과 두 번째 점이 결정한다. 두 점이 한 선에 나란히 있게 되면 두 커브는 끝점에서 Tangent Continuity (G1)을 갖는데. G1 연속성을 갖는 커브와 서페이스는 G0 연속성도 갖게 된다.

[예제]

① 두개의 이격된 커브를 생성한 후 각 커브의 끝점 근처를 클릭 한다. Match Curve를 선택한다. 대화 상자에서 Continuity 값을 Tangent에 체크 하고 Preserve other end는 None에 체크 한다. 나머지 옵션은 체크하지 않고 OK버튼을 누른다. Control Point On을 하여 각 커브의 제어점을 표시한다.

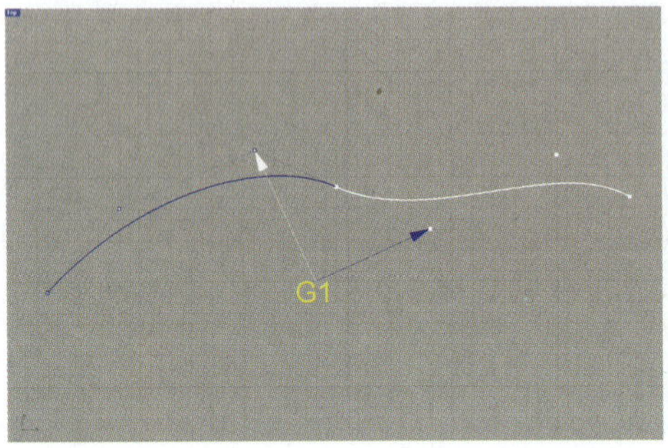

② Match Curve기능을 적용한 커브를 선택한 후 Curvature Graph On기능을 실행한다. 대화 상자에서 Display Scale로 크기 조절한다. Tangent Continuity (G1) 그래프를 확인할 수 있다.

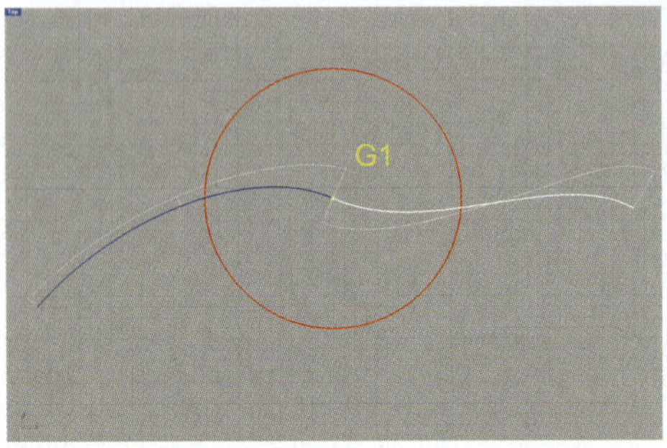

Curvature (G2)

두 커브 사이의 Curvature Continuity는 끝점에서의 위치, 방향, 곡률의 반지름을 측정한다. 곡률의 반지름이 공통의 끝점에서 동일하다면, 커브와 곡률이 연속성(G2)을 갖는다. 이 조건은 점의 위치를 보는 것만으로는 결정하기 쉽지 않다. 곡률(G2) 연속성이 있는 커브와 서페이스에는 Tangent Continuity (G1)이 있으므로, Position Continuity (G0)이 반드시 있다.

[예제]

① 두개의 이격된 커브를 생성한 후 각 커브의 끝점 근처를 클릭 한다. Match Curve를 선택한다. 대화 상자에서 Continuity 값을 Curvature에 체크 하고 Preserve other end는 None에 체크 한다. 나머지 옵션은 체크하지 않고 OK버튼을 누른다. Control Point On을 하여 각 커브의 제어점을 표시한다.

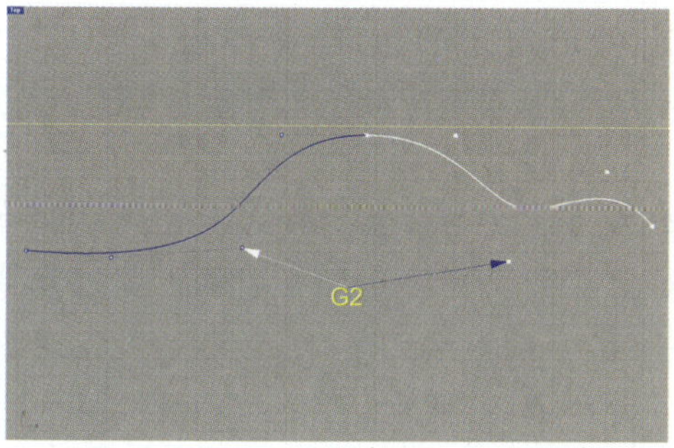

② Match Curve기능을 적용한 커브를 선택한 후 Curvature Graph On기능을 실행한다. 대화 상자에서 Display Scale로 크기 조절한다. Curvature Continuity (G2) 그래프를 확인할 수 있다.

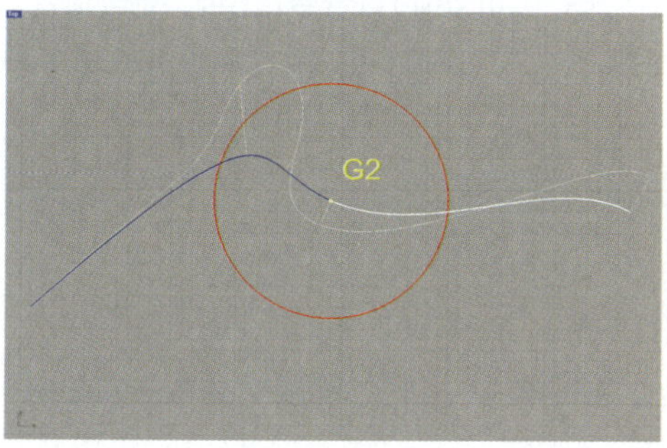

Blend Curves

메뉴: Curve Menu 〉 Blend Curves

버튼: 왼쪽 클릭

기능: 두 커브의 연속성을 유지하면서 두 커브를 Blend한 커브를 그리는 기능이다.

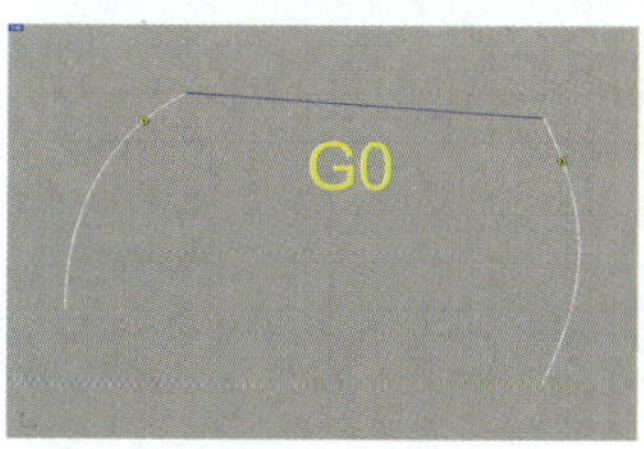

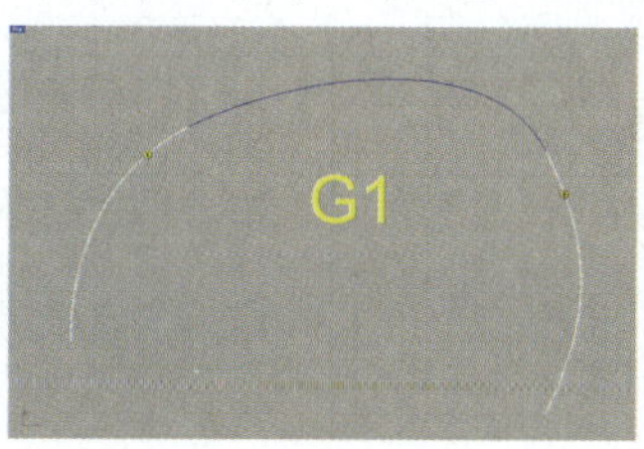

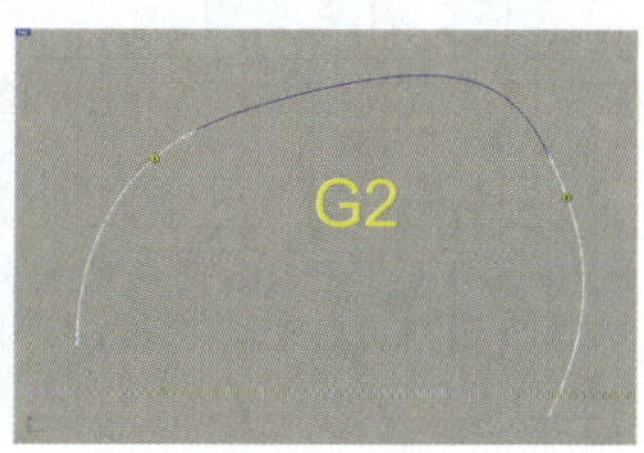

〈Options〉

- Perpendicular (수직)

Continuity(연속성) = Tangent(접선) 또는 Curvature(곡률)일 때, 연속성을 사용하여 커브를 서페이스에 수직인 서페이스의 가장자리에 Blend할 수 있다.

- At Angle (방향지정)

Continuity(연속성) = Tangent(접선) 또는 Curvature(곡률)일 때, Blend 커브를 가장자리에 수직 외의 방향으로 지정할 수 있다. 대부분, 각도의 값을 입력할 수 없으므로, 참조 지오메트리가 필요하다.

이러한 경우에 Sweep2 명령으로 사용할 커브를 만들어 트림된 서페이스가 만들어지는 것을 피하려는 경우에, 또한 끝 쪽에서 수직이 될 커브를 만들기 위해서, 수직의 참조선 위의 끝점에 Snap하여 각도를 지정한다. Shift 키를 누르면 각도의 방향이 직교 모드에 의해 제한되나, 가장자리 커브에 접하는 것을 유지한다.

| Blend Perpendicular to Two Curves

버튼: 왼쪽 클릭

기능: Continuity(연속성) = Tangent(접선) 또는 Curvature(곡률)일 때, 연속성을 사용하여 커브를 서페이스에 수직인 서페이스의 가장자리에 원하는 위치로 Blend할 수 있다.

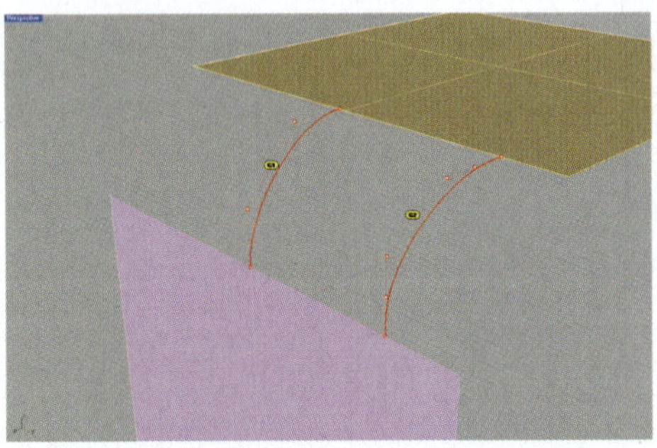

| Adjustable Curve Blend

버튼: 왼쪽 클릭

기능: Blend Continuity를 제어하면서, 커브 또는 Surface 가장자리 사이에 Blend Curve를 만드는 기능이다.

[예제]

① 다음과 같은 두 개의 커브를 이격시켜 생성한다.

② Adjustable Curve Blend기능을 실행한다. 두개의 커브를 순차적으로 찍어준다. Command Line에서 Continuity 1 =G0로 설정하고 Continuity 2 =G1 으로 설정한다.

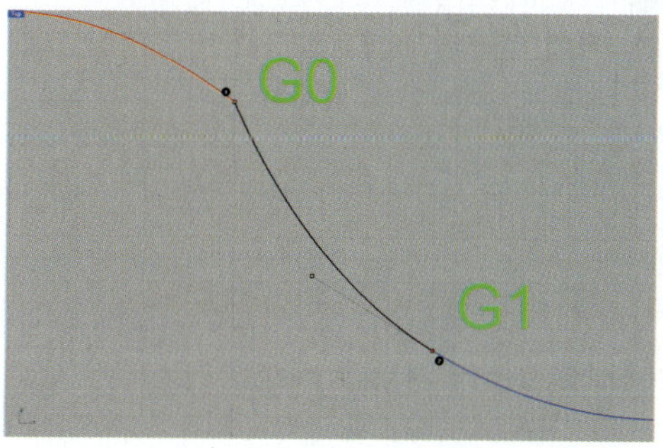

③ Command Line에서 Continuity 1 =G1로 설정하고 Continuity 2 =G2 으로 설정한다.

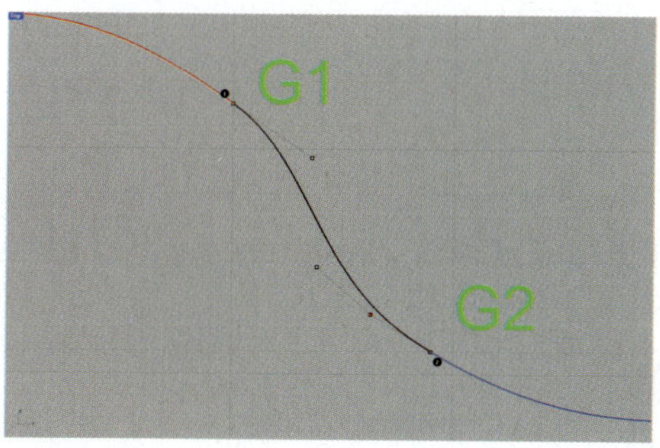

④ Command Line에서 Continuity 1 =G2로 설정하고 Continuity 2 =G3 으로 설정한다.

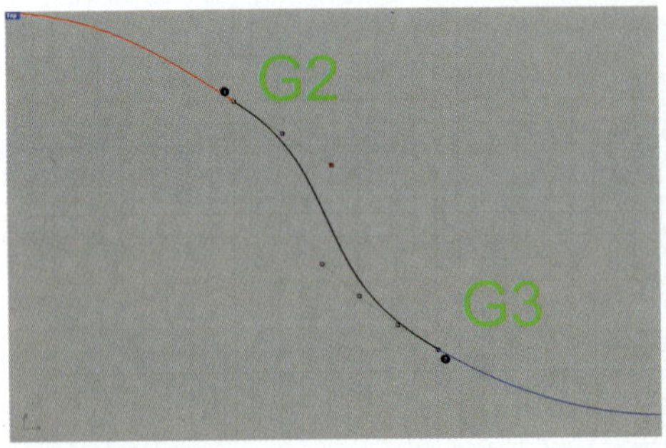

⑤ Command Line에서 Continuity 1 =G3로 설정하고 Continuity 2 =G4 으로 설정한다. Continuity 1과 2를 서로 바꾸어 설정할 수도 있다.

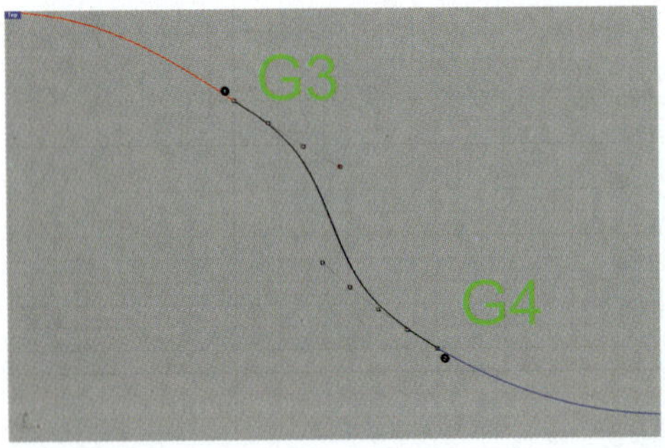

〈Options〉

• Edges

선택을 서페이스 가장자리로 제한하는 기능이다.

[예제]

① 다음과 같은 두개의 서페이스를 생성한 후 이미지에 나오듯이 서페이스 모서리 끝부분에 점을 생성시킨다.

② Adjustable Curve Blend기능을 실행한 후 Command Line에서 Option 중 Edges를 선택한다. 각 서페이스 가장자리를 선택한다.

③ 조정할 제어점을 선택한 후 생성한 Point까지 이동시킨다.

④ 나머지 제어점도 선택하여 생성한 Point까지 이동시킨다.

⑤ Shift 키를 누른 채 나머지 제어점으로 높이 조절을 해본다. 대칭을 제어하게 되어 나머지 제어점도 같이 움직이게 된다.

⑥ Alt키를 누르면서 제어점을 이동시켜본다. 개별적으로 이동할 수 있다.

⑦ 나머지 제어점도 Alt키를 누르면서 이동시켜 본다.

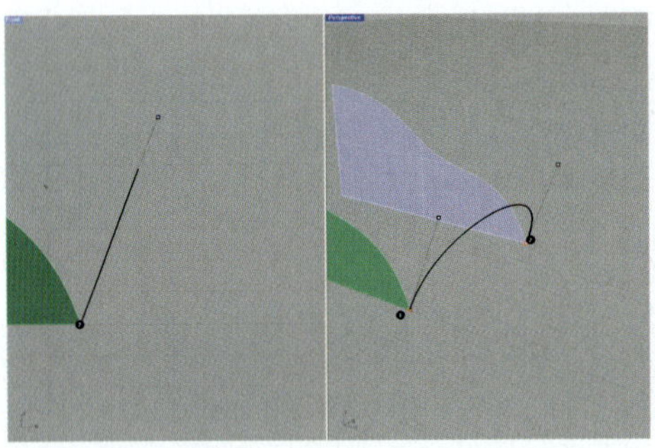

■ Point

Blend할 점을 지정하는 기능이다.

■ Curve Options

Shift : Shift키는 대칭을 제어한다. 기본 설정에 의해, 세이프 커브는 각 끝점을 별도로 편집하도록 되어 있다. 대칭 기능을 사용하여 점 편집을 하면 커브의 다른 쪽 끝에도 Mirror 실행이 된다.

■ Flip

커브 또는 서페이스 방향을 역방향으로 설정한다.

Trim : Yes를 선택하면 원래 커브가 Fillet, Chamfer, Blend Curve 실행되도록 Trim된다.

Join : Yes를 선택하면 커브가 트림/연장되어 Fillet, Chamfer, Blend, Join이 실행된다.

■ Display Curvature

곡률 그래프를 표시하는 기능이다.

■ Surface Edge Options

Key For Control

Alt : 기본 설정에 의하여, 셰이프 커브는 서페이스 가장자리에 수직을 이룬다. Alt 키를 누른 상태에서 핸들을 끌어, 형태 커브와 서페이스 가장자리 사이의 각도를 변경한다.

Shift : Shift 키는 대칭을 제어한다. 기본 설정에 의해, 셰이프 커브는 각 끝점을 별도로 편집하도록 되어 있다. 대칭 기능을 사용하여 점 편집을 하면 커브의 다른 쪽 끝에도 Mirror 실행이 된다.

At Angle 1 and At Angle 2 : 연속성=G1 이거나, 이보다 클 때, 블렌드 커브의 방향을 가장자리에 대하여 수직이 아닌 방위로 지정할 수 있다.

| Curve from 2 View

메뉴: Curve Menu 〉 Curve from 2 View

버튼: 왼쪽 클릭

기능: 다른 View에서 평면형인 커브를 사용하여 커브를 생성하는 기능이다.
다른 CPlane에서 평면형 커브인 두 커브로부터 세 번째의 커브를 만든다. 새롭게 만들어진 커브는 각 구CPlane에서 보면 원래 있는 커브와 같이 보이게 된다.

〈Options〉

• Direction

돌출 방향을 나타내는 두 점을 지정한다.

[예제]

① 다음과 같은 형태의 커브를 각 Viewport에서 그려 준다.

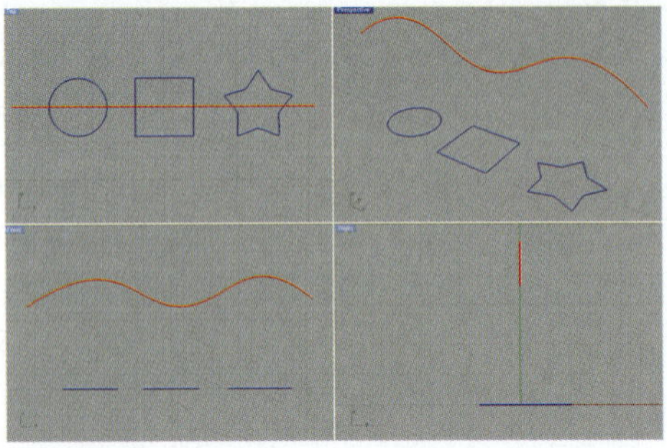

② Curve from 2 View 기능을 실행하고 Circle을 선택한 후 Control Point Curve를 선택한다. Circle 개체가 Control Point Curve 모양에 맞추어 생성되는 것을 볼 수 있다. 이 방법을 연속적으로 하여 나머지 개체도 생성시킨다.

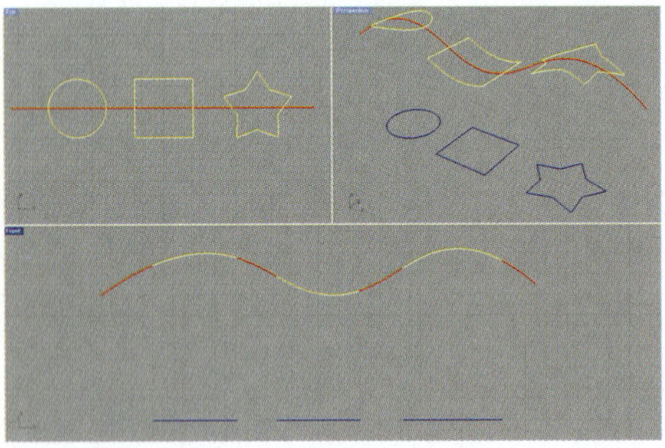

③ Loft Surface기능을 실행하여 두 개의 커브를 순차적으로 선택한 후 Enter키를 누른다.

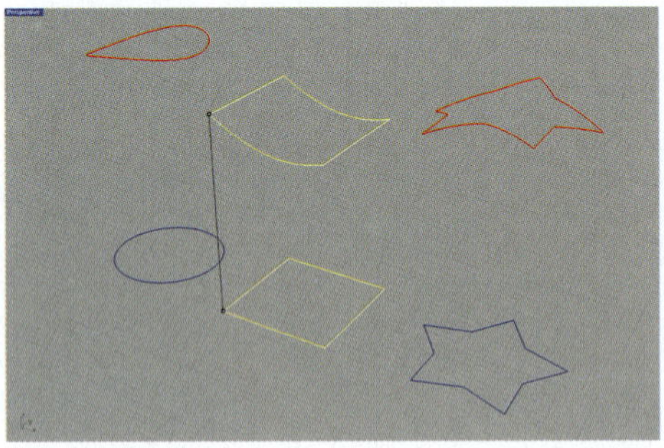

④ 각 커브 모양과 위치에 맞추어 열린 Poysurface가 생성된 것을 볼 수 있다.

⑤ 다른 커브들도 같은 방법을 통해 열린 Poysurface를 생성시킨다.

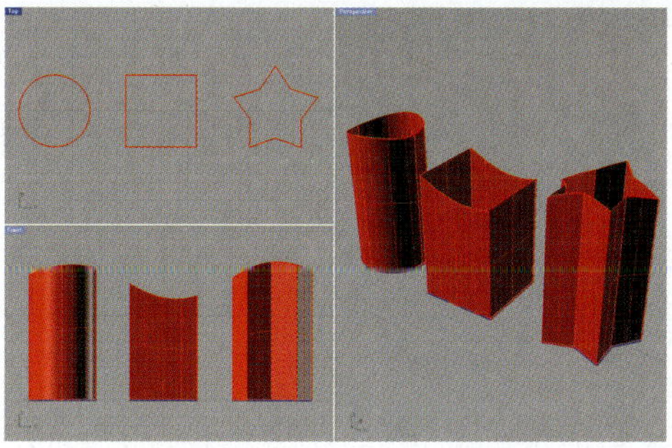

Cross-section Profiles (단면 프로파일를 이용하여 단면 커브 만들기)

메뉴: Curve Menu 〉 Cross-section Profiles

버튼: 왼쪽 클릭

기능: 여러 개의 Profiles(윤곽) 커브에서 단면 커브를 생성하는 기능이다. 일반적으로 Loft Surface와 혼용되어 사용한다.

교차 단면선은 모든 Profiles 커브를 지나가야 하며 최적의 결과를 얻기 위해서는 교차 단면 커브의 간격을 비교적 균등하게 배치해야한다.

이 기능은 보통 손가락과 같은 형태를 모델링할 때 주로 사용된다. Background Bitmap기능을 같이 사용하여 제작하고자 하는 형태를 밑그림으로 하여 제작하면 효율적이다.

〈Options〉

• Closed

Yes : 닫힌 커브를 만드는 기능이다.

No : 커브는 첫 번째 Profiles 선에서 시작하고 마지막 Profiles 선에서 끝난다.

[예제]

① 다음과 같이 4개의 Profiles 커브를 그려준다. Cross-section Profiles기능을 실행한 후 이미지에 나온 순서대로 커브를 선택한다.

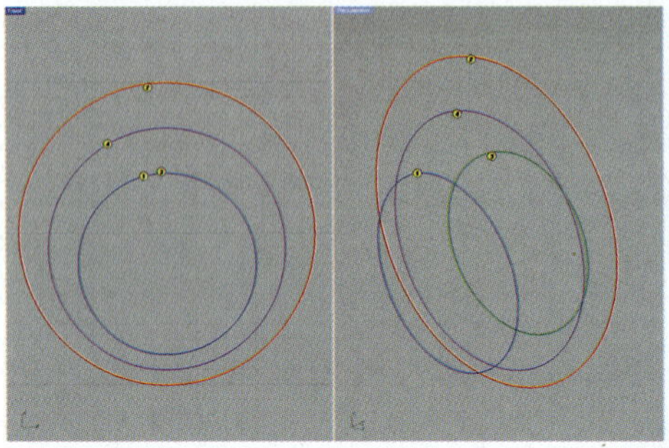

② Front View에서 단면 커브를 만들기 위해 위치를 선정하여 시작과 끝점을 찍어준다. 다음과 같은 단면이 생성되는 것을 볼 수 있다.

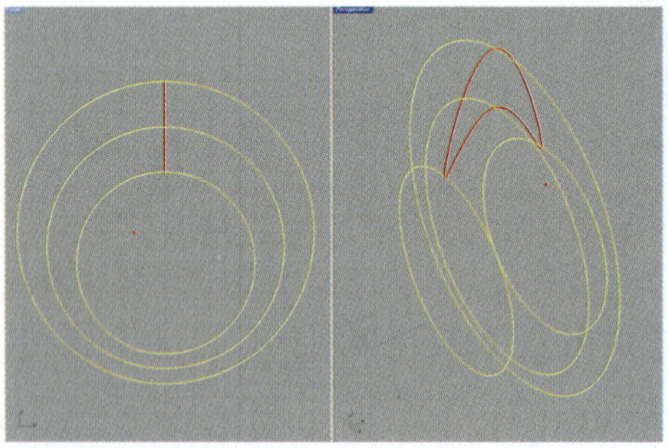

③ 같은 방법으로 나머지 단면도 생성한다.

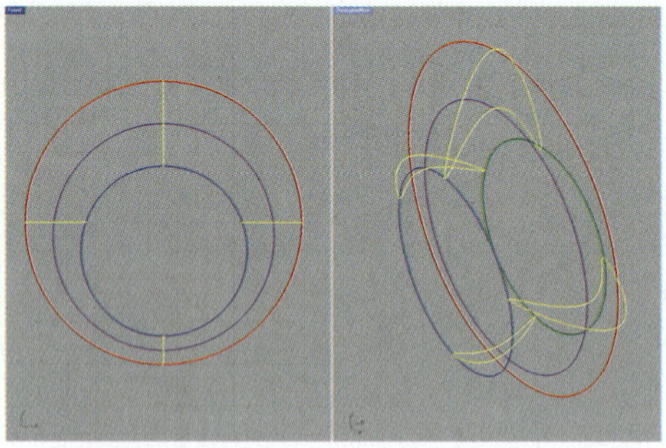

④ Loft Surface기능을 사용하여 각각의 단면을 순서대로 선택한다.

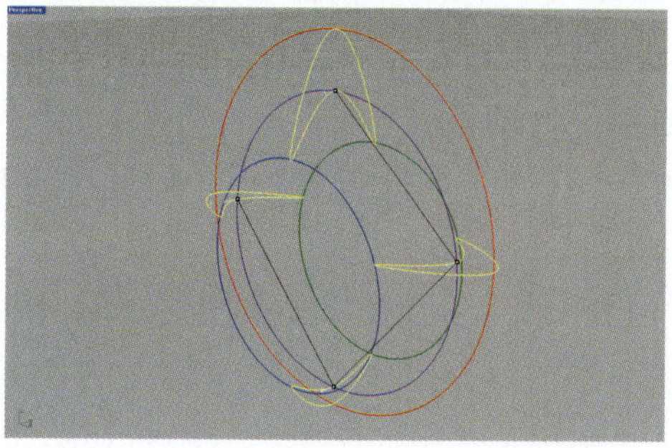

⑤ OK버튼을 누른다. 다음과 같은 솔리드가 생성되었다.

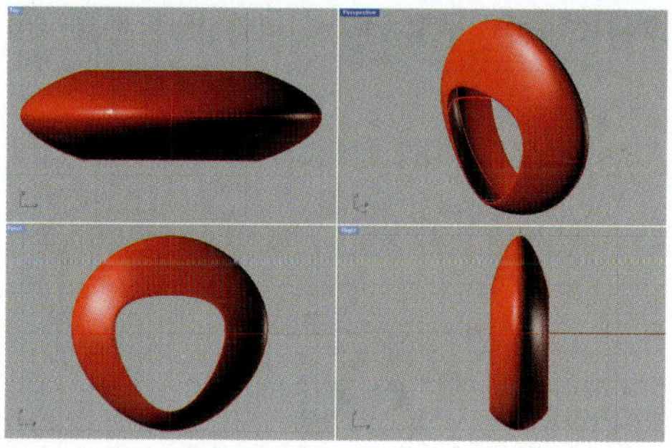

Average 2 Curve (Mean Curve)

메뉴: Curve Menu 〉 Mean Curve

버튼: 왼쪽 클릭

기능: 두 개의 입력 커브 사이에 평균 커브를 만드는 기능이다.

Convert Curve To Lines

메뉴: Curve Menu 〉 Convert 〉 Curve To Lines

버튼: 왼쪽 클릭

기능: Polyline 구조를 변경하는 기능이다.

〈Options〉

• Output

Arcs : 커브를 호 세그먼트로 변환한다. 거의 직선에 가까운 커브 섹션은 직선 세그먼트로 변환된다.

Lines : 커브를 Polyline 세그먼트로 변환한다.

• SimplifyInput

Yes

동일 선상의 선 세그먼트와 호 세그먼트를 결합한다.

단순화하면, 호와 선 세그먼트로 이루어진 NURBS 커브는 정확한 호와 선 세그먼트로 분리되어 더 정확한 호와 선으로 변환된다.

단순화 단계는 명령에서 설정된 사용자 지정 허용오차가 아니라, 절대 허용오차와 각도 허용오차를 사용하여 실행된다.

No

일반 NURBS 커브를 호 또는 선으로 변환하면서, 특히 커브가 절대 허용오차에 대하여 지나치게 작을 때, 때로는 단순화가 지나치게 과격하게 실행될 수 있다. 이러한 경우, 단순화를 선택 해제하면 더 정확하고 바람직한 결과를 가져올 수 있다.

DeleteInput

Yes를 선택하면 새 개체를 만드는 데 사용된 원래 지오메트리가 파일에서 삭제된다. 명령의 History가 켜져 있는 경우, 입력 개체를 삭제하면 History도 삭제된다.

AngleTolerance

호 세그먼트 끝점의 커브 방향에서 허용된 최대 편차이다.

AngleTolerance를 0 으로 설정하여 호 세그먼트를 서로 접하게 하고, 입력 커브에 가까이 접하도록 하는 메커니즘을 사용하지 않는다. 출력 개체에 꼬임이 있지만, 호 세그먼트로 이루어져 있으므로, 선 옵션이 사용되었을 때보다는 적은 세그먼트가 있을 것이다. 이것은 커브의 근사치를 가장 적은 수의 세그먼트로 나타낼 때 유용한 기능이다.

Tolerance

시스템 허용오차 설정을 무시한다.

| Match Curve

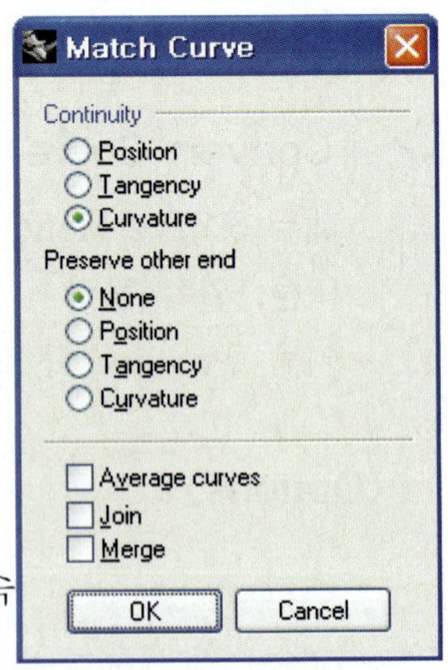

메뉴: Curve Menu 〉 Curve Edit Tools 〉 Match Curve

버튼: 왼쪽 클릭

기능: 커브를 일치시키는 기능이다.

〈Options〉

• SurfaceEdge

커브를 커브에 수직으로 일치시키고, 서페이스를 사용하여 연속성을 결정한다.

〈Match Curve Options〉

■ Continuity

Position (G0)

변경할 커브의 끝점이 다른 커브의 끝점과 만나도록 이동한다.

Tangency (G1)

변경할 커브가 다른 커브와 탄젠트를 유지하면서 만나도록 수정한다.

Curvature (G2)

변경할 커브가 다른 커브와 위치, 탄젠트, 곡률을 유지하면서 만나도록 수정된다.

■ Average Curve

2개의 커브가 같이 수정되게 하는 기능이다.

■ Preserve Other End

제어점이 6보다 적은 커브를 작업 중일 때 커브의 다른 한쪽 끝의 곡률이 일치하도록 조정되는 경우가 있다. Preserve Other End 옵션은 다른 쪽 끝의 곡률이 수정되지 않는 것을 보장한다.

[예제]

① 다음과 같은 3개의 Curve를 생성한다.

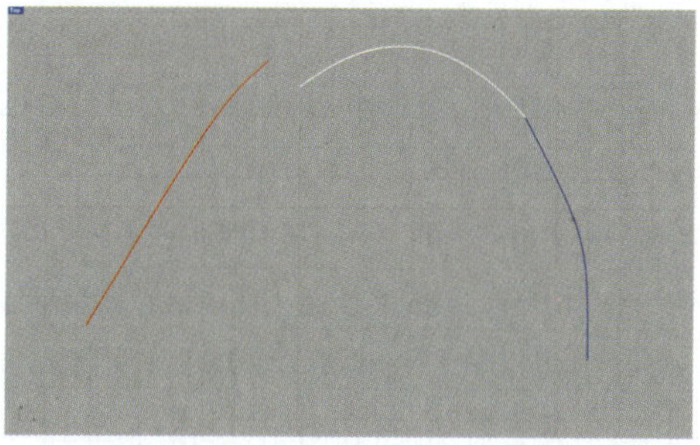

② Preserve Other End를 None표시했을 때 Match Curve 기능을 적용 시 끝점이 유지되지 않는 것을 볼 수 있다.

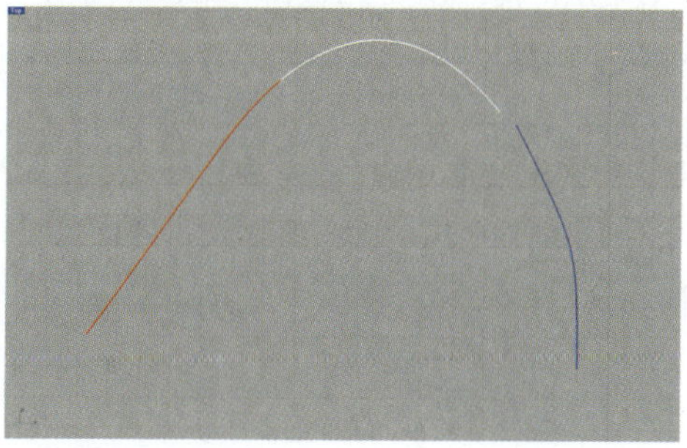

③ None 표시를 제외한 나머지 연속성의 값을 체크했을 경우 끝점이 유지 되는 것을 알수 있다.

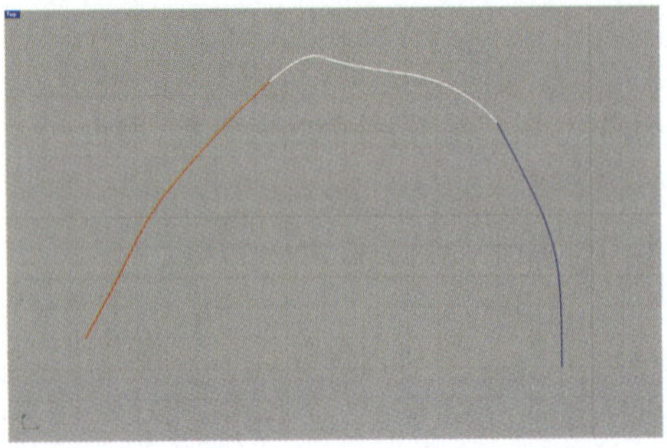

■ Join

Match작업한 커브들을 한 개의 커브로 결합한다.

■ Merge

Curvature옵션을 사용할 경우만 가능하다. Match할 커브들을 병합시키며 Merge시킨 커브는 Explode로 분해할 수 없으며 Continuity 가 Curvature (G2)에서만 활성화된다.

| Refit Curve

메뉴: Curve Menu 〉 Curve Edit Tools 〉 Refit to Tolerance

버튼: 왼쪽 클릭

기능: 커브에 Control Point의 개수가 너무 많을 경우에, 커브의 형태는 유지하면서 허용공차 내에서 커브의 Control Point의 개수를 줄여주는 기능이다.

이 기능은 Rebuild와 유사하나 커브를 새로 만들 때 Control Point의 개수가 아닌 Fitting Tolerance를 이용하는 점이 틀리다. Control Point가 너무 많아 Rebuild를 해서 형태가 왜곡되는 경우에 사용되며 여러 커브를 한번에 Rebuild 할 때 사용된다. 이것은 Control Point개수가 동일하게 적용되어 형태가 고르지 않게 되기 때문이다. 이때 Refit 기능 사용이 Rebuild 기능 사용보다 더 효율적이다.

- Refit 명령에의 입력이 폴리라인인 경우, Refit 명령은 폴리라인의 정점을 일련의 점으로 간주하여 가능하면 그 점 가까이를 지나가면서도 적당한 수의 제어점을 갖는 커브를 만들도록 한다. Refit 명령은 인접한 많은 점을 갖는 폴리라인에 사용되도록 고안되었다.
- Refit 명령에 입력된 커브에 많은 제어점으로 인한 구불거림이 있는 경우에는 Refit 명령은 원래와 유사한 모양의 보다 적은 제어점을 가진 커브를 만든다.
- 0을 입력하면 현재 설정된 절대 허용 오차값을 사용하게 된다.

〈Option〉

- Deletinput

원래 개체를 삭제 유무 기능이다.

- Degree

커브의 차수를 11까지 설정할 수 있다.
차수가 높은 커브를 그릴 때, 커브가 아주 복잡하지 않으면 출력되는 커브가 사용자가 원하는 차수가 되지 않는다. 최소한 차수보다 하나 더 많은 Control Point을 그려야 한다.

| Change Degree

버튼: 왼쪽 클릭
기능: 커브 또는 서페이스의 차수를 변경하는 기능이다.

Degree

Degree는 NURBS 다항식의 차수인데 2차 함수, 3차 함수를 얘기할 때 쓰는 방정식의 차수를 뜻한다. 즉, Degree=1이라는 얘기는 1차 함수의 커브를 말하는 것이므로 커브가 직선이 되는 것이다. 또한 Degree가 3이라는 건 Control Point 하나를 움직였을 때 커브가 변화하는 Control Point 구간이 3번째까지라는 의미이다.
Degree는 1에서 최대 11까지 가능하며 대표적으로 Line, Polyline은 Degree가 1이고 Circle, Ellipse, Parabola, Arc는 Degree가 2이다. 자유곡선은 기본적으로 3이상의 것을 이용한다. Degree가 높아지면 커브는 보다 부드러워지지만 편집 작업이 복잡해지며 보통 1,2,3,5정도까지의 커브를 일반적으로 사용한다.

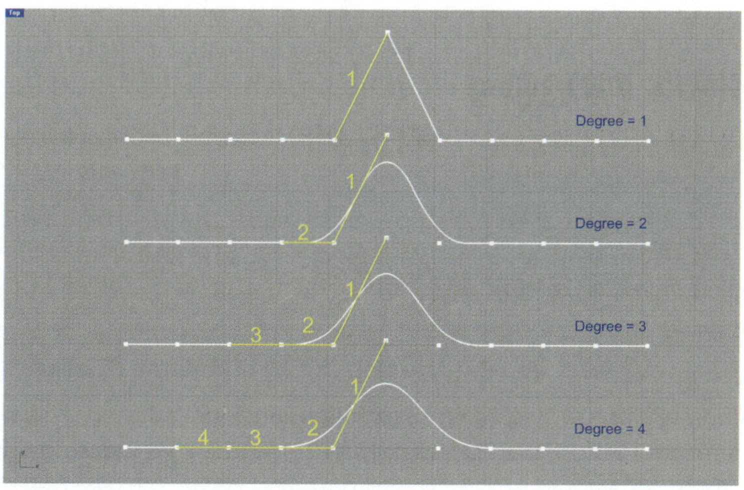

- Change Degree 명령은 커브를 만들 때 사용되는 다항식의 차수를 변경하는 기능이다. 커브의 Knot 구조를 동일하게 유지하면서, 각 Knot Span 사이에 Control Point의 수를

추가하거나 빼게 된다.

- Control Point를 보다 로컬에서 추가하거나 빼려면 Change Degree 명령 대신, Control Point를 보다 지역적으로 추가/제거할 수 있는 InsertKnot와 RemoveKnot를 사용하면 더욱 효율적이다.
- 서페이스의 Degree값을 올리면 Control Point의 수도 증가하므로, 서페이스를 보다 매끄럽게 만들 수 있다.
- 서페이스의 지오메트리를 변경하지 않고 편집하기 위해 Control Point의 수를 증가시키려는 경우, 차수를 5로 올려, 변경 가능 옵션을 아니요로 설정한다. 이러한 경우 InsertKnot 명령을 사용하면 차수를 변경하지 않고 Control Point를 추가하는데 편리하다.
- 지오메트리를 다른 응용 프로그램으로 내보내는 경우 서페이스의 차수를 가능한 낮게 설정하는 것이 좋다. 특히 많은 기계 CAD 시스템에서 3보다 큰 차수를 갖는 서페이스의 처리에 문제가 있다.
- 추가하거나 뺀 Control Point의 수는 입력된 차수에 의해 영향을 받는다. 차수가 높을수록 Control Point의 수도 커진다.
- 서페이스의 차수를 올리면 서페이스는 더 이상 Periodic (주기적)이 되지 않는다. Make Periodic 명령을 사용하여 서페이스를 다시 Periodic 할 수 있다.
- 커브의 차수가 높을수록 표시하는 데 많은 시간과 메모리가 소요된다.

〈Option〉

- **Deformable**

Yes를 선택하고, 커브/서페이스의 차수가 요청된 차수와 다를 때 새로운 커브/서페이스는 단순한 내부 Knot을 갖는다.

No를 선택하고, 커브/서페이스의 차수가 요청된 차수보다 작은 경우, 새로운 커브/서페이스는 원본과 지오메트리와 매개 변수 형식이 똑같을 것이나, 다중도 = 오래된 다중도 + 새로운 차수 – 오래된 차수의 Knot을 가진다.

FAIR | Fair Curve

메뉴: Curve Menu 〉 Curve Edit Tools 〉 Fair

버튼: 왼쪽 클릭

기능: Fair는 Rebuild, Refit와는 달리 Control Point의 개수를 유지하면서, 허용된 공차범위 내에서 커브를 매끄럽게 정리하는 기능이다. Fair는 Degree 3 커브에서 가장 잘 작동되며 Fair는 허용된 공차범위 내에서, 형태의 변경을 최소화하며 곡률이 급격히 변하는 것을 막아준다.

· 곡률 문제를 해결하기 위하여 Fair 명령을 여러 번 실행해야하는 경우도 있다.

· Curvature Graph 명령을 사용하여 정형 작업 시에 곡률을 나타내는 구간을

볼 수 있다.

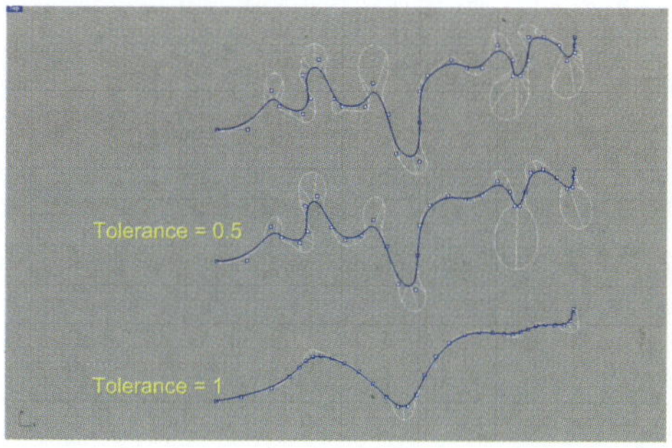

| Adjust Closed Curve Seam (닫힌 커브 심 조정)

메뉴: Curve Menu 〉 Curve Edit Tools 〉 Adjust Closed Curve Seam

버튼: 왼쪽 클릭

기능: Seam Point는 닫힌 커브의 시작점과 끝점이 만나는 곳으로 여러 개의 닫힌 커브의 Seam Point를 자동으로 조정하여 정렬한다. 1개의 닫힌 커브의 Seam Point는 수동으로 조정할 수 있으며 Loft Surface 명령에는 자동으로 Seam Point를 정렬하는 기능이 있다.

〈Options〉

• Flip

커브의 방향을 변경하는 기능이다.

• Automatic

다수의 커브를 한번에 조정할 경우 커브의 시작 위치와 방향을 모두 일치시켜 주는 기능이다.

• Natural

커브의 시작 위치와 방향을 최초의 상태로 원위치 시키는 기능이다.

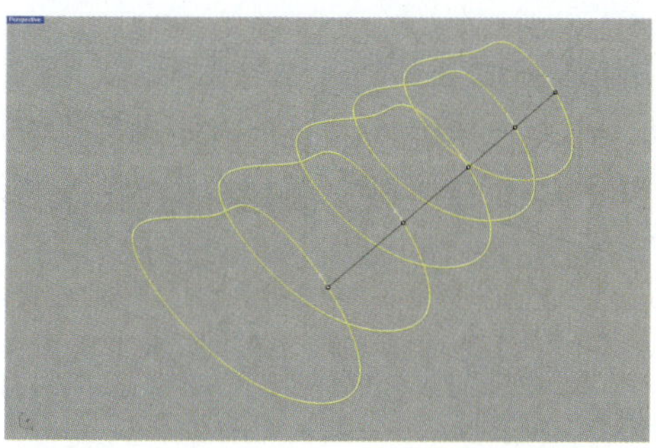

[예제]

① 커브의 Seam방향을 시계 방향과 반시계 방향으로 바꾸어 본다.

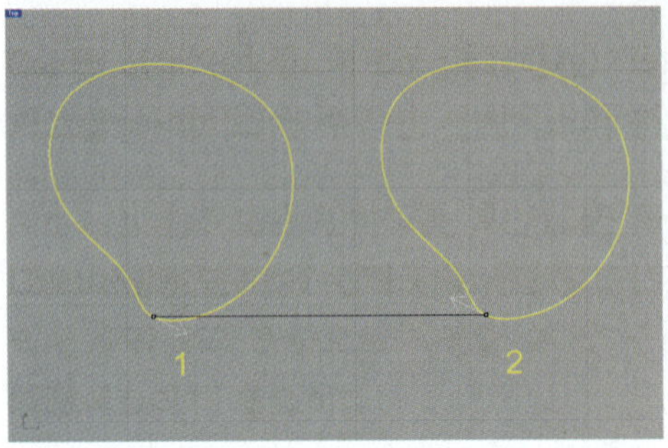

② Seam방향을 바꾼 다음 두 커브를 Extrude Straight Surface기능으로 돌출시켜 본다. Surface의 안쪽과 바깥쪽의 색상이 틀려지는 것을 확인할 수 있다. 이것은 Surface를 생성 후 Analyze기능 중 Analyze Direction 기능을 실행하여 바꿀 수 있다.

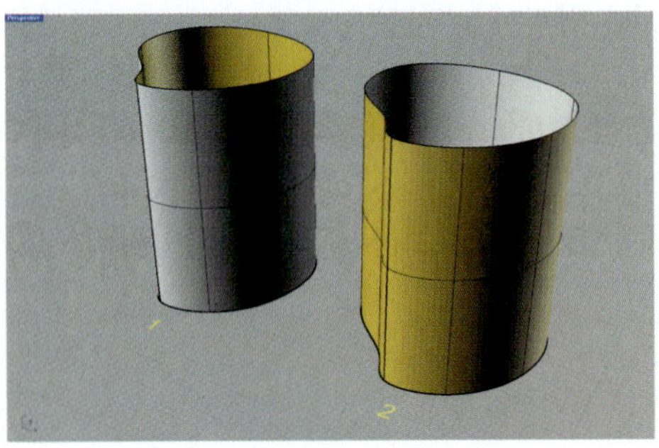

SubCurve

메뉴: Curve Menu 〉 Curve Edit Tools 〉 Subcurve

버튼: 왼쪽 클릭

기능: 커브에 두 점을 지정하여 커브를 트림하는 기능이다.
원하는 범위를 설정하여 두 점을 선택한다. 두 점 사이의 길이만큼 커브가 절단되어 남아있다.

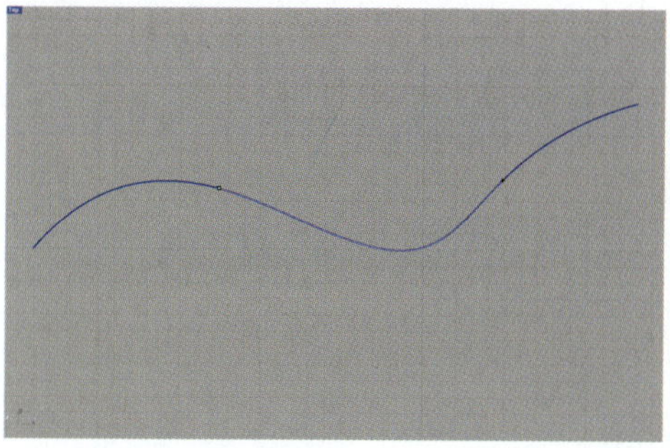 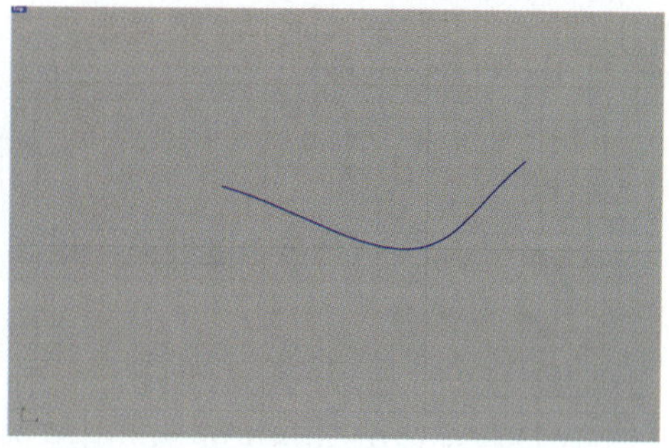

Delete SubCurve

메뉴: Curve Menu 〉 Curve Edit Tools 〉 Delete SubCurve
버튼: 왼쪽 클릭
기능: 커브에 두 개의 선택된 위치 사이를 제거하는 기능이다.

[예제]

① Circle 개체를 생성한다. 명령을 실행한 후 지우고자 하는 첫 번째 부분을 선택한다.

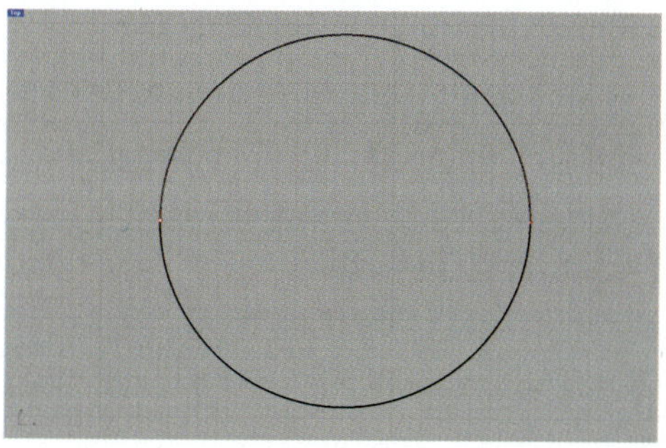

② 다음으로 두 번째 부분을 선택하면 첫 번째와 두 번째 선택한 사이 커브가 지워지는 것을 알 수 있다.

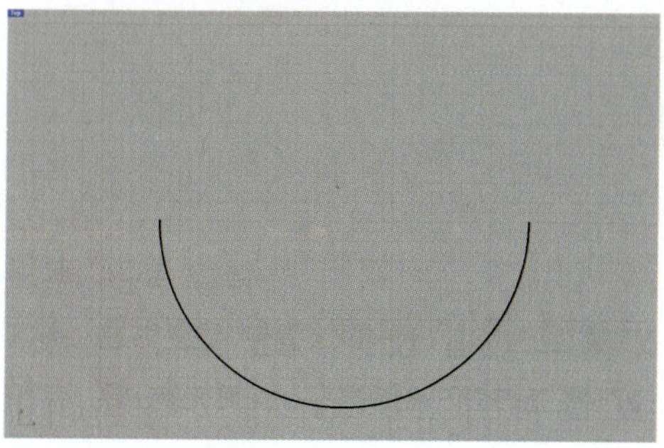

Curve Boolean

메뉴: Curve Menu 〉 Curve Edit Tools 〉 Curve Boolean
버튼: 왼쪽 클릭
기능: 겹쳐진 영역을 기준으로 커브를 Trim, Split, Join하는 기능이다.

[예제]

① 다음과 같이 평면형의 커브들을 생성한다.

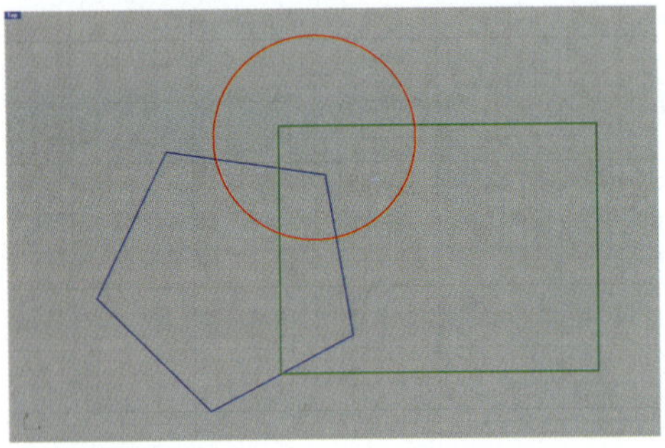

② Curve Boolean 기능을 사용한다. 유지하려는 영역의 내부를 클릭한다. 이때 선택한 영역을 취소하려면 다시 클릭하면 제거된다. 유지되는 영역이 강조 표시되는 것을 볼 수 있다. 선택을 완료하고나면 Enter키를 누른다. 평면형 커브가 만들어진 것을 볼 수 있다.

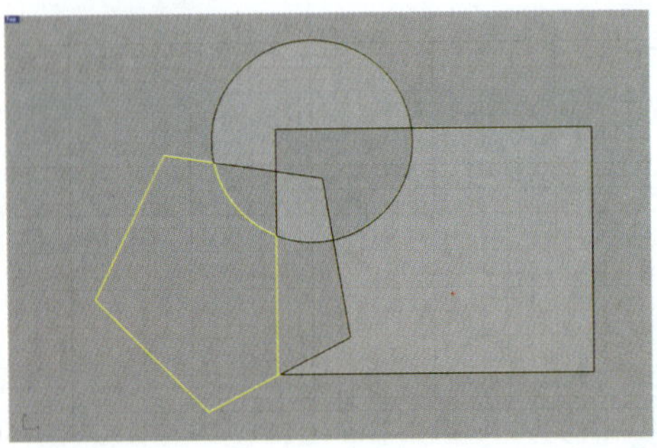

〈Options〉

- DeleteInput

원래 개체를 삭제하는 기능이다.

- None

입력 커브를 삭제하지 않는 기능이다.

• All

모든 입력 커브를 삭제하는 기능이다.

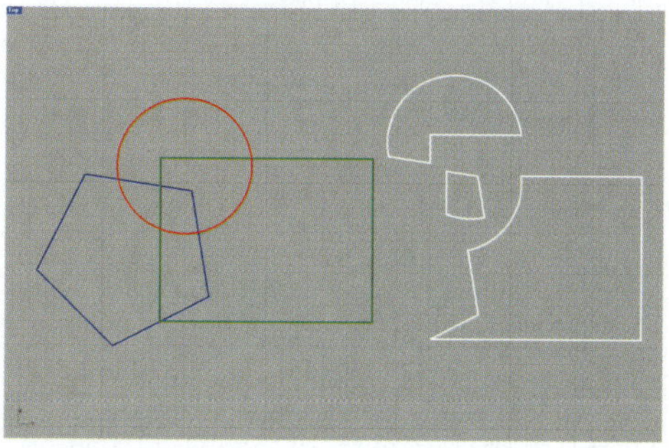

• Used

새로 만든 커브에 대응하는 입력 커브의 일부만을 삭제하는 기능이다.

• Combine Regions

Yes인 경우는 선택된 영역이 이전에 편집된 영역에 덧붙여진다.

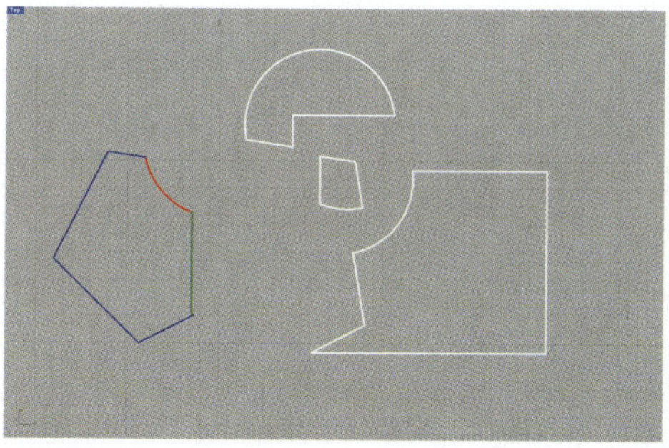

Simplify Lines and Arcs

메뉴: Curve Menu 〉 Curve Edit Tools 〉 Simplify Lines and Arcs

버튼: 왼쪽 클릭

기능: 선 또는 호 지오메트리가 있는 커브 세그먼트를 선 또는 호로 교체하는 기능이다.

이 명령은 또한 같은 선에 있는 선 세그먼트와 호 세그먼트를 합쳐지게 한다.

· NURBS 커브는 Fully Multiple Knots에서 끊어진다.

· 1 결합이 세밀하게 처리되어 기계 정밀도를 맞추게 된다.

Soft Edit

메뉴: Curve Menu 〉 Curve Edit Tools 〉 Soft Edit

버튼: 왼쪽 클릭

기능: 선택된 점을 둘러싼 커브 영역을 선택된 점으로부터의 거리로 부드럽게 이동하는 기능이다. 선택된 점을 이동하여 편집이 이루어지며 커브상의 이 위치가 이동한다. 이 이동은 매끄럽게 Taper 처리되어, 이 점에서 커브를 따르면서 거리가 증가하게 된다. 이 명령을 사용하여 많은 제어점을 가진 커브를 세밀하게 편집할 수 있으며 제어점의 이동을 제어하므로, 커브가 매끄러운 상태를 유지하게 된다. 밀도가 높은 커브에서는 실행이 어려우며 Falloff 거리는 조정이 가능하며, 커브에 대한 변경을 Local보다 많이 또는 적게 허용한다.

[예제]

① 편집하고 싶은 부분을 선택한 후 마우스 왼쪽 버튼을 클릭한다. 드래그하면서 위치를 설정하여 커브를 편집한다.

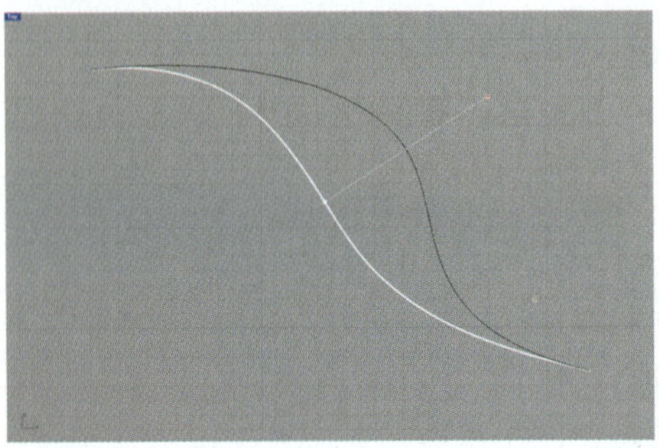

② 커브가 부드럽게 편집되어 형태가 변형된 것을 볼 수 있다.

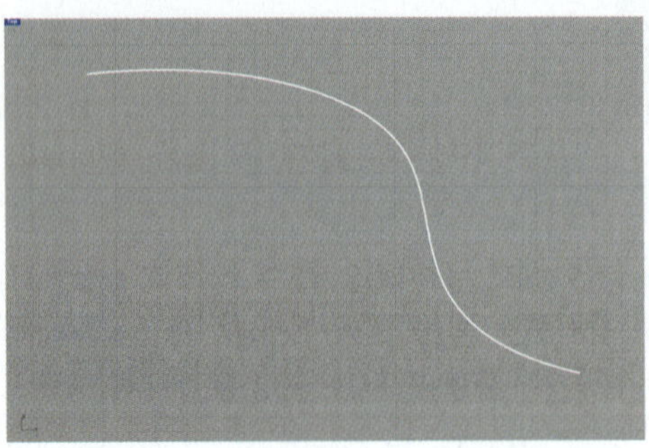

〈Options〉

• Distance

편집이 매끄럽게 되도록 편집점으로부터 커브를 따르는 거리이다.

– Distance = 10 적용 (예)

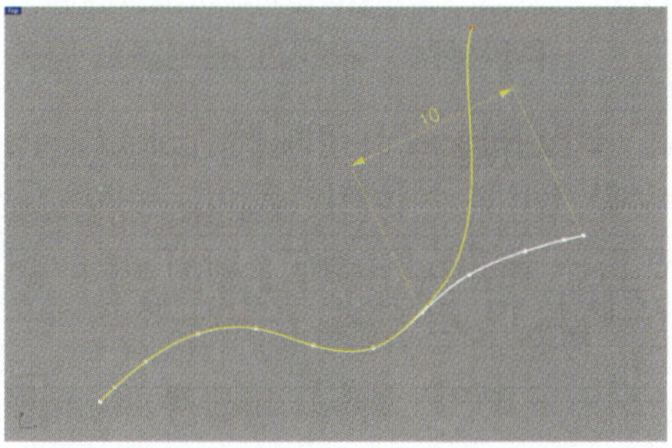

– Distance = 20 적용 (예)

• Copy

Move, Rotate, Bend 또는 기타 변환 명령을 실행하는 사이에 개체를 복사하는 기능이다.

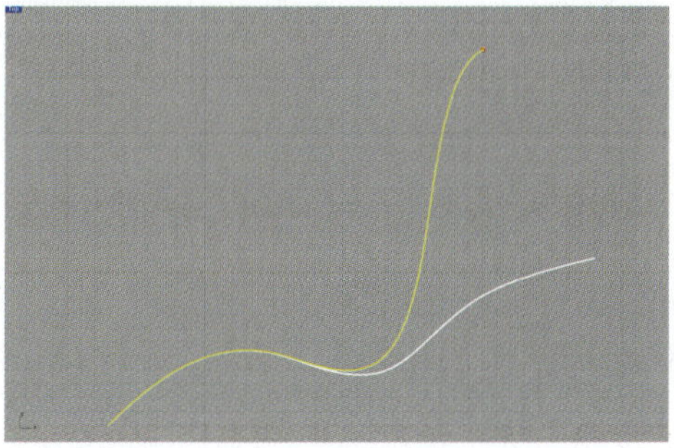

• Fix Ends

커브의 끝점을 고정된 위치로 유지하는 기능이다.

No : 거리 설정이 커브의 한쪽 끝, 또는 양쪽 끝까지의 거리보다 멀다면, 커브의 끝점을 이동할 수 있도록 허용시키는 기능이다.

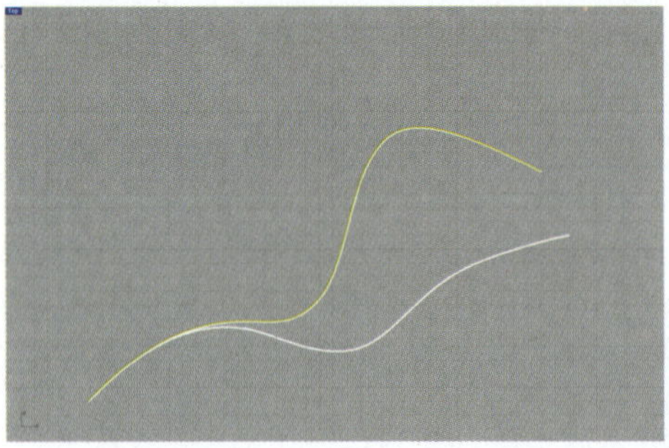

Yes : 거리 설정이 커브의 한쪽 끝, 또는 양쪽 끝까지의 거리보다 멀다면 커브의 끝점을 이동할 수 있도록 허용되지 않는다. 끝 제어점을 제외하고, 법선 Falloff를 따르도록 모든 제어점이 이동한다. 이로 인해 밀도가 높은 커브의 끝점 가까이에 있는 커브에서 갑작스러운 변경이 이루어지게 된다.

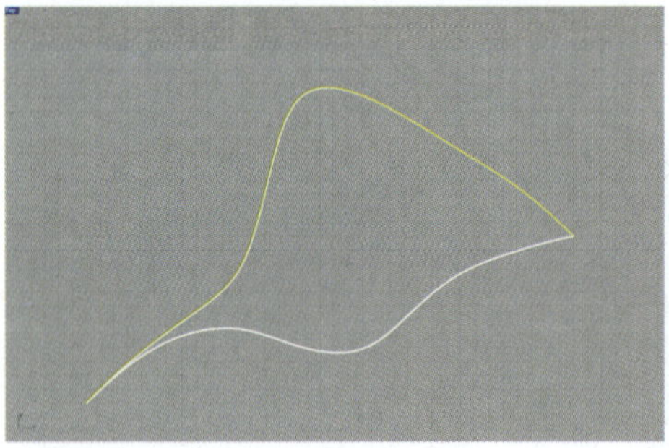

| Close Open Curves

메뉴: Curve Menu 〉 Curve Edit Tools 〉 Close Open Curves

버튼: 왼쪽 클릭

기능: 직선 세그먼트를 사용하거나, 시작점과 끝점이 서로 결합 허용오차 이내에 있으면 끝점을 시작점으로 이동시키는 방법으로 열린 커브를 닫게 하는 기능이다.

| Insert Line Into Curve

버튼: 왼쪽 클릭

기능: 선택된 위치 사이의 커브를 직선으로 만드는 기능이다.

| Insert a Control point

메뉴: Edit Menu 〉 Control Points 〉 Insert Control point

버튼: 왼쪽 클릭

기능: 제어점을 커브 또는 서페이스 상의 제어점의 행에 추가하는 기능이다. 제어점의 삽입은 커브 또는 서페이스의 형태에 영향을 주는데 반해 InsetKnot 명령은 커브 또는 서페이스 형태를 변경하지 않는다.

〈Options〉

- Direction (U V)

제어점의 방향을 변경시키는 기능이다.

- Toggle

제어점의 방향을 전환하는 기능이다.

- Extend

서페이스의 끝에서부터 다음 제어점까지의 거리의 절반만큼 서페이스를 연장시키는 기능이다.

- Midpoint

두 제어점 사이의 중간에 제어점을 배치하는 기능이다.

Remove a Control point

메뉴: Edit Menu 〉 Control Points 〉 Remove Control point
버튼: 왼쪽 클릭
기능: 커브 또는 서페이스상의 제어점의 행에서 제어점을 제거하는 기능으로, 제어점을 제거하면 커브 또는 서페이스의 형태에 영향을 준다.

Make Uniform

버튼: 왼쪽 클릭
기능: 커브 또는 서페이스를 변경하여 Knot 정렬을 균일하게 만드는 기능이다. 즉 Control Point의 위치는 유지하면서 커브를 자연스럽게 만들어준다. 또한 서페이스가 어떻게 편집되는지와 무관하게, 모든 제어점이 서페이스에 정확하게 동일한 방식으로 영향을 주는 것을 약속하는 기능이다. 또한 서로 다른 Knot Domain 간격을 가지는 경우는 Non-Uniform한 Knot정렬이 된다.

일반적으로 Uniform한 커브는 Non-uniform한 커브보다 더 부드럽게 커브를 편집할 수 있다. Uniform한 커브로 만들기 위해 커브를 Rebuild하여 사용하는 것도 가능하다.

하지만 Rebuild의 경우 커브를 조절점의 위치가 바뀌기 때문에 편집 작업 시 불편한 경우가 많다. 편집 작업 중 조절점의 위치는 유지하며 커브를 Uniform한 상태로 바꾸고자 할 때 Make Uniform기능을 사용한다.

[예제]

① Degree=3인 커브를 생성한다. 커브를 활성화시킨 다음  InsertKnot 메뉴를 실행한다. 다음과 같이 Knot점 위치가 보여진다.

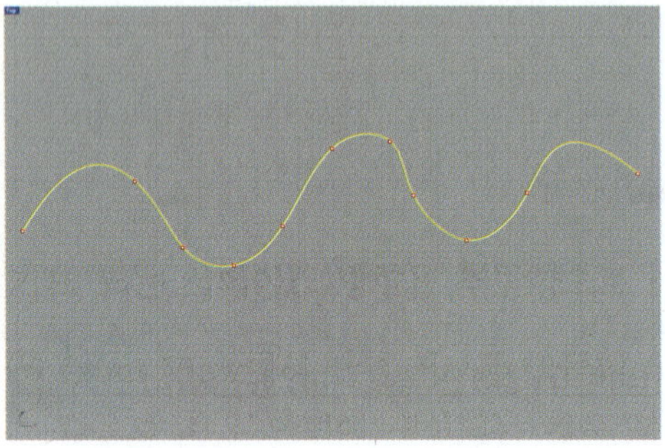

② InserKnot기능으로 기존 Knot 근처 가까이에 추가시켜 본다.

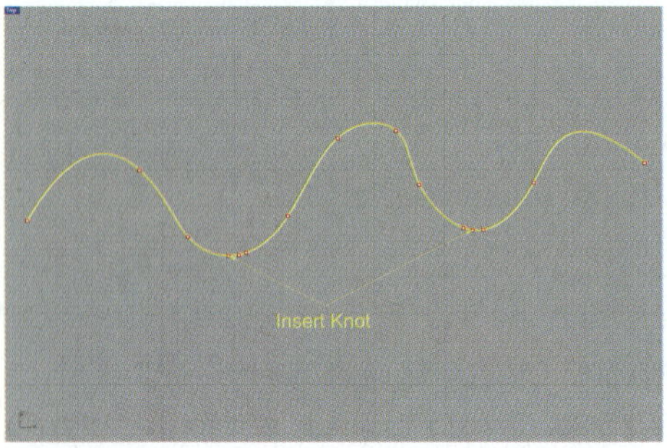

③  Control Point On을 시킨 후 이미지와 같이 Point를 선택하여 이동시켜 준다.

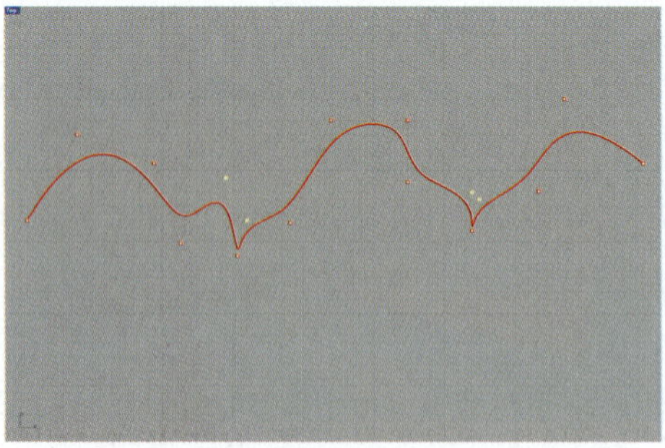

④ Point Off 후에 다시 InsertKnot을 실행한다. Knot 위치가 보여 지며 불규칙하게 되어 있는 것을 알 수 있다.

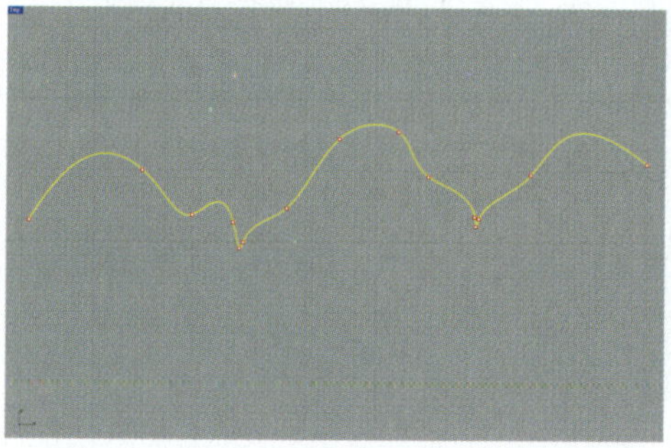

⑤ Make Uniform기능을 실행한다. 실행한 다음 InsertKnot 기능을 실행한다. Knot 위치가 보다 규칙적으로 바뀐 것을 볼 수 있다.

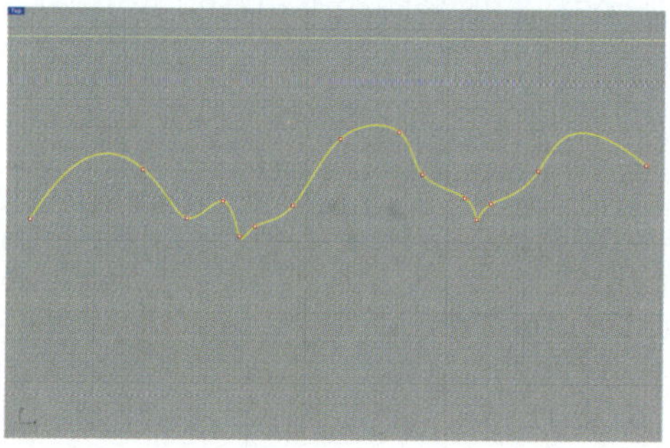

⑥ 3번 작업에 있는 커브 상태(Control Point On)에서 Control Point를 클릭하면서 또 하나의 커브를 생성해본다.

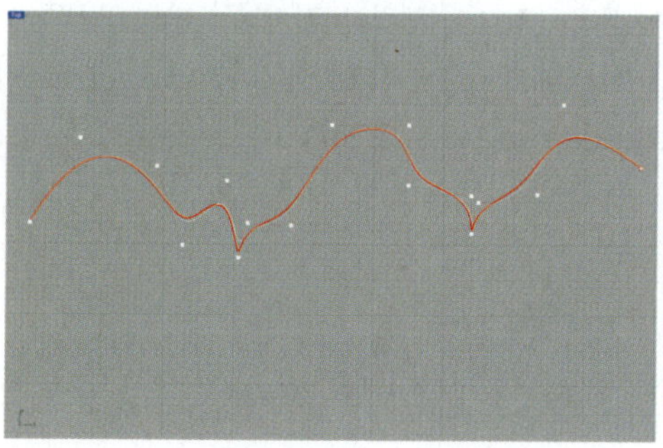

⑦ 기존 커브와 형태가 틀린 것을 알 수 있다. 활성화 되어진 커브가 결국 Make Uniform기능을 사용한 커브가 동일한 것을 알 수 있다.

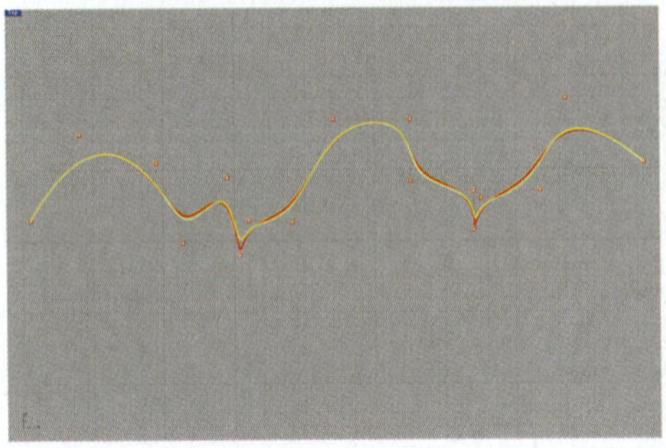

| Convert Curve to Polyline

버튼: 왼쪽 클릭

기능: 커브를 폴리라인으로 변환시키는 기능으로 폴리라인은 2개 이상의 라인들이 하나의 개체로 결합된 Line을 의미한다.

| Convert Curve to Arcs

버튼: 오른쪽 클릭

기능: 커브를 여러 개의 Arc들이 결합된 상태로 변환시킨다.

| Adjust Curve End Bulge

버튼: 왼쪽 클릭

기능: 커브나 서페이스의 끝부분의 Tangent 방향과 Curvature 방향을 변경하지 않은 상태에서 커브를 편집하는 기능이다. 이것은 Blend 명령으로 만든 커브와 같이 다른 지오메트리에 합져지도록 만들어진 커브에 대하여 특히 효율적이다. 또한 방향과 곡률이 변경되지 않도록 경로에 따라 커브의 제어점 이동이 제한되기도 한다.

〈Options〉

Continuity 1 / Continuity 2

[예제]

① 다음과 같이 3개의 커브를 생성한 후 Curvature Graph On을 시킨다.

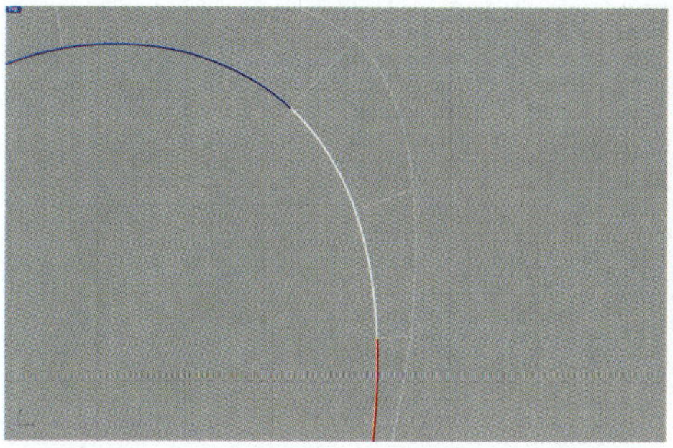

② Adjust Curve End Bulge 기능을 실행한 후 가운데 커브의 위쪽 근처를 클릭한다. 다음과 같이 1과 2 주석이 생성된다. Continuity 1과 2를 나타내는 것이다.

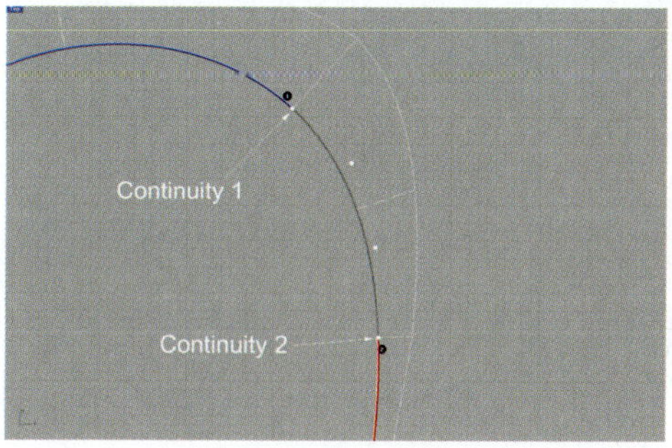

③ 명령줄에 있는 Options 중에서 Continuity 1에서 Position을 체크하고 Continuity 2는 Curvature로 체크한다. Continuity 2부분의 제어점을 선택하여 이동시켜 본다.

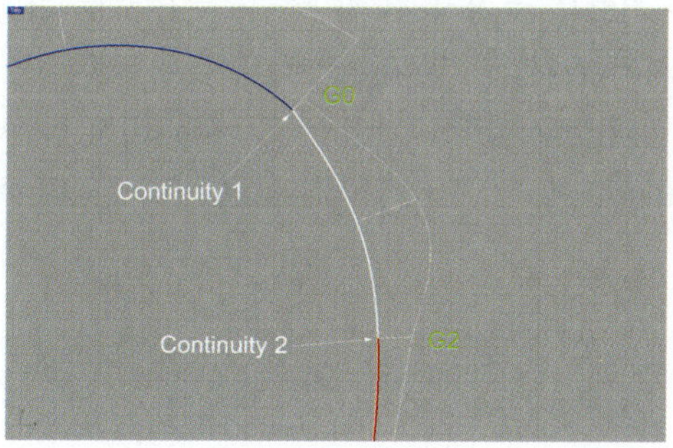

④ 명령줄에 있는 Options 중에서 Continuity 1에서 Tangent를 체크하고 Continuity 2는 Curvature로 체크한다. Continuity 1, 2부분의 제어점을 선택하여 이동시켜 본다.

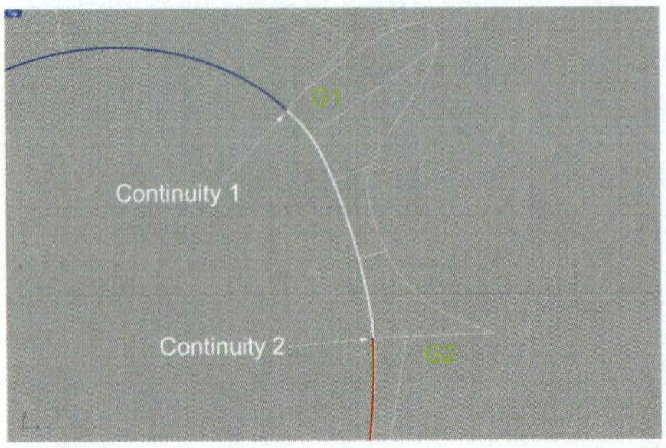

⑤ 명령줄에 있는 Options 중에서 Continuity 1에서 Curvature를 체크하고 Continuity 2는 Curvature로 체크한다. Continuity 1, 2부분의 제어점을 선택하여 이동시켜 본다.

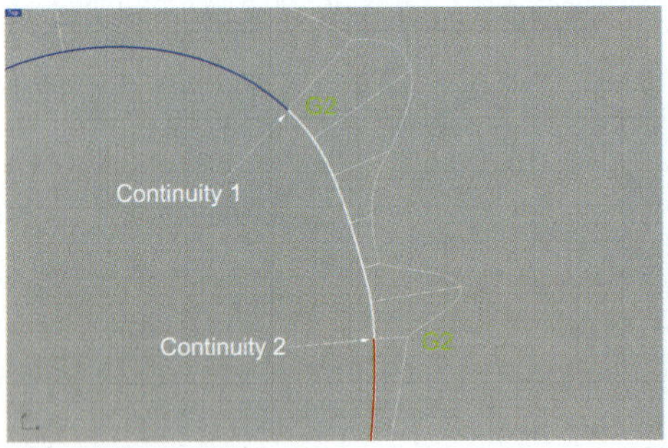

MakePeriodic

버튼: 왼쪽 클릭

기능: 이 명령은 비주기적 서페이스 또는 커브를 주기적 서페이스 또는 커브로 변경하는 기능이며 Kink 없이 부드럽게 변형시키는 기능이다. 폐곡선을 만들며 조절점을 편집하여도 부드러운 상태를 유지하게 한다. Periodic Curve는 Explode되지 않는 속성이 있다. Properties 명령에서 Details로 커브가 Periodic인지 닫힌 커브인지 확인할 수 있다.

– Periodic과 Non-Periodic Curve

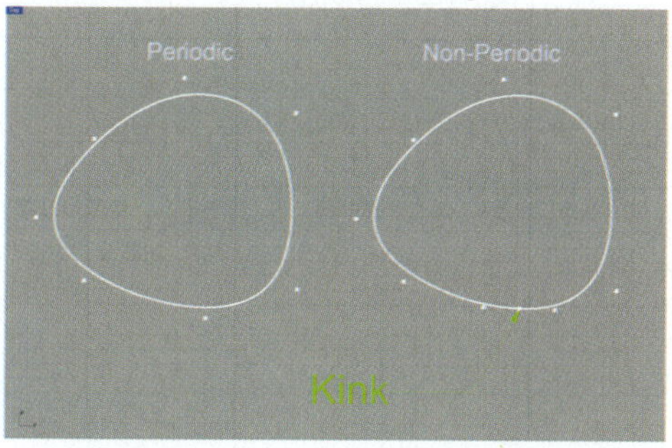

– Periodic Curve Object인 경우

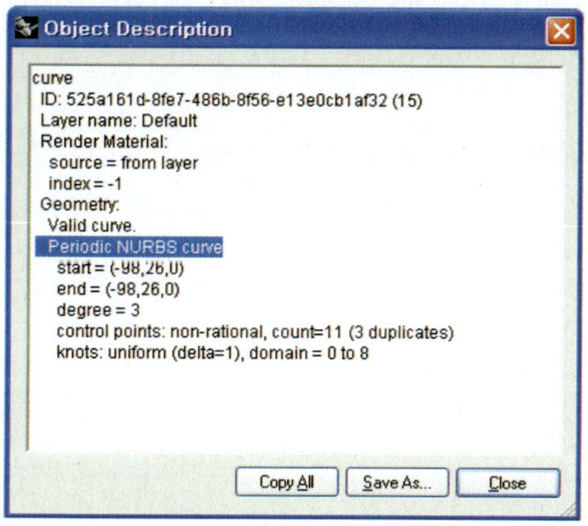

– Open Curve인 경우

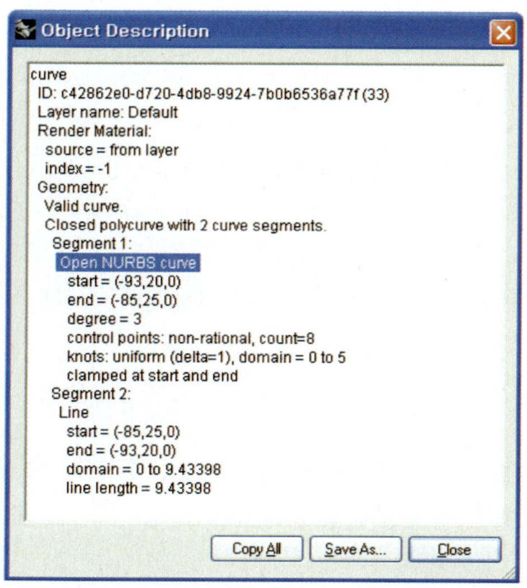

MakeNonPeriodic

버튼: 오른쪽 클릭

기능: 이 명령은 주기적 서페이스 또는 커브를 비주기적 서페이스 또는 커브로 변경하는 기능이다. 비주기적 서페이스와 커브를 변형하면 Kink가 발생할 수 있다.

Rebuild Curve

메뉴: Edit Menu 〉 Rebuild

버튼: 왼쪽 클릭

기능: 선택된 커브를 지정된 Degree와 Control Point 개수로 재구성하는 기능이다. 효율적인 작업을 위해서는 Control Point On과 Curvature Graph를 켜고, 커브 구조를 세밀하게 확인한다.

커브의 그룹이 지정된 Degree의 커브와 지정된 개수의 Control Point On으로 Rebuild 된다. 결과물인 커브의 Knot이 더욱 균등하게 배치되며 균등하지 않은 Knot의 간격을 가졌으나, 더욱 정확하게 맞춰지게 커브를 Rebuild하려면 ReFit Curve 명령을 사용한다.

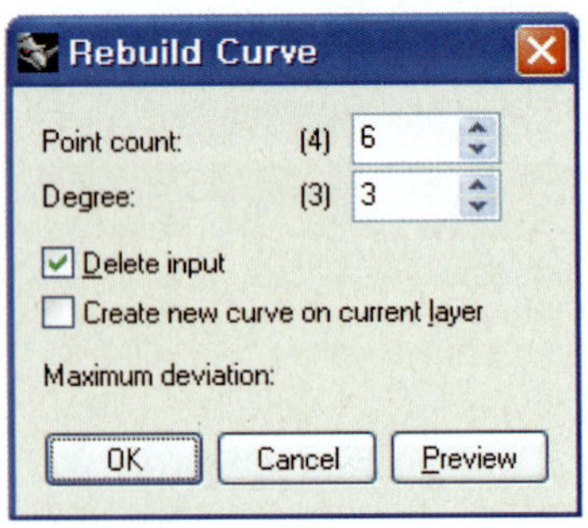

〈Options〉

- **Point Count**

선택된 커브를 Rebuild하는데 사용되는 제어점의 개수를 설정하는 기능이다. 원래 커브에 있는 제어점의 숫자는 괄호 안에 표시된 것이다.

- **Degree**

새로 만들 커브의 차수를 지정하는 기능이다. 1에서 11까지의 커브의 차수를 만들 수 있다.

- **DeleteInput**

원래 개체를 삭제하는 기능이다.

• Create New Curve on Current Layer

현재 Layer상에 새로운 커브를 만드는 기능이다. 원래 커브의 Layer상에 있는 새 커브를 배치하려면 이 확인란을 선택 해제한다.

[예제]

① 다음과 같은 커브를 생성한 후 Control Point On기능을 실행한다. 6개의 Control Point가 보여 지고 있다.

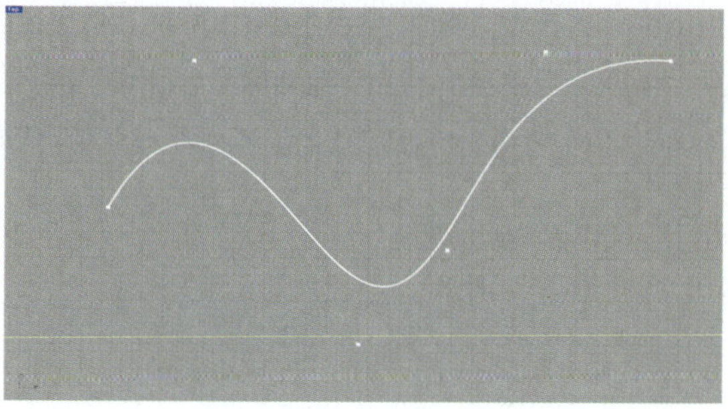

② Rebuild Curve에서 Point Count 수를 12로 설정한다. Control Point수가 12개인 Curve가 Rebuild되었다.

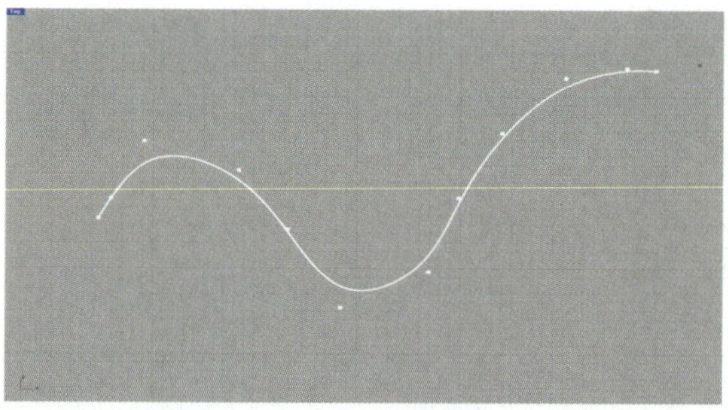

③ Degree값을 3에서 1로 설정하여 이동시켜 본다. Polyline으로 재생성된 것을 알 수 있다.

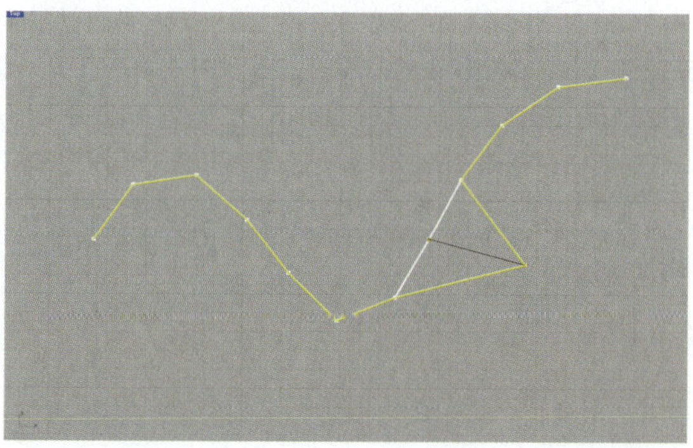

Rebuild Curves NonUniform

버튼: 왼쪽 클릭

기능: 커브를 대화식으로 수정하여 제어점의 간격을 비균일하게 설정하여 원래 커브에 더욱 가깝게 일치시키는 기능이다.

〈Options〉

• RequestedTolerance

재생성된 커브가 원래 개체에서 벗어날 수 있는 최대 거리를 지정하는 기능이다. 충분한 제어점을 제시하지 않으면, 재생성된 커브는 원래 개체에서 요청된 허용오차를 벗어나게 된다. 원래 커브로부터의 최대 편차는 명령행에 보고 되며, 커브의 점으로 표시된다.

• MaxPointCount

재생성에 사용된 커브 당 제어점의 최대수를 지정하는 기능이다.

• Quarters

Rebuild Curve NonUniform 명령이 제어점을 어떻게 배분하는지에 영향을 주기 위해, 각 커브를 따라 두 개 더 많은 제어점을 표시해 준다. 커브 끝의 제어는 결과 커브를 짧게 하는데 사용할 수 있다.

• DeleteInput

원래 개체를 삭제하는 기능이다.

• ResetPoints

편집점을 원래 위치로 재설정하는 기능이다.

Knot

NURBS모델링에는 Knot Point가 있기 때문에 Degree가 2이상의 자유로운 곡선과 면을 표현할 수 있다. 3차 형식의 커브 방정식이라면 S자 형태의 곡선만 표현할 수 있으나 NURBS모델링에는 Knot으로 3차의 커브를 계속 이어나가 자유로운 커브를 만들 수 있는 것이다.

Knot은 0부터 시작되는 일렬의 숫자로 최대 Degree 수만큼 중첩되어지는 것이 가능하며 Degree 수만큼 중첩이 되면 그 점은 Kink가 된다. 또한, 커브의 시작점과 끝점에서는 Knot이 그 커브의 Degree수만큼 중첩되어 있다.

Knot의 가장 큰 기능은 커브와 서페이스 편집에서 Control Point 수를 늘리거나 줄이는 기능이다.

Knot의 개수 = CP의 개수−Degree+1이 된다.

Kink는 커브 상의 뾰족한 점이며, kink가 있는 커브를 Explode하면 Kink를 기준으로 나눠지게 된다.

Isoparm Curve

Surface의 U, V변수에 대한 커브로 라이노에서는 커브를 나타내는데 가장자리와 Isoparm을 같이 사용한다. Isoparm커브는 기본적으로 Knot의 위치에 그려지며 만약 사각평면 같이 Knot구간이 하나뿐인 경우에는 서페이스의 가운데 그려지게 된다.

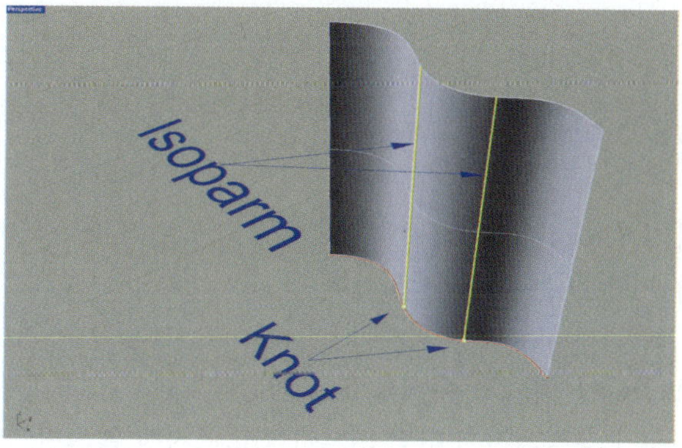

Kink

Tangent방향이 일치하지 않는 2개의 커브가 결합된 지점을 말한다. 또는 커브 중간에서 Tangent가 연속되지 않는 부분으로 커브의 각이 진 부분을 의미한다.
만약 Kink Point가 있는 커브로 Surface를 만들면, Kink Point에 Crease가 만들어 질 수 있다. Kink Point가 있으면 단일 서페이스가 생성되는 대신 Polysurface가 생성된다.

Crease

Crease는 Surface에서 Tangent가 연속되지 않는 지점을 말한다. Kink Point가 있는 커브로 서페이스를 만들면 Kink Point에 Crease가 만들어질 수 있다.

CURVE FROM OBJECT

NURBS Surface에는 Curve가 있으며 Surface의 가장자리는 다른 개체를 모델링 하는데 사용될 수 있다. 또한 Surface로부터 다른 Curve를 만들 수 있다. 예를 들면 기존의 Surface와 Solid를 잘라내서 평면형 단면 커브를 만들거나, 두 개 이상의 Surface의 교차점에서 Curve를 추출할 수 있으며, Curve를 Surface로 투영시킬 수 있다.
다른 명령을 사용하기 위해 Isocurve를 추출 하거나, Surface부터 전체 Wireframe을 추출 할 수 있다.

CURVE FROM OBJECT TOOLBAR

Project

메뉴: Curve Menu 〉 Curve From Objects 〉 Project

버튼: 왼쪽 클릭

기능: 이 명령은 CPlane에 의존하며 Curve는 CPlane에 대하여 수직으로 Surface 바로 위에 같은 형태로 투영되어 커브 또는 점을 생성한다.

명령을 시작하기 전에 모든 투영 개체와 대상 서페이스를 선택할 수 있으며 커브의 선택이 완료되면 선택한 CPlane에 커브가 수직으로 투영된다.

선택된 Surface와 Polysurface가 투영되지 못하면 커브가 만들어지지 않으며, 커브를 선택할 때 올바른 CPlane이 선택되어있는지 확인한다.

이 명령은 복잡한 커브를 만들지만 Rebuild 명령으로 간소화 시킬 수 있다. Rebuild 명령을 사용할 때는 나중에 커브를 자를 수 있도록 충분한 수의 점을 사용해야 하는 주의가 필요하다.

커브를 돌출시킨 후, 트림 또는 분할하는 것보다 Project 명령을 사용하면 작업이 훨씬 빠를 수 있다. 매끄러운 투영 커브는 매끄러운 트림 커브를 만들며 커브 투영을 기본 형태인 Ellipse, Circle, Line과 Control Point Curve에 사용하면 효율적이다.

[예제]

① 다음과 같이 Surface from 2, 3 or 4 Edge Curves 메뉴를 이용해 서페이스를 생성한 후 Text 메뉴를 사용하여 'T' 형태의 Curve를 생성하여 다음과 같이 배치한다.

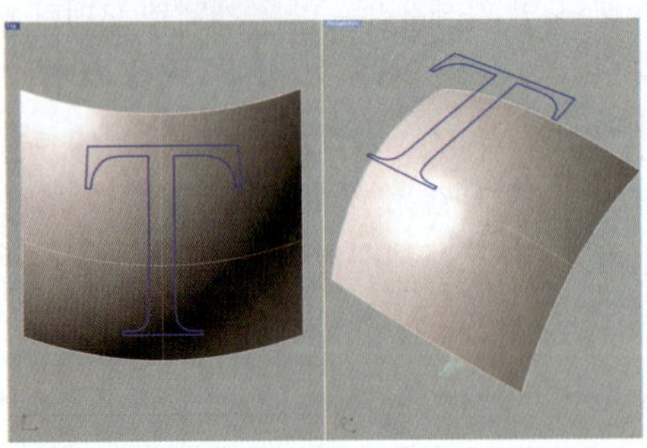

② Project 메뉴를 실행한다. 먼저 Text Curve를 선택한다. Enter키를 누른다.

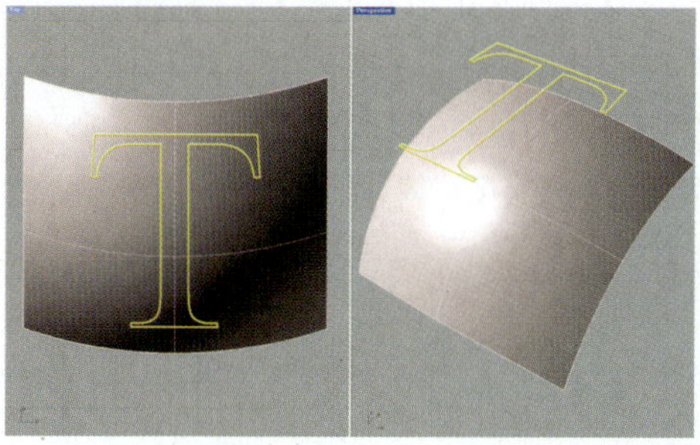

③ 서페이스를 선택한다. Enter키를 누른다.

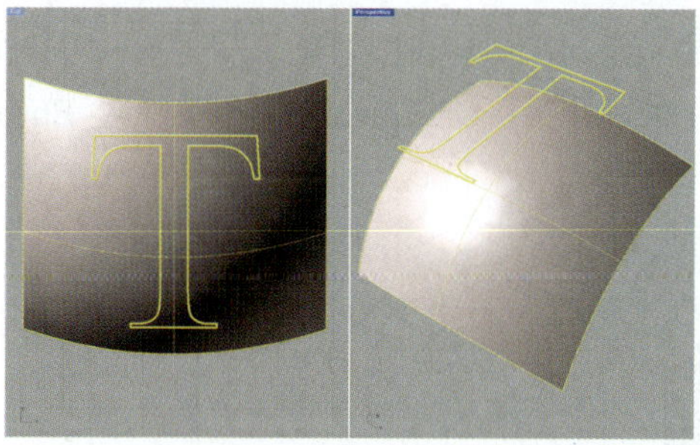

④ Text Curve가 전체 외곽 형태의 변화없이 서페이스 형태에 투영된 것을 볼 수 있다.

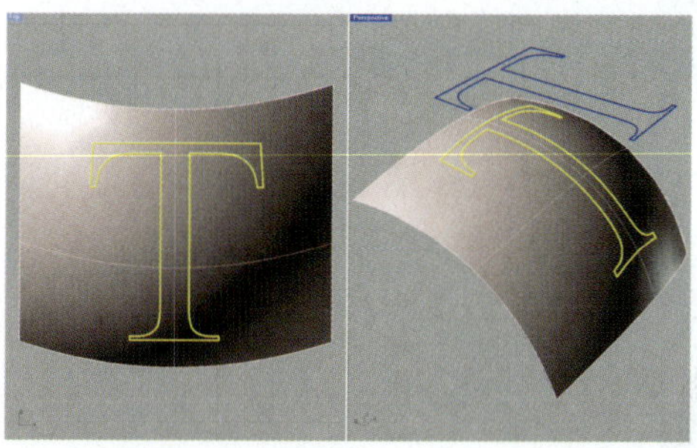

⑤ 투영시키고자 하는 Text Curve에 있어 CPlane에 대하여 수직으로 Surface 바로 위에 같은 형태로 투영되어진 것이다.

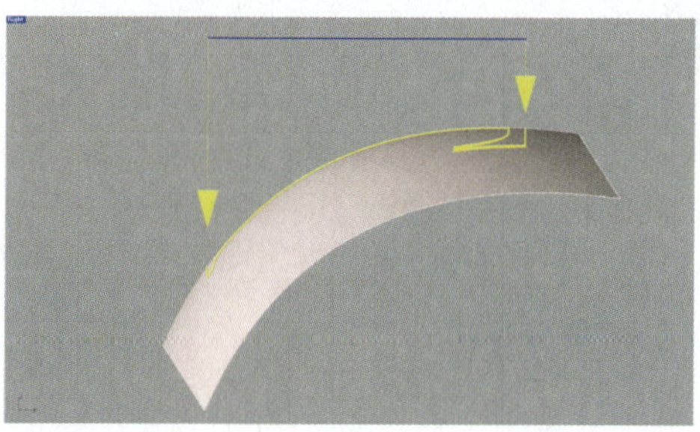

⑥ 투영된 커브를 이용하여 Surface를 Split한다. Split된 서페이스를 선택하여 레이어색을 바꾸어본다.

⑦ Split되어진 서페이스를 선택한 후 Offset Surface메뉴를 이용한다. Option에서 Loose를 체크한 후 Solid를 체크한다. 마지막으로 Distance값을 입력한 후 Enter키를 누른다.

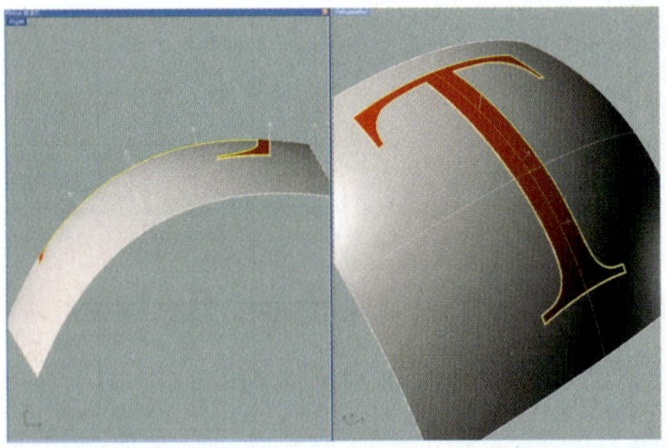

⑧ 다음과 같은 Solid Object가 생성되었다.

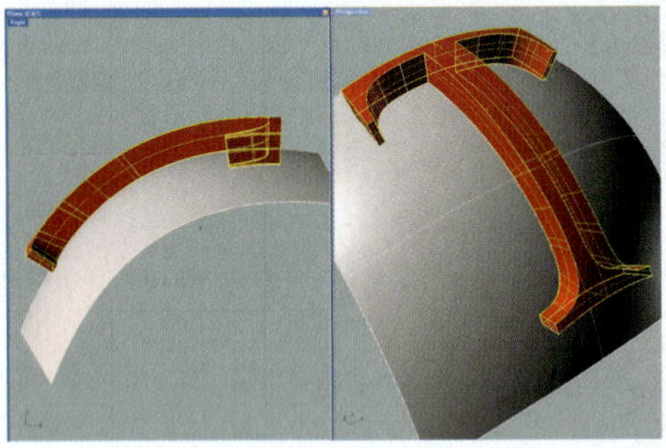

Pullback

메뉴: Curve Menu 〉 Curve From Objects 〉 Pullback

버튼: 왼쪽 클릭

기능: Surface Normal Direction에 맞추어지며 커브 또는 점을 Normal Direction으로 끌어와 커브 또는 점의 교차인 서페이스에 커브와 점을 생성시키는 기능이다. '밀어 넣기'의 의미를 가지고 있으며 보는 방향 그대로가 아니며 일정한 커브를 늘어뜨리는 기능이라 할 수 있다.

- 명령을 종료할 때, 이전의 선택 상태와 상관없이 새로 만든 커브가 항상 선택 상태가 된다.
- 커브를 그릴 때 가능한 적은 수의 제어점을 사용하는데 이것은 가능한 가장 매끄러운 트림 커브를 생성시킬 수 있기 때문이다.
- 이 기능은 가장 가까운 점에서 커브를 Surface로 끌어당긴다. Pull 명령은 원통을 대략 일주하는 커브가 있는 경우에, 그 커브가 원통에 빨려 들도록 할 때 유용하다. Project 명령으로는 이와 같이 할 수 없다.

이 기능은 Surface Normal Direc tion에 맞추어지므로 Surface 개체로부터 멀어질수록 커브가 작게 되어지는 것을 볼 수 있다.

[예제]

① 다음 이미지와 같이 Text Curve와 Surface를 생성한다.

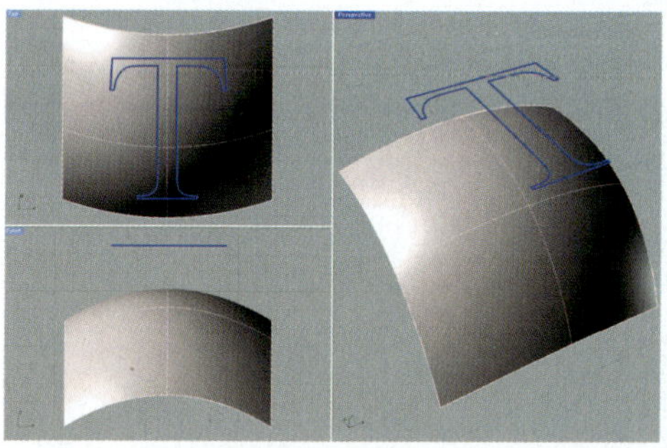

② Text Curve를 선택한다.

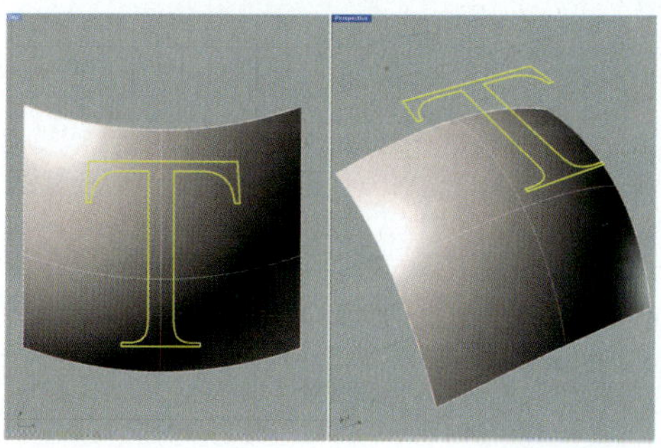

③ Surface를 선택한 후 Enter키를 누른다.

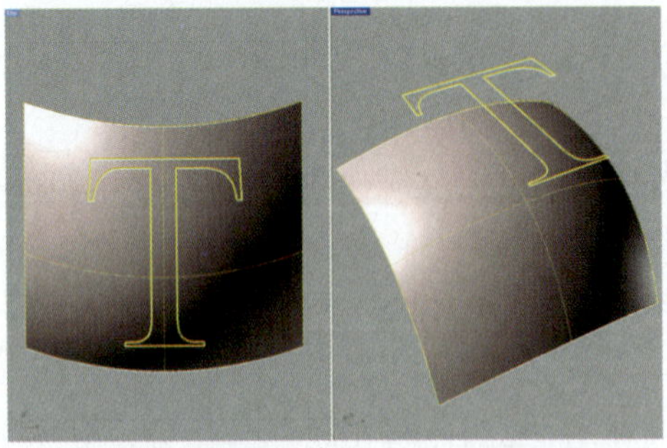

④ 다음과 같이 서페이스에 Text Curve를 끌어당긴 것을 볼 수 있다.

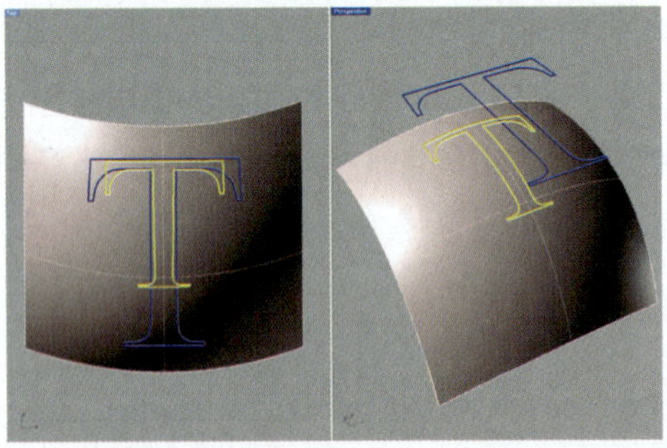

⑤ 이 명령의 원리는 다음과 같이 Surface의 Normal Direction으로 끌어당기는 원리이다.

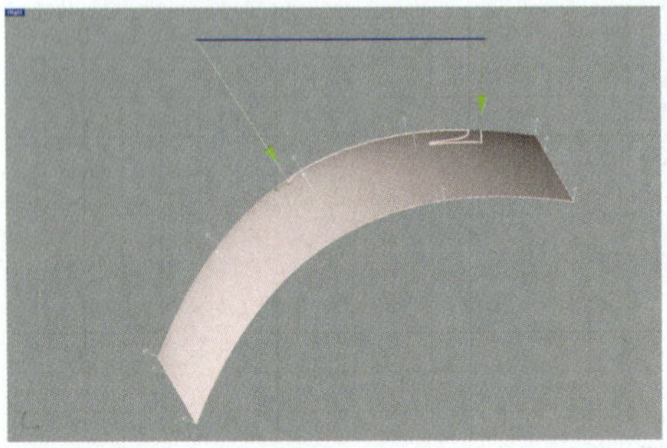

⑥ 그렇기 때문에 다음 이미지와 같이 Text Curve가 Surface에서 멀어질수록 Surface에 끌어당겨지는 Text Curve가 작아지는 것이다.

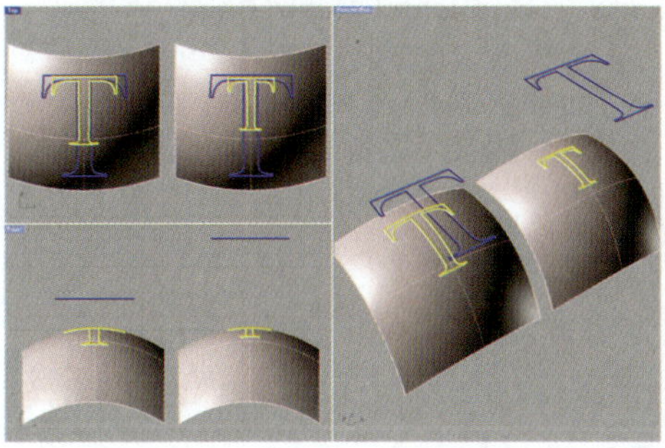

Duplicate Edge

메뉴: Curve Menu 〉 Curve From Objects 〉 Duplicate Edge

버튼: 왼쪽 클릭

기능: 이 기능은 Surface의 가장자리와 일치하는 커브를 만드는 기능이다.

이렇게 생성된 커브는 Surface Trim에 사용된 원래 커브와는 다른 Control Point 구조를 갖는다.

· Duplicate Edge기능을 사용하여 Surface의 각 가장자리에 커브를 추출하는 장면

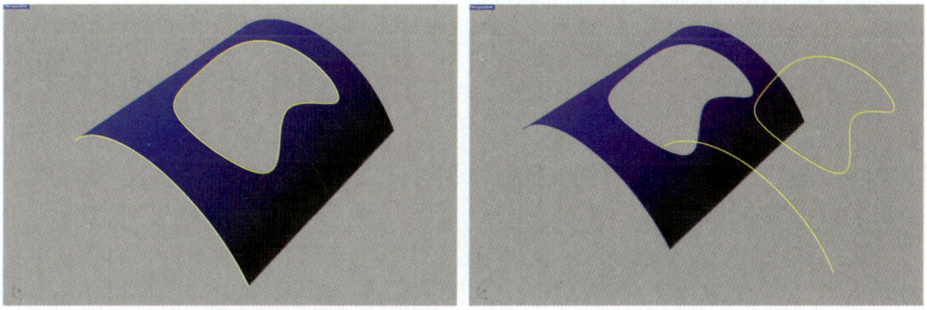

· Trim에 사용한 원본 커브와 Duplicate Edge기능을 사용하여 생성한 커브와 제어점 구조가 틀린 장면

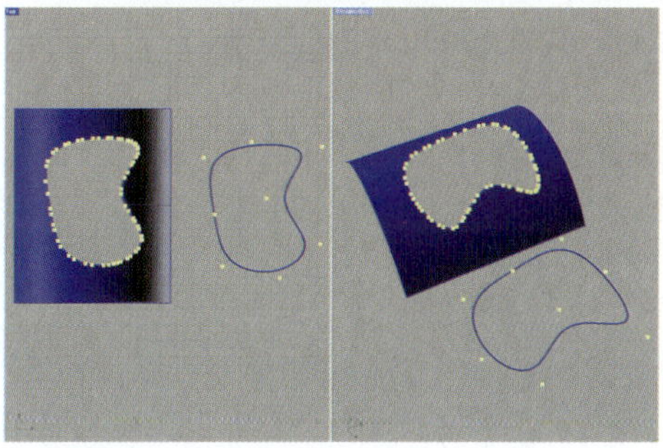

Duplicate Mesh Edge

메뉴: Curve Menu 〉 Curve From Objects 〉 Duplicate Mesh Edge

버튼: 오른쪽 클릭

기능: Mesh 가장자리를 Polyline으로 생성하는 기능이다.

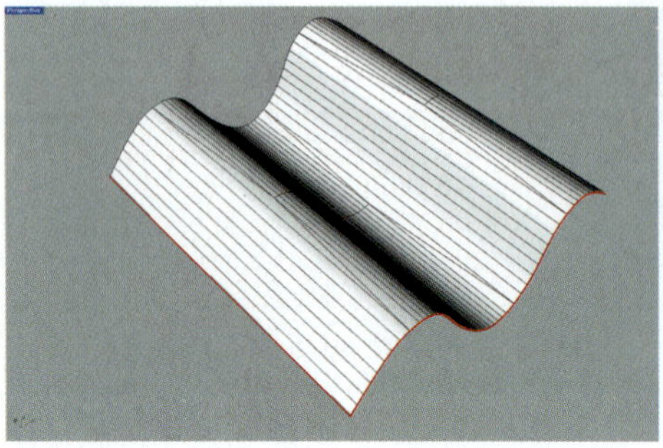

Duplicate Border

메뉴: Curve Menu 〉 Curve From Objects 〉 Duplicate Border

버튼: 왼쪽 클릭

기능: 열린 Surface, Polysurface 또는 Mesh 전체 테두리를 복제하는 커브 생성 기능이다.

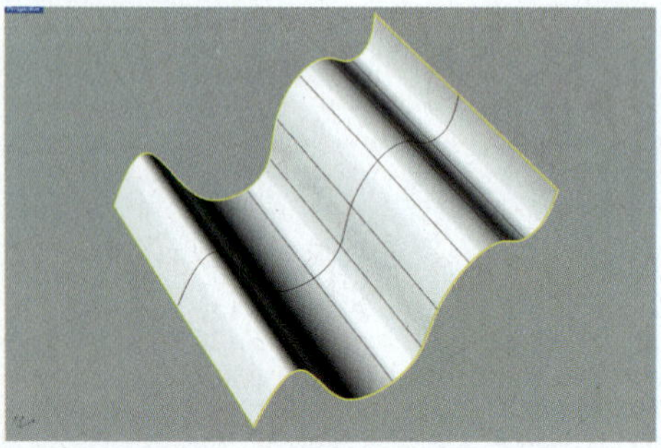

Duplicate Face Border

메뉴: Curve Menu 〉 Curve From Objects 〉 Duplicate Face Border

버튼: 왼쪽 클릭

기능: Polysurface 테두리를 복제하는 커브 생성 기능이다.

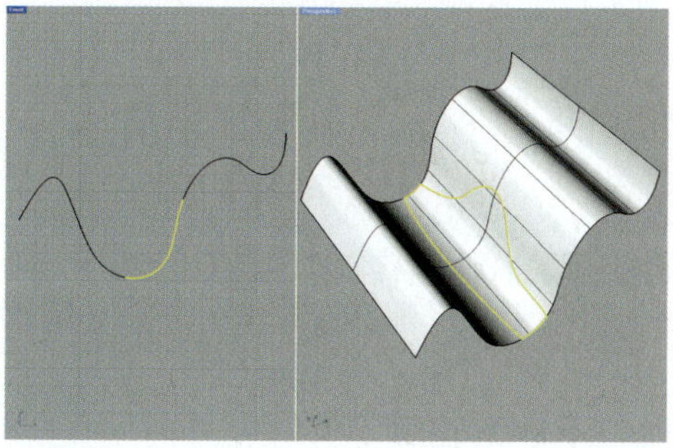

| Intersection

메뉴: Curve Menu 〉 Curve From Objects 〉 Intersection

버튼: 왼쪽 클릭

기능: 커브와 Surface의 교차에서 개체 또는 커브를 생성시키는 기능이다.

- 커브와 다른 커브 또는 Surface를 교차하면 커브 또는 점 개체를 만들 수 있다.
- Surfaco 또는 Polysurface를 Surface 또는 Polysurface로 교차하면 커브를 생성시킬 수 있다.
- Surface와 Solid 교차를 만들려면, BooleanIntersection 명령을 사용한다.

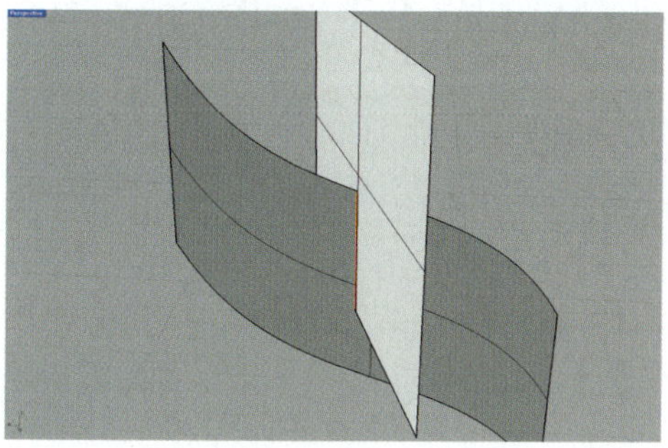

| Contour

메뉴: Curve Menu 〉 Curve From Objects 〉 Contour

버튼: 왼쪽 클릭

기능: Surface로부터 윤곽커브를 생성시키는 기능이다. 윤곽 평면의 방향과 윤곽 커브 사이의 거리 값을 설정하여 평면형 커브와 점을 생성시킨다.

이 기능을 실행하여 생성된 커브들은 주로 크기 조절 및 형태 변화를 준 다음 Loft Surface 기능을 사용하여 원하는 형태를 생성한다.

〈Options〉

• Range

윤곽의 한계를 지정한다.

• Assign Layers By

윤곽 커브와 점의 레이어를 지정하는 기능이다.

• Current Layer

윤곽 커브와 점이 현재 레이어상에 있게 된다.

• Input Object

윤곽 커브와 점이 입력 개체와 동일한 레이어에 있게 된다.

• Join Curves

폴리서페이스로 만든 윤곽 커브가 어떻게 결합되는지를 지정하는 기능이다.

• None

커브가 결합되지 않는다.

• By PolySurface

폴리서페이스로 만든 동일한 평면상의 커브가 결합되는 기능이다.

• By Contour Plane

동일한 윤곽 평면의 모든 커브가 결합되는 기능이다.

• Group Objects By Contour Plane

윤곽 커브가 어떻게 그룹화되는지 지정하는 기능이다.

• No

그룹화되지 않는다.

• Yes

동일한 윤곽 평면상의 커브가 그룹화 된다.

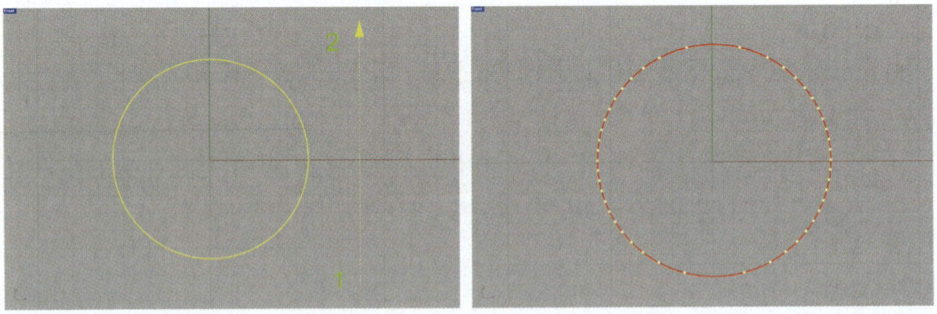

다음 이미지와 같이 Circle 커브를 생성한 후 Contour 명령을 실행한다. 커브를 선택한 후 Enter키를 누른다. 다음 윤곽 평면 기준점을 이미지와 같이 찍어 준다. 물론 순서가 틀려도 상관없다. 다음으로 윤곽 사이의 거리를 입력한다. 원하는 거리 수치를 입력한다.

Enter키를 누른다. 이미지와 같이 Points가 생성된 것을 볼 수 있다.

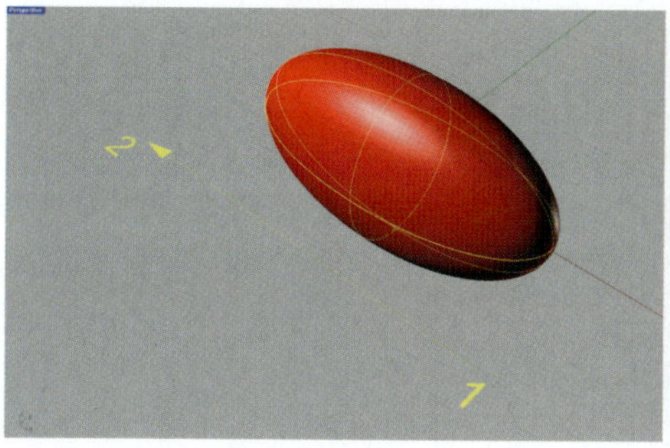

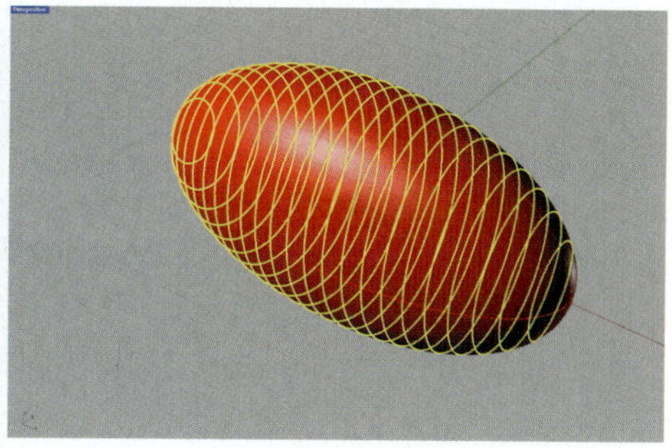

다음 이미지와 같이 Ellipsoid Solid를 생성한 후 Contour 명령을 실행한다. Ellipsoid를 선택 후 Enter키를 누른다. 다음 윤곽 평면 기준점을 이미지와 같이 찍어준다. 물론 순서가 틀려도 상관없다. 다음으로 윤곽 사이의 거리를 입력한다. 원하는 거리 수치를 입력한다. Enter키를 누른다. 이미지와 같이 Curve가 생성된 것을 볼 수 있다.

| Section

메뉴: Curve Menu 〉 Curve From Objects 〉 Section
버튼: 왼쪽 클릭
기능: 개체 표면 위에 원하는 방향으로 절단면을 추출한다.
서페이스를 통하여 커브를 그린 위치를 기준으로, 서페이스를 통과하는 단면 커브를 그리거나 점을 생성한다.

[예제]

① Curve와 Torus 개체를 생성한다. Section기능을 실행한다.

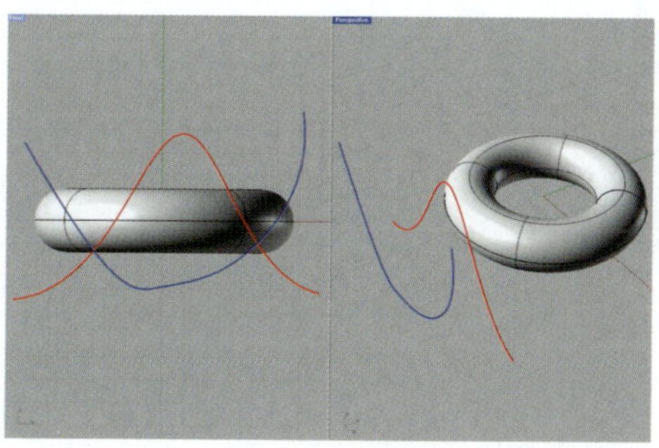

② 단면을 만들 개체를 선택한다. Curve와 Torus 개체 모두 선택해 본다.

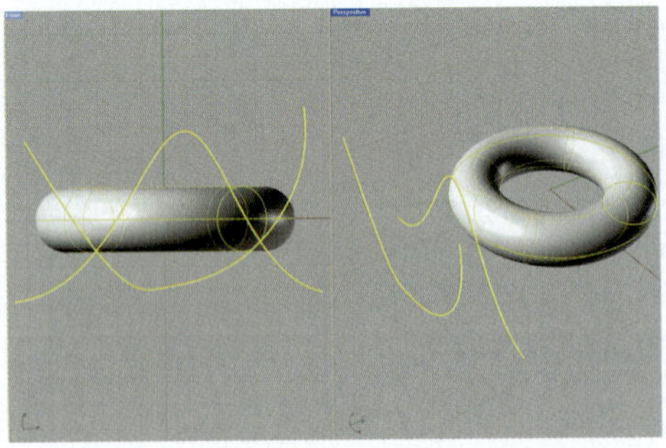

③ 단면커브를 만들기 위해 시작점을 클릭한다. 이미지에 나타난 것과 같은 순서 또는 반대로 찍어준다. 다음으로 단면 커브의 끝점을 찍어준다.

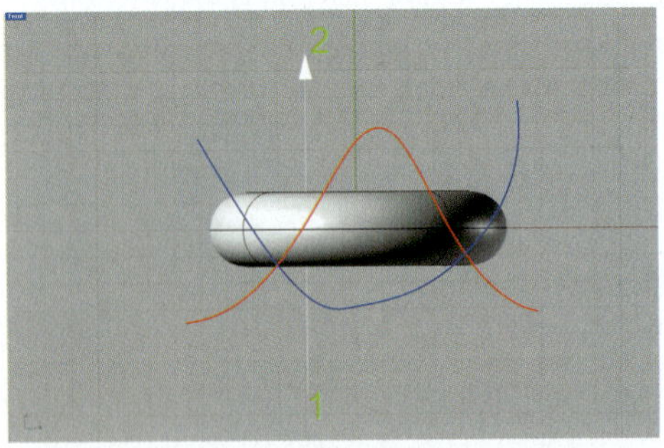

④ 다음과 같이 Curve는 Point가 생성되었고 Surface는 Curve가 생성되었다.

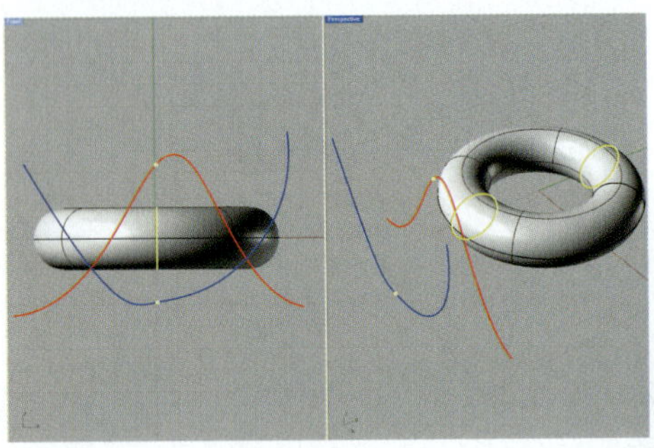

Silhouette

메뉴: Curve Menu 〉 Curve From Objects 〉 Silhouette

버튼: 왼쪽 클릭

기능: 선택된 서페이스 또는 폴리서페이스에서 윤곽선을 만드는 기능으로 현재 설정된 View 뷰를 방향으로 기준을 둔다.

이미지와 같이 Torus Object를 Top View에서 보면 Silhouette이 두 개의 원이 되고,

Torus Object를 옆에서 보면 Silhouette이 타원이 된다.

■ Top View 설정

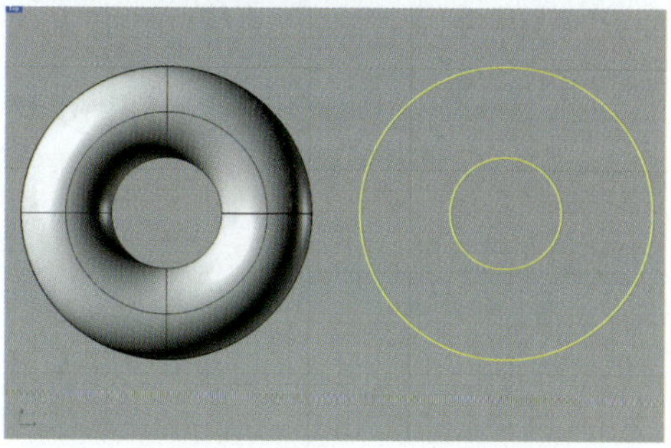

■ Front View 설정

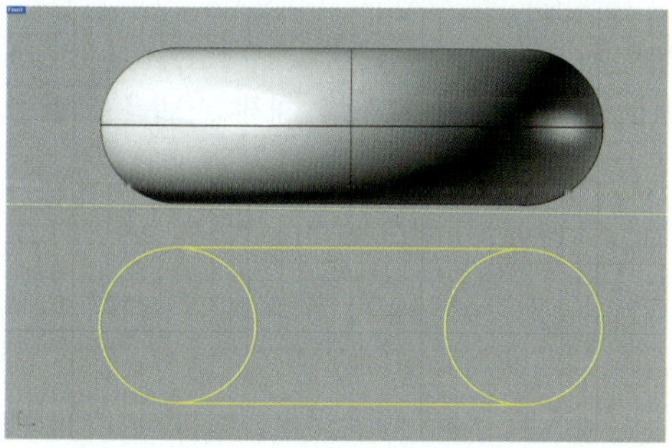

■ Perspective View 설정

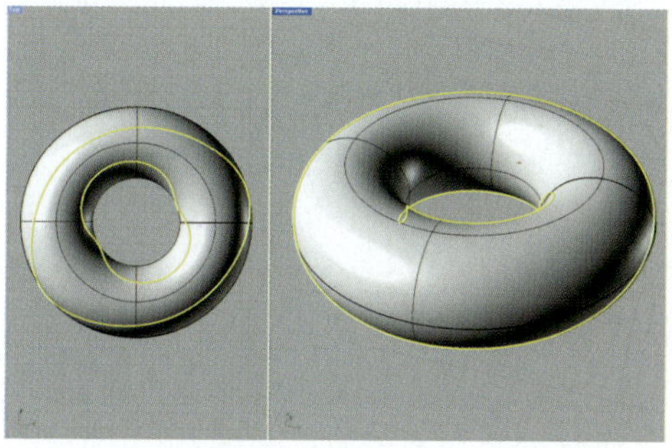

Mesh Outline

메뉴: Curve Menu 〉 Curve From Objects 〉 Mesh Outline

버튼: 왼쪽 클릭

기능: 선택된 Surface 또는 Polysurface의 Rendering Mesh나 다각형 Mesh 개체의 Rendering Mesh의 Polyline 커브 윤곽선을 만드는 기능이다. 윤곽의 방향은 현재 보는 방향을 기준으로 한다.

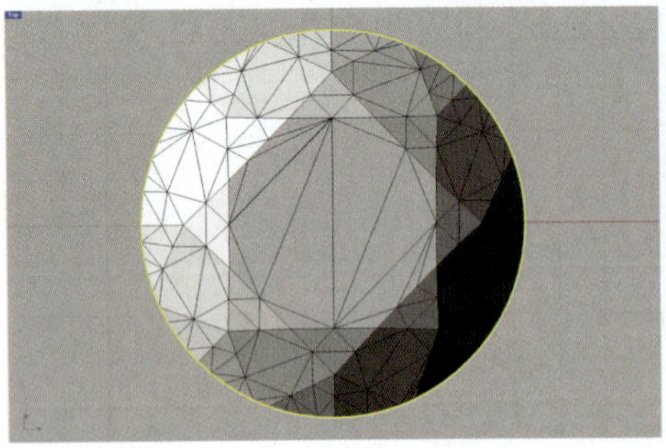

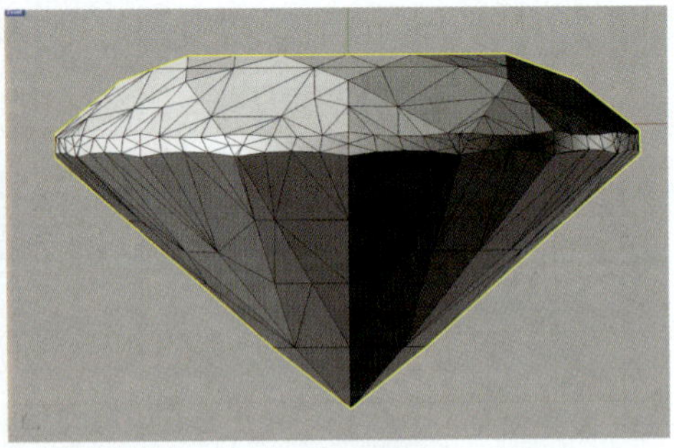

Extract Isocurve

메뉴: Curve Menu 〉 Curve From Objects 〉 Extract Isocurve

버튼: 왼쪽 클릭

기능: 생성된 Surface에서 지정된 위치에 Surface Isocurve를 추출한다. Surface의 U방향, V방향 또는 모두를 선택하며 Isocurve 교차에는 교차점 개체 스냅을 사용한다.

- Extract Isocurve는 자르기 커브를 만드는 데 효율적이며 Extract Isocurve를 따라 자른 서페이스는 Shrink Trimmed Surface명령으로 자르기 취소할 수 있다.
- InsertKnot 명령과 반대로 ExtractIsocurve 명령은 Surface에 붙어있지 않는 떨어진 커브를 만든다.
- Surface에 개체를 배치할 필요가 있을 때에는, ExtractIsoCurve 명령을 사용하여 개체를 배치하는 데 효율적인 작업을 할 수 있으며 Surface의 영역에 Snap 할 수 있도록 설정할 수 있다. ExtractIsocurve 명령의 사용으로는 Surface가 변경되지 않는다.

〈Options〉

- **Direction**

U방향, V방향 또는 두 방향 모두 지정하는 기능이다.

- **Toggle**

U방향, V방향 이 두 방향만 쉽게 전환할 수 있는 기능이다.

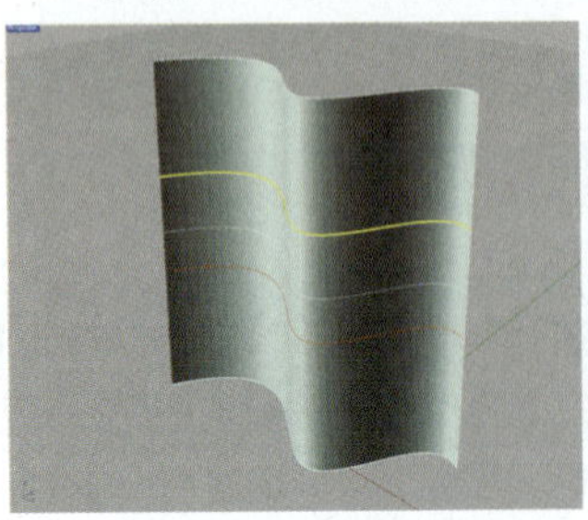

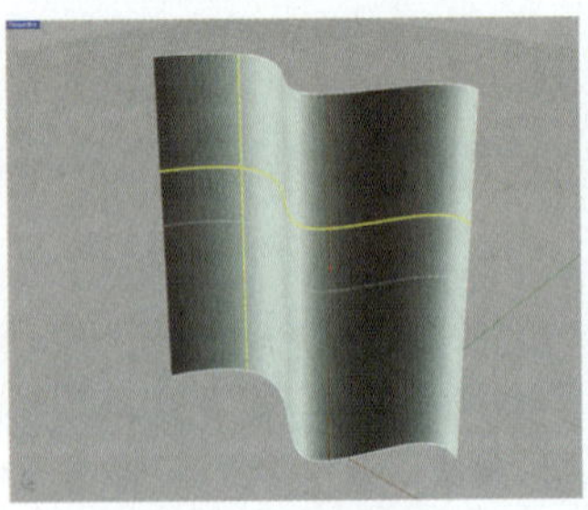

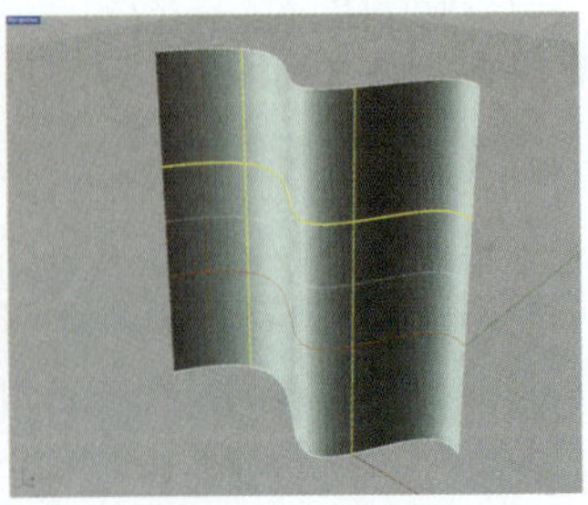

Extract Points

메뉴: Curve Menu 〉 Curve From Objects 〉 Extract Points Point 〉 Extract Points
버튼: 왼쪽 클릭
기능: Point Object를 커브의 제어점 또는 편집점 위치, 서페이스 제어점 위치, 다각형 메쉬 정점에 배치하는 기능이다.

Extract Curve

메뉴: Curve Menu 〉 Curve From Objects 〉 Extract Curve
버튼: 왼쪽 클릭
기능: 2개 이상의 Polycurve에서 Curve Segment를 분리시키는 기능이다.

[예제]

① 다음과 같은 3개의 커브 끝점을 연결하여 생성한다.

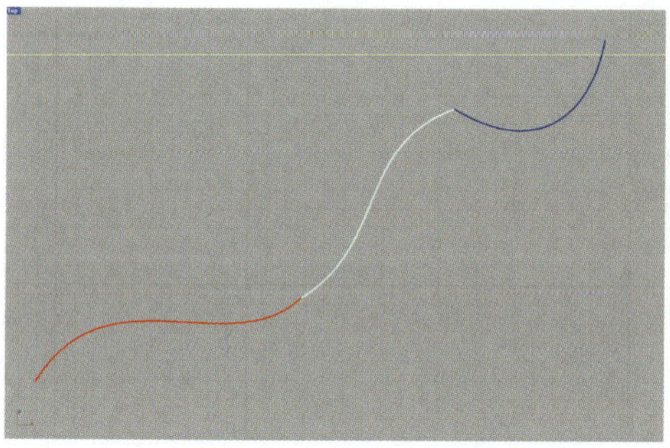

② 3개의 커브를 모두 선택한 다음에 Join기능을 실행한다. Polycurve로 만들어진 것을 볼 수 있다.

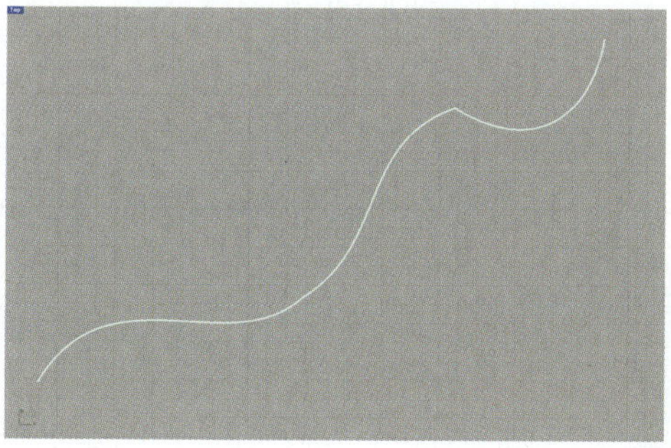

③ Extract Sub-Curve 기능을 실행한다. Sub-Curve를 추출할 부분의 Curve를 선택한다.

④ 선택한 커브가 Polycurve에서 추출되는 것을 볼 수 있다.

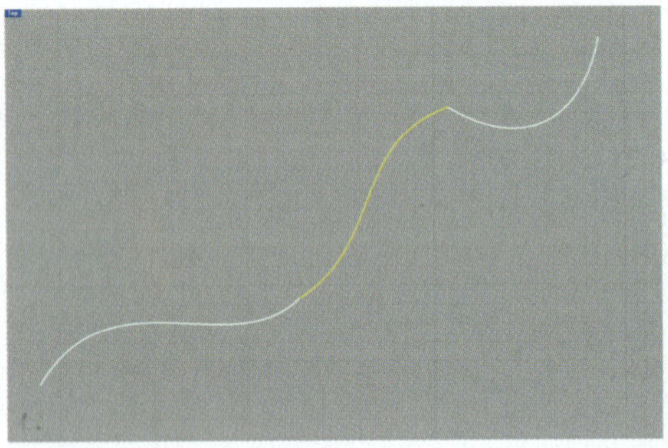

Extract Wireframe

메뉴: Curve Menu 〉 Curve From Objects 〉 Extract Wireframe

버튼: 왼쪽 클릭

기능: Display Mode에서 Wireframe Mode로 표시되는 Isocurve 또는 Surface를 복제하는 커브를 만드는 기능이다.

[예제]

① 다음과 같은 Torus 개체를 생성한다. 좌측의 이미지는 Wireframe Mode이다.

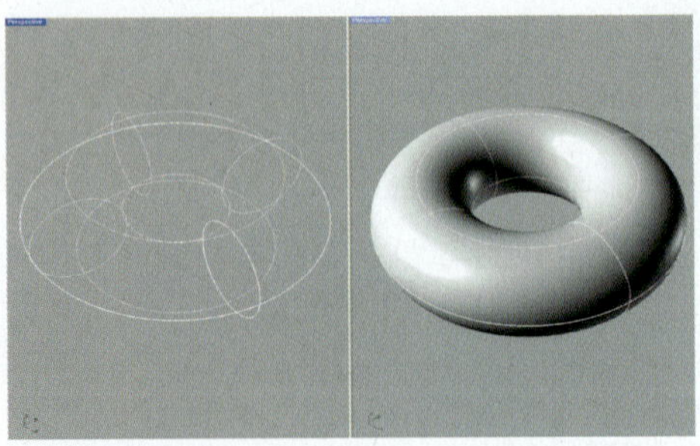

② Extract Wireframe기능을 실행한다. 커브로 변환시킬 서페이스 또는 솔리드 선택을 한다. Torus 개체를 선택한다. 다음과 같이 Wireframe 상태에서 보이는 Isocurve와 같은 커브를 추출한다.

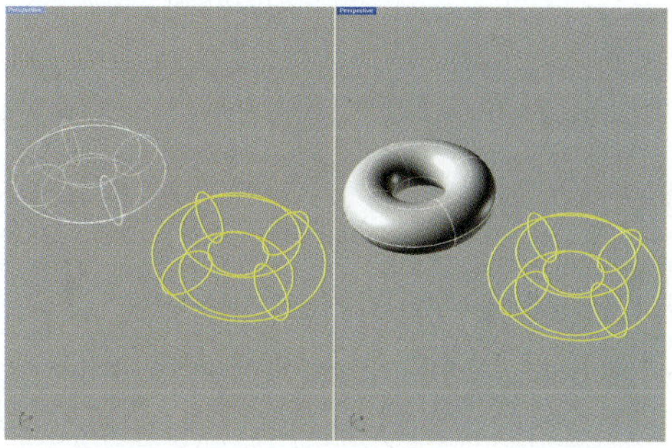

③ 추출한 커브에 Pipe Solid기능을 실행하여 두께를 가진 형태를 만들어 본다.

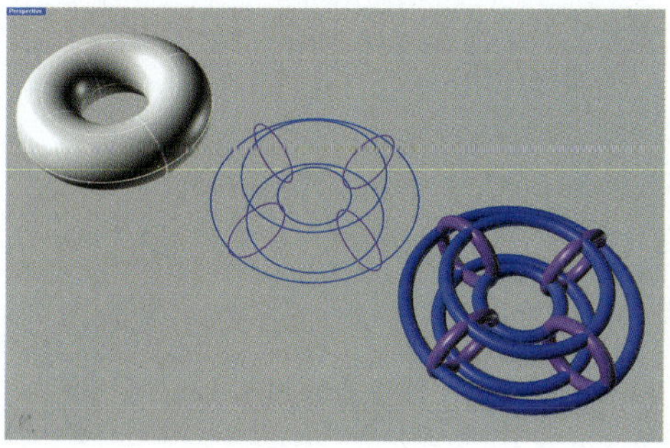

| Geodesic Curve

버튼: 왼쪽 클릭

기능: Surface 개체에 있어 두 점 사이의 최대한 짧은 커브를 만드는 기능이다.

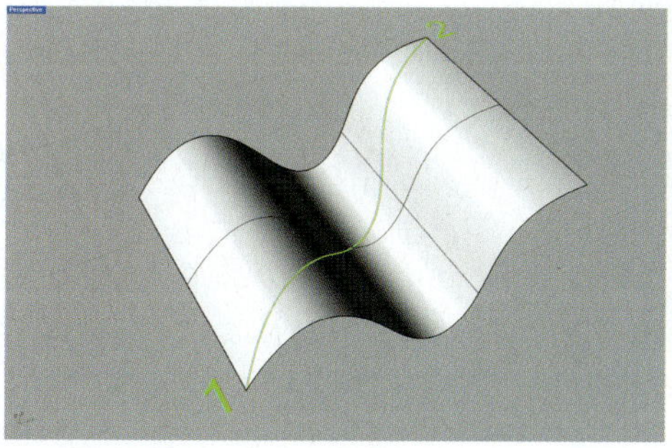

| Create UV Curves

메뉴: Curve Menu 〉 Curve From Objects 〉 Create UV Curves

버튼: 왼쪽 클릭

기능: 경계를 복제하는 Trim되지 않은 커브와, 절대좌표 X-Y 평면상에 평면형 커브를 생성하는 기능이다.

Apply UV Curves

메뉴: Curve Menu 〉 Curve From Objects 〉 Apply UV Curves

버튼: 오른쪽 클릭

기능: 생성된 UV커브와 커브를 해당 서페이스상에 적용시키는 기능이다.
도자기 같은 모델링 작업을 할 때 사용되는 문양을 Surface에 적용시키고자 할 때 효율적으로 사용할 수 있다.

[예제]

① 다음과 같은 Solid형태를 생성한다. Extract Surface를 생성한다.

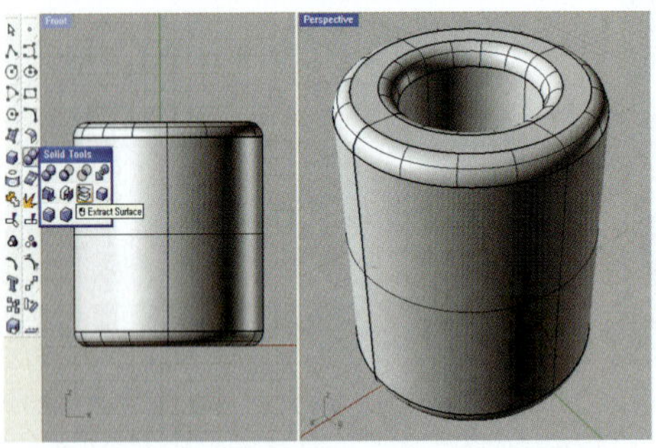

② Surface를 선택한 다음 Enter키를 누른다.

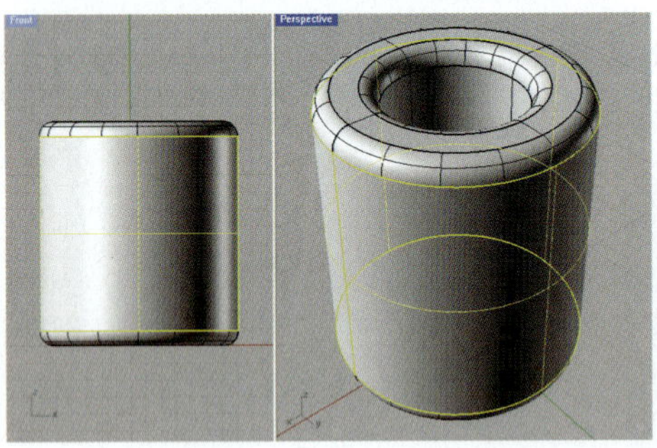

③ 추출된 Surface를 선택한 다음 Shink Trimmed Surface를 선택한다. Enter키를 누른다.

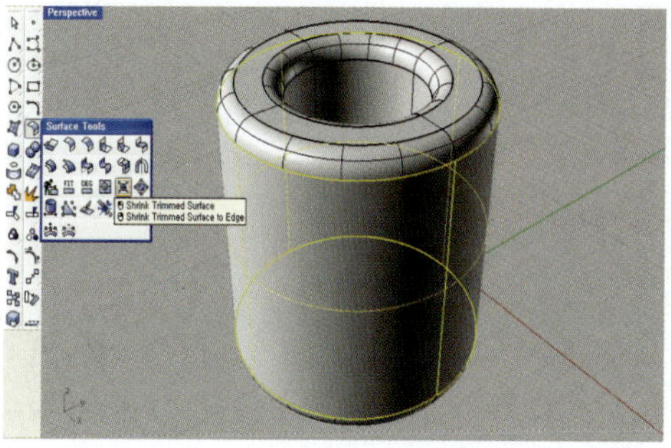

④ Create UV Curve 기능을 실행한다. A Surface가 B로 표시된 평면형 UV Curve로 만들어진 것을 볼 수 있다.

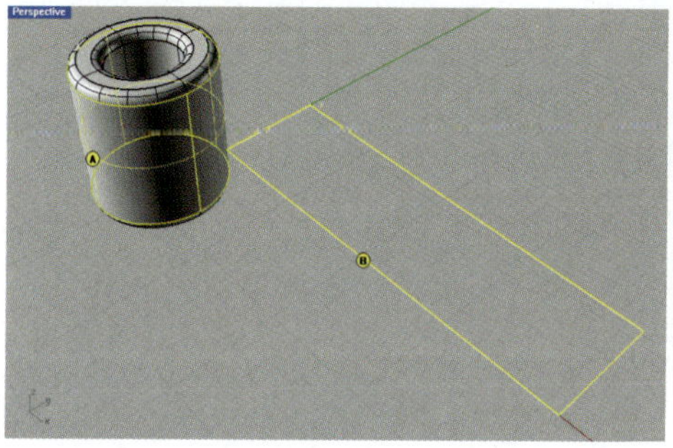

⑤ Text 기능을 실행한다. Option에서 Create부분을 Curve로 지정한 후 원하는 글을 생성한다. 여기에서는 한글로 '장신구'를 생성하는데 한 글자 생성 후 자판에서 한자 기능을 누르면 해당되는 한글의 한자를 찾아 바꿀 수 있다.

⑥ 크기조절과 위치기능을 이용하여 생성된 UV Curve안에 원하는 위치와 크기로 배치한다.

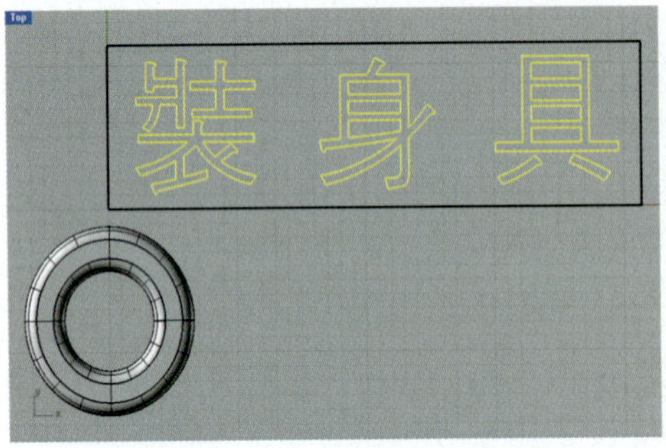

⑦ Apply UV Curves 기능을 실행하여 이미지에 나오는 순서대로 작업을 진행한다.

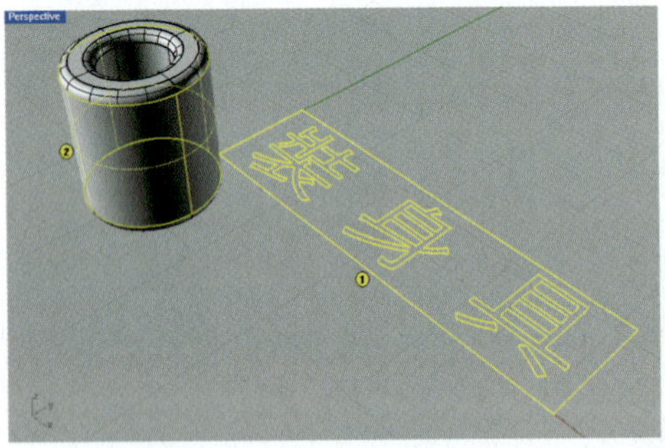

⑧ 다음과 같이 Surface에 한자가 입사된 것을 볼 수 있다. 만약 Surface에 한자가 제대로 입사되지 않았다면 Undo기능을 실행한 후 해당 Surface를 선택한다. 다음으로 Analyze Direction기능을 사용하여 Surface의 Direction 기능 Option중 U Reverse 또는 V Reverse로 조정해주면 된다.

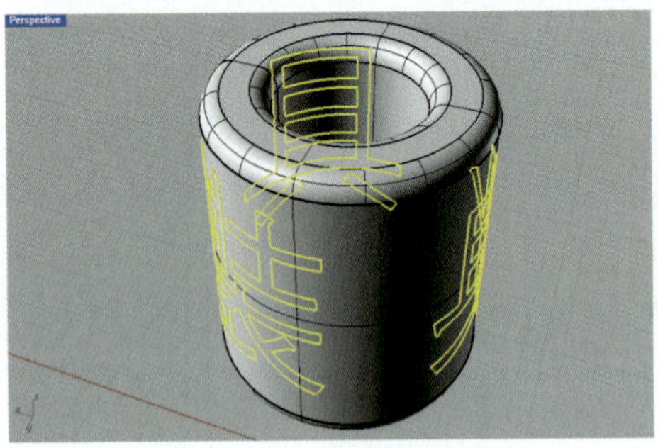

⑨ Split기능을 사용하여 해당 Surface에 한자형태로 면을 절단한다.

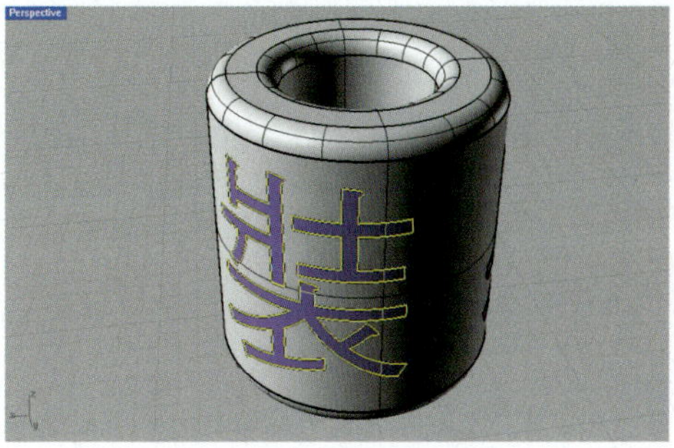

⑩ 한자 형태의 Surface를 선택한 후 Offset Surface기능을 실행한다. Direction방향이 표시된다.

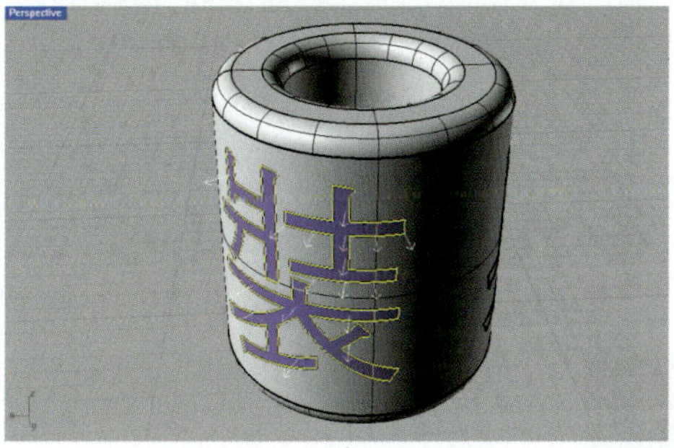

⑪ 명령줄에 표시된 Option중 Solid를 체크한 후 Loose를 체크한다. 마지막으로 Offset Distance값을 적용한 후 Enter키를 누른다. 이미지와 같이 양각형태의 솔리드가 Surface의 Normal Direction으로 생성된 것을 볼 수 있다.

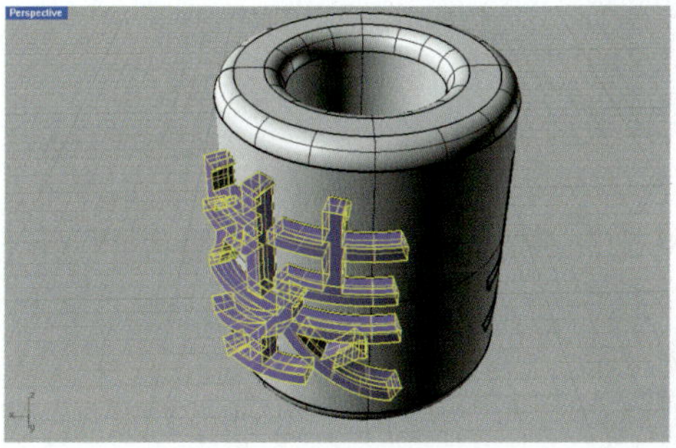

⑫ 나머지 한자도 같은 방법으로 생성해 본다.

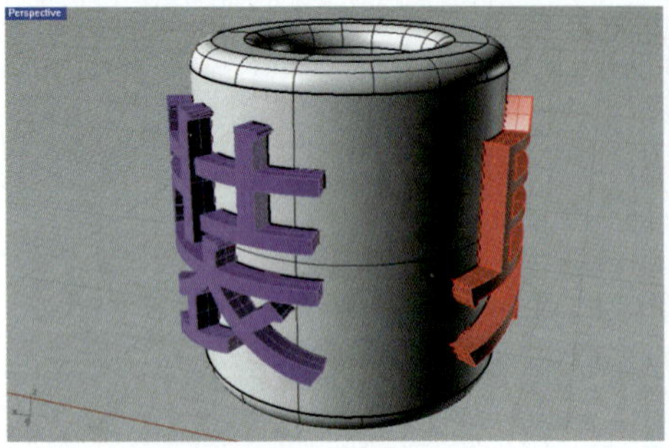

| Blend Perpendicular

버튼: 왼쪽 클릭

기능: 2개의 Surface 가장장리에서 Blend Curve를 생성시켜 주는 기능이다.

[예제]

① 다음과 같은 2개의 Surface를 생성시킨다. Blend Perpendicular기능을 실행한 후 이미지와 같이 Surface 가장자리를 선택한 후 원하는 위치에 클릭 한다.

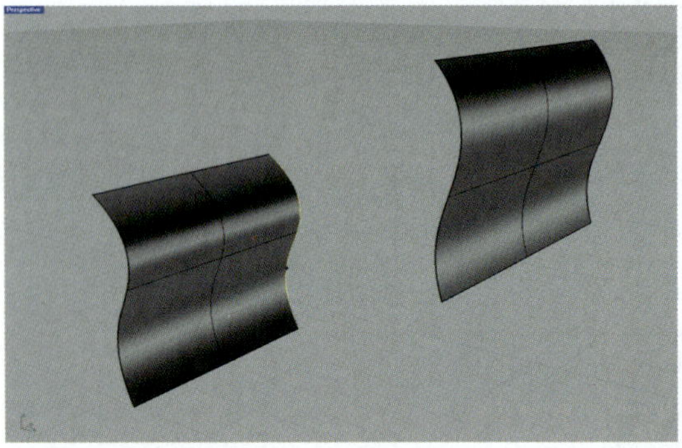

② 두 번째 단계로 다음 Surface 가장자리를 선택하여 원하는 위치를 클릭 한다.

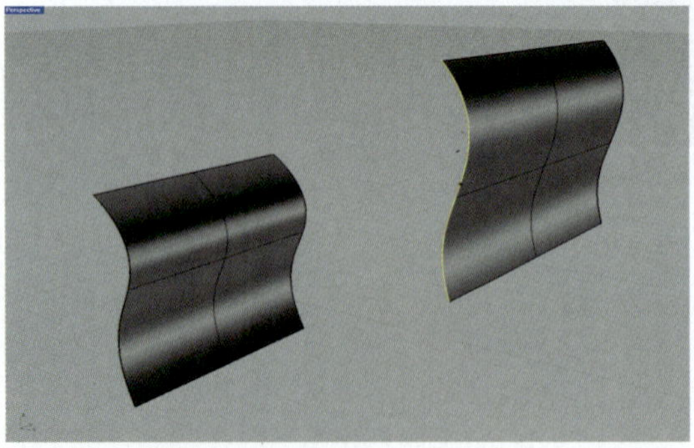

③ 2개의 Surface 가장자리를 이어주는 Curve가 생성된 것을 알 수 있다.

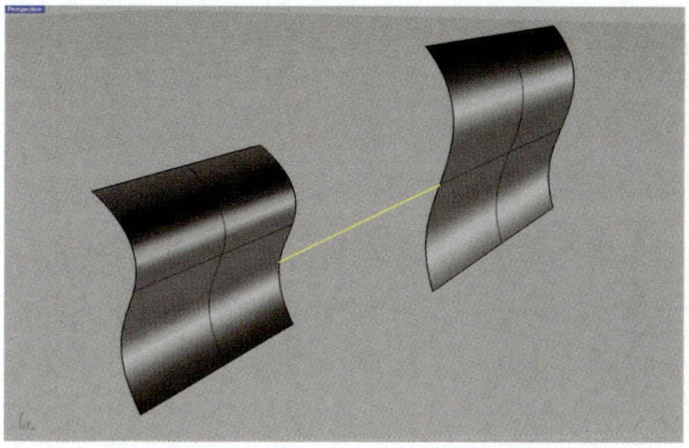

④ 다시 한 번 1단계 작업을 반복한다. Surface 가장자리의 End점을 클릭 한다.

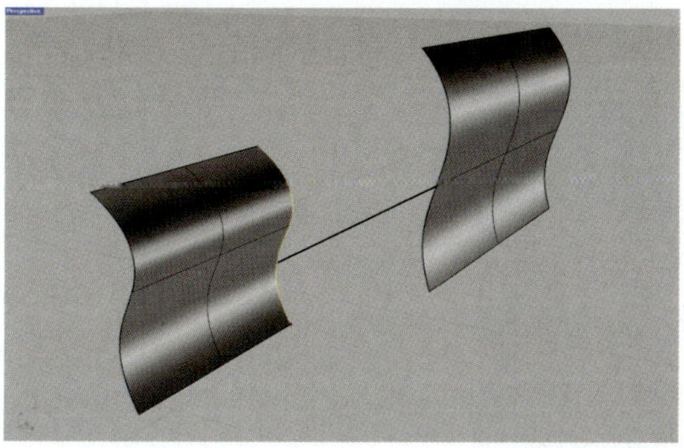

⑤ 두 번째 Surface 가장자리도 End점을 클릭한다.

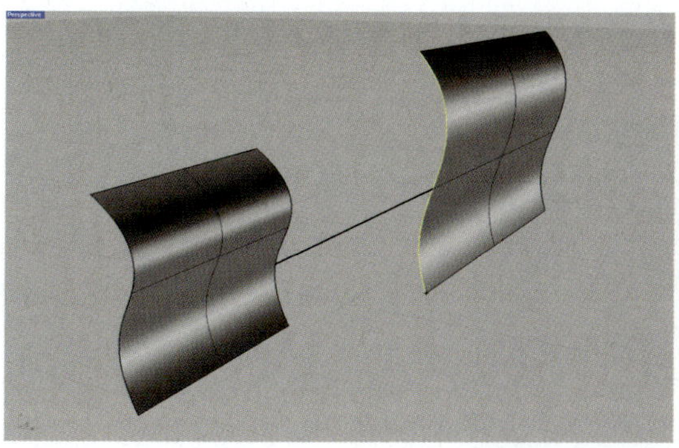

⑥ 두 번째 Curve가 생성되어진 것을 알 수 있다.

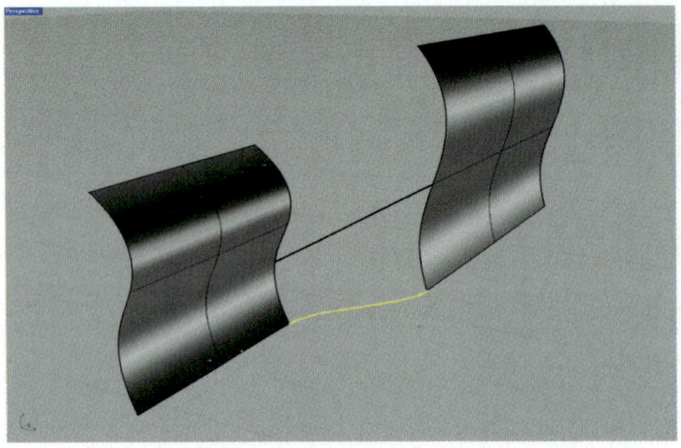

⑦ Surface from Network of Curves 기능을 실행한다.
이미지와 같은 순서로 클릭 한다.

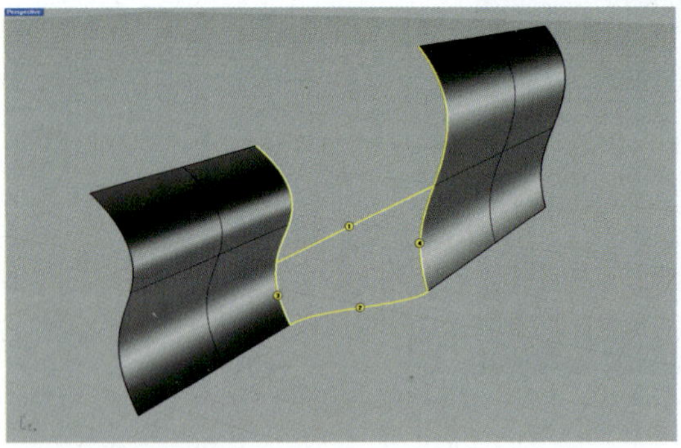

⑧ 4개의 커브를 이어주는 Surface가 생성되어진 것을 볼 수 있다.

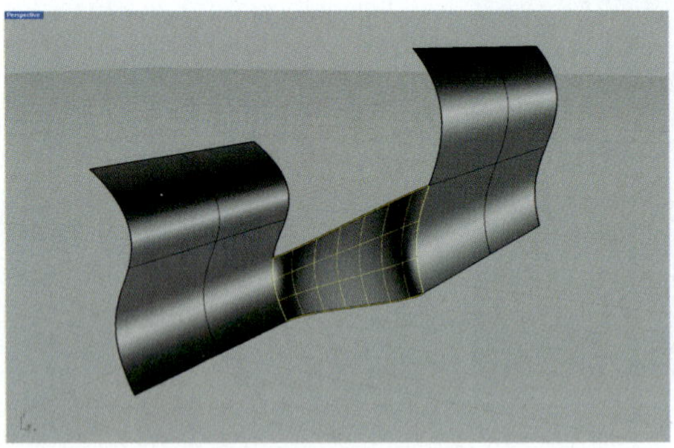

⑨ Render를 통해 Surface가 자연스럽게 이어진 것을 볼 수 있다.

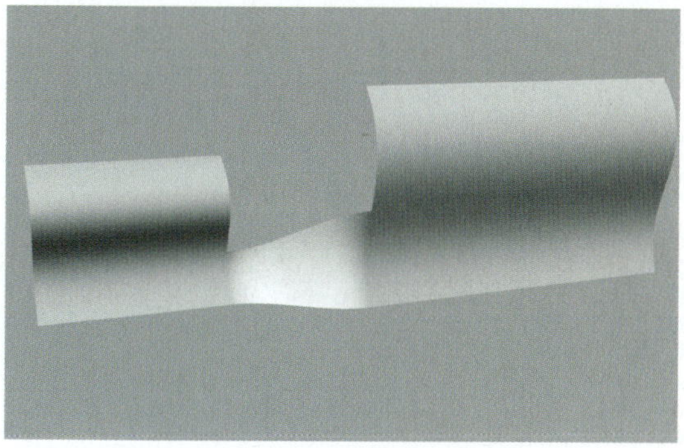

Part V

05 SURFACE

SURFACE

입체물의 면을 구성하는 요소를 만들거나 편집하는 명령을 다룬다. 단순한 면이나 다면체를 제작하는 과정을 통해 다양한 입체물 모델링 제작이 가능하다.

NURBS SURFACE

NURBS형식은 간단한 형상뿐만이 아니라 자유형식, 조각된 Surface도 단일 Surface를 사용하여 표현할 수 있다. 라이노의 Surface 만들기 명령은 모두 같은 개체, 즉 NURBS Surface를 만든다. 라이노에는 직접 Surface를 만들거나, 기존의 커브를 사용하여 Surface를 만들 수 있는 많은 도구가 있다.
모든 NURBS Surface 형태는 기본적으로 직사각형이다. 원통과 같은 닫힌 Surface도 직사각형의 종이를 동그랗게 말아 양쪽 끝이 만나게 한 것과 같다. 가장자리가 같이 만나는 부분을 Seam이라고 한다. Surface가 직사각형 형태가 아닌 경우에는 이것은 잘렸거나, 가장자리에 있는 제어점이 이동하여 서로 닫혀있는 경우이다.

닫힌 서페이스와 열린 서페이스

서페이스는 닫히거나 열릴 수 있다.

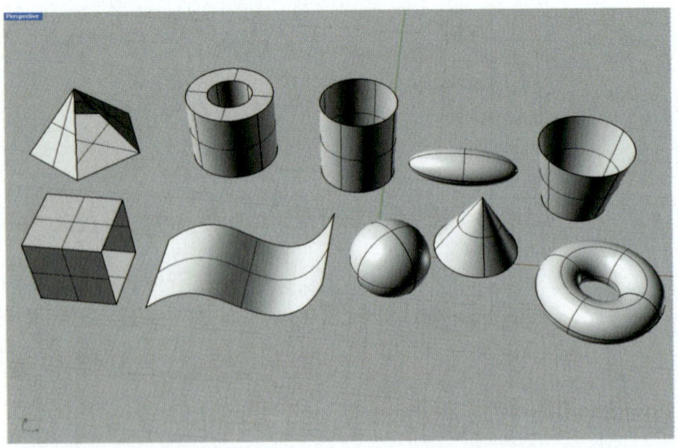

Surface Normal

Surface는 각각의 점에 방향 또는 법선이 있다. Normal은 Surface에 수직인 화살표로 표현된다. 닫힌 Surface의 Normal은 언제나 Surface 외부를 향하며 열린 Surface의 Normal 방향은 알기 어려운 경우가 있다. 방향 정보를 사용하는 명령은 방향을 알리는 화살표를 표시하며, 이러한 방향을 변경할 수 있는 옵션을 사용할 수 있다.

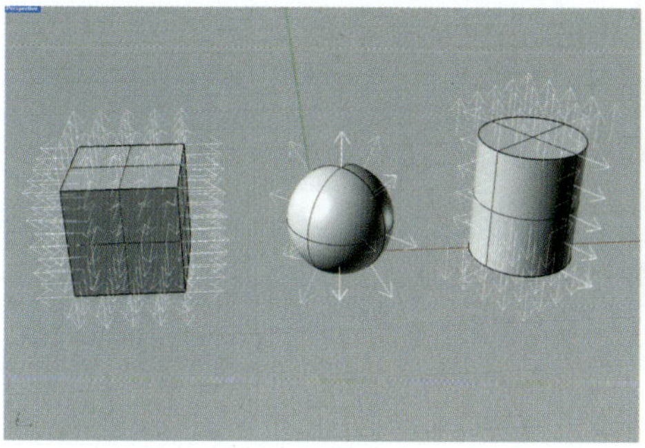

닫힌 Surface Normal방향

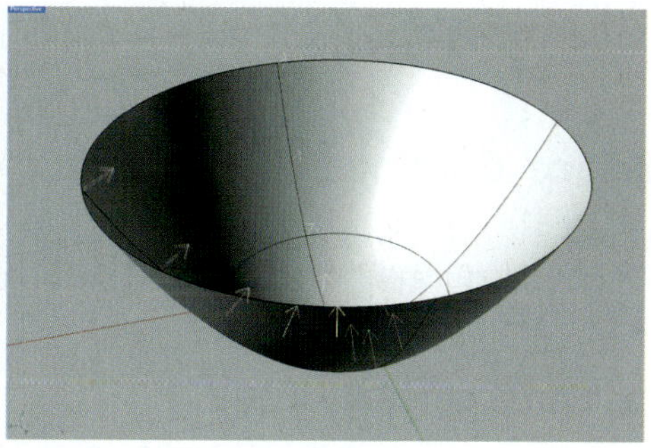

열린 Surface Normal방향

Surface Direction

Surface는 3개의 Direction을 가지고 있다. U-Direction, V-Direction, Normal Direction이다. 라이노에서는 녹색 화살표로 U-Direction, 적색 화살표로 V-Direction, Normal Direction은 흰색 화살표로 표시한다.

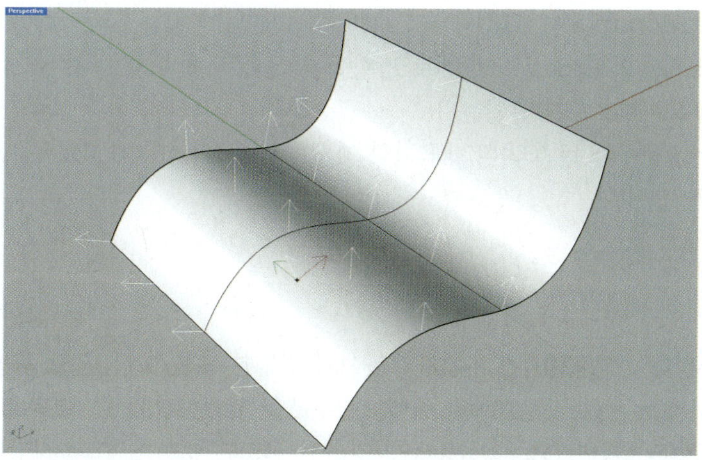

U-Direction, V-Direction

모든 Surface는 펼치면 대략 사각형 모양이다. Surface상에서 방향을 표시할 때는 평면좌표계의 방향을 표시하는 X, Y대신 U, V를 사용한다. 즉 모델링이 진행되는 월드좌표계(World Coordinates System)의 평면 방향은 X, Y축으로 표시하고 Surface에서 Mapping 등을 위해 방향을 표시할 때는 U, V-Direction을 사용한다.

Normal Direction

Normal Direction은 Surface에 수직으로 표시되는 Surface의 바깥쪽을 표시하는 화살표이다. Surface Normal, Surface Direction이라고도 한다.

Surface Continuity

2개의 Surface가 어떤 조건을 충족시키면서 만나는가에 따라 3가지로 구분한다.

Position Continuity (G0)

2개의 Surface의 Edge들이 같은 위치에서 만난다. 만나는 부분이 각이 진다.

Tangency Continuity (G1)

2개의 Surface의 가장자리들이 탄젠트 방향이 같은 상태에서 만난다. 만나는 부분이 각이 지지 않는다.

Tangency Continuity (G1)의 대표적인 예로는 Fillet Surface로 작업한 Surface가 있다.

Curvature Continuity (G2)

2개의 Surface의 Edge들이 탄젠트 방향이 같은 동시에 곡률이 같은 상태에서 만난다. 만나는 부분이 각이 지지 않는다.

Curvature Continuity (G2)의 대표적인 예로는 Blend Surface, Match Surface로 작업한 Surface가 있다.

Kink

Tangent 방향이 일치하지 않는 2개의 커브가 결합된 지점, 또는 커브 중간에서 Tangen가 연속되지 않는 부분, 즉 커브의 각이 진 부분을 의미한다.

Kink Point가 있는 커브로 Surface를 만들면, Kink Point에 Crease가 발생할 수 있다.

Kink Point가 있으면 단일 Surface가 생성되는 대신 Polysurface가 생성된다.

Crease

Crease는 Surface에서 탄젠트가 연속되지 않는 지점이다. Kink Point가 있는 커브로 Surface를 만들면 Kink Point에 Crease가 발생할 수 있다.

Seam

서페이스의 시작 가장자리와 끝 가장자리가 만나서 연결 된 곳이다.

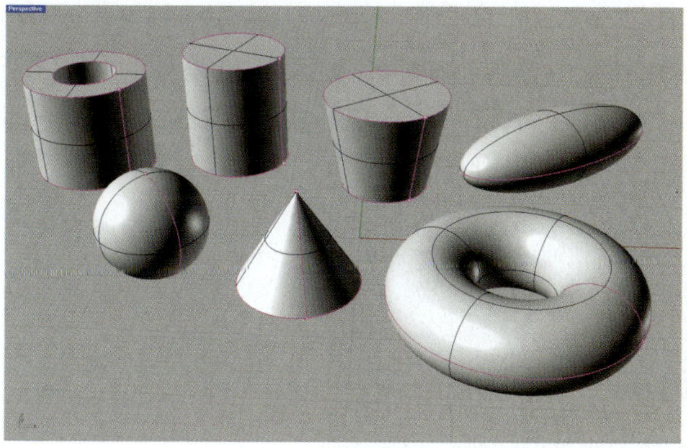

SURFACE TOOLBAR

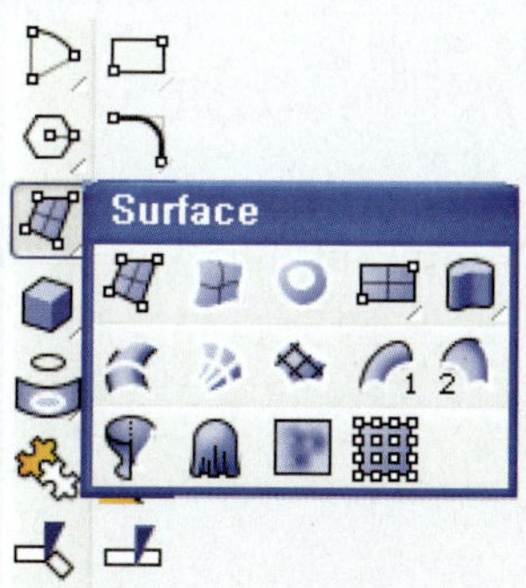

PLANE TOOLBAR

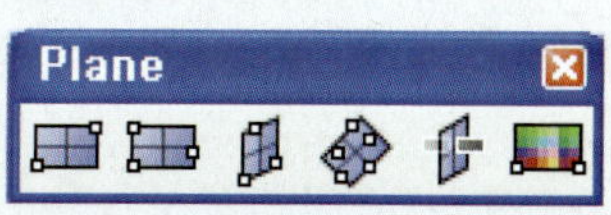

| Corner to Corner

메뉴: Surface Menu 〉 Plane 〉 Corner to Corner

버튼: 왼쪽 클릭

기능: 두 개의 포인트를 이용하여 직사각형의 평면형 NURBS Surface를 만드는 기능이다. 첫 번째 포인트와 그리고 대각선 방향의 포인트를 지정하여 Surface를 생성한다.

| 3 Points

메뉴: Surface Menu 〉 Plane 〉 3 Points

버튼: 왼쪽 클릭

기능: 3개의 포인트를 이용한 사각형 NURBS Surface를 만드는 기능이다. 첫 번째와 두 번째 포인트는 가장자리가 되며, 세 번째 포인트는 가장자리에 수직으로 만들어진다.

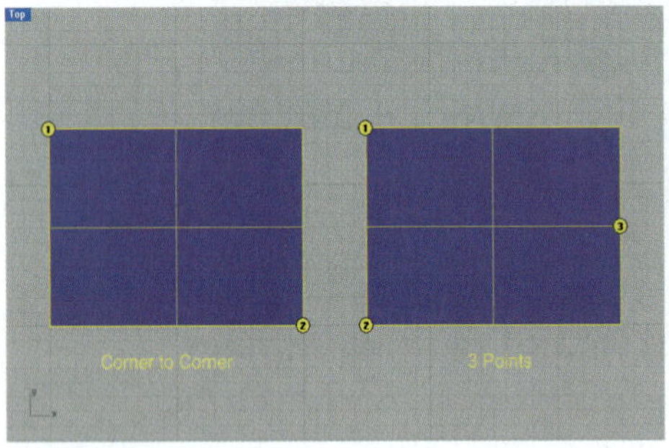

| Vertical

메뉴: Surface Menu 〉 Plane 〉 Vertical

버튼: 왼쪽 클릭

기능 : 3개의 포인트를 이용한 NURBS Surface를 만드는 기능이다. 마지막 포인트는 현재 CPlane 에 대해 수직으로 생성된다.

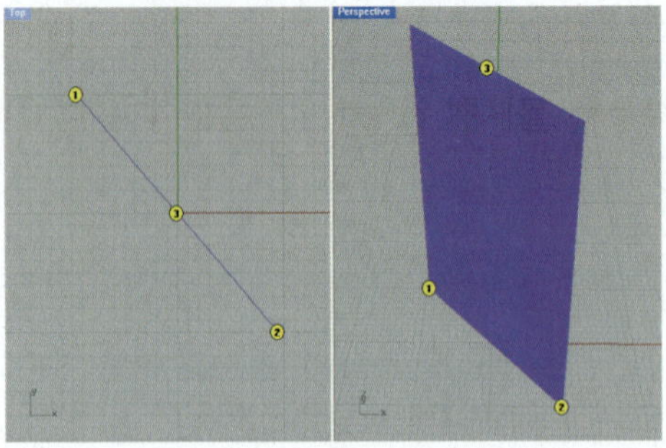

Through Points

메뉴: Surface Menu 〉 Plane 〉 Through Points

버튼: 왼쪽 클릭

기능: Points를 지나는 직사각형의 평면형 NURBS Surface를 만드는 기능이다.

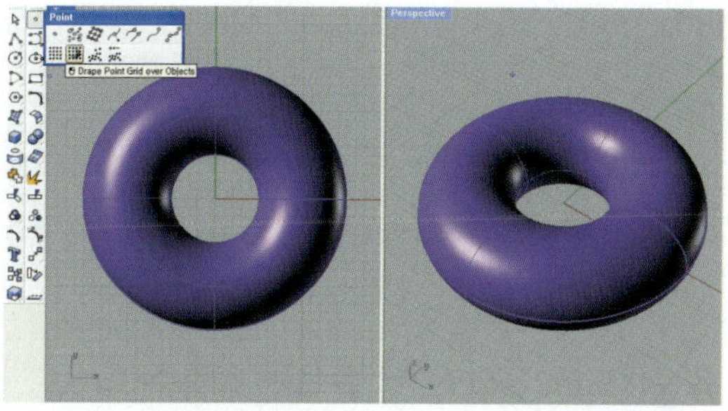

① Torus 개체를 생성한 후 Point 메뉴 중 Drape Point Grid over Objects 기능을 실행한다.

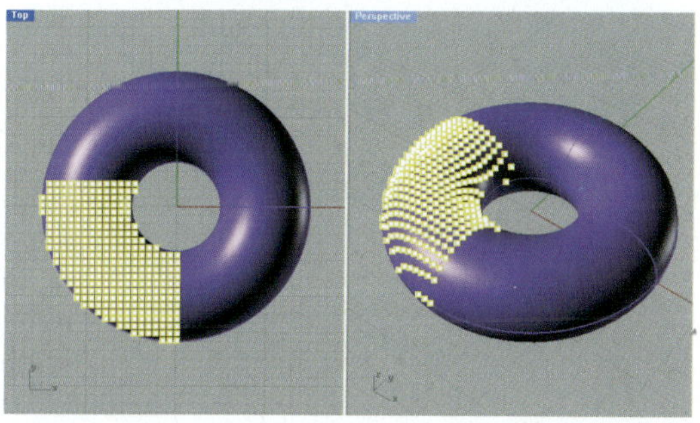

② 다음과 같이 드래그하여 Points를 생성한다.

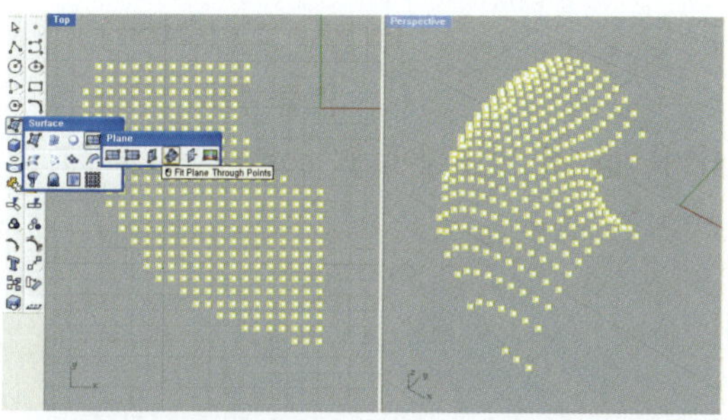

③ 생성된 Points를 선택한 다음 Through Points 기능을 실행한다.

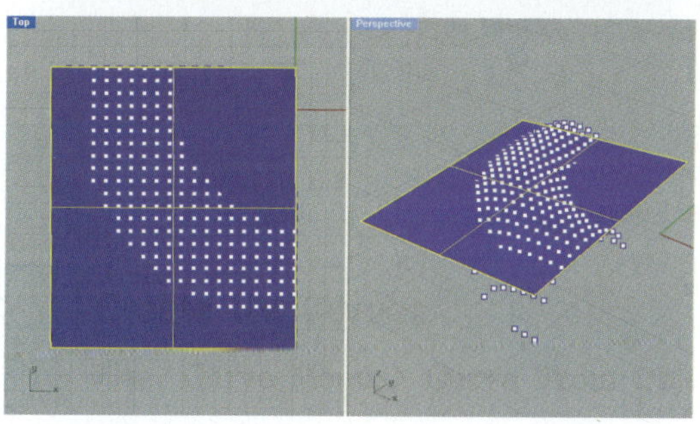

④ Points를 지나가는 평면형 NURBS Surface가 생성된 것을 볼 수 있다.

개체를 절단하기 위해 사용할 절단면을 만드는 것으로 Trim 기능을 실행하여 잘린 면을 쉽게 막을 때 사용하면 효율적이다.

Cutting Plane

메뉴: Surface Menu 〉 Plane 〉 Cutting Plane

버튼: 왼쪽 클릭

기능: 선택된 Surface에 수직인 사각형 NURBS Surface를 생성한다.
개체를 절단하기 위해 사용할 절단면을 만드는 것으로 Trim 또는 Split 명령을 사용하여 개체를 절단하는데 효율적이다.

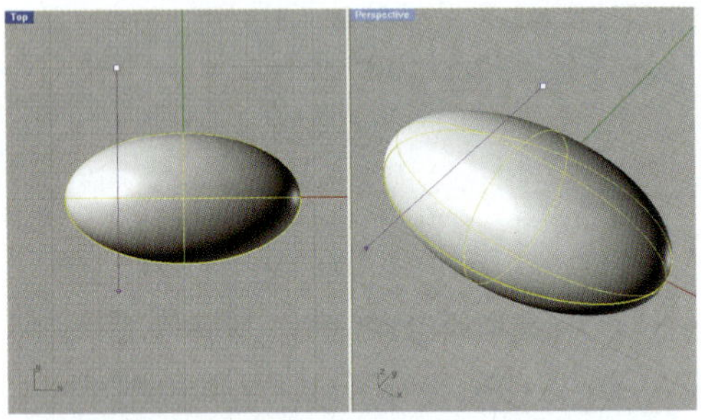

① Ellipsoid 개체를 생성한 후 활성화 시킨다. (Cutting Plane기능을 실행한 후 다음과 같이 드래그 한다.)

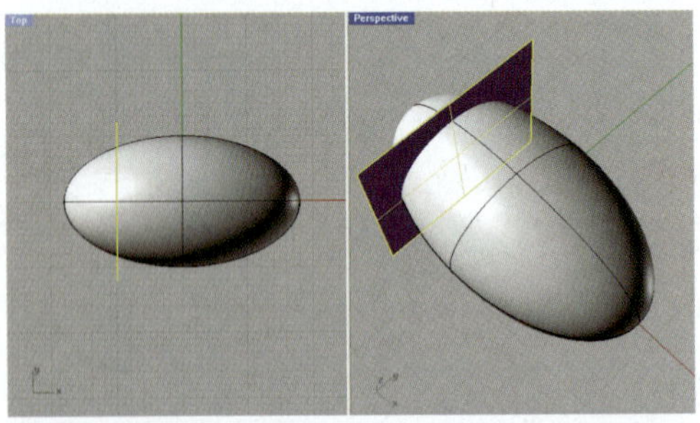

② 물체를 Cutting 할 수 있는 평면형 사각형 Surface가 생성되었다.

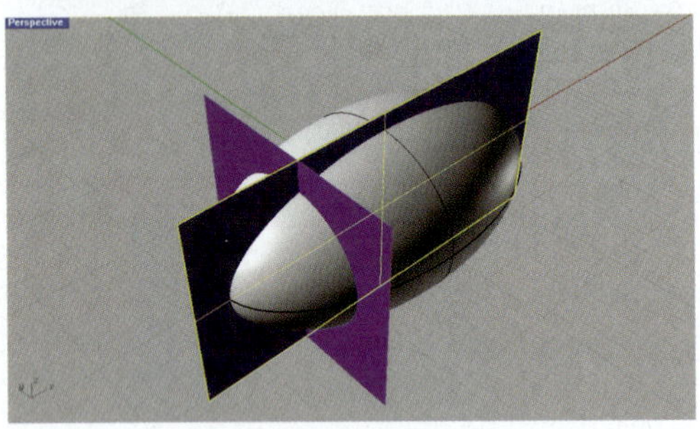

③ 다른 방향으로도 생성시켜 본다.

Render 기능을 사용해야만 이미지를 볼 수 있다.

Picture Frame

메뉴: Surface Menu 〉 Plane 〉 Picture Frame

버튼: 왼쪽 클릭

기능: 지정된 Bitmap Image를 Texture로 첨부하여 직사각형의 평면형 Surface를 만드는 기능이다.

〈Options〉

• Vertical

현재 CPlane에 수직으로 그림 프레임 평면을 그리는 기능이다.

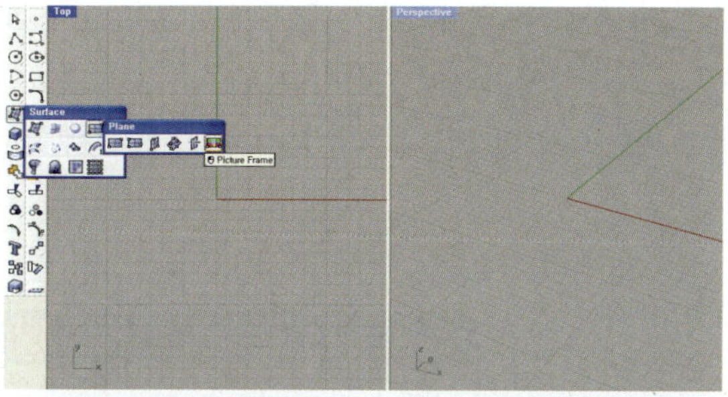

① Picture Frame 기능을 실행한다.

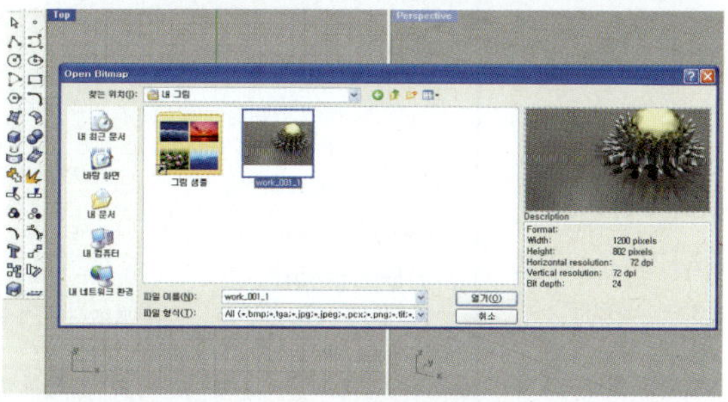

② Open Bitmap 대화상자가 열린다. 이미지를 선택한다. 우측에 미리보기와 이미지 정보가 보여 진다.

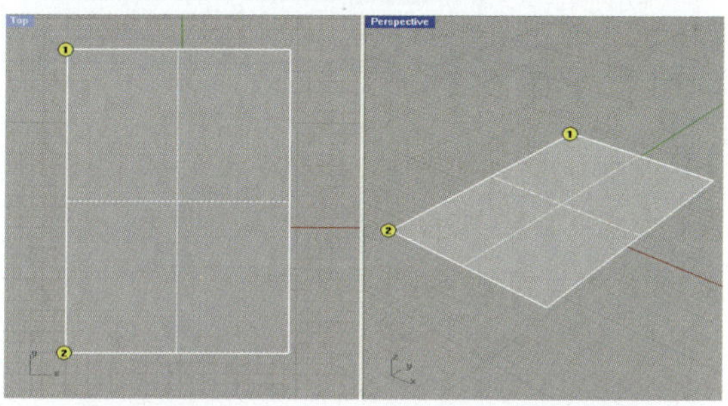

③ 이미지와 같은 순서로 평면형 사각 Surface를 생성한다.

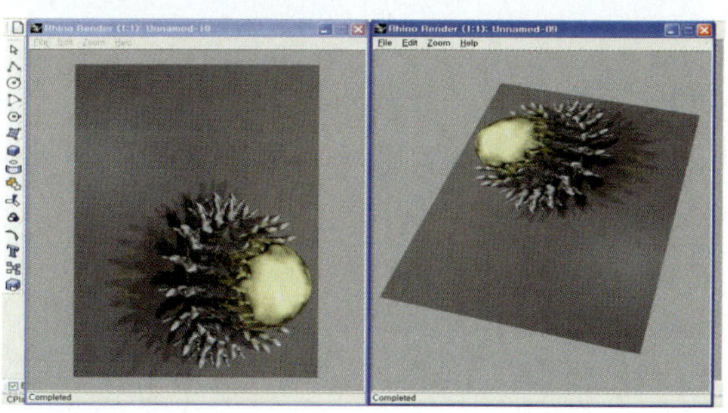

④ Render 기능을 사용하면 이미지가 보여 진다.

선택된 단면 커브를 Blend하여 매끄러운 Surface를 만든다. 이 명령으로 만들어진 Surface는 단면 커브에 꼬임이 없는 한, 일반적으로 주름이 없다.
Surface 조절점이 Loft 입력 커브의 조절점과 동일한 위치에서 만들어지는 기능을 Loose라 한다. 이 Loose는 Offset Surface 메뉴에도 옵션으로 설정되어 있다.

Loft

메뉴: Surface Menu 〉 Loft

버튼: 왼쪽 클릭

기능: 단면 커브들을 연결하는 Surface 생성 기능이며 유기체적인 형상을 생성하는데 효율적이다. Loft의 Option 대화상자에 있는 Section의 Simplify는 Sweep기능과 같으며 처음과 마지막의 단면이 Surface의 가장자리인 경우에는 Match Start(End) Tangent기능이 활성화되어 연속적인 면을 생성 할 수 있으며 Surface가 통과해야하는 순서대로 커브를 선택한다.

〈Options〉

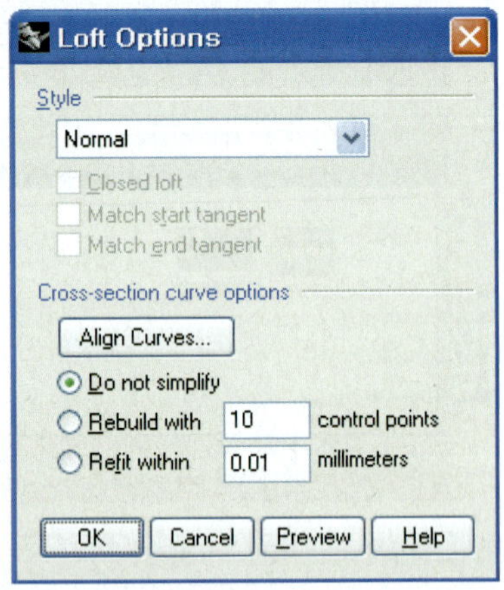

- Style

Knot과 Surface의 제어점 구조를 결정하는 기능이다.

- Normal

Loft에서 가장 일반적으로 Surface를 만드는 방법으로 해당 커브가 비교적 직선인 경로로 처리되거나, 커브 사이에 많은 공간이 있을 때 효율적이다.

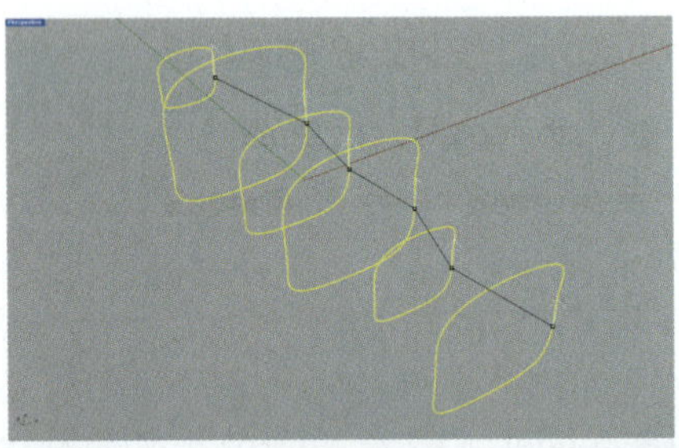

① 다음과 같이 형태를 결정지을 수 있는 커브를 생성한 후 Loft Surface 기능을 실행한다.

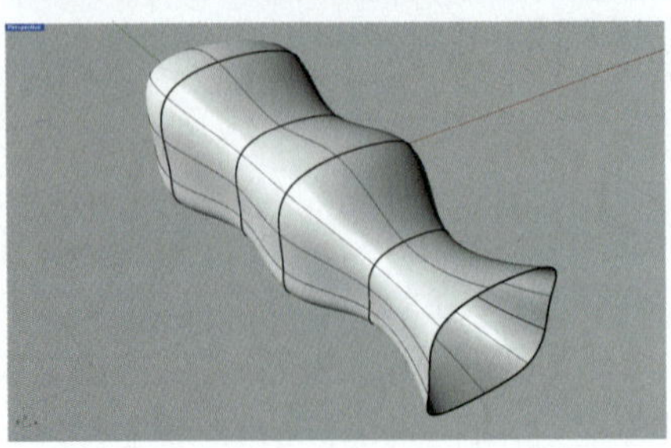

② 방향을 확인한 후 Enter키를 누른다.
대화상자가 나타난다. Style에서 Normal을 선택한다.

■ Loose

Surface 제어점이 Loft 입력 커브의 제어점과 동일한 위치에서 만들어진다. 이 기능은 나중에 제어점을 편집하거나 커브가 최종 형태를 조금 닮았을 경우에 효율적이다.

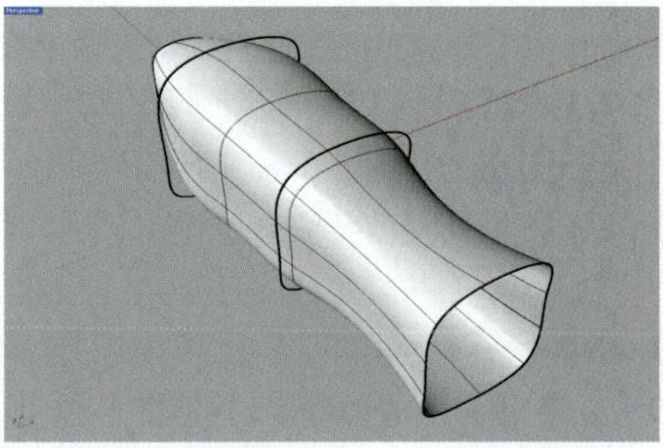

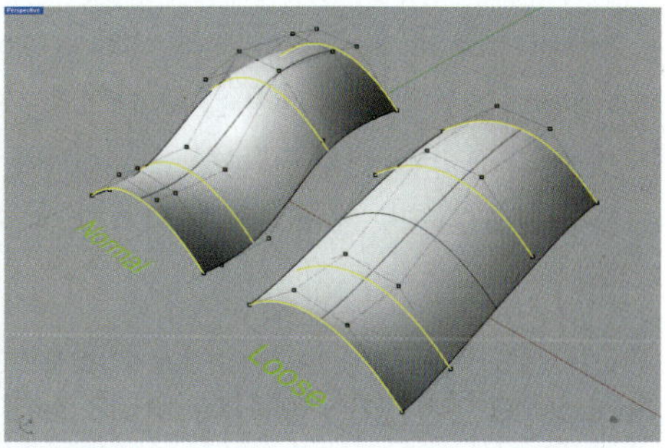

■ Tight

Surface가 원래 커브에 최대한 가까이 따라가게 하는 기능이다. 이 기능은 입력 커브가 모서리를 지날 때 효율적이다.

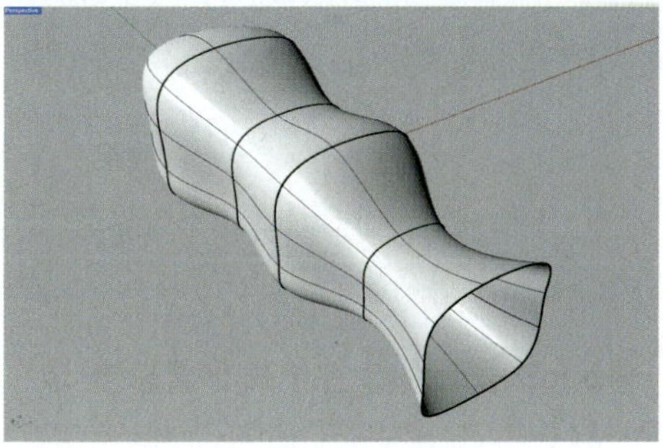

■ Straight sections

선직면을 만드는 기능으로 선직면은 단면 사이의 커브가 직선이다.

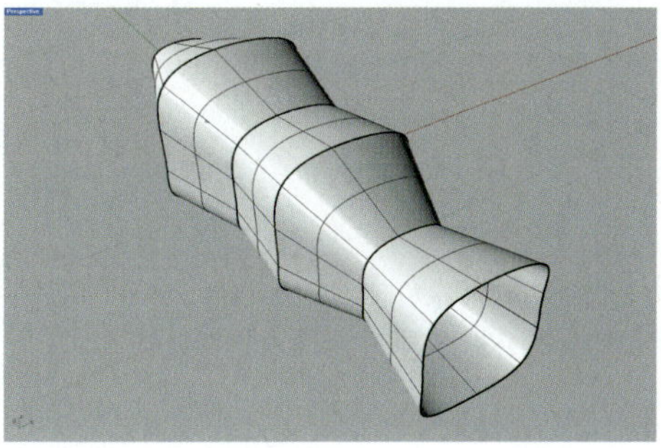

■ Developable

Surface가 늘어나거나, 찢어지거나, 구겨지지 않는 상태에서 평면으로 펼칠 수 있도록 만드는 기능으로 이러한 형태로는 원기둥, 원뿔 등이 있다. Unroll Surface명령으로 Surface를 평면으로 펼칠 수 있다. 전개가능 옵션은 Unroll Surface명령을 사용하여 Surface를 스트레치하지 않고 전개할 수 있는 Surface를 만들도록 설계되어 있으나 모든 커브의 집합이 전개 가능한 Surface를 만드는 것은 아니다. 부분적 Surface가 되거나 또는 Surface가 전혀 만들어지지 않는 경우도 있다. 평행하지 않은 두 직선은 전개할 수 없다.

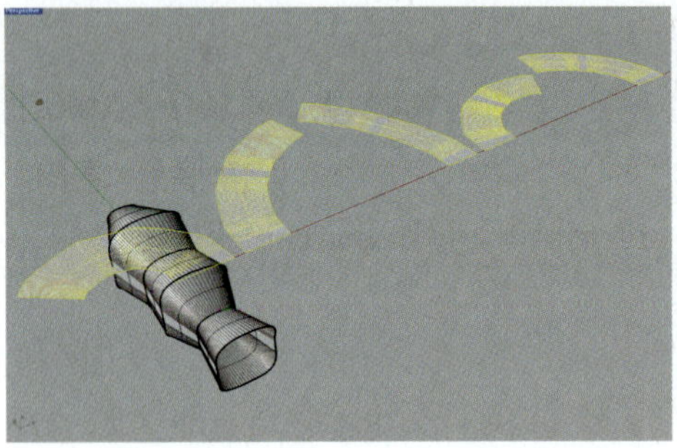

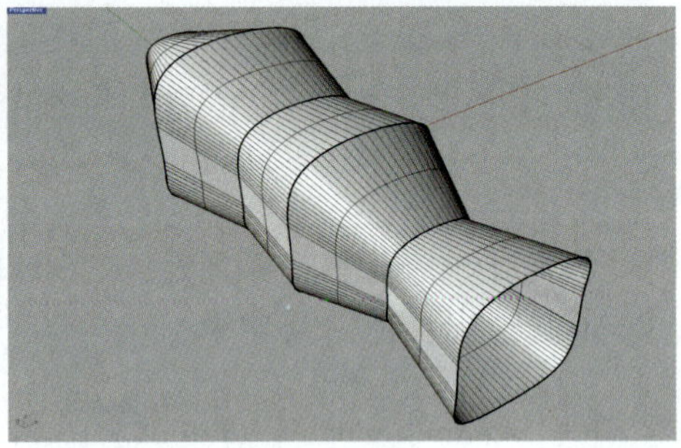

■ Uniform

Surface가 얼마나 많이 편집되는지와 무관하게 각각의 제어점이 Surface에 동일한 방식으로 영향을 주는 것을 보장한다.

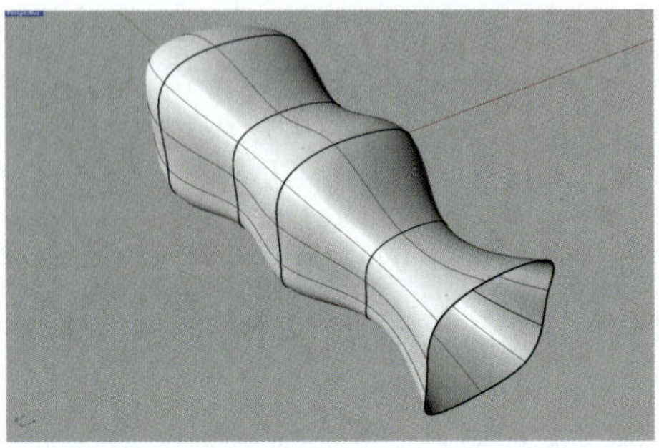

■ Closed Loft

마지막 커브에서 멈추지 않고 계속되어 마지막 커브와 첫 번째 커브를 결합하여 닫힌 Surface를 만드는 기능으로 최소한 셰이프 커브를 세 개 선택한 경우에만 사용할 수 있다.

■ Match Start Tangent

Loft의 시작 커브가 Surface의 가장자리일 때, 이웃하는 Surface와 Tangent를 유지하며 3개 이상의 커브를 사용할 때 활성화된다.

■ Match End Tangent

Loft의 끝 커브가 Surface의 Edge일 때, 이웃하는 Surface와 Tongent를 유지한다. 3개 이상의 커브를 사용할 때 활성화된다.

〈Cross-section curve options〉

■ Align Curves

셰이프 커브의 끝점을 클릭 하여 방향을 바꿔주는 기능이다.

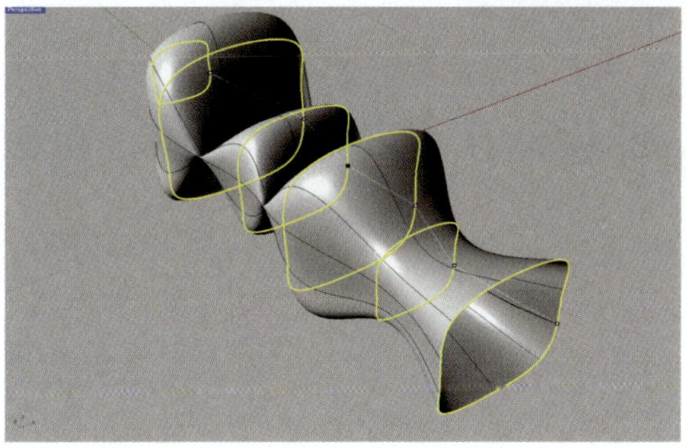

■ Do not simplify

커브가 재생성 되지 않는 기능이다.

■ Rebuild with control points

Loft 하기 전에 셰이프 커브를 재생성하는 기능이다.

Developable로 적용하여 Surface를 만들 때 Surface가 화면에서 구겨지는 상태로 만들어지는 경우가 있다. 이 때 Control Points의 개수를 10개 이상으로 설정해 준 다음 Offset Curve를 이용하여 생성한다.

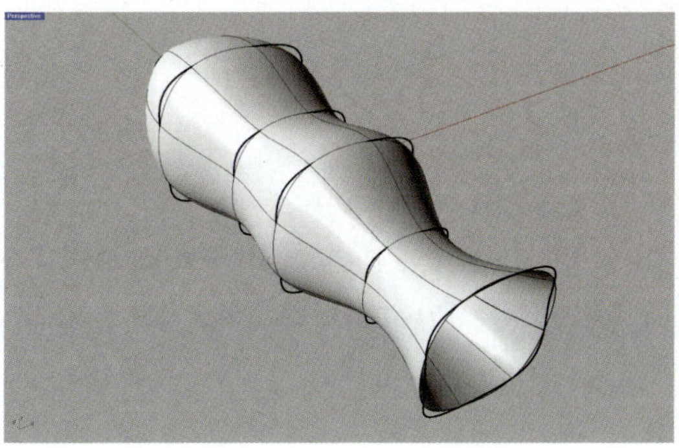

■ Refit within

지정된 허용오차값에 셰이프 커브를 맞추는 기능이다.

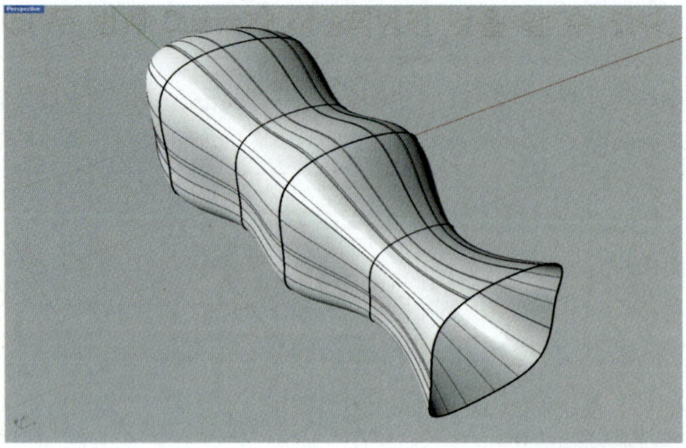

■ Preview

이 기능을 이용하여 생성된 Surface를 미리 볼 수 있다.

> Sweep Surface는 곡면의 변화가 많지 않은 경우에는 Extrude Along Curve기능을 사용하여 Surface를 생성하는 것이 보다 효율적이다.

1 | Sweep1 Rail

메뉴: Surface Menu 〉 Sweep1 Rail

버튼: 왼쪽 클릭

기능: Surface 가장자리를 정의하는 Rail 커브와 Surface 형태를 정의하는 단면 커브를 사용하여 Surface를 만드는 기능이다. 단면커브에 Kink가 있는 커브가 포함되어 있으면 Polysurface가 만들어지게 된다. Point Option은 Surface의 시작이나 끝을 Point로 생성시키는 기능이다.

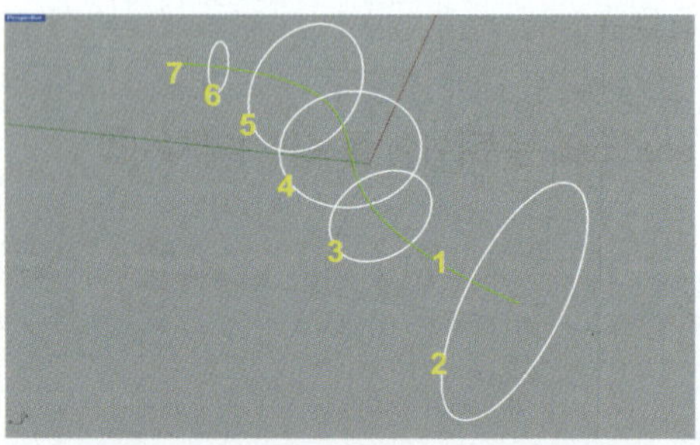

① 다음과 같은 Rail 커브와 단면 커브를 생성한다. Sweep 1 Rail 기능을 실행한 후 이미지와 같은 순서로 클릭 한다. 7번에서는 옵션에 Point를 선택하여 Rail 커브의 End점을 클릭 한다.

② Direction이 나타난다. 확인 후 Enter키를 누른다. Sweep 1 Rail 옵션 대화상자가 나타난다. Style은 Freeform으로 체크하고 Do not Simplify를 체크한다.

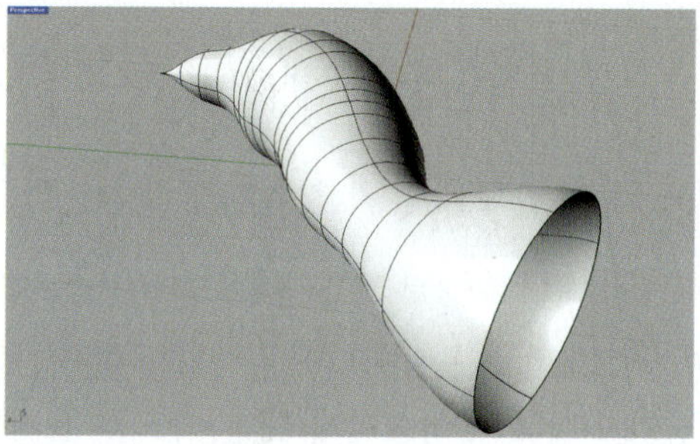

③ 다음과 같은 Surface가 생성된다.

Sweep 1, 2인 경우는 설정된 Tolerance 값 범위로 인해 Rail Curve와 Surface의 가장자리는 완전히 일치하지는 않는다. 단면커브의 경우는 가장자리와 일치하게 된다. 일반적으로 Sweep Surface는 Section을 많이 가질 수 있는 장점은 있으나 Isoparm(Control Point)이 많이 생기는 단점이 있다. 그러므로 곡면의 변화가 많지 않은 경우에는 Extrude Along Curve기능을 사용하여 Surface를 생성하는 것이 보다 효율적이다.

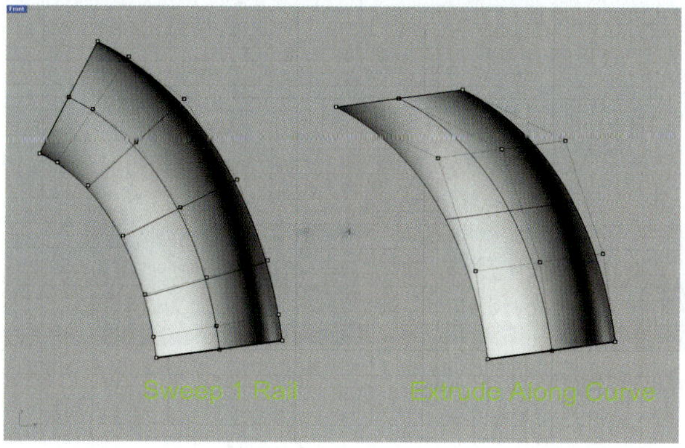

Sweep 1 Rail & Extrude Along Curve

〈Options〉

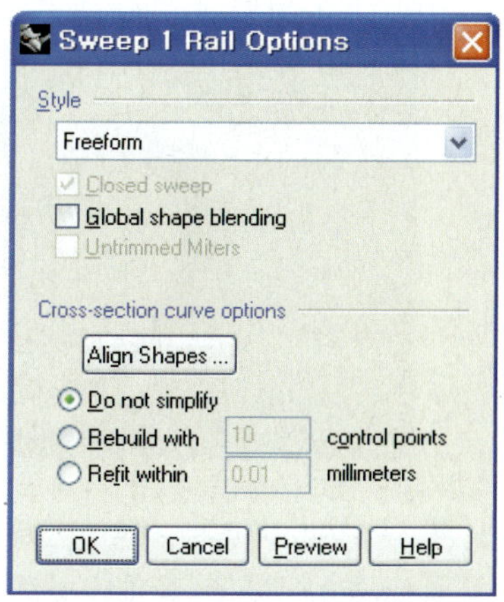

- **Chain Edges**

  SelChain 명령과 같이 끝과 끝이 만나는 커브를 연속 선택하는 기능이다.

  Ctrl 키를 사용하여 Chain Edges으로 선택한 세그먼트를 선택 해제한다.

- **Point**

  점으로 시작하거나 또는 점으로 끝나는 Surface를 만드는 기능이다. 연속성이 있는 커브의 시작점 또는 끝점에만 사용한다.

Style Options

■ Freeform

셰이프 커브가 Sweep의 실행 중에 Rail에 대한 각도를 유지하기 위해 회전한다.

■ Roadlike

Top : Shape Curve가 Sweep의 실행 중에 Top 구성평면에 대한 각도를 유지한다.
Right : Shape Curve가 Sweep의 실행 중에 Right 구성평면에 대한 각도를 유지한다.
Front : Shape Curve가 Sweep의 실행 중에 Front 구성평면에 대한 각도를 유지한다.

■ Align with Surface

Rail이 Surface 가장자리인 경우 Shape가 Surface 가장자리에 따라 형성된다. Shape가 Surface에 Tangent 연속인 경우 새로운 Surface도 또한 Tangent 연속이 된다.

Align with Surface On Align with Surface Off

■ Closed sweep

첫 번째 커브 주변의 마지막 커브를 지나쳐 Surface가 계속 되어 닫힌 Surface를 만든다. 2 개의 단면 커브를 선택한 경우에만 활성화된다.

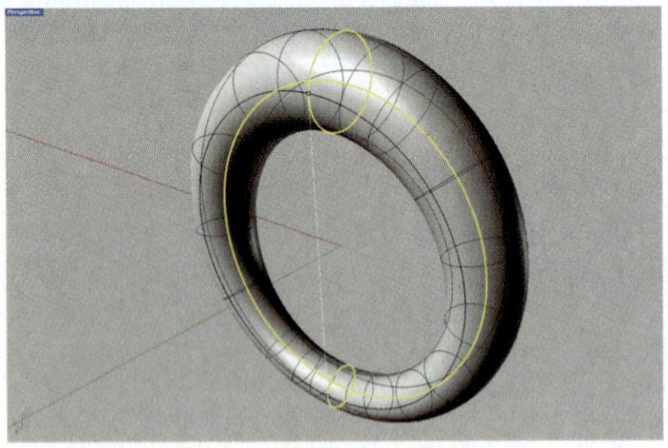

■ Global shape blending

Sweep은 한 쪽 끝에서 다른 쪽까지 선형으로 Blend되며 하나의 단면 커브에서 다른 쪽으로 점차 줄어드는 형태(테이퍼)를 만든다. 그렇지 않으면 끝 부분의 Sweep이 일정함을 유지하며 중간 부분에서 급격하게 변경된다.

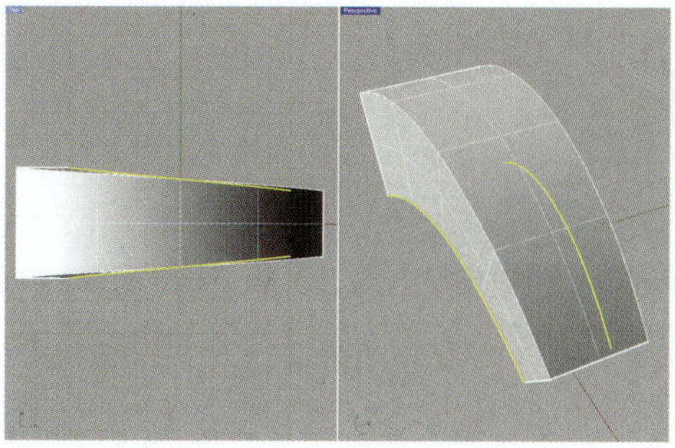

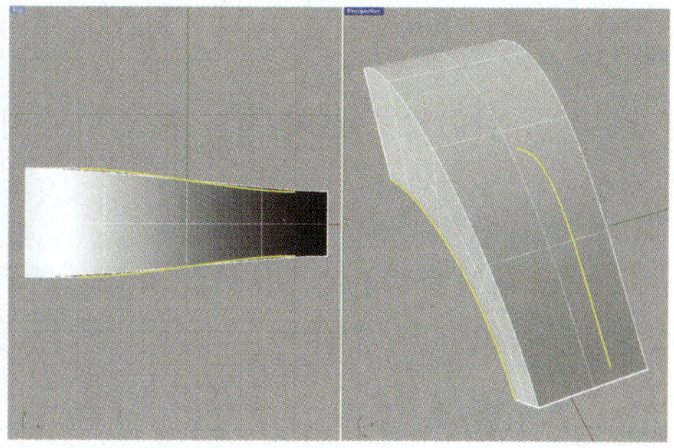

Global shape blending On Global shape blending Off

■ Untrimmed Miters

Sweep에서 Kink가 있는 Polysurface가 만들어지면, 구성 요소 Surface가 Trim 해제된다.

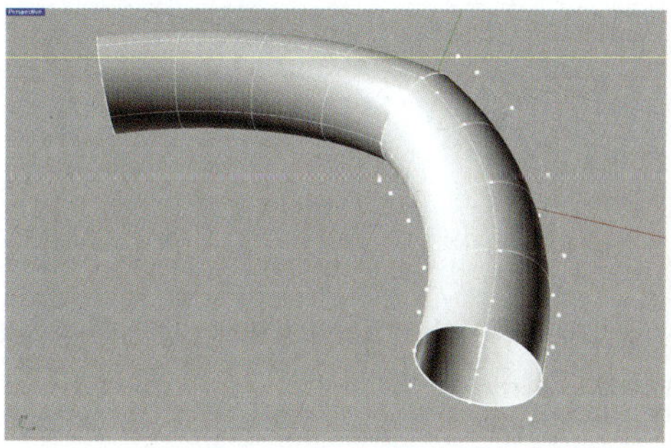

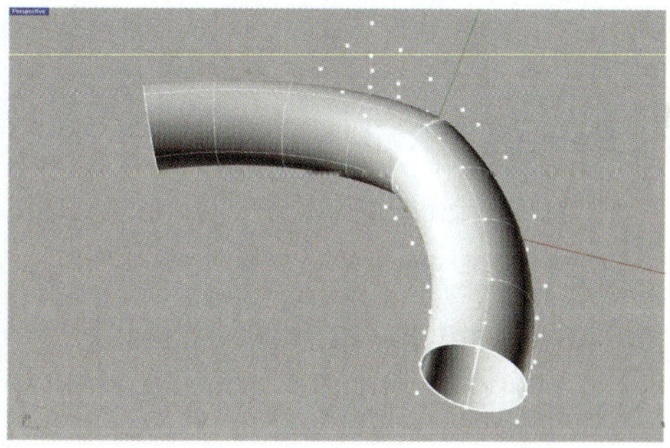

Untrimmed Miters On Untrimmed Miters Off

Cross-section Curve Options

■ Align Shapes

교차 단면 커브의 방향을 반전한다.

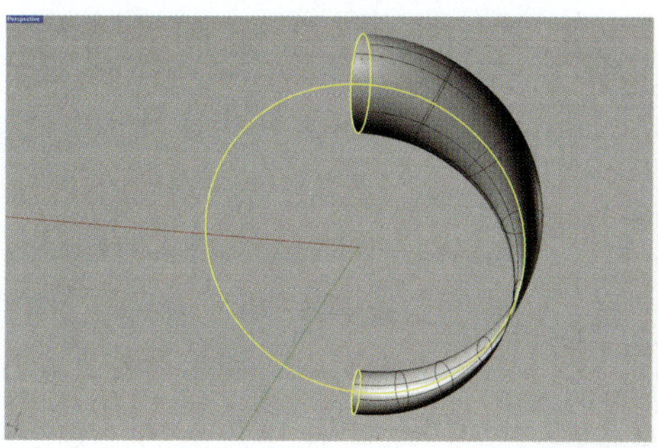

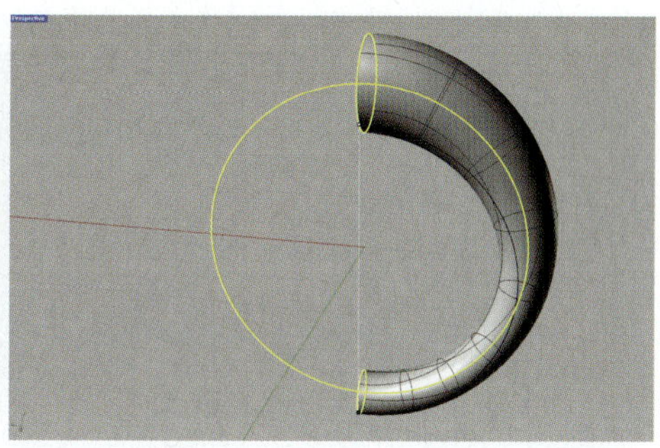

■ Do not simplify

주어진 단면커브에 아무런 변화를 주지 않고 면을 만드는 기능이다.

■ Rebuild with control points

Surface을 생성하기 이전에 Shape Curve를 주어진 Control Point 수로 Rebuild 한 후 Surface을 생성한다.

■ Refit within Millimeters

Surface을 생성하기 이전에 Shape Curve를 주어진 Tolerance로 Refit한 후 Surface를 생성한다. 기본값은 Absolute tolerance 값이다.

■ Preview

미리보기 기능이다.

Maintain Height 기능을 실행하면 단면커브의 형태는 왜곡이 된다. 실행을 하지 않는 경우는 레일 간격에 의해 크기가 틀려지는 것 뿐이다.

| Sweep 2 Rail

메뉴: Surface Menu 〉 Sweep 2 Rail

버튼: 왼쪽 클릭

기능: Surface 가장자리를 정의하는 두 개의 커브와 Surface 형태를 정의하는 Profile 커브를 사용하여 Surface를 만드는 기능이다.

〈Options〉

■ ChainEdges

SelChain 명령같이 끝과 끝이 만나는 커브를 연속 선택한다. Ctrl + 마우스 왼쪽 단추를 눌러 ChainEdges으로 선택된 Segment를 선택 해제하는 기능이다.

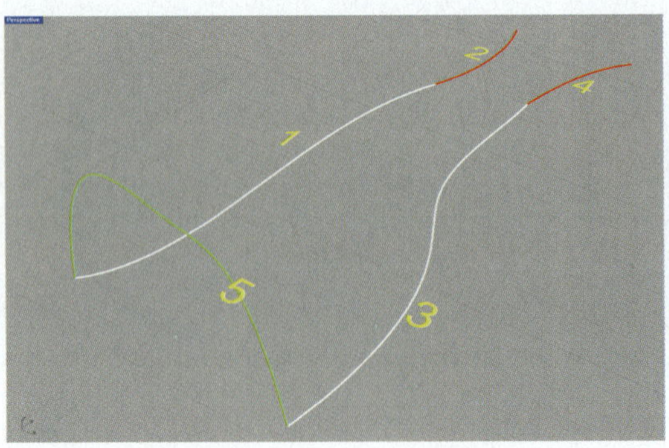

① 다음과 같은 Curve를 생성한다. 2, 4번 Curve는 연속성 없이 Position으로 끝점만 맞춘 상태이다. Surface 생성시 Tangent나 Curvature의 연속성을 갖는 Surface를 생성하려면 Match Curve에서 연속성을 맞추어 주면 된다. Command Line에 있는 옵션중에 연속성을 Match Curve로 맞춘 연속성으로 선택하면 된다.

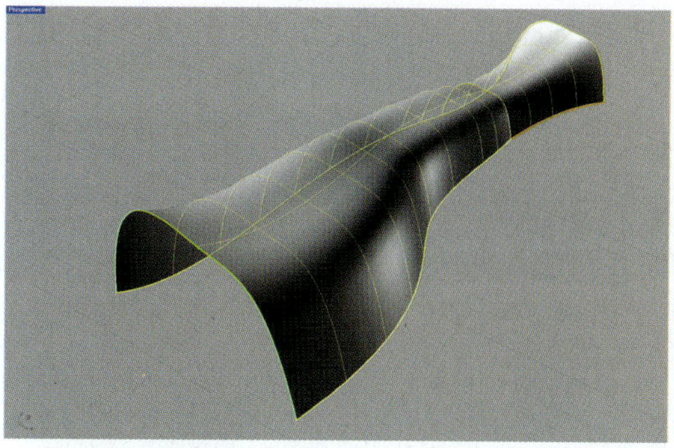

② 순서에 맞추어 선택하여 다음과 같은 Surface를 생성한다.

■ Point

점으로 시작하거나 또는 점으로 끝나는 Surface를 만드는 기능이다. 이 옵션은 연속성이 있는 커브의 시작점 또는 끝점에만 사용한다.

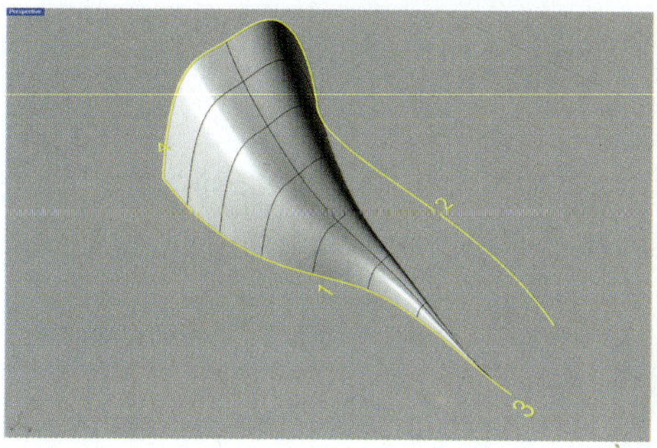

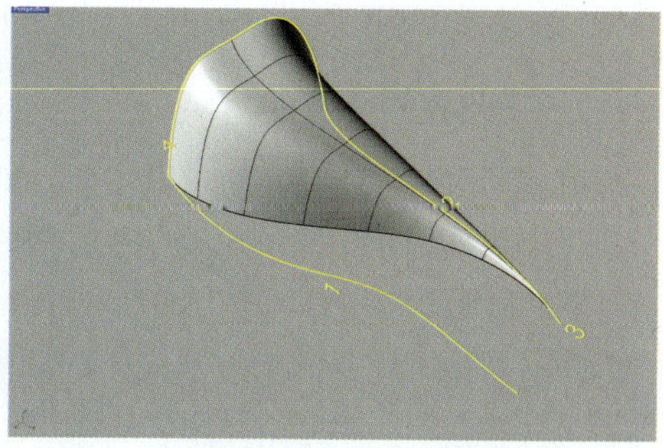

Cross-Section Curve Option

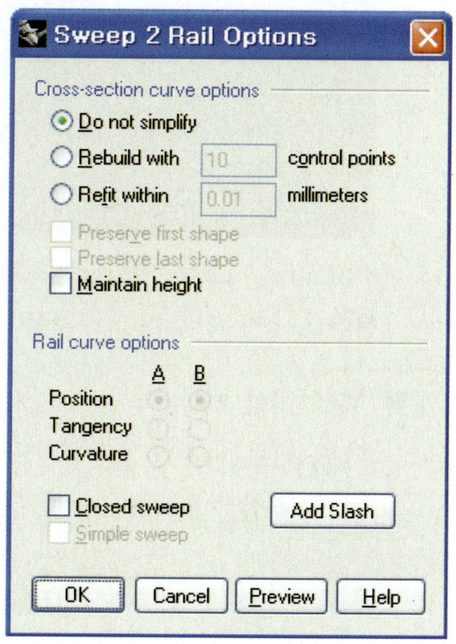

■ Do not simplify

단면 커브를 전혀 변경하지 않게 하는 기능이다.

■ Rebuild With Control Points Sweep

Surface를 생성 전에 단면 커브를 제어점을 재생성한다.

■ Refit within Units

설정된 공차 허용범위에서 단면 커브를 다시 만드는 기능이며 기본값은 시스템 공차값으로 한다.
시스템 공차 값은 File > Document Property > Units 에서 설정한다.

■ Preserve First Shape

Surface 가장사리와 Tangent 또는 Curvature를 일치시키고자 할 때, Surface가 당겨져서 단면 커브로부터 벗어날 수 있다. 이 때 이 옵션은 Surface의 형태가 첫 번째 단면 커브와 강제로 일치하도록 만들게 해준다.

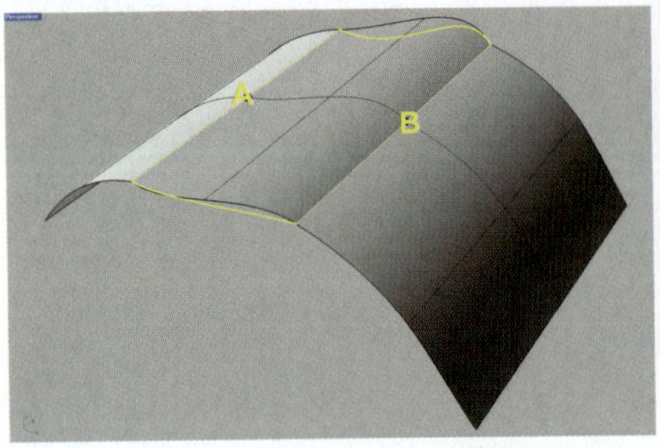

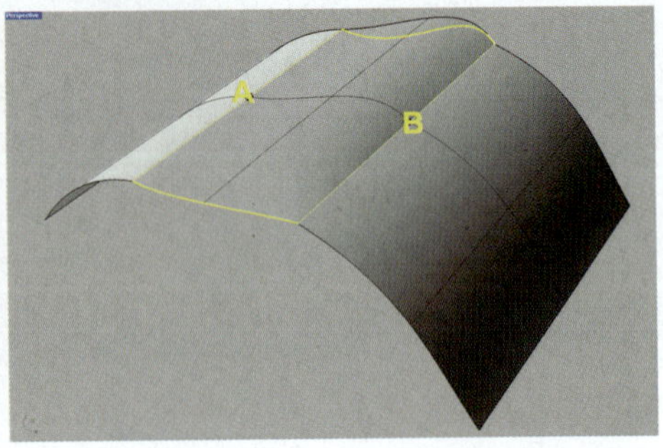

다음 이미지는 Rail Curve Option에서 A, B 모두 Tangnet로 맞추어 놓은 상태이다. 왼쪽 이미지는 Preserve First Shape를 체크하지 않은 상태이며 우측 이미지는 체크가 된 상태이다.

■ Preserve Last Shape

Surface 가장자리와 Tangent 또는 Curvature를 일치시키고자 할 때, Surface가 당겨져서 단면 커브로부터 벗어날 수 있다. 이 때 이 옵션은 Surface의 형태가 두 번째 단면 커브와 강제로 일치하도록 만들게 해준다.

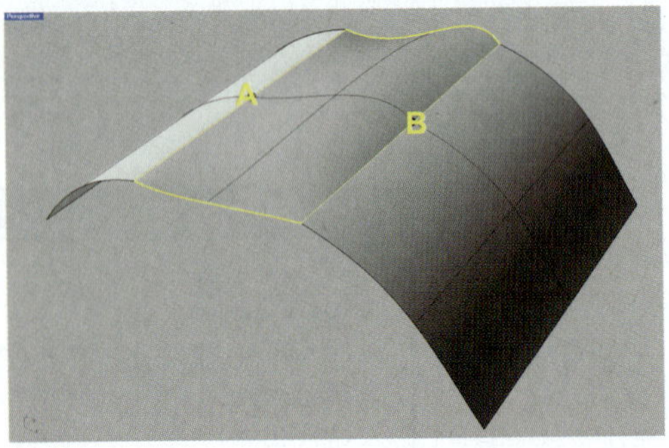

Preserve Last Shape가 체크가 되어 있는 상태이다. 단면 커브 형태에 강제적으로 Surface가 맞추어 진 것을 볼 수 있다.

■ Maintain Height

단면 커브는 보통 높이와 폭, 양쪽으로 축소·확대 되는 것이 기본값이다. 너비 조정과 높이 조정을 분리하여 동시에 조정되지 않도록 하기 위해서 이 기능을 사용한다.

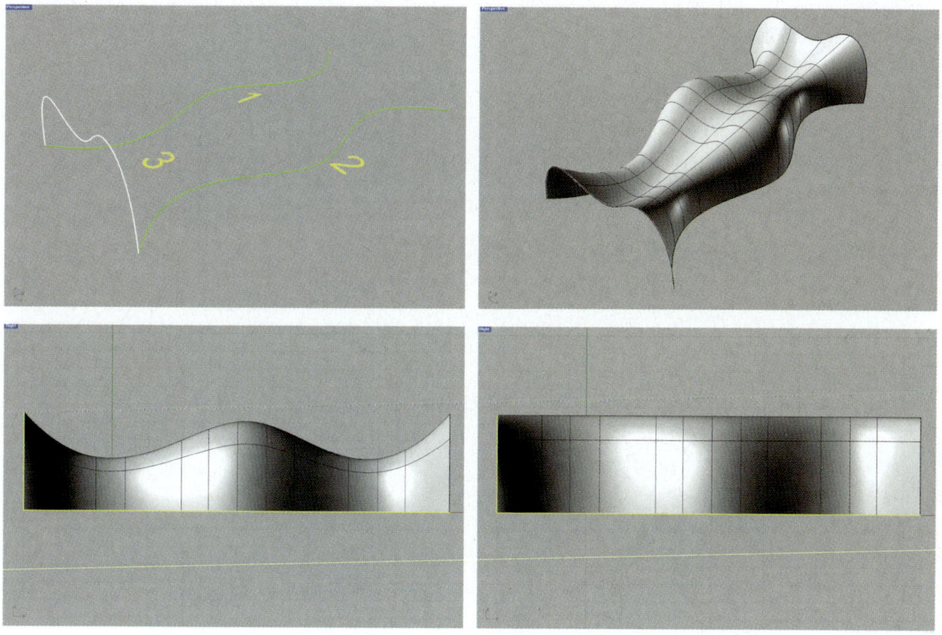

Maintain Height Off Maintain Height On

■ Rail Curve Option

Rail이 Surface 가장자리에 있어 단면 커브가 비유리(모든 제어점의 Weight=1)인 경우에만 연속성이 활성화된다. 유리에는 정확한 호와 타원 세그먼트가 있다.

■ Position

인접한 Surface 가장자리와 위치를 일치시키는 기능이다.

■ Tangent

인접한 Surface 가장자리와 접선을 일치시키는 기능이다.

■ Curvature

인접한 Surface 가장자리와 곡률을 일치시키는 기능이다.

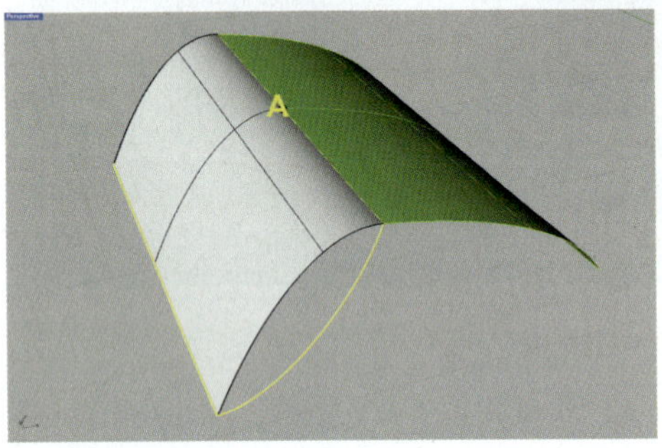

■ Closed Sweep

닫힌 Rail Curve와 첫 단면 커브와 마지막 단면 커브를 연결하여 닫힌 Surface를 만드는 기능이다.

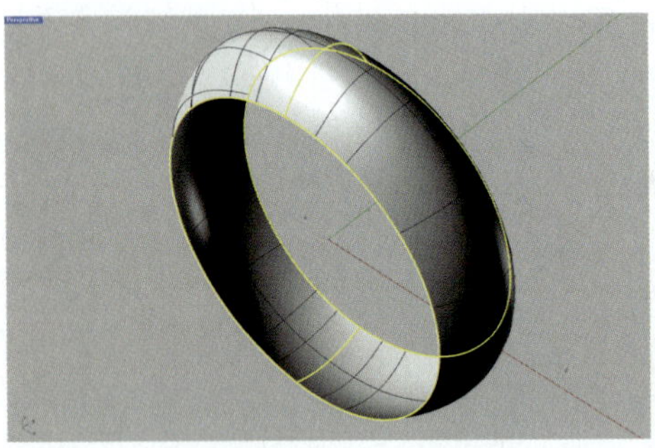

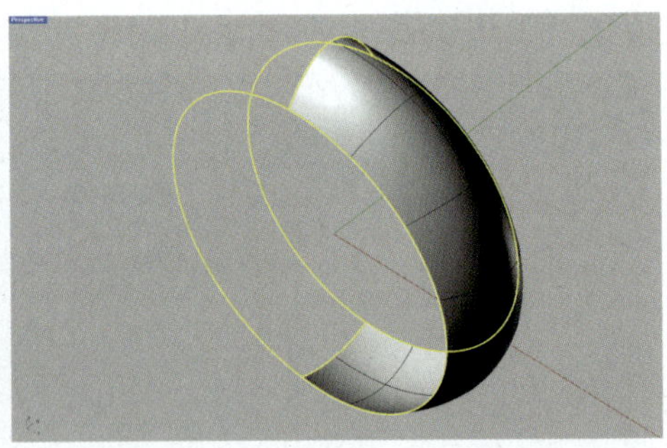

Closed Sweep Off Closed Sweep On

■ Simple sweep

정확한 입력을 사용하여 Surface를 만드는 기능으로 이 옵션은 커브를 완벽하게 준비했을 때 단순한 Surface를 생성하게 된다.

- Rail Curve의 Control Point수와 Degree가 일치해야 활성화가 된다.
- 단면커브는 한 개에서 두 개까지 활성화가 된다.

- 단면 커브가 열려 있을 때 활성화가 된다.
- 하나의 단면 커브가 사용되는 경우, 설정과 상관없이 Rail의 전체 길이가 Surface에 사용된다.

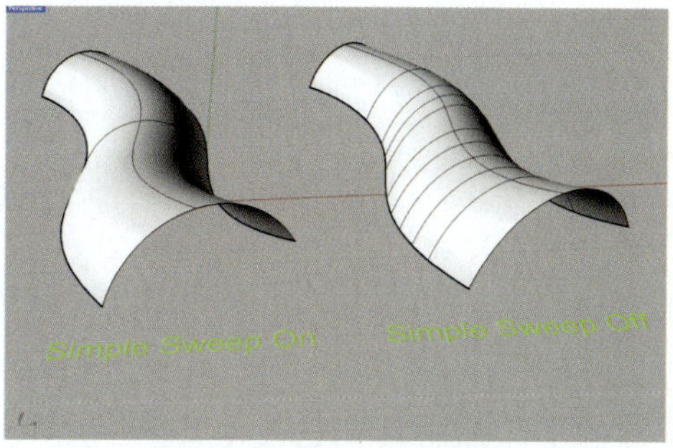

- 동일한 단면 커브를 전체 Sweep에 사용하고, 또한 Sweep을 끝내는 곳을 지정하려는 경우, 개체의 Orient 명령을 사용하여 크기가 변경된 셰이프 커브의 복사 본을 만들어, Rail 커브의 Sweep을 끝내려는 곳에 배치한다.

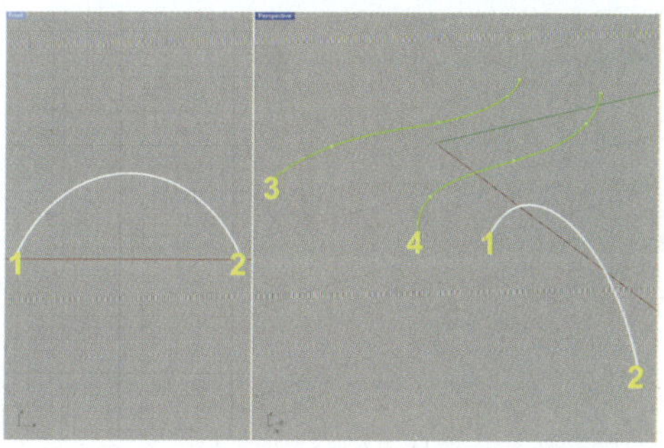

① 다음과 Curve를 생성한 후 Orient기능을 실행한다. 이미지와 같은 순서로 작업을 진행한다.

② 옵션에서 Copy=Yes와 Scale=3D로 설정한다. 다음과 같이 쉽게 단면 커브를 배치할 수 있다.

③ 연속해서 배치시켜 본다.

Add Slash

단면 사이에 Surface가 만들어지는 것을 제어하기 위해 교차 단면 정렬을 추가하는 기능이다.

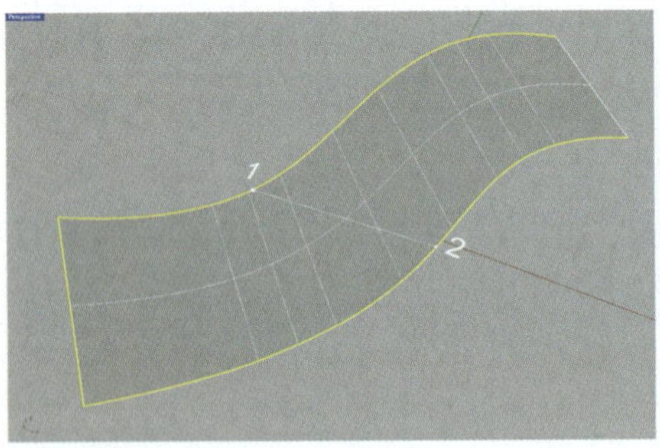

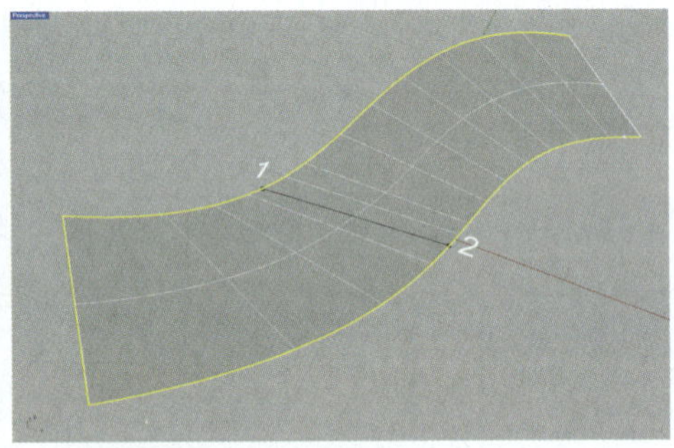

Preview

클릭하여 Surface를 미리 보기 한다.

Revolve

메뉴: Surface Menu 〉 Revolve

버튼: 왼쪽 클릭

기능: 하나의 축을 중심으로 Profile 커브를 회전시켜 Surface를 만드는 기능이다.

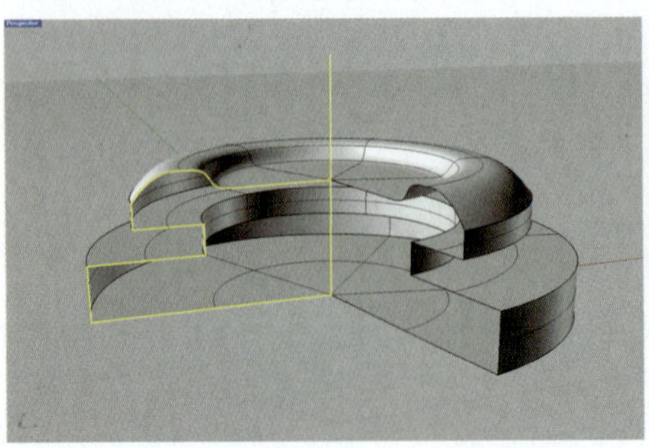

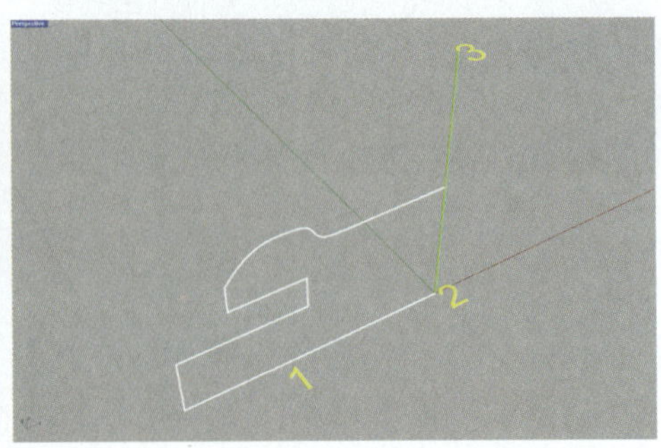

〈Options〉

• DeleteInput

원래 개체 삭제기능이다.

• Deformable

No

생성된 회전된 Surface는 정확한 회전 즉, Quad 위치에 완전 다중 Knot을 가진 유리 Surface이다. 이러한 유형의 Surface는 점 편집 방법으로 매끄럽게 변형하기가 쉽지 않다.

Yes

Degree가 3인 비유리 Surface의 방향을 중심으로 Surface가 재생성된다. 해당 방향에서 점의 개수를 지정하며 변형 가능한 회전은 점 편집으로 매끄럽게 변형시킬 수 있다. 지정된 제어점 수로 Degree=3인 Surface가 생성되어 제어점을 편집하는 경우 다시 Surface를 Rebuild할 필요가 없어 효율적이다.

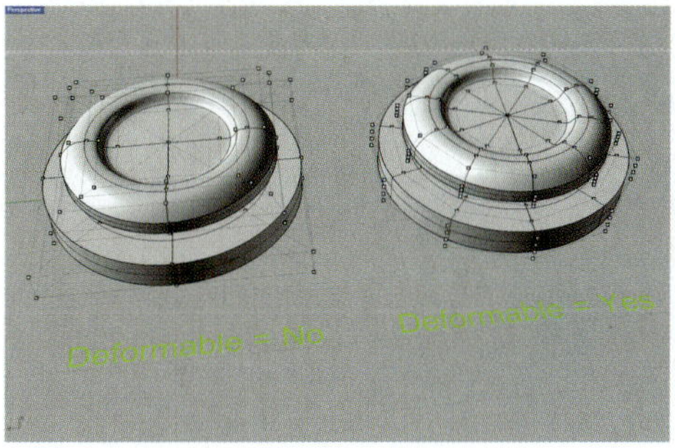

• Deformable Point Count

제어점의 개수를 지정하는 기능이다.

• FullCircle

360도 회전하여 Surface 생성시키는 기능이다.

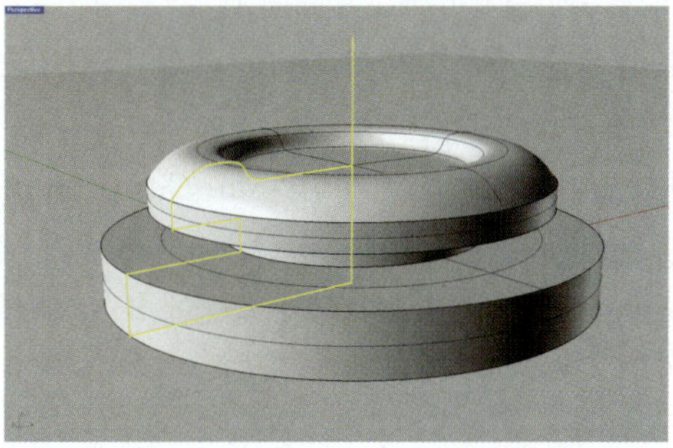

• AskForStartAngle

시작 각도 값을 입력하는 기능이다.

No

회전이 0에서 시작한다.

Yes

각도를 지정하면 회전이 실행된다.

Rail Revolve

메뉴: Surface Menu 〉 Rail Revolve

버튼: 오른쪽 클릭

기능: Profile Curve를 지정한 축을 중심으로 회전시키는데, 회전할 Profile Curve의 한 점이 특정한 경로를 따라 회전하면서 Surface가 생성된다. Rail 커브가 정원이 아닌 경우에도 회전된 Surface를 생성시킬 수 있다.

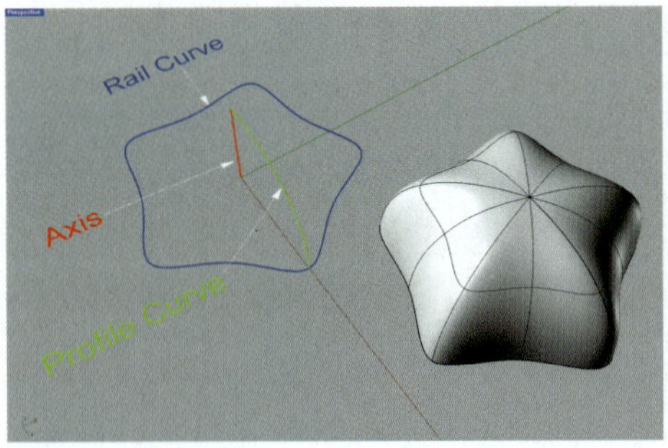

〈Options〉

• ScaleHeight

ScaleHeight 옵션에서 회전 축의 원점 위치가 중요하다. 회전축의 원점은 크기 변경의 원점이 되며 1 차원적인 크기 변경은 회전축에 평행하게 실행된다.

Rail Curve가 평면 커브이고, 회전축에 수직인 경우 ScaleHeight 옵션은 필요하지 않다. 필요한 경우는 Rail Curve가 회전축에 수직이 아닌 평면에 있어 Profile Curve를 축에 따라 이동시키지 않고, 일부를 회전시키려는 경우 필요하다. Rail Curve가 평면형이 아니 더라도 양 끝이 매끄럽게 둥글려진, Rail을 따라 회전된 Surface를 만들려는 경우를 말한 다. Rail Curve가 닫혀 있으면, Profile Curve가 Rail에 접하는 곳에 Seam이 위치해야 한다.

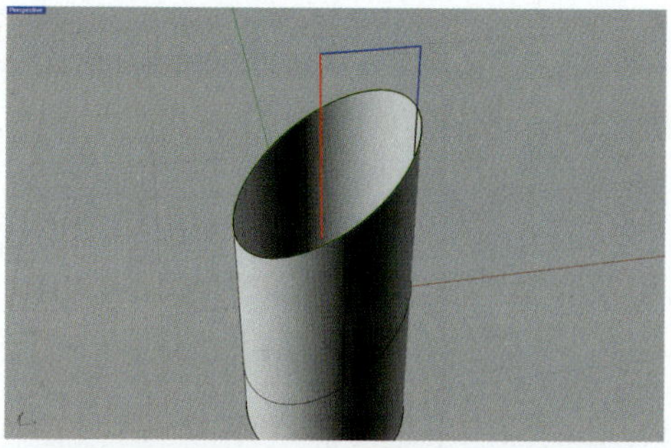

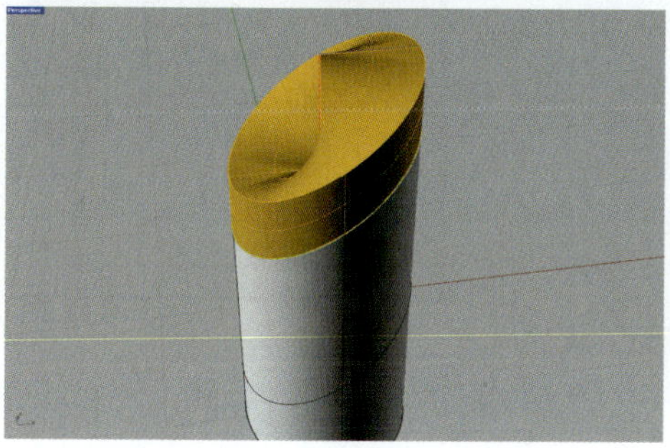

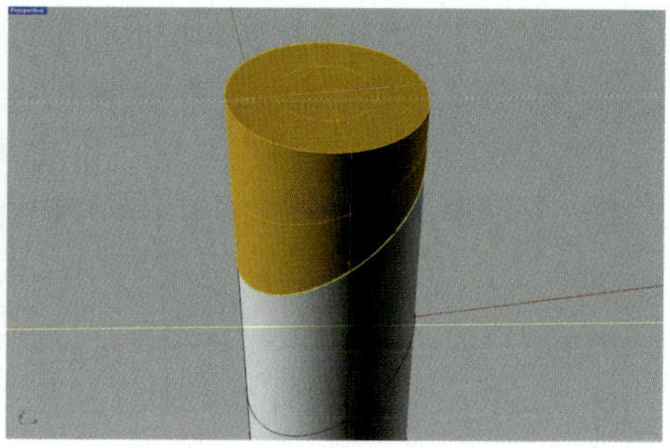

ScaleHeight = No ScaleHeight = Yes

Surface from Network of Curves

메뉴: Surface Menu 〉 Surface from Network of Curves

버튼: 왼쪽 클릭

기능: 여러 개의 커브로 네트워크 Surface를 생성하는 기능이다.

Loft Surface와 Sweep 2 Rail Surface의 장점들을 포함한 기능이며 4개 가장자리에 대해 모두 연속성을 조절할 수 있다. 한 방향의 모든 커브가 다른 방향의 모든 커브와 교차해야 하며, 같은 방향의 커브는 서로 교차할 수 없다.

U,V각 방향에 대해 2개 이상의 커브가 필요하며 만약 한쪽 방향의 커브가 폐곡선인 경우 다른 방향에는 3개 이상의 커브를 생성해주어야만 한다.

> 한 방향의 모든 커브가 다른 방향의 모든 커브와 교차해야 하며, 같은 방향의 커브는 서로 교차할 수 없다. U, V각 방향에 대해 2개 이상의 커브가 필요하며 한쪽 방향의 커브가 폐곡선인 경우 다른 방향에는 3개 이상의 커브를 생성한다.

〈Options〉

- NoAutoSort

사용자가 직접 커브를 선택할 수 있도록 자동 정렬 기능을 해제하는 기능이다.

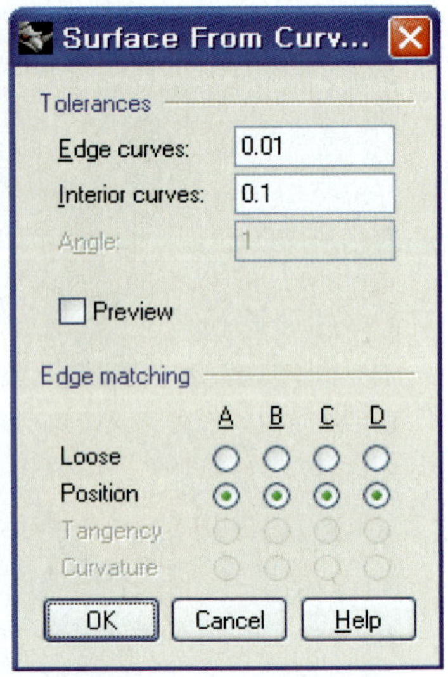

- Tolerances

Edge Curve

기본값은 시스템 허용오차이다. 가장자리 커브의 허용오차를 설정하는 기능이며 Surface의 가장자리는 가장자리 커브로부터 이 값의 범위 안으로 유지된다.

Interior Curve

내부 커브의 허용오차를 설정하는 기능이다. Surface의 내부는 내부 커브로부터 이 값의 범위 안으로 유지되며 기본값은 시스템 허용오차의 10배이다. 커브 자체가 허용오차 값보다 서로 떨어져 있는 경우, 최적으로 간주되는 추측된 값이 Surface에서 실행된다.

Angle

가장자리 커브가 Surface 가장자리이고, Surface가 인접한 Surface와 접선 연속성 또는 곡률 연속성으로 일치하길 원할 때, 이 값이 Surface 법선을 일치시킬 때 사용하는 정밀도이다.

Edge Matching

가장자리와 입력 지오메트리가 어떻게 일치하는지를 결정하는 기능이다.

Loose

Surface가 입력 가장자리 커브에 일치하지만 정확도가 떨어진다.

Position

Curve Network으로 만드는 Surface의 가장자리가 입력된 Surface의 가장자리의 공차 범위 안에서 만들어진다.

Tangency

Curve Network으로 만드는 Surface의 가장자리가 입력된 Surface의 가장자리와 Tangent를 유지한다.

Curvature

Curve Network으로 만드는 Surface의 가장자리가 입력된 Surface의 가장자리와 Curvature 를 유지한다.

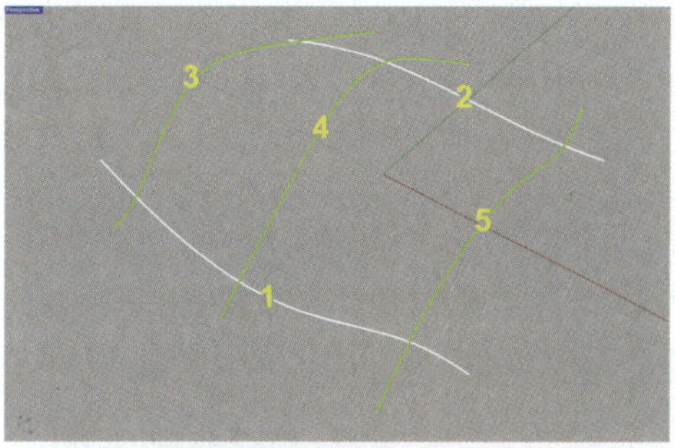

① 다음과 같이 Curve를 생성한 후 Surface from Network of Curves 보이는 순서로 선택한다.

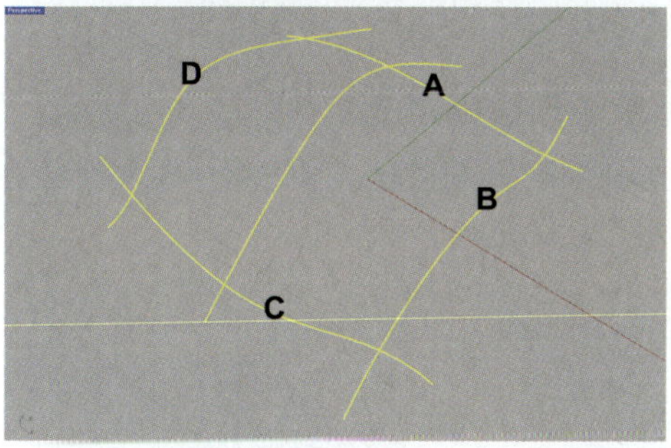

② 선택한 후 Enter키를 누른다. 대화상자와 함께 두 방향으로 A, B, C ,D 가 보이는 것을 알 수 있다. 대화상자에서 Edge Matching에서 A, B, C ,D에 해당하는 값을 설정한다.

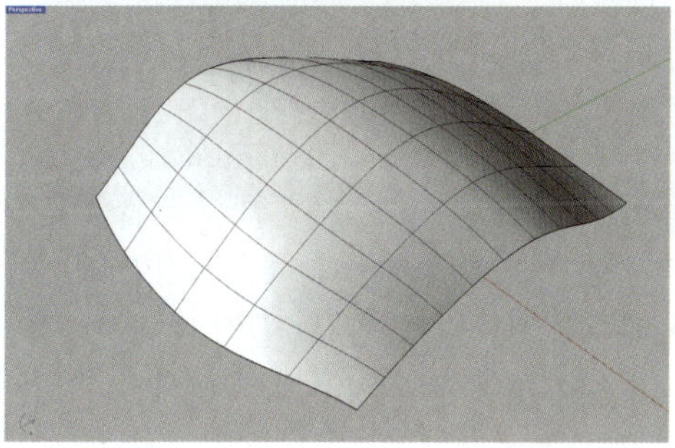

③ Surface가 생성된 것을 알 수 있다.

이 경우가 Surface from Network of Curves 기능 중 가장 일반적으로 사용하는 기능이며 이때 Network 커브의 중간점들은 정확히 일치하지 않아도 이 프로그램은 비슷한 교차점을 찾아낸다. 커브 생성 시 이 점을 참고한다.

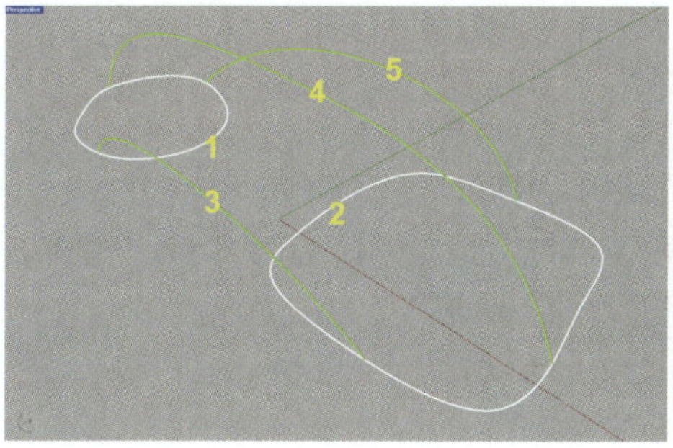

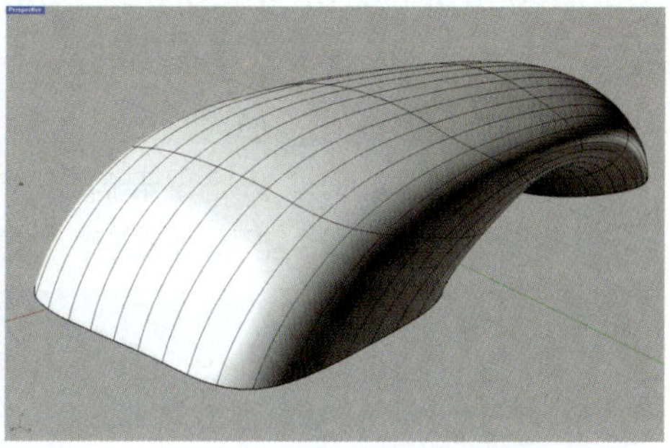

다음 이미지에 나온 것과 같이 한쪽 방향으로 폐곡선이 있는 경우 다른 방향으로 3개 이상의 커브가 필요하게 된다. U, V방향 양쪽이 다 폐곡선인 경우에는 Torus 형태와 같은 면을 생성 할 수 있다.

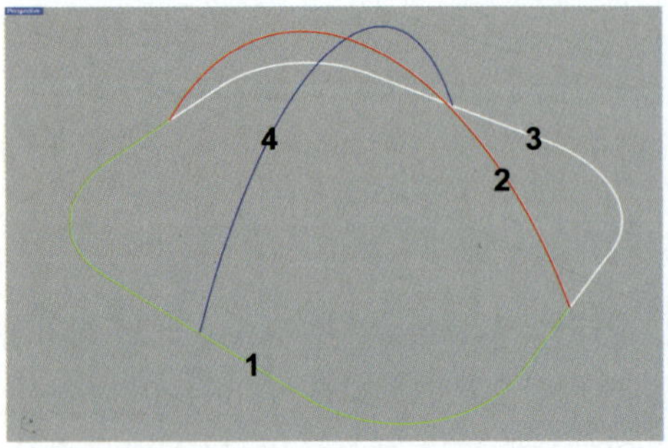

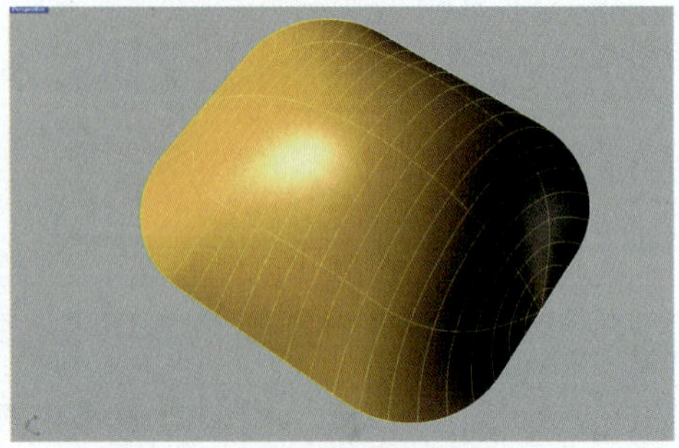

Network커브가 한쪽에서 만나는 경우 중 하나로써 한쪽 방향으로 3개의 커브를 생성하고 다른 방향으로 1개의 커브로 Surface를 생성한 경우이다.

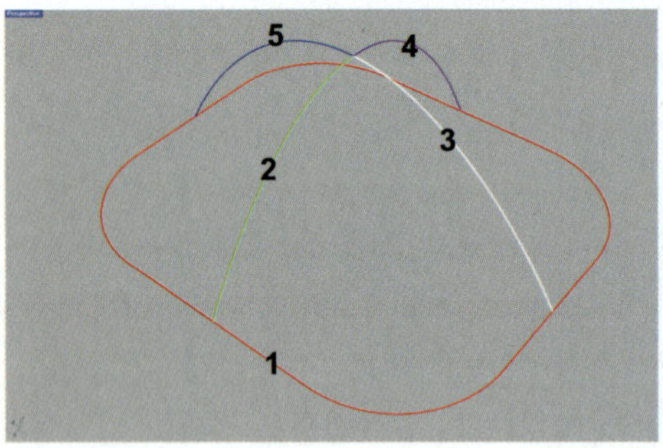

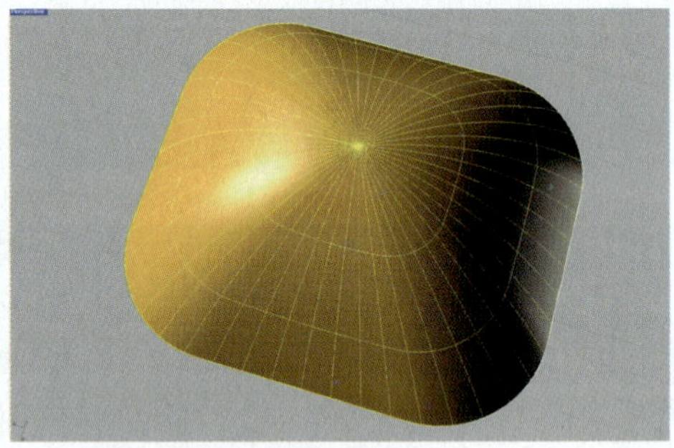

한쪽 방향의 커브는 폐곡선으로 지정하고 다른 커브는 가운데 점에서 만나게 설정한 경우이다. 이 경우는 4개의 커브가 한 점에 일치하도록 해주고 커브들의 만나는 끝점 및 두 번째의 Control Point들을 Set XYZ Coordinates를 이용해 평면에 위치하게 정렬시킨다.

Surface from 3 or 4 Corner Points

메뉴: Surface Menu 〉 Corner Points

버튼: 왼쪽 클릭

기능: 3개, 또는 4개의 모서리 끝점을 지정하여 서페이스를 만드는 기능이다.
3개의 모서리 점으로 서페이스를 만들려면 3번째 끝점을 지정한 후 Enter키를 누른다.

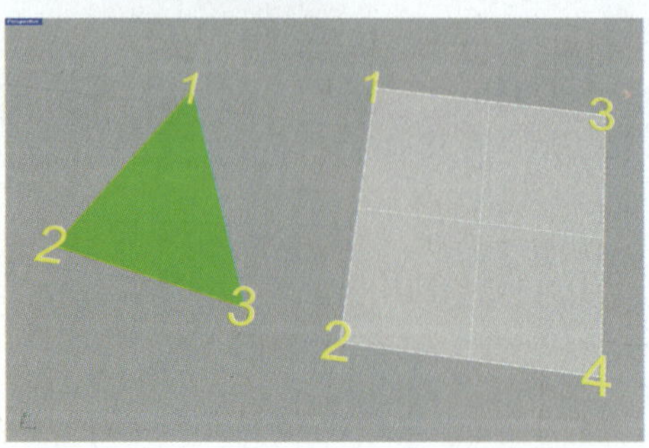

Surface from 2, 3 or 4 Edge Curves

메뉴: Surface Menu 〉 Edge Curves

버튼: 왼쪽 클릭

기능: 2, 3, 4개의 커브를 이용하여 Surface를 만드는 기능이다. 2개 이상의 커브가 있어야 이 명령을 실행할 수 있다. Surface 가장자리를 새 Surface의 커브로 사용할 수 있다.

이 기능은 2개 이상의 커브가 있어야 한다.

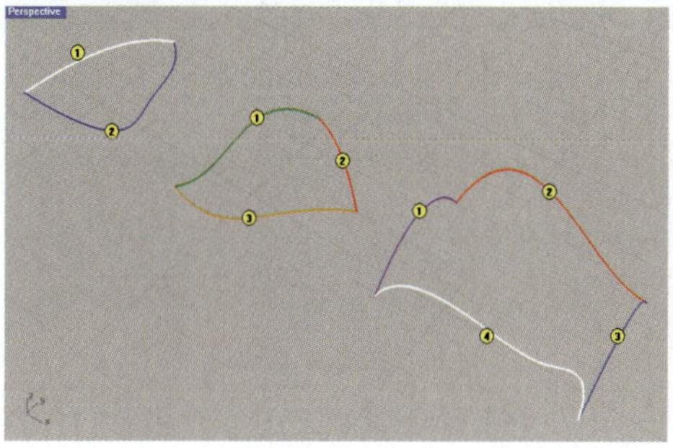

다음 이미지와 같이 커브를 생성한 후 선택되는 순서로 클릭한다. Surface가 생성되는 것을 볼 수 있다. 이때 커브를 그릴 때는 끝점들이 정확히 맞도록 해야하며 생성되는 Surface의 가장자리와 커브는 완전히 일치하게 된다.

Surface from Planar Curves

메뉴: Surface Menu 〉 Planar Curves

버튼: 왼쪽 클릭

기능: Planar Curve는 동일한 CPlane상에 있는 커브를 의미하며 서로 다른 CPlane에 있지 않는다면 명령이 실행되지 않는다. 이 Planar Curve를 이용하여 Surface를 생성한다.

평면형 폐곡선 안에 다시 평면형 폐곡선이 있다면 다음 이미지와 같이 구멍 경계로 처리되어 Surface가 생성된다.

서페이스를 생성시키기 위해 커브는 먼저 닫혀 있어야하며 Planar한 상태이어야 한다.

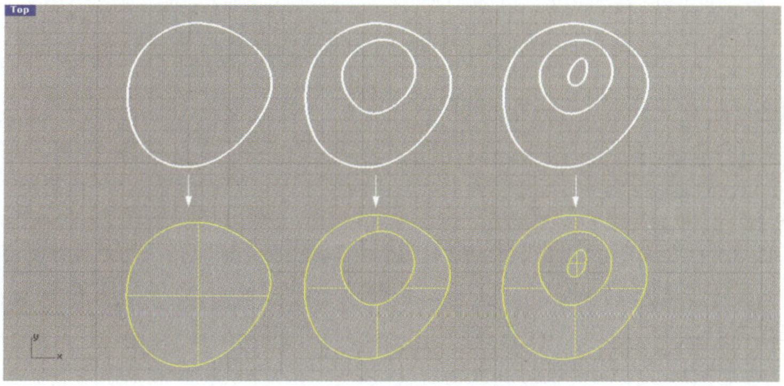

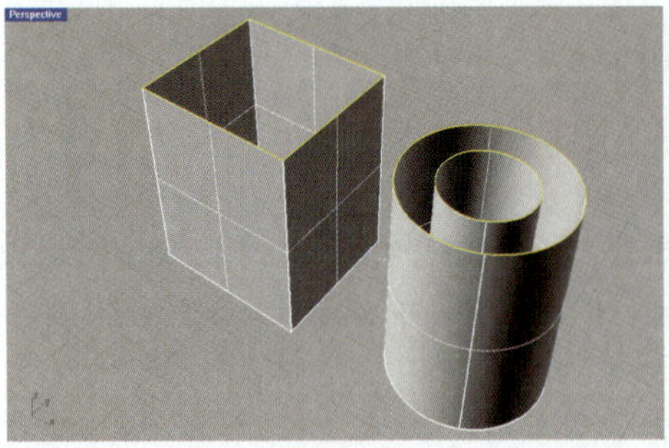

다음 이미지와 같이 Surface Edge가 평면형의 폐곡선이라도 Surface를 생성시킬 수 있다.

그리드의 점은 순서대로 한 번에 하나씩 입력한다.

Surface From Point Grid

메뉴: Surface Menu 〉 Point Grid

버튼: 왼쪽 클릭

기능: Surface의 지정된 위치의 그리드를 사용하여 Surface를 생성하는 기능이다. 그리드의 점은 순서대로 한 번에 하나씩 입력해야 하며 이 명령은 텍스트 파일에 순서대로 정렬된 그리드의 점이 있어 ReadCommandFile 명령과 같이 사용하면 가장 효과적이다.

〈Options〉

- Closed

Surface는 한쪽 방향 또는 양 방향 모두 닫힐 수 있으며 만들어진 Surface는 점을 지정한 순서로 닫힌다.

- Degree

행 또는 열 방향에서 Surface의 차수이다. 차수는 최소한 행 또는 열에 1을 더한다.

- KeepPoints

Yes를 선택하면 점 개체를 유지하는 기능이다.

평면하며 닫혀있는 상태일 때만 적용된다.

Extrude Curve

메뉴: Surface Menu 〉 Extrude Curve 〉 Straight

버튼: 왼쪽 클릭

기능: CPlane에 대하여 수직인 직선에서 커브를 밀어내어 Solid 또는 Surface를 만드는 기능이다. Loft Surface와 Sweep Surface명령과 달리, Profile Curve 또는 Surface의 초기 방향은 Extrude 과정 중에도 유지된다.

〈Options〉

• Direction

일반적으로 Extrude의 기본방향은 평면커브의 경우 그 평면에 대한 Normal방향이 된다. 평면커브가 아니거나 Extrude되어지는 방향을 바꾸고자 할 때 이 옵션을 사용한다.

• BothSides

커브를 중심으로 양쪽으로 대칭되며 Extrude된다.

• Cap

평면의 폐곡선을 Extrude할 때 이 옵션으로 양 끝면을 만들어 Closed Polysurface를 생성한다.

• DeleteInput

원래 개체를 삭제하는 기능이다.

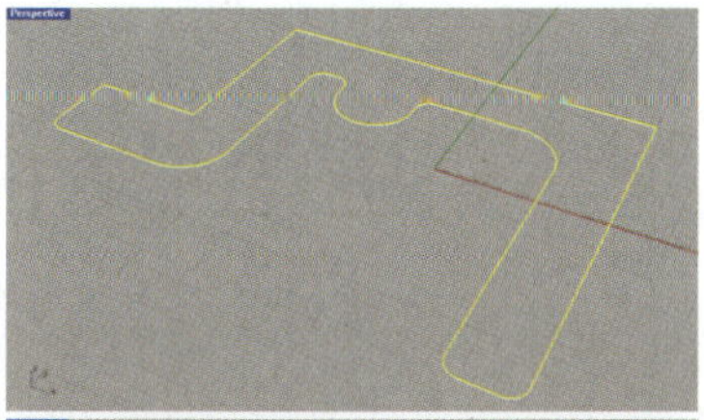

① 다음과 같은 닫힌 커브를 생성한다. Extrude Curve 〉 Straight기능을 실행한다.

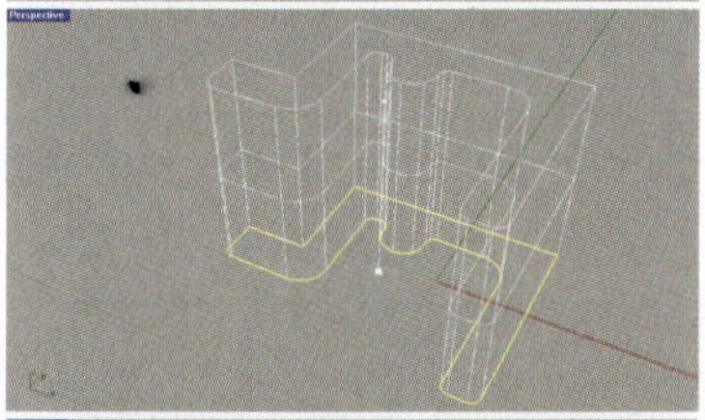

② 다음과 같이 수직방향으로 Surface가 확장되어지는 것을 볼 수 있다. 이 방향으로 확장되지 않는다면 옵션 중 Direction기능을 사용하여 방향을 설정한다.

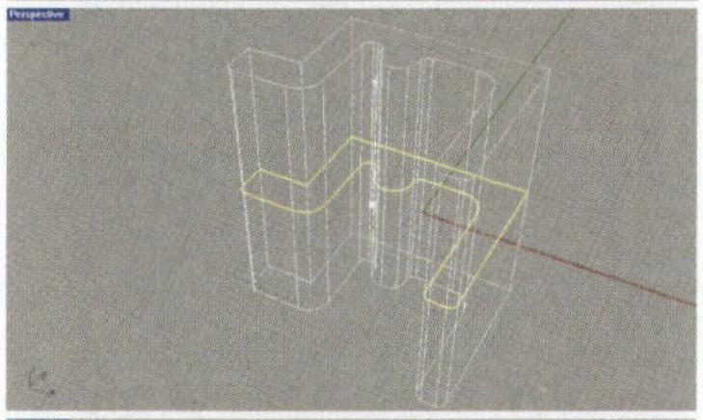

③ 만약 대칭으로 확장하고자 한다면 옵션 중 BothSides 기능을 실행한다. 이미지와 같이 대칭되게 확장되어지는 것을 볼 수 있다.

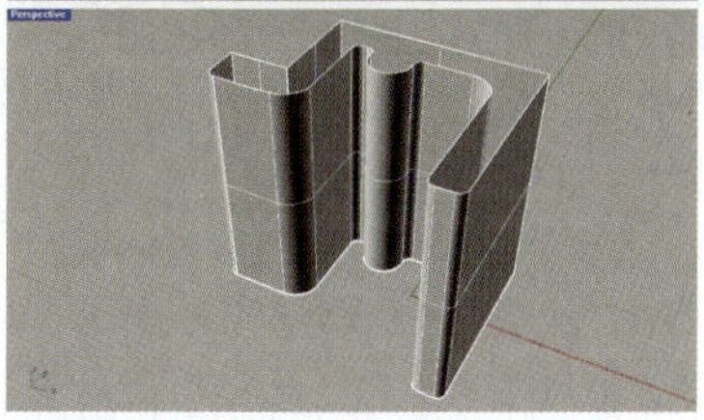

④ 다음과 같이 Curve형태에 같은 모양으로 Surface가 생성되어진 것을 볼 수 있다.

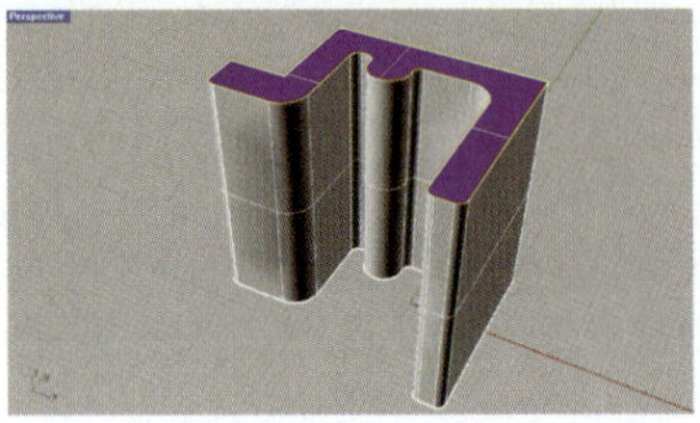

⑤ 옵션 중에 Cap=Yes를 설정하면 다음과 같이 Cap이 씌워지며 Polysurface가 생성되어지는 것을 볼 수 있다.

Extrude Along Curve

메뉴: Surface Menu 〉 Extrude Curve 〉 Along Curve

버튼: 왼쪽 클릭

기능: 선택된 커브가 경로 역할을 위한 커브를 따라 Extrude되면서 Surface를 생성하는 기능이다.

〈Options〉

• Cap

Profile Curve가 닫혀 있는 경우, 돌출된 개체의 양쪽 끝은 Planar Surface로 채워지고 Join되어 Closed Polysurface를 생성한다.

• DeleteInput

원래 개체를 삭제하는 기능이다.

다음 이미지와 같이 Profile Curve와 Path Curve를 생성한다. Extrude Curve 〉 Along Curve 기능을 실행한 후 다음과 같은 순서로 선택한다. 완성된 Surface를 볼 수 있다.

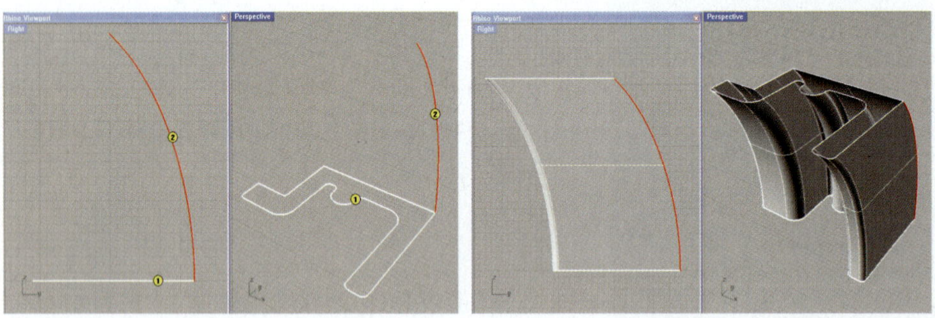

Extrude Along Sub Curve

버튼: 오른쪽 클릭

기능: Path Curve의 지정된 부분을 지정하여 Extrude로 Surface를 만드는 기능이다. Exrude된 Surface는 커브에서 처음 지정한 점이 아니라 커브의 처음부터 시작한다.

점을 지정하는 것은 돌출 거리를 설정하기 위한 것이다.

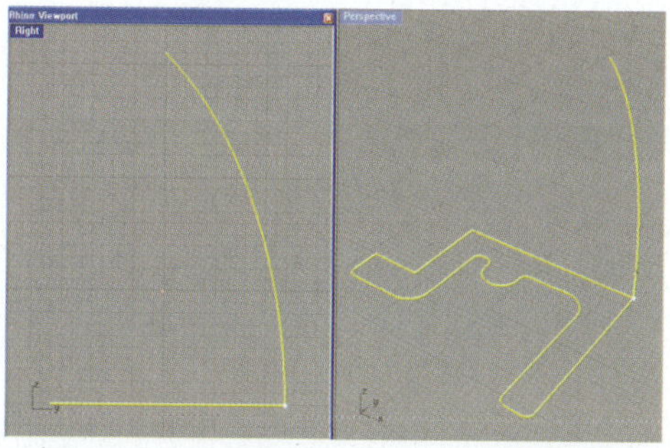

① 다음 이미지와 같이 Profile Curve와 Path Curve를 생성한다.
기능을 실행한 후 Profile Curve 커브를 선택한 후 시작점 근처 경로 커브를 선택한다. 선택을 하는 동시에 커브의 시작점을 지정하라는 메시지가 Command Line에 나온다. 커브의 끝점을 지정한다.

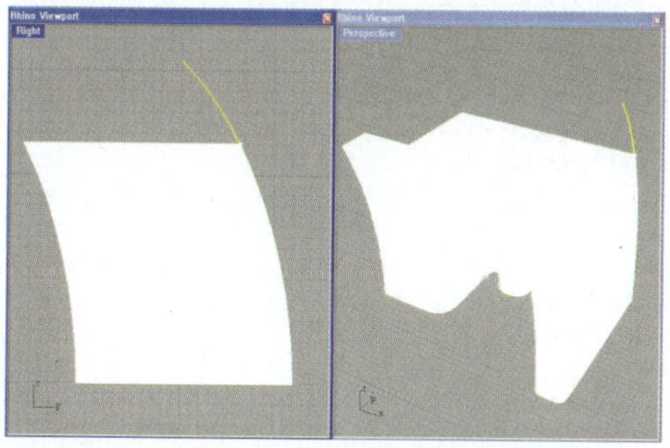

③ 커브의 끝점을 선택하라는 메시지가 Command Line에 나온다.
원하는 위치까지 끌어온다.

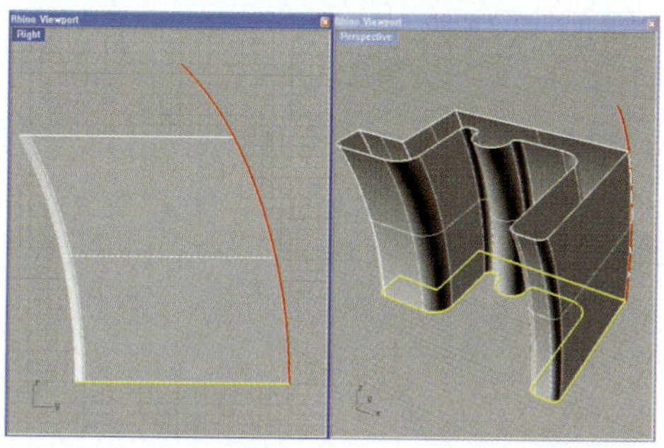

④ 원하는 위치에 지정하면 지정된 위치까지 Surface가 확정되는 것을 볼 수 있다.

Extrude Curve To Point

메뉴: Surface Menu 〉 Extrude Curve 〉 To Point
버튼: 왼쪽 클릭
기능: 커브를 점이 지정된 Surface까지 돌출시켜 Surface 또는 Closed Polysurface를 생성시키는 기능이다. Lofts Surface, Sweeps Surface 명령과 달리, Profile Curve 또는 Surface의 초기 방향은 Extrude 과정 중에도 유지된다.

〈Options〉

- Cap

Profile Curve가 닫혀 있는 경우, 돌출된 개체의 양쪽 끝은 평면형 Surface로 채워지고 Joine되어 Closed Polysurface를 생성시키는 기능이다.

- DeleteInput

원래 개체를 삭제하는 기능이다.

Extrude Curve Tapered

메뉴: Surface Menu 〉 Extrude Curve 〉 Tapered

버튼: 왼쪽 클릭

기능: 기울기를 적용한 Surface를 생성시키는 기능으로 Extrude시킬 때 Extrude되는 각도를 설정된 값으로 지정할 수 있다. 이 기능은 Draft Angle값으로 구배를 조절하게 되고 Corner옵션에서 Corner형태를 정하게 된다.

〈Options〉

- Direction

일반적으로 Extrude의 기본방향은 평면커브의 경우 그 평면에 대한 Normal방향이 된다. 평면커브가 아니거나 Extrude되어지는 방향을 바꾸고자 할 때 이 옵션을 사용한다.

- DraftAngle

DraftAngle는 CPlane의 Direction에 의존한다. Surface가 CPlane에 대하여 수직일 때 DraftAngle는 0이다. Surface가 CPlane에 평행일 때 DraftAngle는 90이다.

DraftAngle = 10 설정한 경우

• Cap

평면의 폐곡선을 Extrude할 때 이 옵션으로 양 끝 면을 만들어 Closed Polysurface를 생성한다.

• Corners

모서리를 Offset하는 방법을 변경하는 기능이다. 직사각형을 바깥쪽으로 Offset하여 다음 옵션들의 차이를 확인할 수 있다.

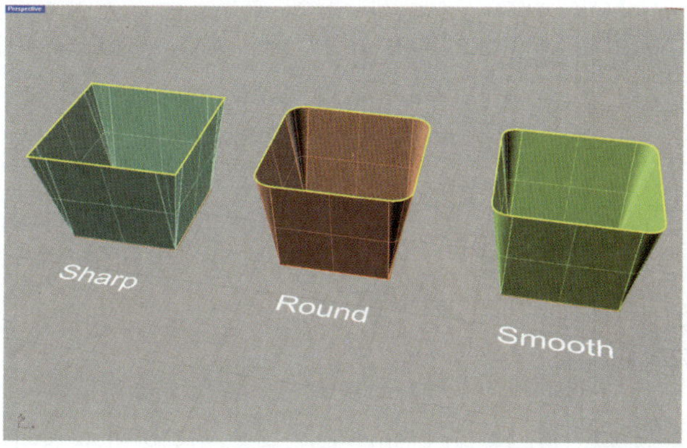

• Sharp

커브를 Offset한 다음 서로 교차할 때까지 직선으로 연장시키는 기능이다.
Sharp Option을 이용할 때 유의할 부분은 구배가 적용된 부분에 Surface가 추가되어 만들어지는데, 이 부분을 그냥 사용하게 되면 이후 Offset, Fillet작업에서 문제점이 발생할 수 있다. 이 문제점을 해결하기 위한 효율적인 방법으로 생성된 Surface에 있는 Edge를 추출하여 커브를 수정한 다음 다시 Surface를 만들어주는 방법이 있다.

가장자리로 커브를 추출한 후 불필요한 Control Point를 지우거나 SimplifyCrv기능을 사용하여 수정한다. 다음으로 Loft Surface를 이용하여 Surface를 다시 생성한다.

① 다음과 같이 사각형태의 커브를 생성한 후 Extrude Curve Tapered기능을 실행한다. Taper형태의 Polysurface가 생성된 것을 볼 수 있다. Curve from Object의 Duplicate Edge 기능을 실행하여 다음과 같이 커브를 추출한다.

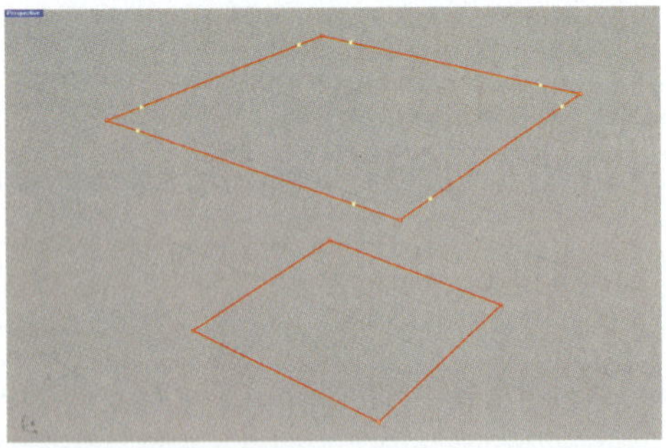

② Polysurface를 Hide시킨 후 커브를 선택한 후 Control Point On을 실행한다. 위와 밑에 있는 커브의 Control Point 수가 일치하지 않은 것을 볼 수 있다.

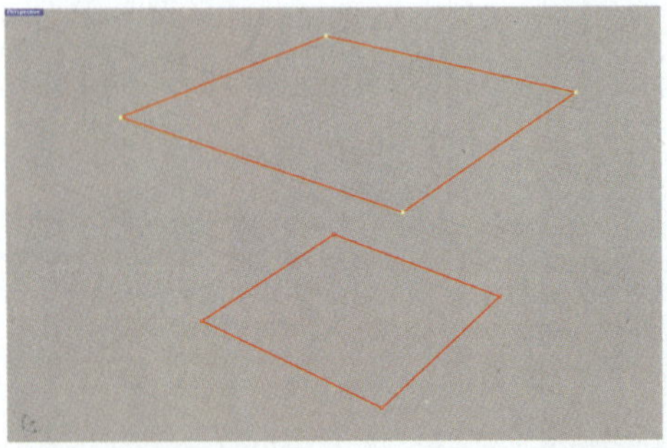

③ 위 커브를 선택한 후 Curve Tools의 Simplify Lines and Arcs메뉴를 이용하여 Control Point 수를 줄여 최소화 시켜준다. 최소화 되어진 것을 볼 수 있다.

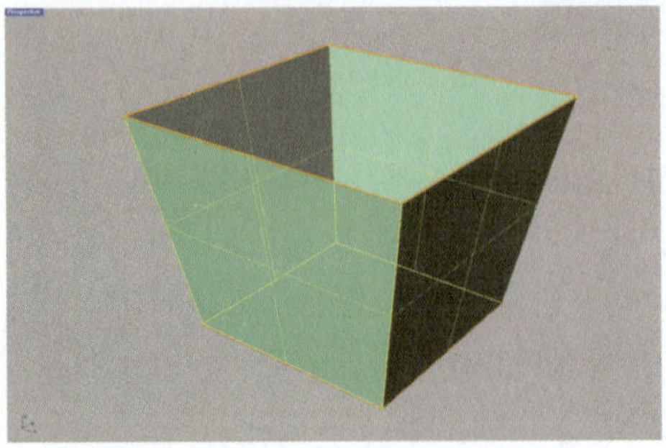

④ Loft Surface기능을 이용하여 다음과 같은 Polysurface를 생성한다.

- Round

커브를 Offset하고, Offset한 거리와 같은 반지름의 호로 Fillet 실행한다.

- Smooth

커브를 Offset하고, G1 연속성 커브로 연결한다.

Round와 Smooth 의 차이는 Round는 Arc로 만들어지게 되고 Smooth는 Conic 형태의 커브로 만들어지게 된다.

- Chamfer

커브를 Offset하고 끝점 사이를 직선으로 연결한다.

- DeleteInput

원래 개체를 삭제하는 기능이다.

- lipAngle

양과 음 방향 사이의 DraftAngle의 방향을 전환시키는 전환한다.

| Ribbon

메뉴: Surface Menu 〉 Extrude Curve 〉 Ribbon

버튼: 왼쪽 클릭

기능: 2개 커브 사이의 영역에 선직면을 만든 다음 커브를 Offset하여 Surface를 생성하는 기능이다.

〈Options〉

- ThroughPoint

Offset 거리를 지정하는 대신, 한 점을 지정하여 Offset하는 기능이다.

• Tolerance

Offset 커브의 허용오차를 설정하는 기능이다. 0을 입력하면 기본 허용오차를 자동으로 사용하게 된다.

• BothSides

개체를 시작점의 양쪽에 작성하고, 사용자가 지정한 길이의 2배로 개체를 생성시키는 기능이다.

Extrude Curve Normal to Surface

메뉴: Surface Menu 〉 Extrude Curve 〉 Normal to Surface

버튼: 왼쪽 클릭

기능: Surface에 대하여 Normal Direction으로, Surface상의 Curve를 Extrude시켜 Surface를 생성시키는 기능이다.

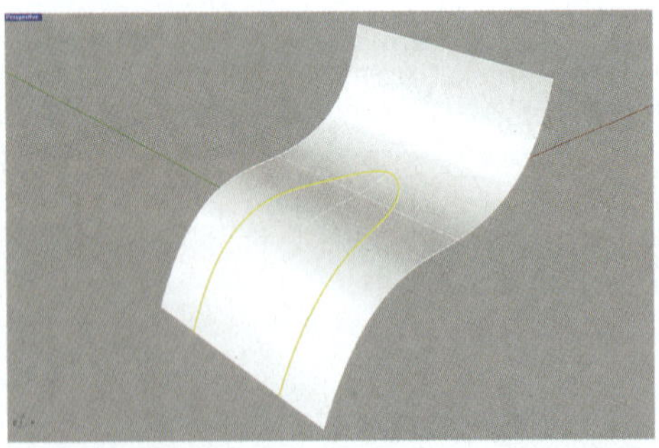

① Extrude Curve Normal to Surface기능을 실행한 후 Surface위에 있는 Curve를 선택한다. 다음으로 Surface를 선택한다.

② Surface를 선택과 동시에 Surface Normal방향으로 Surface가 확장되는 것을 볼 수 있다. 높이 값을 6으로 설정한다.

③ Fin높이를 지정할 위치를 선정한 후 원하는 높이로 드래그 또는 수치를 입력한다.

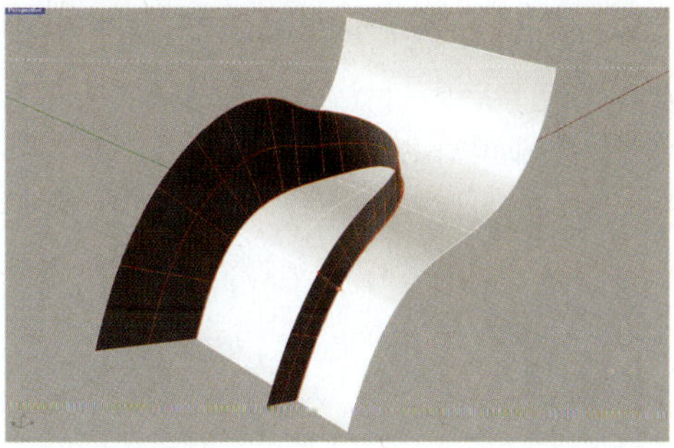

④ 한 곳을 정하고 나면 다른 곳도 위치를 선정하여 높이를 지정한다.

⑤ 높이 값을 모두 설정한 다음 Enter키를 누른 후 기능을 종료한다.

| Patch

메뉴: Surface Menu 〉 Patch

버튼: 왼쪽 클릭

기능: Closed Curve 또는 Point Object를 이용하여 Surface를 생성시키는 기능이다. 또한 가장자리, 커브 간의 Surface를 만드는 기능과 연장된 Surface의 Tangent값을 맞추는 기능도 가지고 있다.

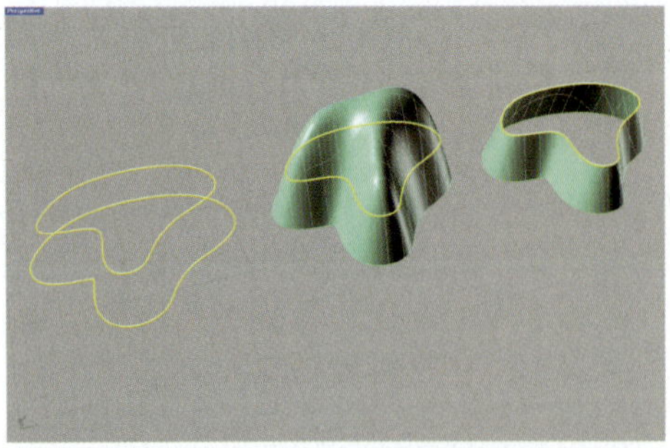

다음과 같이 선택한 커브를 모두 통과하는 Surface를 생성한다. 이때 Surface는 커브를 정확히 통과한 것을 볼 수 있다.

커브와 점을 이용하여 Surface를 생성할 수 있다.
점의 높이에 따라 Surface의 높이가 틀려지는 것을 볼 수 있다.

다음과 같은 Surface를 생성한 후 원하는 형태의 커브를 만들어 준다.
Patch Surface를 실행한 후 커브와 구멍 뚫린 Edge를 선택한 다음 Enter키를 누른다. 대화상자가 열린다. Surface U, V span 값을 3으로 낮춘 후 Adjust tangency 값을 체크 해제한다. 확인 버튼을 누른다. 다음과 같은 Surface가 생성되는 것을 볼 수 있다.

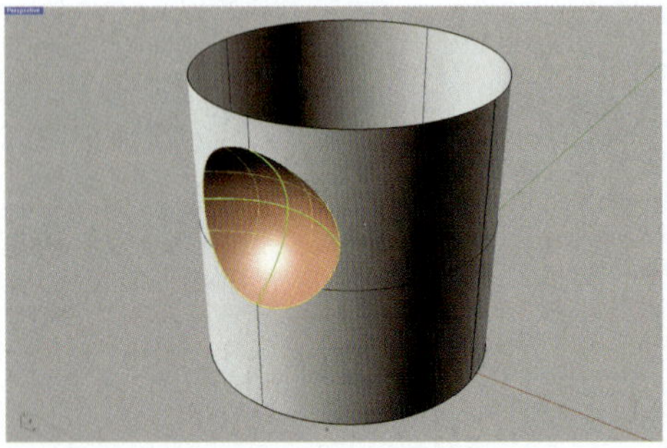

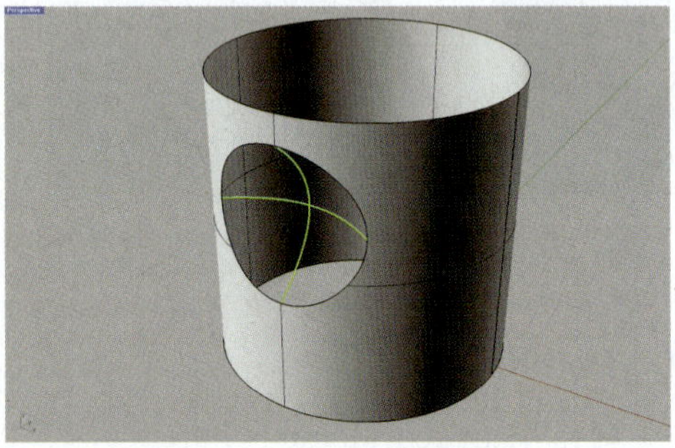

〈Options〉

- **Sample point spacing**

입력된 커브와 Sample Point 사이의 근사치의 3D 거리이다.
커브 하나 당 최소한 8개의 점이 있다.

- **Surface U, V spans**

자동적으로 만들어진 Surface의 U, V 방향 Span이다.

시작 Surface가 1x1 분할인 평면의 경우에도 사용된다.

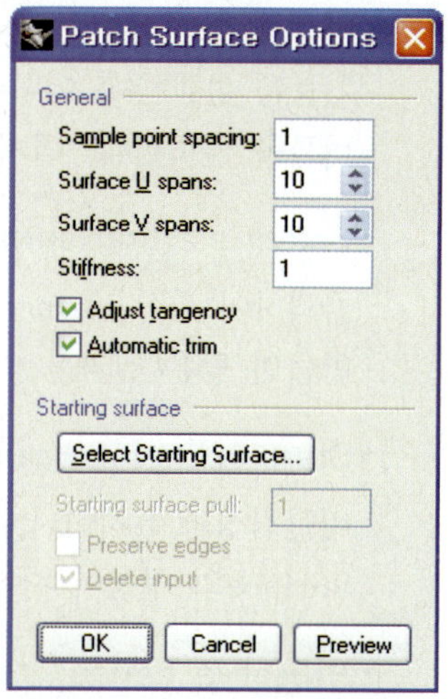

• Stiffness

이 옵션은 먼저 커브를 따라 선택한 Point와 Sample Point를 통과하는 최적의 맞춤 평면(PlaneThroughPt)을 찾아, Patch Surface를 생성한다.

그 후 Point과 Sample Point에 맞도록 Surface가 변형된다. Stiffness 의 설정은 최적으로 맞춘 평면을 어느 정도 변형시키는가를 나타낸다. 수치가 클수록 만들어지는 Surface는 경직되고, 보다 사각형에 가깝고 평면이 된다. 작은 값 또는 매우 큰 값 (〉1000)을 사용하여 설정할 수 있다.

• Adjust tangency

입력된 커브가 기존의 Surface의 가장자리인 경우, Surface의 Tangent 방향에 일치시키는 기능이다.

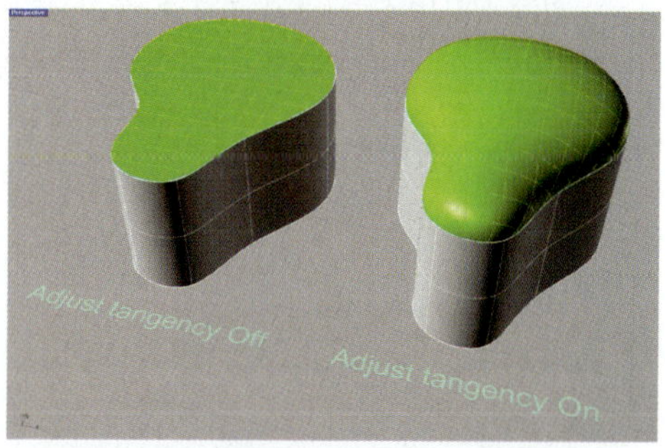

• Automatic Trim

외부의 커브를 검색하여 Surface를 외부 커브에 맞춰 자르는 기능이다.

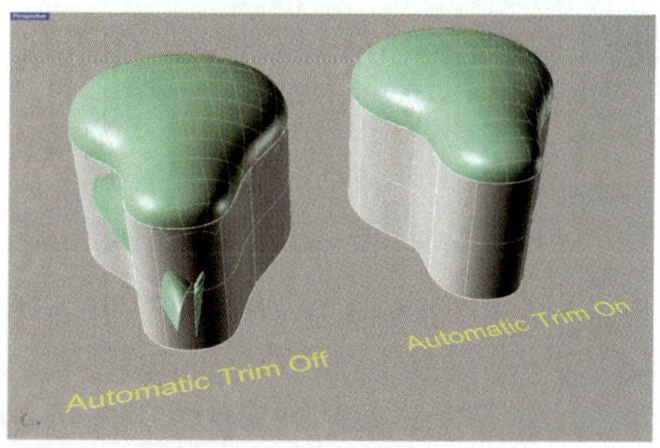

• Starting surface

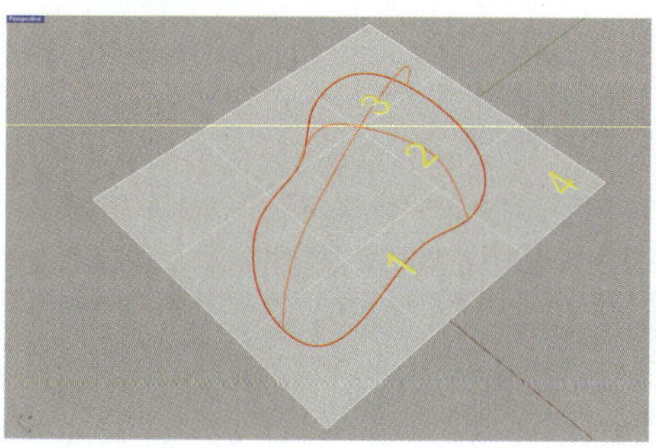

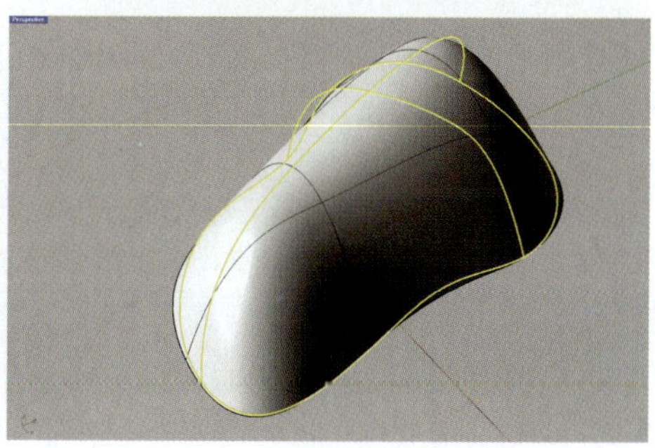

다음과 같이 닫힌 커브와 열린 커브 그리고 평면형의 Surface를 생성한다. Patch Surface 기능을 실행한 후 이미지와 같은 순서로 선택한다. 대화상자에서 Select starting surface 버튼을 클릭한다. 펼쳐진 Surface가 커브에 맞게 변형되는 것을 볼 수 있다.

- **Select starting surface**

클릭하여 시작 Surface를 선택한다. 만들려는 서페이스와 모양이 유사한 시작 Surface를 만들면 좋은 결과를 얻을 수 있다.

- **Starting surface pull**

비탄력성과 유사하나, 시작 Surface에 적용된다. 끌어오는 정도가 클수록, 만들어지는 Surface의 형상이 시작 Surface의 형상에 가까워진다.

- **Preserve edges**

시작 Surface의 가장자리를 고정한다. 커브 또는 점을 사용하여 기존 Surface를 변형시킬 때, 시작 Surface의 가장자리 이동을 원하지 않을 경우에 사용하면 편리하다.

- **Delete input**

원래 개체 삭제 기능이다.

- **Preview**

작업되고 있는 Surface를 미리 보기 기능이다.

Drape Surface Over Object

메뉴: Surface Menu 〉 Drape

버튼: 왼쪽 클릭

기능: 현재 Viewport에서 CPlane에 대하여 개체를 덮는 Surface를 생성하는 기능이다. 이 기능은 Mesh, Surface, Solid에서 실행되며 렌더링 깊이 버퍼 (z 버퍼)에서의 위치를 샘플링하고, 이를 Surface 제어점 위치로 사용한다. 이로 인하여, Surface는 항상 원래 개체보다 쳐지게 된다. Mesh 또는 Mesh 개체만을 보게 된다.

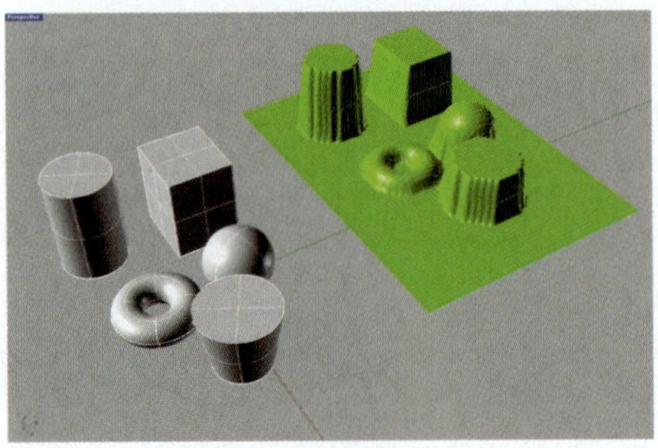

〈Options〉

• AutoSpacing

Yes

밀도의 값을 변경하면, Drape한 Surface 내부에 있는 점 모두가, 밀도 옵션에서 설정된 거리로 균등한 간격을 두고 배치된다. 수치가 낮을수록, Surface의 밀도가 높아진다.

간격

제어점 간격을 설정하는 기능이다.

No

점의 사용자 지정 간격을 제어하는 기능이다.

U/V

Surface의 U방향과 V방향의 제어점의 수를 설정하는 기능이다.

• AutoDetectMaxDepth

Yes

Drape Surface는, 직사각형 안에 표시된 가장 떨어진 점으로 자동적으로 결정된 점에서 끝난다.

No

사용자 지정 깊이 설정을 제어하는 기능이다.

MaxDepth

Drape Surface의 최대 깊이를 설정하는 기능으로 멀리는 (1.0) 및/또는 카메라에 가깝게는 (0.0)까지 설정할 수 있어, 개체를 완전히 또는 일부분만 덮을 수 있다.

Heightfield From Image

메뉴: Surface Menu 〉 Heightfield From Image

버튼: 왼쪽 클릭

기능: 비트맵 이미지의 회색조 값(Grayscale Value)을 기준으로 굴곡이 있는 NURBS Surface를 생성한다.

〈Options〉

• Number of sample points

비트맵의 높이는 비트맵의 U 방향과 V 방향에 따라 지정된 점의 수로 샘플링 된다.

• Height

Surface 높이를 지정한다.

- Control points at sample locations

  각 샘플점에 Surface 제어점을 만드는 기능이다.

- Interpolate surface through samples

  각 샘플점 높이를 통과하도록 제한되어 있는 Surface이다.

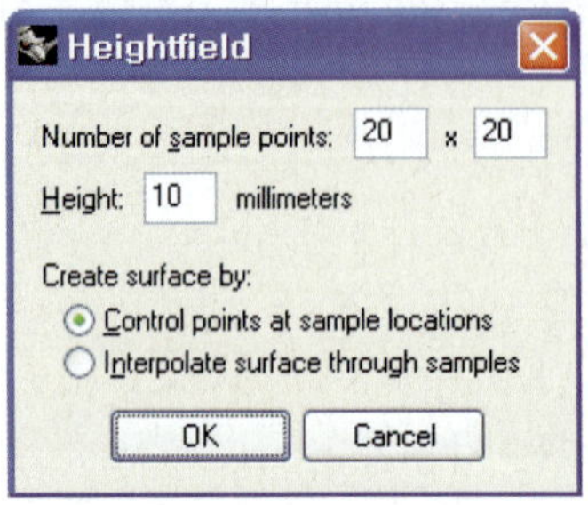

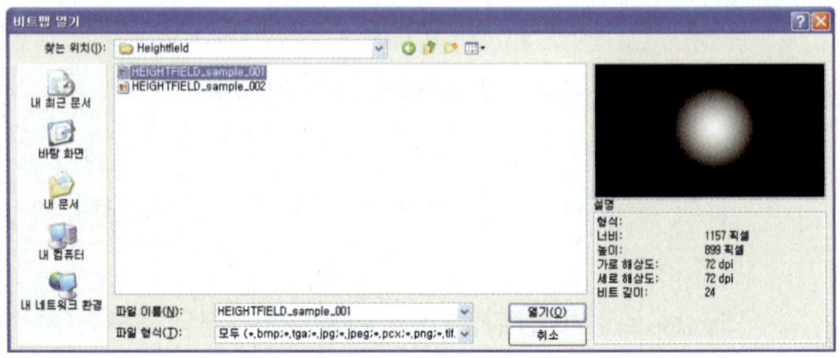

① Heightfield From Image기능을 실행한다. 다음과 같이 비트맵 이미지를 지정하여 열수 있게 해주는 대화상자가 열린다. 이미지를 선택한 후 열기 버튼을 누른다. Option을 선택할 수 있는 대화상자가 다시 한번 열린다. 작업 상황에 맞게 각 옵션을 체크한 후 OK버튼을 누른다.

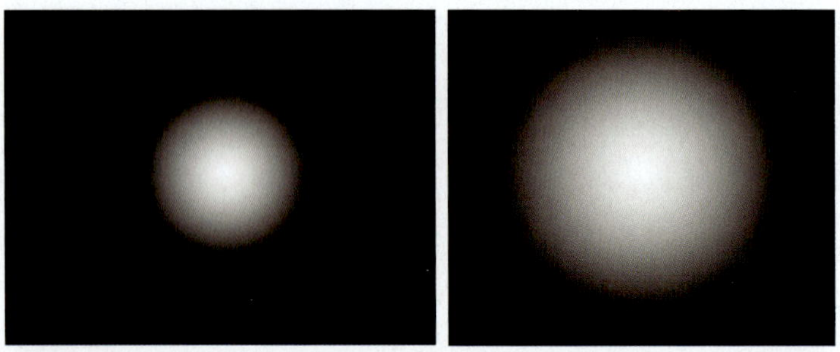

② 다음과 이미지들을 선택하여 본다.

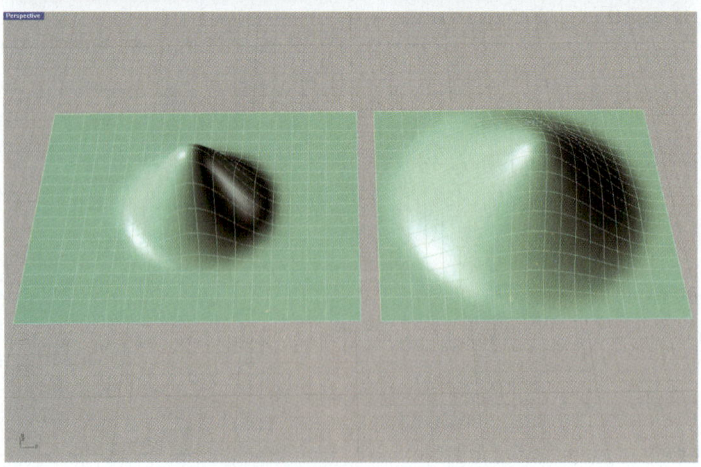

③ 비트맵 이미지의 회색조값(Grayscale Value)을 기준으로 NURBS Surface가 만들어진 것을 볼 수 있다.

SURFACE TOOLS TOOLBAR

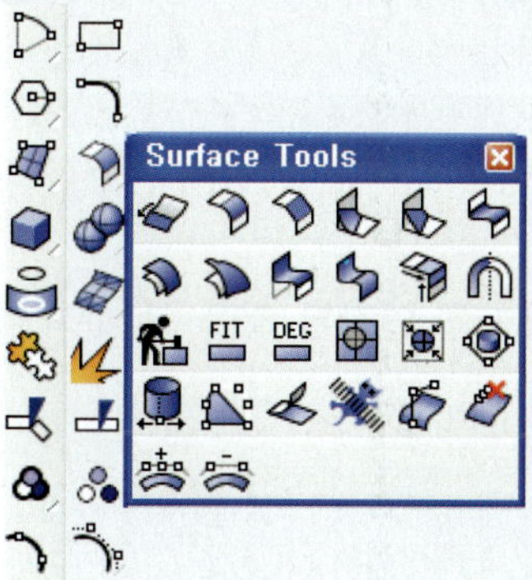

Extend Untrimmed Surface

메뉴: Surface Menu 〉 Extend Surface

버튼: 왼쪽 클릭

기능: Trim되지 않은 Surface를 연장하는 기능이다. Surface 연결방식은 Smooth방식과 Line방식의 두 가지가 있으며 Smooth방식은 연장되는 부분의 곡률을 점감 시키는 방식으로 연장하며, Line방식은 연장되는 Surface의 곡률이 "0"으로 만들어진다.

〈Options〉

• 9Type

Smooth

Edge로부터 부드러운 곡선을 그리며 Surface를 연장하는 기능이다.

Line

Edge로부터 직선으로 Surface를 연장하는 기능이다.

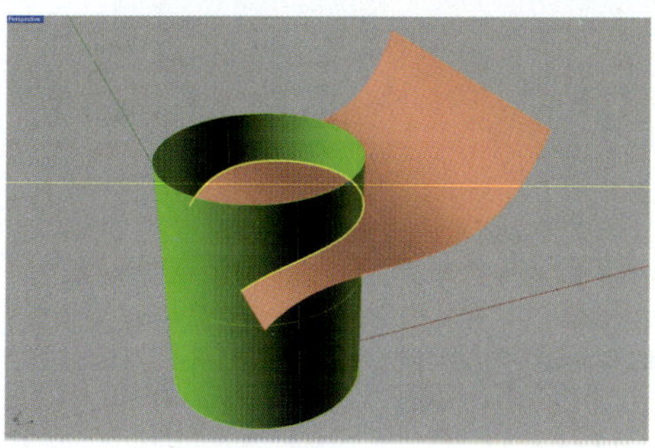

① 다음과 같은 열린 원통형의 Surface와 그 Surface를 다 통과 하지 못하는 Surface를 생성한다.

② Extend Surface기능을 실행하여 연장시키려는 방식과 연장 시키고자 하는 가장자리를

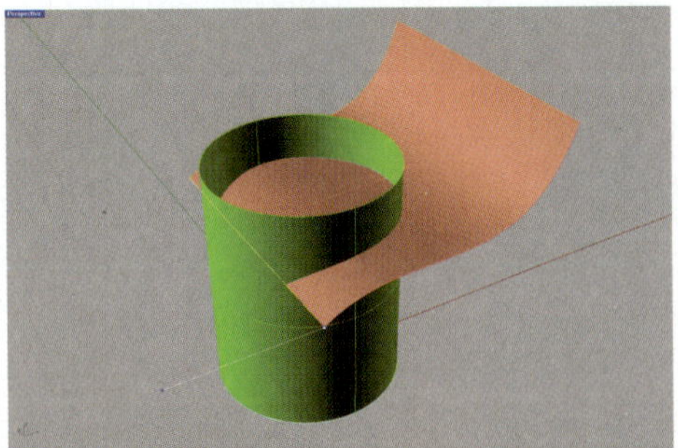

선택한다. 연장시키고자 하는 배율 값을 설정한다.

③ 설정한 배율 값만큼 연장된 것을 볼 수 있다.

④ Split 기능을 실행하여 열린 원통형 Surface를 절단해 본다.

Trim되어진 서페이스 또는 Split기능을 실행한 서페이스도 포함된다.

Extend Trimmed Surface

버튼: 오른쪽 클릭

기능: Trim작업을 한 Surface 가장자리를 이동하여 Surface의 길이를 길게 만드는 기능이다.

〈Options〉

- **Type**

Smooth

가장자리로부터 부드러운 곡선을 그리며 Surface를 연장하는 기능이다.

Line

가장자리로부터 직선으로 Surface를 연장하는 기능이다.

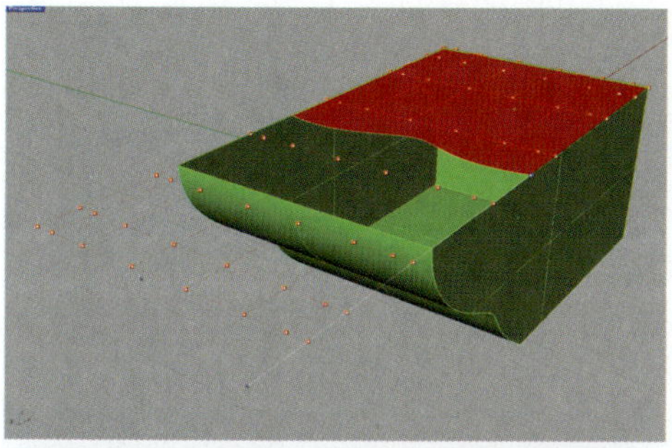

① 다음과 같은 Trim된 Surface를 생성한다.

Extend Trimmed Surface 기능을 실행한다. 연장시키고자 하는 가장자리를 선택한 다음 연장 배율 값을 설정한다.

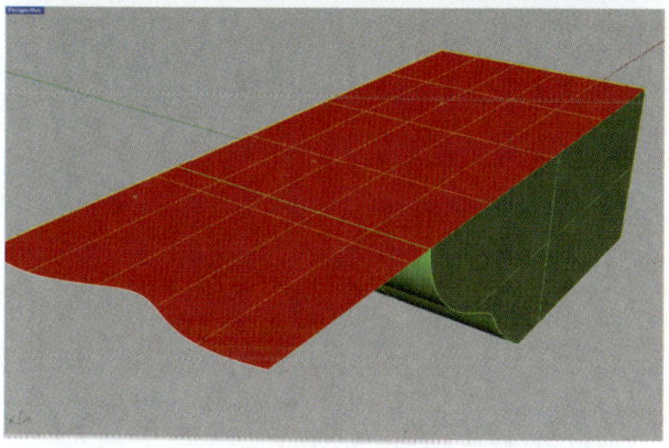

② 설정한 배율 값만큼 연장된 것을 볼 수 있다.

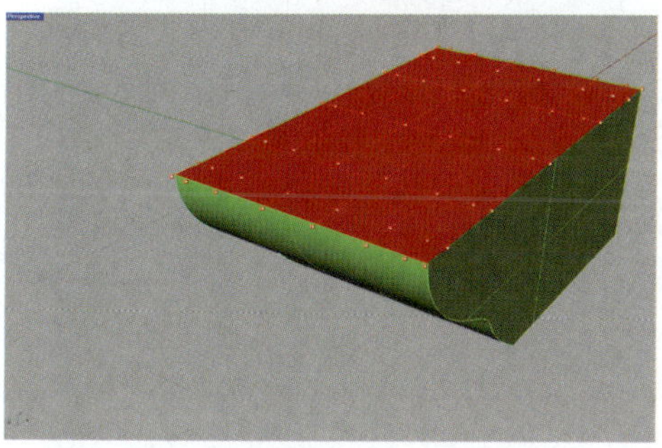

③ 밑에 있는 Polysurface를 절단 개체로 설정하여 Split기능을 실행하여 Polysurface면과 일치되게 작업한다. 마지막으로 절단된 Surface를 선택한 다음 Shrink Trimmed Surface기능을 실행하여 Control Point위치를 축소시킨다.

Fillet Surfaces

메뉴: Surface Menu 〉 Fillet Surfaces

버튼: 왼쪽 클릭

기능: 두 Surface 가장자리 사이에 접하는 일정한 반지름 Profile을 가진 Surface를 만들고 기존에 있던 Surface를 Trim하고, Fillet작업이 된 Surface를 기존 Surface에 Join 시키는 기능이다.

Fillet은 지정한 반지름을 가진 구를 Surface의 가장자리를 따라 굴리는 것과 같다. 만약 모서리가 구의 반지름보다 좁은 경우, 구가 모서리에서 굴러가지 못해 Fillet이 실행되지 않는다.

Fillet Surface는 기본적으로 Tan-gent방향으로 생성된다.

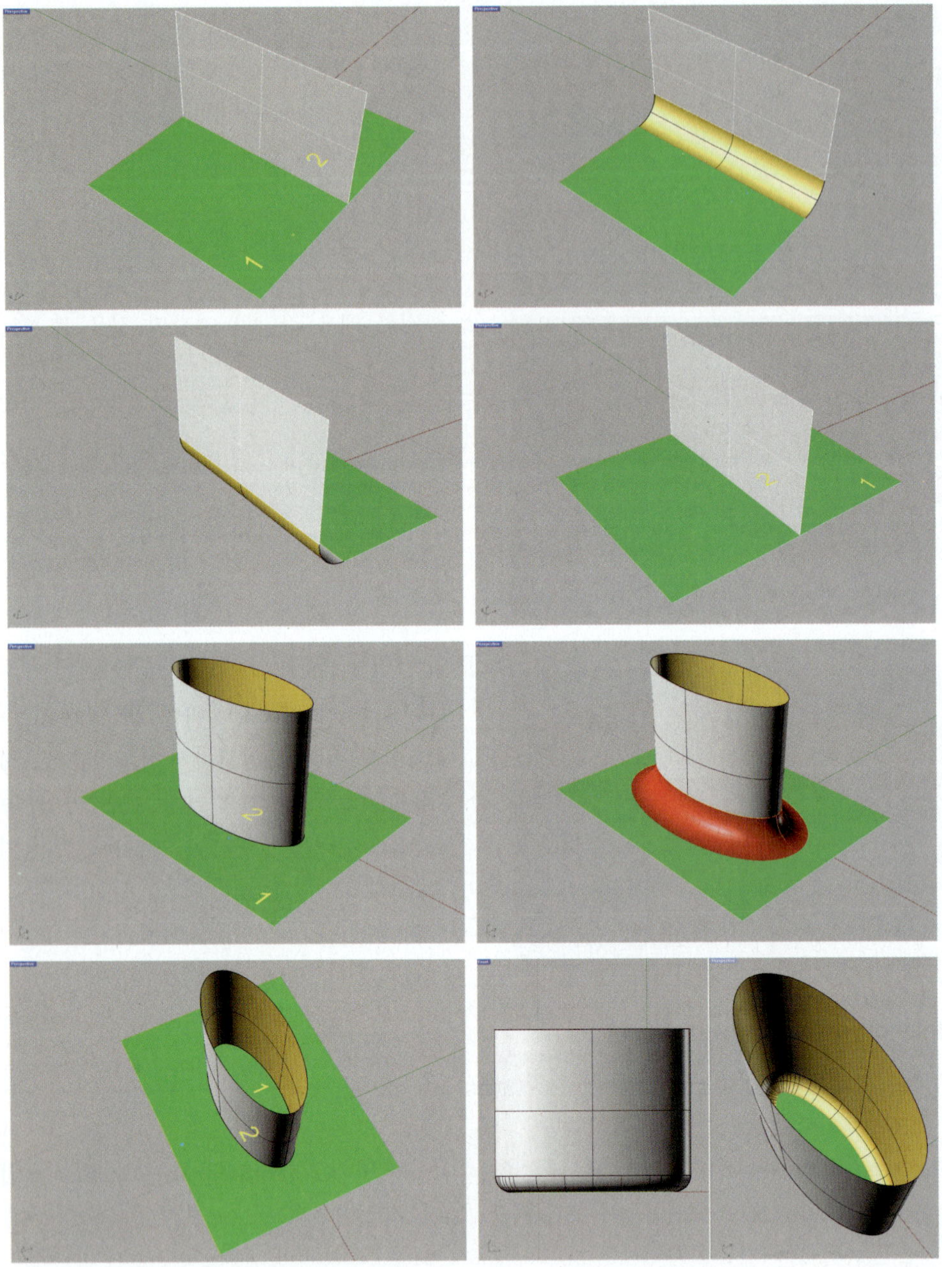

다음은 Fillet Surface 기능의 기본 활용 상황을 정리한 것이다. 각 이미지에 있는 Text에 맞게 기능을 실행한 후 선택한다. 기능을 실행하기 위해 해당 Surface를 선택할 때 지정하는 위치에 따라 결과물이 틀려진다. 이때 Radius값은 각 모델링 상황에 맞게 적용해준다.

〈Options〉

- Radius

Fillet반지름을 지정한다.

- Extend

기본값은 Extend=Yes로 되어 있으며 Yes를 선택하면, 떨어져 있는 Surface들을 작은 반지름으로 Fillet할 때, 원래의 Surface를 연장하여 Fillet을 진행한다.

- Trim

기본값은 Trim=Yes로 되어 있으며 Yes를 선택하면 Fillet하면서 원래의 Surface들을 Trim되게 설정된다.

- Split

원래 Surface를 Fillet Edge에서 분할시키는 기능이다.

Variable Radius Surface Fillet

메뉴: Surface Menu 〉 Variable Fillet/Blend/Chamfer 〉 Variable Fillet Surfaces
버튼: 왼쪽 클릭
기능: 이 기능은 Surface 가장자리 사이에 다양한 반지름 값을 사용하여 접하는 Surface를 만들고, 원래 Surface를 Trim 실행하고, 결과물인 Surface를 Join시킨다.

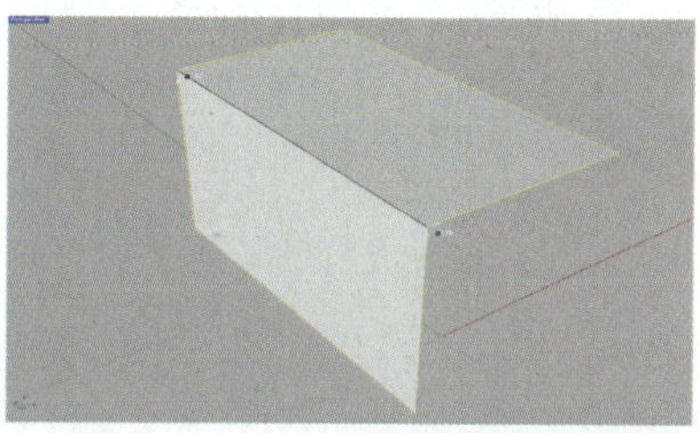

① 2개의 Surface를 선택한 후 Variable Fillet Surfaces 기능을 실행한다. 각각의 열린 Edge Segment 끝에 있는 기본 Handle이 생성되는 것을 볼 수 있다. 기본 Radius 값은 1로 되어 있다.

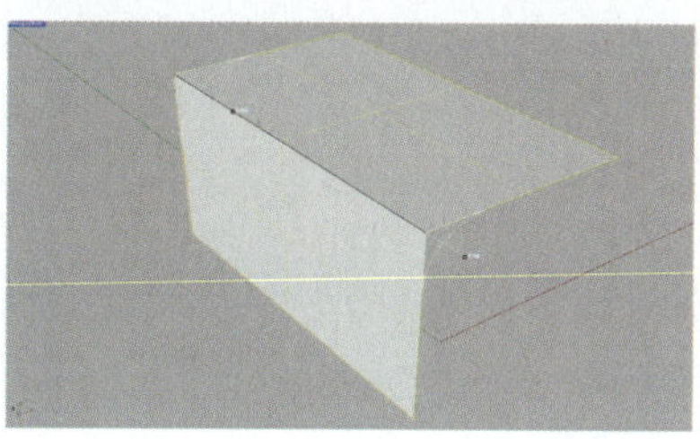

② 각각의 기본 Handle을 체크한 후 서로 다른 Radius 값을 적용한다.

③ 옵션중에 AddHandle을 체크한 후 Fillet값을 적용시키고 싶은 지점을 선택하여 마우스 왼쪽 버튼을 클릭 한다. Trim 과 Join기능을 Yes로 체크한다.

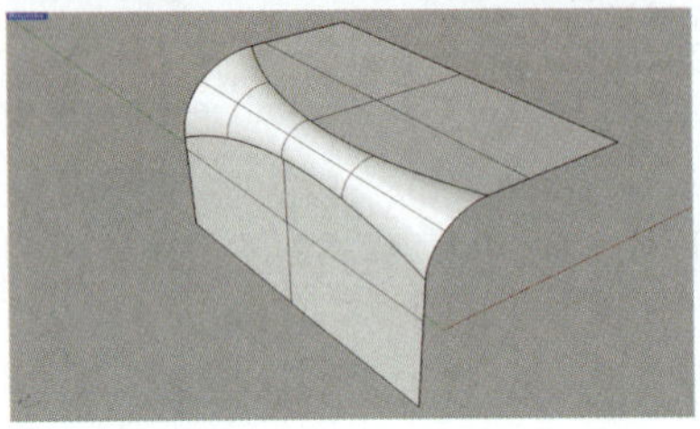

④ 모든 작업을 끝낸 후 Enter키를 누른다. 2개의 Surface 가장자리 사이에 다양한 Fillet값이 적용된 Surface가 생성된 것을 볼 수 있다.

〈Options〉

• CurrentRadius

현재 Handle의 Radius 값을 지정하는 기능이다.

• AddHandle

가장자리를 따라 Handle을 추가하는 기능이다.

• CopyHandle

선택된 Handle의 Radius 값을 사용하여 새 Handle을 추가하는 기능이다.

• SetAll

모든 Handle의 Radius 값을 설정하는 기능이다.

• LinkHandles

Yes로 설정하면, 하나의 Handle을 편집하면 모든 Handle이 Update된다.

• RemoveHandle

최소한 하나의 Handle이 추가될 때만 표시된다.

- 추가된 Handle만이 제거될 수 있으며 각각의 열린 가장자리 Segment 끝에 있는 기본 Handle은 이동/삭제가 되지 않는다. 이는 명령이 실행되기 위해 필요한 최소한의 정보값이기 때문이다. 하나의 닫힌 가장자리 끝에 있는 Handle은 이동이 가능하지만 삭제되지 않는다.

• RailType

세 개의 레일 유형 옵션 중에서 선택한다.

• DistBetweenRails

가장자리 레일 사이에 거리를 사용하여 교차를 결정한다.

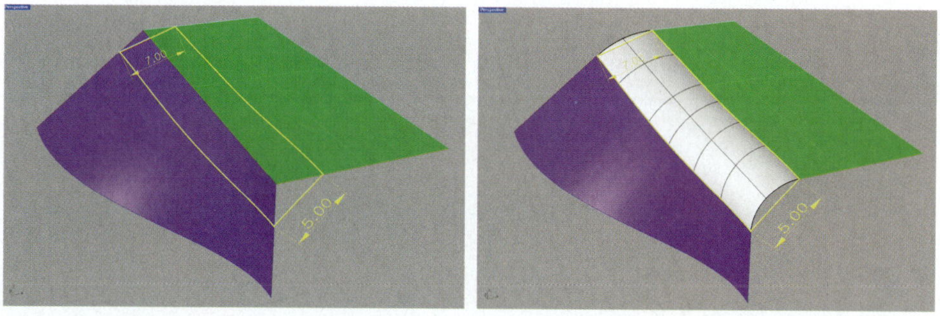

• DistFromEdge

가장자리 커브로부터 지정된 거리를 사용하여 교차를 결정한다.

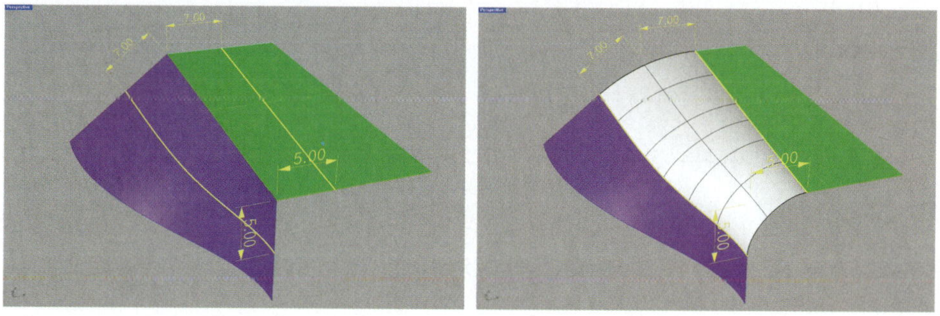

• RollingBall

RollingBall의 반지름을 사용하여 교차를 결정하는 기능이다.

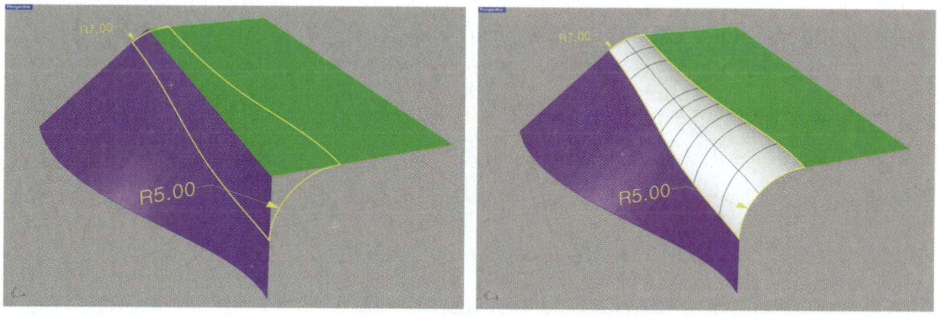

• TrimAndJoin

Yes를 설정하면, Surface는 Trim 실행되고 Blend로 Join된다.

• Preview

미리 보기 기능이다.

Chamfer Surfaces

메뉴: Surface Menu 〉 Chamfer Surfaces

버튼: 왼쪽 클릭

기능: 2개의 Surface 가장자리 사이를 지정한 거리만큼 직선으로 모따기하는 기능이다.

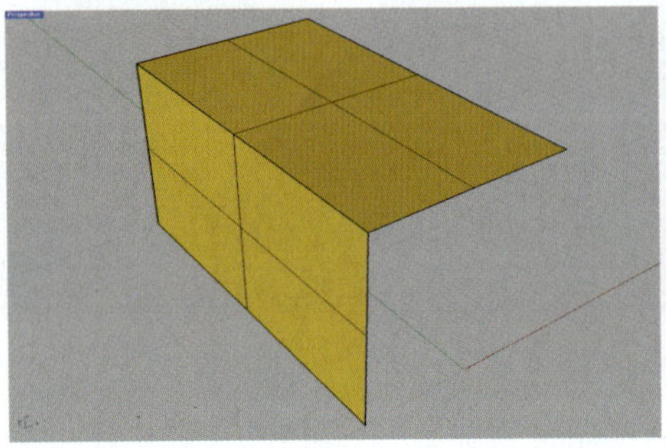

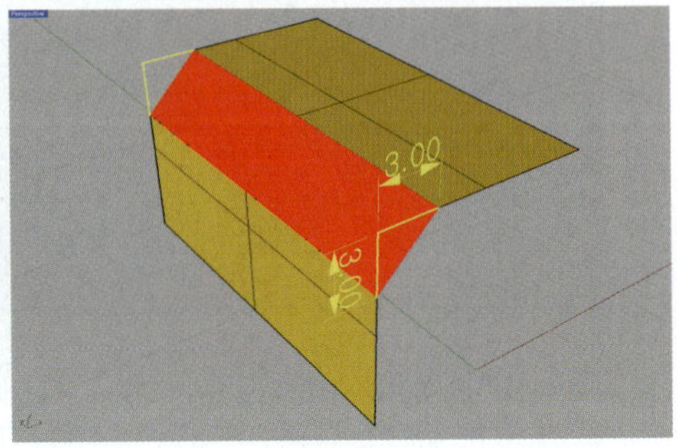

〈Options〉

- Distances

Surface의 교차하는 점에서 모따기의 가장자리까지의 거리.

- Extend

Chamfer Surfaces를 Surface만큼 연장시키는 기능이다.

- Trim

기본값은 Trim=Yes이며,Chamfer하면서 원래의 Surface를 Trim할 것인지를 설정한다.

Yes

원래 Surface를 Chamfer Surfaces와 교차되는 점까지 Trim 실행시킨다.

No

Trim 실행하지 않는다.

Split

원래 Surface를 Chamfer Edge 위치에서 분할한다.

Variable Radius Surface Chamfer

메뉴: Surface Menu 〉 Variable Fillet/Blend/Chamfer 〉 Variable Chamfer Surfaces

버튼: 왼쪽 클릭

기능: Surface 가장자리 사이에 다양한 거리 값을 사용하여 Chamfer Surfaces 를 만들고, 원래 Surface를 Trim 실행하고, 결과물인 Surface를 Join시킨다.

〈Options〉

- ChamferDistance

현재 Handle의 거리를 지정하는 기능이다.

- AddHandle

가장자리를 따라 Handle을 추가하는 기능이다.

- CopyHandle

선택된 Handle의 Radius 값을 사용하여 새 Handle을 추가하는 기능이다.

- SetAll

모든 Handle의 Radius 값을 설정하는 기능이다.

- LinkHandles

Yes로 설정하면, 하나의 Handle을 편집하면 모든 Handle이 Update된다.

- RemoveHandle

최소한 하나의 Handle이 추가될 때만 표시된다.

- RailType

세 개의 레일 유형 옵션 중에서 선택한다.

- DistBetweenRails

가장자리 레일 사이에 거리를 사용하여 교차를 결정한다.

- DistFromEdge

가장자리 커브로부터 지정된 거리를 사용하여 교차를 결정한다.

- RollingBall

RollingBall의 반지름을 사용하여 교차를 결정하는 기능이다.

- TrimAndJoin

Yes를 설정하면, Surface는 Trim 실행되고 Blend로 Join된다.

- Preview

미리 보기 기능이다.

| Connect Surfaces

메뉴: Surface Menu 〉 Connect Surfaces

버튼: 왼쪽 클릭

기능: Surface 가장자리를 Extend하여 서로 만나게 하고, Surface를 서로 Trim한다. 이 기능은 Surface의 선택된 끝점은 유지되고, 다른 쪽 끝은 교차점에서 Trim된다. 만약 교차되는 부분이 없으면, 연장할 가장자리를 선택한다.

① 다음과 같이 위치와 각도 그리고 크기가 다른 2개의 Surface를 생성한다.

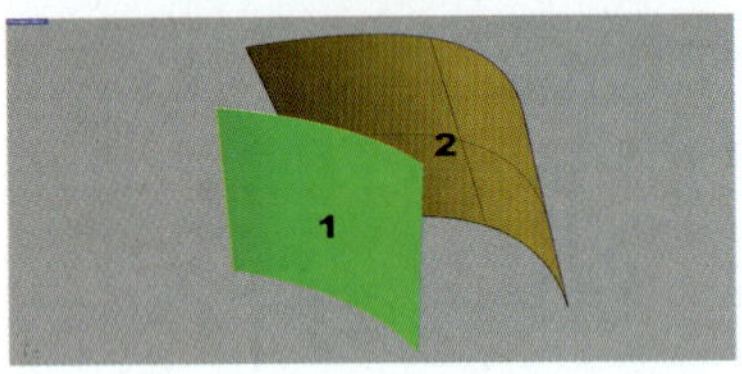

② Connect Surfaces 기능을 실행한 후 2개의 Surface를 차례로 선택한다. 선택한 후에 각 Surface의 가장자리를 선택한다.

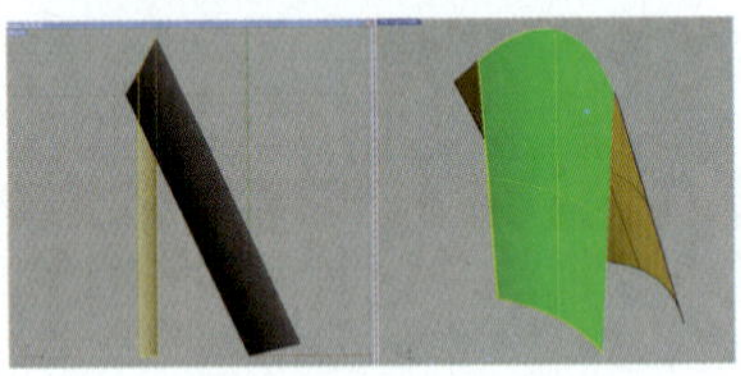

③ 다음과 같이 선택한 가장자리들이 서로 만나게 되는 결과를 볼 수 있다.

호 형태의 Fillet Surface가 아닌 Surface사이의 매끄러운 Blend를 생성한다. 이때 Surface의 Edge는 유지된다.

Blend Surface

메뉴: Surface Menu 〉 Blend Surface

버튼: 왼쪽 클릭

기능: 2개의 Surface 사이에 연속적인 Blend Surface를 생성시키는 기능이다.

〈Options〉

- AutoChain

커브 또는 Surface 가장자리를 선택하면 ChainContinuity 옵션에서 설정된 Continuity 레벨로 연결된 모든 커브 Segment를 자동적으로 선택하는 기능이다.

- ChainContinuity

연속성의 레벨을 제어하는 기능이다. Position, Tangency, Curvature중에서 원하는 연속성을 설정한다.

• Undo

마지막 Segment 선택을 실행 취소시키는 기능이다.

• Next

다음 Segment를 선택하는 기능이다.

• All

모든 Segment를 선택하는 기능이다.

• PlanarSections

모든 형태의 커브를 평면형이며, 지정된 방향에 대하여 평행하도록 만드는 기능이다.

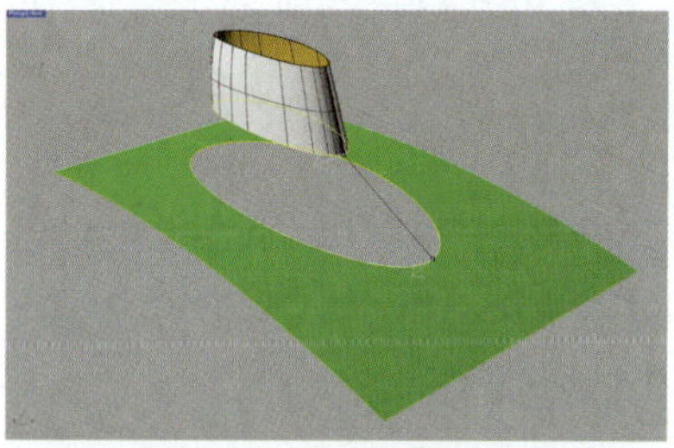

① 다음과 같은 Surface들을 생성한 후 Blend Surface 기능을 실행한다. Adjust Curve Seams방향이 보이고 있다. 같은 방향을 확인한 후 Enter키를 누른다.

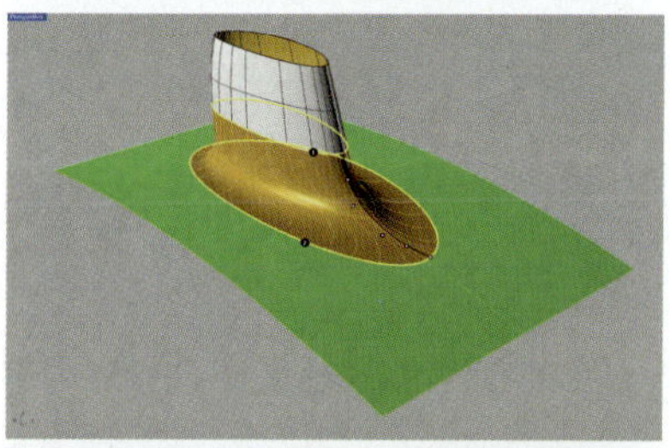

② 조정할 제어점을 선택하게 된다. 이때 Command Line에 있는 PlanarSections을 Yes한다.

③ 다음과 같이 Right View에서 평면형 단면에 평행한 선의 시작점을 지정한다.

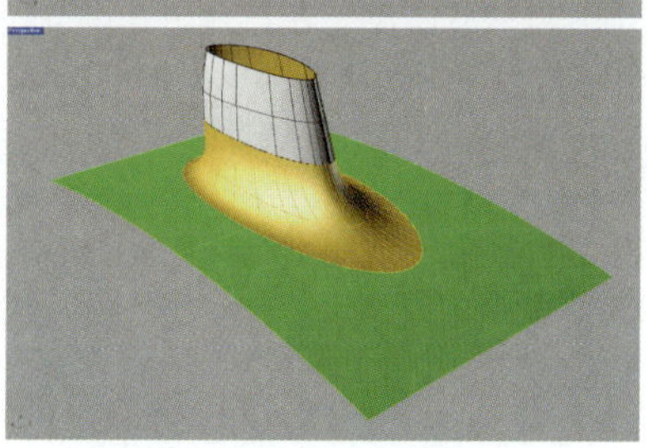

④ 생성된 Surface가 자연스러워 진 것을 확인 할 수 있다. Adjust Blend Bulge Dialog Box에서 기타 옵션 값을 조절한 후 Enter키를 누른다.

⑤ Rendering기능으로 전체 Surface 형태를 확인한다.

• Add Shapes

추가적인 커브 Profile Shape를 추가하여 Blend Surface Shape에 대한 제어력를 증가시키는 기능이다. 이것은 입력된 Shape가 복잡하며, 해당 Shape의 더 많은 위치를 제어하고자 할 때 특히 중요하다. 각 Surface 가장자리의 위치를 클릭 하여 다른 형태 커브를 추가한다.

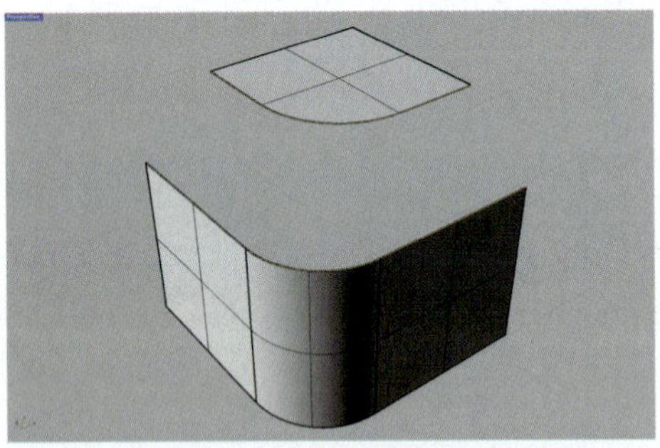

① 다음과 같은 Surface들을 생성한다. 다음으로 Blend Surface기능을 실행한다. 각 Surface의 가장자리를 선택한다.

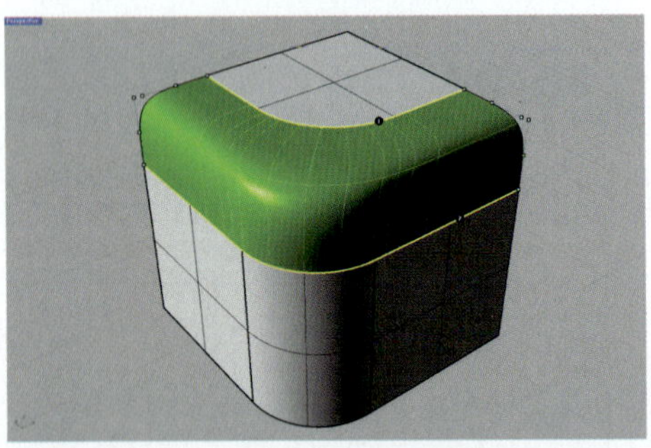

② 다음과 같은 Surface가 생성되는 것을 볼 수 있다.
Command Line에 있는 옵션중에 Add Shape를 선택한다.

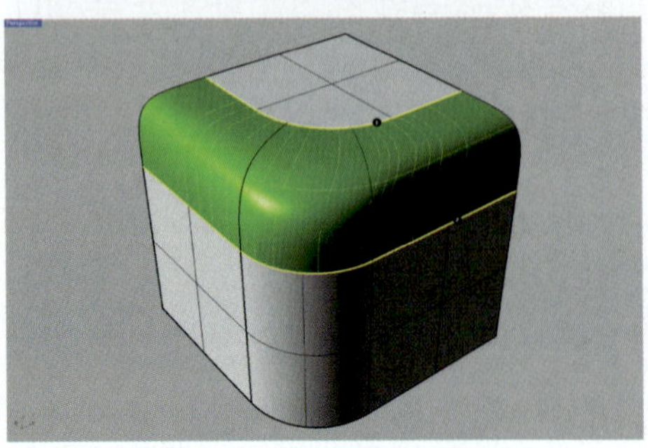

③ 각 Suface 가장자리의 위치를 클릭하여 다른 형태의 커브를 추가한다.

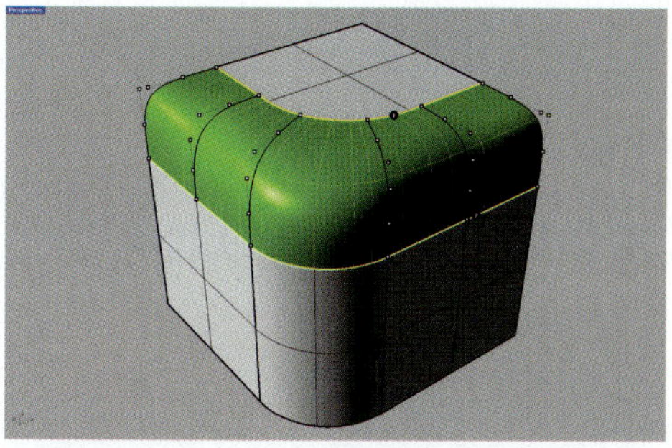

④ 생성되려는 Surface에 Shape가 추가된 것을 볼 수 있다.

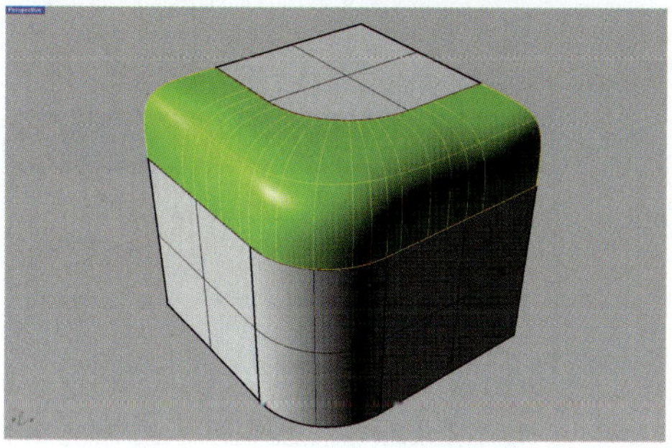

⑤ Surface가 완성된 것을 볼 수 있다.

• Continuity_1 / Continuity_2

Blend 커브와 입력 커브 또는 Edge 사이에 연속성을 설정하는 기능이다.

G0 – 위치

G1 – 접선

G2 – 곡률 연속성

G3 – 일정한 변경률을 가진 곡률 연속성

G4 – 곡률이 연속적이고 변결률의 변경이 일정한 비율

• Keys for control

Alt

기본값으로, 형태 커브는 Surface 가장자리에 대하여 수직이거나, 또는 Surface Isocurve에 대하여 평행하다. 가장자리가 트림된 경우, 형태는 Surface 가장자리에 대하여 수직이 된다.

가장자리가 트림되지 않았다면, 형태는 Surface Isocurve에 대하여 평행이 된다.

Alt 키를 누른 상태에서 핸들을 끌어, 형태 커브와 Surface 가장자리 사이의 각도를 변경한다.

Shift

기본값으로, 형태 커브는 각 끝점이 개별적으로 편집된다. Shift 키를 누른 상태에서는 대칭을 유지한다. 대칭을 사용하여 점을 편집하면 커브의 다른 한 쪽에서도 Mirror가 실행된다.

■ Adjust Curve Seams

Flip

커브 방향을 바꾸는 기능을 가지고 있다.

Automatic

Seam점과 방향을 사용자가 지정하는 것 없이 정렬하게 한다.

Natural

명령을 시작했을 때의 Seam점의 위치로 이동한다.

〈Adjust Blend Bulge Dialog Box Options〉

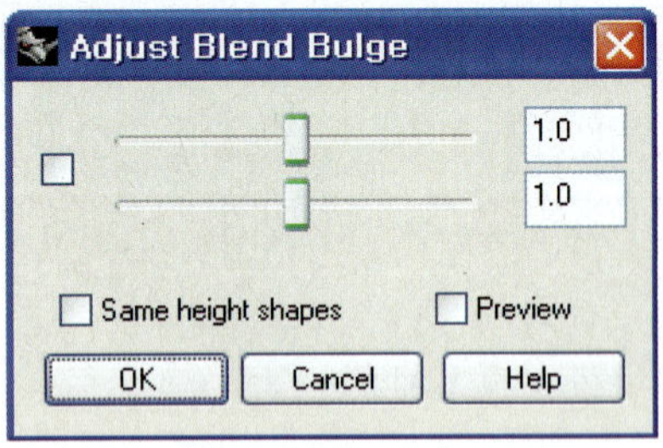

■ Lock

Lock 확인 상자를 선택하면 두 커브 끝점 사이의 관계를 유지한다.

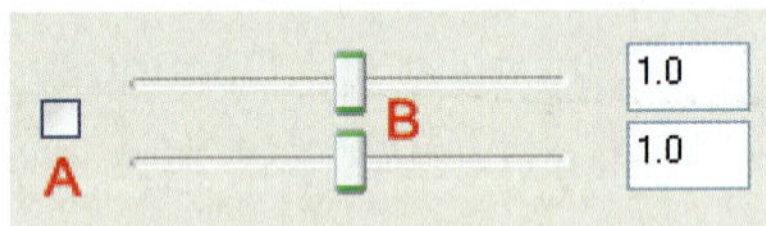

■ Slider

Surface가 가장자리 커브에 가지는 영향력의 거리를 지정한다. 두 슬라이더를 잠그려면 확인란 (A)을 선택한다. 슬라이더는 각각의 커브 끝점을 제어하게 된다. (B)

■ Same height shapes

Surface 사이의 틈이 일정하지 않은 경우, 이 옵션을 사용하여 Blend의 시작에서 끝까지 Shape 커브의 높이를 같은 높이로 유지한다.

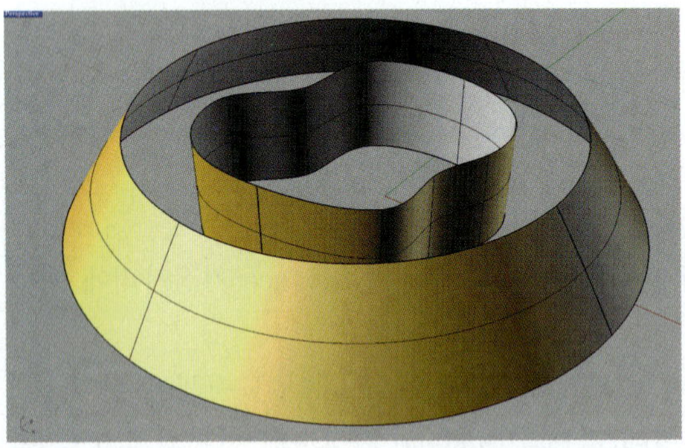

① 다음과 같은 2개의 Surface 형태를 생성한다.

Blend Surface 기능을 실행한 후 각 Surface의 가장자리를 선택한다.

Enter키를 누른다.

Adjust Blend Bulge Dialog Box Options 대화상자가 열린다.

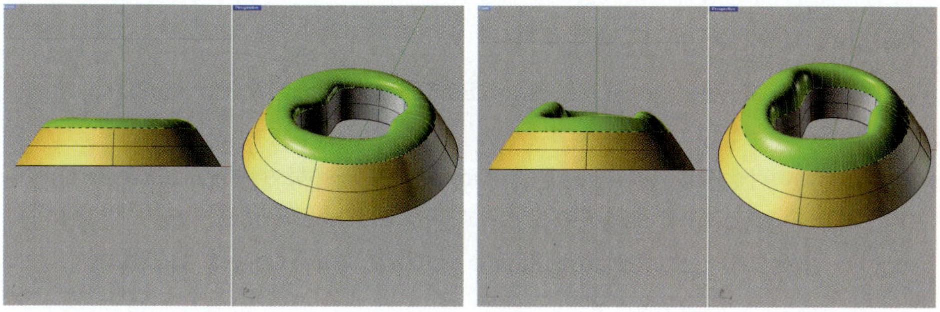

② Same height shapes에서 왼쪽 이미지는 Off 상태이다. 생성되는 Blend Surface 높이가 틀려진 결과를 볼 수 있다. Same height shapes를 On한 경우는 생성되는 Blend Surface 높이가 같아진 결과를 볼 수 있다.

■ Preview

미리보기 기능이다.

- 하나의 Surface와 그와 동일한 크기를 가진 다른 Surface의 구멍 사이에 Blend를 만들려고 한다면, 두 Surface의 Blend가 매끄럽게 이루어지도록 움푹 들어간 형태를 강제적으로 만들게 한다.

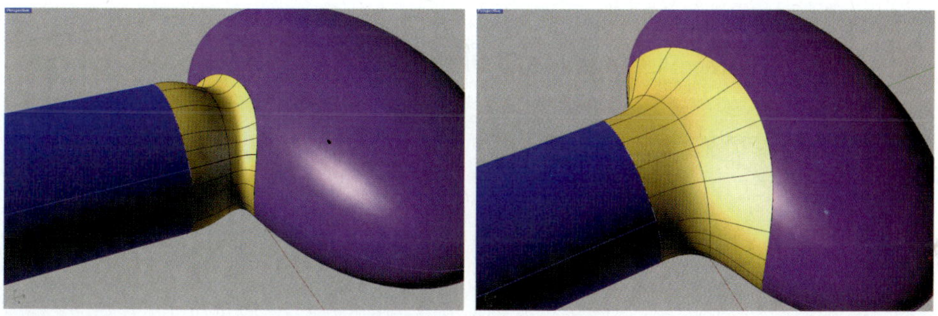

Surface와 같거나 작은 크기의 구멍　　Surface보다 큰 크기의 구멍

- Blend하려는 두 Surface의 가장자리가 공통의 모서리 점을 가진 경우, BlendSrf 명령은 인접 하는 모든 가장자리를 하나로 선택한다. 두 번째의 가장자리를 별도로 선택하려면, 첫 번째 가장자리를 선택한 후 Enter 키를 누르고 두 번째 Surface의 가장자리를 선택한다.
- Blend Surface와 원래 Surfac 사이에 구멍이 Rendering기능을 실행 했을 때 표시될 수 있다. 이는 Surface에 가까운 다각형 Mesh로 렌더링이 실행되고, Surface가 서로 완전히 일치하지 않기 때문에 발생하는 것이다.

Join명령을 사용하여 하나의 개체로 결합하면 Rendering과 Mesh를 실행했을 때 개체에 틈이 생기지 않으며 정확하게 일치하게 된다.

Variable Radius Surface Blend

메뉴: Surface Menu 〉 Variable Fillet/Blend/Chamfer 〉 Variable Blend Surfaces
버튼: 오른쪽 클릭
기능: Surface 가장자리 사이에 다양한 Radius 값을 사용하여 Blend Surfaces를 만들고, 원래 Surface를 Trim실행하고, 결과물인 Surface를 Join시키는 기능이다. 이 기능의 옵션은 Variable Radius Surface Fillet 메뉴와 동일하다.

원래 Surface로부터 지정된 거리에 새로운 Surface를 만든다.

Offset Surface

메뉴: Surface Menu 〉 Offset Surface
버튼: 왼쪽 클릭
지정한 일정 거리만큼 Surface를 만드는 기능이다. 이 기능은 Surface의 Normal Direction 화살표가 표시되는 쪽으로 Offset된다.

〈Options〉

■ FlipAll

선택된 모든 Surface의 Offset 방향을 반전하는 기능이다. 화살표는 양(+)의 Offset 방향을 나타낸다.

■ Solid

일치하는 가장자리 사이에서 선직면(Ruled Surface)을 Loft하여 입력 Surface와 Offset한 Surface를 사용하여 닫힌 Solid를 만드는 기능이다.

■ Loose

결과로 생기는 Surface의 제어점 구조가 원래 Surface의 제어점 구조와 동일하게 만드는 기능이다.

■ Tolerance

Offset Surface의 허용오차를 설정하는 기능이다. 0을 입력하여 기본 허용오차를 사용한다.

■ BothSides

두 방향으로 offset시키는 기능이다.

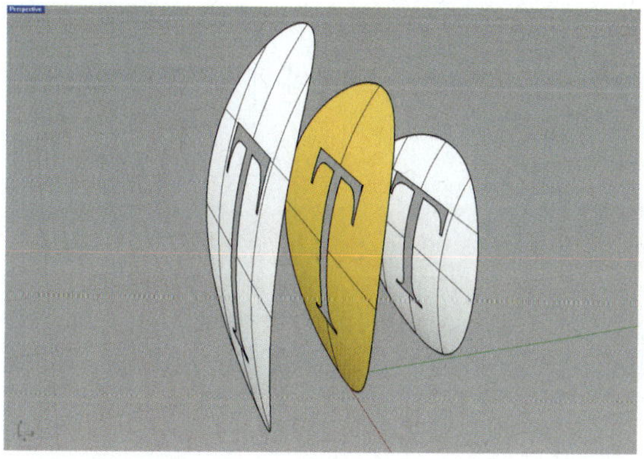

- 양의 값은 화살표의 방향으로 Offset을 실행한다. 음의 값은 반대 방향으로 Offset을 실행하게 된다.
- Plane, Torus, Sphere, Open Cylinder, Open Cone Surface가 Offset된 경우, 결과로 생기는 Surface는 정확하게 생성된다. 하지만 자유 형식 Surface는 허용오차의 범위 안에서 Offset이 실행되어야 한다.
- Offset Surface 명령은 Offset을 실행할 때 처음의 Polysurface의 전체적인 구조를 유지하지 않는다. 각각의 Surface는 개별적인 개체로 Offset가 실행된다.
- Polysurface로 Join된 Surface를 Offset할 때, Offset된 Surface가 마찬가지로 다른 Polysurface로 Join된다는 보장은 없다. 예를 들어, 상자의 6면을 Offset했을 때 그 결과 그 상자가 크기가 커진 닫힌 상자가 되는 것이 아니다. 가장자리 사이에 틈이 있는 6개의 떨어진 Surface가 되는 결과를 얻게 된다.

Variable Offset Surface

메뉴: Surface Menu 〉 Variable Offset Surface

버튼: 왼쪽 클릭

기능: Surface를 복사하여, 복사된 Surface의 모서리에서의 모든 위치가 원래 Surface로부터 지정된 거리에 있게 만드는 기능이다.

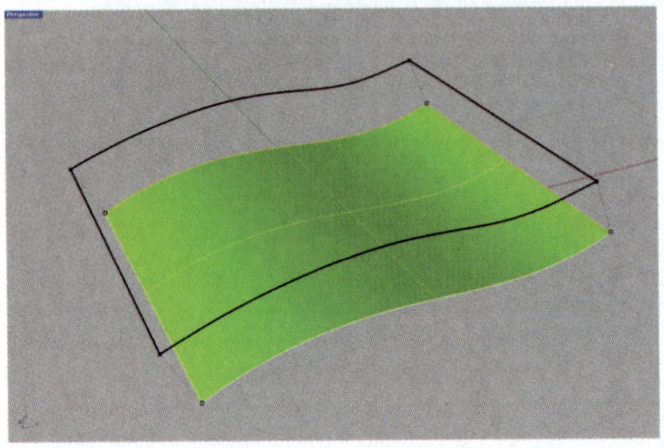

① 다음과 같이 Variable Offset Surface기능을 실행한다. 이동할 점들이 생성된다.

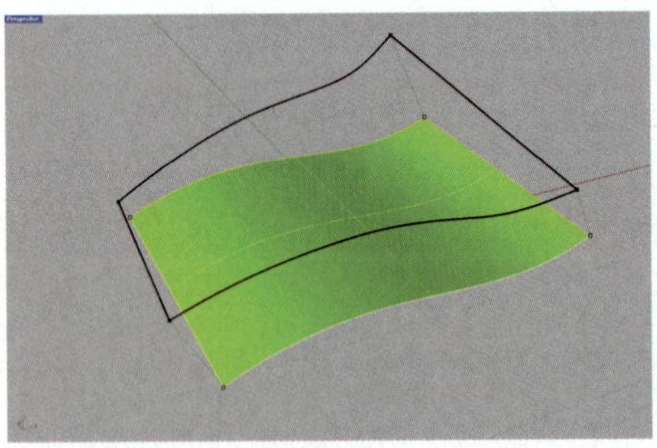

② 이동할 점을 선택하여 개별적인 Offset값을 적용한다.

③ 각 위치별로 Offset값을 적용하여 Surface를 Offset하여 본다.

〈Options〉

• Tolerance

명령의 허용오차를 설정하는 기능이다.

• Flip

Normal Direction 바꾸어주는 기능이다.

• SetAll

모든 거리가 같은 값으로 설정한다.

• LinkHandles

지정된 Handle에 의해 나머지 Handle값이 똑같이 적용되게 하는 기능이다.

• AddHandle

Handle부분을 더 적용시키는 기능이다.

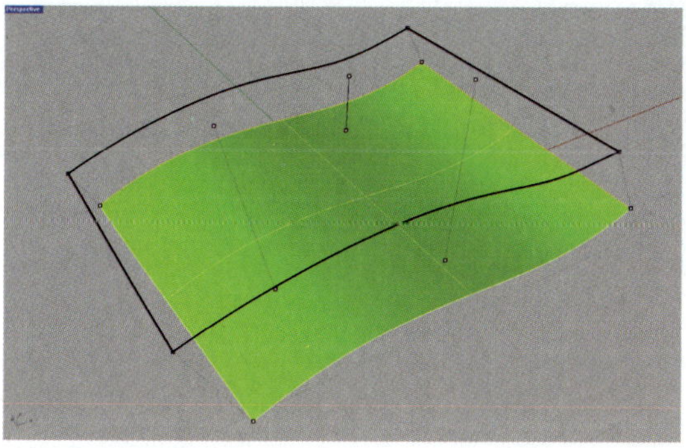

■ SideTangency

가장자리에서 원래 Surface의 접하는 방향을 유지하는 기능이다.

Unroll Developable Surface

메뉴: Surface Menu 〉 Unroll Developable Surface

버튼: 왼쪽 클릭

기능: 전개할 수 있는 Surface를 평면 상태로 전개시키는 기능으로 선박의 외곽 같은 판금 제품을 만들 때 그 판금 제품의 원본 모양을 알기 위해 사용하는 기능이다.
Surface를 전개할 수 없는 일부의 경우에 Trim 커브를 제거하고 Surface와 커브를 전개한 후, 전개한 Surface를 Trim 커브를 사용하여 다시 Trim한다.
Developable Surface는 Surface를 늘리거나, 찢거나, 주름지게 하지 않은 상태에서 종이처럼 펼칠 수 있는 Surface를 말하는 것으로 이런 유형의 Surface 예로는 Cylinder, Cone 등의 측면 Surface 등이 있다.

① 다음과 같이 Surface와 그 Surface에 투영된 커브를 생성한다.
이때 Surface 생성 시 이중 만곡된 Surface는 전개 불가능하다. 그 이유는 부정확한 결과를 생성하기 때문이다.

② Unroll Developable Surface 기능을 실행한다.
먼저 Surface를 선택하고 Curve를 선택한다. Command Line에 있는 옵션 중 Label = Yes한다. 해당되는 서로 위치에 Label이 표시된다.

〈Options〉

- Explode

Yes

결과물인 Surface가 결합되지 않는다.

No

원래 Polysurface에 결합된 동일한 가장자리를 따라 결과 Surface가 결합된다.

Labels

원래 Surface의 가장자리와 전개된 Surface에 숫자가 적힌 Dot를 일치시킨다.

- Curvature Analysis을 사용하여 이중 곡률이 있어 전개 가능하지 않은 Surface의 영역을 알아낼 수 있다.
- Sphere, Torus와 같이 2 방향으로 곡면이 있는 Surface는 전개할 수 없다.

| Smash

메뉴: Surface Menu 〉 Smash

버튼: 왼쪽 클릭

기능: 한 방향의 곡률로 제한 없이 Surface를 전개하는 기능으로 Unroll Surface 기능의 수정된 버전이다. Unroll Surface 기능에서는 전개를 실행할 한 방향으로 직선이어

야 하지만, 이 기능은 그렇지 않다. Smash는 어느 정도 유연성과 신축성이 있는 직물에 사용하는 것이 가장 이상적이며 평평하게 만들 개체가 극단적인 곡면 개체가 아니고 고무처럼 늘어나는 재질로 패턴을 만들 때 유용하다.

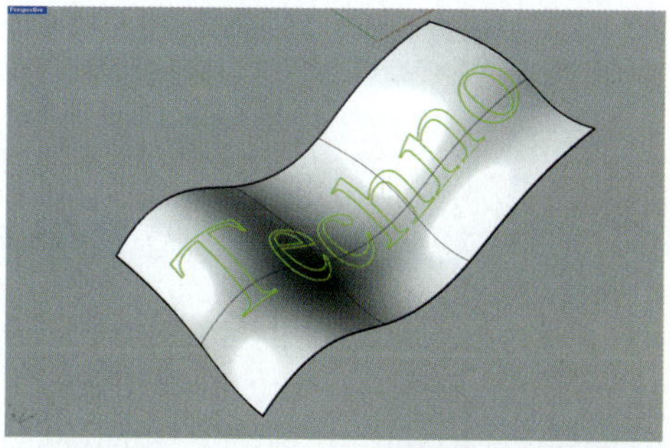

① 다음과 같이 Surface와 그 Surface에 투영된 커브를 생성한다.

Unroll Developable Surface 기능과 틀리게 이중 만곡된 Surface를 생성하여도 무방하다.

Smash 기능을 실행한다.

② 먼저 Surface를 선택하고 Curve를 선택한다. Command Line에 있는 옵션 중 Label = Yes 설정 한다.

해당되는 서로 위치에 Label이 표시된다.

〈Options〉

• LinearDirection

Natural

직선이 될 한 방향을 선택하도록 허용하는 기능이다.

U / V

Surface U / V방향을 선형(직선) 방향으로 설정하는 기능이다.

• Explode

Yes

결과물인 Surface가 결합되지 않는다.

No

원래 Polysurface에 결합된 동일한 가장자리를 따라 결과 Surface가 결합된다.

• Labels

원래 Surface의 가장자리와 전개된 Surface에 숫자가 적힌 Dot를 일치시키는 기능이다.

이 기능을 사용하여 하나의 Surface가 되면 Explode가 되지 않는다.

Match Surface

메뉴: Surface Menu 〉 Surface Edit Tools 〉 Match

버튼: 왼쪽 클릭

기능: 다른 Surface가 가장자리의 Position, Tangent, 또는 Curvature Continuity를 갖도록 일치시키는 기능이다.

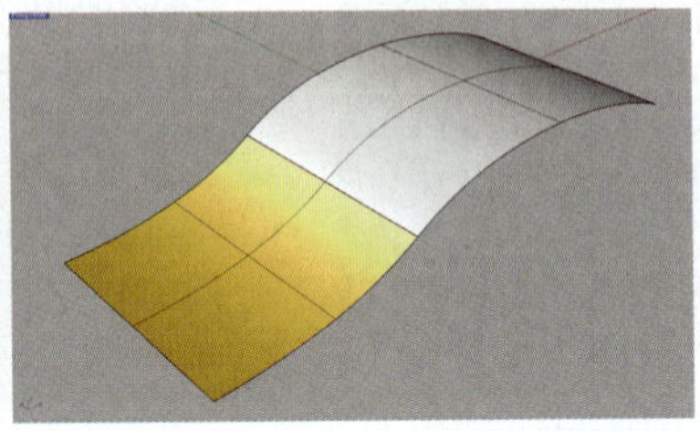

① 다음과 같은 2개의 Surface를 생성한 다음 Match Surface 기능을 실행한다. Surface의 가장자리가 일치되는 것을 볼 수 있다.

② Analyze 〉 Surface Analyze 〉 Environment Map 기능을 실행하여 Mapping하여 본다. Surface의 가장자리가 자연스럽게 일치된 것을 볼 수 있다.

- 수정되는 Surface 가장자리는 Trim되지 않은 가장자리어야 한다.
- 닫힌 가장자리는 열린 가장자리에 일치시킬 수 없다.
- Match는 단일의 완전한 가장자리 커브 사이에서만 실행된다. 가장자리의 일부에 Match 시켜야 할 경우에는 Surface를 Trim하거나, 가장자리를 Split 가장자리 명령을 사용해야 한다.
- Merge 가장자리 명령은 Surface가 이미 거의 일치된 상태에서 정확히 일치시키기 위한 이동 이 작을 때, 결과를 가장 잘 예측할 수 있다.
- Match Surface명령은 정밀한 조정보다 지오메트리 만들기와 같은 일치에 사용할 때 유용하다. 가장자리를 멀리 이동시키거나, Shape를 대폭 변경할 수 있으나, 원하는 결과를 얻기 위해서 여러 번의 시행착오가 필요하다.
- Insert Knot과 Remove Knot을 사용하여 Match를 하기 전에 수작업으로 Knot을 추가 또는 삭제하면 Match Surface의 결과를 어느 정도 변경시킬 수 있다.

〈Options〉

• MultipleMatches

Match시킬 가장자리를 하나 이상 선택할 수 있다.

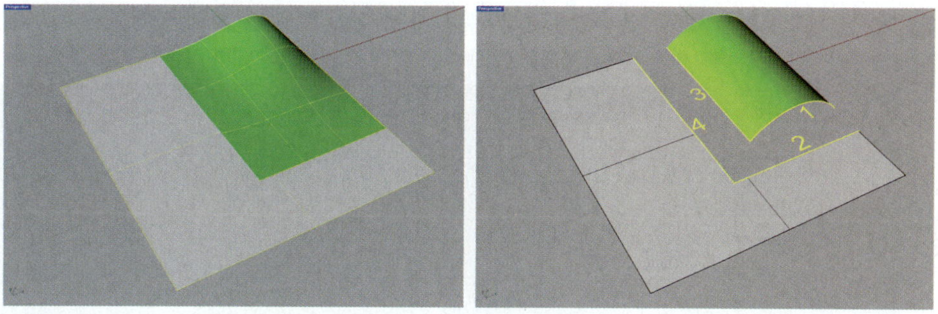

• ChainEdges

가장 자리 연속 선택기능이다.

• Continuity

Position : 가장자리의 위치를 Target 가장자리에 일치시킨다. G0 Continuity
Tangency : 가장자리의 위치를 Target 가장자리에 일치시킨다. G1 Continuity
Curvature : 가장자리의 위치를 Target 가장자리에 일치시킨다. G2 Continuity

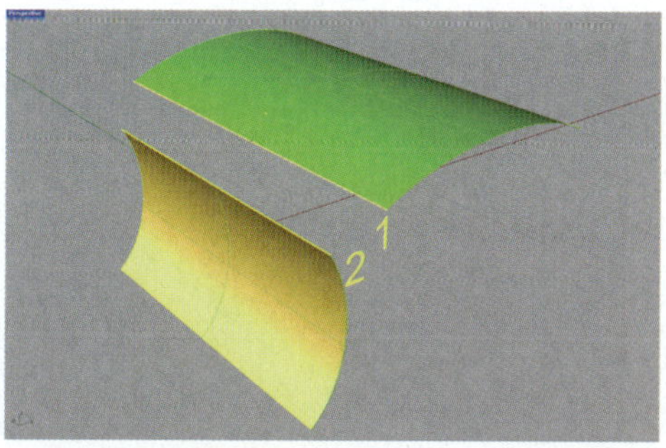

① 다음 이미지와 같이 2개의 Surface를 생성시킨 후 Match Surface 기능을 실행한다.
순서에 맞게 클릭 한다.

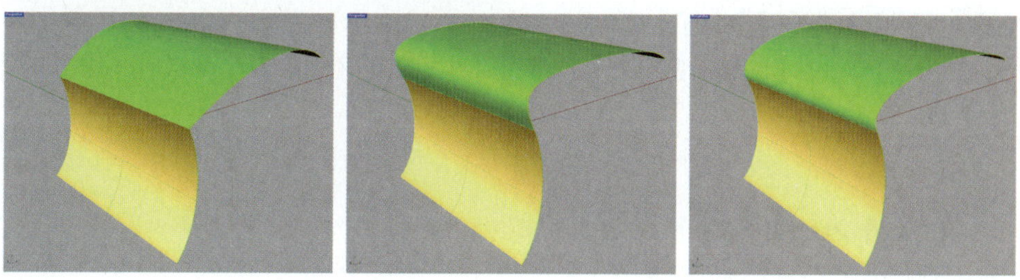

Position G0 Continuity Position G1 Continuity Position G2 Continuity

• Average surfaces

두 Surface가 두 개의 중간 형상으로 수정된다. 대상 Surface가 Trim되지 않은 경 우,

Surface는 두 개의 Surface를 평균화하여 Match시킨다.

• Refine Match

지정한 허용오차 안에서 면이 서로 일치하기 위해 일치한 결과의 정확함을 시험하고 이를 구체화해야 하는지를 결정한다. 필요한 경우, 허용오차 범위 안에 Surface가 포함되도록 수정된 Surface에 매듭선이 추가된다.

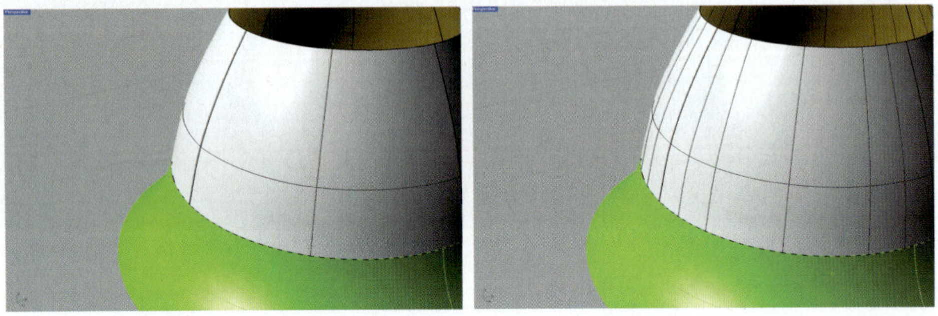

Refine Match Off Refine Match On

• Match edges by closest points

일치하기 위해 변경을 추가하는 Surface를 일치시키는 쪽의 가장자리에 정렬시키는 두 가지 방법이 있다. 가장자리 전체의 끝에서 끝까지 신축 또는 압축하여 일치시키는 방법과, 가장자리의 각 점을 또 하나의 가장자리의 가장 가까운 점으로 끌어 오는 방법이다.

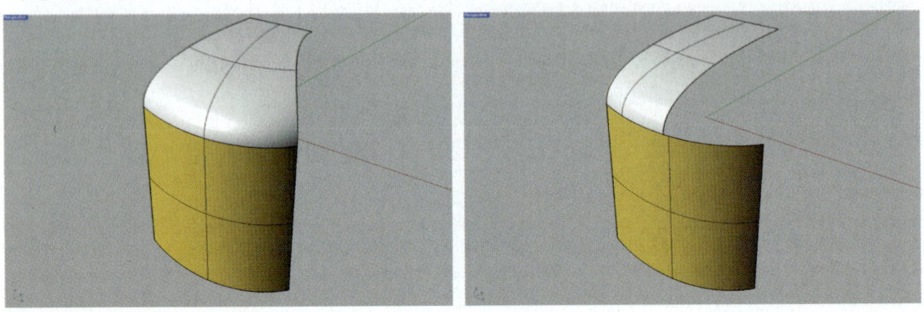

• Preserve opposite end

이것은 Span에 Knot을 추가하여, 가장자리의 반대편 가장자리가 변경되지 않게 하는 기능이다.

• Preview

미리보기 기능이다.

• Isocurve direction adjustment

일치된 Surface의 매개 변수화의 방식을 지정한다.

• Automatic

일치되는 Surface가 Trim되지 않은 Surface인 경우, 대상 Isocurve 방향 일치 옵션 처럼 실행된다. 일치되는 가장자리가 Trim된 가장자리인 경우, 대상 가장자리에 수직으로 만들기 옵션처럼 실행된다.

• Preserve isocurve direction

기존 Isocurve의 방향을 변경하지 않는 기능이다.

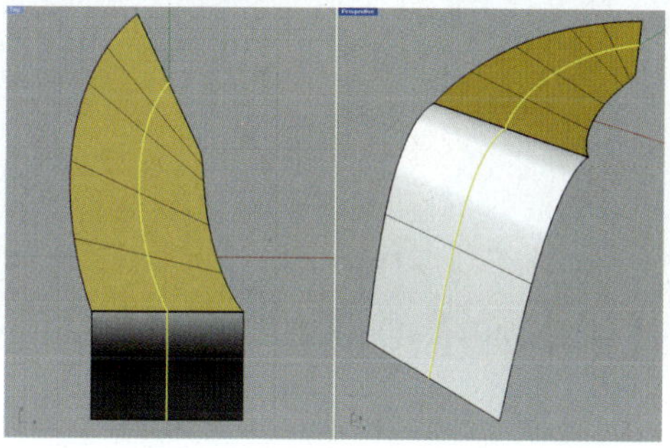

• Match target isocurve direction

Surface의 Isocurve는 대상 커브의 Isocurve와 평행이 된다.

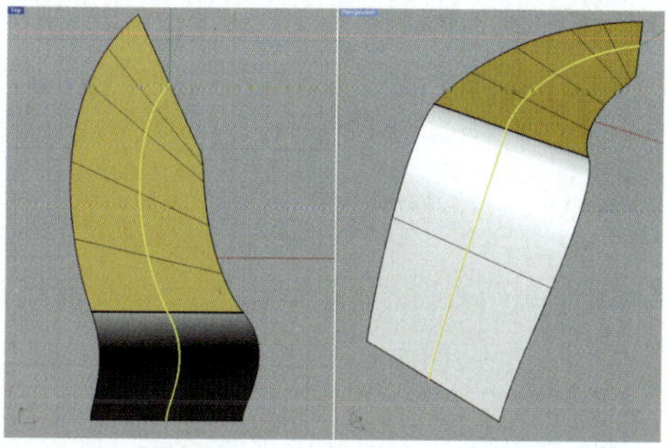

• Make perpendicular to target edge

Surface의 Isocurve가 대상 Surface 가장자리에 대하여 수직이 된다.

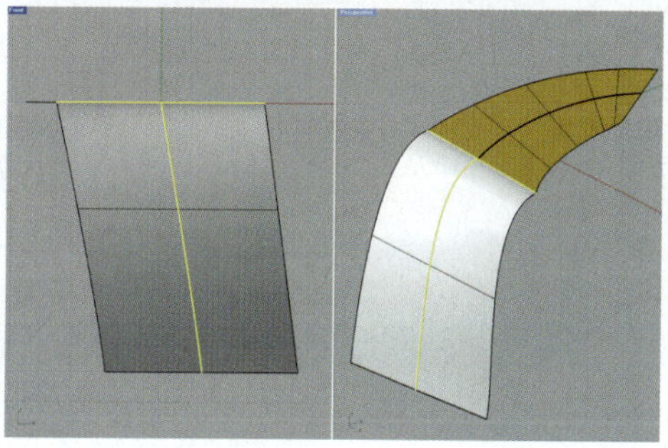

이 명령은 모델을 복구할 수 있는 유일한 방법이다. 저장 안 함을 선택하면 자동 저장된 파일이 제거된다.

Merge Surface

메뉴: Surface Menu 〉 Surface Edit Tools 〉 Merge

버튼: 왼쪽 클릭

기능: 2개의 Trim되지 않은 Surface를 1개의 Surface로 병합시키는 기능이다.

Merge Surface 명령을 사용하여 하나의 Surface가 되면 Explode가 되지 않는다.

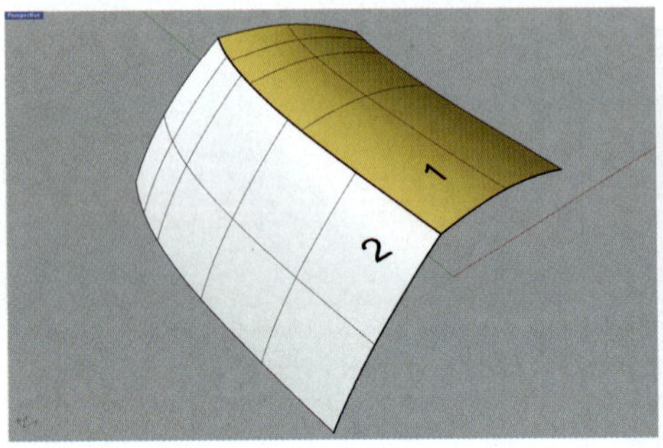

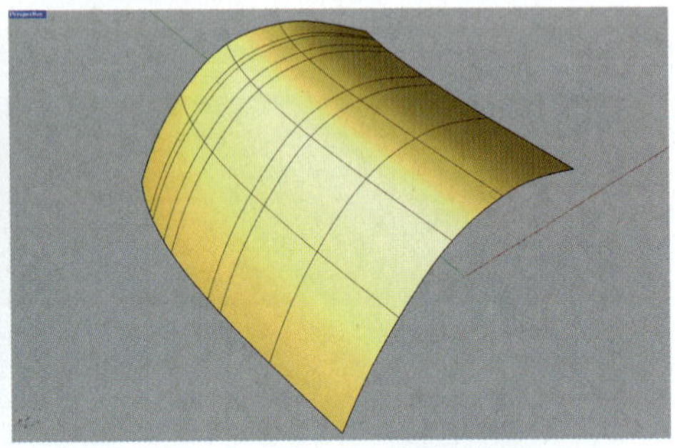

〈Options〉

- **Smooth**

자연스럽게 2개의 Surface를 Merge시키는 기능으로 No를 바꾸어 보면 자연스럽지 않은 Merge상태를 확인할 수 있다.

- **Tolerance**

2개의 Surface가 Merge되려면, Surface 가장자리가 이 허용오차의 범위 안에 있어야 한다. 허용되는 공차 값에 의해 Merge기능이 실행된다.

- **Roundness**

Merge기능을 사용할 때 Round 되어지는 값을 조절하는 기능으로 기본값은 1로 설정 되어 있으며 "0"부터 "1"까지 사이의 값으로 조절 가능하다.

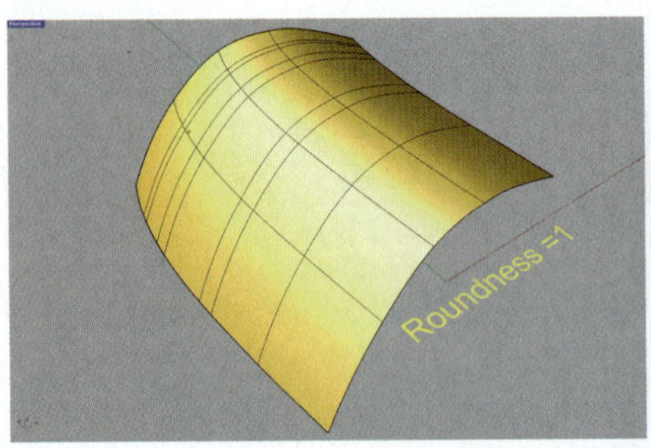

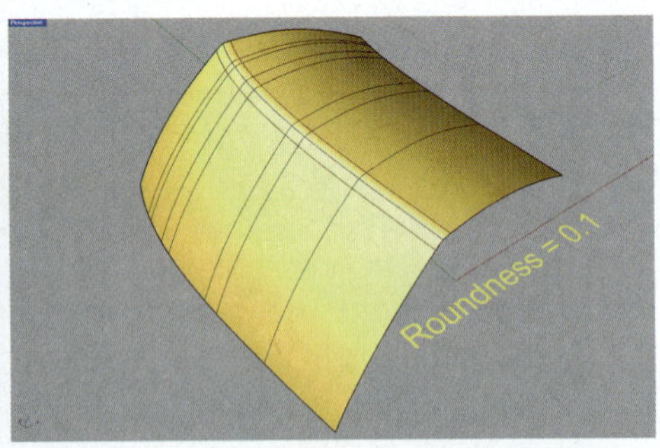

가장자리를 공유하는 Trim되지 않은 Surface는 하나의 Surface로 Merge될 수 있다. 두 Surface는 Seam에서 매끄럽게 만난다. 이 명령은 개체의 절반을 모델링하고, Mirror 실행한 후 Kink 없이 두 Surface를 Merge하는 데 유용하게 사용된다. 병합된 Surface는 편집할 수 있다.
양쪽의 Surface에 있는 공유 가장자리가 U 또는 V 매개변수 방향을 향하고 있고, Surface가 양쪽 가장자리의 끝점을 공유할 때 Surface가 병합될 수 있다.
힌 Surface는, Merge으로 보다 매끄럽게 편집할 수 있는 Surface를 만든 후, Make Periodic 명령을 사용한다.
일반적으로, Trim되지 않은 Surface를 Loft 또는 Sweep을 사용하여 만든 경우와, Surface가 인접한 가장자리를 공유하는 경우에만 Merge Surfacef 명령을 사용할 수 있다. Merge Surface 명령을 사용하여 이러한 두 경우의 Surface를 단일 Surface로 만들 수 있다. 일단 Surface를 Trim한 후에는 이전과는 다른 방식으로 다뤄야 한다.

FIT | Refit Surface to Tolerance

메뉴: Surface Menu 〉 Surface Edit Tools 〉 Refit to Tolerance
버튼: 왼쪽 클릭
기능: Surface의 동일한 전체 형태는 유지하면서 Surface Control Point 수를 줄이는 기능이다.
이 명령을 사용함으로써 지나치게 많은 Control Point가 있는 Surface를 교체할 수 있다.

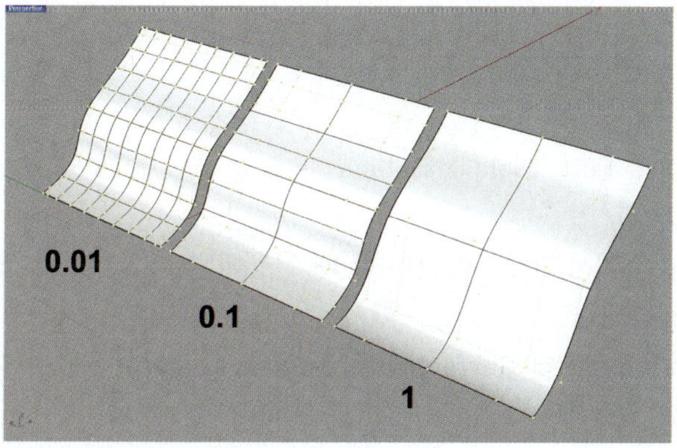

〈Options〉

- **DeleteInput**

원본 개체를 삭제하는 기능이다.

- **ReTrim**

원래 Trim 커브로 새로 생성한 Surface를 Trim시키는 기능이다.

• U Degree / V Degree

U/V방향 Degree 값을 설정하는 기능이다.

Untrim

메뉴: Surface Menu 〉 Surface Edit Tools 〉 Untrim
버튼: 왼쪽 클릭
기능: Surface의 Trim작업을 취소한다.

〈Options〉

• KeepTrimObjects

Yes

Trim되어진 개체가 분리되어 유지되게 하는 기능이다.

No

Trim 개체가 삭제되며 또한 경계의 가장자리에 첨부된 어떤 지오메트리도 삭제되는 기능이다.

All

Trim된 Surface의 가장자리를 선택할 때, 모든 Trim 커브를 제거하는 기능이다. 구멍 가장자리를 선택하면, 동일한 면의 모든 구멍이 삭제된다.

Detach Trim

메뉴: Surface Menu 〉 Surface Edit Tools 〉 Detach Trim
버튼: 오른쪽 클릭
기능: Surface Trim작업을 취소하면서, Trim 작업을 할 때 사용된 Cutting Curve도 복구한다.
절단된 Surface의 경계선으로부터 Surface를 이전 상태로 붙이는 기능이다.

Seam방향을 바꾸어 줌으로써 Edge Tools 기능들과 Split 작업을 실행할 때 효율적으로 작업을 진행시킬 수 있다.

Adjust Closed Surface Seam

메뉴: Surface Menu 〉 Surface Edit Tools 〉 Adjust Closed Surface Seam
버튼: 왼쪽 클릭
기능: Surface Seam방향 위치를 바꾸어 주는 기능이다.
이 기능의 Option은 Torus같은 2 방향에서 닫혀 있는 형태에 사용할 수 있다.
U, V, Both방향으로 조절할 수 있다.

〈Options〉

U : 방향의 Seam을 변경시키는 기능이다.

V : 방향의 Seam을 변경시키는 기능이다.

Both U, V : 방향의 Seam을 변경시키는 기능이다.

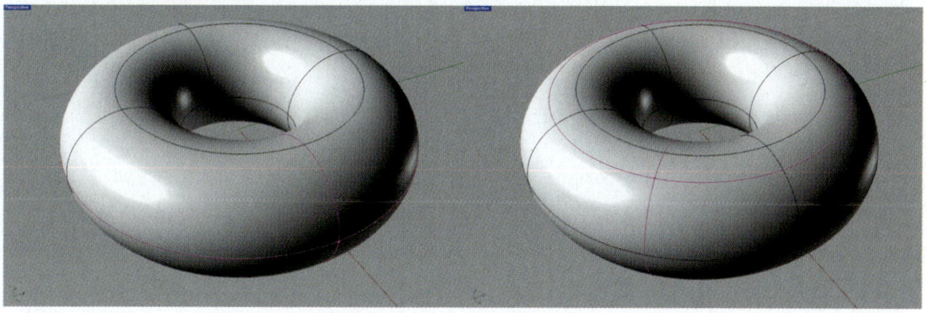

다음과 같은 Torus 같은 2 방향에서 닫혀 있는 형태를 생성한다. Torus를 선택한 후 Surface Menu 〉 Edit Tools 〉 Show 가장자리s기능을 실행한다. Seam방향을 확인할 수 있다. Adjust Closed Surface Seam기능을 이용하여 위치를 바꾸어 본다.

Split at Isocurve

오직 하나의 Surface에 적용할 수 있는 기능이다.

메뉴: Surface Menu 〉 Surface Edit Tools 〉 Split at Isocurve

버튼: 오른쪽 클릭

기능: Surface 형태에 있는 Isocurve를 이용하여 Split하는 기능이며 오직 하나의 Surface에 적용할 수 있는 기능이다.

〈Options〉

• Direction

U : U방향으로 Isoparametric curves를 적용하여 Split 하는 기능이다.

V : V방향으로 Isoparametric curves를 적용하여 Split 하는 기능이다.

Both : U방향과 V방향 두 방향을 동시에 Isoparametric curves를 적용하여 Split 하는 기능이다.

Toggle : U방향과 V방향을 쉽게 바꿀 수 있는 기능이다.

• Shrink

Yes

ShrinkTrimmedSrf명령과 유사한 기능으로 Split기능을 사용할 때 Control Point 구조를 트림된 형태로 맞추어 주는 기능이다.

No

ShrinkTrimmedSrf명령과 유사한 기능으로 Split기능을 사용할 때 Control Point 구조를 트림된 형태로 맞추지 않는 기능이다.

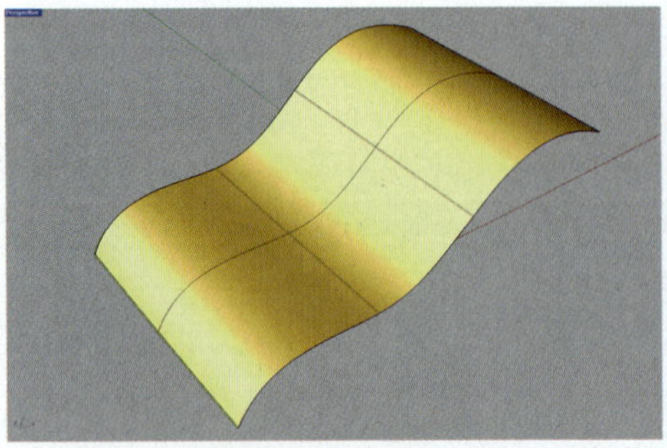

다음과 같은 Surface를 생성한 다음 Split at Isocurve 기능을 실행한다.
U, V방향을 맞추어 가면서 Surface를 절단하여 본다.

Shrink Trimmed Surface

메뉴: Surface Menu 〉 Surface Edit Tools 〉 Shrink Trimmed Surface
버튼: 왼쪽 클릭
기능: 기저 트리되지 않은 Surface를 Trim 경계와 가깝게 축소시키는 기능이다.

Trim된 Surface는 트림 경계선이 있는 Trim되지 않은 Surface로 표시된다. 텍스처가 Surface에 적용된 경우, 이 Texture는 Trim되지 않은 기저 Surface에 Mapping 된다. Trim되지 않은 기저 Surface가 트림된 Surface와 비교하여 크기가 크면, 렌더링했을 때 Texture의 일부만 표시되는 결과가 발생할 수 있다.

이것을 수정하려면 Shrink Trimmed Surface 명령을 사용하여 Trim되지 않은 기저 Surface를 가능한 한 작게 축소하며 그 결과로 렌더링할 때 최대량의 Texture Map이 표시된다. Surface에 눈에 보이는 변화는 없으며 Trim되지 않은 기저 Surface만 변경된다.

Surface의 축소는 매끄럽게 뒷면만을 연장하는 것과 같다. 완전 다중도 매듭점이 Surface를 잘라내려는 위치에 추가된다. 그 후, 남은 Control Point가 삭제된다.

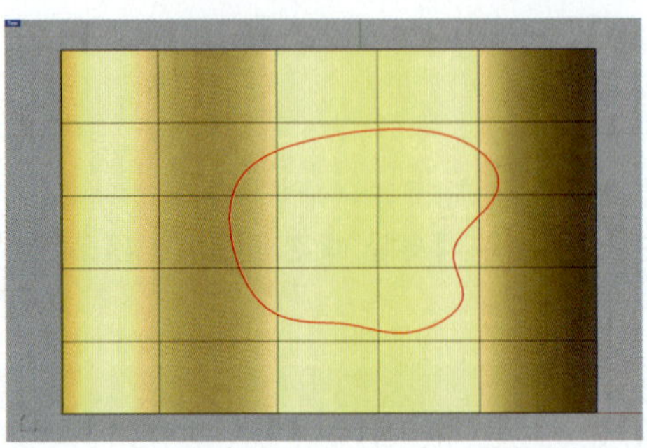

① 다음과 같이 Surface와 Curve를 생성한다.
Trim 기능을 실행하여 Curve 외곽 Surface를 Trim시킨다.

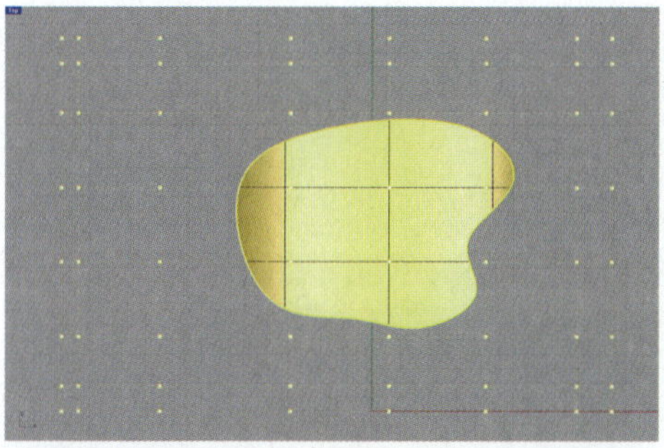

② 남은 Surface를 선택한 다음 Control Point On시킨다. Trim 되기 전 Surface 형태의 조절점가 남아 있는 것을 확인 할 수 있다. Shrink Trimmed Surface기능을 실행한다.

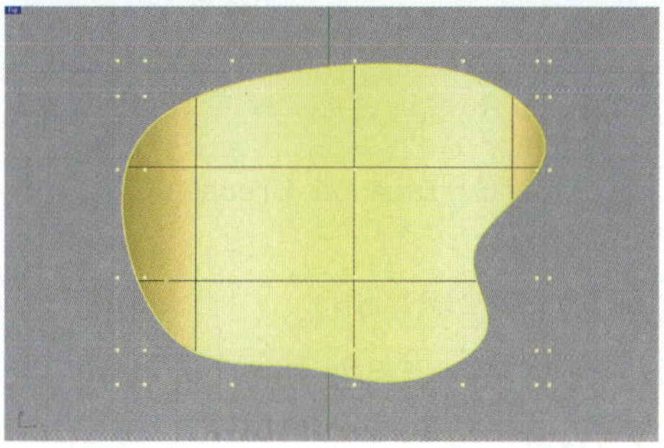

③ 조절점 남아 있는 Surface 형태에 최대한 가깝게 접근한 것을 볼 수 있다.

Adjust Surface End Bulge

메뉴: Surface Menu 〉 Surface Edit Tools 〉 Adjust Surface End Bulge

버튼: 왼쪽 클릭

기능: Surface의 Trim되지 않은 가장자리 가까이의 형태를 조정하는 기능이다.
이 명령을 적용하려면 Surface의 Degree가 U, V-Direction양쪽으로 Degree3 이상이어야 한다. 동시에 각 방향으로 최소한 4개 이상의 Control Point를 갖고 있어야 한다.
이 기능은 연결되어 있는 다른 Surface와 만나는 부분의 Tangent와 Curvature를 변경하지 않은 상태에서 Surface를 편집 할 수 있다.

〈Options〉

Continuity

Tangency

Curvature

• PreserveOtherEnd

Preserve Curvature=Yes로 설정하면, Surface 끝부분의 Tangent와 Curvature를 유지하면서 변경한다.

Preserve Curvature=NO로 설정하면, Surface 끝부분의 Tangent만 유지하면서 변경한다

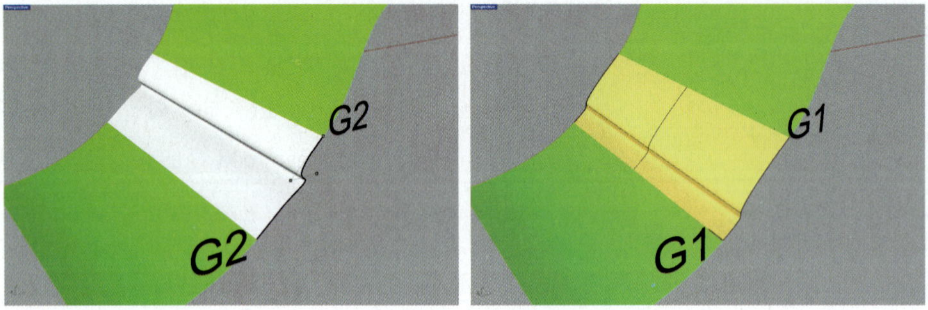

| Divide Along Creases

메뉴: Surface Menu 〉 Surface Edit Tools 〉 Divide Surface on Creases

버튼: 오른쪽 클릭

기능: Surface를 Kink 위치에서 각각의 영역으로 나누는 기능이다.
Kink가 있는 Surface는 Polysurface로 Join되고 매끄러운 부분으로 나눠진다.
Polysurface에 있는 주름진 Surface는 Polysurface 안에서 나눠지고 Join된다.

| Soft Edit Surface

메뉴: Surface Menu 〉 Surface Edit Tools 〉 Soft Edit Surface

버튼: 오른쪽 클릭

기능: 선택된 점을 둘러싼 Surface 영역을 선택된 점으로부터의 거리로 부드럽게 이동시키는 기능이다. 선택된 점을 이동하여 편집을 할 수 있으며 Surface상의 이 위치는 이동되며, 이 이동은 매끄럽게 Taper 처리되어 이 점에서 Surface를 따르면서 거리가 증가하게 된다.

〈Options〉

- U Distance / V Distance

U 또는 V 방향에서의 거리는 이동의 영향을 받는다.

- Copy

Yes로 설정을 하면 변형된 개체와 원본 개체가 남아있게 되며, No로 설정하게 되면 변형된 개체만 남아있게 된다.

- FixEdges

Surface 가장자리 위치를 고정시키는 기능이다.

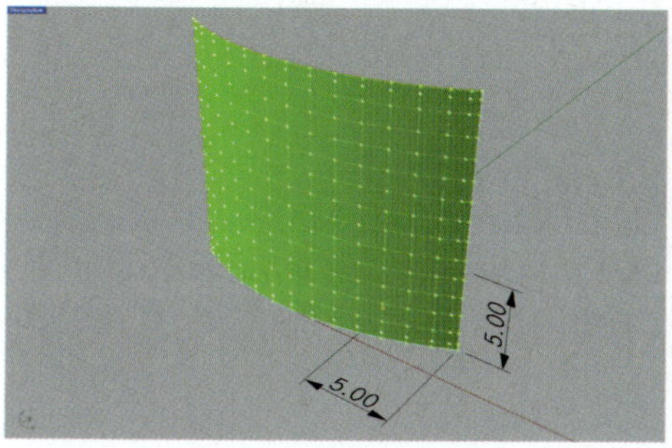

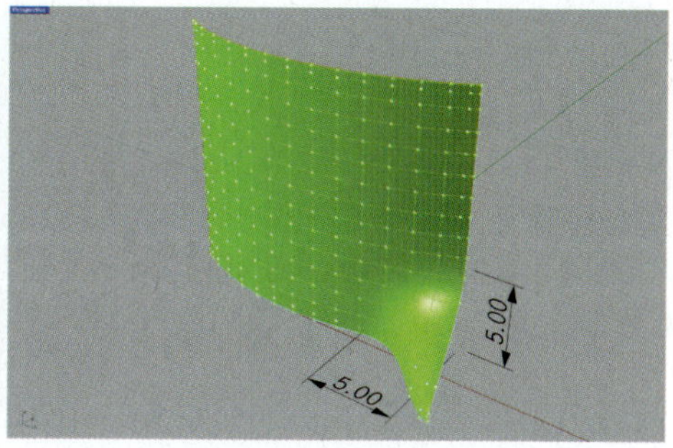

다음과 같은 Surface를 생성한 다음 Control Point On기능을 실행한다.

Soft Edit Surface기능을 실행한 다음 옵션에서 U, V Distance 거리를 5로 지정한 다음 Copy는 No로 설정한다. 마지막으로 FixEdges를 No한 다음 이미지와 같이 끝점을 선택한 다음 이동시켜 본다. 설정된 거리만큼의 위치까지만 이동되는 것을 볼 수 있다.

Rebuild Surface

메뉴: Edit Menu 〉 Rebuild

버튼: 오른쪽 클릭

기능: Surface Degree와 조절점을 변경하여 Surface를 다시 재생성 하는 기능이다.

〈Option〉

• Point Count

U, V-Direction의 조절점의 개수를 설정한다.

• Degree

U, V Degree 값을 설정하는 기능이다.

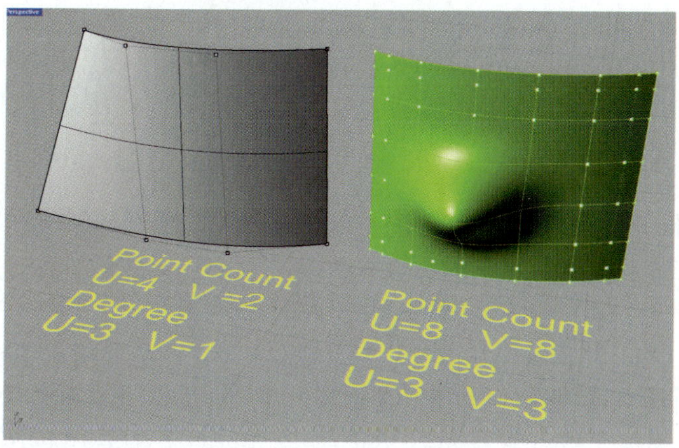

• Delete Input

원래 개체 삭제 기능이다.

• Current Layer

현재 Layer에 새로운 Surface를 만든다. 원래 Surface의 Layer에 새 Surface를 배치하려면 이 확인란을 선택 해제해야 한다.

• Retrim

원래 Trim 된 커브나 Surface를 Rebuild한다.

• Maximum deviation

원래 Surface의 Knot과 Knot 사이의 거리 중간에 있는 점을 Sampling하여 Sample Point를 재생성한 Surface에 끌어와 그 편차를 계산한다.

• Calculate

새 Surface가 매듭선이 교차하는 곳과 매듭선의 중간의 점에 얼마만큼 떨어져있는지를 테스트 계산한다. 매듭선 교차와 매듭선 사이의 중간에서 테스트를 실행한다.
새 Surface가 얼마만큼 떨어져 있는가는 색으로 표시된다. 절대 허용오차 범위 안인 경우에는 녹색, 허용오차와 그의 10배 값 사이에 있으면 노랑, 그 이상이라면 빨강으로 점이 표시된다. 편차의 방향으로 계산된 편차의 10배의 길이로 선이 그려지게 된다.

DEG | Change Surface Degree

메뉴: Edit Menu 〉 Change Degree
버튼: 왼쪽 클릭
기능: Surface의 Degree수를 설정하는 기능이다.

〈Option〉

• Deformable

Yes

이 기능을 선택하면 Surface의 Degree가 요청된 Degree와 다를 때 새로운 Surface는 단순한 내부 Knot을 갖는다.

No

이 기능을 선택하면 Surface의 Degree가 요청된 Degree보다 작은 경우, 새로운 Surface는 원본과 지오메트리와 매개 변수 형식이 똑같을 것이나 다중도 = 오래된 다중도 + 새로운 차수 – 오래된 차수의 Knot을 가진다.· Surface의 Degree가 요청된 Degree보다 큰 경우 새로운 Surface는 단순한 Knot과 함께 원본에 가까운 Surface가 된다.

- Surface의 Degree를 올리면 조절점의 수도 증가하므로 Surface를 보다 매끄럽게 만들 수 있다.
- Surface의 지오메트리를 변경하지 않고 편집하기 위해 조절점의 수를 증가시키려 는 경우 Degree를 5로 올려 Deformable 옵션을 No로 설정한다. 이러한 경우 InsertKnot 명령을 사용하면 Degree를 변경하지 않고 조절점를 추가하는 데 편리 하다.
- 추가하거나 뺀 조절점의 수는 입력된 Degree에 영향을 받는다. Degree가 높을수 록 조절점의 수도 커지게 된다.
- Surface의 Degree를 올리면 Surface는 더 이상 Periodic이 되지 않는다. MakePeriodic 명령을 사용하여 Surface를 다시 Periodic할 수 있다.

| Make Surface Periodic

메뉴: Edit Menu 〉 Make Periodic

버튼: 왼쪽 클릭

기능: Open된 Surface를 닫고, Kink가 존재하지 않는 Surface를 생성하는 기능이다.

| Make Surface Non-Periodic

버튼: 오른쪽 클릭

기능: Periodic Surface를 Non-Periodic Surface로 변환시키는 기능이다. Non-Periodic Surface는 변형될 때 Kink를 발생시킬 수 있다.

| Remove MultiKnots from Surface

버튼: 왼쪽 클릭

가능: Surface에서 완전 다중이 아닌 MultiKnots을 제거하는 기능이다.

- MultiKnots은 한 점에 하나 이상의 Knot이 있는 것을 의미하며 완전 MultiKnots 은 한 점에 가능한 한 많은 Knot(차수와 동일)이 있는 것을 의미한다. 이 점에는 남겨 두어야 할 Kink가 있을 수 있다.
- Sweep2, BlendSrf, OffSetSrf 명령으로 만들어진 Surface는 MultiKnots과 함께 생성될 수 있다.
- MultiKnots을 제거하면 Surface 정밀도에 손실을 가져올 수 있으나, 실제로는 그다지 큰 문제가 아니다. 이러한 Knot을 제거하면 얻게 되는 장점은 Surface 점 개수가 크게 감소된다는 것이다.

Insert a Control Point

메뉴: Edit Menu 〉 Control Points 〉 Insert a Control Point
버튼: 왼쪽 클릭
기능: 조절점을 Surface상의 행에 추가시키는 기능이다.

〈Options〉

- Direction (U V)

조절점의 U, V방향 설정하는 기능이다.

- Toggle

U, V방향으로 쉽게 방향을 설정하는 기능이다.

- Extend

Surface 끝부분에 해당하는 가장자리의 전 조절점 거리의 절반만큼 연장시키는 기능이다.

- Midpoint

두 조절점 사이의 중간 지점에 조절점을 추가하는 기능이다.

Remove a Control Point

메뉴: Edit Menu 〉 Control Points 〉 Remove a Control Point
버튼: 왼쪽 클릭
기능: 조절점을 Surface상의 행에서 제거시키는 기능이며, 조절점을 제거하면 Surface의 형태에 영향을 주게 된다.

Show Edges

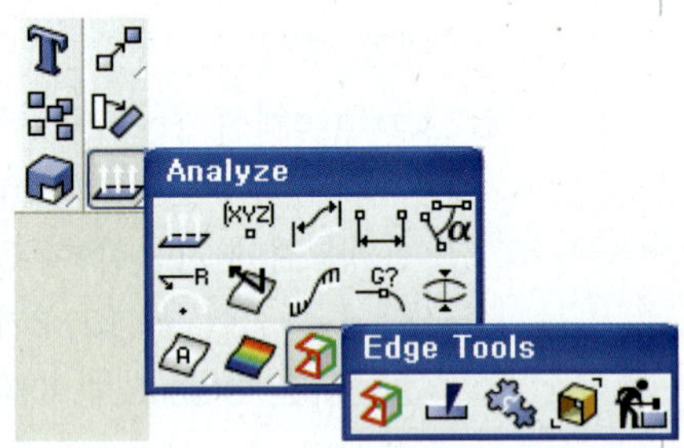

메뉴: Surface Menu 〉 Edge Tools 〉 Show Edges
버튼: 왼쪽 클릭
기능: Surface나 Polysurface의 가장자리를 강조 표시하는 기능이다.

〈Options〉

Show

• All edges

Surface나 Polysurface 모든 가장자리를 보여주는 기능이다.

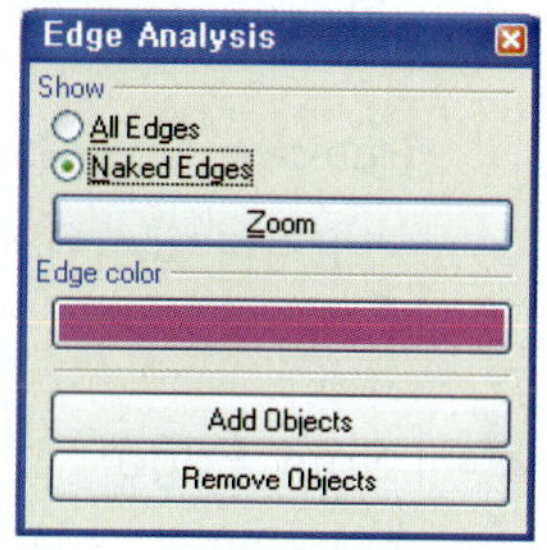

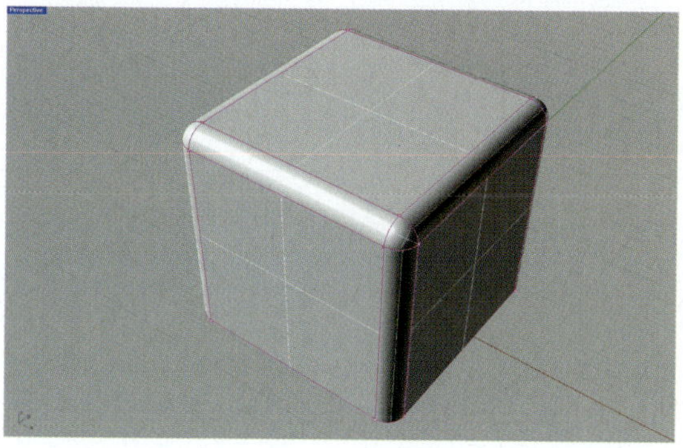

•Naked Edges

Surface나 Polysurface의 열린 가장자리를 보여주는 기능이다.

•Zoom

열린 가장자리를 확대하여 보여주는 기능

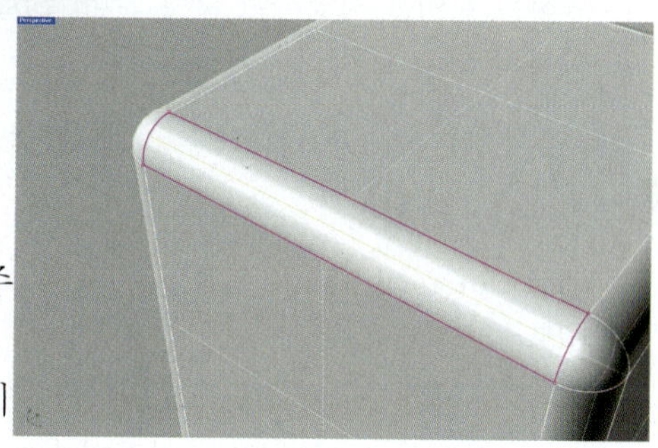

•Options

All : 열린 가장자리를 모두 확대하여 보여주는 기능이다.

Current : 현재 열린 가장자리를 보여주는 기능이다.

Next : 다음 열린 가장자리를 보여주는 기능이다.

Previous : 전 단계의 열린 가장자리를 보여주는 기능이다.

Mark : 열린 가장자리를 포인트로 표시해주는 기능이다.

Edge color

Surface 가장자리를 표시 색을 설정하는 기능이다.

•Add Objects

가장자리를 표시해야 하는 개체를 추가하는 기능이다.

•Remove Objects

가장자리 표시에서 개체를 제거하는 기능이다.

| Split Edge

메뉴: Surface Menu 〉 Edge Tools 〉 Split Edge

버튼: 왼쪽 클릭

기능: Surface나 Polysurface의 가장자리를 분할시키는 기능이다. 분할시킨 다음 Show 가장자리s기능을 사용하여 확인 할 수 있다.

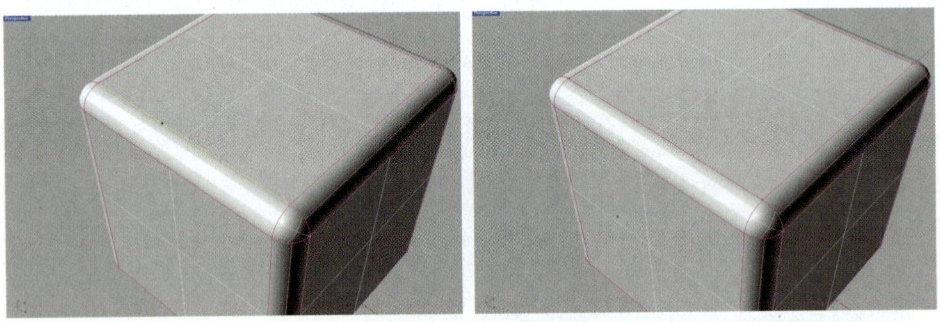

Split 가장자리기능을 실행한 후 분할시키고자 하는 가장자리를 선택한다. 원하는 위치를 지정하여 클릭 한다. Split되는 지점에 Point가 생성된다. 결국 이 Point는 끝점이 되는 것이다.

| Merge Edge

메뉴: Surface Menu 〉 Edge Tools 〉 Merge Edge

버튼: 오른쪽 클릭

기능: 동일한 단순한 Surface의 인접한 가장자리를 한 가장자리로 병합시키는 기능이다. 반드시 떨어져 있는 가장자리이고, 동일한 Surface에 속하고, 끝점을 공유하여, 공유하는 끝점에서 매끄럽게 만나야 한다.

ShowEdges 명령을 사용하여 가장자리와 끝점을 표시한다.

복잡한 Polysurface가 Join 해제되고 Split Edge가 Join 명령으로 방해받았을 때, MergeEdge 명령을 사용한다.

Join 2 Naked Edge

메뉴: Surface Menu 〉 Edge Tools 〉 Join 2 Naked Edge

버튼: 왼쪽 클릭

기능: 허용오차의 범위를 넘는 두 개의 떨어진 가장자리를 Join시키는 기능이다.

- 간격이 멀리 떨어진 Surface들을 실제로 간격을 없앤 상태로 변경하려면, Match Surface나 다른 명령으로 Surface를 만들어서 간격을 없애는 것이 좋다.
- 이 기능은 같은 위치에 겹쳐 있는 2개의 Naked 가장자리들을 Join하거나 아주 가까운 위 치에 근접해 있는 2개의 Naked 가장자리들을 Join할 때 사용하는 것이 좋다.
- 이 기능은 Surface의 기하학적 형태를 변경하는 것이 아니라, 단순히 인접한 Surface들을 붙인 상태로만 만든다. 이로 인해 Boolean 작업 등의 작업에서 간격이 없는 상태로 작업이 진행될 수 있도록 해 줄 뿐이다.
- Surface의 가장자리들이 아주 가깝게 근접해 있는 경우에는 아무 문제도 발생하지 않는다.
  하지만, 그렇지 않은 경우에는 모델링 데이터를 사용할 때 문제가 발생할 수도 있다.
- 이 기능은 시스템 허용 공차를 무시한다. 따라서 멀리 떨어져 있는 상태의 가장자리들도 Join 시킬 수 있다.

Rebuild Edges

메뉴: Surface Menu 〉 Edge Tools 〉 Rebuild Edges

버튼: 왼쪽 클릭

기능: 편집으로 Surface에서 Explode된 원래 3D Surface 가장자리를 복원하는 기능이다.

〈Options〉

■ Tolerance

시스템 허용오차 설정을 무시하는 기능이다.

Remove Surface Edge

메뉴: Surface Menu 〉 Edge Tools 〉 Remove Surface Edge

버튼: 왼쪽 클릭

기능: 선택된 Surface 가장자리를 Trim 해제하는 기능이다.

〈Options〉

• KeepTrimObjects

Yes로 설정하면 원래 Trim개체는 분리되어 남게 된다.

• Mode

ReplaceWithLine

가장자리를 가장자리 끝점 사이의 선으로 교체하는 기능이다.

ExtendSideEdges

2개의 둘러싼 가장자리가 연장되는 기능이다. Surface 경계 안에서 가장자리가 만나야한다.

Part Ⅵ

06 SOLID

체적을 포함하는 Surface 또는 Polysurface를 Solid라고 한다. Surface 또는 Polysurfac가 완전히 닫힐 때 Solid가 만들어지는 것이다.

Surface가 완전히 밀폐된 상태가 되면, 체적을 계산할 수 있는 Solid가 된다. 구(Sphere), 타원체(Ellipsoid) 등은 Single Surface로 만든 Solid가 된다. 육면체(Box), 원기둥(Cylinder) 등의 Solid는 여러 개의 Surface가 결합된 Polysurface이다.

Polysurface는 2개 이상의 Surface를 결합한 것이다. 체적을 포함하는 Polysurface가 Solid를 정의할 수 있다. Polysurface와 Solid는 조절점을 표시 할 수 없다. Polysurface와 Solid를 편집하려면, Solid를 각각의 Surface로 분해한 후 분해한 Surface를 개별적으로 편집하여 다시 결합하면 된다.

BOX TOOLBAR

이 기능은 Polysurface로 이루어진 상자를 두개의 대각선 방향의 모서리와 높이를 사용, 인접한 두 개의 모서리와 반대쪽 변 그리고 높이를 사용, 선택된 CPlane에 대하여 수직으로 또는 밑면의 중심점과 모서리 그리고 높이를 사용하여 그리는 기능이다.

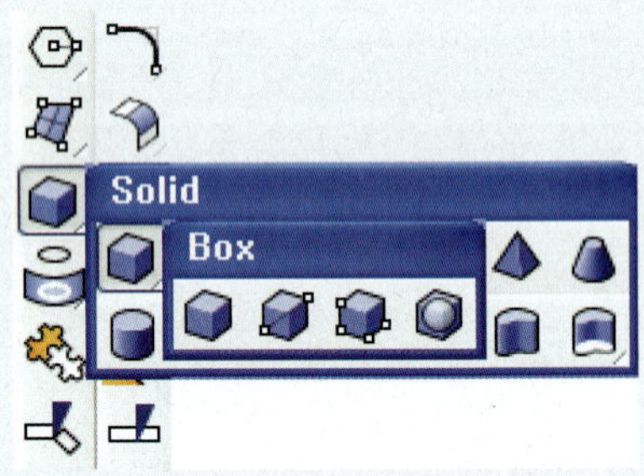

Box: Corner to Corner, Height

메뉴: Solid Menu 〉 Box 〉 Corner to Corner, Height

버튼: 왼쪽 클릭

기능: 2개의 모서리 점과 높이를 지정하여 육면체를 생성하는 기능이다.

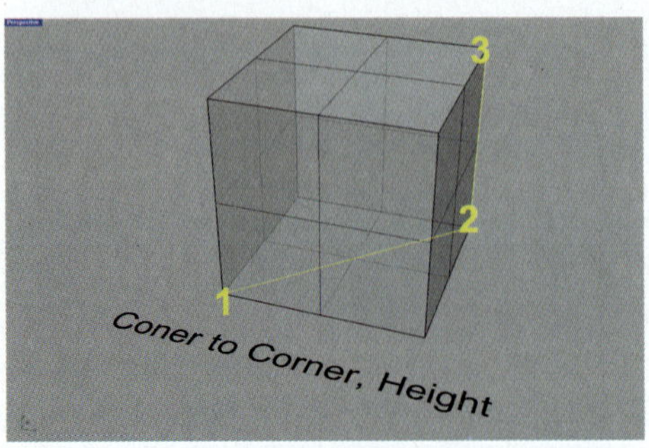

Box: Diagonal

메뉴: Solid Menu 〉 Box 〉 Diagonal

버튼: 왼쪽 클릭

기능: 두 방향에서 대각선을 그리며 육면체를 생성하는 기능이다.

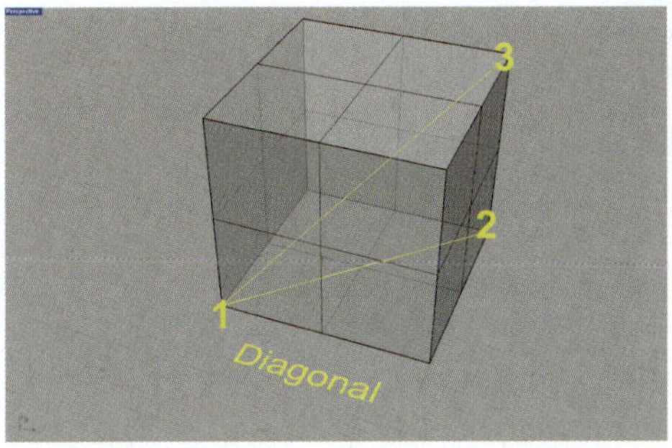

Box: 3 Points, Height

메뉴: Solid Menu 〉 Box 〉 3 Points, Height

버튼: 왼쪽 클릭

기능: 3개의 점과 높이를 지정하여 박스를 만든다.

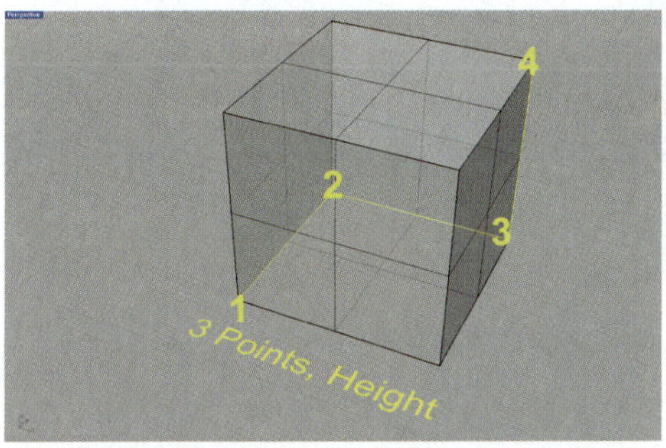

Box: Center, Corner, Height

메뉴: Solid Menu 〉 Box 〉 Center of Base, Corner, Height

버튼: 오른쪽 클릭

기능: 중심점과 모서리, 높이를 지정하여 박스를 만든다.

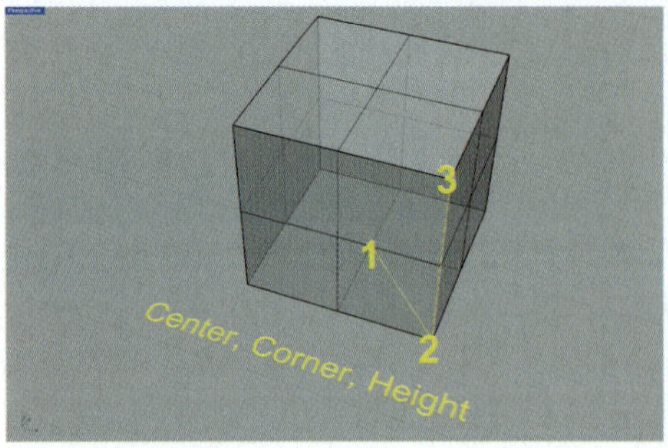

Box: Bounding Box

메뉴: Solid Menu 〉 Box 〉 Bounding Box

버튼: 왼쪽 클릭

기능: 3D 지오메트리 개체 중 Point를 제외한 모든 개체에 해당하는 기능이며 선택되어진 개체 형태에 맞는 육면체를 생성하는 기능이다.

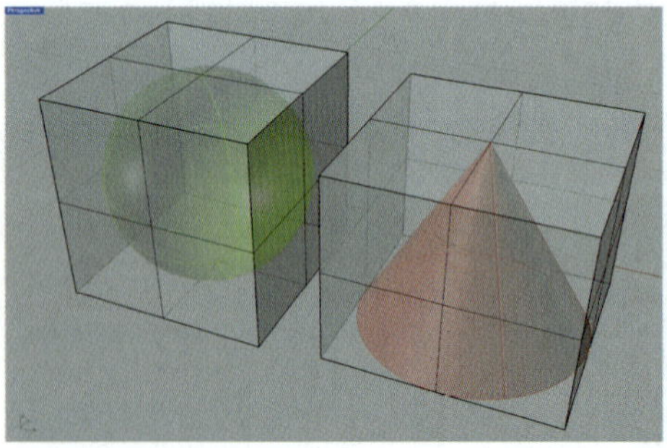

〈Options〉

- CPlane

상대좌표에 놓여진 개체를 대상으로 육면체를 생성하는 기능이다.

- World

절대좌표에 놓여진 개체를 대상으로 육면체를 생성하는 기능이다.

Vertical Base

메뉴: Solid Menu 〉 Box 〉 Vertical Base

기능: 육면체를 CPlane에 수직으로 생성하는 기능이다.

SPHERE

Sphere 명령은 중심점과 반지름을 사용, 지름의 두 점 사용, 원주의 세점 사용, 기존의 커브에 접하는 방법으로 구를 그리거나 또는 기존의 커브 주변에 구를 그린다.

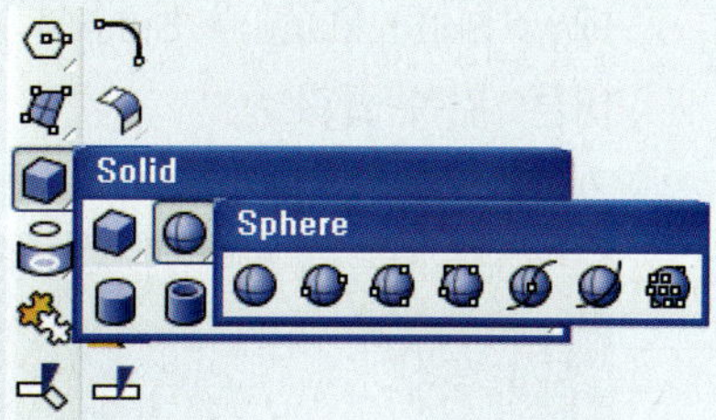

Sphere: Center, Radius

메뉴: Solid Menu 〉 Sphere 〉 Center, Radius

버튼: 왼쪽 클릭

기능: 중심점과 반지름을 지정하여 구를 생성한다.

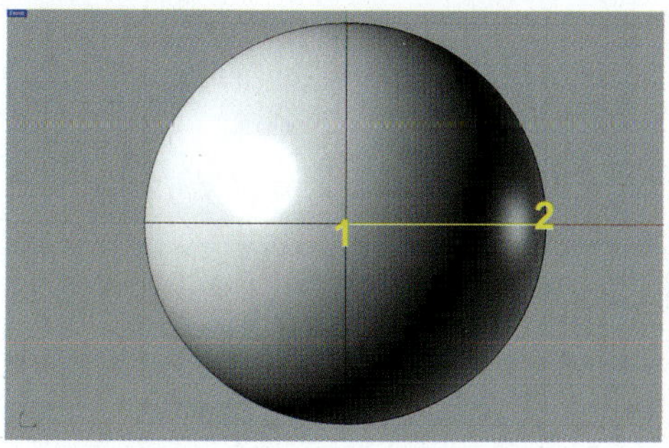

Sphere: Diameter (2 Points)

메뉴: Solid Menu 〉 Sphere 〉 2 Points

버튼: 왼쪽 클릭

기능: 원의 지름을 이용한 구를 생성한다.

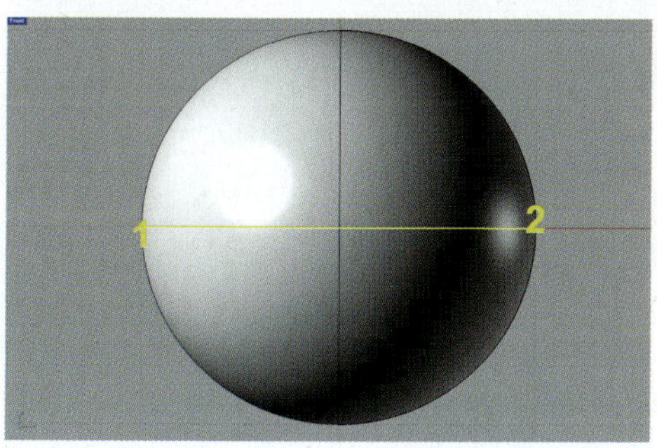

Sphere: 3Point

메뉴: Solid Menu 〉 Sphere 〉 3 Points

버튼: 왼쪽 클릭

기능: 3개의 점을 지정하여 구를 만든다.

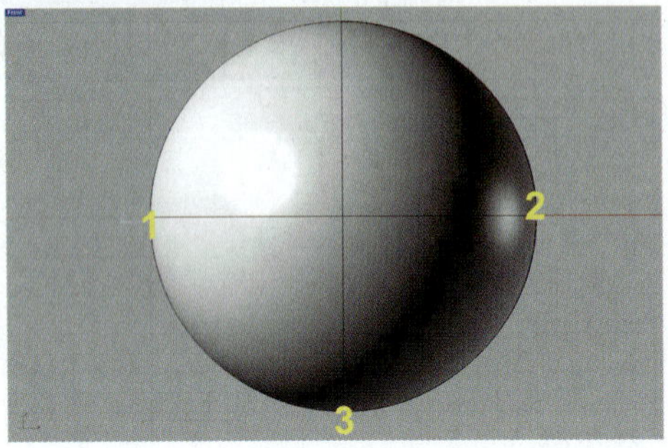

Sphere: 4 Points

메뉴: Solid Menu 〉 Sphere 〉 4 Points

버튼: 왼쪽 클릭

기능: 4개의 점을 이용하여 구를 만든다.

3개의 점을 찍은 후 4번째 찍는 점은 원주를 결정하여 찍게 되는데 이 4번째 점의 위치에서 구의 크기를 결정하게 된다.

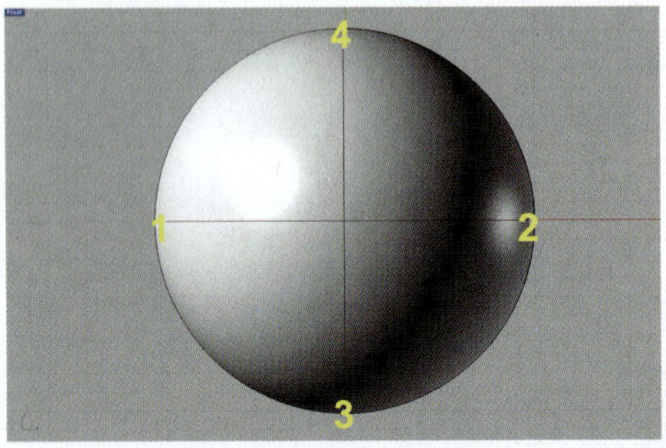

Sphere: Around Curve

메뉴: Solid Menu 〉 Sphere 〉 Around Curve

버튼: 왼쪽 클릭

기능: 커브의 지정한 점을 중심점으로 하는 구를 만든다.

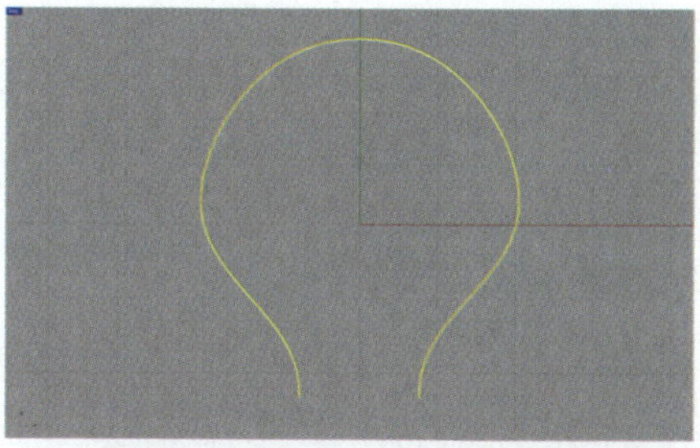

① Ellipse기능을 이용하여 전체적인 형태를 잡고 Rebuild Curve 기능과 조절점 On기능을 이용하여 세부적인 형태를 생성한다. Trim기능을 사용하여 하단 쪽 커브를 잘라낸다.

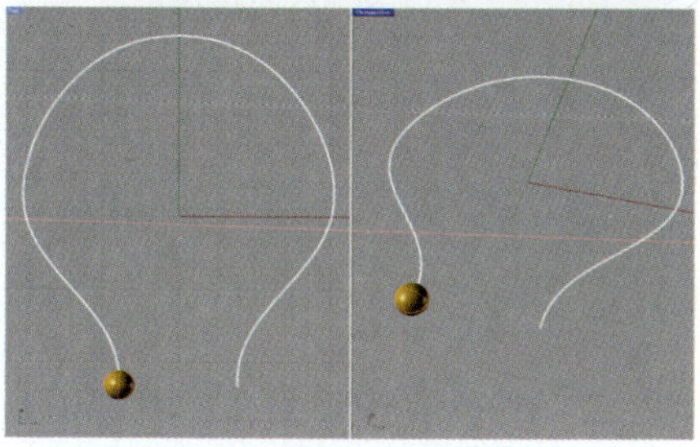

② Sphere: Around Curve 기능을 실행하여 생성된 커브 끝점에 배치시킨다.

Transform 〉 Array 〉 Array Along Curve기능을 실행한다. Sphere 개체를 클릭하고 Enter키를 누른다. 다음으로 경로가 될 Curve를 선택 한다.

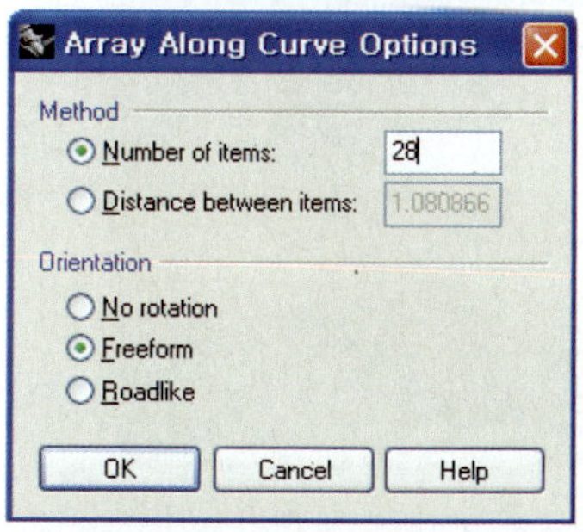

③ 다음과 같은 Array Along Curve Options 대화상자가 열린다. Method를 Number of items로 선택하고 개수를 28개(생성된 커브 크기에 따라 또는 작업자의 의도에 따라 달라질 수 있다) 로 설정한다. OK버튼을 누른다.

④ 기본 목걸이 형태를 표현할 수 있게 된 것을 볼 수 있다.

| Sphere: From Circle Tangent to Curves

메뉴: Solid Menu 〉 Sphere 〉 Tangent to Curves

버튼: 왼쪽 클릭

기능: 3개의 커브와 Tangent로 접하는 Sphere를 생성시키는 기능이다.

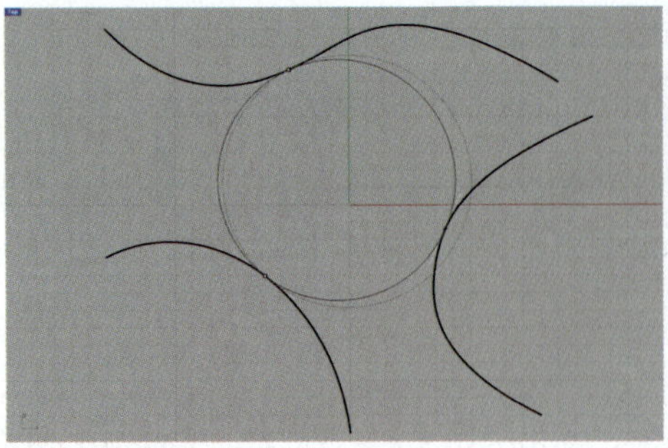

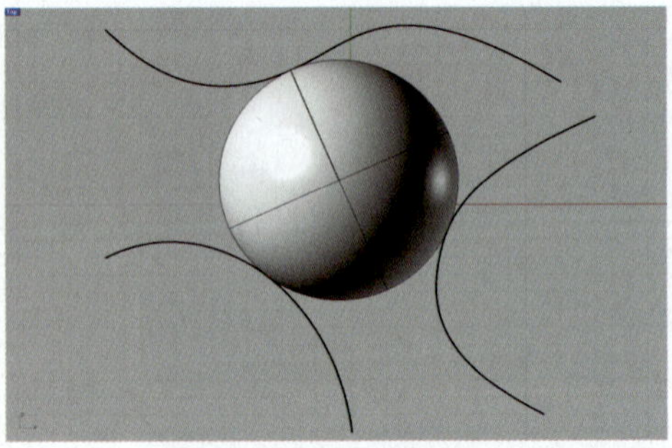

Sphere: Fit Points

메뉴: Solid Menu 〉 Sphere 〉 Fit Points

버튼: 왼쪽 클릭

기능: 3개 이상의 Point가 있어야 하며 이 Point를 지나는 Sphere를 생성시키는 기능이다.

ELLIPSOID TOOLBAR

이 기능은 하나의 Surface로 만든 Solid 타원체를 타원체의 범위를 표시하는 직사각형의 모서리, 지름, 초점, 또는 기존의 커브 주변으로부터 생성시키는 기능이다.

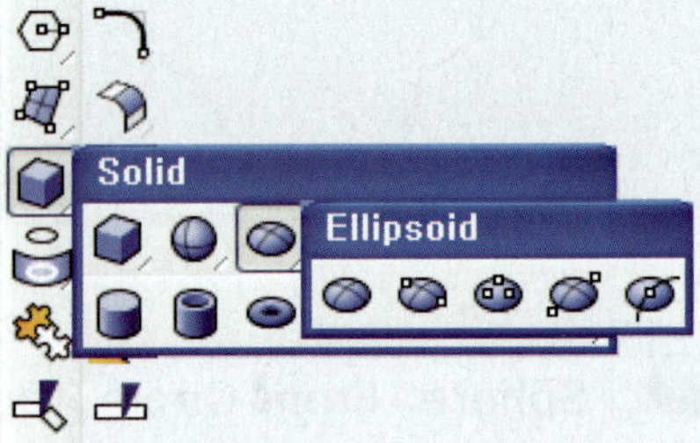

| Ellipsoid: From Center

메뉴: Solid Menu 〉 Ellipsoid 〉 From Center

버튼: 왼쪽 클릭

기능: 중심점과 3개의 반지름을 지정하여 타원체를 기능이다.

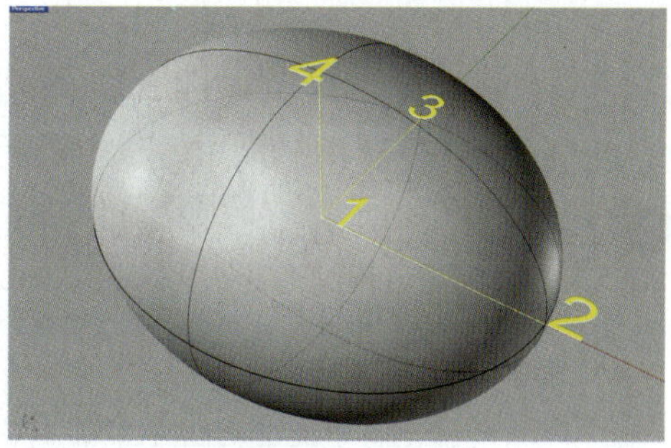

| Ellipsoid: From Foci

메뉴: Solid Menu 〉 Ellipsoid 〉 From Foci

버튼: 왼쪽 클릭

2개의 타원 초점과 1개의 반지름을 지정하여 타원체를 생성하는 기능이다.

| Ellipsoid: By Diameter

버튼: 왼쪽 클릭

기능: 1개의 지름과 2개의 반지름을 지정하여 타원체를 생성하는 기능이다.

| Ellipsoid: By Corners

버튼: 왼쪽 클릭

기능: 2개 사각형 모서리와 1개의 반지름을 지정하여 타원체를 생성하는 기능이다.

| Ellipsoid: Around Curve

버튼: 왼쪽 클릭

커브의 지정한 점을 중심점으로 타원체를 생성하는 기능이다.

| Paraboloid: Focus, Direction

메뉴: Solid Menu 〉 Paraboloid 〉 Focus, Direction

버튼: 왼쪽 클릭

기능: 이 기능은 닫힌 Polysurface의 포물면을 생성하거나 초점과 방향 또는 정점과 초점을 사용하여 하나의 Surface로 이루어진 열린 포물면을 생성하는 기능이다.

〈Options〉

- Cap

포물면을 끝막음하여 Solid를 생성하는 기능이다.

Paraboloid: Vertex, Focus

메뉴: Solid Menu 〉 Paraboloid 〉 Vertex, Focus

버튼: 오른쪽 클릭

기능: Vertex, Focus, End를 순서대로 지정하여 Paraboloid를 생성하는 기능이다.

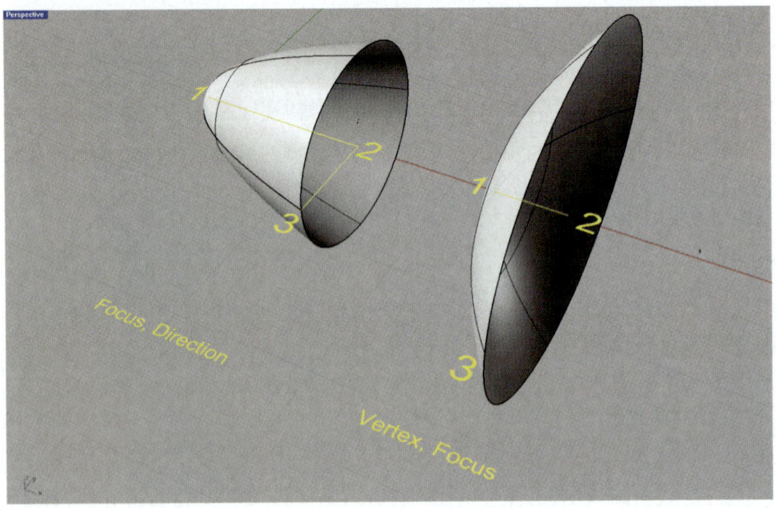

Cone

메뉴: Solid Menu 〉 Cone

버튼: 왼쪽 클릭

기능: 이 기능은 Solid의 원뿔을 중심점과 반지름 사용, 지름의 두 점 사용, 원주의 세 점 사용 등 기존의 커브에 접하는 방법으로 생성시키는 기능이다.

〈Options for the circle〉

기준 원의 옵션은 Circle명령의 옵션과 동일하다.

- Cone: Center, Radius

Cone 기능을 실행하는 옵션중 기본으로 중심점, 반지름을 이용하여 원뿔을 생성하는 기능이다.

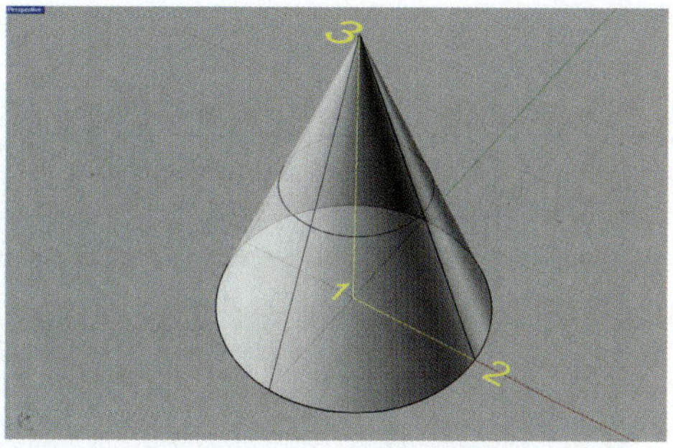

• Cone: Vertical

선택한 CPlane에 수직으로 하여 원뿔을 생성하는 기능이다.

• Cone: Around Curve

기존의 커브 주변을 이용하여 원뿔을 생성하는 기능이다.

• Cone: 2Point

원의 지름을 이용한 원뿔을 생성하는 기능이다.

• Cone: 3Point

3개의 점을 지정하여 원뿔을 생성하는 기능이다.

• Cone: Tangent

커브와 Tangent로 접하는 원뿔을 생성하는 기능이다.

• Cone: Fit Points

이 기능은 3개 이상의 Point가 있어야 하며 이 Point를 지나는 원뿔을 생성하는 기능이다.

| Pyramid

메뉴: Solid Menu 〉 Pyramid
버튼: 왼쪽 클릭
기능: 다양한 Polygon과 높이를 이용하여 피라미드 형태를 생성하는 기능이다.

〈Options〉

Base를 그리는 옵션은 Polygon명령과 같다.

- NumSides

Polygon의 수를 지정하여 생성할 수 있다.

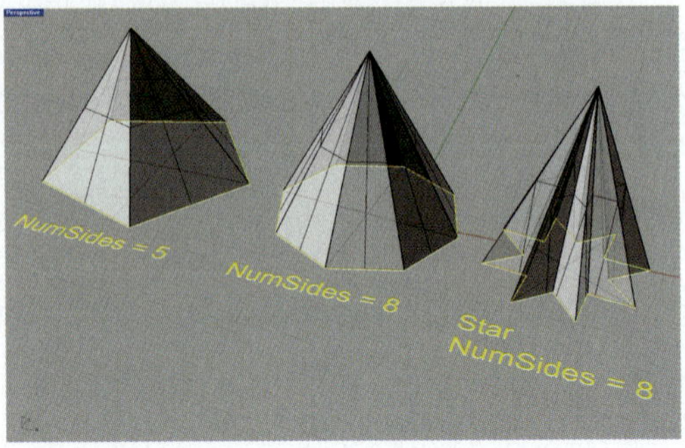

■ Inscribed

가장 기본적인 생성 방식으로 Polygon의 중심점과 가장자리의 Corner점을 이용하여 Solid를 생성하는 기능이다.

■ Circumscribed

Polygon의 중심점을 기준으로 가장자리의 중간점을 이용하여 Solid를 생성하는 기능이다.

■ Edge

Polygon의 가장자리를 기준으로 Solid를 생성하는 기능이다.

■ Star

별 모양의 Solid를 생성하는 기능이다.

〈DirectionConstraint〉

방향 제한 옵션은 Polygon명령과 같다.

■ Vertical

CPlane에 수직으로 피라미드 Solid를 생성하는 기능이다.

■ AroundCurve

커브의 지정한 점을 중심점으로 하는 피라미드를 생성하는 기능이다.

 | Truncated Cone

메뉴: Solid Menu 〉 Truncated Cone

버튼: 왼쪽 클릭

기능: 정점을 평면으로 자른 Solid 원뿔을 생성하는 기능이다.

〈Options for the base circle〉

기준 원의 옵션은 Circle 명령의 옵션과 동일하다.

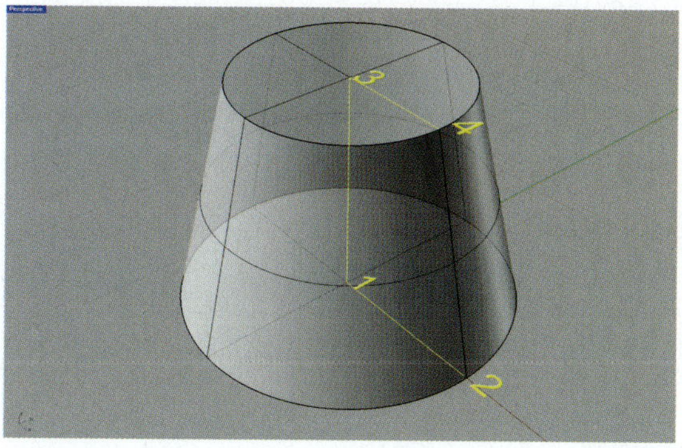

■ Truncated Cone: Center, Radius

Truncated Cone를 생성하기 위한 기본 옵션으로 중심점, 반지름 값을 이용하여 생성하는 기능이다.

■ Truncated Cone: 2Point

원의 지름을 이용하여 원뿔대를 생성하는 기능이다.

■ Truncated Cone: 3Point

3개의 점을 지정하여 원뿔대를 생성하는 기능이다.

■ Truncated Cone: Tangent

커브와 Tangent로 접하는 원뿔대를 생성하는 기능이다.

■ Truncated Cone: Fit Points

3개 이상의 Point가 있어야 하며 이 Point를 지나는 원뿔대를 생성하는 기능이다.

〈DirectionConstraint〉

■ Vertical

선택한 CPlane에 수직으로 원뿔대를 생성하는 기능이다.

■ AroundCurve

커브의 지정한 점을 중심점으로 하는 원뿔대를 생성하는 기능이다.

Cylinder

메뉴: Solid Menu 〉 Cylinder

버튼: 왼쪽 클릭

기능: 원통형의 Solid를 생성하는 기능이다.

〈Options〉

기준 원의 옵션은 Circle 명령의 옵션 동일하다.

■ Cylinder: Center, Radius

Cylinder를 생성하기 위한 기본 옵션으로 중심점, 반지름 값을 이용하여 생성하는 기능이다.

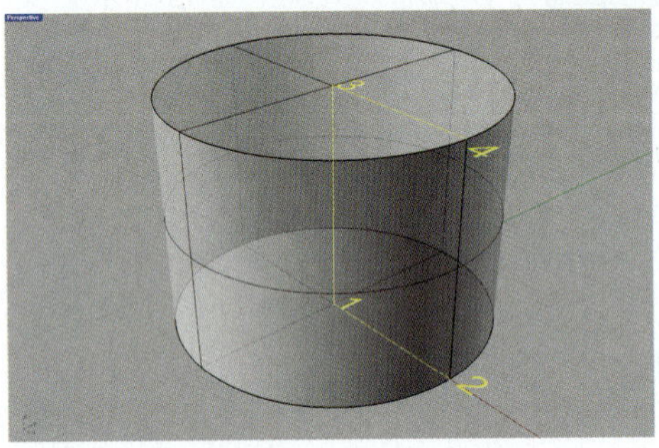

■ Cylinder: 2Point

원의 지름을 이용하여 원통을 생성하는 기능이다.

■ Cylinder: 3Point

3개의 점을 이용하여 원통을 생성하는 기능이다.

■ Cylinder: Tangent

커브와 Ttangent를 접하는 원통을 생성하는 기능이다.

■ Cylinder: Fit Points

3개 이상의 Point가 있어야 하며 이 Point를 지나는 원통 생성 기능이다.

〈DirectionConstraint〉

■ Vertical

CPlane에 수직으로 생성하는 기능이다.

■ AroundCurve

커브의 지정한 점을 중심점으로 생성하는 기능이다.

Tube

메뉴: Solid Menu 〉 Tube
버튼: 왼쪽 클릭
기능: 중심이 같은 원통형 구멍을 가진 원통으로 닫힌 원통을 생성하는 기능이다.

〈Options for the base circle〉

기준 원의 옵션은 Circle 명령의 옵션과 동일하다.

■ Tube: Center, Radius

Tube를 생성하기 위한 기본 옵션으로 중심점, 반지름 값을 이용하여 생성하는 기능이다.

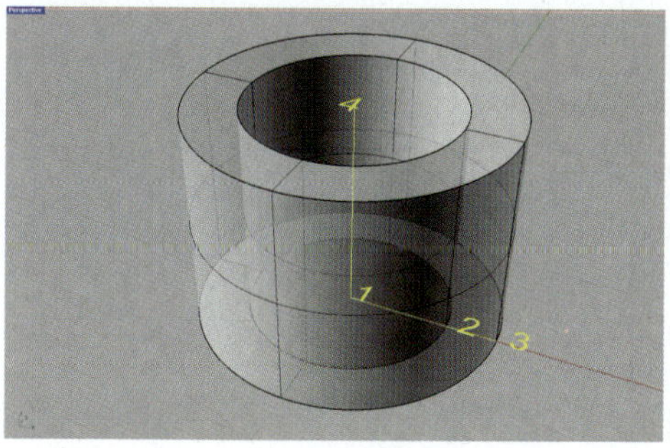

■ Tube: 2Point

원의 지름을 이용하여 Tube를 생성하는 기능이다.

■ Tube: 3Point

3개의 점을 이용하여 Tube를 생성하는 기능이다.

■ Tube: Tangent

커브와 Tanget로 접하는 Tube를 생성하는 기능이다.

■ Tube: Fit Points

3개 이상의 Point가 있어야 하며 이 Point를 지나는 Tube 생성기능이다.

〈DirectionConstraint〉

■ Vertical

CPlane에 수직으로 생성하는 기능이다.

■ AroundCurve

커브의 지정한 점을 중심점으로 생성하는 기능이다.

| Torus

메뉴: Solid Menu 〉 Torus
버튼: 왼쪽 클릭
기능: Solid 도넛 형태를 생성하는 기능이다.

〈Options for the base circle〉

기준 원의 옵션은 Circle 명령의 옵션과 동일하다.

■ Torus: Center, Radius

Torus를 생성하기 위한 기본 옵션으로 중심점, 반지름 값을 이용하여 생성하는 기능이다.

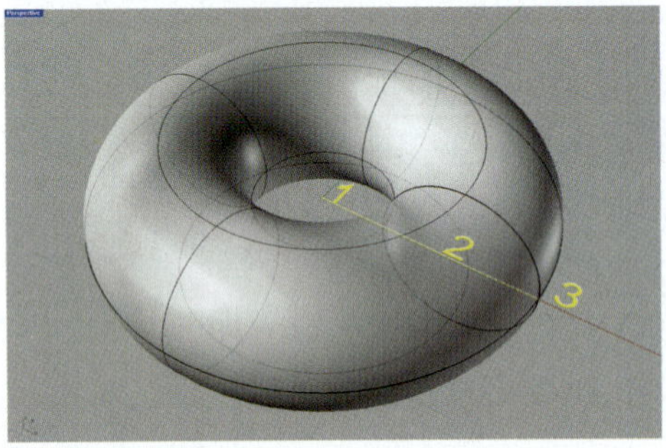

■ Torus: 2Point

원의 지름을 이용하여 Torus를 생성하는 기능이다.

■ Torus: 3Point

3개의 점을 이용하여 Torus를 생성하는 기능이다.

■ Torus: Tangent

커브와 Tangent로 접하는 Torus를 생성하는 기능이다.

■ Torus: Fit Points

3개 이상의 Point가 있어야 하며 이 Point를 지나는 Torus 생성기능이다.

〈DirectionConstraint〉

■ Vertical

선택한 CPlane에 수직으로 Torus를 생성하는 기능이다.

■ AroundCurve

커브의 지정한 점을 중심점으로 하는 Torus를 생성하는 기능이다.

| Pipe

메뉴: Solid Menu 〉 Pipe

버튼: 왼쪽 클릭

기능: 이 기능은 커브를 중심으로 원형 Profile인 Surface를 생성하는 기능이며 양쪽 끝의 반지름이 달라도 상관없다.

〈Options〉

• ChainEdges

가장 자리를 연속해서 선택할 수 있는 기능이다.

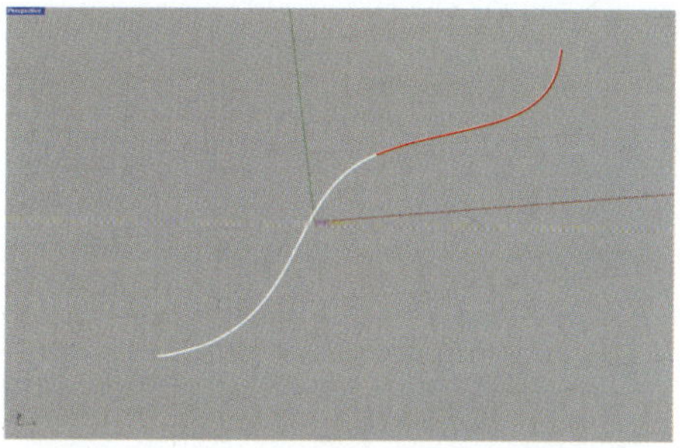

① 다음과 같은 2개의 커브를 생성하여 Match Curve 기능을 실행하여 두 커브 연속성을 Tangent(G1) 맞추어 준다.

② Pipe 기능을 실행하여 Command Line에 있는 ChainEdges를 클릭 한다. ChainContinuity를 Tangent로 맞추어 준 다음 AutoChain을 Yes로 설정한다. 두 커브선 중 어느 것을 선택하더라도 자동적으로 두 커브가 선택되어진다. 이미지와 같이 반지름 값을 양 끝점은 4, 6을 입력하고 가운데 지점은 10을 입력한다.

• Diameter/Radius

파이프 두께를 만들기 위해 원형의 크기를 반지름 또는 지름 값으로 생성시키는 기능이 다.

• Cap

끝부분의 끝막음 방식을 지정하는 기능이다.

None

파이프에 끝막음을 하지 않는다. 이 기능을 실행하면 열린 Surface의 파이프 형태가 생성된다.

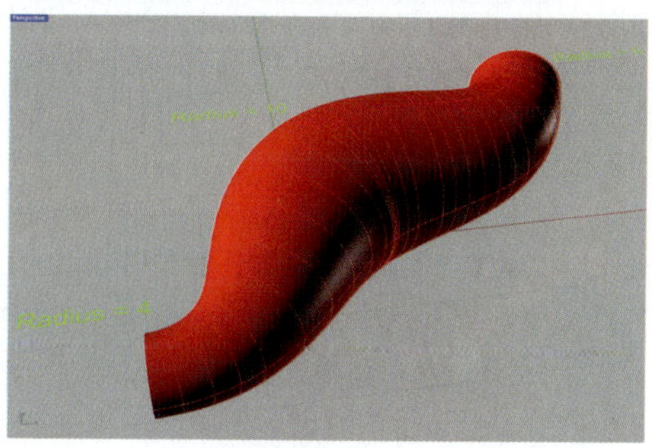

• **Flat**

평면형 Surface로 끝막음이 되게 하는 기능이다.

• **Round**

반구체 Surface로 끝막음이 되게 하는 기능이다.

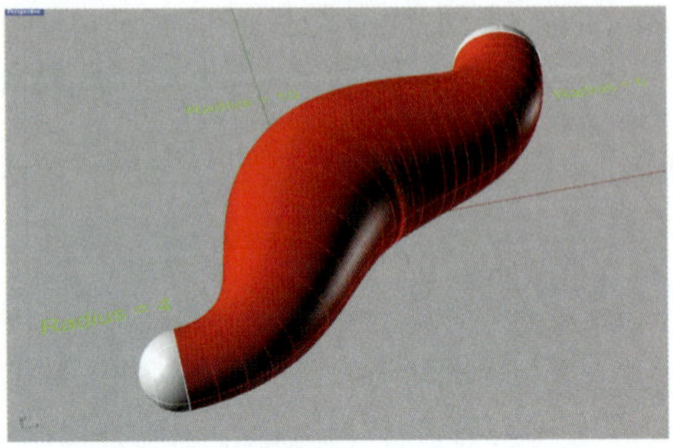

• **Thick**

No

값을 설정하면 파이프에 벽이 하나로 생성되게 하는 기능이다.

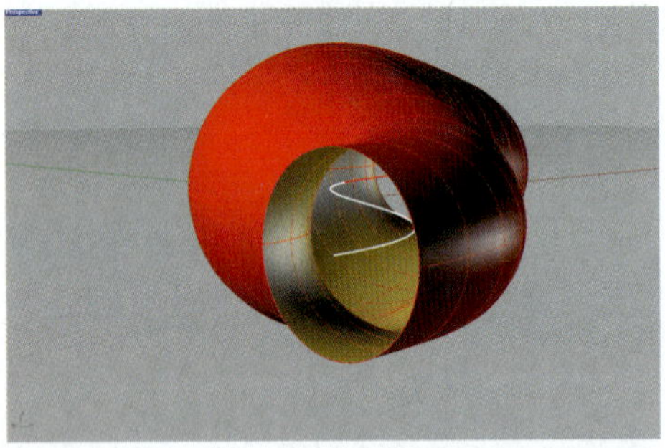

Yes

값을 설정하면 파이프에 벽을 2개 생성하는 기능이다.

• **ShapeBlending**

Local

파이프의 반지름이 끝은 일정하고 중간은 더욱 급격하게 변경된다.

커브가 선과 호의 Polycurve인 경우, Local은 Rail에 맞춰 단일 Surface를 생성한다.

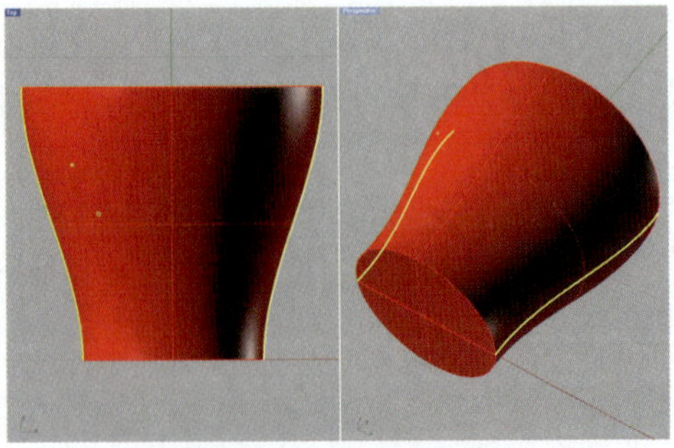

• Global

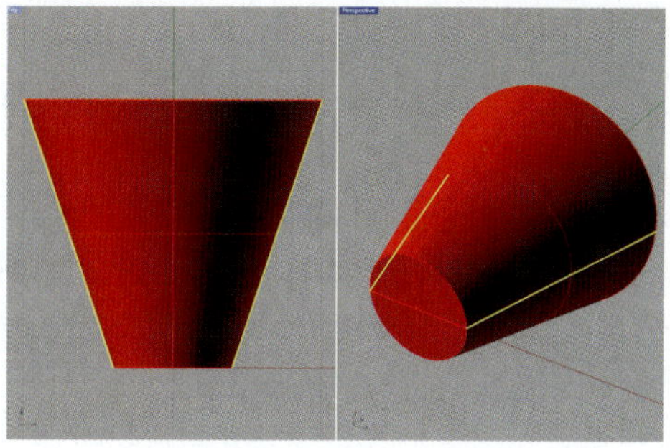

한쪽 끝에서 다른 쪽으로 반지름이 선형으로 Blending되어 한쪽 반지름에서 다른 쪽의 반지름까지가 점차 줄어드는 Taper 형태가 된다. 커브가 선과 포로 이루어진 Polycurve인 경우, 결과는 Polycurve Segment로 만든 Join된 Surface를 가진 Polysurface가 된다.

| Text

메뉴: Solid Menu 〉 Text

버튼: 왼쪽 클릭

기능: True Type 글꼴을 사용하여 Curve, Surface, Solid 개체로 생성하는 기능이다. Text는 선택되어 있는 Viewport의 CPlane에 입력된다.

한자 글자를 생성하고자 한다면 한글로 글자 하나씩 생성한 다음 한자 버튼을 클릭 한다. 모니터 화면 우측 하단 쪽에 같은 음을 나타내는 한자가 나타나는 것을 볼 수 있다. 원하는 한자를 클릭하면 한글이 한자로 변환하는 것을 볼 수 있다.

〈Options〉

• Text to Create

Text를 입력하는 기능이다.

• Font

글꼴과 스타일을 선택하는 기능이다.

Name: 글꼴 이름을 지정하는 기능이다.

Bold : 글꼴을 굵게 설정하는 기능이다.

Italic : 글꼴을 기울임꼴로 설정하는 기능이다.

• Create

개체 유형을 지정하는 기능이다.

Curve

윤곽선 커브를 사용하여 Text를 만드는 기능이다.

Allow single stroke fonts

닫힌 Loop boundary가 없는 글꼴을 허용한다.

기계 응용 프로그램용 조각 스타일 글꼴이 가장 일반적이다. 이 Option을 선택하지 않으면, 단일획 조각 글꼴이 닫힌 Loop boundary로 표시된다.

Surface

평면형 Surface를 사용하여 Text를 생성하는 기능이다.

Solid

Solid를 사용하여 Text를 생성하는 기능이다.

Group Object

Text 개체를 그룹화시키는 기능이다.

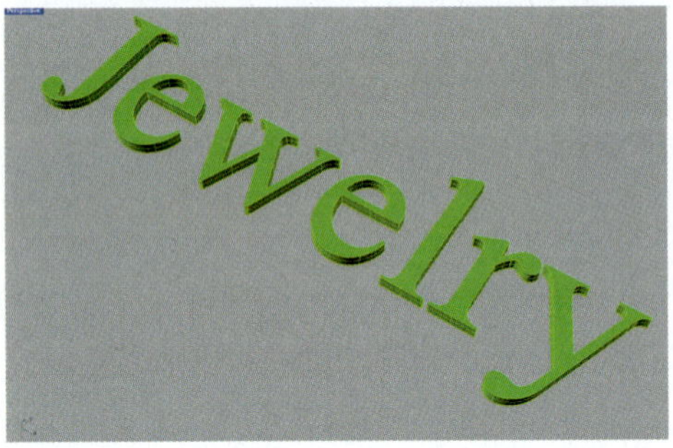

- Text Size

Text 높이와 두께를 설정하는 기능이다.

- Height

높이를 모델의 단위로 Y축 방향으로 설정하는 기능이다.

- Solid thickness

Solid로 만들어진 Text의 두께를 Z축 방향으로 설정한다.

EXTRUDE SOLID TOOLBAR

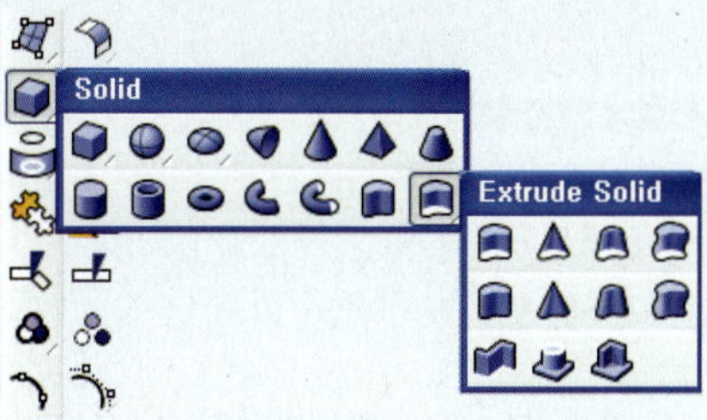

Extrude Surface

메뉴: Solid Menu 〉 Extrude Surface

버튼: 왼쪽 클릭

기능: Surface를 Extrude하여 Solid를 생성하는 기능이다.

〈Options〉

• Direction

Extrude하고자 하는 방향을 설정하는 기능이다.

• Bothsides

개체를 시작점의 양쪽에 작성하고 작업자가 지정한 길이의 2배로 개체를 생성하는 기능이다.

• Cap

Profile 커브가 닫혀 있는 경우, 돌출된 개체의 양쪽 끝은 평면형 Surface로 채워지고 Join되어 닫힌 Polysurface를 생성하는 기능이다.

• DeleteInput

원래 개체를 삭제하는 기능이다.

• ToBoundary

Surface를 경계 Surface까지 돌출시키는 기능이다.

Extrude Surface to Boundary

메뉴: Solid Menu 〉 Extrude Surface to Boundary 〉 Straight

기능: 경계가 되는 하나의 Surface를 이용하여 Surface를 돌출시키는 기능이다.

① Text 기능을 실행하여 다음과 같은 문자를 Surface개체로 생성한다.

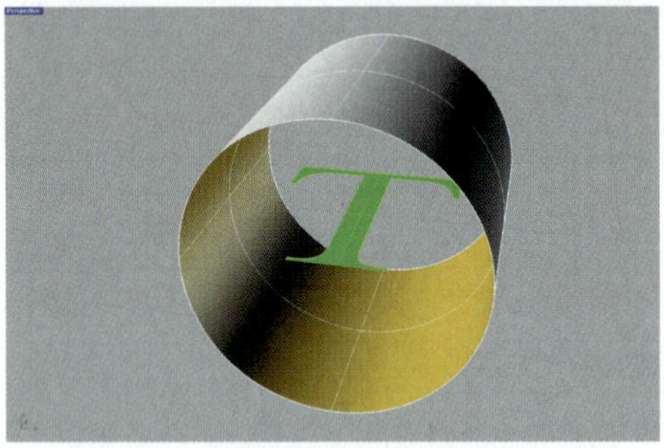

② 문자를 둘러싼 Surface를 생성한 다음 Text Surface를 중심으로 하여 배치한다.

③ Solid Menu 〉 Extrude Surface to Boundary 〉 Straight 기능을 실행하여 Text Surface를 둘러싼 Surface를 경계로 하여 돌출시킨다. Extrude가 되는 것을 볼 수 있다.

④ 다시 한번 Solid Menu 〉 Extrude Surface to Boundary 〉 Straight기능을 실행하여 하단에 위치한 Text Surface를 선택한다. 다음으로 둘러싼 Surface의 하단 쪽을 클릭 한다.

⑤ 이번에는 밑에 방향으로 Text Surface가 Extrude된 것을 볼 수 있다.

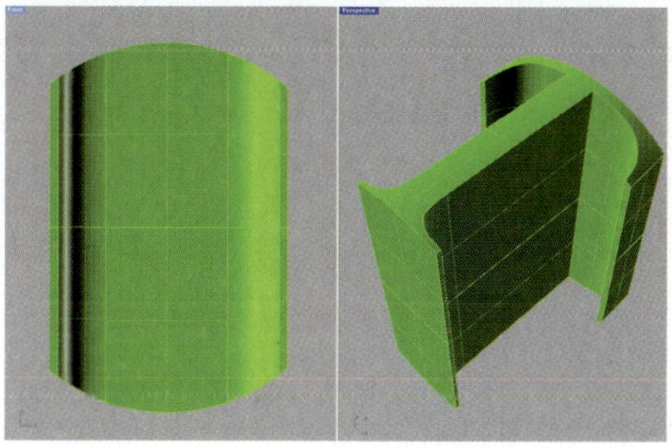

⑥ 둘러싼 Surface를 제거한 후 완성된 Solid를 확인 한다.

| Slab

메뉴: Solid Menu 〉 Slab

버튼: 왼쪽 클릭

기능: 커브에 Offset, Extrude, Cap 작업을 실행하여 Solid를 만드는 기능이다.

〈Options〉

- Distance

수치를 입력하여 Offset하여 Solid를 생성하는 기능이다.

- ThroughPoint

선택된 커브선이 Offset되어지는 것을 보면서 Solid를 생성하는 기능이다.

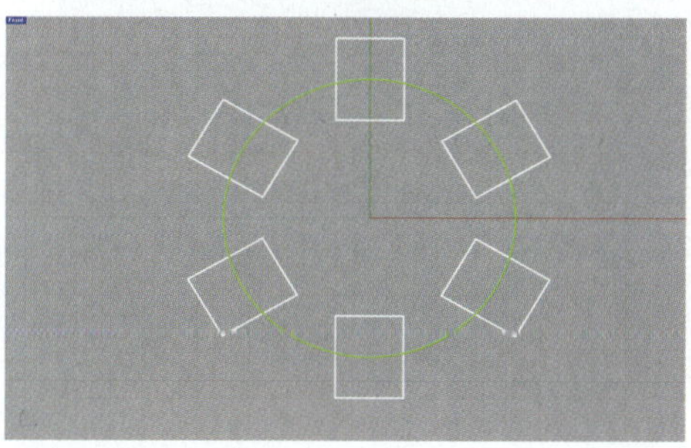

① 지름이17mm인 Circle Curve를 생성한 다음 Quad점을 기준으로 Rectangle Curve를 생성한다. Transform〉 Polar Array 기능을 실행하여 6개를 배열한다.

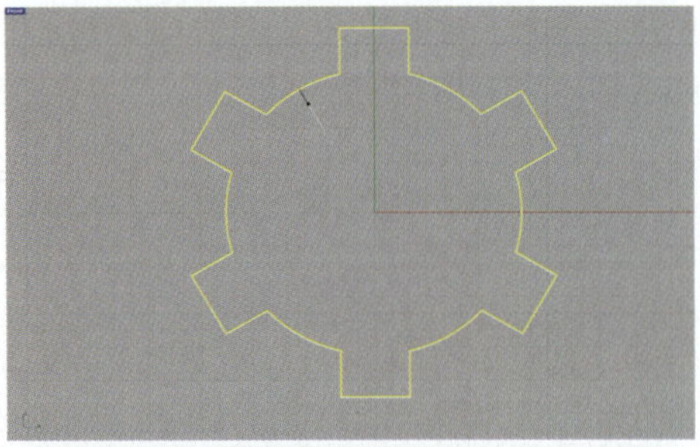

② Trim 기능을 실행하여 안쪽의 Curve를 잘라 삭제한다.

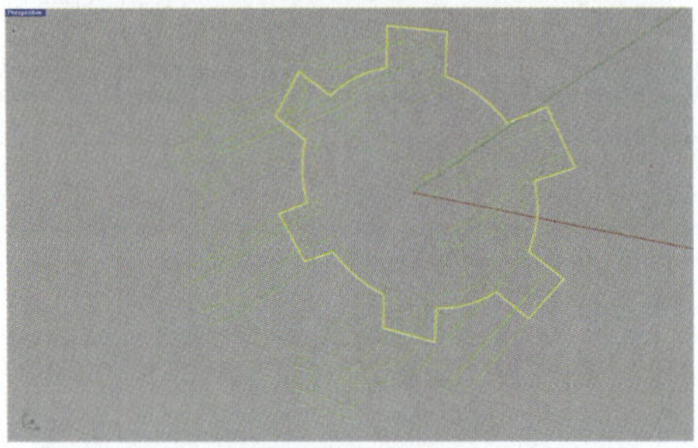

③ Solid Menu 〉 Slab 기능을 실행한다. Command Line에 있는 Offset Distance 값을 1로 설정한다. Height는 10으로 설정한다.

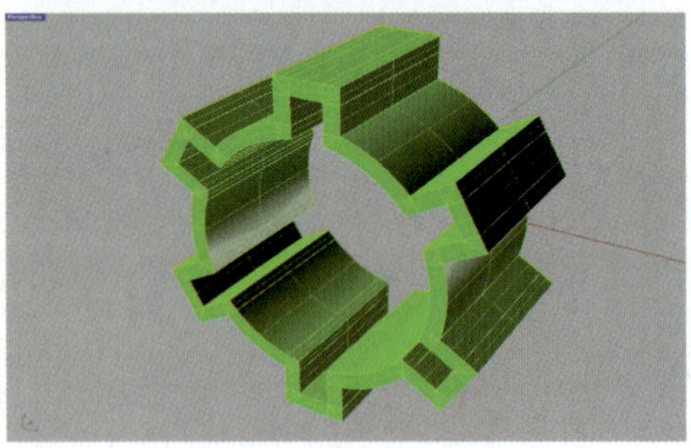

④ 완성된 Solid를 확인 할 수 있다.

| Boss

메뉴: Solid Menu 〉 Boss

버튼: 왼쪽 클릭

기능: 닫힌 Planar Curve를 이용하여 Surface나 Polysurface에 확장하여 Solid를 생성하는 기능이다.

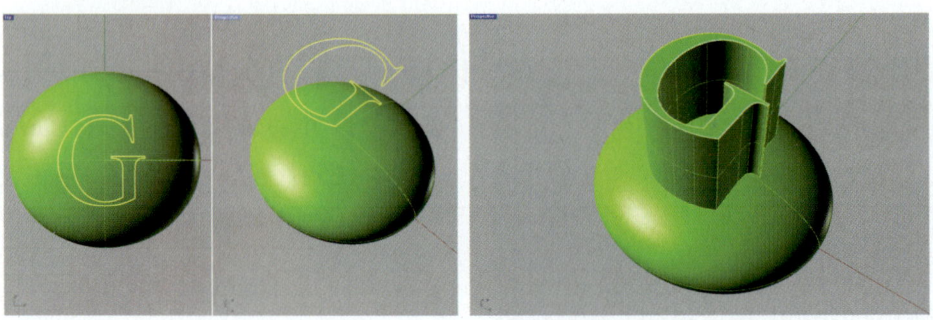

Curve가 Target의 내부에 있다면, 다음 이미지와 같이 음각 형태의 구멍이 만들어진다.

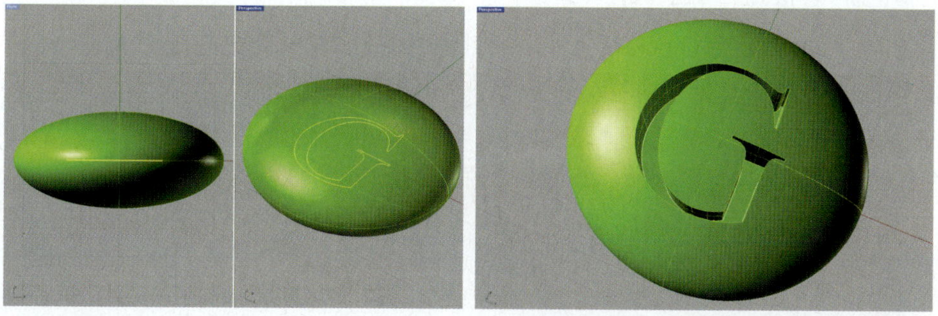

〈Options〉

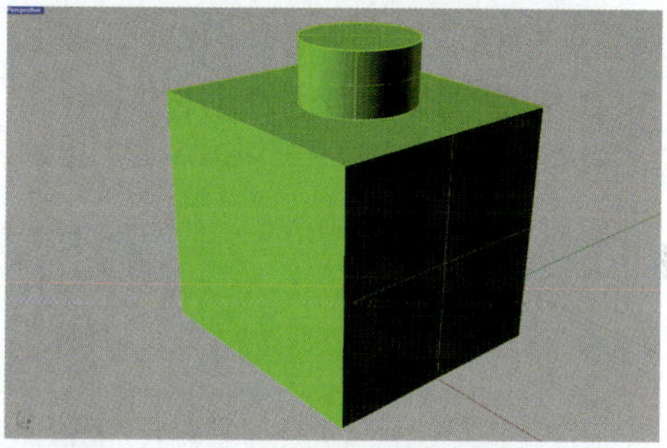

• Mode

Extrude하는 방식을 설정하는 기능이다.

• Straight

직선 방향으로 Extrude하는 기능이다.

• Tapered

Curve에 Draft Angle를 주고 Extrude시키는 기능이다.

• DraftAngle

Taper의 각도를 설정하는 기능이다.

| Rib

메뉴: Solid Menu 〉 Rib

버튼: 왼쪽 클릭

기능: 이 기능은 Target이 되는 Surface나 Polysurface에 Curve를 Offset, Extrude작업을 걸쳐 Solid화 시키는 기능이다.

〈Options〉

• Offset

Offset 방향은 입력 커브에 상내적이다.

• InCurvePlane

입력 커브가 평면 View에서 Rib을 나타낼 때 사용하는 기능이다.

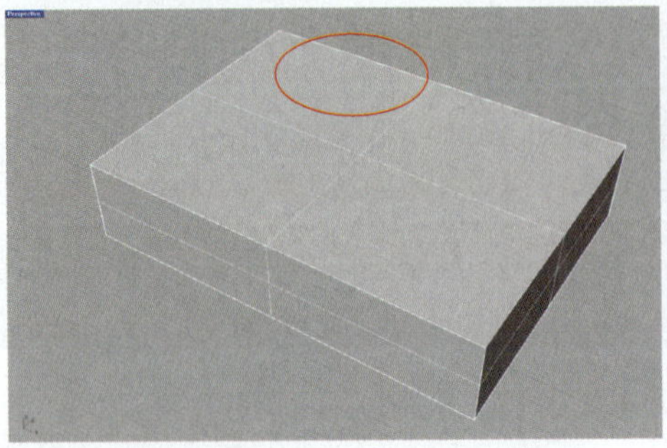
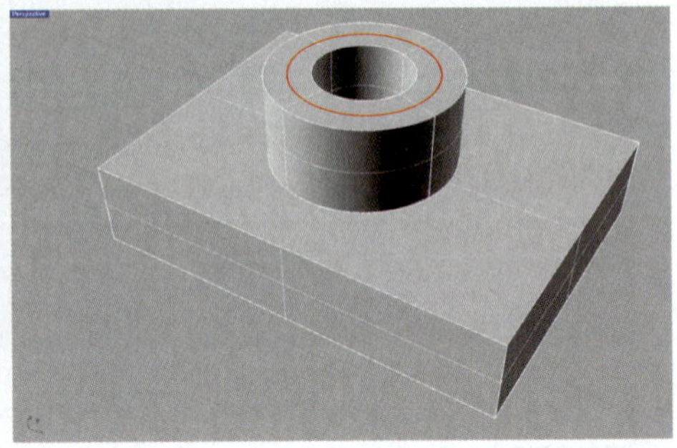

• NormalToCurvePlane

입력 Curve가 평면 View에서 Rib을 나타낼 때 사용하는 기능이다.

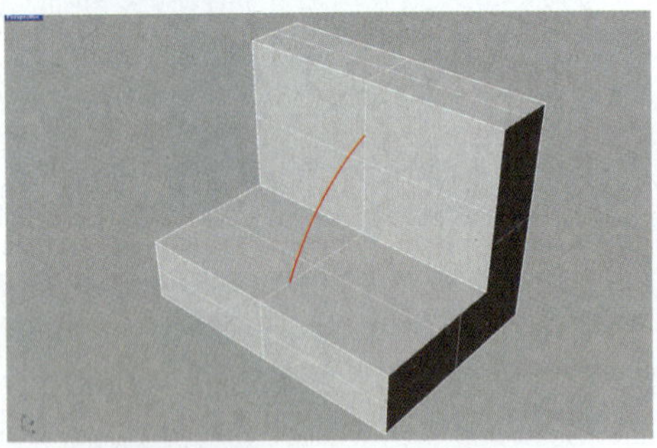
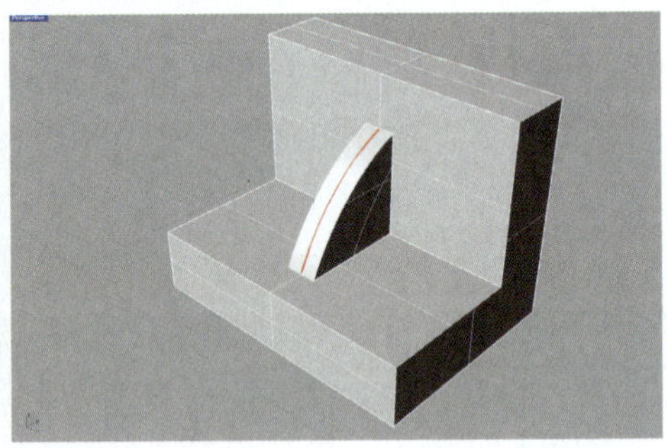

• Distance

Offset되는 거리를 설정할 수 있다.

• Mode

Straight

직선 방향으로 Extrude하는 기능이다.

• Tapered

Curve에 Draft Angle를 주고 Extrude시키는 기능이다.

• DraftAngle

Taper의 각도를 설정하는 기능이다.

SOLID TOOLBAR

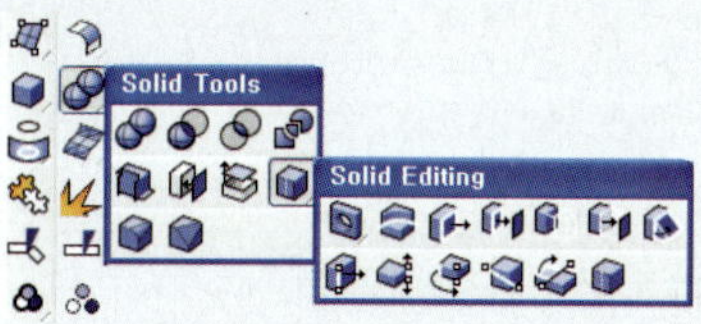

Fillet Edge

메뉴: Solid Menu 〉 Fillet Edge 〉 Fillet Edge

버튼: 왼쪽 클릭

기능: 여러 개의 Polysurface 가장자리 사이에 다양한 반지름 값을 사용하여 곡률 연속성을 갖는 Surface를 만들며 원래 면을 Trim 실행하고 Fillet Surface를 Polysurface 가장자리에 Join시키는 기능이다.

Solid를 Fillet 처리할 경우, 불가피한 경우가 아니라면 Fillet 가장자리로 작업하는 것이 효율적이다.

Fillet 기능이 적용되지 않는 경우 설정된 값보다 낮은 값으로 입력한다.

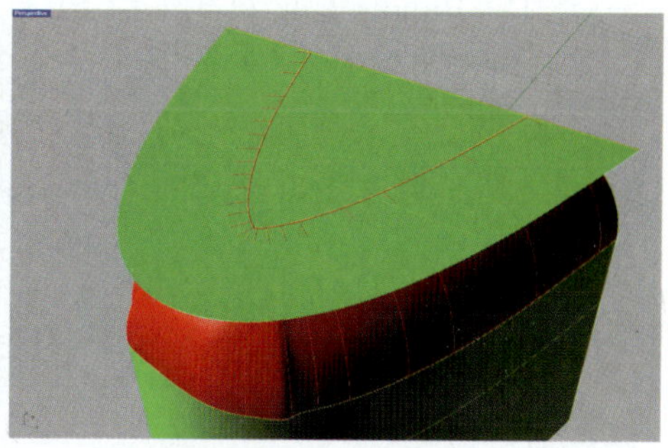

다음과 같은 형태에 Fillet 가장자리기능을 실행할 때 Radius 값에 따라 좋지 못한 결과를 초래할 수 있다.

이때 다음과 같이 Handle을 추가하여 Radius값을 작게 적용한다.

깨끗한 Fillet Surface가 생성되는 것을 볼 수 있다.

〈Options〉

• CurrentRadius

현재 Handle의 Radius값을 지정하는 기능이다.

• AddHandle

가장자리를 따라 Handle을 추가하는 기능이다.

• CopyHandle

선택된 Handle의 Radius값을 사용하여 새 Handle을 추가하는 기능이다.

• SetAll

모든 Handle의 Radius값을 설정하는 기능이다.

• LinkHandles

Yes로 설정되면 하나의 Handle을 편집할 때 모든 Handledl Update된다.

• RemoveHandle

최소한 한 개의 Handle이 추가될 때만 표시되는 기능이다.

- 추가된 Handle만이 제거될 수 있다.
- 각각의 열린 가장자리 Segment 끝에 있는 기본 Handle은 이동 및 삭제가 되지 않는다. 이는 명령이 실행되기 위해 필요한 최소한의 정보이기 때문이다.
- 하나의 닫힌 가장자리 끝에 있는 Handle은 이동이 가능하지만 삭제되지 않는다.

• RailType

가장자리의 Fillet Radius값을 설정하는데 있어 3가지의 Rail 방식을 선택할 수 있다.

• DistFromEdge

가장자리 Curve로부터 지정된 거리를 사용하여 교차를 결정하는 기능이다.

• RollingBall

RollingBall의 반지름을 사용하여 교차를 결정하는 기능이다.

• DistBetweenRails

가장자리 Rail 사이에 거리를 사용하여 교차를 결정하는 기능이다.

• Preview

Surface를 미리 보는 기능이다.

Blend Edge

메뉴: Solid Menu 〉 Fillet Edge 〉 Blend Edge

버튼: 오른쪽 클릭

기능: 여러 개의 Polysurface 가장자리 사이에 다양한 반지름 값을 사용하여 곡률 연속성을 갖는 접하는 Surface를 만들며 원래 면을 Trim 실행하고, Blend Surface를 Polysurface 가장자리에 Join시키는 기능이다.

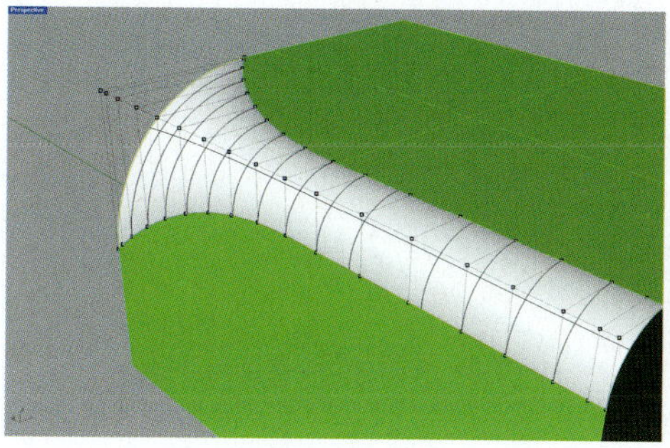
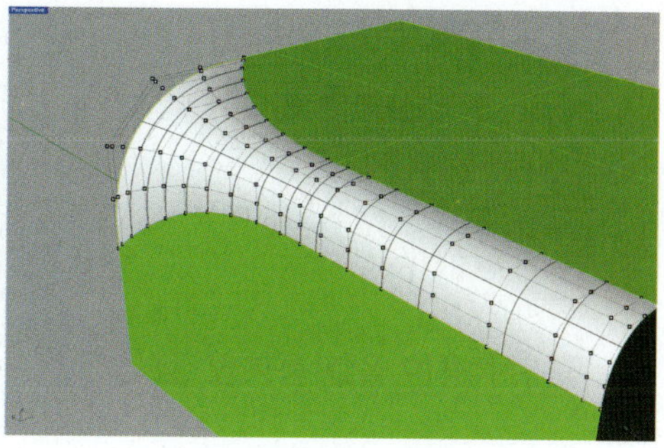

좌측에 있는 이미지는 Fillot 가장자리 기능을 실행하여 생성된 Surface를 니디내며 우측에 있는 이미지는 Blend 가장자리 기능을 실행하여 생성된 Surface를 나타낸 것이다.

Chamfer Edge

메뉴: Solid Menu 〉 Fillet Edge 〉 Chamfer Edge

버튼: 왼쪽 클릭

기능: 여러 Polysurface 가장자리 사이에 다양한 Chamfer 거리를 사용하여 룰링된 Surface를 만들고, 원래 면을 Trim 실행하고, Chamfer Surface를 결합한다.

다음과 같은 닫힌 Polysurface에 Chamfer기능을 실행하기 위해 가장자리를 선택한다. Chamfer값을 틀리게 적용하고 싶은 지점을 선택하여 개별적인 값을 적용한다. Enter키를 누른다. 가장자리에 Chamfer 값이 다르게 적용된 것을 볼 수 있다.

Cap Planar Holes

메뉴: Solid Menu 〉 Cap Planar Holes

버튼: 왼쪽 클릭

기능: Surface 또는 Polysurface에 있는 구멍을 막는 기능이다.
구멍을 형성하는 가장자리 커브들이 동일한 평면상에 있어야 하며 3차원 복곡선으로 형성된 구멍은 메울 수 없다.

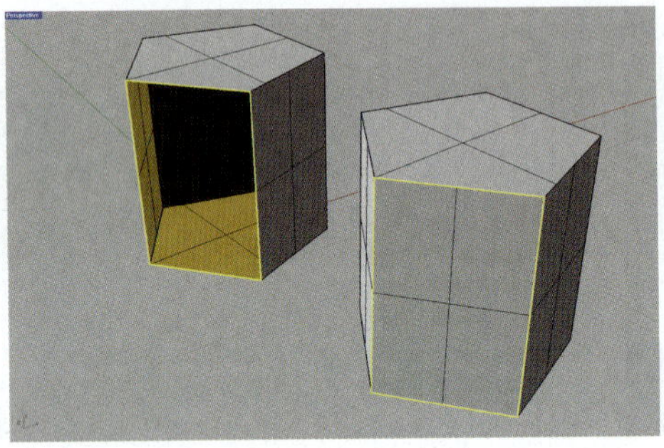

Extract Surface

메뉴: Solid Menu 〉 Extract Surface

버튼: 왼쪽 클릭

기능: Solid나 Polysurface에서 원하는 Surface를 분리하는 기능이다.
이 명령을 사용하면 Polysurface에서 원하는 Surface만을 추출할 수 있다. Explode 명령과 반대로 Polysurface에서 선택한 Surface만을 추출할 수 있으므로, 나중에 결합하는 작업이 많지 않아 시간을 효율적으로 절약할 수 있다.

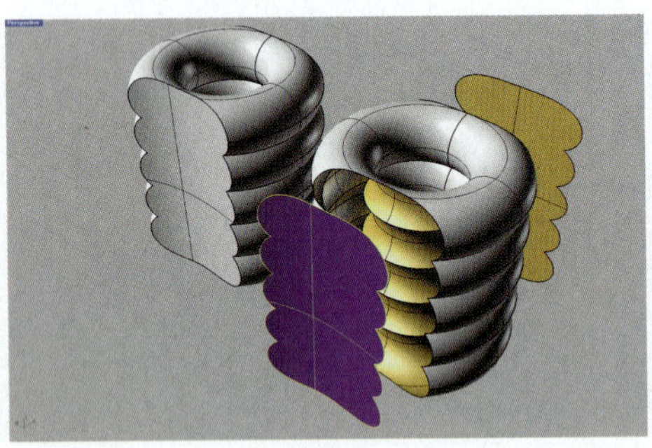

Boolean Operation

서로 겹친 Solid들을 더하거나, 하나의 Solid에서 겹친 다른 Solid를 빼거나 또는 Solid의 서로 겹친 부분을 새로운 Solid로 생성하는 기능이다. Solid와 Surface 간에 Boolean Operation을 진행할 수 있다. 이 때는 Surface의 Normal Direction이 작업에 중요한 영향을 미친다.

Boolean Union

메뉴: Solid Menu 〉 Union

버튼: 왼쪽 클릭

기능: 선택된 Polysurface 또는 Surface의 공유 영역을 잘라내고, 공유하지 않는 영역을 단일 Polysurface로 생성하는 기능이다.

〈Options〉

- DeleteInput

원래 개체를 삭제하는 기능이다.

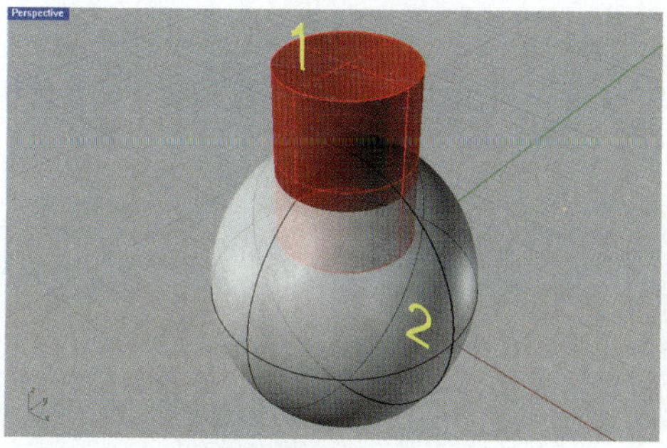

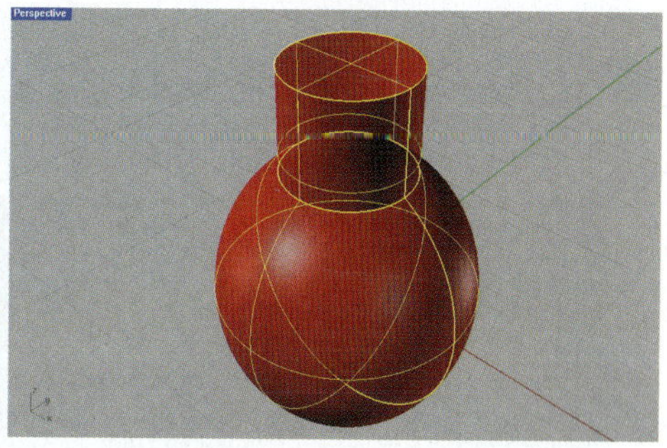

다음 이미지와 같이 Boolean Union 시키고자 하는 Solid를 순서대로 선택한 다음 Enter 키를 누른다.

Boolean Difference

메뉴: Solid Menu 〉 Difference

버튼: 왼쪽 클릭

기능: Solid에서 서로 겹쳐진 부분이 있는 다른 Solid를 빼는 기능이다.

Solid와 Solid 개체인 경우는 가장 일반적으로 작업하는 것으로 빼고자 하는 물체를 두 번째 선택하고 남는 물체를 먼저 선택한다.

Solid와 Surface 개체인 경우는 Surface의 Normal Direction에 따라 생성되는 결과가 다르다.

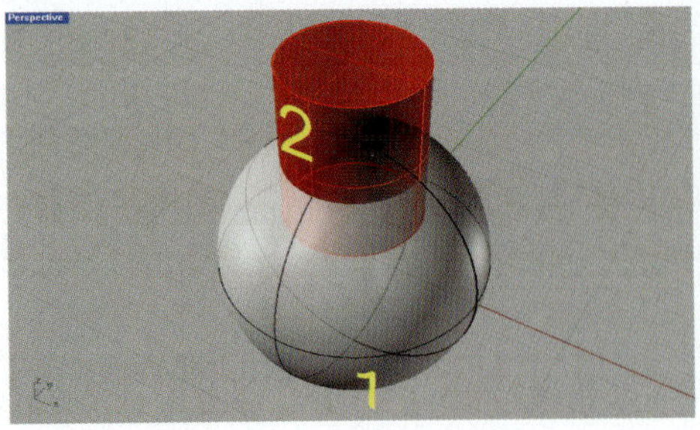

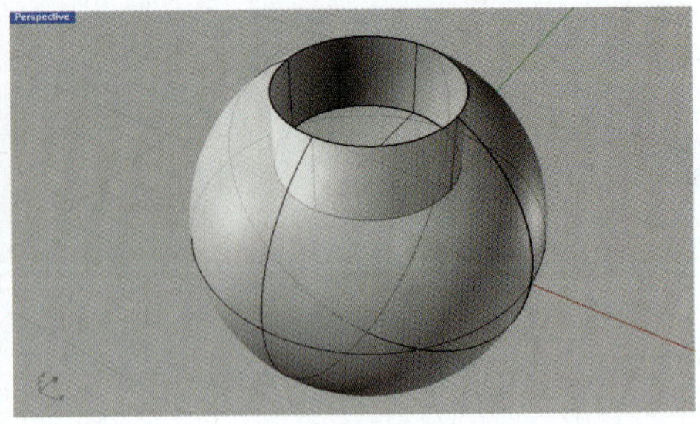

남는 물체를 먼저 선택한 다음 Enter키를 누르고 빼고자 하는 개체를 나중에 선택한 다음 Enter키를 누른다.

Boolean Intersection

메뉴: Solid Menu 〉 Intersection

버튼: 왼쪽 클릭

기능: 선택된 Polysurface 또는 Surface의 공유하지 않는 영역을 잘라내어 공유하는 부분만 생성시키는 기능이다.

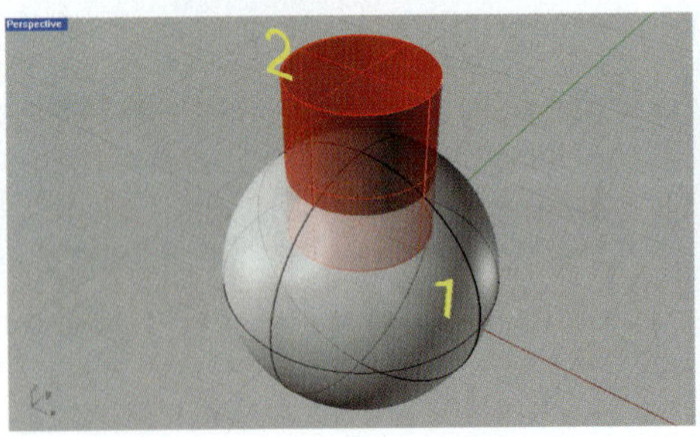

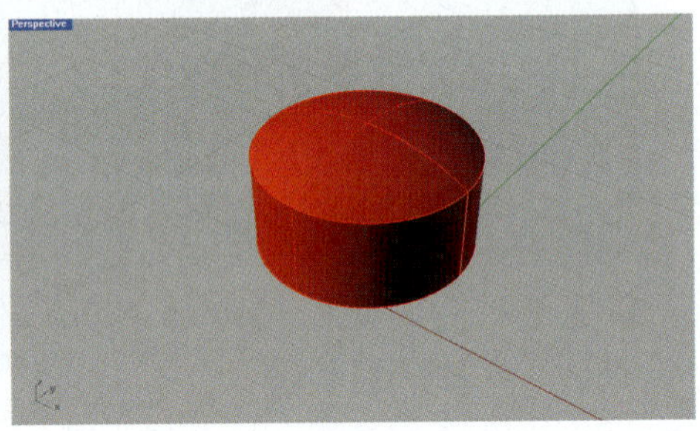

다음 이미지와 같은 순서로 Solid를 각각 선택 할 때마다 Enter키를 누른다. 교차되는 부분만 Solid로 생성되는 것을 볼 수 있다.

Boolean Two Objects

메뉴: Solid Menu 〉 Boolean Two Objects

버튼: 오른쪽 클릭

기능: Boolean Operations 기능을 반복하게 한다. 순서는 Union, Intersection, Difference 순서로 진행되며 마우스 클릭으로 반복해서 실행할 수 있다. 원하는 작업을 적용하려면 Enter 키를 눌러 선택한다.

① Boolean Two Objects다음 이미지와 같은 순서로 선택한다.

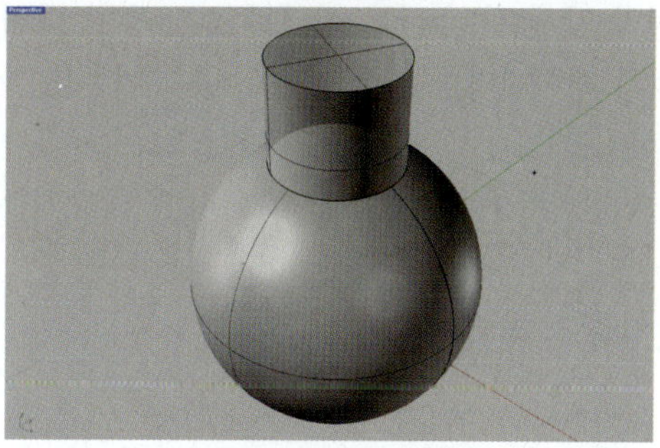

② 두 번째 개체를 선택하자마자 Union기능을 실행한 상태로 전환된다. 마우스 왼쪽 버튼을 클릭 한다.

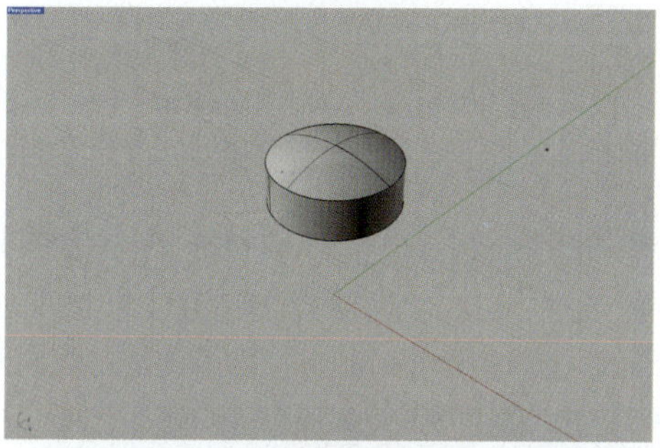

③ 다음 연산 작업인 Intersection기능으로 전환된다. 마우스 왼쪽 버튼을 클릭 한다.

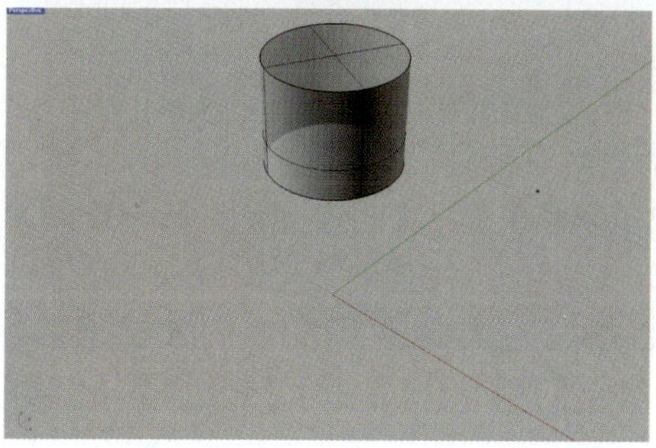

④ 다음 연산 작업인 Difference A로 전환된다. 마우스 왼쪽 버튼을 클릭 한다.

⑤ 다음 연산 작업인 Difference B로 전환된다. 마우스 왼쪽 버튼을 클릭 한다.

⑥ 마지막 단계로 Inverse 상태로 전환된다. 다시 반복하고자 한다면 다시 마우스 왼쪽 버튼을 클릭 한다.

원하는 연산 작업을 적용하고자 한다면 해당되는 단계에서

Enter키를 누르면 된다.

Boolean Split

메뉴: Solid Menu 〉 Boolean Split

버튼: 왼쪽 클릭

기능: 선택되어진 Polysurface나 Surface가 겹쳐져 있는 곳을 자르고, 겹쳐져 있는 부분과 겹쳐져 있지 않은 부분을 나누어 생성하는 기능이다. 절단 개체와 분리시킬 개체는 같은 물체일 수 있다.

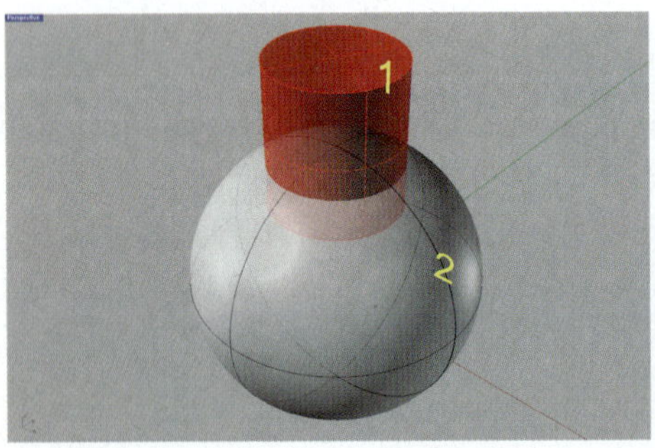

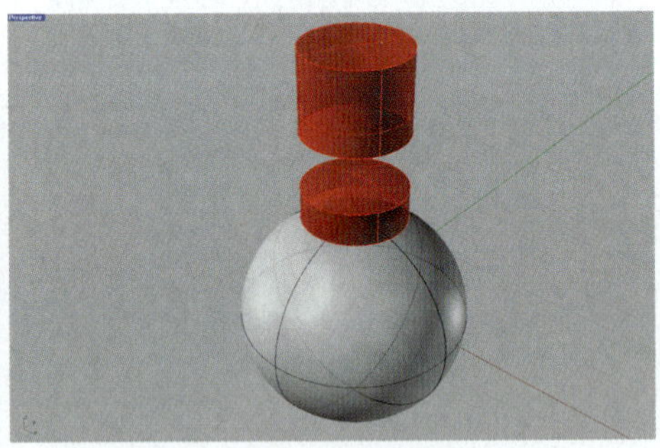

다음 이미지와 같은 순서로 개체를 선택한다. 각 개체를 선택하면서 Enter키를 누른다. 개체가 서로 나누어지는 결과를 볼 수 있다.

이 기능은 주얼리 아이템 중 반지 개체를 제작할 때 쉽게 제작할 수 있다.

Create Solid

메뉴: Solid Menu 〉 Create Solid

버튼: 왼쪽 클릭

기능: 선택된 Surface와 Polysurface로 닫힌 Polysurface를 생성하는 기능이다.

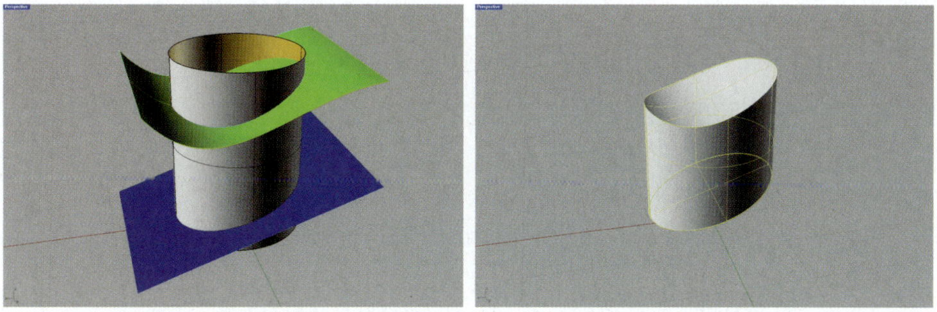

다음 이미지와 같이 서로 겹쳐져 있는 Surface들을 이용하여 닫힌 Polysurface가 생성되는 결과를 볼 수 있다.

SOLID EDIT TOOLBAR

Move Edge

메뉴: Solid Menu 〉 Edges 〉 Move Edge

버튼: 왼쪽 클릭

기능: Polysurface 가장자리를 이동시키는 기능이다.

- 조정된 면의 구멍은 일반적으로 Move 또는 Stretch하지 않는다.
- 주위를 둘러싼 결합된 Surface는 새로운 면의 형태와 방위를 보완하기 위해 조정된다.
- 모든 조정된 면은 평면형이거나, Stretch가 쉬워야 한다.

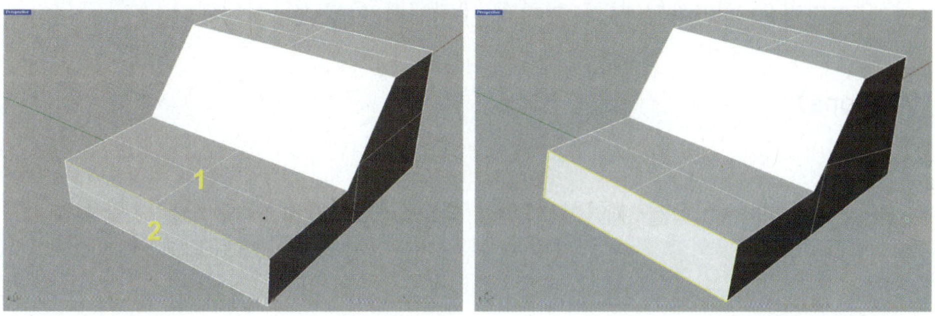

〈Options〉

• DirectionConstraint

None

방향에 제한을 두지 않게 하는 기능이다.

FirstFaceNormal

첫 번째 면의 Normal 방향을 기준으로 이동을 제한한다.

SecondFaceNormal

두 번째 선택된 면의 Normal 방향을 기준으로 이동을 제한한다.

AverageFacesNormal

이동을 첫 번째와 두 번째 면의 Normal 방향의 평균값으로 제한한다.

Vertical

CPlane에 대하여 세로 방향으로 이동을 제한하는 기능이다.

이 기능은 이동한 면과 인접한 면 모두 Trim되지 않은 면이어야 한다.

Move Untrimmed Edge

버튼: 오른쪽 클릭

기능: Trim되지 않은 Polysurface 면을 이동할 때 사용되는 기능이다. 주위를 둘러싼 결합된 Surface는 새로운 면의 방위를 보완하기 위해 조정된다. 이 기능은 이동한 면과 인접한 면도 Trim되지 않은 면이어야 한다.

Rotate Linear Edge

메뉴: Solid Menu 〉 Edges 〉 Rotate Edge

버튼: 왼쪽 클릭

기능: 중심축을 중심으로 Surface 또는 Polysurface의 가장자리를 회전시키는 기능이다. 주위를 둘러싼 결합된 Surface는 새로운 면의 형태와 방위를 보완하기 위해 조정되며 결합된 가장자리를 유지하면서 결합된 Polysurface를 조정할 수 있다. 이 명령은 평면형의 상자 형태의 개체에서 가장 잘 실행된다.

〈Options〉

• 3DAxis

CPlane에 대하여 회전 평면이 평행이 되도록 제한받지 않게 하는 기능이다.

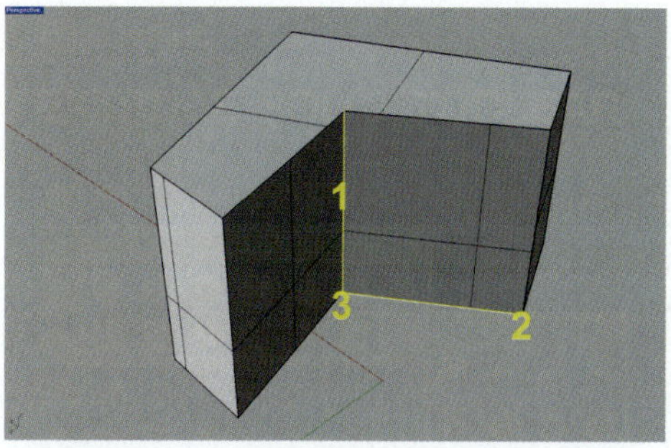

① 다음 이미지와 같이 회전시키고자 하는 가장자리를 선택하여 보이는 순서에 맞추어 각 가장자리의 End점을 지정한다.

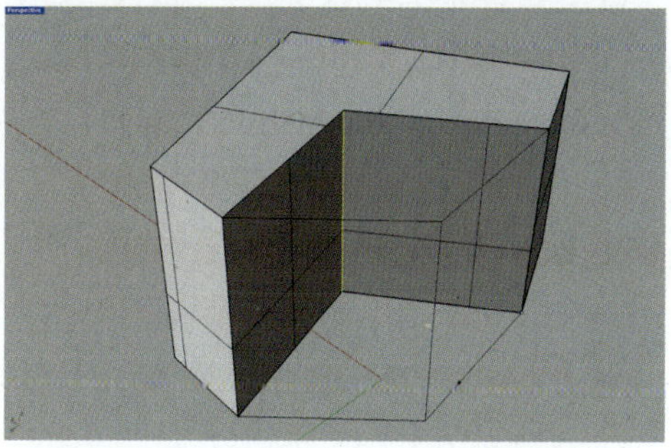

② 회전시키고자 하는 방향으로 이동시켜 본다.

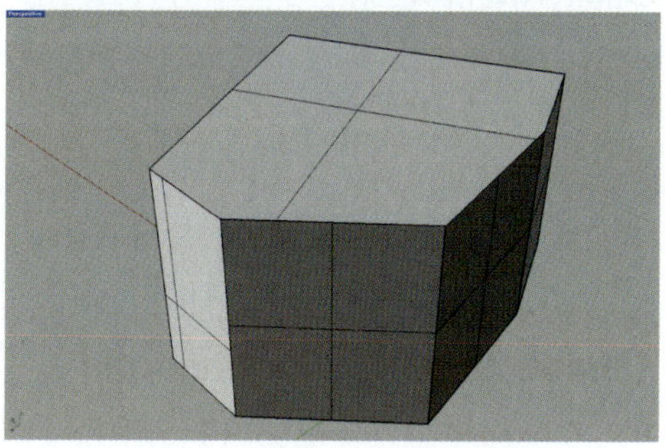

③ 가장자리가 회전하면서 Solid 형태가 바뀐 것을 볼 수 있다.

| Scale Edge

메뉴: Solid Menu 〉 Edges 〉 Scale Edge

버튼: 왼쪽 클릭

기능: 평면형 Surface 또는 Polysurface 면 가장자리의 길이를 변경하는 기능이다.
주위를 둘러싼 결합된 Surface는 새로운 면의 형태와 방위를 보완하기 위해 조정된다.

〈Options〉

• ScaleDimension

1D 가장자리를 선택하여 한 방향으로 크기를 조절하는 기능이다.

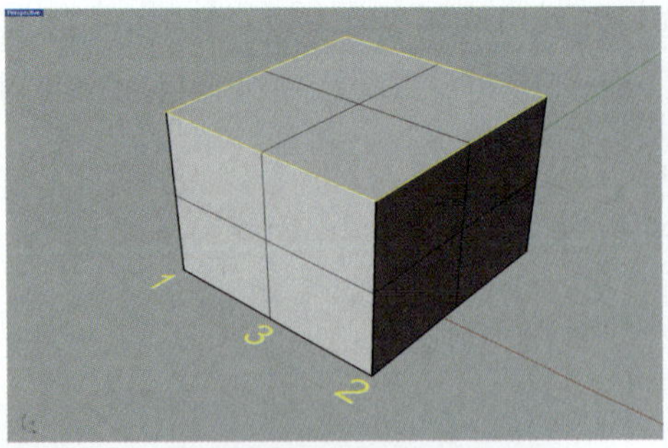

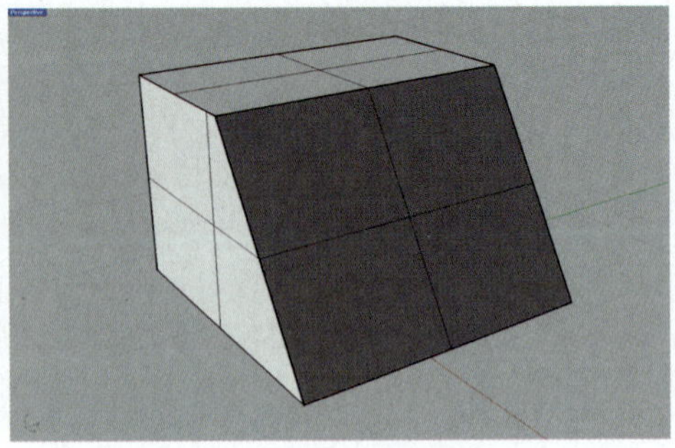

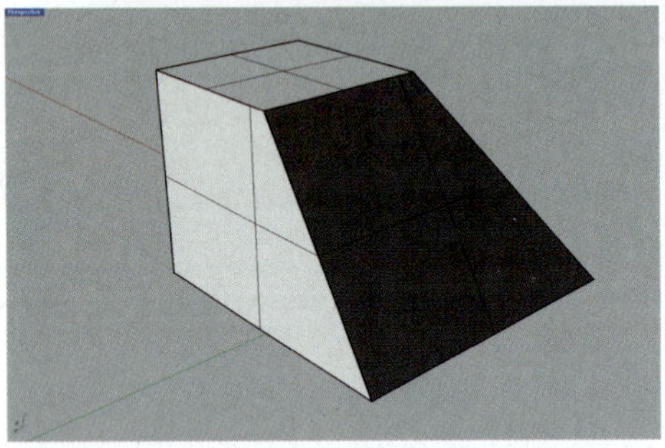

2D 가장자리를 선택하여 두 방향으로 크기를 조절하는 기능이다.

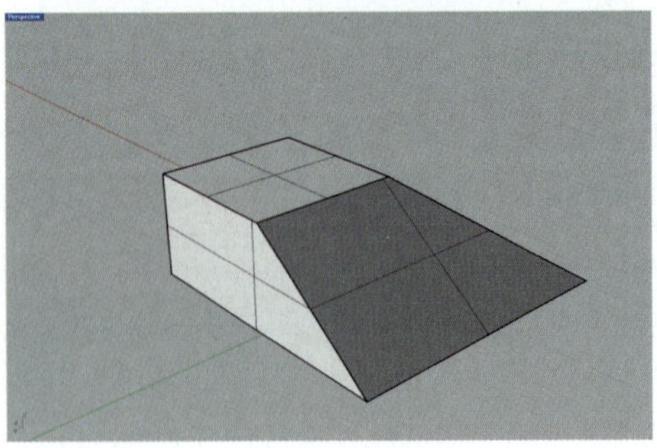

3D 가장자리를 선택하여 세 방향으로 크기를 조절하는 기능이다.

Move Face

메뉴: Solid Menu 〉 Faces 〉 Move Face

버튼: 왼쪽 클릭

기능: Polysurface 면을 이동시키는 기능이다.

주위를 둘러싼 결합된 Surface는 새로운 면의 방위를 보완하기 위해 조정되며, 상자 형태의 평면형 개체처럼 비교적 단순한 Polysurface의 면을 이동하여 빌딩의 벽 위치 또는 기계 부품 내부의 평면과 같은 개체를 조정하는데 사용되는 기능이다.

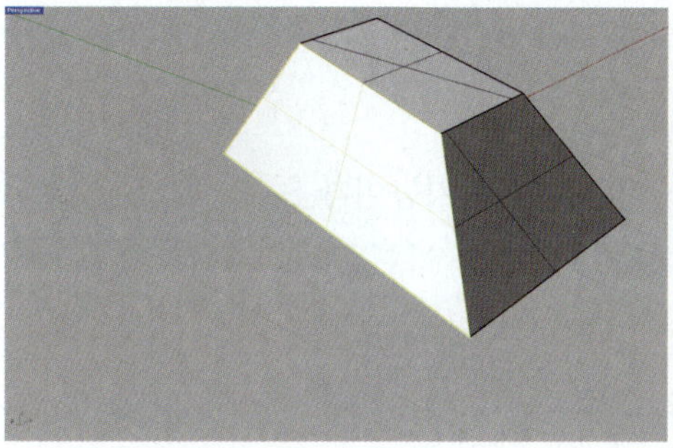

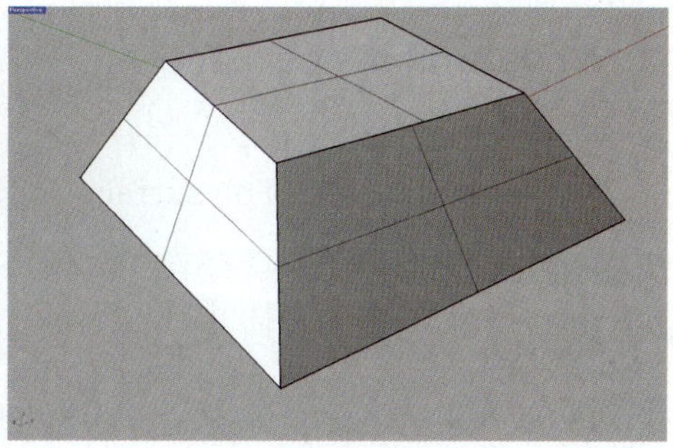

다음 이미지와 같이 이동시키고자 하는 면을 선택한다. Enter키를 누른 후 이동시키고자 하는 면을 왼쪽 버튼으로 클릭한 후 원하는 방향으로 드래그 한다.

〈Options〉

- Direction Constraint

None

면을 어느 방향으로도 이동이 가능하게 해주는 기능이다.

Normal

면을 오직 Normal 방향으로만 이동이 가능하게 해주는 기능이다.

To Boundary

이동시킬 면이 Boundary 개체와 교차할 때까지 이동되며, 면 자체는 Boundary 개체의 Trim 단면으로 대체된다.

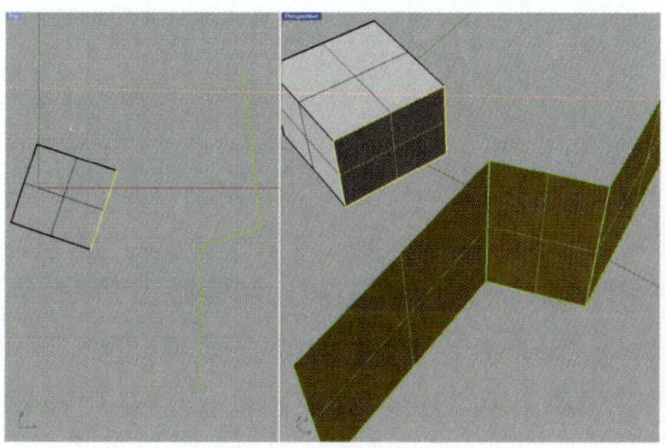

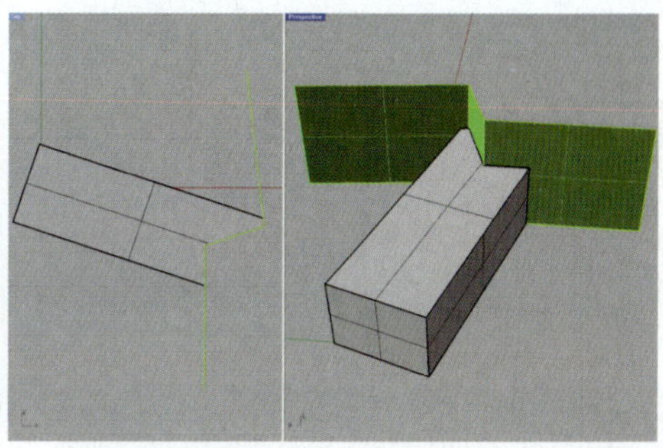

다음 이미지와 같이 이동시키고자 하는 면을 선택한 다음 Boundary 개체를 선택한다. 이동시키고자 하는 면의 Normal 방향으로 돌출되면서 Boundary 개체 면으로 이동되는 것을 볼 수 있다.

- DeleteBoundary

Yes/No

경계를 삭제 또는 삭제하지 않는 기능이다.

Move Untrimmed Face

버튼: 오른쪽 클릭
기능: Trim되지 않은 Polysurface 면을 이동시키는 기능이다.

Rotate Face

메뉴: Solid Menu 〉 Faces 〉 Rotate Face
버튼: 왼쪽 클릭
기능: 축을 중심으로 Polysurface 면을 회전시키는 기능이다.

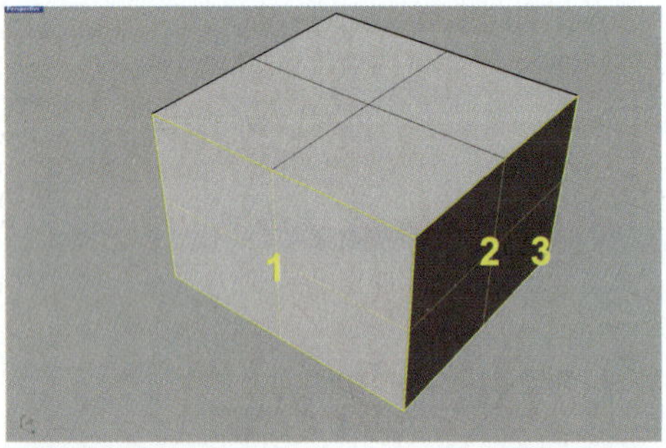

① 회전시키고자 하는 면을 선택한다. 선택한 다음 Enter키를 누른 후 회전하기 위한 기준 축을 지정한다.

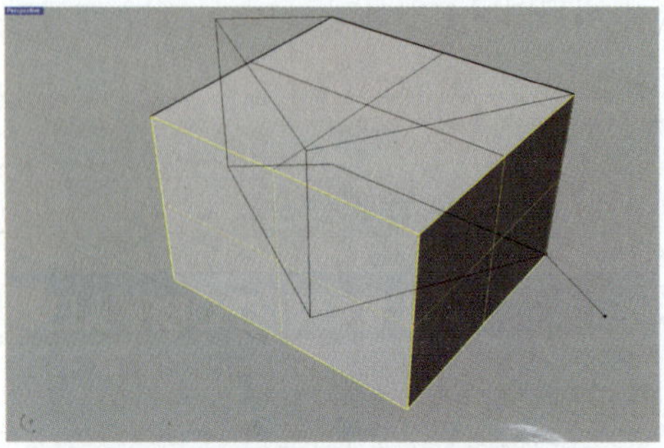

② 기준 축 방향을 지정한 후 회전시키고자 하는 방향으로 회전시킨다.

③ 두 면이 회전되면서 전체 형태가 변형된 것을 볼 수 있다.

Shear Face

메뉴: Solid Menu 〉 Faces 〉 Shear Face
버튼: 왼쪽 클릭
기능: 면의 기울기를 조절하여 형태를 변화시키는 기능이다.

Fold Face

메뉴: Solid Menu 〉 Faces 〉 Fold Face
버튼: 왼쪽 클릭
기능: 지정된 축을 중심으로 선택되어진 Polysurface 면을 회전시키는 기능이다.

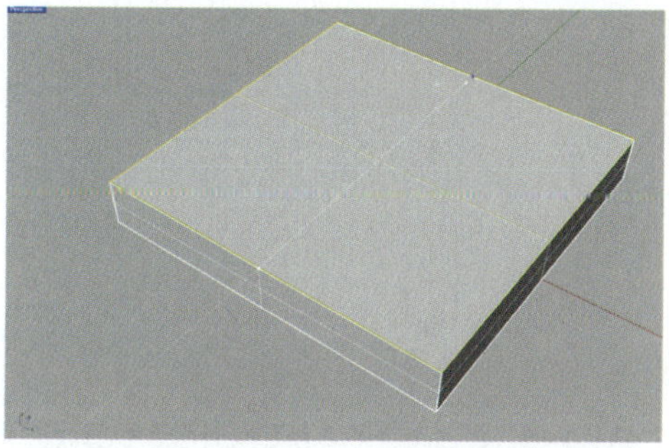

① 다음 이미지와 같은 개체를 생성한 후 Fold Face 기능을 실행한다. 회전시키고자 하는 면을 선택한 후 기준 축을 설정한다. 여기에서는 면의 Mid점을 체크하여 중심축을 지정하였다.

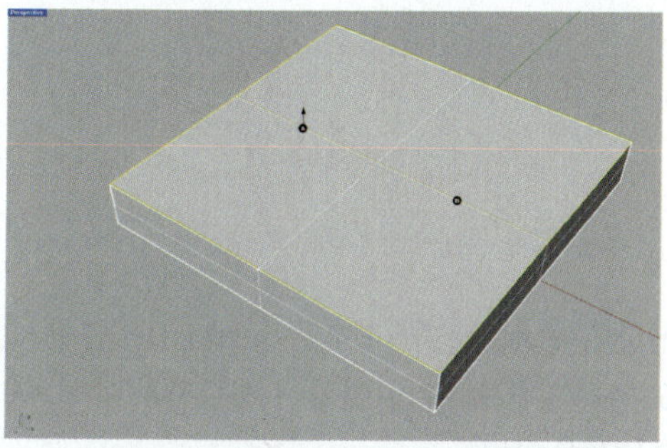

② 축을 지정하고 나면 지정된 축을 중심으로 A와 B로 면을 나누어 작업할 수 있게 표시가 된다.

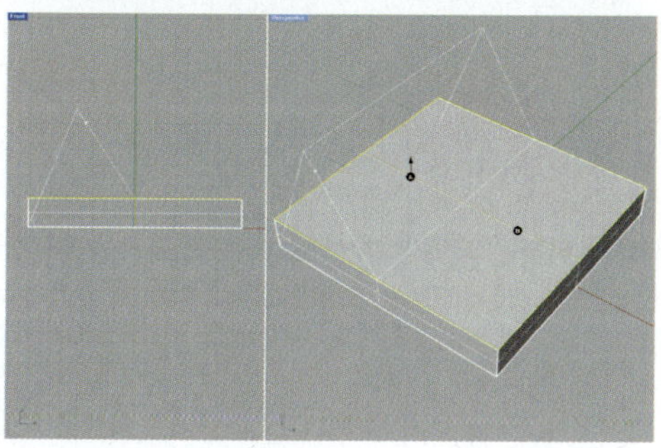

③ 먼저 A면부터 작업을 실행하게 되는데 A면을 접는 각도 또는 참조점을 지정한다. 참조점을 지정하고 면을 회전시켜 본다.

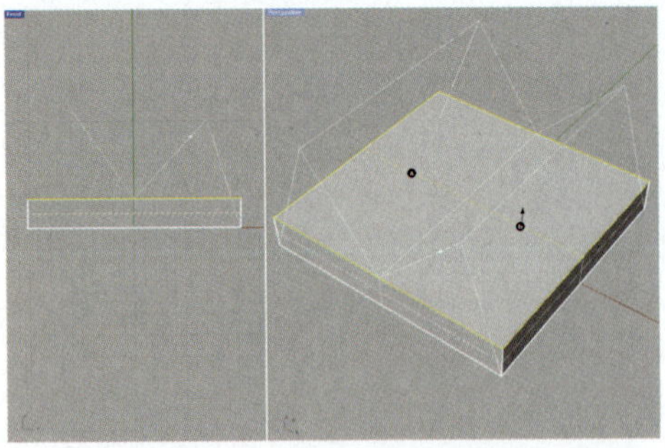

④ 같은 방법으로 B면도 회전시켜 본다.

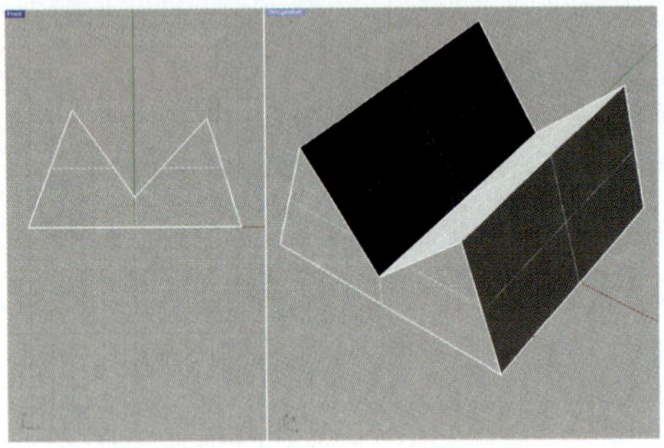

⑤ 회전된 면으로 인해 개체가 변형된 것을 볼 수 있다.

〈Options〉

• Symmetrical

같은 각도로 두 면이 움직이게 하는 기능이다.

Merge시킬 면들은 최소한 하나의 Edge이상이 공유되어야 하며 Merge시킬 면들은 같은 평면위치에 놓여져야 한다.

Merge Face

메뉴: Solid Menu 〉 Faces 〉 Merge Face

버튼: 왼쪽 클릭

기능: 한 Polysurface에 있는 두 개의 동일 평면상의 Surface를 하나의 Surface로 결합시키는 기능이다. Merge시킬 면들은 적어도 하나의 가장자리 이상이 공유되어야 하며 Merge시킬 면들은 같은 평면위치에 놓여져야 한다.

〈Options〉

• MergeAllCoplanar

선택된 Surface에서 최소한 한 가장자리를 공유하는 모든 동일평면상의 Polysurface 면을 하나의 Surface로 결합시키는 기능이다.

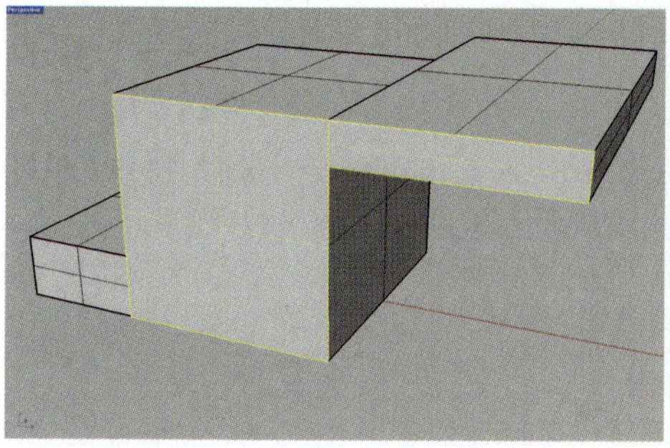

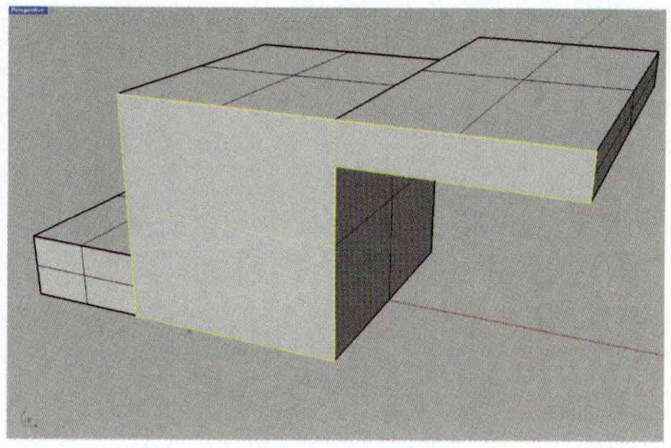

MergeAllCoplanar = No 인 경우

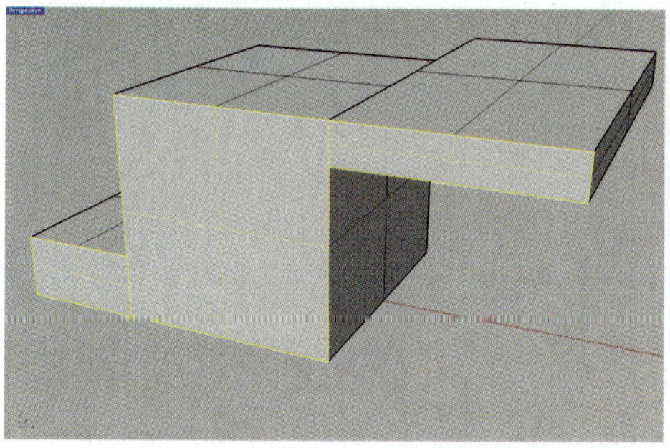

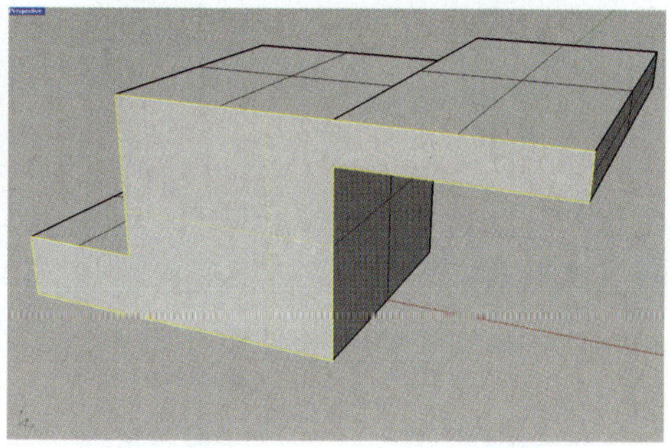

MergeAllCoplanar = Yes 인 경우

Split Face

메뉴: Solid Menu 〉 Faces 〉 Split Face

버튼: 왼쪽 클릭

기능: 곡선이나 직선을 통해 Polysurface의 Planar face를 나누는 기능이다.

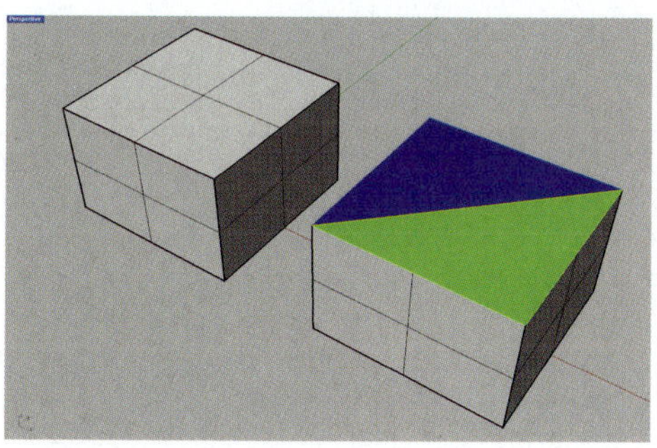

〈Options〉

- Curves

기존 커브를 선택하여 Split 개체로 사용하는 기능이다.

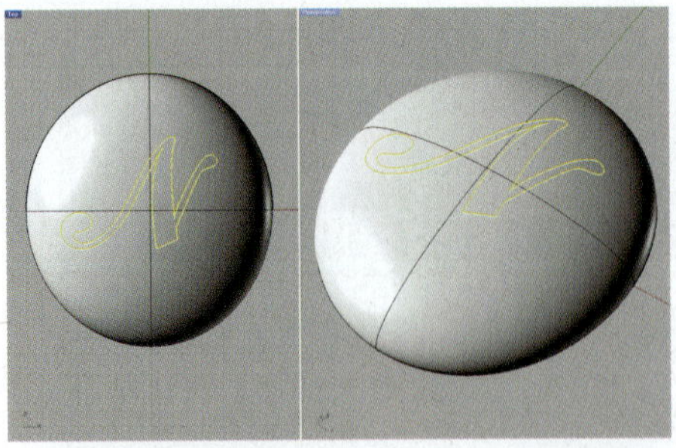

① 다음과 같은 Solid 형태를 생성한 다음 Text 기능을 사용하여 커브를 생성한다.

Project to Surface기능을 이용하여 커브를 Solid에 투영시킨다.

② Split Face 기능을 실행한다. 옵션에 있는 커브를 선택하여 투영된 기존 커브를 이용하여 Split 한다. Solid에 분해 되지 않으면서 Split되어진 것을 볼 수 있다.

③ Extract Surface기능을 이용하여 Split되어진 면을 추출해본다.

HOLE TOOLBAR

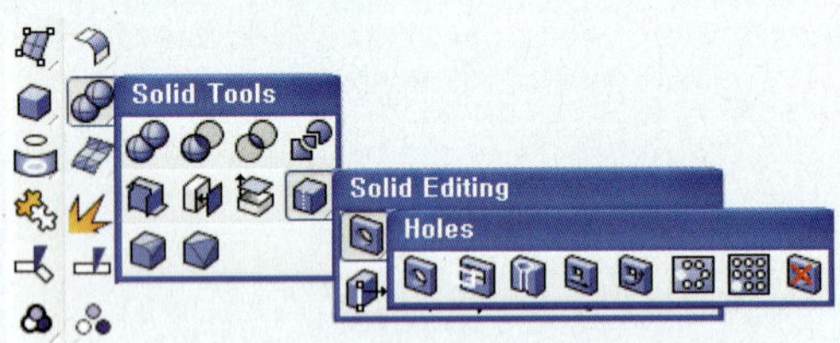

| Make Hole

메뉴: Solid Menu 〉 Holes 〉 Make Hole

버튼: 왼쪽 클릭

기능: 닫힌 커브를 사용하여 구멍 형태를 정하여 해당 커브 위치에서 선택된 방향으로

Extrude를 만들어 Surface에서 구멍을 생성하는 기능이다.

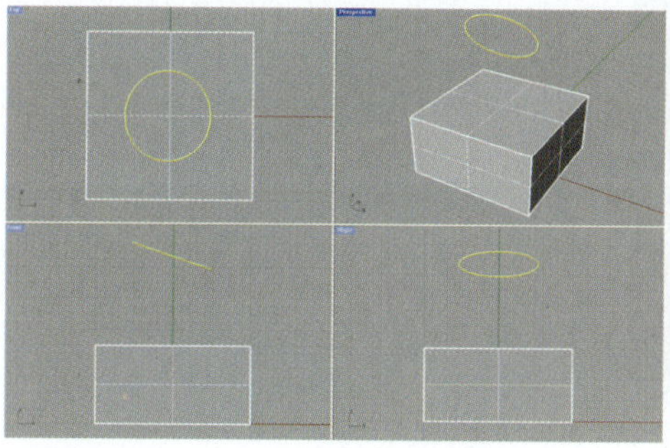

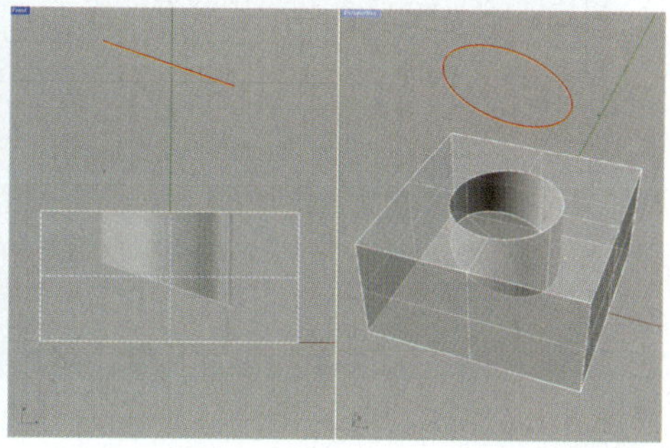

〈Options〉

• Direction

X/Y/Z

선택된 Viewport에서 X, Y, Z축의 방향으로 제한하여 구멍을 생성하는 기능이다.

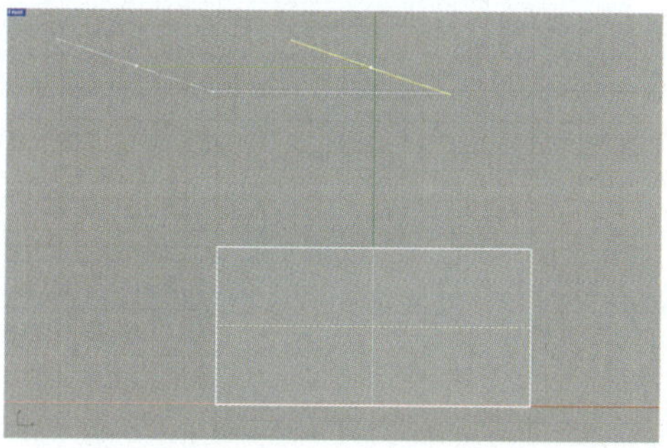

Front View – X축 방향

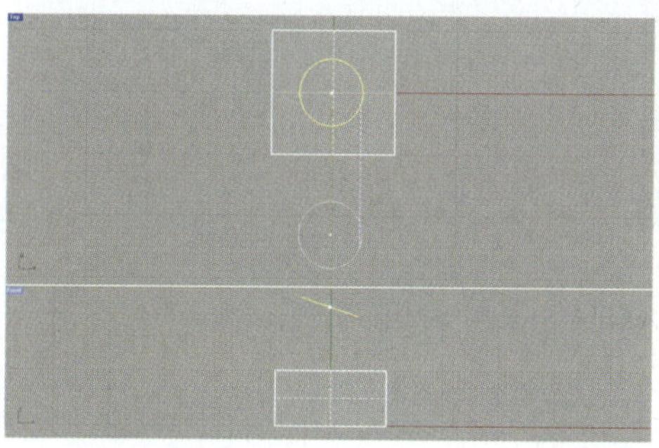

Front + Top View – Y축 방향

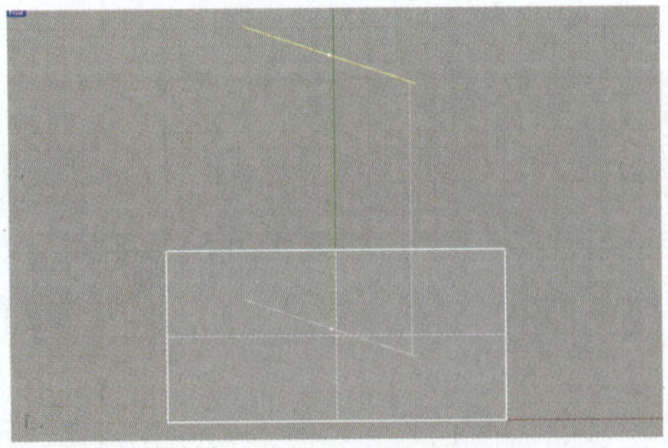

Front View – Z축 방향

• NormalToCurve

커브 평면의 Normal 방향으로 제한하는 기능이다.

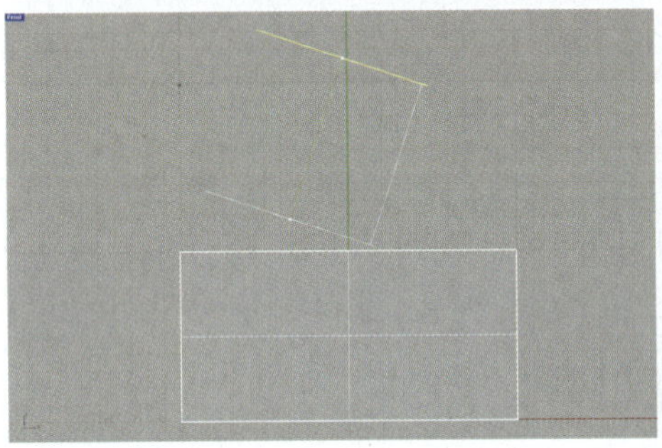

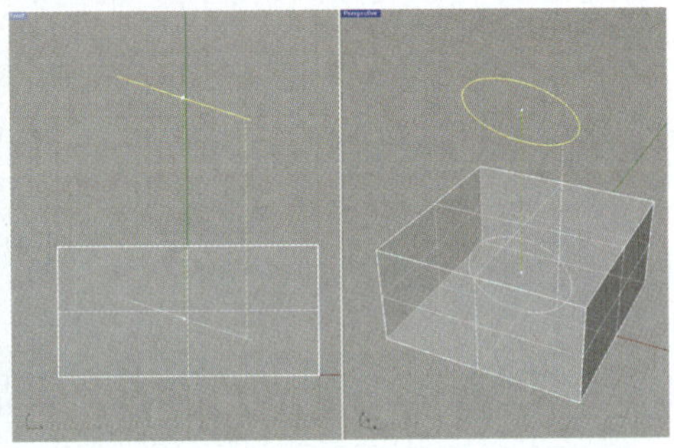

• CPlaneNormal

CPlane의 Z축 방향으로 제한하는 기능이다.

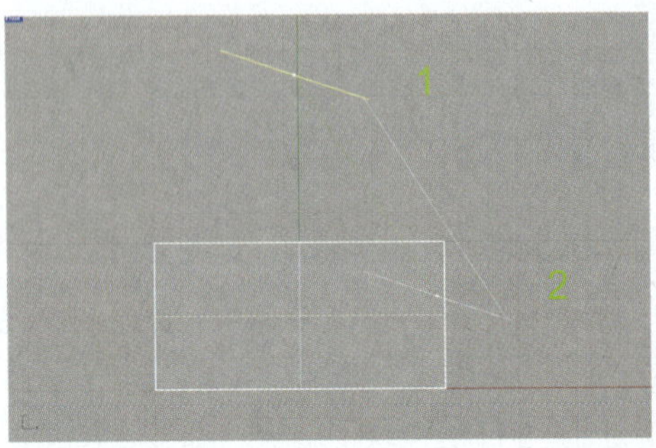

• Pick

두 점을 선택하여 구멍을 생성하는 기능이다.

• AlongCurve

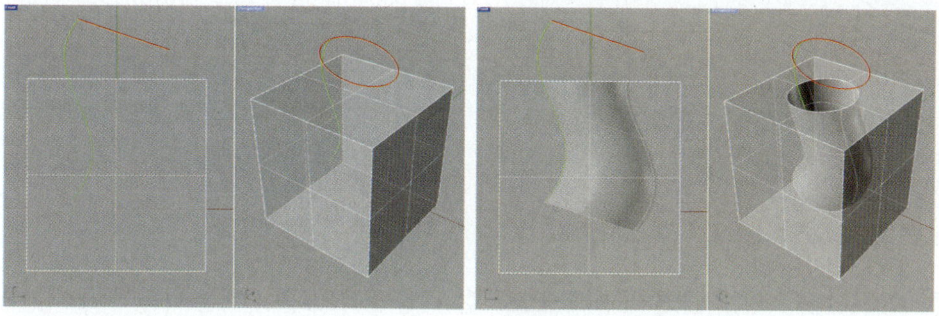

주변 커브를 이용하여 구멍을 생성하는 기능이다.

| Place Hole

메뉴: Solid Menu 〉 Holes 〉 Place Hole

버튼: 오른쪽 클릭

기능: 선택된 닫힌 커브, 절삭 깊이와 위치를 기준으로 Surface에 구멍을 생성하는 기능이다. 이 명령은 커브의 방향을 지정하고, 선택 지점에서 Surface에 대하여 Normal방향으로 배치한다.

〈Options〉

• Depth

구멍 깊이의 기본값을 바꾸어 주는 기능이다.

• Through

구멍을 내려는 개체에 깊이 값을 무시하고 완전히 통과시켜 구멍을 생성하는 기능이다.

• RotationAngle

구멍의 각도를 설정하는 기능이다.

• Undo

마지막 구멍의 위치를 취소시키는 기능이다.

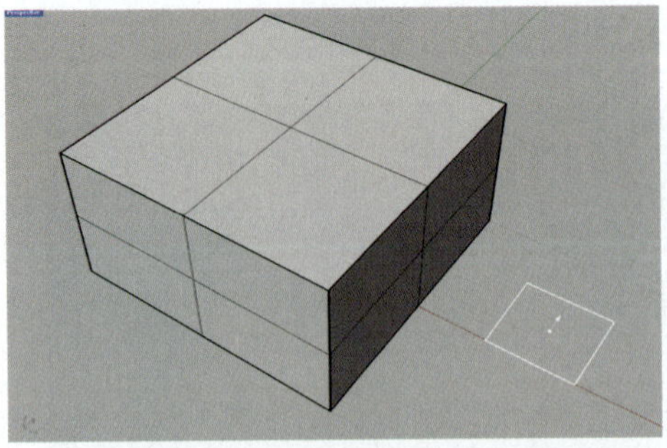

① 다음과 같은 Solid와 닫힌 Curve를 생성한다.
Place Hole 기능을 실행한 다음 닫힌 커브의 중심점을 지정한다.

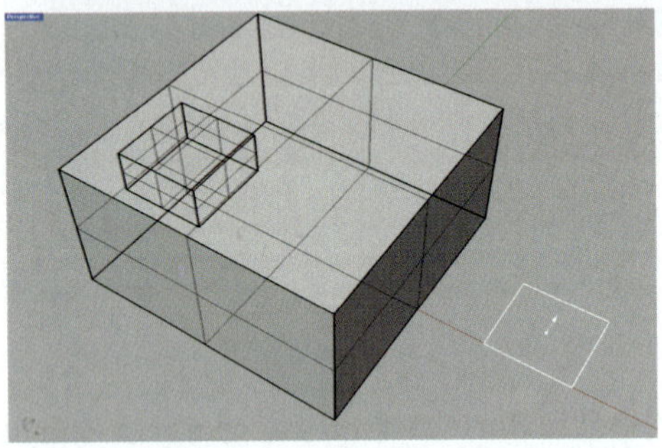

② 대상 Surface를 선택한 다음 Depth 값을 3으로 설정한 다음 RotationAngle 값을 60으로 설정해준다. 회전되면서 깊이가 설정되어지는 것을 볼 수 있다.

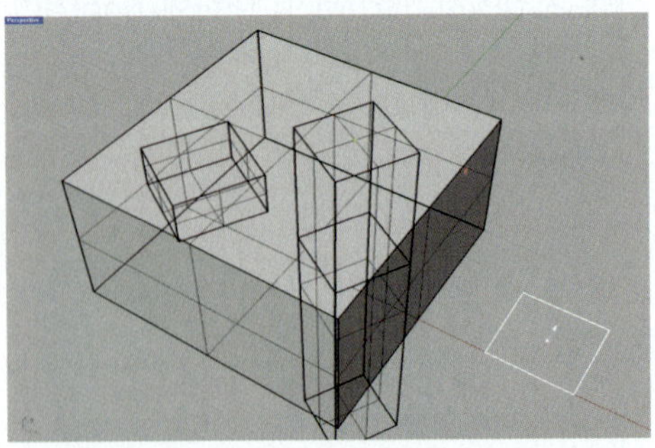

③ 다시 대상 점을 찾은 다음 이번에는 구멍을 통과시키는 기능을 설정한다.

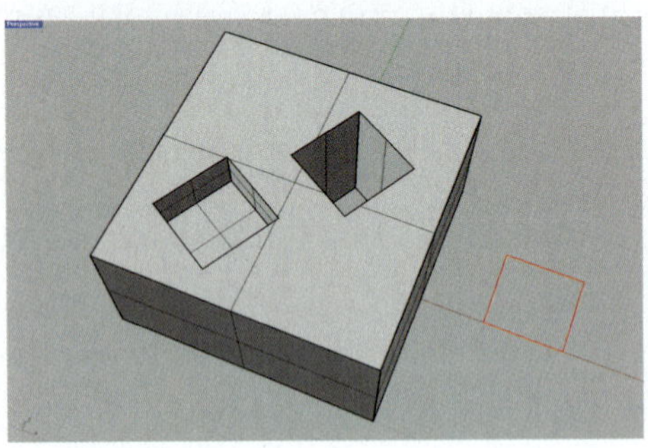

④ 설정이 끝나고 나면 Enter키를 누른다.
설정된 값으로 작업이 완성된 것을 볼 수 있다.

Revolved Hole

메뉴: Solid Menu 〉 Holes 〉 Revolved Hole

버튼: 왼쪽 클릭

기능: Profile 커브를 회전시켜 Surface를 만든 후 Polysurface에 구멍을 생성하는 기능이다. 보석의 난집 위치를 지정하거나 만들 때 아주 유용하게 쓰이는 기능이다.

보석을 세팅시키기 위한 위치를 지정하거나 생성할 때 효율적으로 사용될 수 있다.

〈Options〉

- Flip

구멍 방향을 반전시켜 Surface에서 바깥쪽으로 돌출이 되게 하는 기능이다.

- Undo

구멍을 만든 전 단계를 취소하는 기능이다.

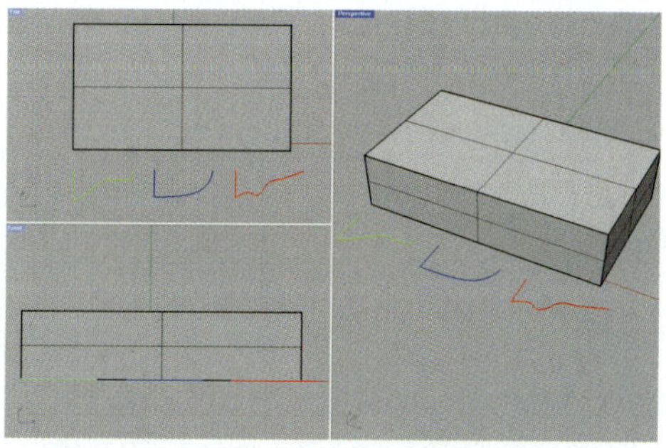

① 다음과 같이 Profile 커브와 Polysurface를 생성한다. 여기에서 Profile 커브의 전체 길이는 Polysurface의 높이보다 길게 작업을 해준다.

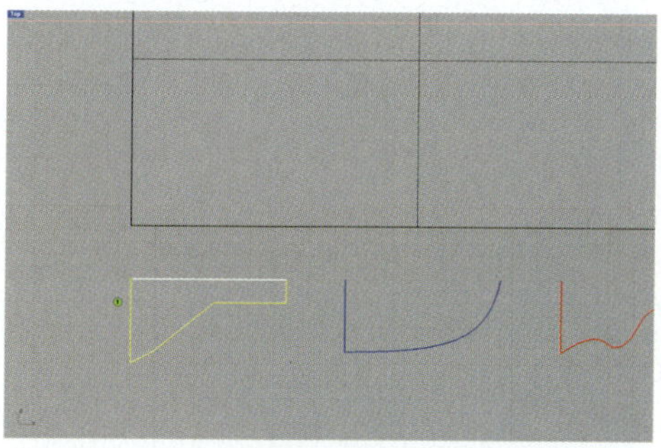

② Revolved Hole기능을 실행하고 Profile Curve 하나를 선택한다. 1번 위치에 해당하는 커브의 끝점을 선택한다. 이 때 선택하는 지점이 Revolve되는 축의 중심점이 되면서 Polysurface의 깊이가 되므로 유의해서 작업을 진행한다.

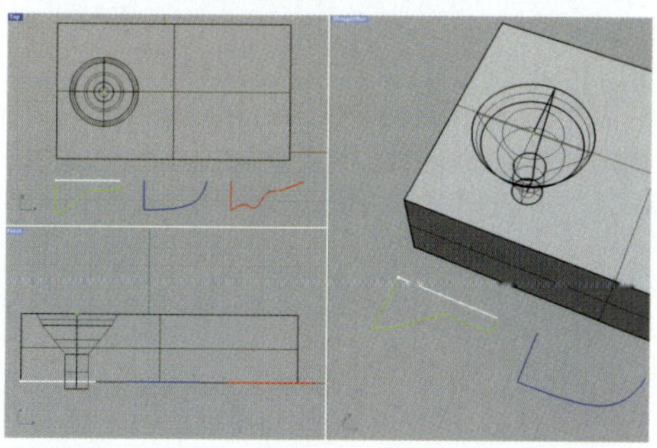

③ 대상 면을 선택함과 동시에 회전된 개체가 대상 면에 위치하게 된다. 원하는 위치를 정한 후 마우스 왼쪽 버튼을 클릭 한다.

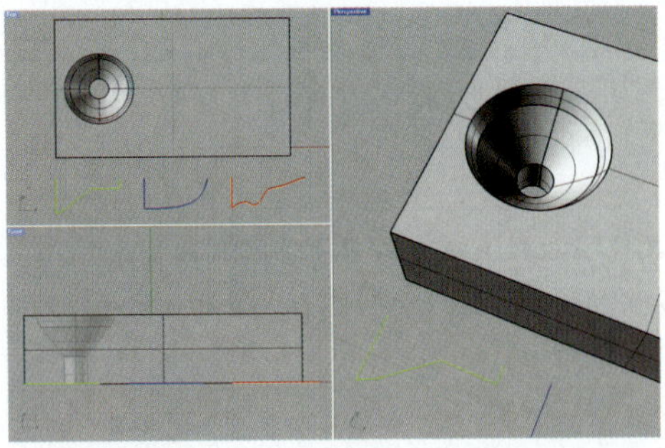

④ Enter키를 누른다. Profile 커브로 생성된 Solid를 이용하여 구멍이 생긴 것을 확인 할 수 있다.

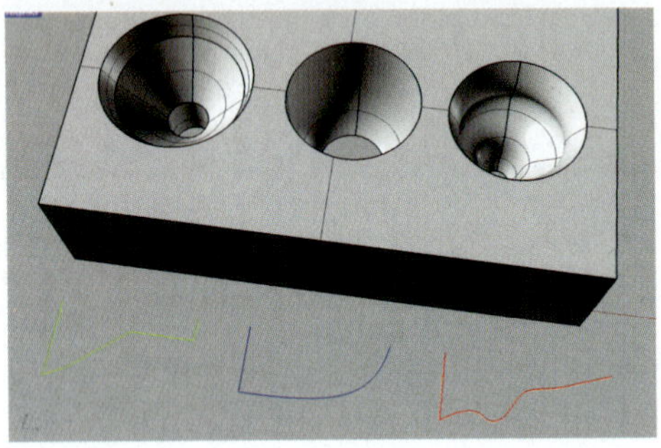

⑤ 나머지 Profile 커브도 선택하여 같은 순서로 작업해본다.

Round Hole

메뉴: Solid Menu 〉 Holes 〉 Round Hole

버튼: 왼쪽 클릭

기능: 표면이나 Polysurfaces에서 원형 구멍을 만드는 기능이다.

〈Options〉

• Depth

구멍의 깊이 값을 설정하는 기능이다.

• Radius/Diameter

구멍의 반지름 또는 지름 값을 설정하는 기능이다.

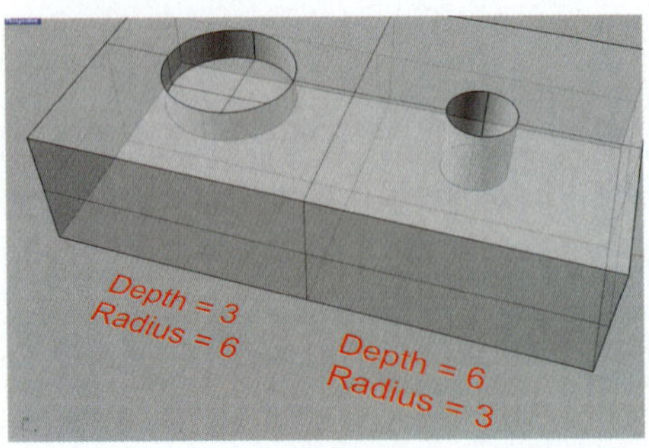

• DrillPointAngle

드릴 구멍을 내기위한 기능으로 180도 이상은 평을 유지하며, 그 이하의 값을 통해 드릴 구멍의 각도를 설정한다.

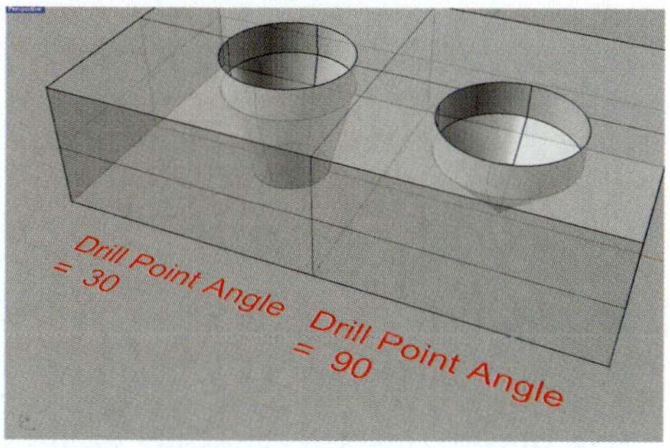

Through

완벽하게 통과하는 구멍을 생성하는 기능이다.

Undo

마지막 구멍을 만든 위치를 취소할 때 쓰는 기능이다.

Move Hole

메뉴: Solid Menu 〉 Holes 〉 Move Hole

버튼: 왼쪽 클릭

기능: 평면형의 Surface에 있는 구멍 위치를 이동시키는 기능이다.

〈Options〉

• Copy

이동, 회전, 구부리기 또는 기타 변환 명령을 실행 중 개체를 복사시키는 기능이다.

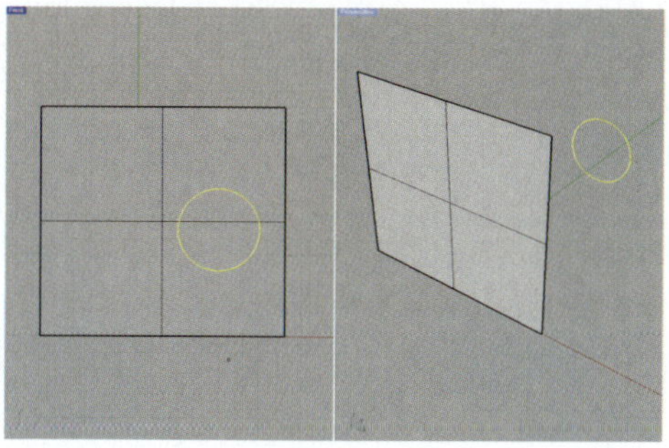

① 다음과 같이 평면형의 Surface와 닫힌 커브를 생성한다.

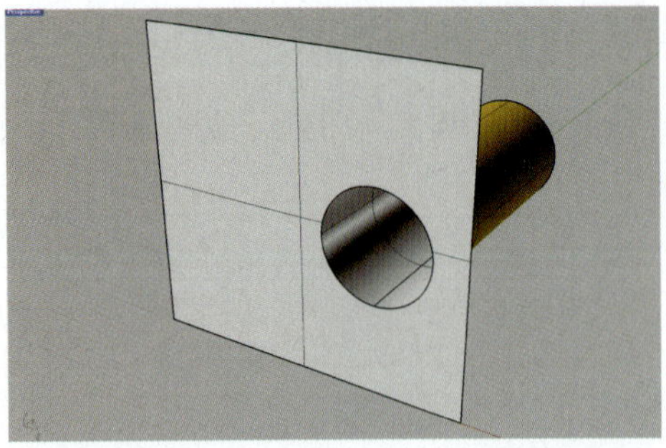

② Make Hole기능을 실행한다. 평면형 Surface에 구멍이 생성된 것을 볼수 있다.

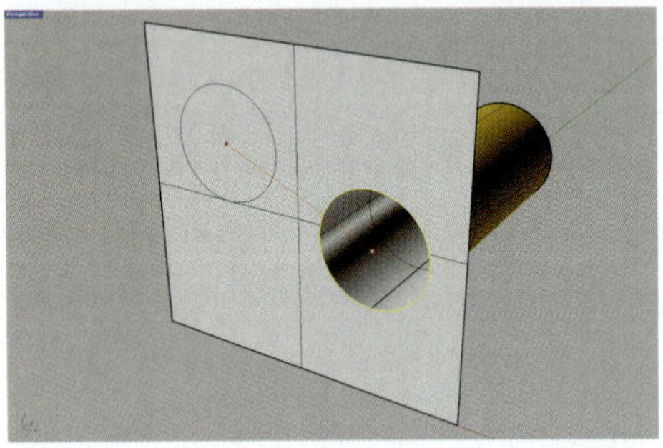

③ Move Hole 기능을 실행한다. 구멍 위치의 가장자리를 선택한 후 Enter키를 누른다. 다음으로 이동의 기준점을 정해준다. 여기에서 Option중 Copy를 누르면 이동시키면서 복사할 수 있다.

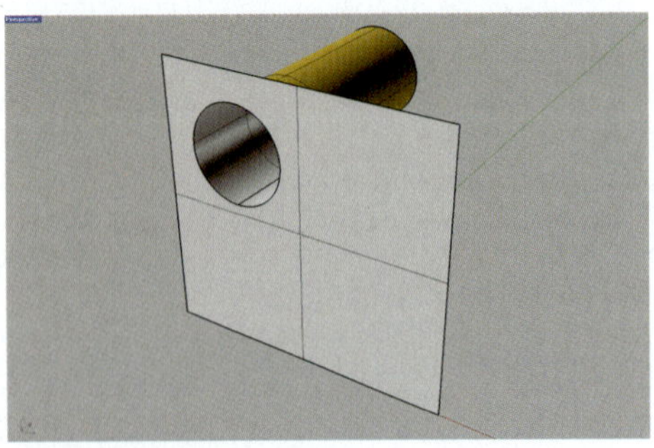

④ 구멍이 이동된 것을 볼 수 있다.

| Rotate Hole

메뉴: Solid Menu 〉 Holes 〉 Rotate Hole

버튼: 왼쪽 클릭

기능: 축을 중심으로 구멍난 위치를 회전시켜주는 기능이다.

| Delete Hole

메뉴: Solid Menu 〉 Holes 〉 Delete Hole

버튼: 왼쪽 클릭

기능: 구멍을 지우는 기능이다.

Array Hole

메뉴: Solid Menu 〉 Holes 〉 Array Hole
버튼: 왼쪽 클릭
기능: 구멍 부분을 열과 행으로 배열시켜 복사하는 기능이다.

〈Options〉

• A Number

첫 번째 방향의 구멍 개수를 지정하는 기능이다.

• A Spacing

첫 번째 방향에서 구멍의 중심점 사이의 거리를 지정하는 기능이다.

• Rectangular

Yes

두 번째 방향이 첫 번째 방향에 대하여 수직이 되도록 강제로 설정하는 기능이다.

No

배열의 변형을 허용하는 기능이다.

B Number

두 번째 방향의 구멍 개수를 지정하는 기능이다.

B Spacing

두 번째 방향에서 구멍의 중심점 사이의 거리를 지정하는 기능이다.

Use A Spacing

첫 번째 방향과 같은 거리를 두 번째 방향에 사용하는 기능이다.

A Direction

첫 번째 방향 조정하는 기능이다.

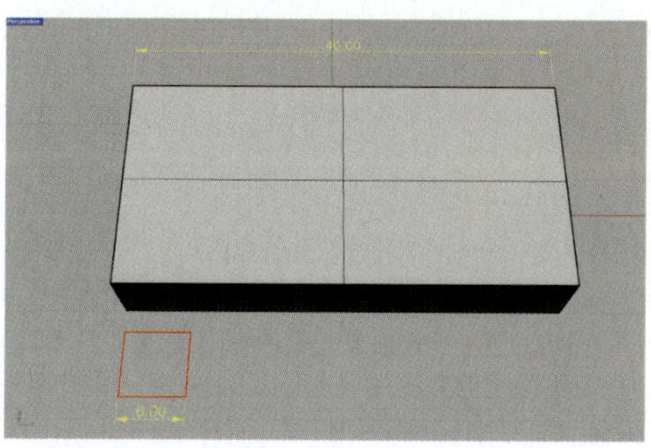

① 다음과 같이 40mm의 Solid와 6mm의 닫힌 커브를 생성한다.

② Place Hole기능을 이용하여 통과시키는 구멍을 생성한다.

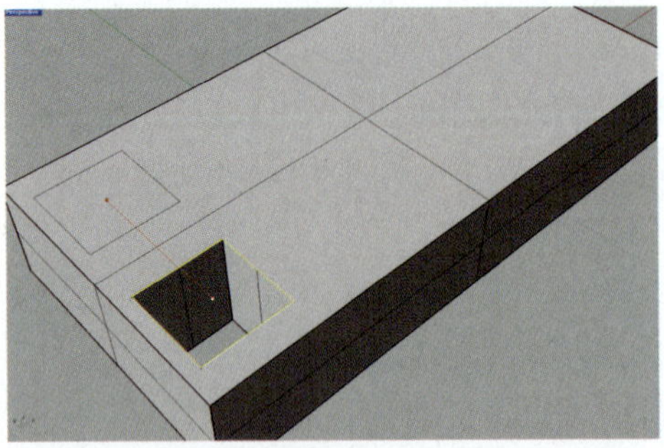

③ Array Hole기능을 실행한다. 배열할 평면형 Surface에 있는 구멍을 선택한다. A방향의 구멍 개수를 명령줄에 2를 설정한다. B방향의 구멍 개수를 5로 설정한다.
기준점을 구멍의 중심점으로 지정한 후 A 방향으로 방향과 거리를 지정한다.

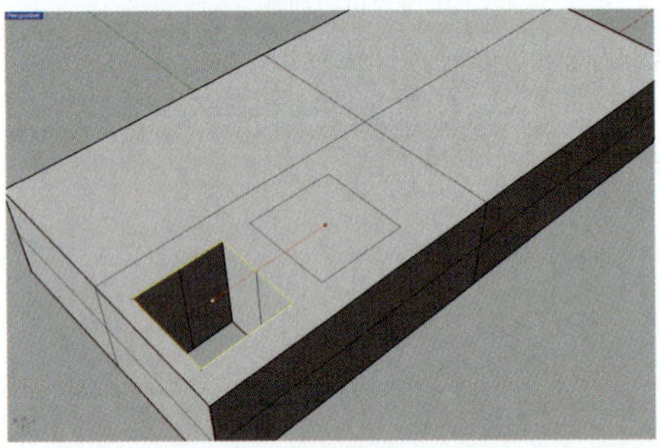

④ B 방향으로 방향과 거리를 지정한다.
Enter키를 누른다.

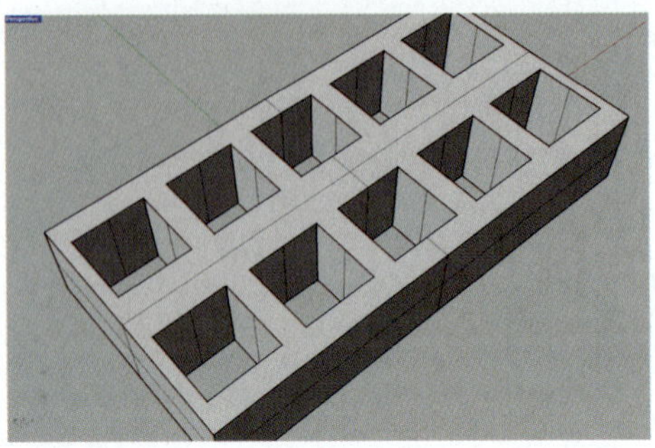

⑤ 다음과 설정된 값으로 구멍이 배열된 것을 볼 수 있다.

| Array Hole Polar

메뉴: Solid Menu 〉 Holes 〉 Array Hole

버튼: 왼쪽 클릭

기능: 만들어진 구멍을 지정된 위치를 중심으로 원형 복사시키는 기능이다.

〈Options〉

- Number

배열시키는 구멍 개수 조절 기능

• Angle

회전시키는 각도 조절 기능.

Wire Cut

메뉴: Solid Menu 〉 Wire Cut

버튼: 왼쪽 클릭

기능: 가열된 Wire로 합성 수지를 자르는 것처럼, 열린 커브 또는 닫힌 커브를 사용하여 Polysurface를 자르는 기능이다.

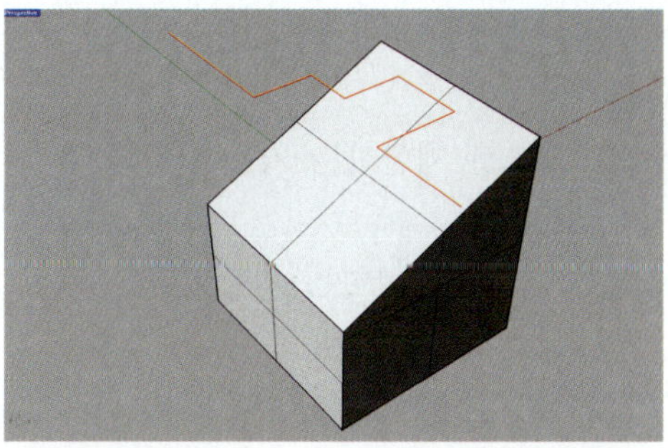

① 다음과 같이 Solid와 절단 역할을 할 커브를 생성한다.

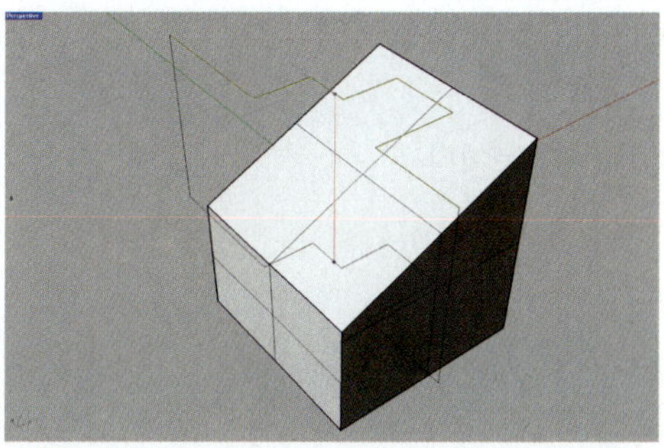

② Wire Cut 기능을 실행한다. 먼저 절단 커브를 선택한 후 Surface 또는 Polysurface를 선택한다. 첫 번째 절삭 깊이를 정하게 되는데 원하는 깊이만큼 설정하면 된다. 만약 개체를 완전히 자르려면 Enter키를 누르면 된다.

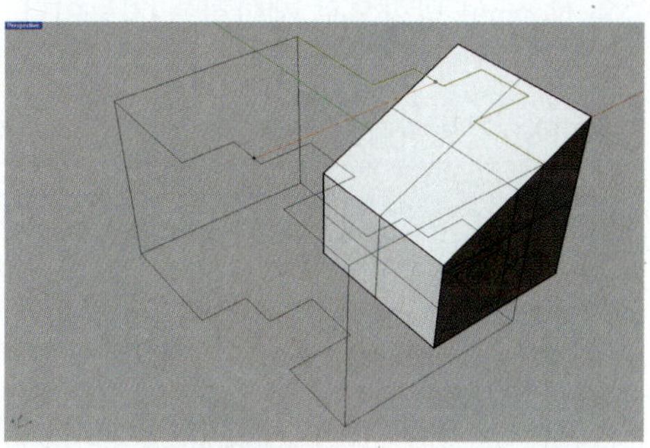

③ 완전히 자르지 않고 첫 번째 절삭 깊이를 설정한 다음 마우스 왼쪽 버튼을 클릭 한다. 다음으로 두 번째 절삭 깊이를 정하게 된다. 여기에서도 마찬가지로 완전히 자르려면 Enter키를 누르면 된다.

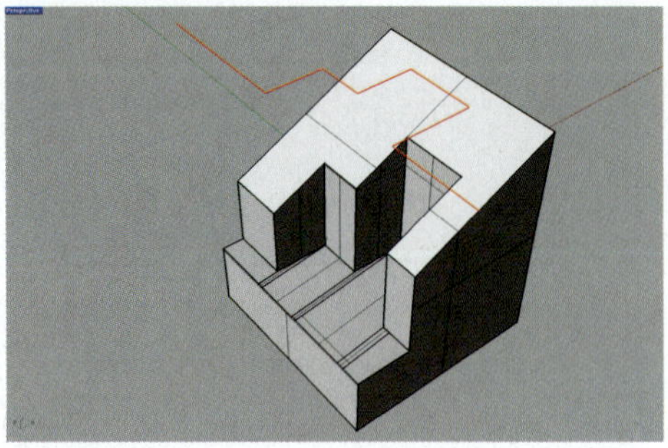

④ 잘라낼 파트를 정한 다음 Enter키를 누른다. 설정된 절삭 깊이만큼 파트가 잘려진 것을 볼 수 있다.

〈Options〉

• Direction (첫 번째 절단)

X/Y/Z

Wire Curve 돌출 방향을 절대좌표 X, Y, Z축 방향으로 제한하는 기능이다.

NormalToCurve

Wire Curve 돌출 방향을 커브 평면의 Normal 방향으로 제한하는 기능이다.

CPlaneNormal

선택된 Viewport를 기준으로 Z축 방향으로 제한하는 기능이다.

Pick

Wire Curve 돌출 방향을 지정할 두 점을 지정하는 기능이다.

AlongCurve (closed curves only)

커브를 따라 구멍을 돌출시키는 방향을 제한하는 기능이다.

• Direction (두 번째 절단–열린 커브만)

X/Y/Z

두 번째 절단 돌출의 방향을 절대좌표 X, Y, 또는 Z 방향으로 제한하는 기능이다.

Normal To First Extrusion

두 번째 절단 돌출의 방향을 첫 번째 절단 돌출의 Normal 방향으로 제한하는 기능이다.

Pick

두 번째 절단 돌출 방향을 지정할 두 점을 지정하는 기능이다.

Flip

Yes를 선택하면, 현재 강조 표시된 파트에서 잘리고 삭제될 선택된 파트(강조 표시됨)를 다른 파트로 변경한다.

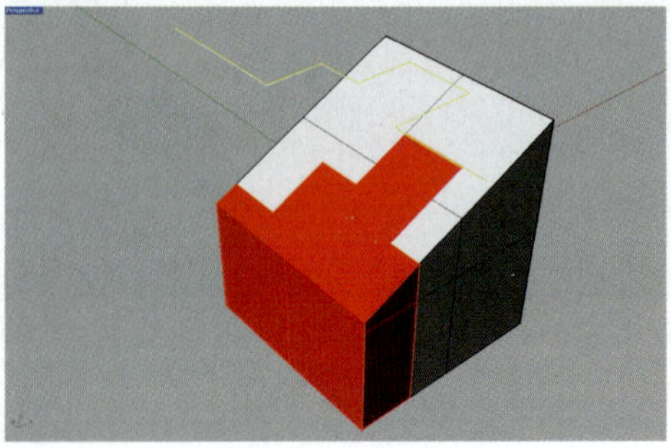

Keep All

Yes를 선택하면 모든 파트를 Solid로 유지되게 하는 기능이다.

Part Ⅶ

07 MESH

MESH TOOLBAR

Rhino는 다각형 Mesh 지오메트리의 만들기, 가져오기, 표시가 가능하나, 다각형 메쉬 모델링용 프로그램이 아니다.

랜더링과 애니메이션, 광조형(stereolithography), 시각화, 유한 요소 해석 등 지오메트리의 표현에 Polygon Mesh를 사용하는 모델링 소프트웨어가 많으므로 라이노는 그러한 모델링소프트웨어로 파일을 내보낼 수 있도록 Mesh명령을 사용하여 NURBS를 다각형 Mesh로 변환하는 기능이 있다. 또한 Mesh Box, Mesh Cone, MeshPlane, Mesh Sphere, Mesh Cylinder명령으로 Mesh 개체를 만든다.
Polygon Mesh와 관련된 기능들은 주로 NURBS 모델러가 아닌 다른 프로그램으로 라이노의 NURBS 모델링 데이터를 Export하거나 Polygon Mesh 모델링 프로그램으로부터 Import한 데이터를 편집하는데 사용한다.

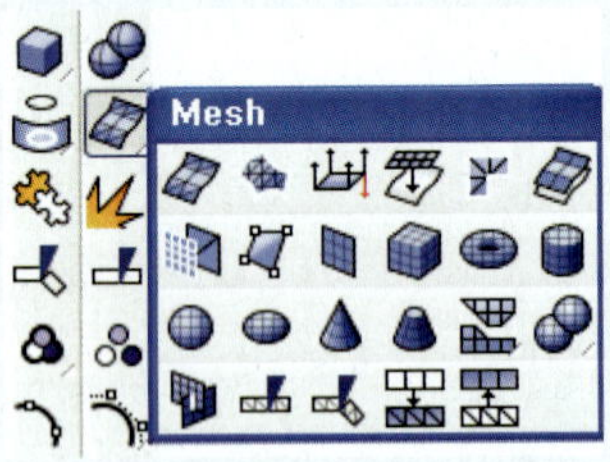

From NURBS Object (Mesh from Surface/Polysurface)

메뉴: Mesh Menu 〉 From NURBS Object
버튼: 왼쪽 클릭
기능: NURBS 개체로부터 Polygon Mesh개체를 생성하는 기능이다.

Polysurface from Mesh

버튼: 오른쪽 클릭
기능: Polygon Mesh의 각 다각형을 NURBS Surface로 변환시키는 기능이다.
복잡한 Mesh는 많은 메모리를 사용하는 NURBS Surface를 만들게 된다. 하지만 이 명령어는 모든 Mesh 모델을 NURBS 모델로 변환시키기 위한 것이 아니며, 이를 간단하게 결과물로 나올 수 있는 방법은 없다.

Mesh Patch

버튼: 오른쪽 클릭

기능: Curve와 Point를 이용하여 Mesh를 생성하는 기능이다.

〈Options〉

• Angle Tolerance

커브의 폴리라인 근사 값을 생성하는 데 사용되며, 폴리라인만을 선택했다면 이 설정은 최종 출력에 영향을 주지 않는다.

• Starting Surface

Mesh로 만들려고 하는 형태와 유사한 참조 Surface를 사용해볼 수 있다. Surface가 Mesh 형태에 영향을 미친다.

• Mesh Patch

하이픈이 추가된 버전은 명령 행에 Option을 추가한다.

Main Segment Count

주어진 Surface의 변당 분할수를 설정하거나, 외부 경계를 만들 최적의 맞춤 평면을 설정하는 기능이다.

TrimBack

Yes를 선택하면 외부 경계가 만들어지고 정점을 공유하는 면은 만들지 않는다.

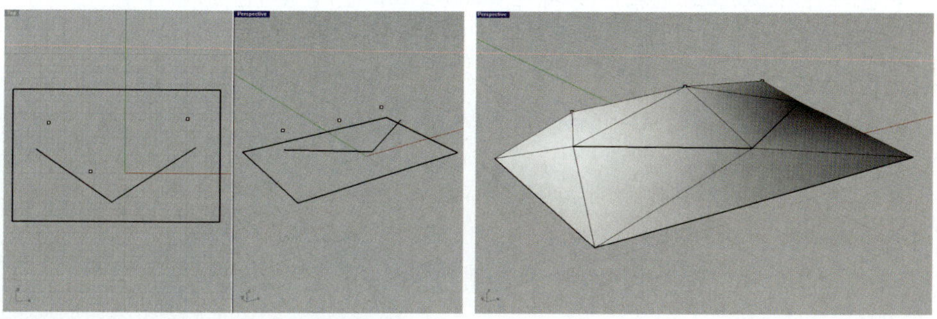

커브와 점들을 생성한다. Mesh Patch기능을 실행한 다음 생성된 커브와 점을 선택한다.

커브와 점을 이용하여 Mesh가 생성된 것을 볼 수 있다.

Polygon Mesh Primitive

3D Face

메뉴: Mesh Menu 〉 Polygon Mesh Primitive 〉 3-D Face

버튼: 왼쪽 클릭

기능: 3개 또는 4개의 점을 이용하여 하나의 Polygon Face를 생성하는 기능이다.

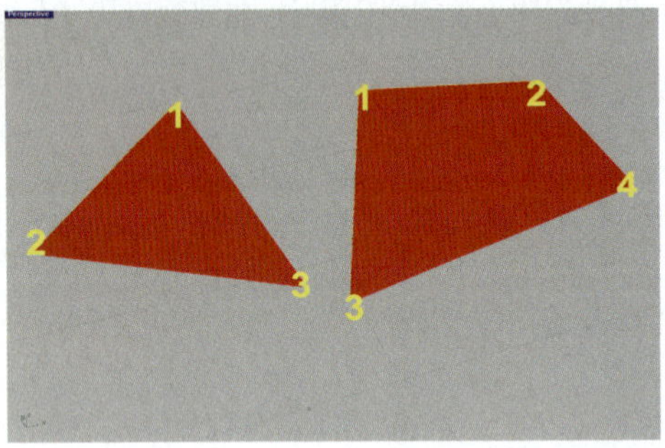

Mesh Plane

메뉴: Mesh Menu 〉 Polygon Mesh Primitive 〉 Plane

버튼: 왼쪽 클릭

기능: 2개의 Corner 점을 이용하여 Mesh Plane을 생성하는 기능이다.

〈Options〉

Mesh 버전에는 Mesh 면의 수에 따른 추가 Option이 있다.

• X Faces/Y Faces

X축 방향과 Y축 방향에서의 면의 개수를 조정하는 기능이다.

Mesh Box

메뉴: Mesh Menu 〉 Polygon Mesh Primitive 〉 Box

버튼: 왼쪽 클릭

기능: 기준 사각형과 높이 또는 대각선 모서리를 사용하여 Polygon으로 만들어진 상자를 생성하는 기능이다.

〈Options〉

Mesh 버전에는 Mesh 면의 수에 따른 추가 Option이 있다.

• X Faces/Y Faces/Z Faces

X축 방향과 Y축 방향 그리고 Z축 방향으로 Face 개수를 조정하는 기능이다.

Mesh Sphere

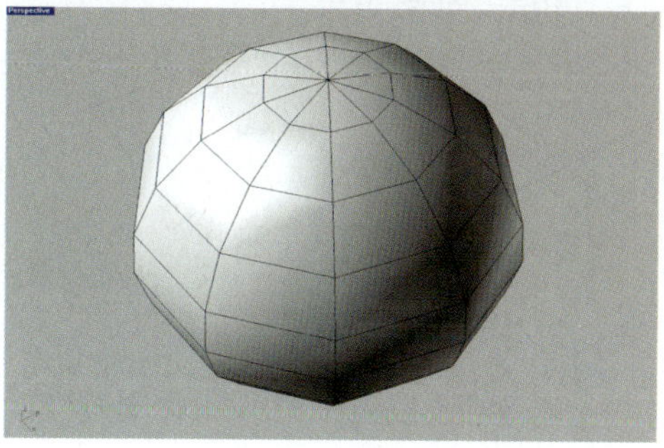

메뉴: Mesh Menu 〉 Polygon Mesh Primitive 〉 Sphere

버튼: 왼쪽 클릭

기능: Polygon Mesh 구를 생성하는 기능이다.

〈Options〉

• Vertical Faces

Pole에서 Pole까지의 면의 수를 지정하는 기능이다.

• Around Faces

Equato 주변에 있는 면의 수를 지정하는 기능이다.

Mesh Ellipsoid

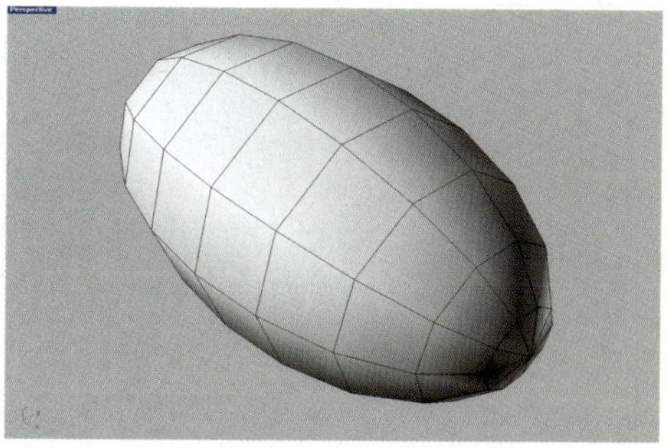

메뉴: Mesh Menu 〉 Polygon Mesh Primitive 〉 Ellipsoid

버튼: 왼쪽 클릭

기능: Polygon Mesh 타원체를 생성하는 기능이다.

〈Options〉

• 1st DirFaces

첫 번째 방향에 있는 면의 수를 지정하는 기능이다.

• 2nd DirFaces

두 번째 방향에 있는 면의 수를 지정하는 기능이다.

Mesh Cone

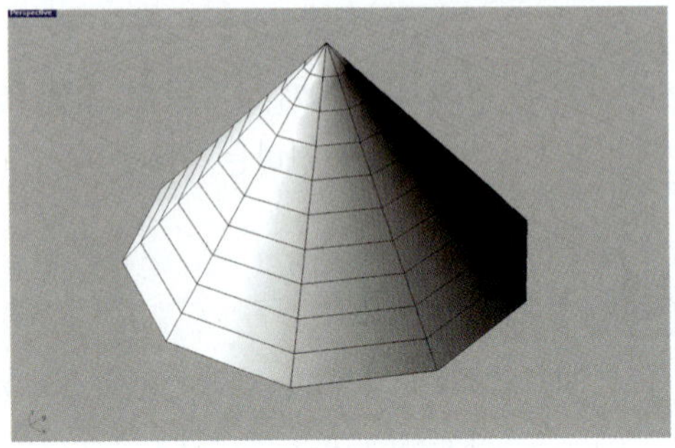

메뉴: Mesh Menu 〉 Polygon Mesh Primitive 〉 Cone

버튼: 왼쪽 클릭

기능: Polygon Mesh 원뿔을 생성하는 기능이다.

〈Options〉

• Vertical Faces

가장 밑 부분인 원에서 정점까지의 면의 수를 지정하는 기능이다.

• Around Faces

원주 주변의 면의 수를 지정하는 기능이다.

Mesh Truncated Cone

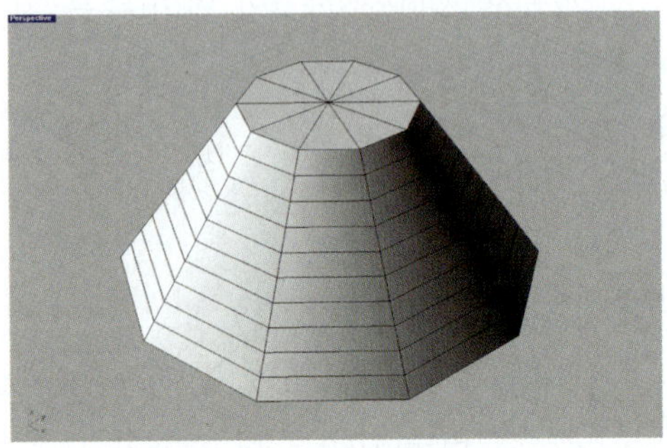

메뉴: Mesh Menu 〉 Polygon Mesh Primitive 〉 Truncated Cone

버튼: 왼쪽 클릭

기능: Polygon Mesh 원뿔대를 생성하는 기능이다.

〈Options〉

• Vertical Faces

기준 원에서 정점까지의 면의 수를 지정하는 기능이다.

• Around Faces

원주 주변의 면의 수를 지정하는 기능이다.

Mesh Cylinder

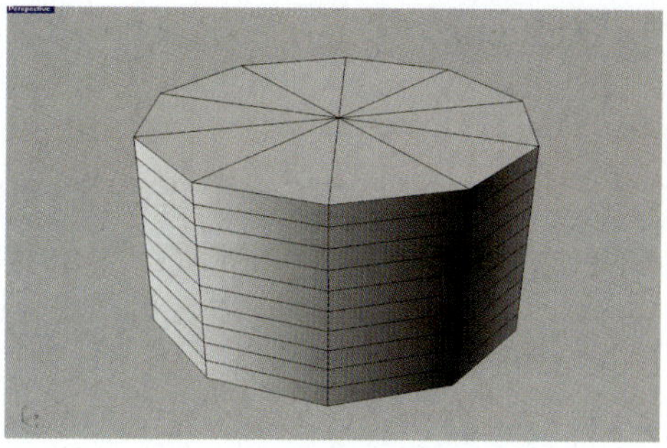

메뉴: Mesh Menu 〉 Polygon Mesh Primitive 〉 Cylinder

버튼: 왼쪽 클릭

기능: Polygon Mesh 원통을 생성하는 기능이다.

〈Options〉

- Vertical Faces

기준 원에서 정점까지의 면의 수를 지정하는 기능이다.

- Around Faces

원주 주변의 면의 수를 지정하는 기능이다.

Mesh Torus

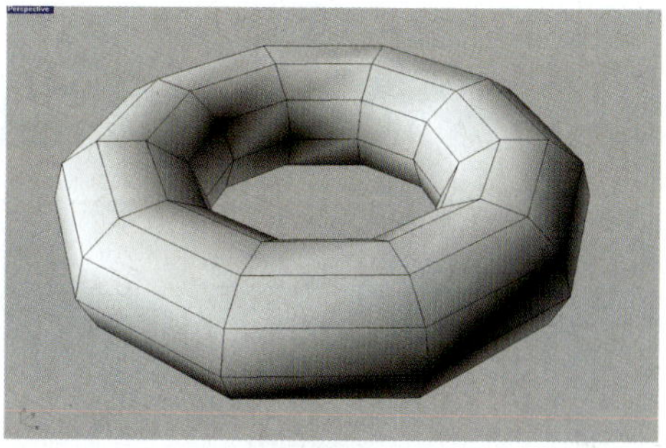

메뉴: Mesh Menu 〉 Polygon Mesh Primitive 〉 Torus

버튼: 왼쪽 클릭

기능: Polygon Mesh 원환을 생성하는 기능이다.

〈Options〉

- Vertical Faces

교차 단면을 둘러싼 면의 수를 지정하는 기능이다.

- Around Faces

원환을 둘러싼 면의 수를 지정하는 기능이다.

Offset Mesh

메뉴: Mesh Menu 〉 Offset Mesh

버튼: 왼쪽 클릭

기능: 선택한 Mesh를 복사하여 복사된 Mesh의 모든 정점이 원래 Mesh 정점으로부터 지정된 거리에 있게 하는 기능이다.

〈Options〉

• Offset distance

거리 또는 두께를 설정하는 기능이다.

• Increment

Offset distance 편집 상자에서 지정한 값은 Spinner 제어로 증가/감소시키는 기능이다.

• Solidify

닫힌 Mesh를 만들기 위하여 원래 Mesh와 새 Mesh 사이의 공간을 끝막음시키는 기능이다.

• Delete input meshes

원래 Mesh를 삭제하는 기능이다.

• FlipAll

Mesh의 Offset direction을 반전시키는 기능이다.

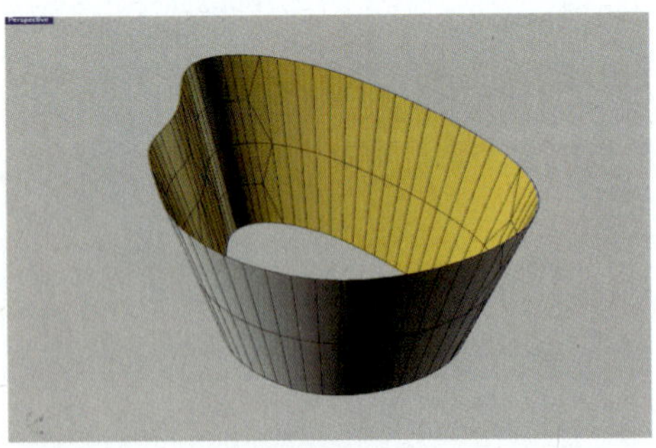

① 다음과 같은 형태의 Surface를 생성한 후 Mesh로 전환시킨다. Offset Mesh기능을 실행한다.

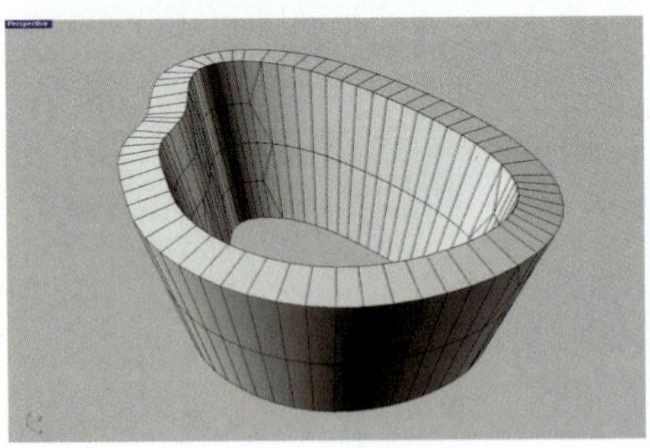

② Offset Mesh의 대화상자가 나타난다.
Offset Distance값은 3으로 지정하고 Solidify를 체크한다. Offset방향을 확인한 후 원하는 방향이 아닐 때는 FlipAll 버튼을 클릭 한다. 이미지와 같은 닫힌 형태의 Mesh가 생성된 것을 볼 수 있다.

Apply Mesh To NURBS Surface

메뉴: Mesh Menu 〉 Apply to Surface
버튼: 왼쪽 클릭

기능: Source Mesh와 동일한 수의 조절점을 가진 Mesh를 Surface상에 맞추는 기능이며 Surface가 Trim실행된 경우, Mesh는 Trim되지 않은 Surface에 맞춰진다.
이 기능은 U, V 방향 정보를 포함한 NURBS 개체에서 생성된 Mesh상에서만 실행되며 Dir 명령을 사용하여 Surface의 U 방향과 V 방향을 바꾼 다음 명령을 실행할 수 있다.

Apply Mesh UVN

메뉴: Mesh Menu 〉 Apply Mesh UVN
버튼: 왼쪽 클릭
기능: Mesh와 점을 Mesh와 매개변수를 기준으로 Surface상에 적용시키는 기능이다.

〈Options〉

Vertical Scale

적용된 Mesh의 배율을 설정하는 기능으로 Bitmap을 사용하여 Mesh를 생성하려면 MeshHeightfield 명령을 사용하면 효율적이다.

① 다음과 같은 Sphere 형태를 생성한다.

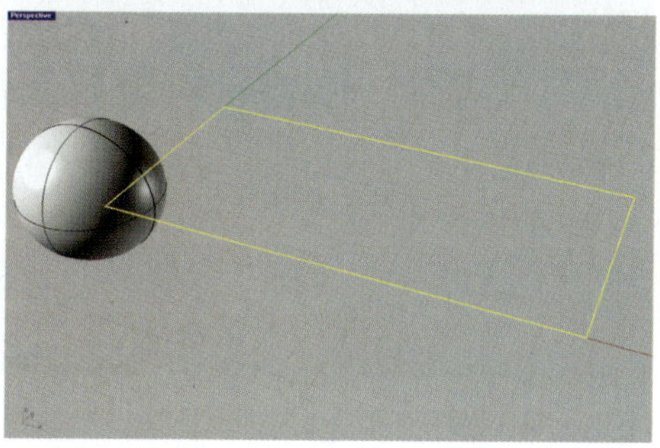

② Sphere를 선택한 다음 Curve from Object 〉 Create UV Curves 기능을 실행한다. 다음과 같은 UV Curve가 생성된 것을 볼 수 있다.

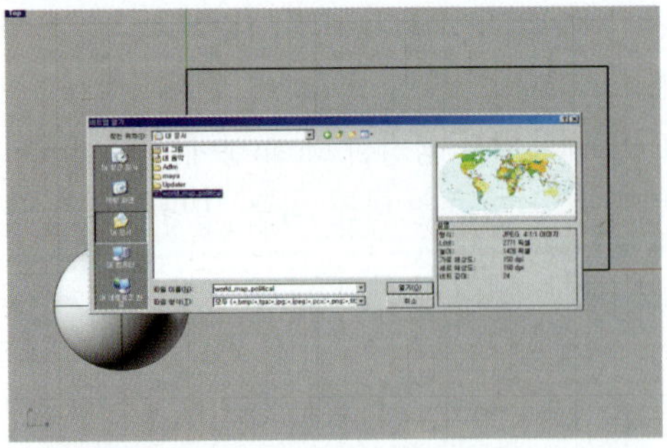

③ Mesh Heightfield 메뉴를 실행한다. 다음과 같은 비트맵 열기 대화상자가 나타난다. 원하는 이미지를 선택한 후 열기 버튼을 누른다. 생성된 UV Curve의 Coner와 Coner점을 맞추어 드래그한다. GridSize를 기본값인 50 × 50으로 설정하고 Elevation값을 0으로 설정한다. UV Curve 크기에 맞추어 이미지가 나타난 것을 볼 수 있다.

④ 다음과 같은 순서로 선택한다. 이때 각 개체를 선택한 후 Enter키를 눌러 준다.

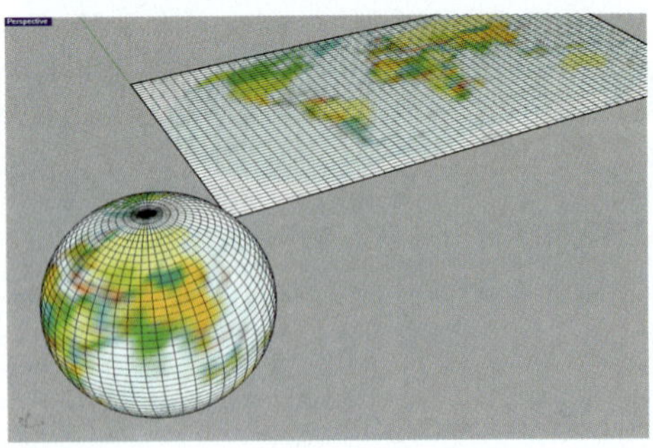

⑤ 다음과 같이 Mesh Heightfield로 생성된 개체가 Sphere개체에 적용된 것을 볼 수 있다.

Mesh from Closed Polyline

메뉴: Mesh Menu 〉 From Closed Polyline

버튼: 왼쪽 클릭

기능: 닫힌 Polyline으로부터 Mesh Surface를 생성하는 기능이다.

Mesh from Planar Curves

버튼: 오른쪽 클릭

기능: 닫힌 커브의 집합으로 평면형 Mesh를 생성하는 기능이다.

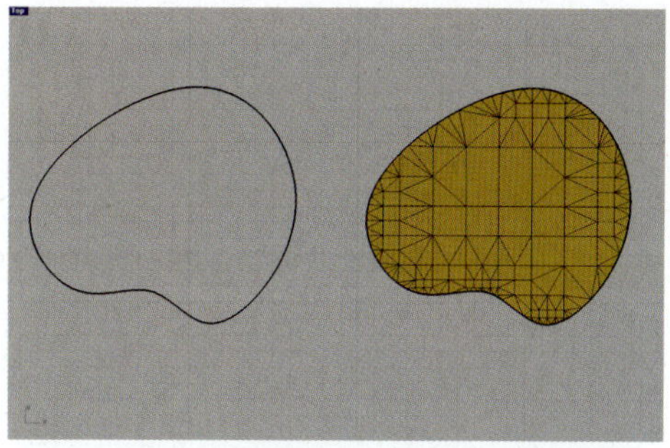

Mesh From Points

메뉴: Mesh Menu 〉 Mesh From Points

버튼: 왼쪽 클릭

기능: 점 개체로부터 Polygon Mesh를 생성하는 기능이다.

〈Options〉

- **Sampling Density + Noise**

점 구름에서 인접한 점 사이의 간격이다. 기본값은 경계 상자의 면적을 점의 개수로 나눈 몫의 제곱근을 취해 계산한 근사 값이다.

- **Auto Adjust Grid**

Yes

Yes를 선택하면, NumofContouringGridCells(윤곽_그리드셀의_수와 밀도+노이즈_샘플링) Option을 자동으로 조정하게 된다.

No

NumofContouringGridCells(윤곽_그리드셀의_수와 밀도+노이즈샘플링)은 서로 독립적으로 설정할 수 있다.

- **NumOfContouringGridCells**

Marching cube의 크기를 나타내며 기본값은 Sampling Density + Noise 의 역수이다.

Mesh Heightfield

메뉴: Mesh Menu 〉 Mesh Heightfield

버튼: 왼쪽 클릭

기능: 이미지 파일에서 색상, 채도, 명도, RGB 값을 기준으로 Mesh를 생성하는 기능이다.

〈Options〉

• Grid Size

Width

X방향에 있는 Mesh 면의 수를 지정하는 기능이다.

Height

Y방향에 있는 Mesh 면의 수를 지정하는 기능이다.

• Elevation

HueFactor/SaturationFactor/ValueFactor

색상, 채도, 명도 특성을 조정하는 계수이다.

RedFactor/GreenFactor/BlueFactor

색의 RGB특성을 조정하는 계수이다.

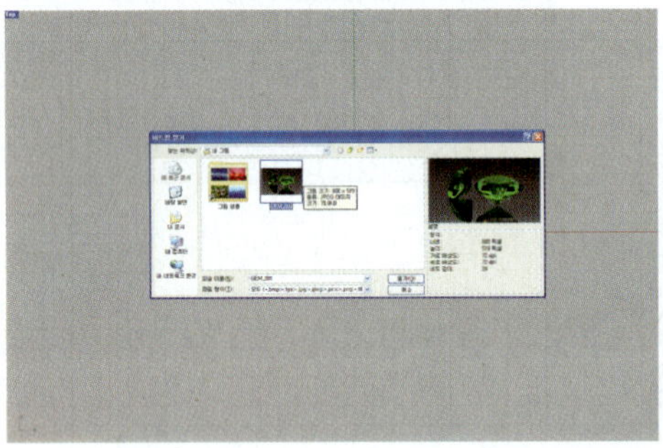

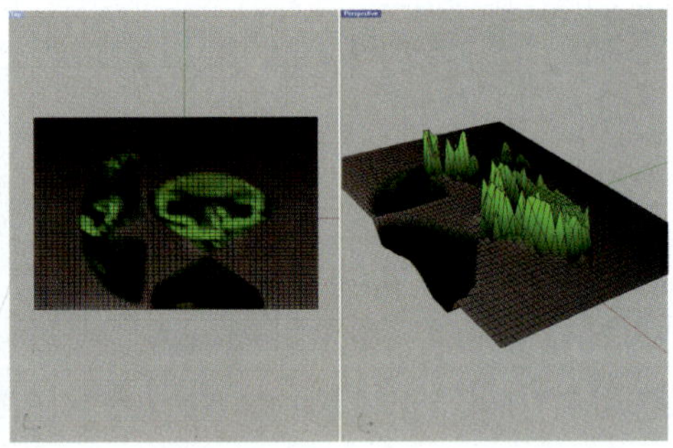

이 기능을 실행하면 다음과 같은 비트맵 이미지 열기 대화상자가 나타난다. 자신이 원하는 이미지를 선택한 다음 열기 버튼을 누른다. 다음으로 자신이 원하는 크기를 드래그하여 정한다. Elevation값과 GridSize값을 정한 후 Enter키를 누른다. 다음과 같은 이미지가 색상 정보에 의해 높이변화가 있는 것을 볼 수 있다.

Extract Mesh from NURBS Control Polygon

메뉴: Mesh Menu 〉 From NURBS Control Polygon

버튼: 왼쪽 클릭

기능: Curve의 조절점s를 통하여 Polyline을 생성하거나 Surface의 조절점을 통하여 Polygon Mesh를 생성하는 기능이다. 이 기능은 조절점 개체로 추출하려는 경우에 유용하며 ExtractControlPolygon 명령으로 Polygon 데이터를 만들어, 이를 다른 프로그램으로 내보내고, 해당 프로그램에서 Polygon Mesh를 매끄럽게 하는 도구로 사용할 수 있다.

Curve에서 Polyline으로 생성 경우

Surface에서 Polygon Mesh로 생성 경우

Match Mesh Edge

메뉴: Mesh Menu 〉 Mesh Repair Tools 〉 Match Mesh Edge

버튼: 왼쪽 클릭

기능: 열린 Mesh의 면 가장자리를 이동시킨 후, 인접한 면 가장자리와 정확하게 만나게 하면 Mesh가 닫히게 된다. RP 작업용 Mesh 파일을 깨끗하게 정리하고, 복구하고, 닫는 데 효율적인 기능이다. 이 기능은 완전한 Mesh 또는 선택된 가장자리에 사용할 수 있으며 전체 Mesh를 선택할 때, 높은 허용오차의 사용은 예상하지 못한 결과를 가져올 수 있으므로 특정하게 닫을 가장자리를 선택한 경우에만 큰 허용오차를 사용한다.

RP 작업용 Mesh 파일을 깨끗하게 정리하고, 복구하고, 닫는 데 효율적인 기능이다.

〈Options〉

- PickEdges

일치시킬 특정한 가장자리를 선택하는 기능이다.

- DistanceToAdjust

허용오차 거리를 설정하는 기능이다.

- RatchetMode

Yes를 선택하면 Mesh 일치 작업이 네 개의 패스에서 실행된다. 사용자가 지정한 허용오차보다 작은 허용오차에서 시작하며, 지정된 허용오차까지 연속적인 패스와 함께 실행된다. 작은 가장자리에서 먼저 일치가 이루어지며, 차례로 큰 가장자리에서 실행된다.

Fill Mesh Hole

메뉴: Mesh Menu 〉 Mesh Repair Tools 〉 Fill Hole

버튼: 왼쪽 클릭

기능: 이 기능은 선택한 구멍을 채우고 RP 프린트 작업 시 Mesh 파일을 깨끗하게 정리하고, 복구하고, 닫는 데 도움이 되는 기능이다.
Mesh Boundary와 다른 하위 파트는 Shaded View에서는 선택되지 않는다.

〈Options〉

• JoinMesh

Yes를 선택하면 새로운 면이 원래 Mesh에 결합된다.

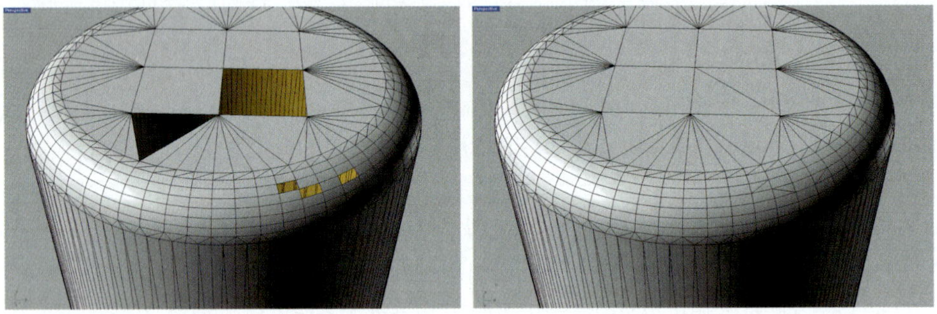

| Fill Mesh Holes

메뉴: Mesh Menu 〉 Mesh Repair Tools 〉 Fill Holes

버튼: 오른쪽 클릭

기능: Polygon Mesh 개체의 모든 구멍을 삼각형 면으로 채우고 RP 프린트 작업 시 Mesh 파일을 깨끗하게 정리하고, 복구하고, 닫는 데 효율적인 기능이다.

| Patch Single Face (Add a mesh face)

메뉴: Mesh Menu 〉 Mesh Repair Tools 〉 Patch Single Face

버튼: 왼쪽 클릭

기능: Mesh 구멍을 단일 Mesh 면으로 채우고 RP 프린트 작업 시 Mesh 파일을 깨끗하게 정리하고, 복구하고, 닫는 데 효율적인 기능이다.

〈Options〉

• JoinMesh

Yes를 선택하면 새로운 면이 원래 Mesh에 결합된다.

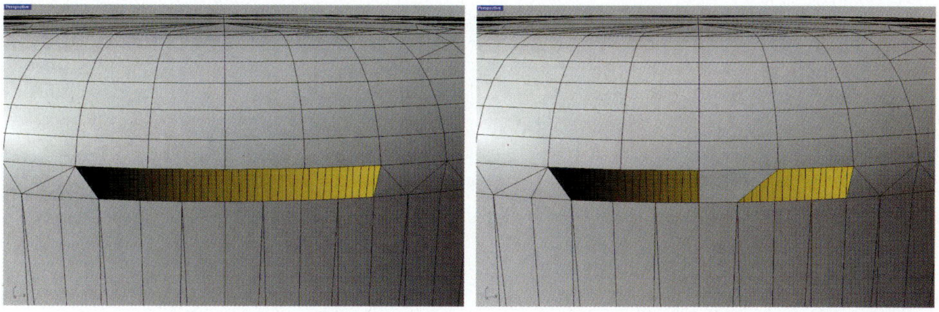

Unify Mesh Normals

메뉴: Mesh Menu 〉 Mesh Repair Tools 〉 Unify Mesh Normals

버튼: 왼쪽 클릭

기능: Mesh 개체에서 면의 Normals 방향을 변경하여, 모든 점이 일정한 방향을 갖도록 설정하게 하며 RP 프린트 작업용 Mesh 파일을 깨끗하게 정리하고, 복구하고, 닫는 데 효율적인 기능이다. Welded Mesh에서 모든 정점의 순서가 같은지를 확인하기 위해 주로 사용된다.

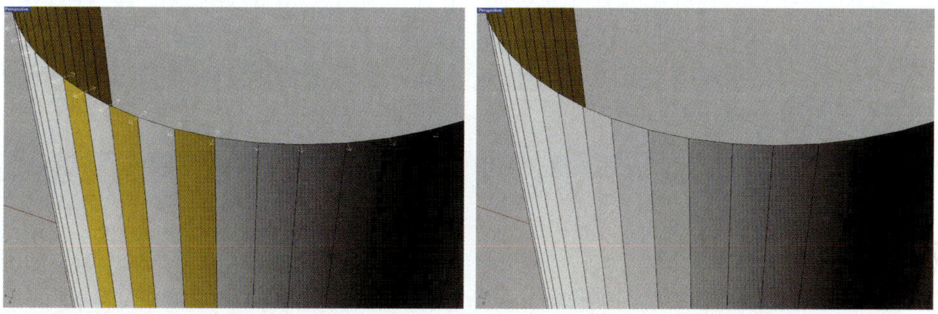

다음과 같이 Normal 방향이 일치하지 않는 경우 이 기능을 사용하여 Normal 방향을 일치시켜 준다.

Align Mesh Vertices

메뉴: Mesh Menu 〉 Mesh Repair Tools 〉 Align Mesh Vertices

버튼: 왼쪽 클릭

기능: 이 기능은 동일한 위치에 지정된 거리 안에 있도록 Mesh 정점을 정렬시키고 RP 프린트 작업용 Mesh 파일을 깨끗하게 정리하고, 복구하고, 닫는 데 효율적인 기능이다.

- Mesh 정점 사이의 거리가 DistanceToAdjust 값보다 작은 경우에는 정점이 한 군데로 모이도록 강제 실행된다.
- 어느 한 영역에서 동일한 위치에 있어야 하는 많은 정점이 어떤 이유로든 동일한

위치에 있지 않은 경우에 효율적으로 사용된다.

〈Options〉

- SelectVertices

정렬시킬 정점을 선택하는 기능이다.

- SelectNakedEdges

가장자리에 모든 정점을 정렬시키기 위해 떨어져 있는 가장자리를 선택하는 기능이다.

- DistanceToAdjust

허용오차 거리를 설정하는 기능이다.

Split Mesh Edge

메뉴: Mesh Menu 〉 Mesh Repair Tools 〉 Split Edge

버튼: 왼쪽 클릭

기능: Mesh 가장자리를 분할하여 2개 이상의 삼각형을 생성하고 이는 RP 프린트 작업용 Mesh 파일을 깨끗하게 정리하고, 복구하고, 닫는 데 효율적인 기능이다.

이 기능을 사용하여 면을 분할하고 MatchMesh가장자리 명령을 사용하여 인접한 Mesh를 일치시킨다.

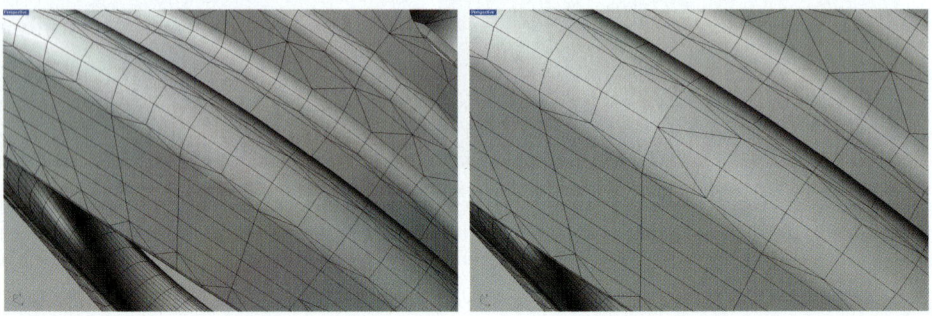

Swap Mesh Edge

메뉴: Mesh Menu 〉 Mesh Repair Tools 〉 Swap Edge

버튼: 왼쪽 클릭

기능: 이 기능은 하나의 Mesh 가장자리를 입력으로 인식하여 그 가장자리를 공유하는 삼각형의 모서리와 바꾸는 기능이다. 이는 RP 프린트 작업 시 Mesh 파일을 깨끗하게 정리하고, 복구하고, 닫는 데 효율적인 기능이며 가장자리는 반드시 두 면이 공유되어야 한다.

Mesh Boundary와 다른 하위 파트는 Shaded View에서는 선택되지 않는다.

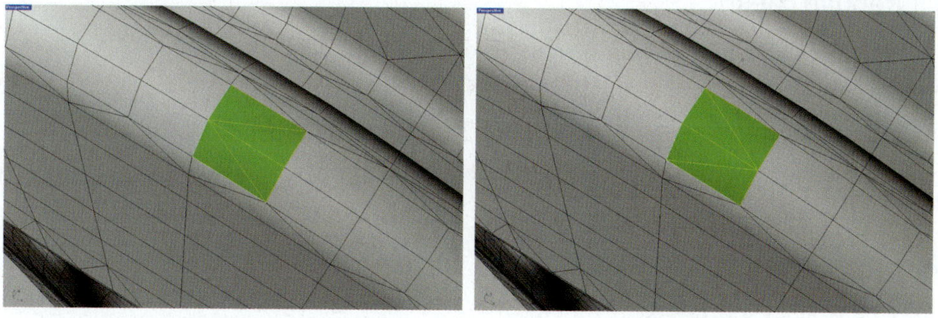

Split Disjoint Mesh

메뉴: Mesh Menu 〉 Mesh Repair Tools 〉 Split Disjoint Mesh

버튼: 왼쪽 클릭

기능: 서로 연결되지 않았으나 하나의 개체인 Mesh를 각각의 Mesh 개체로 나누는 기능이다. 이는 RP 프린트 작업용 Mesh 파일을 깨끗하게 정리하고, 복구하고, 닫는 데 도움이 된다.

Mesh 개체에는 동일한 Mesh에 속하는 동안에도 다른 개체처럼 보이는 특성이 있는데 이러한 현상은 Mesh 편집 때문이거나, 이러한 상황에서 가져온 Mesh 때문일 수 있다.

Cull Degenerate Mesh Faces

메뉴: Mesh Menu 〉 Mesh Repair Tools 〉 Remove Degenerate Faces

버튼: 왼쪽 클릭

기능: 면적이 0 인 Mesh 면을 삭제하여 RP 프린트 작업 시 Mesh 파일을 깨끗하게 정리 복구하고 닫는 데 효율적이다. 처리 과정 중에 고립되는 정점이 있는 경우 함께 삭제되므로 주의한다.

Rebuild Mesh Normals

메뉴: Mesh Menu 〉 Mesh Repair Tools 〉 Rebuild Mesh Normals

버튼: 왼쪽 클릭

기능: 이 기능은 Mesh Normals을 제거하고, 면의 방위를 기준으로 면과 정점 Normals을 재구성하는 기능이다. RP 프린트 작업 시 Mesh 파일을 깨끗하게 정리하고, 복구하고, 닫는 데 효율적이다.

Rebuild Mesh

메뉴: Mesh Menu 〉 Mesh Repair Tools 〉 Rebuild Mesh

버튼: 왼쪽 클릭

기능: Mesh에서 Texture 좌표, 정점 색, Surface 곡률, Surface 매개변수를 없애고, 면과 정점 Normal 만을 다시 생성하는 기능이다. RP 프린트 작업 시 Mesh 파일을 깨끗하게 정리하고, 복구하고, 닫는 데 효율적이다.

WELDING TOOLBAR

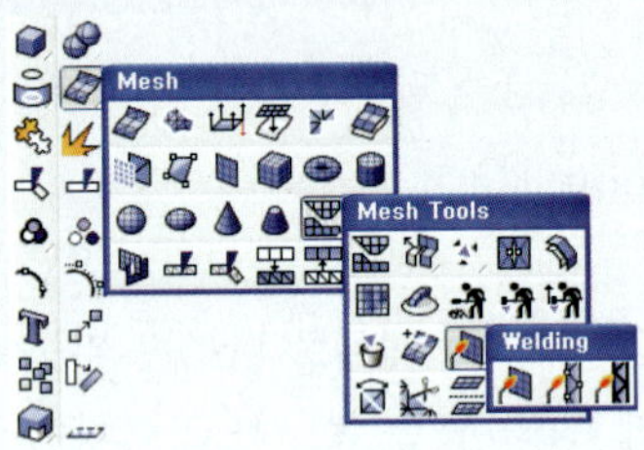

이 기능은 렌더링과 Mesh 개체의 Texture Mapping, 그리고 광조형법을 위한 파일 내보내기에 영향을 준다.

Weld Mesh

메뉴: Mesh Menu 〉 Mesh Edit Tools 〉 Weld Mesh

버튼: 왼쪽 클릭

기능: 각각의 공유 Mesh 정점에서 Texture Mapping 좌표 정보를 제거하는 기능이다. 이 기능은 렌더링, Mesh 개체의 Texture Mapping, 광조형법을 위한 파일 내보내기에 영향을 주게 된다.

■ Smoother Rendering

Wireframe 표시모드에서는 두 Mesh가 같아 보인다.
음영처리 표시모드에서는 Weld Mesh작업한 형태가 매끄럽게 보이게 된다.

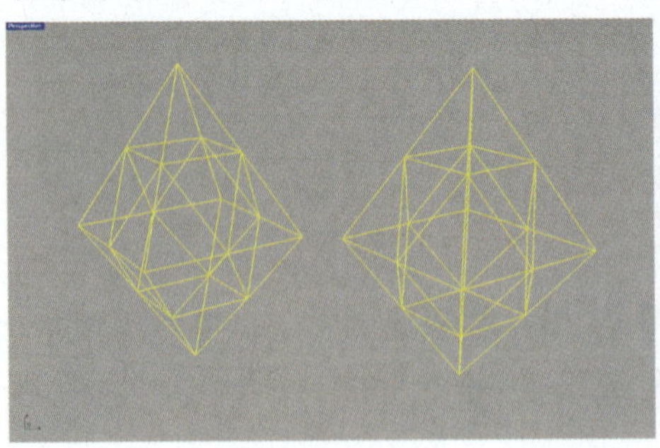

■ Texture Mapping

Texture Mapping 좌표는 Texture를 어떻게 개체에 덮을지를 제어하게 한다. 이 좌표는 Polygon 정점에 붙은 2D 좌표로, Texture Bitmap의 어느 점이 이 정점에 할당되는지를 지정하게 한다. 정점 사이의 점은 정점의 값에서 보간 된다.

Bitmap의 왼쪽 아래 모서리가 원점이고, 오른쪽 아래는 (1,0), 왼쪽 위는 (0,1) 그리고 오른쪽 위는 (1,1)이 된다. Texture Mapping 좌표는 언제나 이 값의 사이에 있어야 한다.

Rhino에서는 Mapping 좌표를 직접 편집할 수는 없으며 하나의 정점에 하나의 Texture Mapping 좌표만 허용된다. 정점을 용접하여 겹쳐진 복제 정점을 삭제한 경우, 한 쌍의 Texture Mapping 좌표만이 남는 것이 이로 인한 이유이다.

또한 Texture Mapping 좌표를 사용하여 Mesh를 용접하는 것은 Undo할 수 없다. Mapping 좌표는 남은 Mesh 정보로부터 복원되지 못한다.

용접을 제거하려면 (또한 Texture Mapping 좌표를 제거하려면), Unweld 또는 UnWeld-Edge명령을 이용하면 된다.

■ STL Mesh Export Diagnostics

일부 쾌속 조형 장치에서는, STL 파일에 있는 개체는 반드시 완전히 닫힌 Polygon Mesh 개체이어야만 한다. Join명령을 사용하고 나서 Weld (각도=180)하고, Unify- Mesh-Normals을 사용하여 Mesh의 그룹을 하나의 빈틈없는 Mesh 개체로 변경한다. 그리고 SelNakedMeshEdgePt 명령으로 열린 가장자리를 찾는다. 이 방법대로 실행하면 값비싼 STL 작업에서 사용하기 위해 파일을 내보내기 전에 Mesh가 서로 잘 맞는다는 것을 확신할 수 있게 된다.

- Weld 명령은 두 개의 다른 Mesh의 정점을 병합하지 않으므로 먼저 이 두 정점을 결합하고 나서 용접을 실행한다.
- Weld 명령은 실행 결과를 명령줄에 표시하지 않는다.

Unweld Mesh

메뉴: Mesh Menu 〉 Mesh Edit Tools 〉 Unweld

버튼: 오른쪽 클릭

기능: 각각의 공유 Mesh 정점에 Texture Mapping 좌표 정보를 추가하며 이로 인해 Shaded View 와 렌더링에서 매끄럽게 보이는 효과가 없어지게 된다.

Weld Mesh Edge

버튼: 왼쪽 클릭

기능: 선택된 가장자리에 있는 각 공유 Mesh 정점에 Texture Mapping 좌표 정보를 제거하는

기능이다.

Unweld Mesh Edge

메뉴: Mesh Menu 〉 Mesh Edit Tools 〉 Unweld Selected Edges

버튼: 오른쪽 클릭

기능: 선택된 가장자리에 있는 공유 Mesh 정점에 Texture Mapping 좌표 정보를 추가하는 기능이다.

Weld Mesh Vertices

메뉴: Mesh Menu 〉 Mesh Edit Tools 〉 Weld Selected Vertices

버튼: 왼쪽 클릭

기능: 각각의 선택된 Mesh 정점에서 Texture Mapping 좌표 정보를 제거하는 기능이다. 명령을 사용하여 Mesh 전체가 아닌, 용접할 Mesh 정점을 선택한다. 그러나 이 명령에서는 Weld 명령과는 달리, 면 사이의 허용오차 각도를 지정할 수 없으며 명령 실행 전에 Mesh 점을 켜고 창 선택으로 점을 선택하거나, 명령을 실행하고 여러 개의 개별적인 점을 선택할 수 있다. Polygon Mesh Vertex들을 결합시키며 Polygon Mesh개체들의 렌더링 상태와 RP(Rapid Prototyping)작업을 하기 위해서 라이노 데이터를 Export할 때 영향을 준다.

Mesh Trim

메뉴: Mesh Menu 〉 Mesh Edit Tools 〉 Mesh Trim

버튼: 왼쪽 클릭

기능: 다른 개체와 교차하는 Mesh의 내부/외부에서 선택된 부분을 삭제하는 기능이다.

| Mesh Split

메뉴: Mesh Menu 〉 Mesh Edit Tools 〉 Mesh Split
버튼: 왼쪽 클릭
다른 개체를 사용하여 Mesh를 분할하는 기능이다.

COLLAPSE TOOLBAR

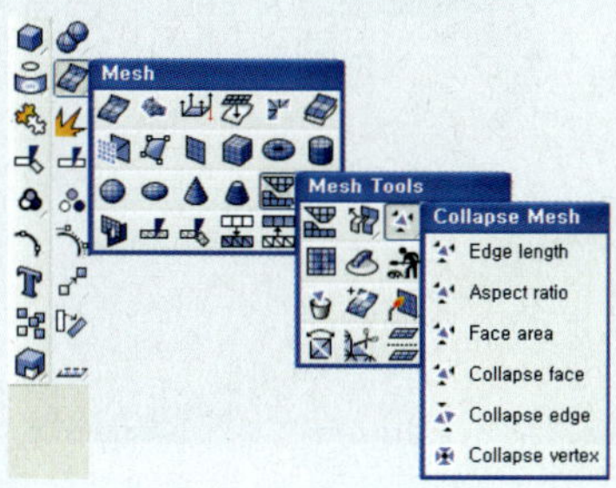

Face area | Collapse Mesh Faces By Area

메뉴: Mesh Menu 〉 Mesh Edit Tools 〉 Collapse 〉 By Area
버튼: 왼쪽 클릭
기능: 지정된 값보다 크거나 작은 Surface 면적을 가진 Mesh 면의 정점을 단일 정점까지 이동하며, 이는 RP 프린트 작업용 Mesh 파일을 깨끗하게 정리하고, 복구하고, 닫는 데 도움이 된다.

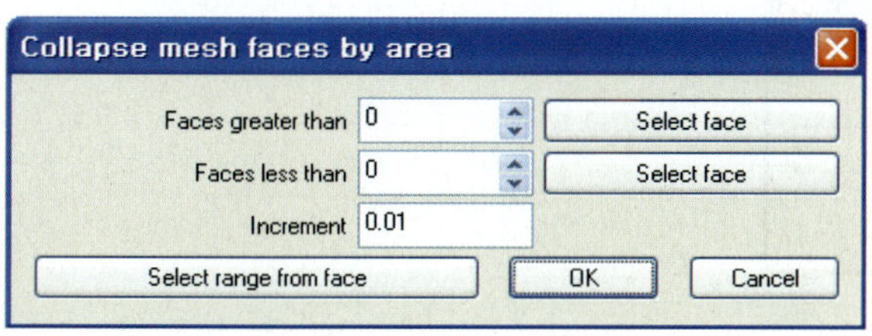

〈Options〉

- Faces greater than

지정된 설정보다 큰 면적을 가진 면을 선택하는 기능이다.

- Faces less than

지정된 설정보다 작은 면적을 가진 면을 선택하는 기능이다.

• Select Face

비교할 값을 설정하기 위해 Mesh 면을 선택하는 기능이다.

■ Select range from face

하나의 면을 샘플로 지정하여 면적을 설정하고 선택된 면의 면적에서 +/−0.1 의 범위가 사용된다.

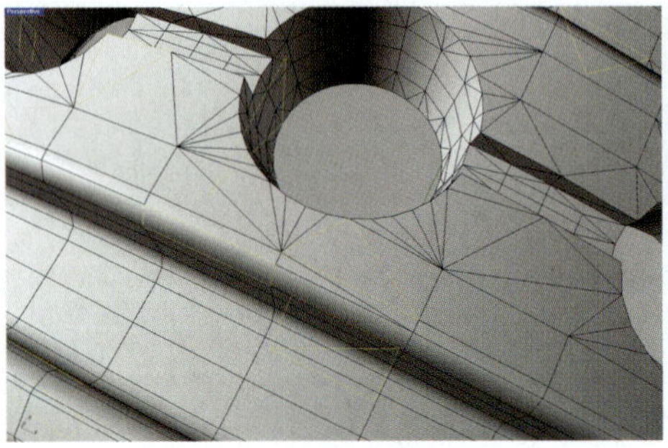

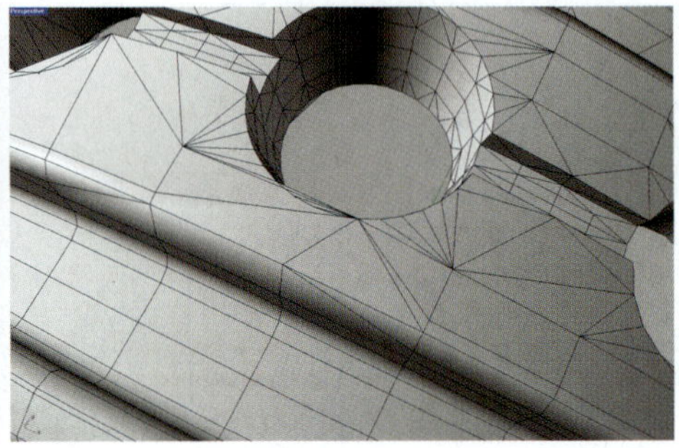

Aspect ratio | Collapse Mesh Faces By AspectRatio

메뉴: Mesh Menu 〉 Mesh Edit Tools 〉 Collapse 〉 By AspectRatio

버튼: 왼쪽 클릭

기능: 너비에 대한 길이의 지정된 비율보다 큰 Mesh 면의 정점을 단일 정접까지 이동하며, 이는 RP 프린트 작업용 Mesh 파일을 깨끗하게 정리하고, 복구하고, 닫는 데 도움이 된다.

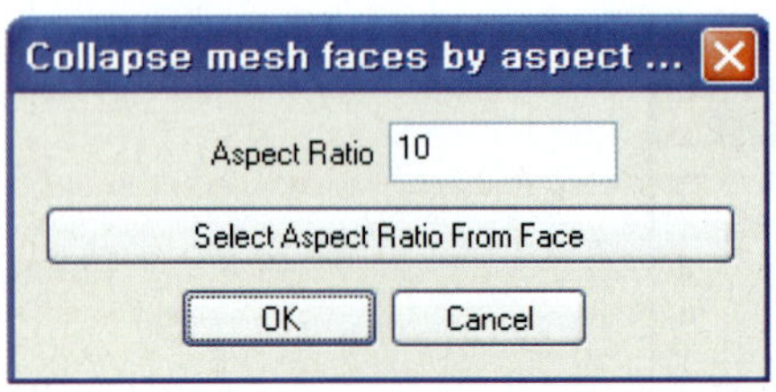

〈Options〉

• Aspect Ratio

대상 종횡비를 지정하는 기능이다.

• Select Aspect Ratio From Face

종횡비 값을 지정하기 위해 Mesh 면을 선택하는 기능이다.

Edge length | Collapse Mesh Faces By Edge Length

메뉴: Mesh Menu 〉 Mesh Edit Tools 〉 Collapse 〉 By Edge Length

버튼: 왼쪽 클릭

기능: 지정된 길이보다 길거나 짧은 Mesh Edge의 정점을 단일 정점까지 이동하며, 이는 RP 프린트 작업용 Mesh 파일을 깨끗하게 정리하고, 복구하고, 닫는데 도움이 된다.

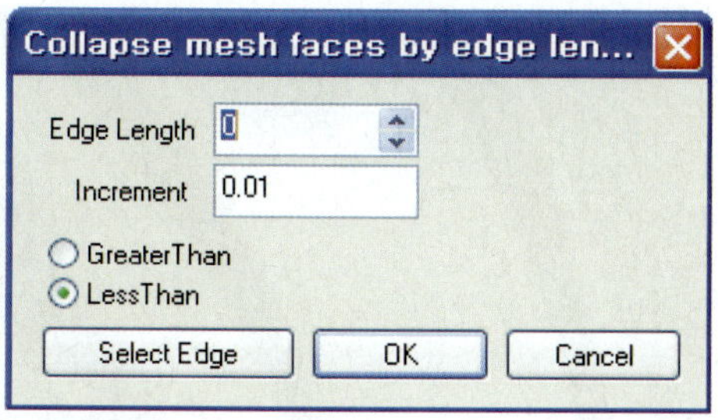

〈Options〉

•Edge Length

가장자리 길이를 설정하는 기능이다.

•Select Edge

가장자리 길이를 지정하기 위해 Mesh 가장자리를 선택하는 기능이다.

Collapse edge | Collapse Mesh Edge

메뉴: Mesh Menu 〉 Mesh Edit Tools 〉 Collapse 〉 Edge

버튼: 왼쪽 클릭

기능: Mesh 가장자리의 정점을 단일 정점으로 이동시키며, 이는 RP 프린트 작업용 Mesh 파일을 깨끗하게 정리하고, 복구하고, 닫는 데 도움이 된다.

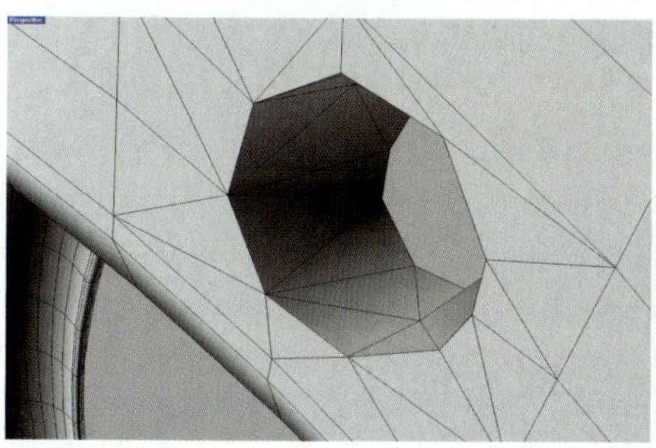

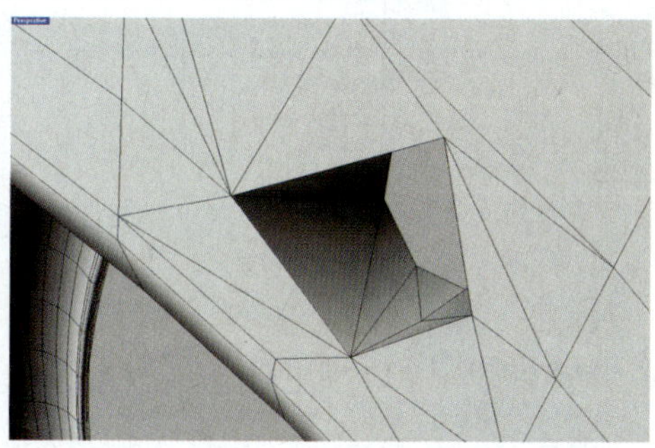

Collapse face | Collapse Mesh Face

메뉴: Mesh Menu 〉 Mesh Edit Tools 〉 Collapse 〉 Face

버튼: 왼쪽 클릭

기능: Mesh 면의 정점을 단일 정점으로 이동시키며, 이는 RP 프린트 작업 시 Mesh 파일을 깨끗하게 정리하고, 복구하고, 닫는 데 도움이 된다.

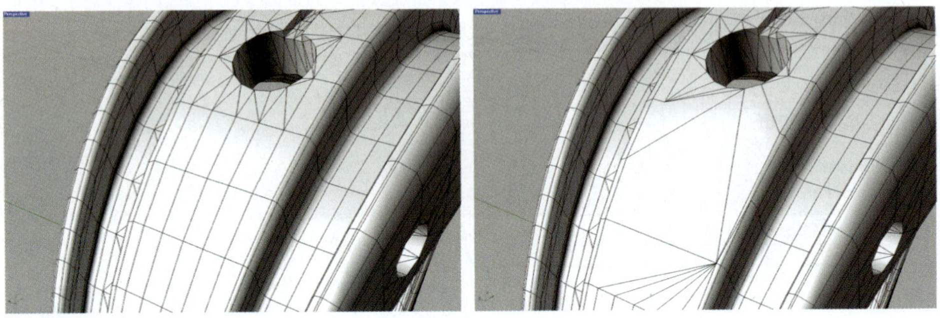

Collapse vertex | Collapse Mesh Vertex

메뉴: Mesh Menu 〉 Mesh Edit Tools 〉 Collapse 〉 Vertex

버튼: 왼쪽 클릭

기능: 선택된 Mesh 정점을 다른 선택된 Mesh 정점으로 이동하며, 이는 RP 프린트 작업 시 Mesh 파일을 깨끗하게 정리하고, 복구하고, 닫는데 도움이 된다.

EXTRACT MESH TOOLBAR

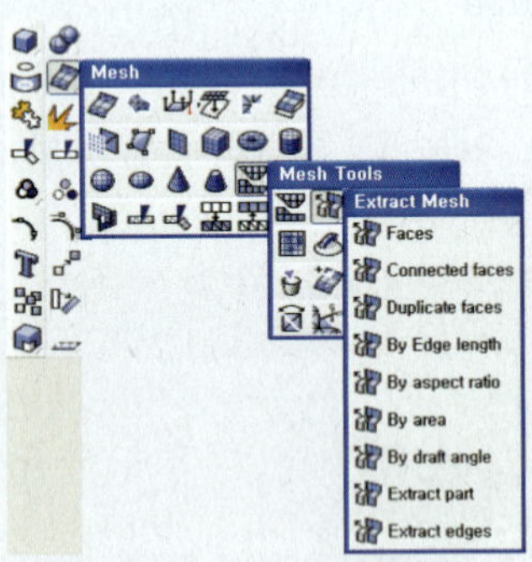

By area | Extract Mesh Faces By Area

메뉴: Mesh Menu 〉 Mesh Edit Tools 〉 Extract 〉 By Area

버튼: 왼쪽 클릭

기능: 지정된 면적의 범위 안에 있는 Parent Mesh에서 면을 분리하는 기능이다. RP 프린트

작업용 Mesh 파일을 깨끗하게 정리하고, 복구하고, 닫는 데 도움이 된다.

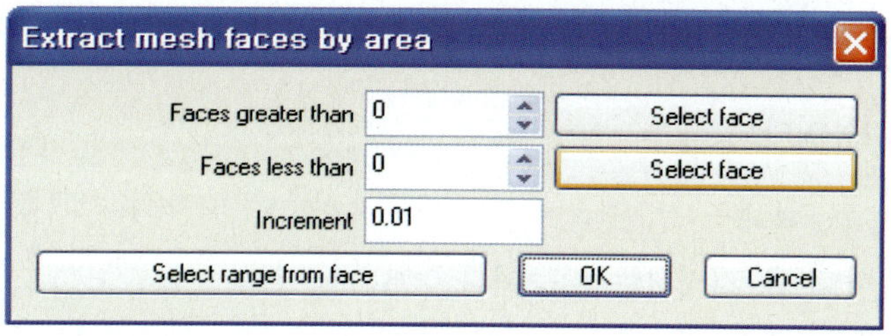

〈Options〉

• Faces greater than

지정된 설정보다 큰 면적을 가진 면을 선택하는 기능이다.

• Faces less than

지정된 설정보다 작은 면적을 가진 면을 선택하는 기능이다.

• Select Face

Mesh 면을 선택하여 비교할 값을 설정하는 기능이다.

• Select range from face

샘플 면을 지정하여 면적을 설정한다. 선택된 면의 면적의 +/−10% 범위가 사용된다.

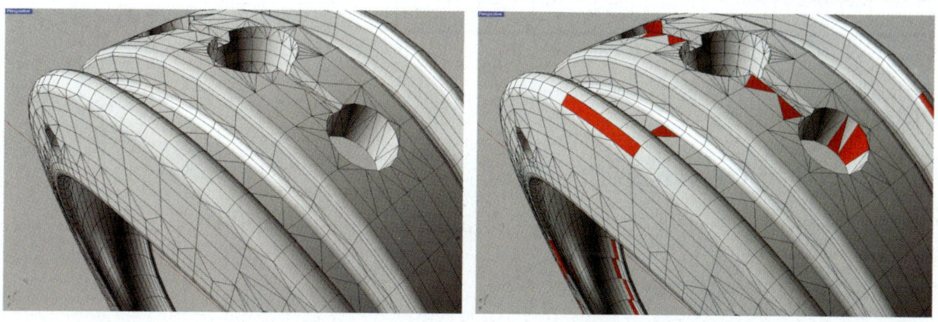

By aspect ratio | Extract Mesh Faces By Aspect Ratio

메뉴: Mesh Menu 〉 Mesh Edit Tools 〉 Extract 〉 By Aspect Ratio

버튼: 왼쪽 클릭

기능: 지정된 종횡비 제한보다 큰 Parent Mesh에서 면을 분리하는 기능이다.

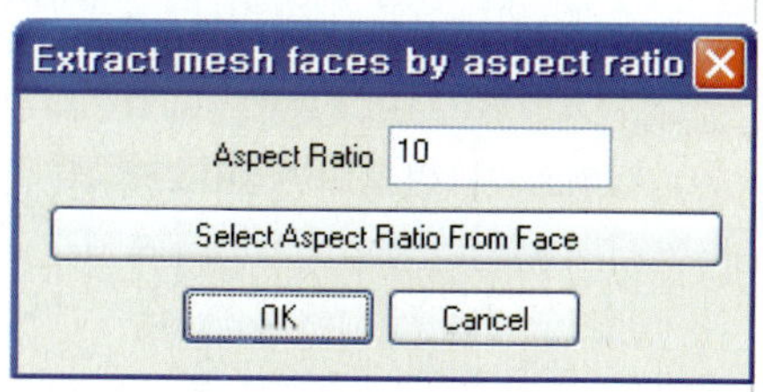

〈Options〉

• Aspect Ratio

대상 종횡비를 설정하는 기능이다.

• Select Aspect Ratio From Face

Mesh 면을 선택하여 종횡비 값을 지정하는 기능이다.

By draft angle | **Extract Mesh Faces By Draft Angle**

메뉴: Mesh Menu 〉 Mesh Edit Tools 〉 Extract 〉 By Draft Angle

버튼: 왼쪽 클릭

기능: View에 대한 면의 각도를 기준으로 Parent Mesh에서 면을 분리하는 기능이다. 이 명령은 금형을 위한 Mesh 개체의 분할 또는 언더컷 영역을 찾는 데 매우 유용하게 사용된다.

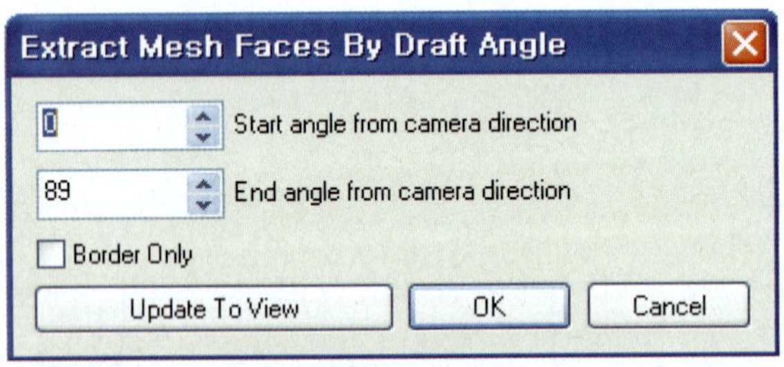

〈Options〉

• Start angle from camera direction

Viewport 카메라 방향에서 시작하는 각도를 설정하는 기능이다.

• End angle from camera direction

Viewport 카메라 방향에서 끝나는 각도를 설정하는 기능이다.

• Border only

선택된 면의 테두리에 Polyline폴리라인을 생성하는 기능이다.

• Update To View

View가 변경되면 이 단추를 클릭 하여 선택 집합을 Update한다.

By Edge length | Extract Mesh Faces By Edge Length

메뉴: Mesh Menu 〉 Mesh Edit Tools 〉 Extract 〉 By Edge Length

버튼: 왼쪽 클릭

기능: 지정된 값보다 길거나 짧은 가장자리 길이를 가진 Parent Mesh에서 면을 분리하는 기능이다. 이 명령은 Mesh에 속하지 않는 작거나 큰 면을 제거하기 좋은 명령이다.

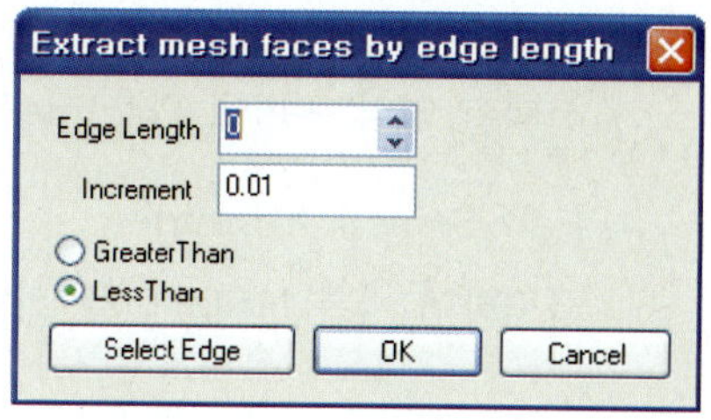

〈Options〉

- Edge Length

비교할 가장자리 길이를 설정하는 기능이다.

- Select Edge

Mesh 가장자리를 지정하여 원하는 가장자리 길이를 지정하는 기능이다.

Connected faces | Extract Connected Mesh Faces

메뉴: Mesh Menu 〉 Mesh Edit Tools 〉 Extract 〉 Connected

버튼: 왼쪽 클릭

기능: 연결된 면 사이의 각도가 정의된 제한 범위 내에 있는 연결된 면 중에서 선택한 면을 Parent Mesh에서 분리시키는 기능이다. 이 명령은 지정 각도(break angle)를 기준으로, 결합된 Mesh에서 면을 추출하며 Mesh에서 평면형 Surface를 이루는 면들을 추출할 때 사용된다.

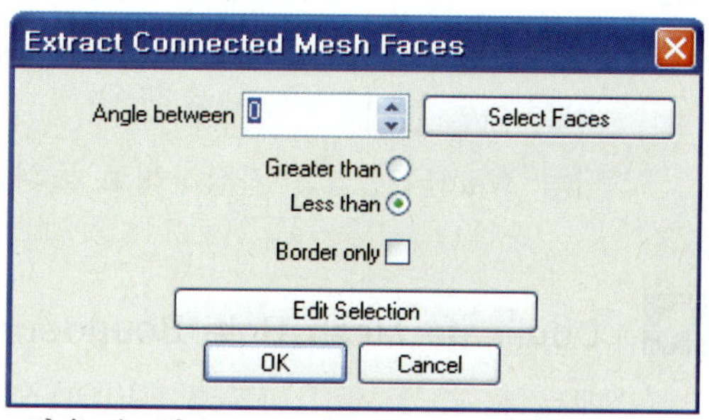

〈Options〉

- Angle between faces

선택할 면 사이의 각도를 설정하는 기능이다.
0을 설정하면 사용자가 선택한 면과 평면상에 있으며 연결된 모든 면이 선택된다. 경우에 따라 평면형 Mesh에 노이즈가 다소 있을 수 있으므로 각도를 1로 설정하는 것이 평면형 면을 선택하는 데 효율적이다.

- Greater than

면 사이의 각도 값보다 큰 각도로 설정한다.

- Less than

면 사이의 각도 값보다 작은 각도로 설정한다.

- Select Faces

원하는 각도를 지정할 두 면을 선택하는 기능이다.

- Border only

선택된 영역 주변에 Polyline을 생성하는 기능이다.

- Edit Selection button

클릭하여 다른 Mesh 면을 선택하는 기능이다.

Duplicate faces | Extract duplicate Mesh Faces

메뉴: Mesh Menu 〉 Mesh Edit Tools 〉 Extract 〉 Duplicate
버튼: 왼쪽 클릭
기능: Parent Mesh의 단일 Mesh에서 동일한 면을 분리하는 기능이다.

Extract edges | Extract Mesh Edges

버튼: 왼쪽 클릭
기능: Parent Mesh에서 Draft Angle 또는 Weld 상태를 기준으로 면을 분리하는 기능이다.

Extract part | Extract Mesh Part

메뉴: Mesh Menu 〉 Mesh Edit Tools 〉 Extract 〉 Part
버튼: 왼쪽 클릭
기능: Weld되지 않은 가장자리로 둘러쌓인 Parent Mesh에서 면을 분리하는 기능이다.

| Duplicate Mesh Hole Boundary

메뉴: Mesh Menu 〉 Mesh Edit Tools 〉 Extract 〉 Hole Boundary
버튼: 왼쪽 클릭
기능: Mesh 구멍의 Boundary를 복제하는 Polyline을 만드는 기능이다.

| Delete Mesh Faces

메뉴: Mesh Menu 〉 Mesh Edit Tools 〉 Delete Mesh Faces

버튼: 왼쪽 클릭

기능: Parent Mesh에서 선택된 Mesh 면을 제거하여 구멍을 만드는 기능이며 Shaded Display Mode에서 가장 효과적이다. 사용자는 Shaded 처리된 Mesh Facet 안에서 지정하고 선택할 수 있다.

Triangulate Non-Planar Quads

메뉴: Mesh Menu 〉 Mesh Edit Tools 〉 Triangulate Non-Planar Quads

버튼: 오른쪽 클릭

기능: 비평면형 사각 Polygon Mesh 면을 두 개의 삼각 Mesh 면으로 분할하는 기능이다.

〈Options〉

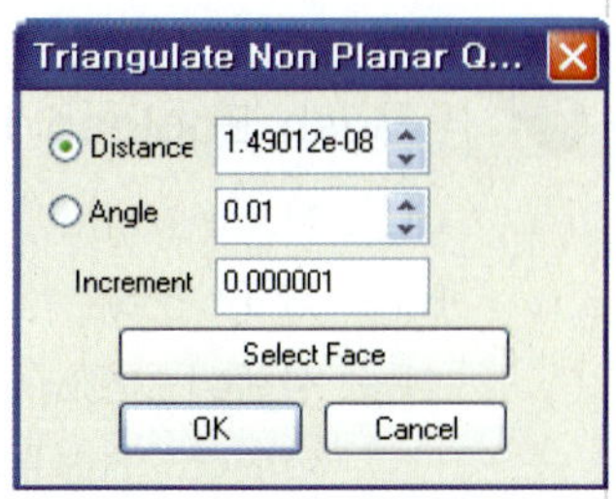

- **Distance 거리**

사분점의 처음 세 점으로 정의된 평면에서, 평면과 네 번째 사분점의 거리가 거리 값과 같거나 동일한 사각형은 삼각형으로 변환되게 하는 기능이다.

- **Angle**

각도 값과 같거나 큰 값으로 삼각형 변환되었다면, 평면 사이의 각도가 면 삼각형에 대하여 법선을 이루는 사각형이 삼각형으로 변환된다.

- **Increment 증가**

거리와 각도 편집 상자의 값이 Spinner 제어로 증가하거나 감소한다.

- **Select Face 면 선택**

거리와 각도 값을 설정하기 위해 Mesh 면을 선택하는 기능이다.

Triangulate Mesh

버튼: 왼쪽 클릭

기능: 모든 평면형 사각 다각형 Mesh 면을 두 개의 삼각 Mesh 면으로 분할하는 기능이다.

Quadrangulate Mesh

메뉴: Mesh Menu 〉 Mesh Edit Tools 〉 Quadrangulate Mesh

버튼: 왼쪽 클릭

기능: 삼각 Mesh를 사각 Mesh로 병합하는 기능이다.

Mesh Boolean Union

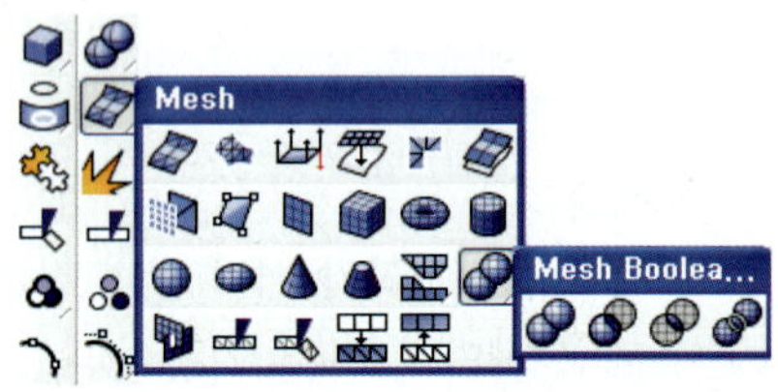

메뉴: Mesh Menu 〉 Mesh Boolean 〉 Union

버튼: 왼쪽 클릭

기능: 선택된 Mesh, Polysurface, Surface의 공유 영역을 잘라내고, 공유하지 않는 영역을 단일 Mesh로 생성하는 기능이다.

Mesh Boolean Difference

메뉴: Mesh Menu 〉 Mesh Boolean 〉 Difference

버튼: 왼쪽 클릭

기능: 선택된 Mesh, Polysurface, Surface와 다른 Mesh, Polysurface, Surface의 집합 사이의 공유 영역을 잘라내는 기능이다.

Mesh Boolean Intersection

메뉴: Mesh Menu 〉 Mesh Boolean 〉 Intersection

버튼: 왼쪽 클릭

기능: 선택된 Mesh, Polysurface 또는 Surface의 공유하지 않는 영역을 잘라내는 기능이다.

Mesh Boolean Split

메뉴: Mesh Menu 〉 Mesh Boolean 〉 Boolean Split

버튼: 왼쪽 클릭

기능: 선택된 Mesh, Polysurface, Surface의 공유 영역을 잘라내고, 공유하지 않는 영역을 단일 Mesh로 생성하는 기능이다.

Render Mesh Properties

■ Mesh Menu 〉 Render Mesh Properties

현재 모델의 Mesh 설정을 관리한다. NURBS Surface를 음영처리하거나 렌더링 할 때, Surface는 우선 Polygon Mesh로 변환된다. 이러한 Rendering Mesh의 자세한 Option은 NURBS Surface가 어떻게 Polygon Mesh로 변환되는지를 제어하게 된다.

기본 설정의 Shade와 Rendering의 질에 만족되지 않을 경우에 이 값을 조절하면 효율적이다.

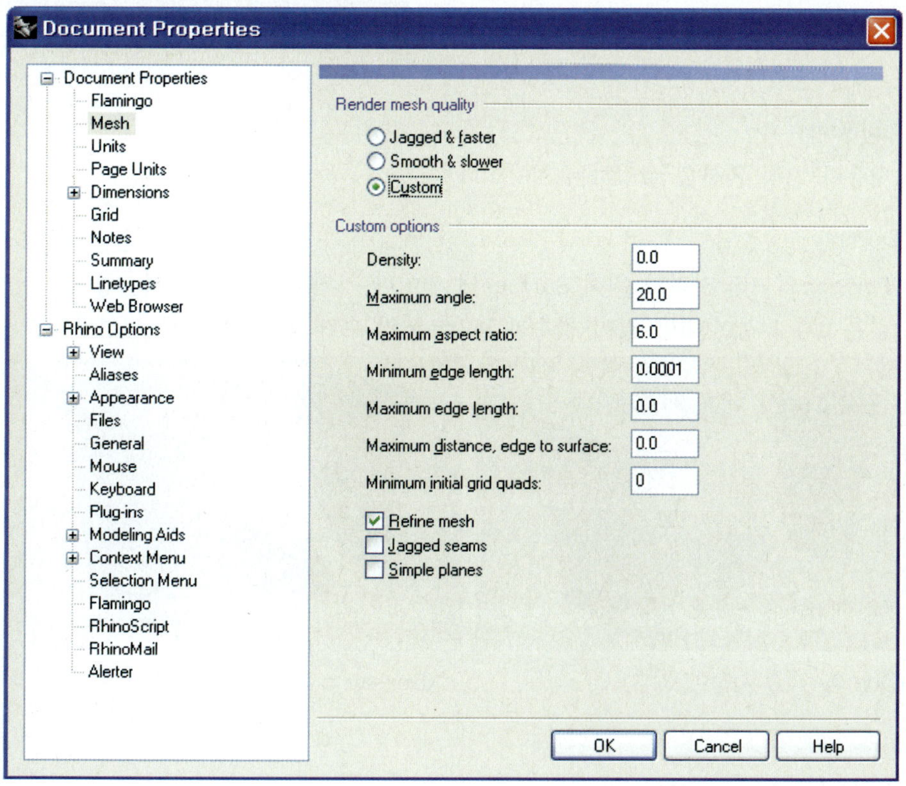

〈Option〉

• Jagged & faster

개체가 고르지 않게 보일 수 있으나, Shaded와 Rendering의 속도가 상대적으로 빨라지게 설정하는 기능이다.

• Smooth & slower

개체가 매끄럽게 보이지만 Shaded와 Rendering에 오랜 시간이 소요된다.

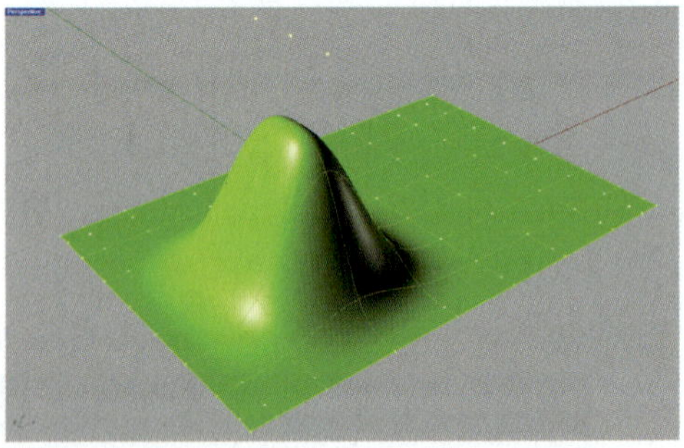

사용자 지정 옵션을 설정하는 기능으로 이 기능을 설정하게 되면 기본적으로 렌더링 속도가 현저히 떨어지는 단점이 있다. 최종 렌더링 작업을 할 경우에 사용하는 작업 습관을 가지는 것이 중요하다.

■ Custom

사용자 지정 옵션을 설정하는 기능이다.

■ Density

Polygon의 가장자리가 원래 Surface에 얼마나 가까운지를 제어하는 공식이다. 값은 0과 1 사이이며, 값이 클수록 Polygon의 수가 많은 Mesh로 생성된다.

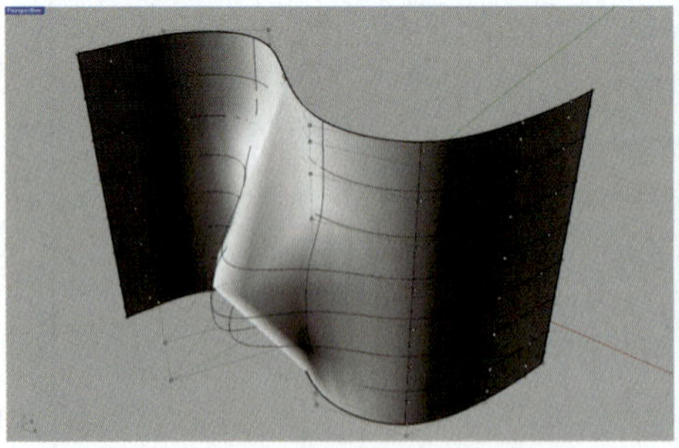

〈Density = 0 지정한 경우〉

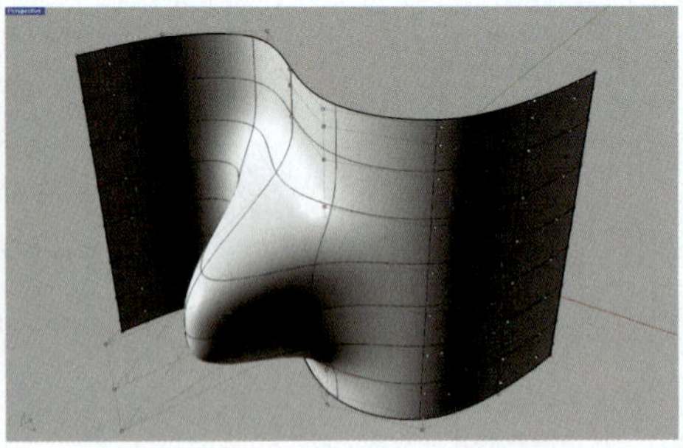

〈Density = 1 지정한 경우〉

Maximum Angle

Mesh 정점의 임의의 지점에서부터 Surface Normal 사이의 허용되는 최대 변경 각도이다. Facet 가장자리 끝에 정점이 있는 경우, 두 정점은 서로 이웃하게 된다.

이 옵션의 기본값은 20도이고 제안되는 범위는 5도부터 90도까지 이며 크기 조정의 영향을 받지 않는다. 값이 작을수록 Mesh 속도가 느려지고 더욱 정확해지며, 다각형 개수의 수가 많아진다. Rendering 작업 시 가장 많이 사용되는 기능 중 하나이다.

만약 평평하고, 구불구불한 영역이 있는 Surface를 Mesh 처리할 때, 평평한 영역은 적은 수의 삼각 Mesh로, 구불구불한 영역은 더 많은 수의 삼각 Mesh로 처리하려면, Maximum Angle 옵션을 사용하고, Maximum edge length 를 0으로 설정한다.

값이 작을수록 다각형 개수가 많아지며 Mesh 속도가 느려지는 단점이 있다. 하지만 더욱 정확해지는 장점이있기 때문에 Rendering 작업 시 가장 많이 사용되는 기능 중 하나이다.

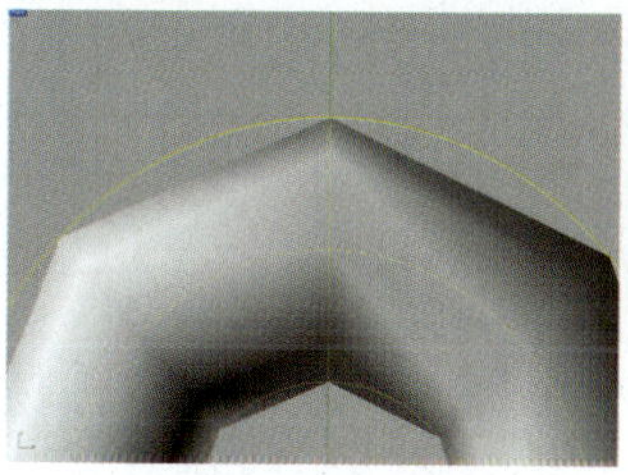

Maximum Angle = 80

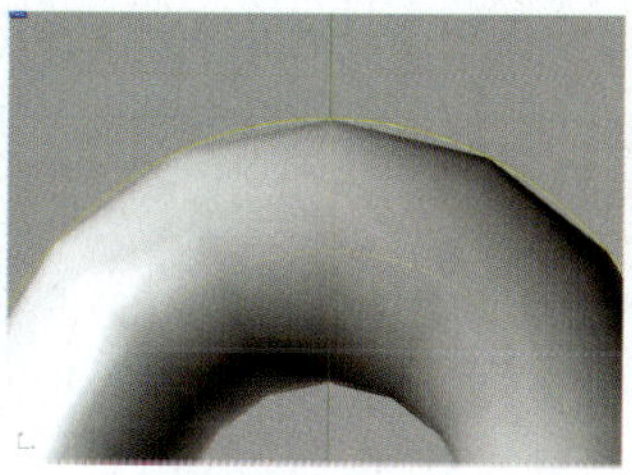

Maximum Angle = 40

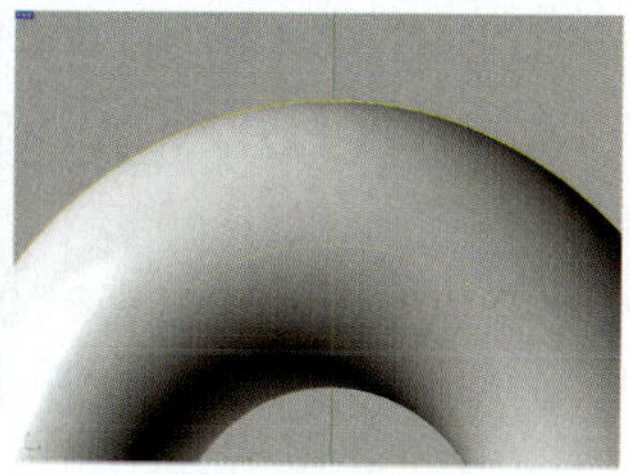

Maximum Angle = 10

Maximum aspect ratio

Surface는 처음에는 일반 사각 Mesh로 모자이크 처리된 후에 Mesh가 구체화된다. 초기 사각 Mesh가 구성되고, 그 평균적인 사각 Mesh의 최대 종횡비는 최대 종횡비와 같거나 더 작다. 값이 작을수록 Mesh 작성처리는 늦어지나, 보다 등변에 가까운 좋은 형태의 다 각형이 되며 그 수도 많아지게 된다. 이 값을 0으로 설정하면 이 옵션이 꺼지는데 0은 제한이 없음을 뜻한다. 이것은 초기 Mesh Grid 사분면의 대략적인 최대 종횡비이다.

이 옵션의 기본값은 0 이며 제안되는 범위는 1부터 100까지 이며 크기 조정의 영향을 받지 않는다. 만약 길고 가는 개체를 음영 처리할 때 최대 종횡비로 0.0을 사용한다. 이로 인해 무한의 비율을 사용할 수 있다. 다른 매개 변수로 Mesh의 매끄러움을 제어한다.

0으로 설정하는 값은 초기 Mesh 그리드 사분면의 대략적인 최대 종횡비이다.

Minimum edge length

최소 가장자리 길이보다 짧은 가장자리가 있는 경우, Mesh 면의 분할이 더 이상 이루어지지 않는다. 이것은 초기 Mesh Grid 사분면의 대략적인 최소 Mesh 길이이기도 하다.

이 옵션의 기본값은 0.0001 단위이며, 모델의 크기에 따라 사용 가능한 범위는 다르다. 값이 클수록 Mesh 작성의 처리속도가 빨라지지만, Mesh의 정확도가 떨어지고 다각형 수가 적어지게 된다. 이 값을 0으로 설정하면 이 옵션이 꺼지게 된다.

이 기능은 불필요하게 용량을 차지할 수 있다.

Maximum edge length

Maximum Edge Length 기능은 Maximum Angle값과 같은 기능이나, 불필요하게 용량을 차지 할 수 있다.

모든 Polygon 가장자리가 이 값보다 짧아질 때까지 Polygon이 분할된다. 이것은 초기 Mesh Grid 사분면의 대략적인 최대 가장자리 길이이기도 하다.

값이 작을수록 Mesh 처리 속도는 느려지고, 균일한 크기의 다각형의 수가 많아지게 된다. 이 값을 0으로 설정하면 이 옵션이 꺼지게 되고 이 옵션의 기본값은 0이며, 모델의 크기에 따라 사용 가능한 범위는 다르다. 이 설정은 크기 조정의 영향을 받게 된다. Refine옵션이 켜져 있으면 가장자리의 길이가 이 값보다 작아질 때까지 나누어가게 된다.

이 기능은 주로 Polygon이 대략 균일한 크기인지를 확인하는 데 사용되며, 주얼리 제품을 Rendering 작업 시 2~5값을 최적 값으로 적용한다. RP 작업 시는 1~3으로 설정한다.

Maximum distance, edge to surface

Polygon 가장자리의 중간점에서 NURBS Surface까지의 거리가 이 값보다 작아질 때까지 Polygon을 분할한다. 이것은 초기 Mesh Grid의 다각형 가장자리의 중간점에서 NURBS Surface까지의 대략적인 최대 거리이다. 값이 작을수록 Mesh 작성처리는 늦어지나, 보다 정확한 Mesh가 되며 다각형의 수도 많아지게 된다. 이 값을 0으로 설정하면 이 옵션이 꺼지게 되고 기본값은 0이며, 모델의 크기에 따라 사용 가능한 범위는 다르다.

이 기능은 일반적인 다각형 Mesh 허용오차 설정으로 사용할 수 있다. RP 작업 시 0.01로 맞추어 준다.

> 정교하게 세부묘사 되어있는 Surface를 Mesh하는 다각형의 수가 충분히 많은지를 확인하는 데 사용한다.

Minimum initial grid quads

■ **initial grid quads의 최소 수, 최소 50개**

초기 Mesh Grid에서의 Surface당 사각 Mesh의 수이다. 실제로는 Rhino는 각 Surface에 적어도 여기에 설정된 수의 다각형을 사용하게 된다.

값이 클수록 Mesh 작성 속도가 늦어지나, 보다 정확한 Mesh가 되고, 다각형은 더욱 균등하게 배분되어 그 수도 많아지게 된다. 이 값을 0으로 설정하면 이 옵션이 꺼지며 이 옵션의 기본값은 16도이고 제안되는 범위는 0부터 10000까지 이다.

옵션은 크기 조정의 영향을 받지 않는다. 이 기능은 정교하게 세부묘사 되어있는 Surface를 Mesh하는 다각형의 수가 충분히 많은지를 확인하는 데 사용할 수 있다.

Refine mesh

이 기능은 Maximum Angle 기능과 연관있으며 일반적으로 이 기능을 체크한 상태에서 Maximum Angle값을 바꾸어준다.

이 기능이 체크되어 있으면 Refine이 켜져 있으면 대부분 사각 Mesh를 얻을 수 있다.

초기 Mesh 후, Rhino는 최대 각도, 최소 가장자리 길이, 최대 가장자리 길이, 가장자리에서 Surface까지의 최대 거리 옵션에서 정의된 기준에 맞을 때까지 Mesh 구체화하기를 순환한다.
다각형 가장자리를 따르는 Surface Normal 사이의 각도가 이 옵션에서 정의된 값보다 작 아질 때까지 Mesh를 구체화한다. 기본값은 20 도이며, 제시된 범위는 5에서 90도까지이다. 최대 각도를 0으로 설정하면 옵션이 꺼지며 크기 조정의 영향을 받지 않는다.
이 확인란을 선택 해제하면 빠른 Mesh 작성 속도, Mesh 정확도의 저하, 낮은 다각형의 수의 결과를 가져오게 된다. 또한 이 확인란의 선택. 해제로 인해 트림 해제된 각각의 Surface 자르기 가장자리와 결합한 가장자리로부터 떨어진 Surface 영역은 균등한 크기의 사각형으로 Mesh가 된다.

Jagged seams

모든 Surface는 독립적으로 Mesh 처리되며, 결합된 Surface 가장자리의 Mesh는 서로 꿰매지지 않는다. Polysurface에서 각 Surface의 Mesh는 반드시 밀폐된 Mesh를 이루는 것은 아니며 이 기능을 선택하지 않으면, 밀폐된 Mesh가 만들어지게 된다.
빠른 Mesh 작성, 낮은 다각형의 수, 렌더링된 이미지에서 결합된 Surface 사이의 틈이 생기는 결과를 가져오게 된다.
라이노는 단일의 Trim되지 않은 Surface를 Mesh 작업하지 않는 한, 밀폐된 사각형 Mesh를 지원하지 않는다. 이러한 경우, Mesh 구체화하기의 확인란을 선택 해제하고 이 기능을 선택하여 사각형 Mesh를 생성한다.

Simple Planes

평면 Surface에 대해 최소의 Polygon 수를 이루게 한다. 복잡하게 트림된 경우에는 변환 속도가 느려 질수 있다. 모든 평면형 Surface는 Surface 가장자리를 Mesh 작성하고, 가장자리로 둘러싸인 영역을 삼각형으로 채우는 방법으로 Mesh된다.
느린 Mesh 작성, 평면형 Surface상의 최소 다각형의 수의 결과를 가져오게 된다. 복잡한 Trim Surface를 Mesh 작성할 때 특히 느려질 수 있다.

Pack Texture

Mapping 작업 시 사용하는 기능으로 이 명령을 체크하면 Mapping을 할 때 하나의 Map을 균등하게 적용하며, 체크를 하지 않으면 Surface 한 면마다 Mapping되어 이미지 크기가 각각 다르게 나온다.

Part Ⅷ

08 DIMENSION

DIMENSION TOOLBAR

모든 치수는 선택하여 편집하고 Control Point On 기능을 이용하여 치수 요소를 이동시키고 삭제 할 수 있다

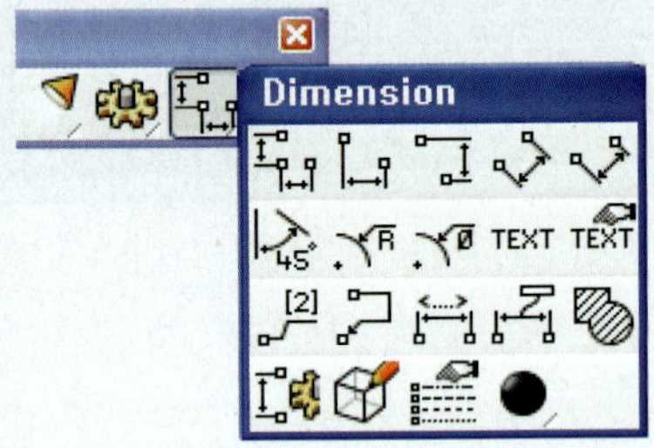

개체에 치수를 기입하는 기능으로 개체의 크기를 변경하여도 기입된 치수가 같이 업데이트되지는 않는다. 또한 치수를 변경하여도 개체의 크기가 업데이트 되지는 않는다. 끌꼴, 단위 표시, 표시 정밀도, 텍스트와 화살표 크기, 텍스트 정렬을 사용자가 선택하여, 모델에서 개체의 치수를 잴 수 있다. 치수를 배치하고 나서, 모든 치수를 선택하여 치수 텍스트를 편집하고 조절점을 On하고 치수 요소를 이동시키고 치수를 삭제 할 수 있다. 치수를 수평, 수직으로 또는 정렬, 회전시켜 배치할 수 있으며 반지름, 지름, 각도, 텍스트 블록과 지시선을 배치하거나 2D Drawing을 그릴 수 있다.

치수문자, 치수선, 치수보조선의 위치를 이동하려면 변경할 치수 블록을 선택하고 조절점을 선택한다. 나타나는 조절점을 선택하여 이동시킬 수 있다.

문서 속성 대화 상자의 치수 페이지에서 텍스트 크기, 글꼴, 화살표 크기, 다른 치수 표시 설정을 변경할 수 있다.

Linear Dimension

메뉴: Dimension Menu 〉 Linear Dimension

버튼: 왼쪽 클릭

기능: 지정한 점의 방향에 따라 수평 또는 수직 Dimension을 배치하는 기능이다.

〈Options〉

• Style

치수 스타일 이름을 입력하는 기능이다.

• Horizontal Dimension

치수를 구성평면 Y축에 따라 정렬하도록 그리는 기능이다.

■ Vertical Dimension

치수를 구성평면 X축에 따라 정렬하도록 그리는 기능이다.

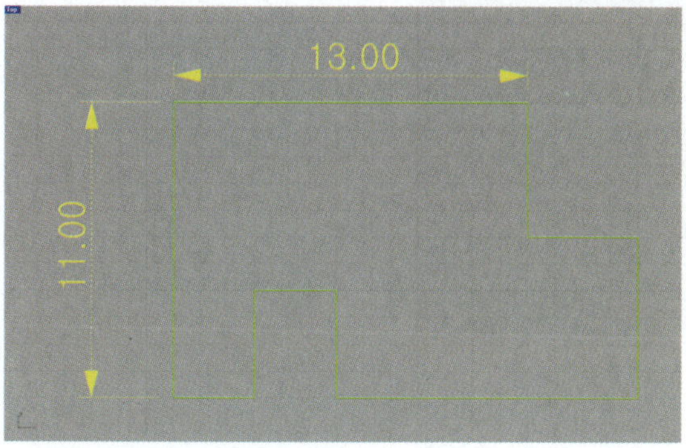

Aligned Dimension

메뉴: Dimension Menu 〉 Aligned Dimension

버튼: 왼쪽 클릭

기능: 이 기능은 선택한 두 점에 정렬하도록 치수를 배치하는 기능이다. 치수 값은 선택한 점 사이의 거리이다.

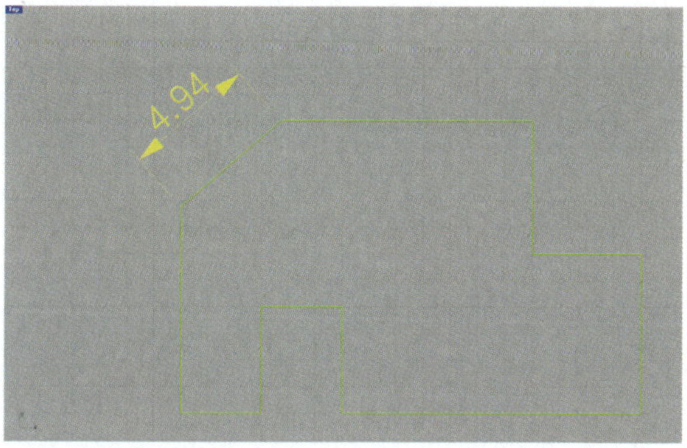

Rotated Dimension

메뉴: Dimension Menu 〉 Rotated Dimension

버튼: 왼쪽 클릭

기능: X-Y축에서 회전된 치수를 만드는 기능이다.

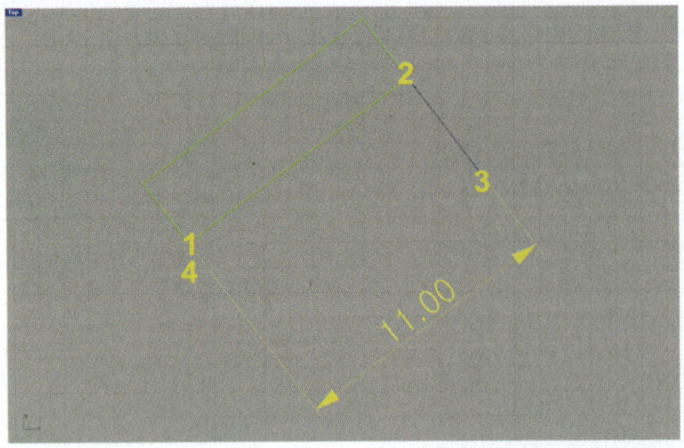

[2] | Ordinate Dimension

메뉴: Dimension Menu 〉 Ordinate Dimension

버튼: 왼쪽 클릭

기능: 원점에서 개체까지 치수를 생성하는 기능이다.

좌표 치수는 기준점으로부터 치수를 측정할 개체들, 예를 들어 구멍 중심, 일부에 속한 feature까지 수평 또는 수직상의 거리를 나타낸다. 좌표 치수는 CNC 관련 제조 산업에 폭넓게 사용되며 이는 치수로 인해 발생되는 불량이 최소화되기 때문이다. 이러한 치수는 기준점에서 feature까지의 X 또는 Y 간격띄우기 값을 표시하여 누적된 오류를 방지하게 된다. 또한 지오메트리의 중첩을 방지하기 위하여 좌표 지시선을 만들고 난 후 지시선의 형태를 점 편집할 수 있다.

〈Options〉

- **Style**

치수 스타일 이름을 입력하는 기능이다.

- **X Datum**

한쪽으로 편중된 예측을 무시하고, X 좌표 치수로 강제 지정하는 기능이다.

- **Y Datum**

한쪽으로 편중된 예측을 무시하고, Y 좌표 치수로 강제 지정하는 기능이다.

- **Basepoint**

명령이 실행되는 동안의 기준점을 변경하며 기준점은 Ordinate Dimension명령을 다시 실행하면, 기본 구성평면 원점으로 되돌아가게 된다.

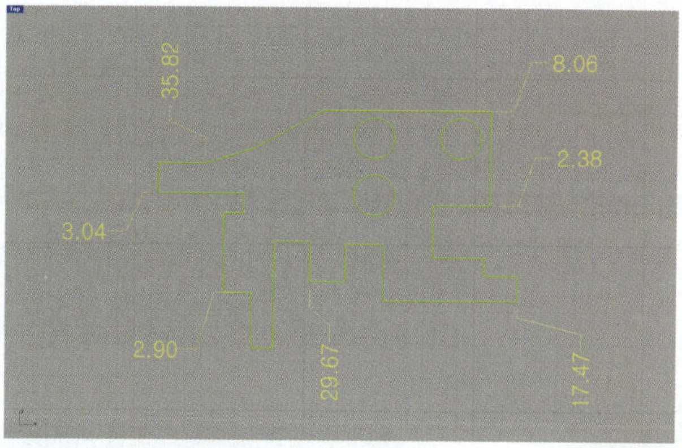

Radial Dimension

메뉴: Dimension Menu 〉 Radial Dimension

버튼: 왼쪽 클릭 호 또는 원의 반지름 치수를 기입하는 기능이다.

기능: 현재 CPlane에 개체가 투영되듯이 치수를 측정한다.

Diameter Dimension

메뉴: Dimension Menu 〉 Diameter Dimension

버튼: 왼쪽 클릭

기능: 원, 호의 지름 치수를 기입하는 기능이다.

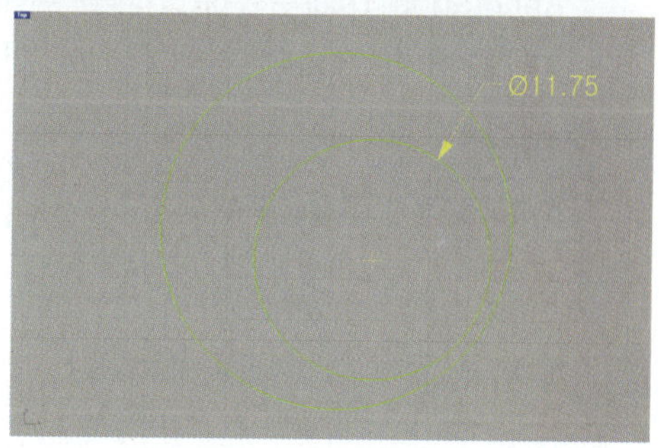

Angle Dimension

메뉴: Dimension Menu 〉 Angle Dimension

버튼: 왼쪽 클릭

기능: 두 선 사이의 각도 치수를 기입한다.

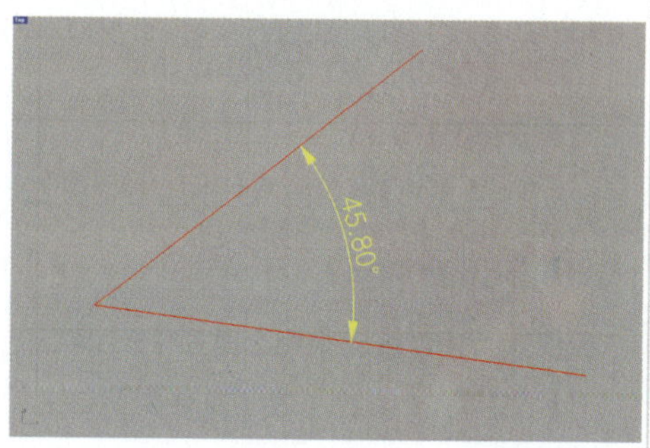

| Leader

메뉴: Dimension Menu 〉 Leader

버튼: 왼쪽 클릭

기능: 화살촉을 가진 주석 지시선을 그리고 텍스트를 첨부할 수 있는 기능이다.

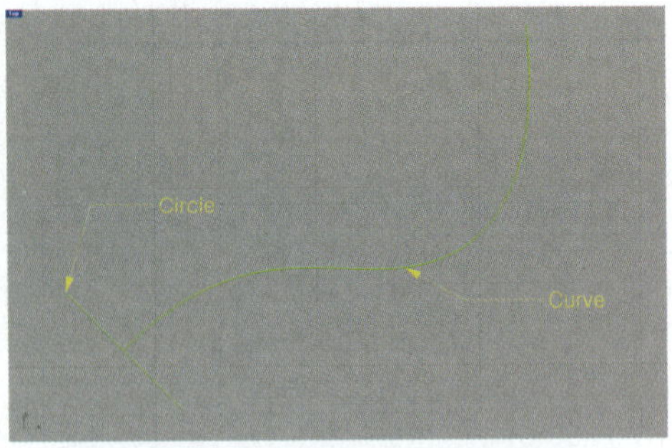

생성된 Text를 마우스 왼쪽 버튼을 더블 클릭하면 활성화된 Viewport 상에서 직접 글을 수정할 수 있다.

TEXT | Text Block

메뉴: Dimension Menu 〉 Text Block

버튼: 왼쪽 클릭

기능: 2차적인 주석 Text Block을 생성하는 기능이다.

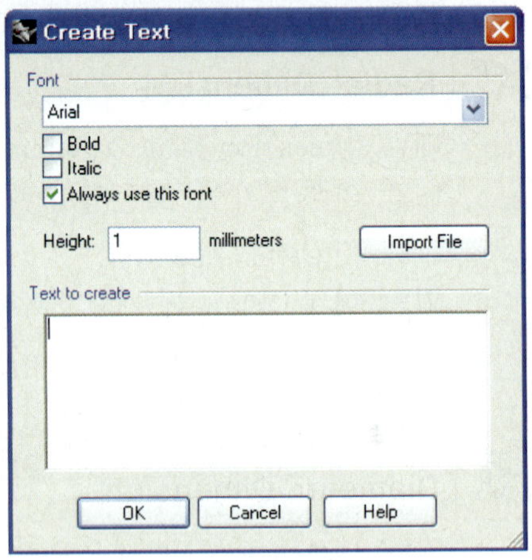

〈Options〉

Annotation Text는 주로 인쇄를 위해 사용되며, 설정은 주석 Text의 인쇄 크기에 영향을 준다.

- **Font**

  Annotation Text의 글꼴을 설정하는 기능이다.

- **Bold**

  Text를 굵게 설정하는 기능이다.

- **Italic**

  Text를 기울임꼴로 설정하는 기능이다.

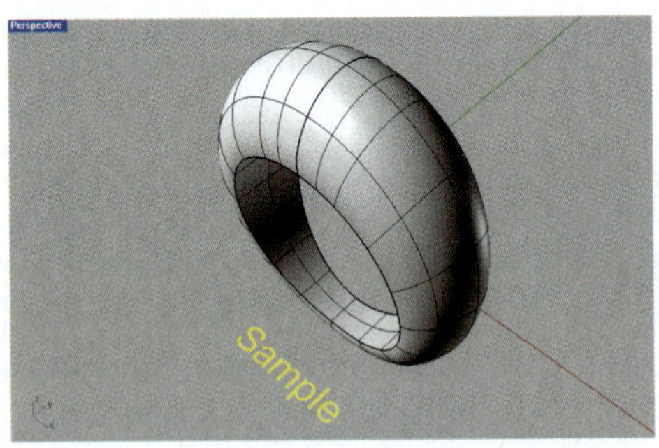

- **Always use this font**

  현재 글꼴을 기본값으로 설정하는 기능이다.

- **Height**

  Text 높이를 모델 단위로 설정하는 기능이다.

- **Import File**

  .txt 파일을 불러오는 기능이다.

• Text to create

편집 상자에 Text를 입력하는 기능으로 편집할 영역을 오른쪽 클릭 하여 Text를 잘라내고 복사한 후 붙여 넣는다.

Edit Text

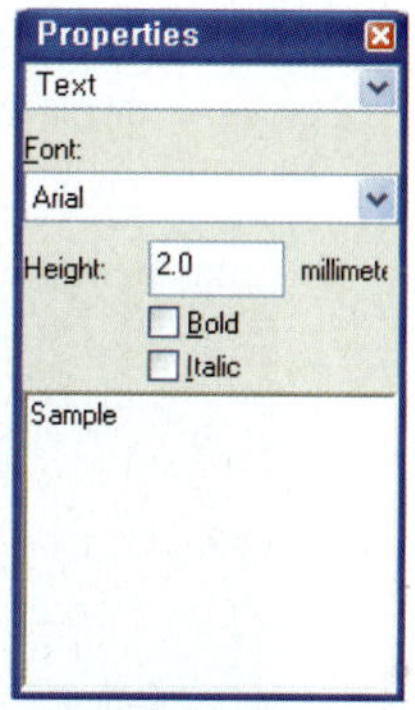

버튼: 왼쪽 클릭

기능: 입력된 Annotation Text를 편집하는 기능으로 대화상자를 표시하여 선택한 Annotation Text를 편집하는 기능이다.

Edit Dimension

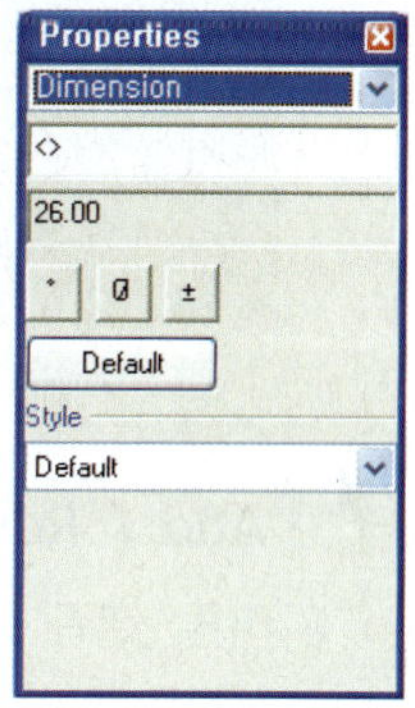

버튼: 왼쪽 클릭

기능: 대화상자를 표시하여 입력된 치수를 편집하는 기능으로 대화상자에 수정할 치수를 입력한다. °, ø ,±와 같은 치수기호들은 대화상자의 입력된 치수 앞이나 뒤를 지정하여 삽입할 수 있다.

ANNOTATE TOOLBAR

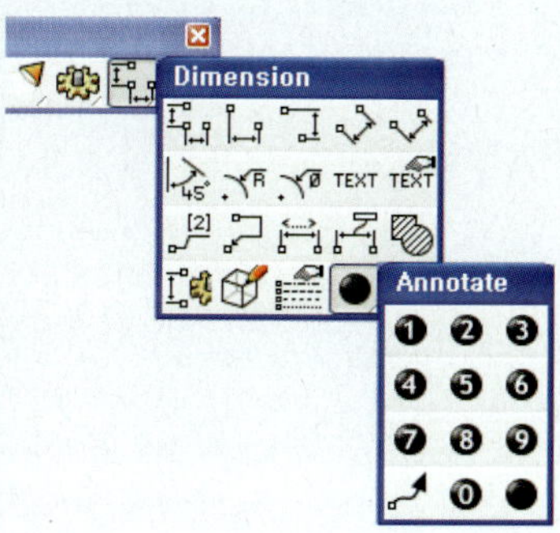

Dot의 크기 또는 형태는 제어 할 수 없다.

Annotate Dot

메뉴: Dimension Menu 〉 Annotate Dot

버튼: 왼쪽 클릭

기능: Annotate Dot은 Text Dot를 배치하는 기능이다. Dot는 언제나 View와 평행하게 설정할 수 있으며 Dot의 크기 또는 형태는 제어 할 수 없다. Dot는 현재 설정되어 있는 Layer 색으로 표시되며 Dot의 크기는 확대 또는 축소하여도 같은 크기로 표시된다. 기본적으로 한 자리 수의 수치를 사용할 수 있으며 두 자리 이상의 수치나 문자는 명령줄에 직접 입력하여 사용할 수 있다.

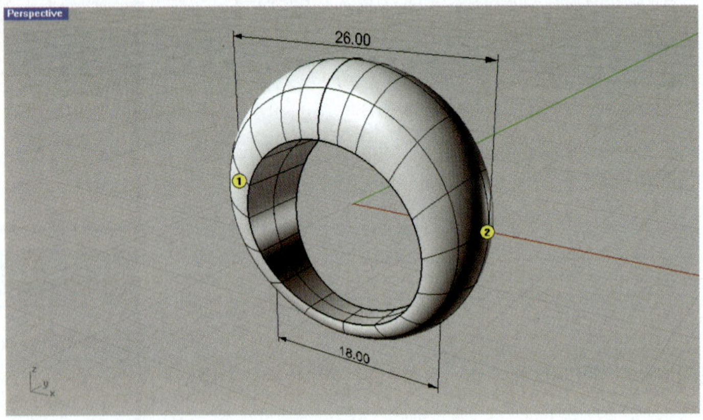

Add / Remove Arrowhead to Curve

버튼: 왼쪽 클릭

기능: 이 기능은 커브의 끝에 화살촉을 배치하거나 제거하는 기능이다. Dot와 마찬가지로 화살촉의 크기도 화면상에서 항상 일정하다.

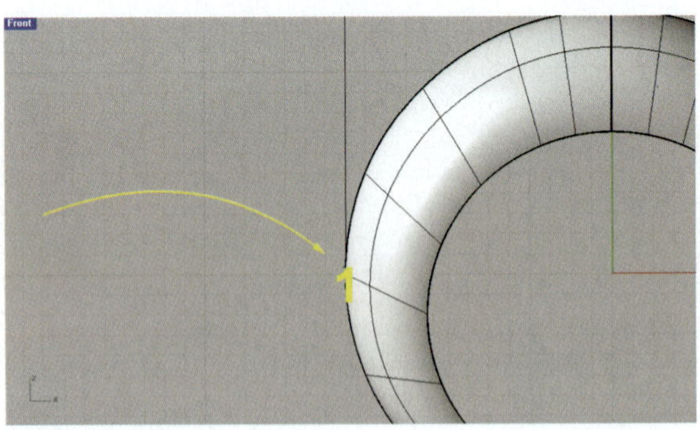

Recenter Dimension Text

메뉴: Dimension Menu 〉 Recenter Dimension Text

버튼: 왼쪽 클릭

기능: 이동시킨 치수 Text의 위치를 기본 위치로 되돌리는 기능이다. 치수선에서 치수 Text 를 이동시키려면 치수 조절점을 On하고 Text의 조절점을 끌어올리면 된다.

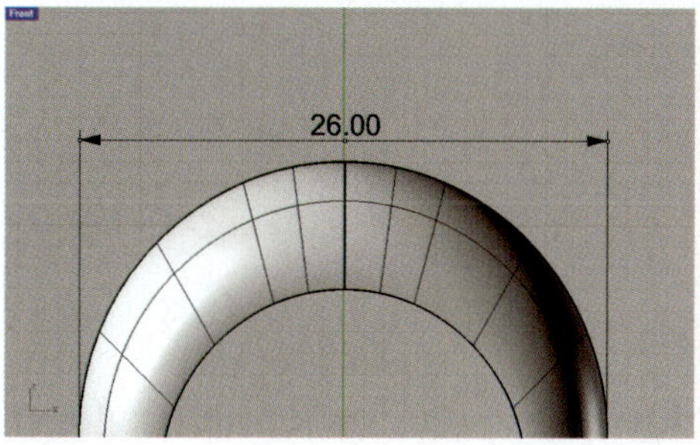

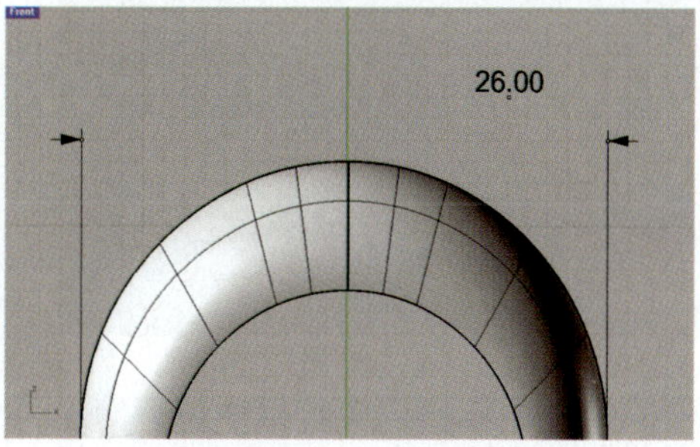

Set Line Type

버튼: 왼쪽 클릭

기능: 커브 선 종류를 설정하는 기능이다.

Hatch

메뉴: Dimension Menu 〉 Hatch

버튼: 왼쪽 클릭

기능: 선택된 Boundary Curve를 채우기 위해 선 패턴을 생성하는 기능이다.

커브가 모두 동일한 평면상에 있는 경우 Hatch는 항상 커브의 평면에 그려지게 되며 평면형이 아니면, Hatch는 CPlane에 그려지게 된다.

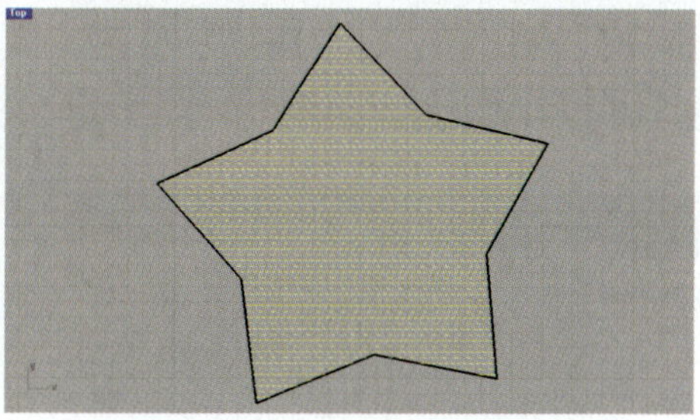

다음과 같은 별 모양의 닫힌 커브를 생성한다. Hatch기능을 실행한 별 모양의 커브를 생성한다. 닫힌 커브 안에 선 패턴이 생성된 것을 볼 수 있다.

〈Options〉

• Boundary

Hatch 처리할 내부의 닫힌 Boundary를 클릭 하는 기능이다.

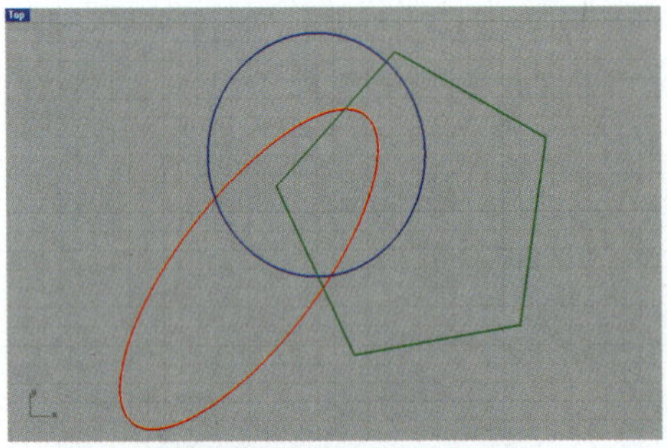

① 다음과 같은 닫힌 평면형의 커브를 생성하여 서로 교차하여 본다.

② Hatch기능을 실행한 후 명령줄에 있는 Boundary 옵션을 체크한다. 체크한 후 커브들을 모두 선택한다.

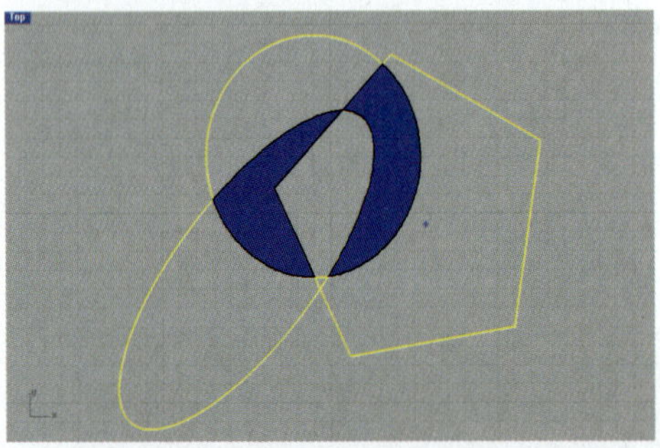

③ 선 패턴을 적용할 구역을 다음과 같이 선택한다. 설정된 Layer색으로 구역 표시가 되는 것을 볼 수 있다. Enter키를 누른다.

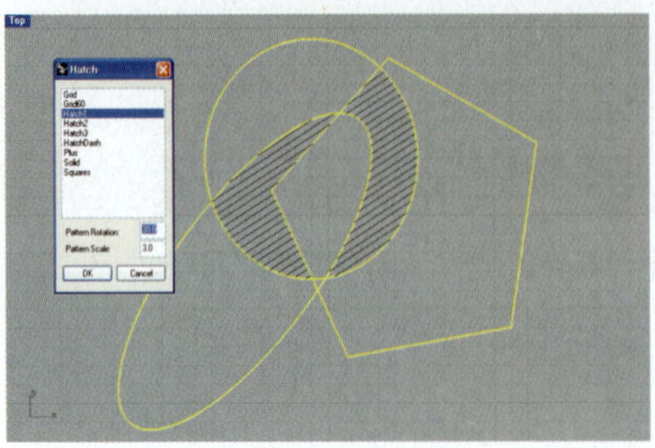

④ 다음과 같이 Hatch대화상자가 나타나는 것을 볼 수 있다. 기본적으로 제공되는 선 패턴 종류를 선택한 후 Pattern Rotation과 Pattern Scale에 값을 지정한다.

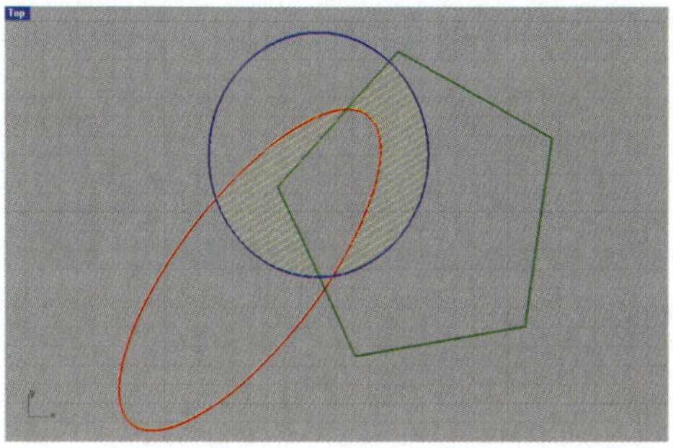

⑤ 다음과 같이 선택한 구역을 기준으로 선 패턴이 생성된 것을 볼 수 있다.

• DeleteInput

None

입력 커브를 삭제하는 않는 기능이다.

All

모든 입력 커브를 삭제하는 기능이다.

Used

새로 만든 커브에 대응하는 입력 커브의 일부만을 삭제하는 기능이다.

• CombineRegions

Yes

단일 Hatch를 만들기 위해 병합할 영역을 선택하는 기능이다.

No

각각의 영역이 따로 따로 Hatch 처리되는 기능이다.

• Pattern

기본적으로 설정되어진 Hatch Pattern을 정하여 사용할 수 있다.

• Pattern Rotation

Hatch Pattern의 회전 각도를 설정할 수 있다.

• Pattern Scale

Hatch Pattern의 배율을 설정할 수 있는 기능이다.

• Hatch patterns

- Hatch patterns은 모델에서 Load되고 모델에 저장이 가능하며 Hatch patterns은 또한 템플릿 파일에 저장이 가능하다.
- 대화상자를 사용하여 기존 Hatch patterns을 변경하고, 회전하고 배율을 조정한다.
- Hatch 명령을 실행하면 텍스트 파일인 hatchpatterns*.txt에 있는 패턴과 .3dm 파일에 있는 패턴의 목록이 만들어진다.

– 라이노에서 또한 AutoCAD ACAD.PAT 파일을 읽을 수 있다.
– Purge 명령을 사용하여 원하지 않는 Hatch patterns을 파일에서 제거할 수 있다.

이 기능을 통해 생성된 커브들은 완벽하게 연결되어 있지 않기 때문에 생성된 커브들을 일러스트레이터 프로그램으로 변환하여 보낼 때 문제가 종종 발생한다.
따라서 생성된 커브들은 Curve Tools기능과 Join 및 Copy기능을 실행하여 완벽하게 연결되는 커브로 수정하는 작업이 매우 중요하다.

Make 2-D Drawing

메뉴: Dimension Menu 〉 Make 2-D Drawing
버튼: 왼쪽 클릭
기능: 이 기능은 선택한 NURBS 개체를 2D 도면용 커브로 생성하는 기능이다.
현재 활성화된 CPlane과 연관되어 커브들을 만들 수 있는데, 만들어진 윤곽선 커브들은 CPlane에 평면으로 만들어지게 된다.

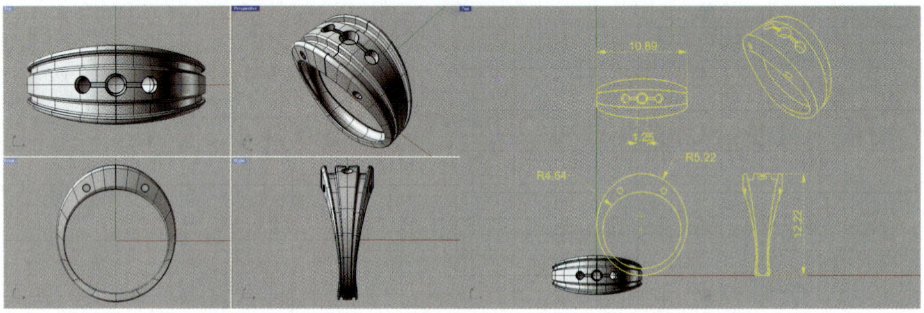

다음과 같은 형태의 반지 생성 후 각 4면도로 형태를 확인한다.
Make 2-D Drawing기능을 실행한다. 대화상자가 열리는 것을 확인 할 수 있는데 4 View (USA)를 체크 후 OK버튼을 클릭 한다. 우측에 보이는 이미지와 같이 4면도로 나뉘어지면서 커브가 생성된 것을 볼 수 있다. 원하는 지점에 치수를 기입할 수 있다.

〈Options〉

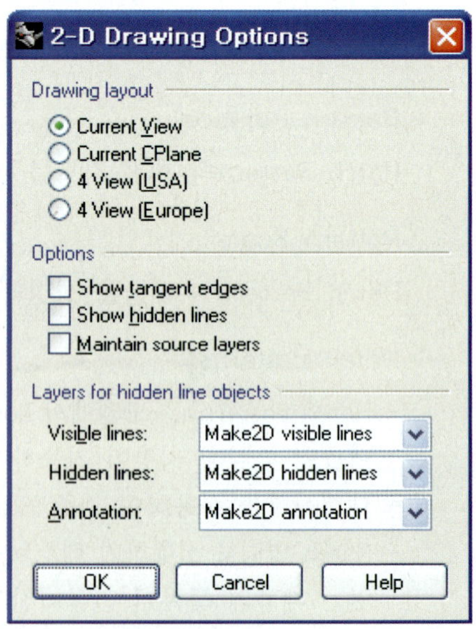

• **Drawing Layout**

Current View
현재 활성화된 View에서만 2D 도면을 생성하게 하는 기능이다.

• **Current CPlane**

활성화된 Viewport의 평면 View로 2D 도면을 만들어, 그 결과가 해당 Viewport의 CPlane에 배치되게 하는 기능이다.

• **4View (USA)**

절대좌표계의 직교 투영으로 USA Layout(제3각법)의 4개 View를 생성한다.

• V4iew (Europe)

절대좌표계의 직교 투영으로 Europe식 Layout(제1각법)의 4개 View를 생성한다.

• Options

Show tangent edges

Surface의 tangent 가장자리s를 그리는 기능이다.

Show hidden lines

2D View에서 hidden lines을 그리는 기능이다.

• Maintain source layers

기존의 Layer를 바탕으로 새로운 Layer를 생성하는 기능이다. 새로운 Layer의 이름에 "Hidden"과 "Visible"이 추가된다.

• Layers for hidden line objects

Visible lines

보이는 선의 Layer이름을 선택하거나, 새 Layer 이름을 입력할 수 있다.

• Hidden lines

Hidden lines의 Layer이름을 선택하거나, 새 Layer 이름을 입력할 수 있다.

• Annotation

치수의 Layer이름을 선택하거나 새 Layer이름을 입력할 수 있다.

- 이 명령은 Mesh 개체의 2D 도면을 만들지 않는다.
- 두 Surface가 서로 통과하는 경우, Make2D는 그 통과 지점에 교차선을 생성하게 된다. Intersect 명령을 사용, 커브를 생성하여 이 커브를 2D 도면으로 만들려는 개체에 추가한다.
- Silhouette이 View 안의 다른 커브와 거의 겹쳐지는 경우, 올바르지 않은 Layer에 표시될 수 있다.
- 단일 Surface 원통의 Seam은 표시되지 않지만, 두 개의 반 원통으로부터 만들어진 원통의 두 선형 Seam은 표시되며 이것은 방지할 수 없다.

Text Height, Extension line extension, Extension line offset, Arrow length는 지정된 숫자로 배가 된다.

Dimension Properties

현재 모델의 치수 설정을 관리하는 기능이다.

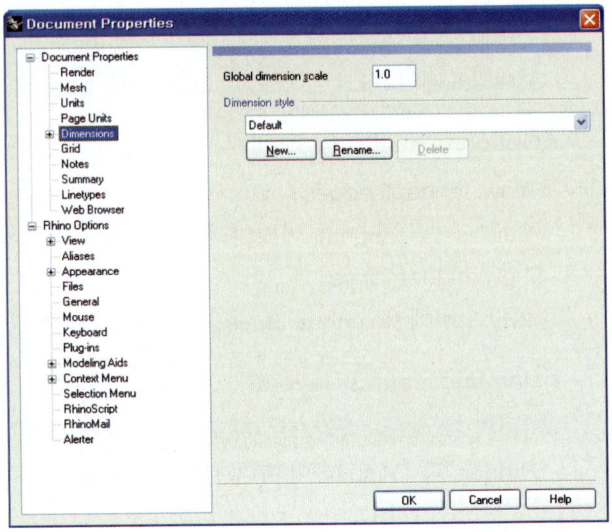

■ Global dimension scale

일반적으로 인쇄 비율을 바꾸는 기능으로 Text Height, Extension line extension, Extension line offset, Arrow length는 여기서 지정된 숫자로 배가 된다.

■ Dimension style

현재 치수 Style을 설정하는 기능이다.

■ Actions

New

새 치수 스타일을 생성하는 기능이다.

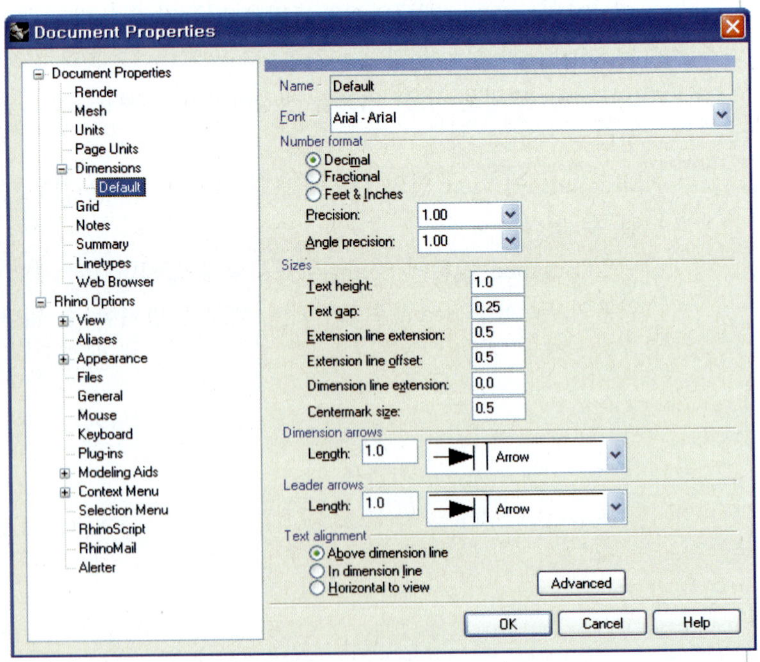

■ Rename

치수 스타일의 이름을 바꾸는 기능이다.

■ Delete

치수 Style을 삭제하는 기능이다.

■ Dimension Default

현재 모델의 기본 치수 스타일을 관리하는 기능이다.

■ Name

치수 스타일 이름을 표시한다.

■ Font

치수 텍스트의 글꼴을 지정할 수 있으며 기본 설정된 글꼴은 Arial이다.

■ Number Format

Decimal, Fractional, Feet&Inches 3가지로 치수단위를 지정할 수 있으며 기본 설정은 Decimal이다. 치수단위를 변경하면 이전에 기입되어 있는 치수의 단위 역시 변경된다.

Decimal　십진법 치수단위를 설정한다.

Fractional　분수법 치수단위를 설정한다.

Feet&Inches Feet&Inches　치수단위를 설정한다.

■ Precision

거리 표시에 사용되는 소수점 아래 자리수를 설정한다.

■ Angle Precision

각도 표시에 사용되는 소수점 아래 자리수를 설정한다.

■ Sizes

문서 단위의 Text와 Item 크기를 설정한다.

■ Text height

글자 크기 조절 기능이다.

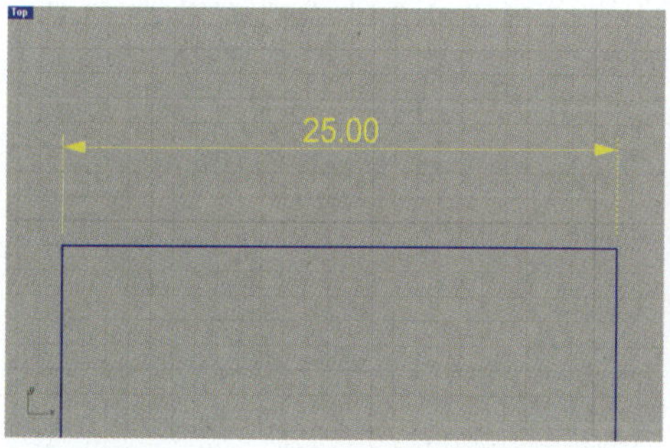

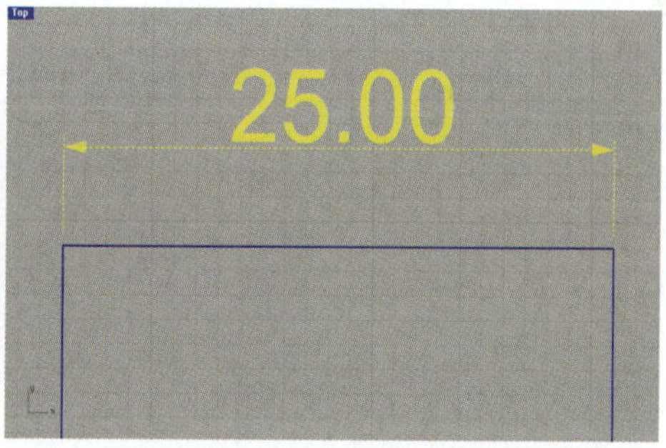

■ Text Gap

글자와 치수선 사이 공백의 크기 조절 기능이다.

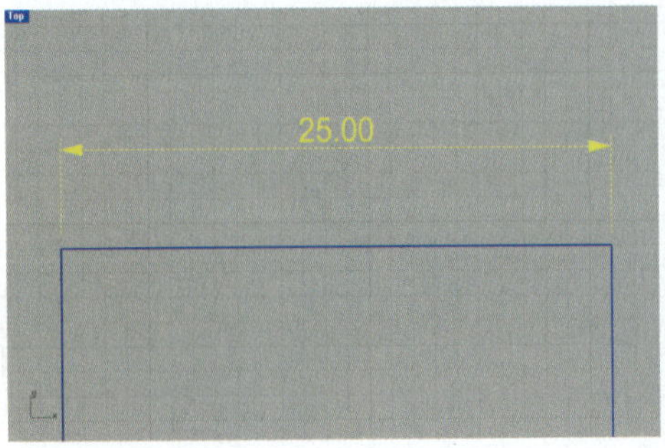

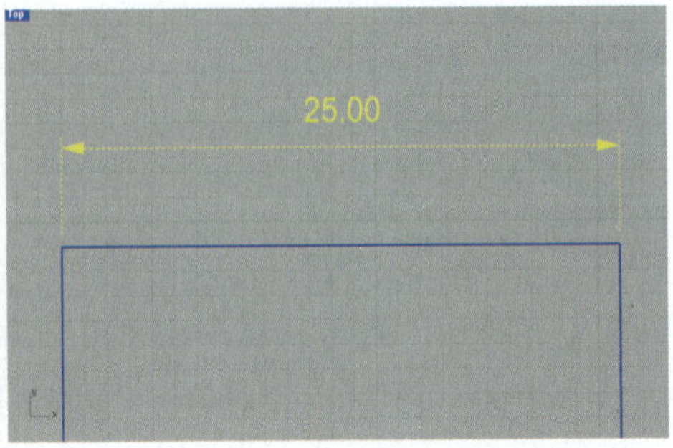

■ Extension line extension

치수선 위의 연장선의 길이를 지정하는 기능이다.

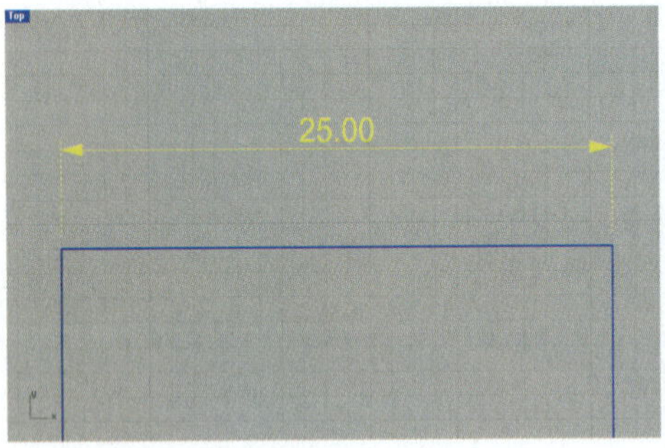

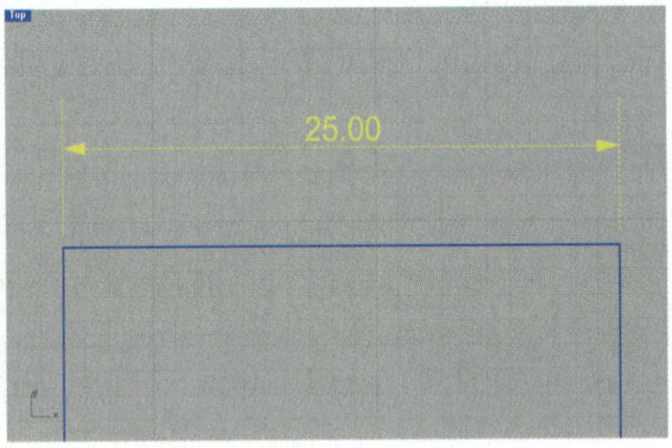

■ Extension line offset

개체상의 치수점에서 연장선의 시작점까지의 거리를 지정하는 기능이다.

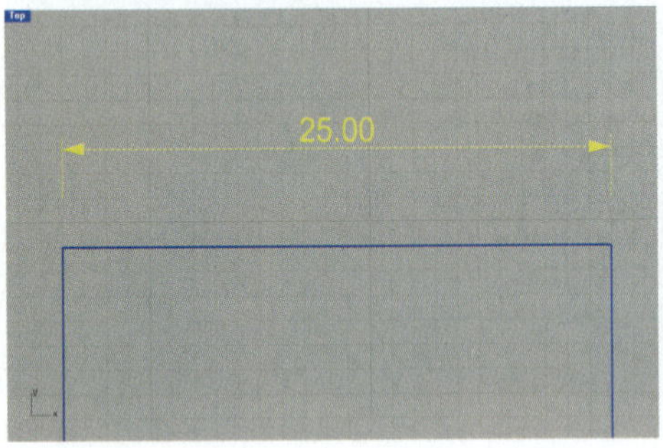

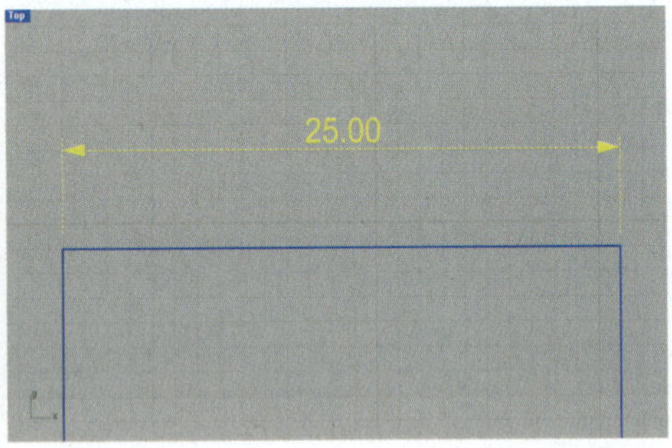

■ Dimension line extension

치수선의 거리는 연장선을 지나치도록 연장된다.

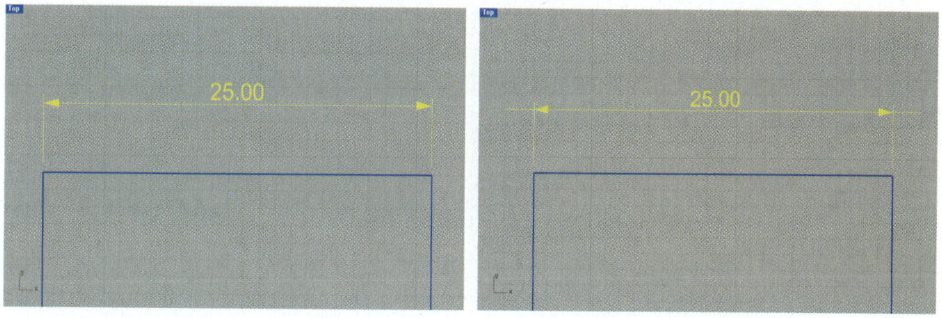

■ Centermark size

반지름과 지름 치수의 중심표시 크기를 지정하는 기능이다.

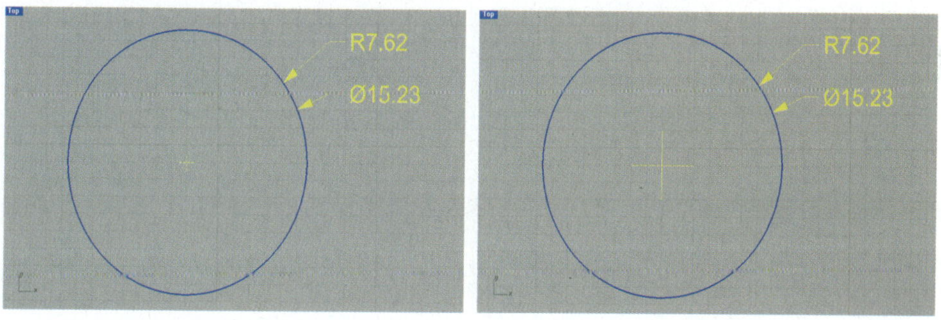

■ Dimension arrows Length

치수선 끝의 화살표 길이를 지정할 수 있으며 6개의 지시선 종류가 기본적으로 제공된다.

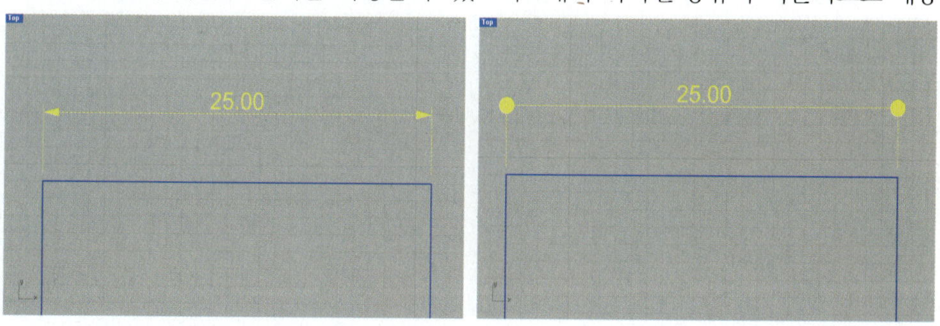

■ Leader arrows Length

지시선 끝의 화살표 길이를 지정할 수 있으며 6개의 지시선 종류가 기본적으로 제공된다.

■ Text alignment

치수선에 표시되는 치수 문자의 위치를 조정할 수 있다.

■ Above dimension line

기본설정으로 치수선 위에 치수문자가 위치하게 지정한다.

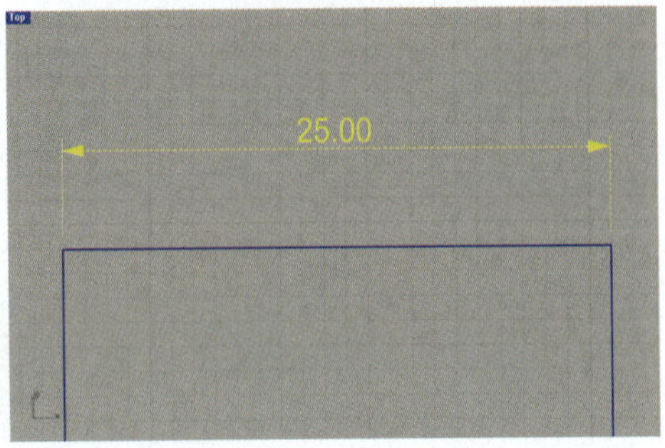

■ In dimension line

치수선 사이에 치수 문자가 위치하게 지정한다.

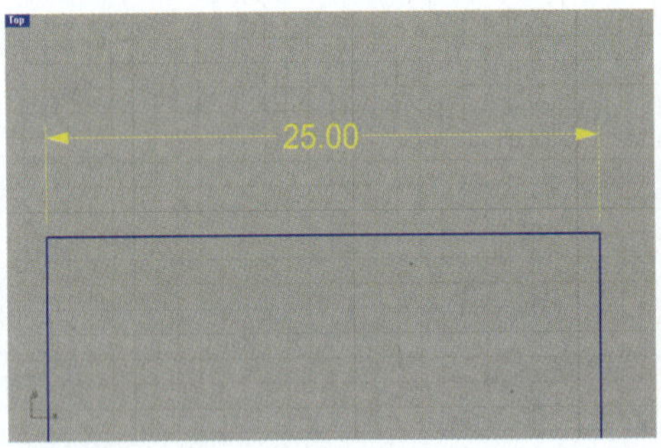

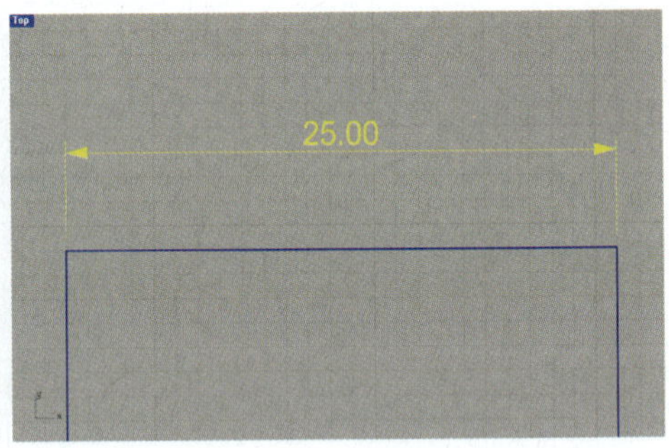

■ Horizontal to view

치수선의 방향에 상관없이 Text를 View에 수평하게 하여 작성하는 기능이다.

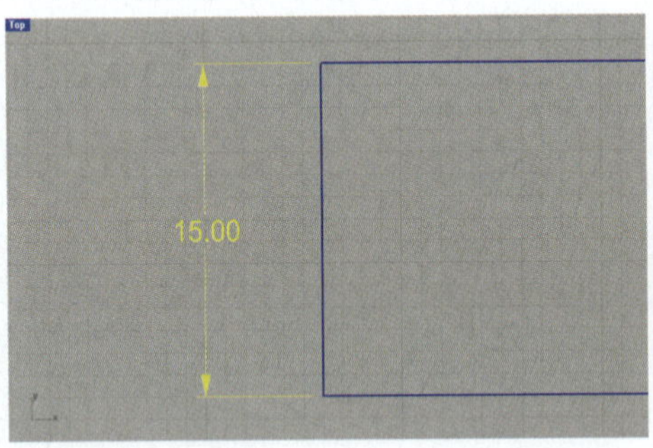

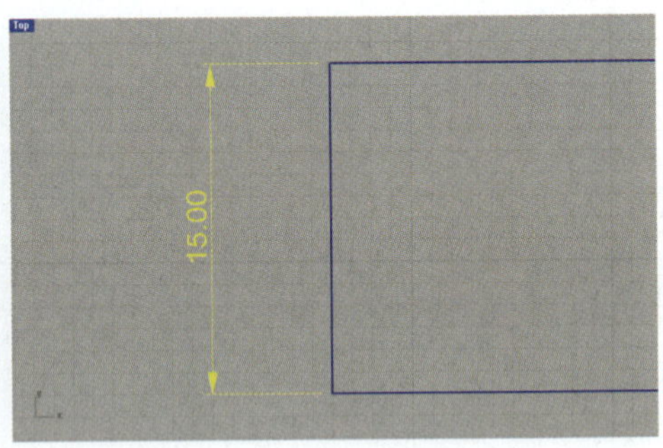

Advanced

■ Primary text

Length factor

라이노 단위와 치수 단위 사이의 변환 계수를 지정하는 기능이다.

Prefix

치수 Text에서 접두 표기로 사용할 Text이다.

Suffix

치수 Text에서 접미 표기로 사용할 Text이다.

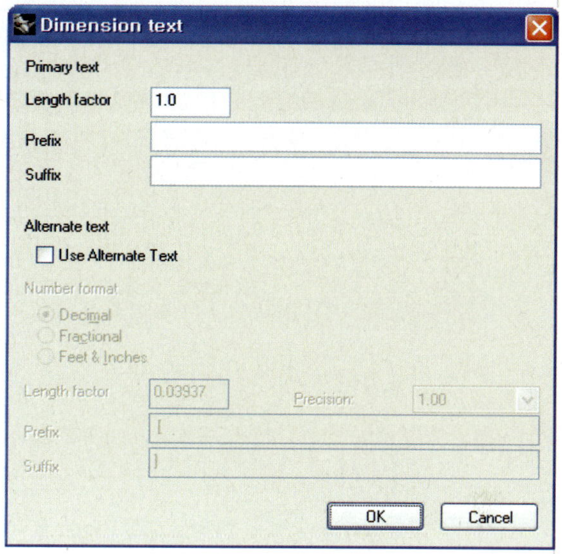

Alternate text

주요 Text에 추가로 다른 단위 시스템을 표시하는 기능이다.

Use Alternate Text

대체 단위 시스템을 On시키는 기능이다.

Number Format

대체 치수의 단위 시스템을 설정하는 기능이다.

Decimal

십진법 치수단위를 지정한다.

Fractional

분수법 치수단위를 지정한다.

Feet&Inches Feet&Inches

치수단위를 지정한다.

Length factor

라이노 단위와 대체 단위 사이의 변환 계수이다.

Precision

표시되는 소수점 자릿수를 나타낸다.

Prefix

치수 Text에서 접두 표기로 사용할 Text이다.

Suffix

치수 Text에서 접미 표기로 사용할 Text이다.

Part IX

09 TRANSFORM

TRANSFORM TOOLBAR

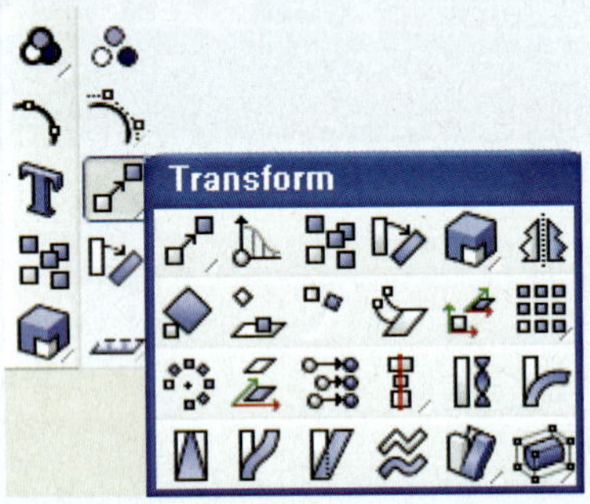

MOVE TOOLBAR

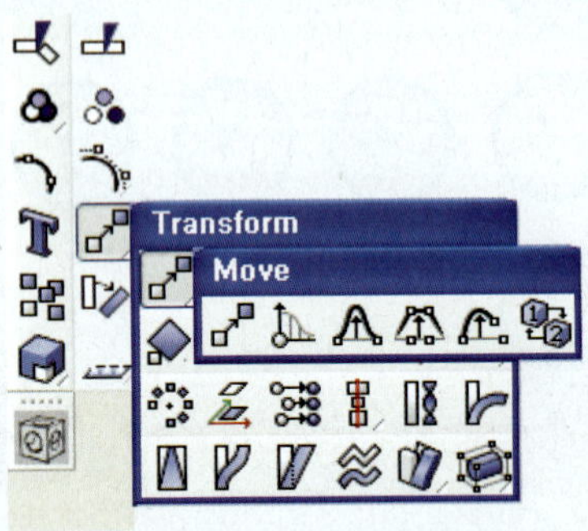

개체를 선택한 다음 개체를 마우스 왼쪽 버튼으로 클릭한 채 마우스를 움직이면 움직이는 방향으로 개체를 이동 시킬 수도 있다.

Move

메뉴: Transform Menu 〉 Move

버튼: 왼쪽 클릭

기능: 선택한 개체를 다른 위치로 이동시키는 기능이다.
마우스로 선택하여 누른 상태로 움직여도 Move 명령이 적용된다. 이 기능을 사용할

때 Shift키를 누른 상태에서 이동하면 직각 방향으로 이동 시킬 수 있다.

〈Option〉

• Vertical

Vertical=No가 기본값이며 현재 CPlane에 대하여 수직 방향으로 개체를 이동하거나 복사할 수 있다.

개체를 이동하는 다른 방법

• Drag

조절점을 포함하여 개체를 선택하고 끌어오는 기능이다.

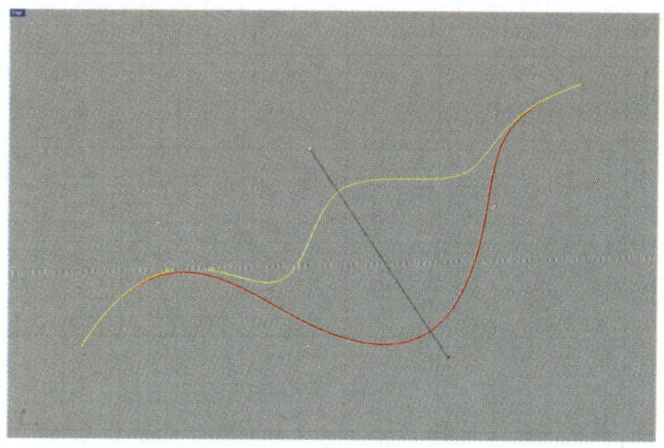

• Nudge

개체를 조금씩 이동하게 하려면 Alt 키를 누른 상태에서 화살표 키를 눌러 개체를 절대좌표 X, Y방향으로 이동시킨다. Alt 키를 누른 상태에서 Page UP/ Page DOWN 키를 눌러 개체를 절대좌표 Z방향으로 이동시킨다.

개체기 Nudge 키의 조합 (Ctrl+미세 이동 키, Shift+미세 이동 키)으로 이동하는 거리를 옵션 대화 상자의 Modeling Aids Nudge 페이지에서 설정한다.

Soft Move

메뉴: Transform Menu 〉 Soft Move

버튼: 왼쪽 클릭

기능: Falloff Curve와 함께 이동의 중심점에 대하여 상대적으로 개체를 이동시키는 기능이다. 이 기능은 모든 개체에서 실행 가능하지만 조절점과 Mesh Point에서 제일 효율적으로 사용할 수 있으며 이러한 밀집된 점을 매끄럽게 편집할 수 있다.

〈Object Type Options〉

• Points

Point Object를 이동의 기준으로 선택하는 기능이다. Falloff Curve는 선택된 점을 기준으로 하며 사용자가 지정한 반지름 값을 통하여 실행시킬 수 있다.

• Curves

Curve를 Falloff Curve의 기준으로 선택하는 기능이며 Falloff Curve를 따라 방사상으로 적용된다.

• Surfaces

Falloff Curve가 방사상으로 적용되고 이동에 영향을 주도록 Surface를 선택한다. 반지름 값을 설정하고 Surface에 대하여 Normal 방향인 체적으로 거쳐 Falloff Curve가 활성화 된다.

〈Options〉

Falloff Curve 형태를 변경하는 기능이다.

• Radius

Falloff Curve 원을 변경하는 기능이다.

• Offset

이동의 새 위치를 변경하는 기능이다.

• Anchor

기준점을 변경하는 기능이다.

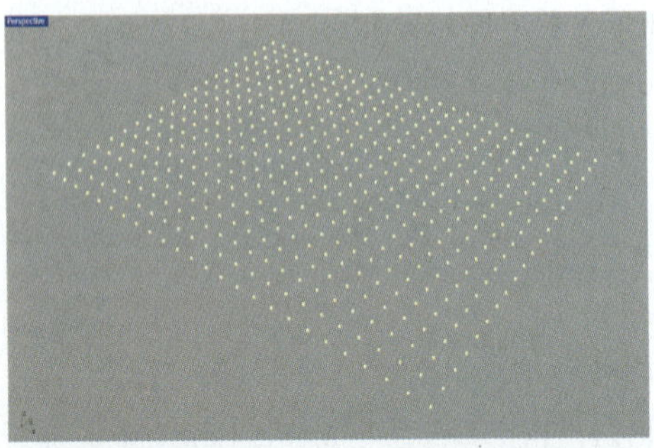

① 다음과 같이 점을 생성 한다

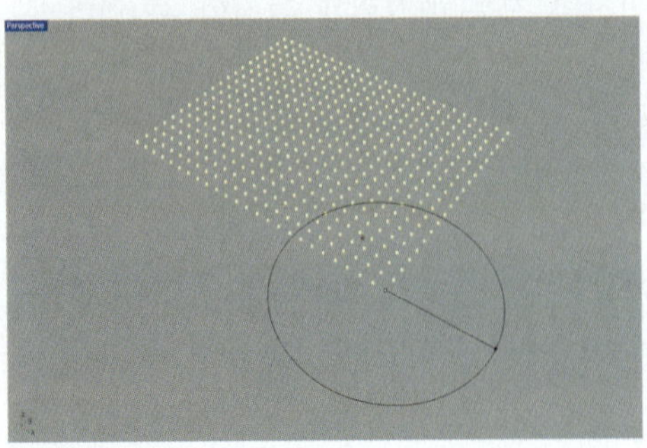

② Soft Move기능을 실행한다. 이동시킬 위치를 지정한 후 점을 선택한다. Point를 선택한 후 이동시킬 점 범위를 반지름 값으로 설정한다.

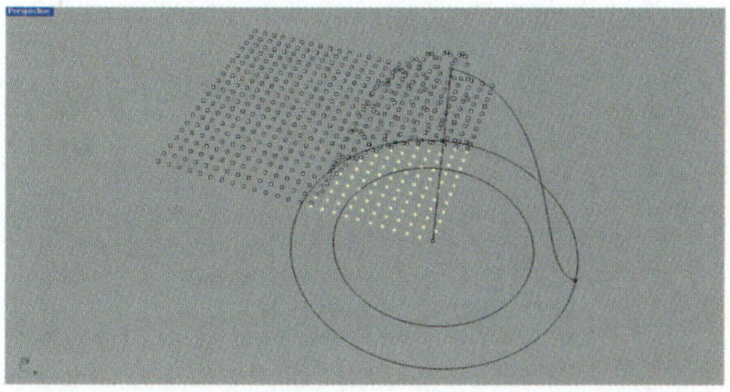

③ Offset Point위치를 지정한다.
4면도를 활용하여 수직방향으로 Offset Point를 설정한다.

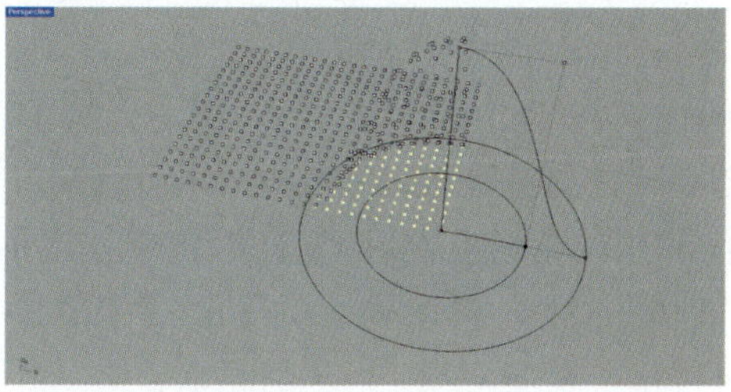

④ 명령줄에 위치한 옵션 중 Falloff기능을 선택한다. Falloff Point 위치가 바뀔때마다 선택된 점이 이동되는 위치가 바뀌는 것을 볼 수 있다.

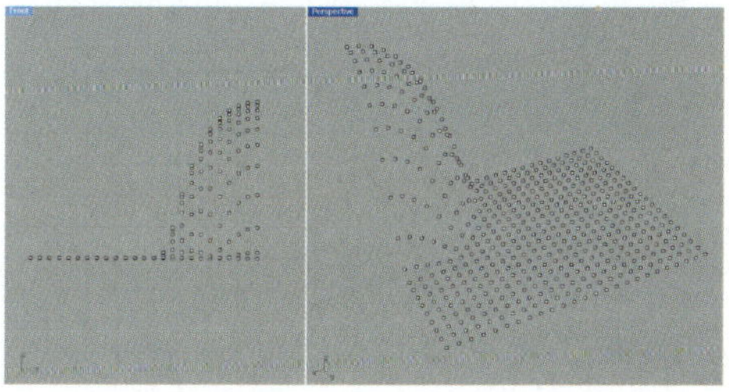

⑤ Enter키를 누른다. 다음과 같이 점들의 위치가 매끄럽게 이동된 것을 볼 수 있다.

Move Sub Curve

버튼: 왼쪽 클릭
기능: Segment 또는 Polycurve와 Polyline의 끝점을 이동시키는 기능이다.

〈Options〉

• End

Yes
이 기능을 선택하면 선택된 끝점만을 이동시킬 수 있다.
No
전체 Segment를 이동 시킬 수 있다.

① 다음과 같이 3개 Curve를 연결한 개체를 생성한다. 생성한 후 Join기능을 실행하여 결합시킨다.

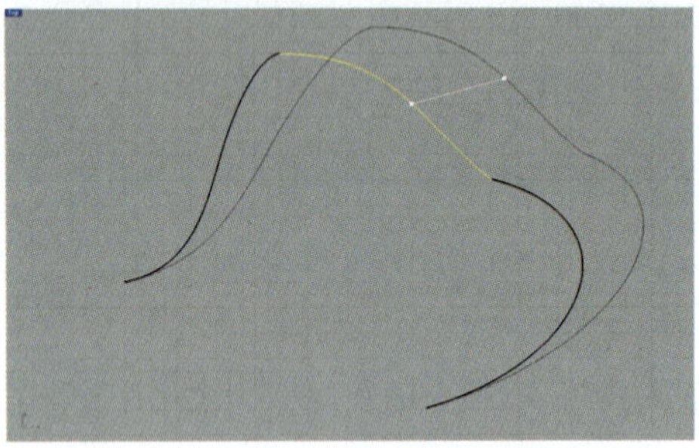

② Move Sub Curve기능을 실행하여 다음과 같이 연결되어 결합된 커브에서 하나의 Segment를 선택하여 이동시켜 본다. 끝점이 유지된 상태에서 전체 커브가 이동되는 것을 볼 수 있다.

Edit Curve with Fixed Length

버튼: 왼쪽 클릭

길이를 변경하지 않고 커브를 편집할 수 있는 기능이다.

① 다음과 같이 25mm길이를 가진 커브를 조절점 Curve 기능으로 생성한다. 생성 후 Edit Curve with Fixed Length기능을 실행한다. 편집 시키고자 하는 지점을 선택한다.

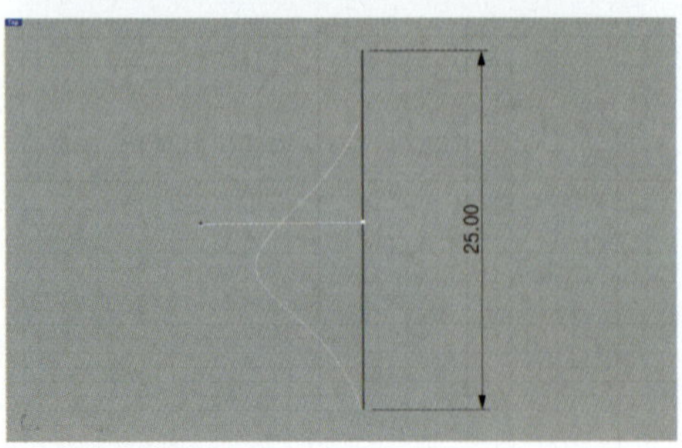

② 다음과 같이 커브를 이동시켜 본다.

③ 다음과 같이 커브 형태가 변형이 된 것을 볼 수 있다. 변형된 커브를 활성화 시킨 상태에서 Analyze Menu 〉 Length 기능을 실행하여 본다. 명령줄을 체크해보면 다음과 같이 길이가

길이 = 25.00 밀리미터
명령:

25mm이라는 정보가 표시된다.

| Named Position

버튼: 왼쪽 클릭

기능: 해당되는 물체를 이동시킨 후 그 위치를 저장하여 목록별로 위치를 찾게 해주는 기능이다.

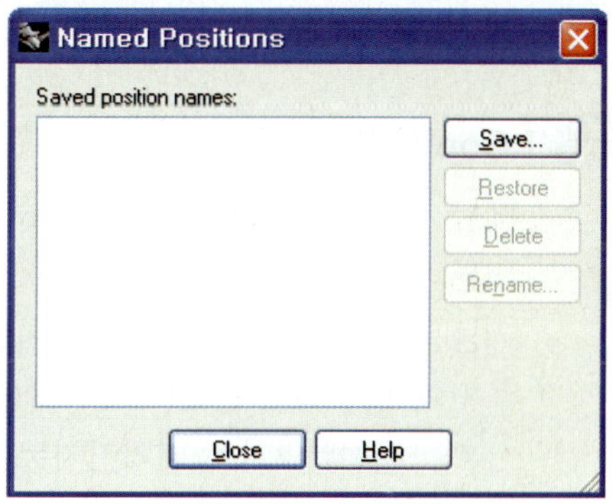

〈Options〉

• Save

현재 개체 위치를 저장하고 이름을 저장시킨다.

• Restore

저장된 위치를 불러올 수 있다.

• Delete

저장된 위치를 삭제하는 기능이다.

• Rename

저장된 위치의 이름을 바꾸는 기능이다.

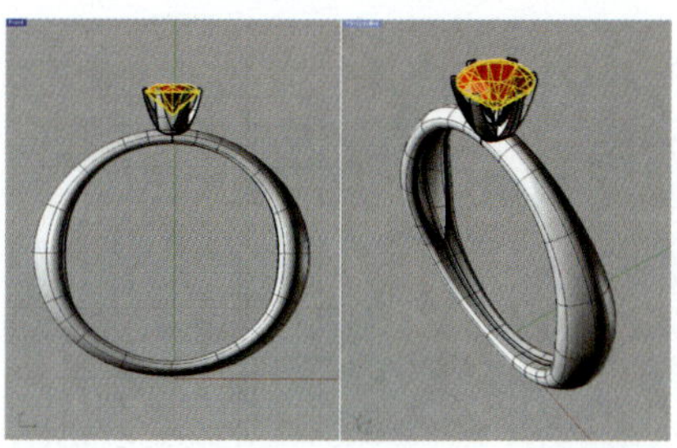

① 다음과 같은 반지 개체를 생성한 후 Setting되어진보석을 선택한다. Named Position 기능을 실행한 후 Save 버튼을 클릭 한다. 이름을 저장시킬 수 있는 대화상자가 나타난다. 쉽게 알수 있는 이름을 저장한다.

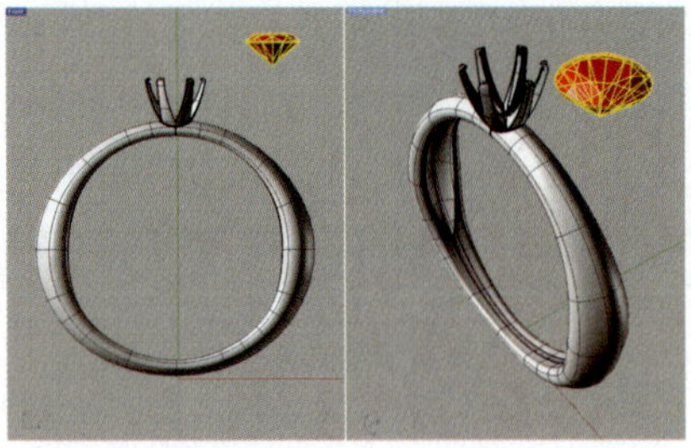

② 보석을 다른 위치로 이동시켜 본다.
다른 위치로 이동 시킨 후 다시 Named Position기능을 실행한다. 저장된 이름을 선택한 후 Restorer버튼을 클릭 한다.

③ 저장된 위치로 다시 보석이 이동하는 것을 볼 수 있다.

개체를 이동시키면서 Alt키를 누르면 Copy기능을 쉽게 사용할 수 있다.

Copy

메뉴: Transform Menu 〉 Copy

버튼: 왼쪽 클릭

기능: Transform Menu의 Copy기능은 개체를 선택하여 원하는 위치에 복사시킬 수 있지만 Edit Menu에 있는 Copy 기능은 개체를 선택하여 컴퓨터의 임시저장 장소인 클립보드위에 임시로 기억시키는 기능이다. 만약 Copy시키기 위한 개체가 그룹에 속한 경우 Copy된 개체는 새로운 그룹으로 생성된다. 원래 속한 그룹에는 추가되지 않는다.

〈Option〉

- Vertical

Vertical=No 기본값이며 현재 설정된 CPlane에 대하여 개체를 수직으로 Copy하는 기능이다.

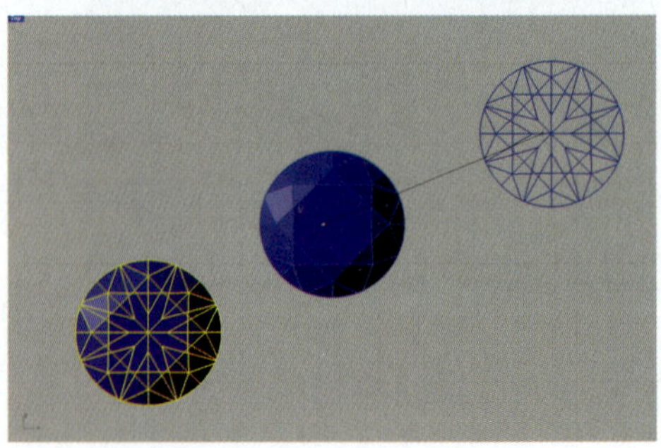

- InPlace

복사하고자 하는 개체를 같은 위치에 Copy시키는 기능이다.

- FromLastPoint

Yes
마지막으로 복사되는 물체를 중심으로 다음 개체를 Copy시키는 기능이다.

No

원본 개체를 중심으로 다음 개체를 Copy시키는 기능이다.

- UseLastDistance

Yes

설정한 거리로 다음 개체를 Copy시키는 기능이다.

No

다음 Copy하려는 개체를 지정한 거리에 상관없이 자유롭게 Copy시키는 기능이다.

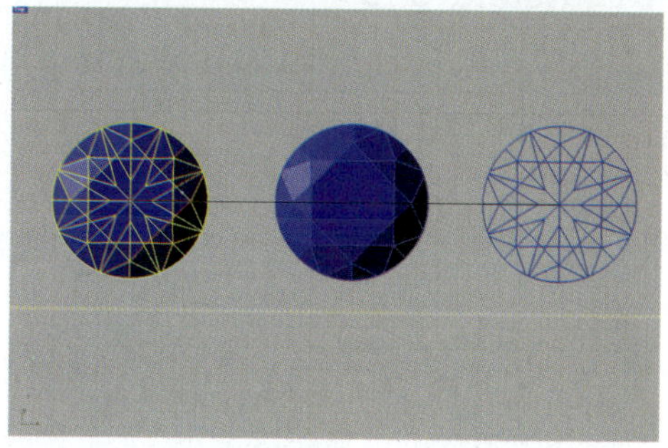

- UseLastDirection

Yes

기준점으로부터 마지막 Copy된 개체와 동일한 각도로 다음 Copy 개체를 배치시키는 기능이다.

No

다음 Copy시키려는 개체의 새로운 방향을 지정할 수 있는 기능이다.

Alt key 활용

Alt key를 사용하여 쉽게 Copy시킬 수 있다.
Copy 시키고자 하는 개체를 선택한 다음 마우스 왼쪽 버튼을 클릭 하여 이동시켜 준다.
이동시키면서 Alt 키를 누르면 자동적으로 개체를 Copy 시킬 수 있다.

Rotate 2-D

메뉴: Transform Menu 〉 Rotate
버튼: 왼쪽 클릭
기능: 현재 활성화된 CPlane에 대하여 수직 상태인 축을 중심으로 개체를 회전 시키는 기능이다.

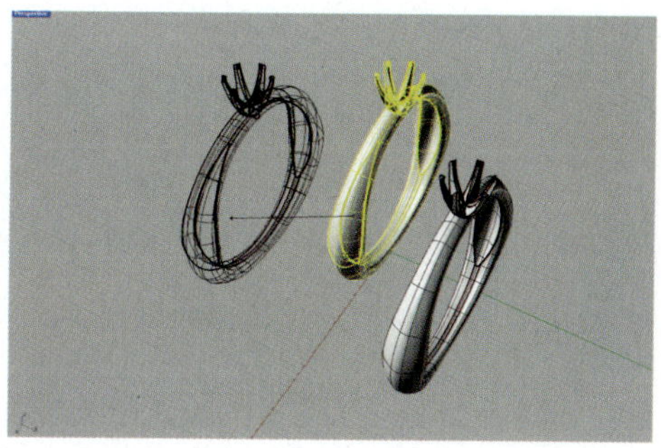

Rotate-3D기능과 Line : Perpendicular from Curve 기능을 이용하여 Sweep 1 Rail기능에 적용된 단면 커브 방향을 쉽게 바꿀 수 있다.

〈Option〉

- Copy

이 기능의 기본값은 Copy=No로 설정되어 있다.
Yes로 설정하면, 원본은 그대로 두고, Copy 개체를 생성시켜 회전시킨다.

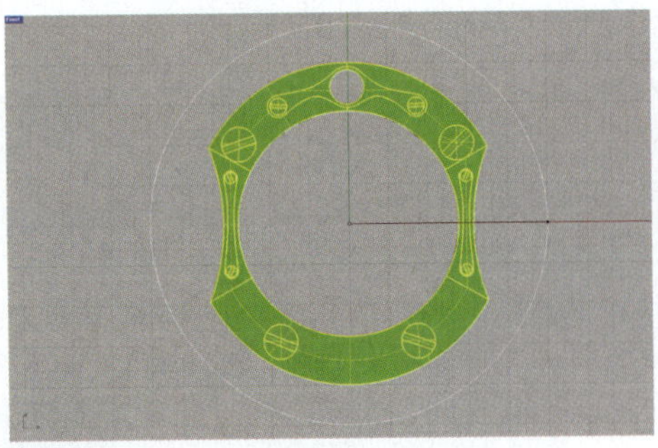

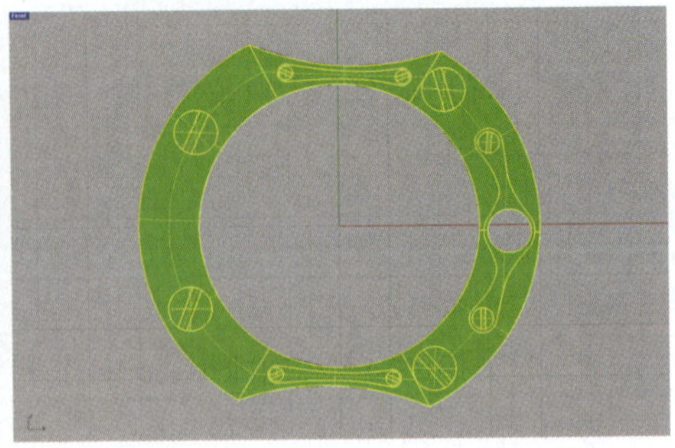

Rotate 3-D

메뉴: Transform Menu 〉 Rotate 3-D

버튼: 오른쪽 클릭

기능: 이 기능은 Rotate 2-D와 같이 객체를 회전시키는 명령이지만 3D 공간에서 3개의 회전축을 선택하여 개체를 회전시킨다는 점이 다르다.

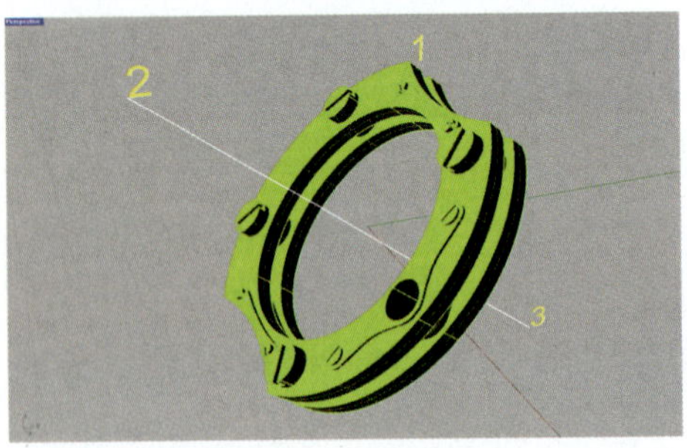

① 다음과 같은 개체를 생성한다.

Rotate 3-D기능을 실행한다. 먼저 회전시키고자 하는 개체를 선택한 다음 Enter키를 누른다. 설정된 축을 순서와 같이 커브의 끝점을 클릭 한다.

② 각도 또는 첫 번째 참고점을 지정해 준다.

③ 두 번째 참고점을 지정한다. 원하는 각도로 회전시켜 본다. 개체가 움직이는 것을 볼 수 있다.

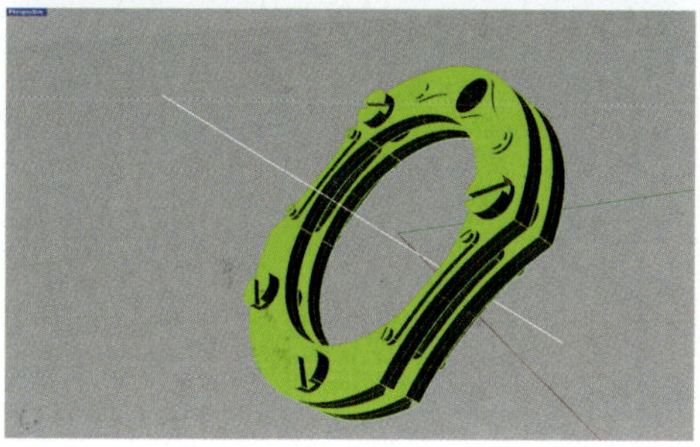

④ 다음과 같이 개체가 회전된 것을 볼 수 있다.

SCALE TOOLBAR

선택된 개체를 지정한 비율로 확대 축소하는 명령이다.

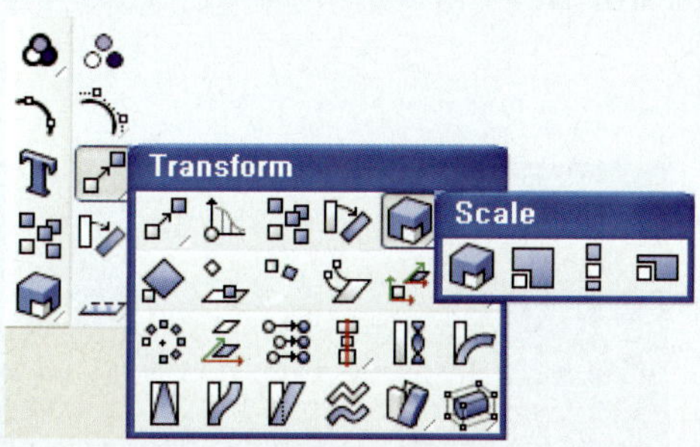

 | Scale 3-D

메뉴: Transform Menu 〉 Scale 〉 Scale 3-D

버튼: 왼쪽 클릭

기능: X, Y, Z축 방향으로 동일한 비율로 확대, 축소시키는 기능이다.
일반적으로 가장 많이 사용하는 기능이다.

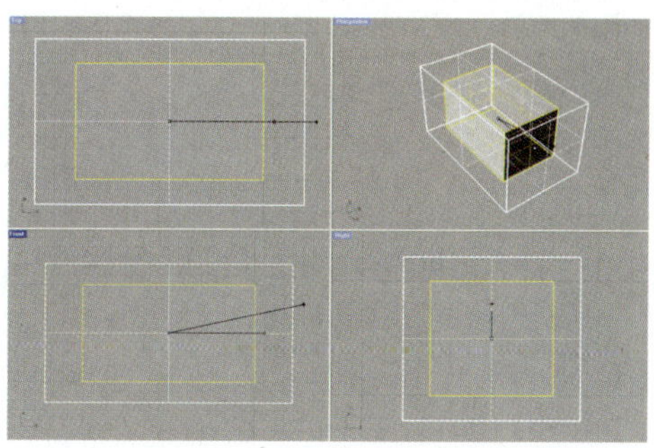

〈Options〉

• Copy

선택한 개체를 크기 조정하는 사이에 선택한 개체는 남겨두고 크기 조절되는 개체만 Copy시키는 기능이다.

Scale 2-D

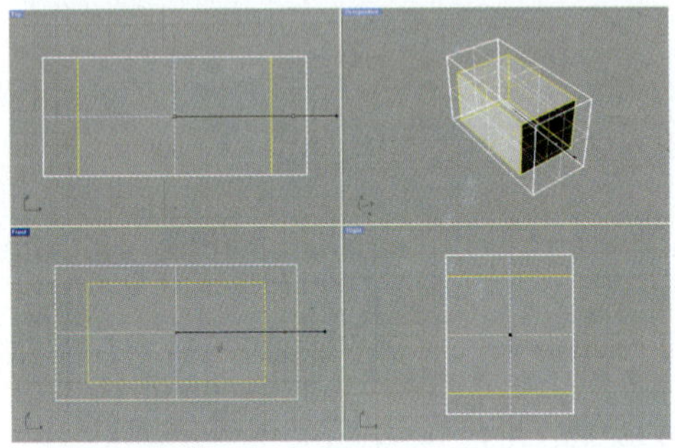

메뉴: Transform Menu 〉 Scale 〉 Scale 2-D

버튼: 왼쪽 클릭

기능: 이 기능은 하나의 축은 고정되게 한 상태에서 X-Y, Y-Z, 혹은 Z-X축으로 동일한 비율을 유지하며 크기를 조정하는 기능이다.

〈Options〉

• Copy

선택한 개체를 크기 조정하는 사이에 선택한 개체는 남겨두고 크기 조절되는 개체만 Copy시키는 기능이다.

Scale 1-D

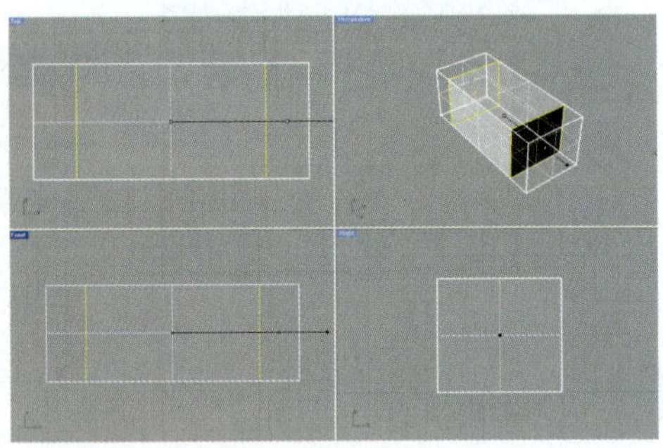

메뉴: Transform Menu 〉 Scale 〉 Scale 1-D

버튼: 왼쪽 클릭

기능: 이 기능은 2개의 축은 고정되게 한 상태에서 X, Y, Z축 방향 중 하나의 축 방향으로만 개체를 크기 조정할 수 있는 기능이다.

〈Options〉

• Copy

선택한 개체를 크기 조정하는 사이에 선택한 개체는 남겨두고 크기 조절되는 개체만 Copy시키는 기능이다.

Non-Uniform Scale

메뉴: Transform Menu 〉 Scale 〉 Non-Uniform Scale

버튼: 왼쪽 클릭

기능: 사용자가 X, Y, Z축의 Scale비율을 각각 설정하면서 일정한 비율로 크기 조절하는 기능이다.

〈Options〉

- Copy

선택한 개체를 크기 조정하는 사이에 선택한 개체는 남겨두고 크기 조절되는 개체만 Copy 시키는 기능이다.

Shear

메뉴: Transform Menu 〉 Shear

버튼: 왼쪽 클릭

기능: 선택한 개체를 CPlane에 평행하게 지정된 각도로 이동하여 기울임 꼴로 변형시키는 기능이다.

〈Options〉

- Copy

선택한 물체를 변형시키는 사이에 선택한 물체는 남겨두고 변형되는 물체를 Copy시키는 기능이다.

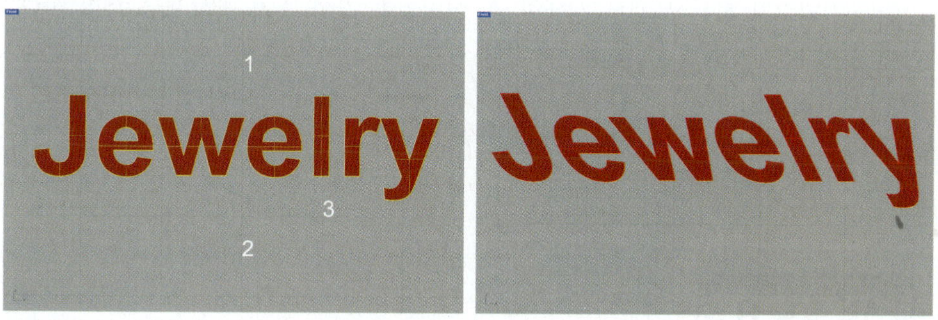

Text 기능을 이용하여 Solid개체의 형태를 생성한다. Shear기능을 실행한 후 왼쪽 이미지에 나타난 것과 같은 순서로 클릭 한다. 우측 이미지에 나타난 것과 같이 Text Solid가 기울여진 것을 확인 할 수 있다.

Mirror

메뉴: Transform Menu 〉 Mirror

버튼: 왼쪽 클릭

기능: 선택한 개체를 지정된 축을 중심으로, 거울에 비친 형태로 위치와 모양을 Copy시키는 기능이다. 이 기능을 정확하게 배치하려면 Object Snap을 사용한다. Surface 또는 Curve를 이 기능을 사용하여 Copy시켜 결합할 경우 정확하게 배치하는 것이 중요하기 때문이다.

〈Option〉

- Copy

기본값은 Copy=No로 설정되어 있으며 개체를 Copy하여 Mirror시키는 기능이다. No로 설정하게 되면 선택한 개체는 삭제된다.

- 3Point

3점을 지정하여 Mirror기능을 실행한다.

Copy시키고자 하는 물체를 선택한 후 이미지와 같이 수직 방향으로 클릭 한다. 대칭 형태로 Copy된 것을 볼 수 있다.

ALIGN TOOLBAR

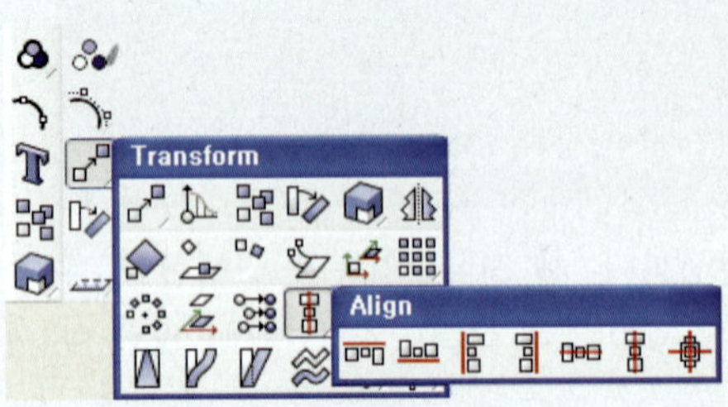

Align Top

기능: 가장 위쪽에 있는 개체를 기준으로 위쪽 방향으로 정렬시키는 기능이다.

Align Bottom

기능: 밑에 위치하고 있는 개체를 기준으로 나머지 개체를 정렬시키는 기능이다.

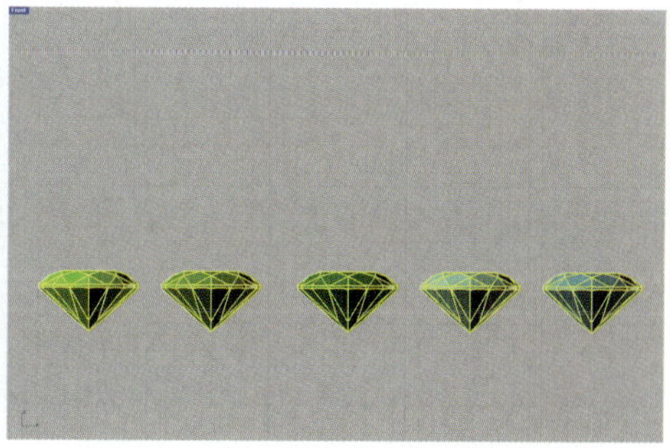

Align Horizontal Centers

기능: 선택한 물체의 중심을 수평 방향으로 정렬시키는 기능이다.

Align Left

기능: 가장 왼쪽에 있는 개체를 기준으로 왼쪽 방향으로 정렬시키는 기능이다.

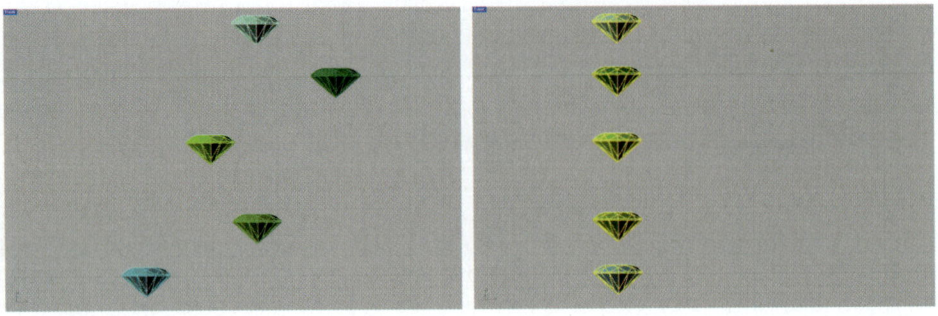

Align Right

기능: 가장 오른쪽에 있는 개체를 기준으로 오른쪽 방향으로 정렬시키는 기능이다.

Align Vertical Centers

기능: 선택한 물체의 중심을 수직 방향으로 정렬시키는 기능이다.

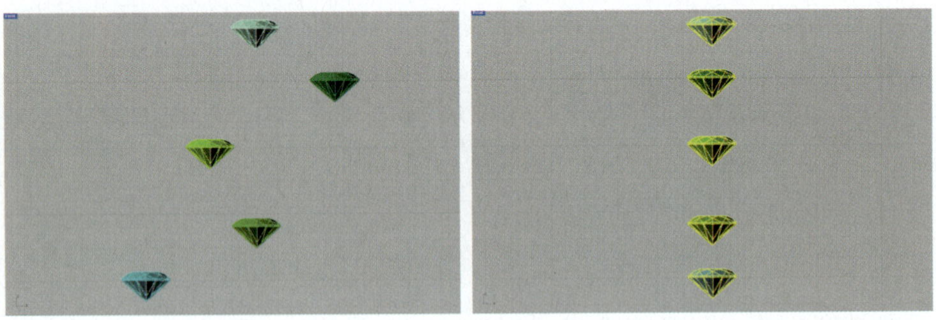

Align Centers

기능: 선택한 물체의 중심을 수평 수직 방향으로 동시에 정렬시키는 기능이다.

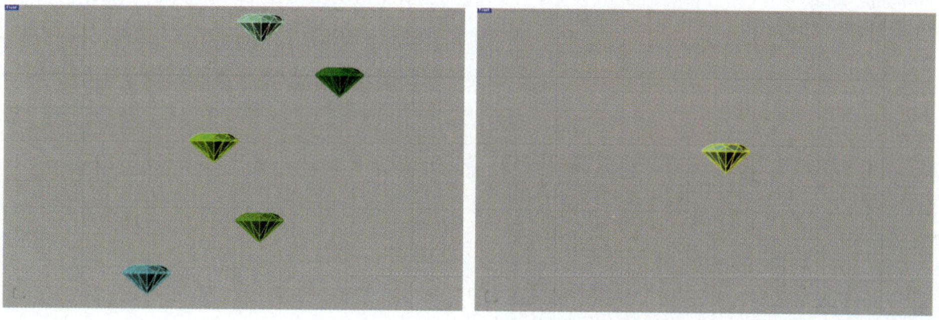

ARRAY TOOLBAR

개체를 여러 개로 Copy하여 배열시키는 기능이다.

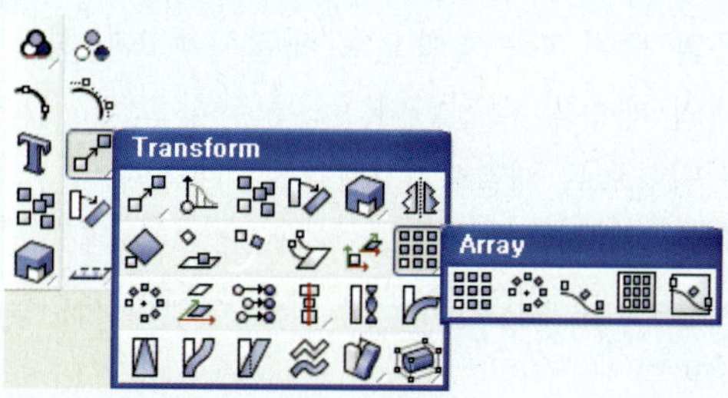

Rectangular Array

메뉴: Transform Menu 〉 Array 〉 Rectangular

버튼: 왼쪽 클릭

기능: 선택한 개체를 기준으로 Copy되는 개수와 간격을 지정하여 복사, 배치하는 기능이다.

〈Options〉

- Number

X Number/ Y Number/ Z Number

X, Y, Z축 방향으로 배열되는 개체 개수를 설정하는 기능이다.

- Spacing

X Spacing/ Y Spacing/ Z Spacing

X, Y, Z축 방향으로 배열되는 개체 간의 간격을 설정하는 기능이다.

```
Command: _Array
Select objects to array:
```

① Rectangular Array 기능을 실행한다. 명령줄에 다음과 같이 Array시키고자 하는 개체를 선택하라는 명령어가 나타난다.

② 화면상에 있는 보석을 선택한다.

```
Select objects to array. Press Enter when done:
Number in X direction <5>: 6
```

③ 다음과 같이 X축 방향으로 배열시키고자 하는 개체의 개수를 설정한다.

```
Number in X direction <5>: 6
Number in Y direction <5>: 6
```

④ Y축 방향으로 배열시키고자 하는 개체의 개수를 설정한다.

```
Number in Y direction <5>: 6
Number in Z direction <5>: 6
```

⑤ Z축 방향으로 배열시키고자 하는 개체의 개수를 설정한다.

```
Number in Z direction <5>: 6
Unit cell or X spacing: 10
```

⑥ X축 방향으로 배열시키고자 하는 개체간의 간격을 설정한다.

```
Unit cell or X spacing: 10
Y spacing or first reference point: 10
```

⑦ Y축 방향으로 배열시키고자 하는 개체간의 간격을 설정한다.

```
Y spacing or first reference point: 10
Z spacing or first reference point: 10
```

⑧ Z축 방향으로 배열시키고자 하는 개체간의 간격을 설정한다.

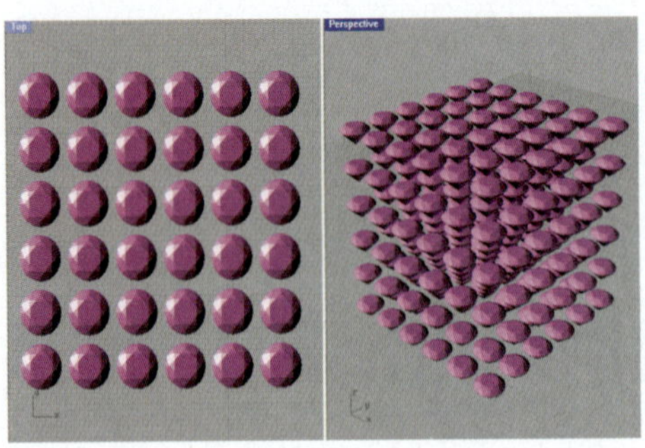

⑨ 설정된 값으로 보석이 배열된 결과를 볼 수 있다.

Polar Array

메뉴: Transform Menu 〉 Array 〉 Polar

버튼: 왼쪽 클릭

기능: 중심점을 중심으로 선택한 개체를 원형으로 복사하여 배치시키는 기능이다.

〈Options〉

• StepAngle

개체 사이의 각도를 입력하는 기능이다.

① 다음과 같이 원형으로 배열시키고자 개체를 생성한 다음 Polar Array기능을 실행한다. 개체를 선택한 다음 Enter키를 누른다. 원형 배열시킬 중심점을 지정하여 마우스 왼쪽 버튼을 클릭 한다.

Center of polar array:
Number of items <9>:

② 원형 배열시킬 개수를 설정한다.

Number of items <9>:
Angle to fill or first reference point <360.00> (StepAngle):

③ 원형 배열 시킬 개수의 각도를 설정한다. 여기에서 360 수치를 입력한다.

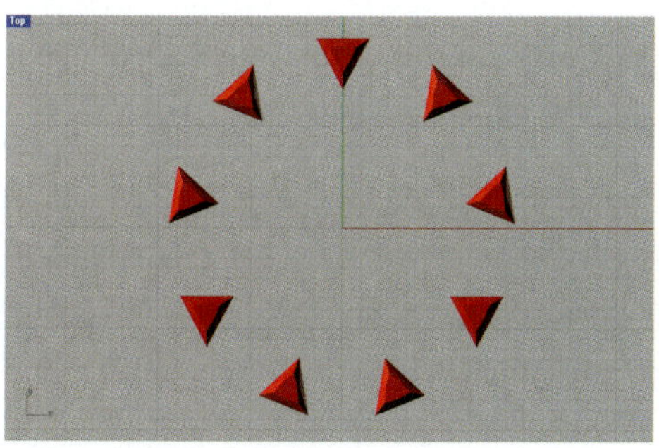

④ 다음과 같이 설정된 값으로 해당되는 개체가 원형 배열된 것을 알 수 있다.

Array Along Curve

메뉴: Transform Menu 〉 Array 〉 Along Curve

버튼: 왼쪽 클릭

기능: 선택한 개체를 특정 경로를 따라 회전하고 복사하며 배치시키는 기능이다. 이때 복사 개수를 1이상의 값으로 입력해준다.

이 기능은 주얼리 아이템 중 목걸이와 같은 모델링을 할 때 효율적으로 사용된다.

〈Options〉

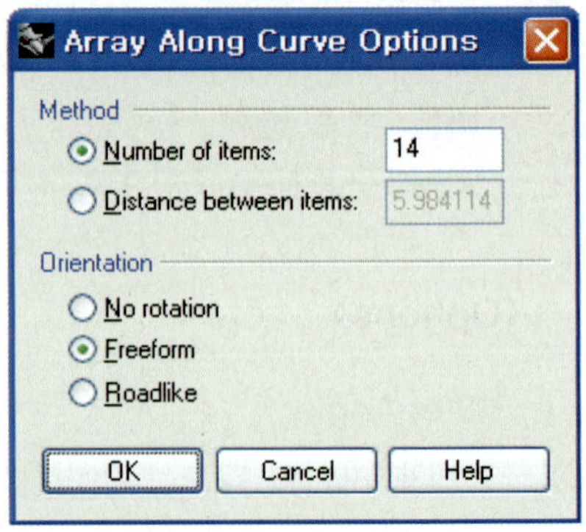

- **Basepoint**

배치시킬 개체가 특정 커브에 있지 않을 때에는, 배치하기 전에 커브를 이동해야 하며, Basepoint는 일반적으로 배치할 개체에 지정한다.

- **Method**

Number of items

특정 커브를 따라 배치할 항목의 개수를 입력하는 기능이다.

Distance between items

배치할 개체의 간격을 치수로 지정하는 기능이다.

- **Orientation**

No rotation

개체가 배치되는 동안 회전하지 않고 놓여진 위치를 유지하며 배열시키는 기능이다.

Freeform

배치할 개체가 특정 커브를 따라가면서, 3차원 공간에서 회전되며 배열시키는 기능이다.

Roadlike

개체가 특정 커브를 따라가지만 CPlane에 대하여 상대적인 위쪽 방향을 일정하게 유지시키는 기능이다.

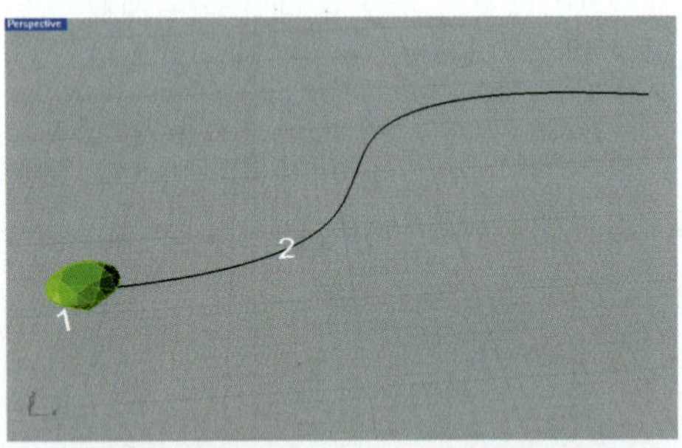

① 다음과 같이 Path역할을 할 커브와 배열시키고자 하는 개체를 생성한다. Array Along Curve기능을 실행한다. 배열시키고자 하는 개체를 선택한 후 Enter키를 누른다. 다음으로 커브를 선택하면 대화상자가 나타난다. 각 옵션을 설정한 다음 OK버튼을 누른다.

② 설정된 값으로 인해 다음과 같이 커브를 따라 개체가 배열된 것을 볼 수 있다.

Array on Surface

메뉴: Transform Menu 〉 Array 〉 Array on Surface

버튼: 왼쪽 클릭

기능: 개체의 위치를 지정하기 위해 Surface Normal을 사용한다. 복사 개체를 Surface상에 설정된 행과 열 수치로 배치시키는 기능이다. 복사되는 개체는 Trim되지 않은 Surface에 균일하게 배열되며 Surface의 U, V방향에 맞추어 간격이 지정된다. 만약 Surface가 Trim된 경우 배열된 기준점 중 일부는 Trim된 Surface의 외부나 Trim되지 않은 기저 Surface상에 있을 수 있다. 이와 같은 경우에는 Shirink Trimmed Surface기능을 사용하면 효율적이다.

복사되는 개체는 Trim되지 않은 Surface에 균일하게 배열되며 Surface의 U, V방향에 맞추어 간격이 지정된다.

```
Command: _ArraySrf
Select objects to array:
```

① Array on Surface기능을 실행한다. 다음과 배열시킬 개체를 선택한다. 선택한 다음 Enter키를 누른다.

```
Select objects to array. Press Enter when done:
Base point for objects to array:
```

② 기준점을 지정하라는 명령어가 나타난다.

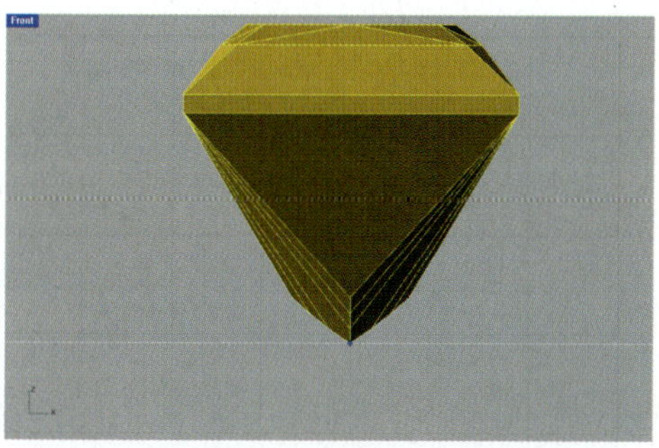

③ 개체의 기준점을 지정해 준다. 여기에서 지정된 위치는 개체의 높이가 된다.

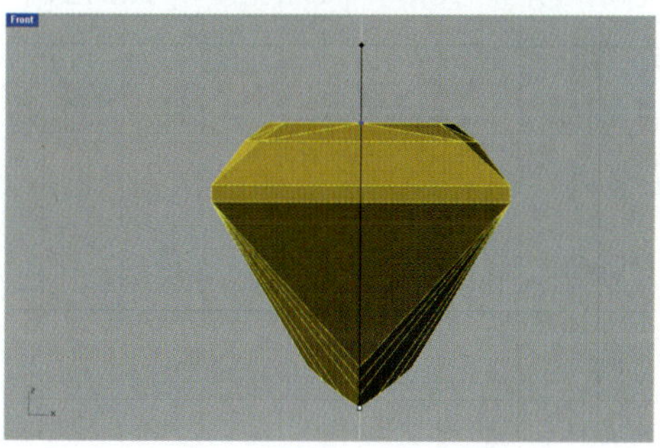

④ 기준점을 지정한 다음 배열시키고자 하는 개체의 방향을 지정한다. 이때 Shift키를 누른 상태에서 기준점과 수직방향으로 올려 설정한다.

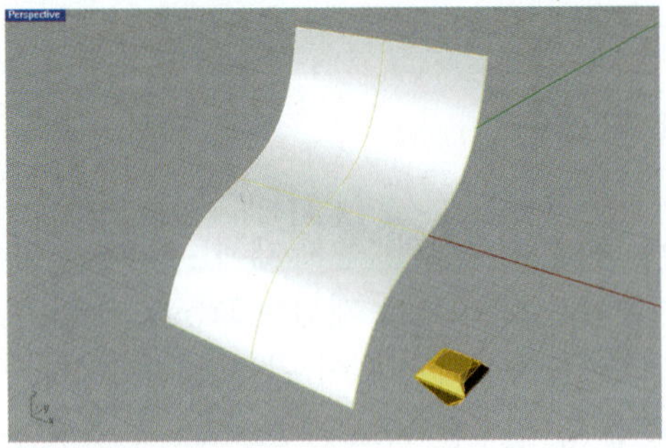

⑤ 다음으로 배열시키기 위한 Target Surface를 선택한다.

Select target surface for array:
Number of elements in surface u direction <6>: 6

⑥ Target Surface의 U방향으로 배열시키고자하는 개체의 개수를 지정한다.

Number of elements in surface u direction <6>: 6
Number of elements in surface v direction <6>: 6

⑦ V방향으로 배열시키고자하는 개체의 개수를 지정한다.

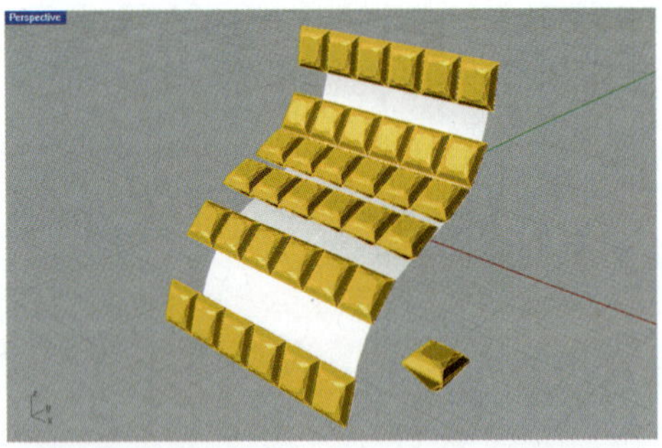

⑧ 다음과 같이 Surface위에 개체가 배열된 것을 볼 수 있다.

⑨ Right View로 설정한 후 Surface를 선택한다.

Analyze Menu 〉 Analyze Direction기능을 실행하여 Surface의 Normal 방향을 확인해 본다.

배열된 개체가 Normal방향과 일치하는 것을 알 수 있다.

Array Along Curve on Surface

메뉴: Transform Menu 〉 Array 〉 Along Curve on Surface

버튼: 왼쪽 클릭

기능: Surface Normal을 사용하여 복사되는 개체를 Surface상의 커브를 따라 회전과 지정된 간격으로 배치시키는 기능이다.

〈Options〉

- Divide

개체의 개수를 지정하여 배치시키는 기능이다.

- Multiple

개체 사이의 거리를 입력하는 기능이다.

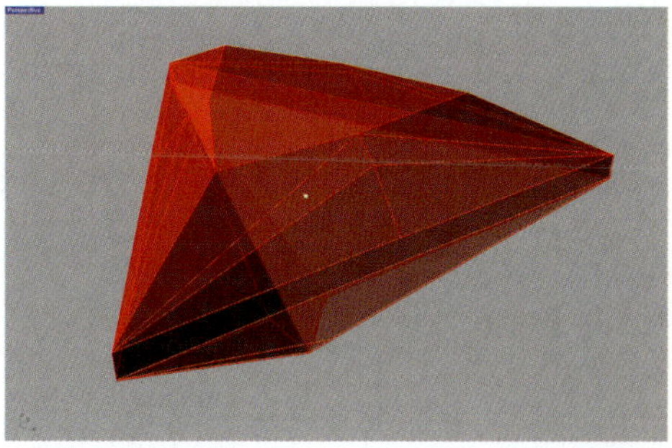

① 다음과 같이 보석 개체를 불러온 다음 Display Mode로 Ghosted로 설정한다. Analyze Menu 〉Mass Properties 〉Volume Centroid 기능을 실행하여 보석 개체의 중심에 Point를 생성한다.

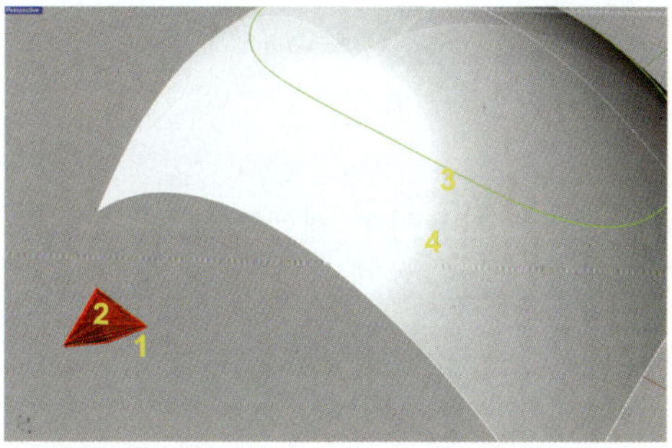

② Array Along Curve on Surface기능을 실행한 다음 이미지와 같은 순서로 선택한다. 첫 번째로 보석을 선택한 후 Enter키를 누른다. 두 번째로 보석의 중심에 생성된 Point를 지정한다. 다음으로 Surface위에 있는 커브를 선택한다. 마지막으로 Surface를 선택한다.

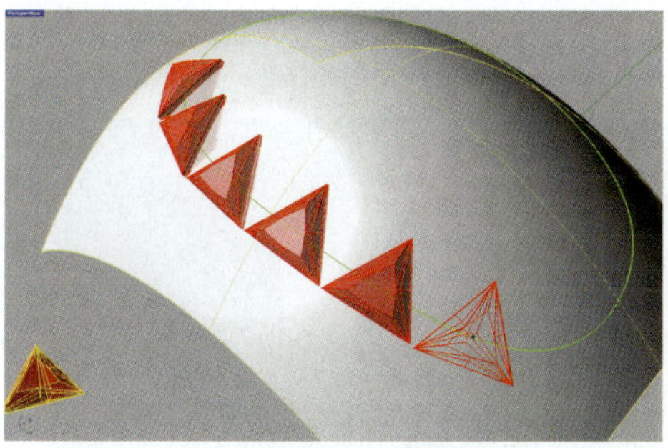

③ 보석을 Surface위에 원하는 지점에 배치시킨다.

④ 완성된 결과를 볼 수 있다.

Orient

Reference Point와 Target Point를 사용하여 개체를 Move, Copy, Rotate, Scale 조정하는 기능이다.

Orient: 2 Points

메뉴: Transform Menu 〉 Orient 〉 2 Points

버튼: 왼쪽 클릭

기능: 2개의 Reference Point와 2개의 Target Point를 사용하여 개체를 Move, Copy, Rotate, Scale 조정하는 기능이다.

〈Options〉

- Copy

Orient: 2 Points를 실행하는 사이에 원본 개체를 복사하는 기능이다.

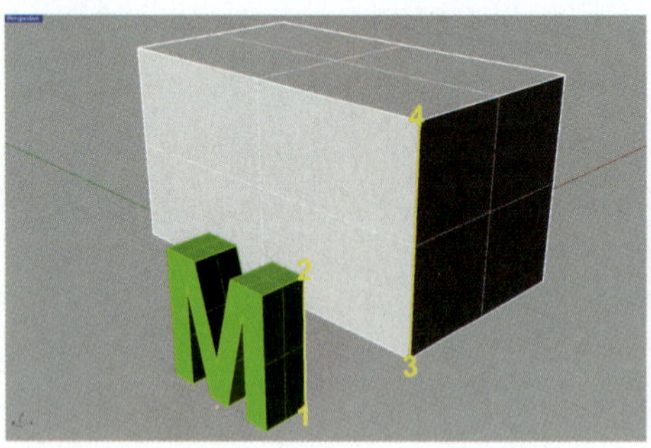

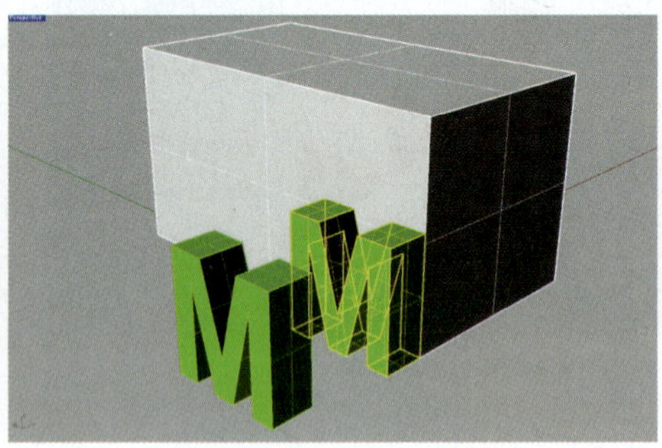

- Scale

두 번째 Target Point는 변형의 방향을 정의하는 기능이다.

- No

개체의 크기를 동일하게 유지시키는 기능이다.

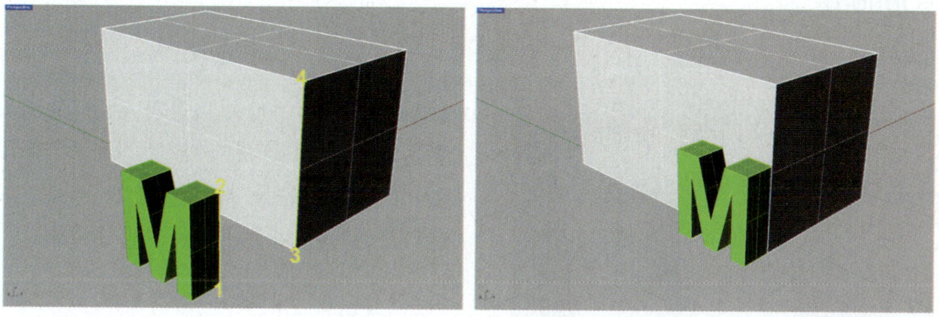

- 1D

Target Point 사이의 축을 따라 개체를 Scale 조정하는 기능이다.

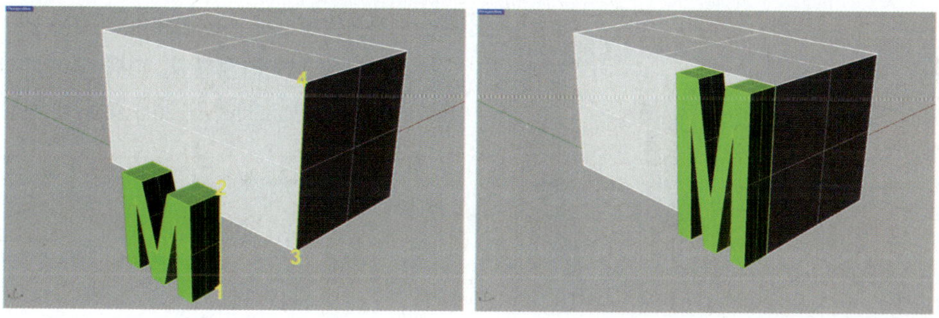

- 3D

Target Point 사이의 축을 따라 개체가 형태 변형 없이 Scale기능을 적용한다.

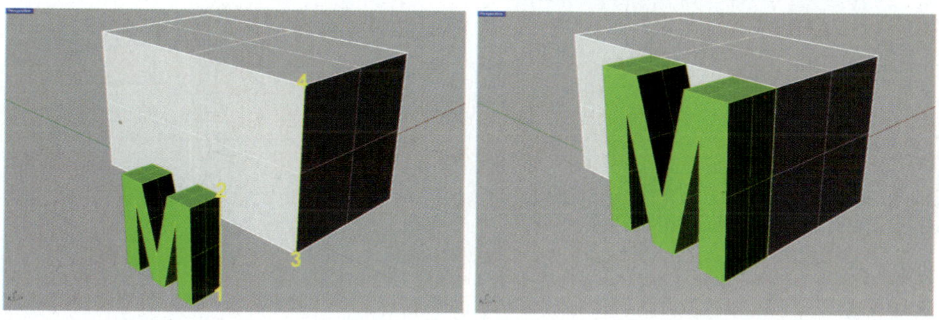

Orient: 3 Points

메뉴: Transform Menu 〉 Orient 〉 3 Points

버튼: 오른쪽 클릭

기능: 3개의 Reference Point와 3개의 Target Point를 사용하여 개체를 Move, Copy,

이 기능은 서로 맞추려는 개체 크기가 동일해야한다.

Rotate를 조정하는 기능이다.

〈Option〉

• Copy

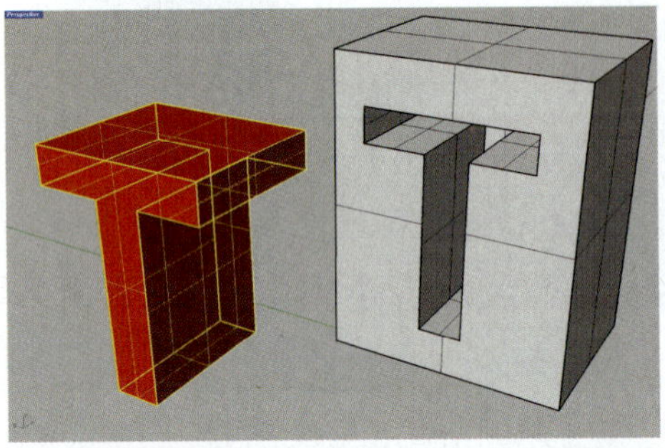

① Text기능을 실행하여 다음과 같은 Text 개체와 같은 크기의 구멍을 가진 개체를 생성한다. Orient: 3D기능을 실행한다. Text기능을 선택한다. 선택한 다음 Enter키를 누른다.

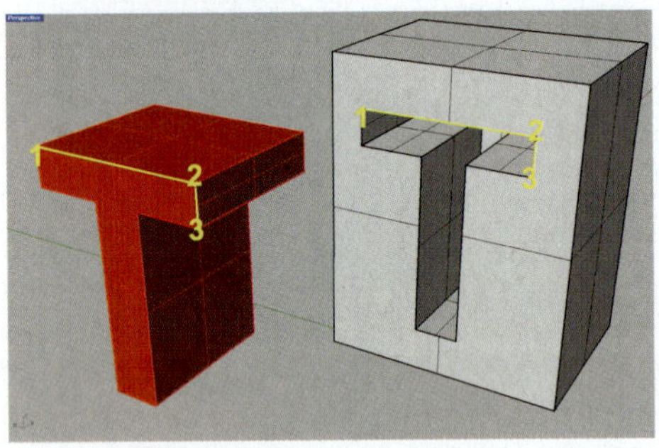

② Text 개체의 Reference Point를 다음 이미지와 같은 순서로 3번 지정한다. 다음 Target Point를 구멍을 가진 개체에 순서에 맞추어 지정한다.

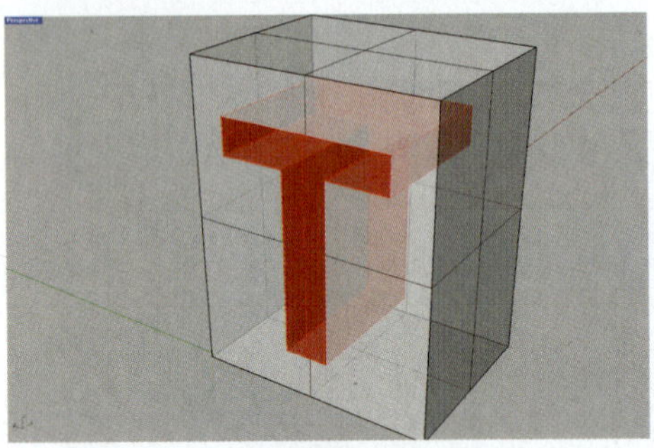

③ Target Point를 3번째 지정하게 되면 자동적으로 지정된 Point 위치로 Text개체가 정확하게 이동되는 것을 볼 수 있다.

옵션에 있는 On Surface 기능을 실행하면 Target Surface의 초기 BasePoint를 사용하고, CPlane Normal 아닌 Surface Normal을 사용하여 개체의 초기 Orient를 결정하게 된다.

Orient On Surface

메뉴: Transform Menu 〉 Orient 〉 On Surface

버튼: 왼쪽 클릭

기능: 선택한 Surface 범위에 개체를 복사시키는 기능이다. 개체와 Reference Point의 이격 되는 거리를 계산하고, 클릭 할 수 있는 지점은 선택한 Surface 범위에서만

가능하다.

Cursor를 Surface로 가져가면 변형된 개체가 Surface Normal 방향에 따라 변형되는 이미지를 미리 볼 수 있다.

〈Options〉

• On Surface

배치할 Target Surface에 초기 BasePoint를 설정하는 기능으로 이 기능은 개체가 이미 Target Surface상에 있을 때 유용하며 반드시 복사 또는 이동해야 한다.

Target Surface의 초기 BasePoint를 사용하고, CPlane Normal 아닌 Surface Normal을 사용하여 개체의 초기 Orient를 결정하게 된다.

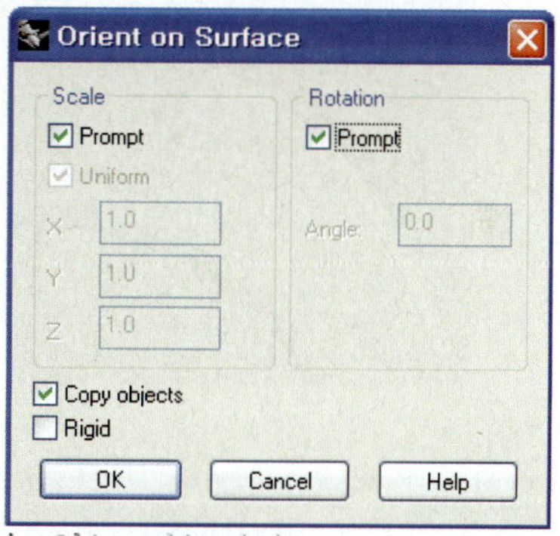

• Flip

개체 방향 역방향으로 설정하는 기능이다.

• Scale

Prompt

각각의 복사 개체의 배율을 지정하라는 Prompt가 표시된다.

Uniform

X, Y, Z축을 기준으로 같은 비율로 크기를 조설할 수 있는 기능이다.

X / Y / Z

X, Y, Z축 방향을 개별적으로 나누어 크기를 설정할 수 있는 기능이다.

• Rotation

Prompt

각각의 복사 개체의 회전 각도를 지정하라는 Prompt가 표시된다.

Angle

지정된 각도로 Orient시키는 기능이며 Target Point에서 Surface Normal을 중심으로 회전한다.

• Copy objects

명령을 실행하는 사이 원본 개체를 복사하는 기능이다.

• Rigid

Yes

이 기능을 체크하면 물체의 변형 없이 Surface에 Orient시키는 기능이다.

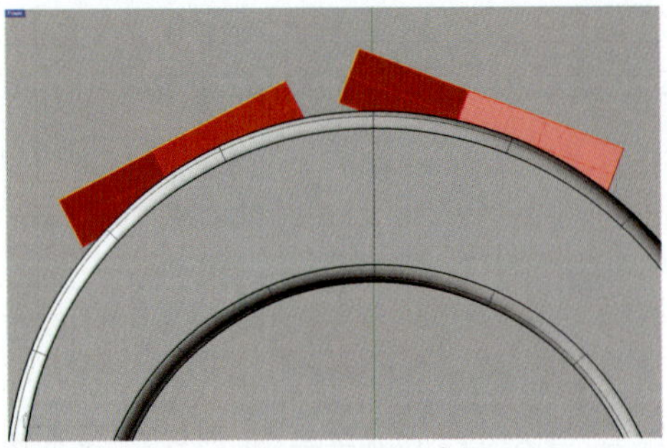

No

Orient 되는 개체가 달라붙는 면의 형태에 맞추어 변형이 되는 기능이다.

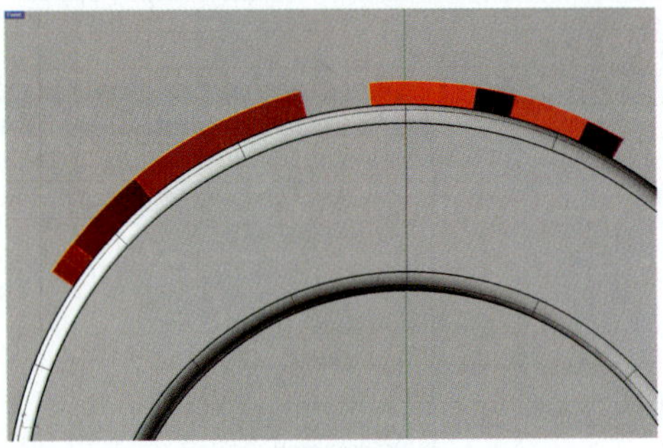

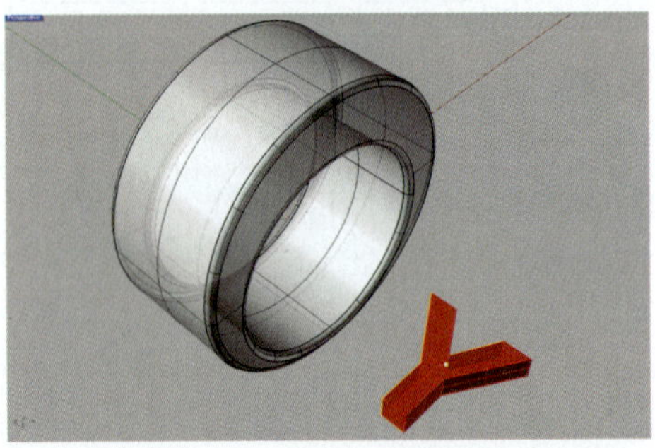

① Text개체와 반지 형태를 생성한다. Text개체에 중심점을 생성 시킨다.

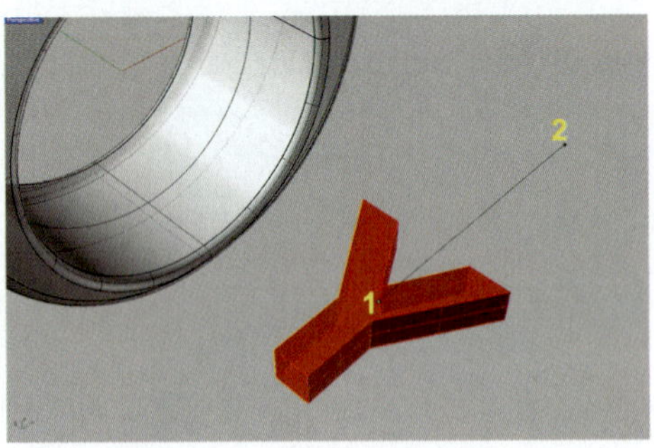

② Orient On Surface기능을 실행한 다음 Text 개체를 선택한다. 다음으로 Reference Point 1을 지정하는데 Text개체 안에 생성된 중심점을 지정한다. 다음으로 Reference Point 2를 지정하는데 다음과 같은 방향으로 지정해 준다.

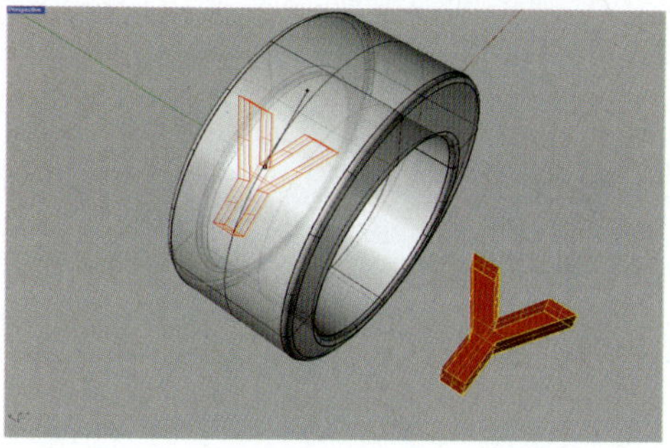

③ 배치시킬 Surface를 선택한다. 선택함과 동시에 대화상자가 열린다. Scale 과 Rotation에 있는 Prompt를 체크한다. Copy 기능에 체크를 해주고 Rigid기능을 체크하지 않는다.
OK버튼을 클릭 한다. Text개체가 지정한 Surface 위에 올라가는 것을 확인할 수 있다. 위치를 선정하여 클릭 한다. 크기조절을 할 수가 있다. 크기를 정한 후 마우스 우측 버튼을 클릭한다.

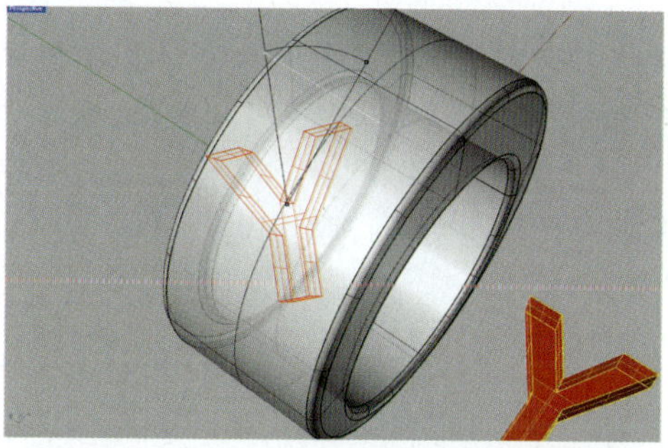

④ 다음으로 Text기능을 회전시켜본다. 원하는 위치를 선정하여 마우스 왼쪽 버튼을 클릭 한다. Text개체가 Surface위에 배치되는 것을 볼 수 있다.

⑤ 반복적으로 사용하여 본다. 완성된 결과를 볼 수 있다.

Orient On Curve

메뉴: Transform Menu 〉 Orient 〉 On Curve

버튼: 왼쪽 클릭

기능: 특정 커브 방향을 Orient로 사용하여 특정 커브를 따라 개체를 이동 또는 복사하고 회전시키는 기능이다.

이 기능은 체인 개체를 Orient시킬 때 효율적으로 사용할 수 있다.

〈Options〉

- Copy

명령을 실행하는 사이 원본 개체를 복사하는 기능이다.

- Perpendicular

개체가 특정 커브에 대해 수직이 되도록 Orient시키는 기능이다.

- X Flip / Y Flip

Construction Plane을 기준으로 X축 방향과 Y축 방향을 뒤집어 Orient시키는 기능이다.

- Rotate

지정된 특정 커브에 각도 또는 2개의 Reference Point를 지정하여 Orient되는 물체를 회전시키는 기능으로 Rotate 3-D기능과 유사하다.

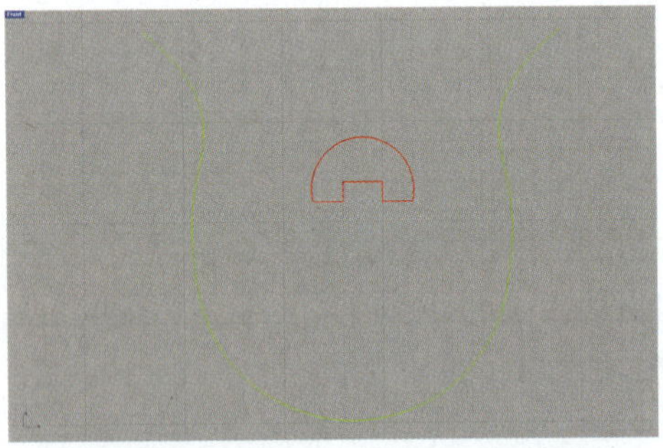

① 다음과 같은 커브들을 생성한다.

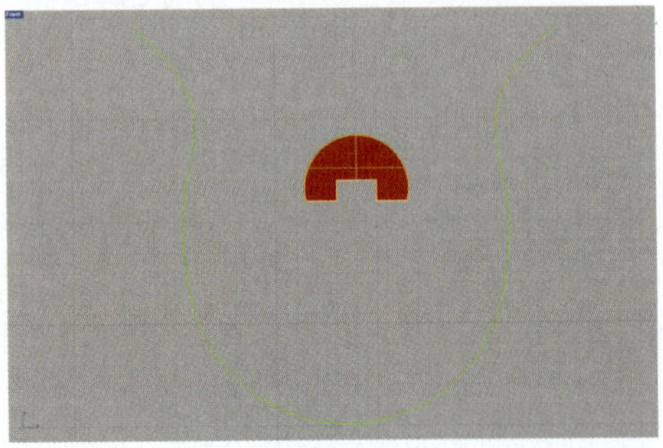

② 닫힌 커브를 선택한 후 Surface from Planar Curves기능을 실행하여 닫힌 커브안에 Surface를 생성시킨다.

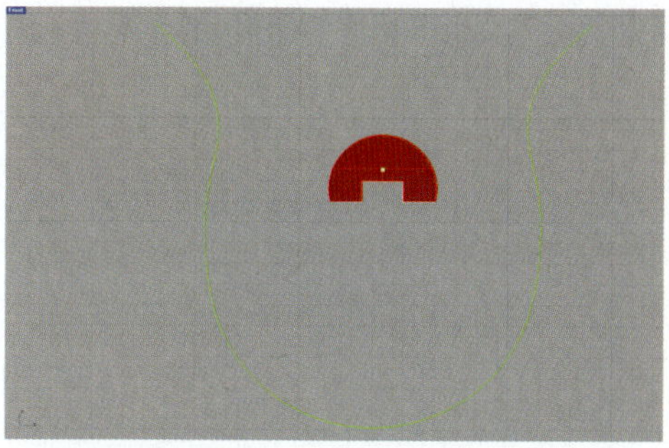

③ Analyze Menu 〉 Mass Properties 〉 Area Centroid기능을 실행하여 Surface에 중심점을 생성시킨다.

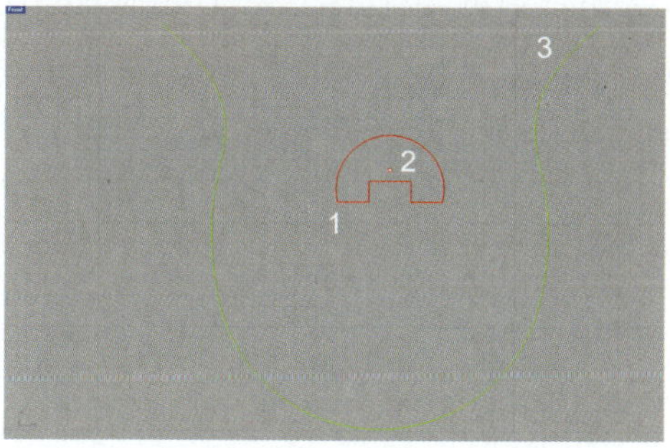

④ 생성된 Surface는 삭제한 후 Orient On Curve기능을 실행하여 다음과 같은 순서로 클릭 한다. 닫힌 커브를 선택한 다음 Enter키를 누르고 기준점을 클릭한 다음 열린 커브를 선택한다.

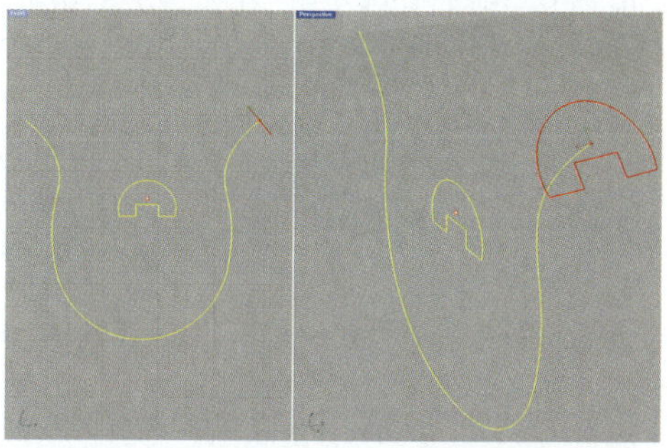

⑤ 명령줄에 있는 Options 중에 Perpendicular를 체크하고 다음 이미지와 같은 위치에 닫힌 커브를 지정한다.

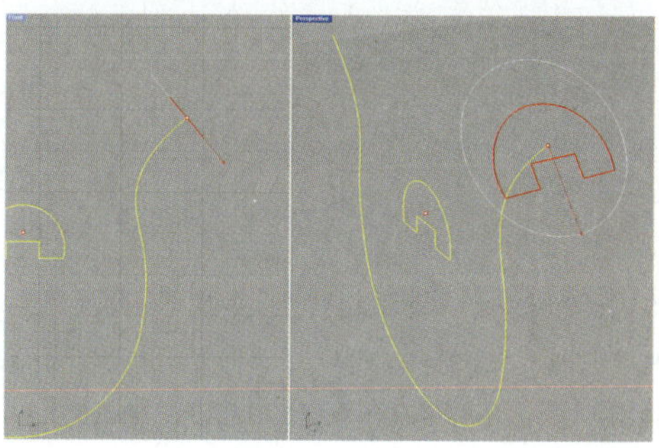

⑥ 다시 명령줄에 있는 Options 중에 Rotate를 선택하여 닫힌 커브를 회전시킨다.

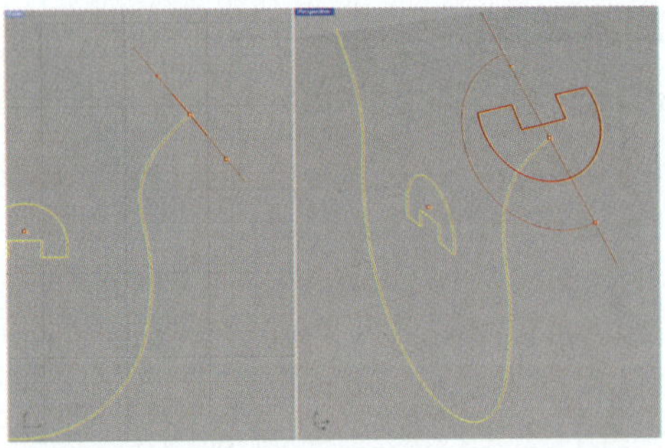

⑦ 이미지와 같이 180도로 회전시킨다.

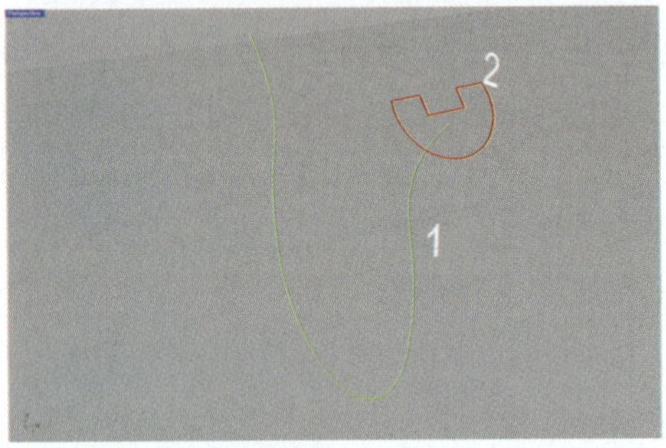

⑧ 다음과 같이 닫힌 커브가 180도 회전된 것을 볼 수 있다. Sweep 1 Rail기능을 실행하여 이미지에 체크된 순서대로 선택한다.

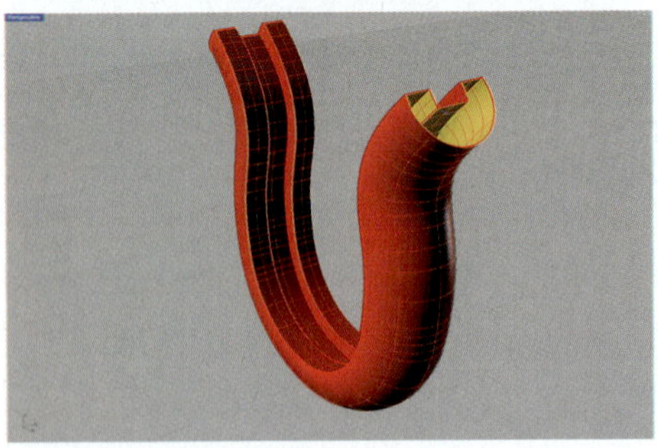

⑨ 다음과 같은 형태가 완성된 것을 볼 수 있다.

Orient Curve to Edge

메뉴: Transform Menu 〉 Orient 〉 Curve to Edge

버튼: 왼쪽 클릭

선택한 커브를 Surface 가장자리에 복사하고 정렬시키는 기능이다. 이 기능은 Surface Normal Direction에 의해 정렬되며 커브의 방향이 반대로 정렬되는 경우에 Analyze Direction 명령으로 Surface의 Normal Direction을 변경한 다음 정렬한다.

〈Options〉

• Copy

명령을 실행하는 사이 원본 개체를 복사하는 기능이다.

① 다음과 같이 Surface와 커브를 생성한다. Surface는 Normal 방향을 체크해 본다.

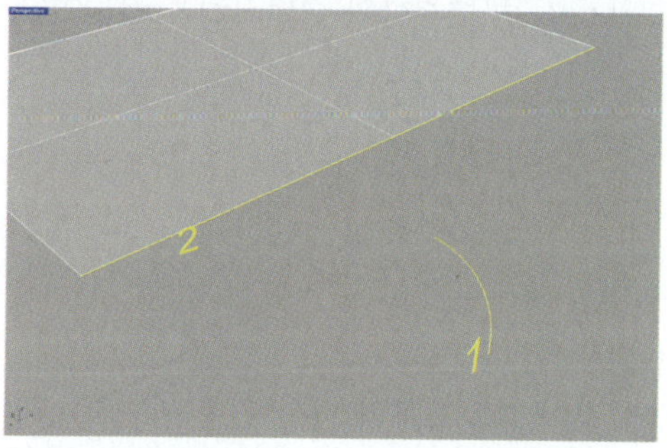

② Orient Curve to 가장자리기능을 실행한 다음이미지와 같은 순서로 지정한다.

③ 다음과 같이 커브가 Surface 가장자리에 배치되는 것을 볼 수 있다.

④ 이번에는 Surface의 Normal 방향을 바꾸어 본다.

⑤ 다시 Orient Curve to Edge 기능을 실행한 다음 같은 순서로 진행해 본다. 커브의 방향이 틀려진 것을 확인 할 수 있다.

선택한 개체의 CPlane 위치 값과 같이 지정된 다른 CPlane에서도 같은 위치 값으로 변경된다. 반지의 단면 위치를 쉽게 바꾸어 줄 때 효율적이다.

| Remap to CPlane

메뉴: Transform Menu 〉 Orient 〉 Remap to CPlane

버튼: 왼쪽 클릭

기능: 선택한 개체의 CPlane에서 지정한 다른 CPlane으로 변경하여 정렬시키는 기능이다.

〈Options〉

- Copy

명령을 실행하는 사이 원본 개체를 복사하는 기능이다.

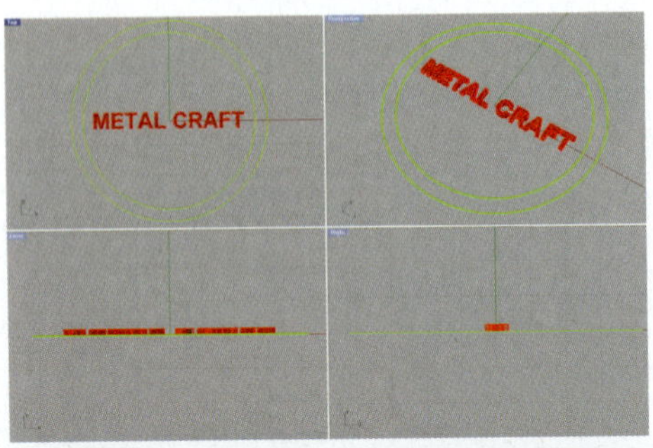

① 다음과 같이 Text개체와 닫힌 원형 커브를 생성한다.

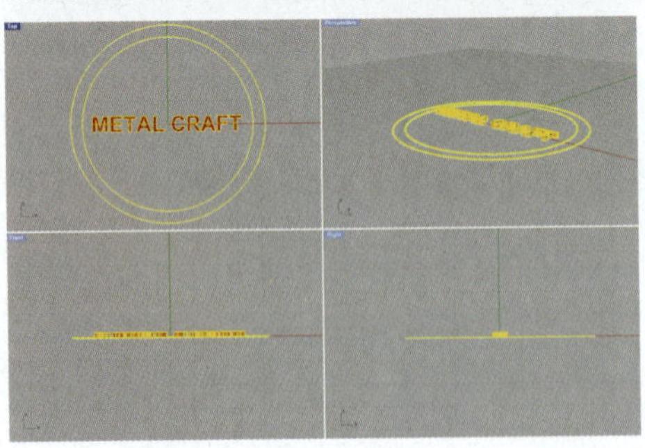

② Remap to CPlane기능을 실행한 후 Top View 에서 Text개체와 닫힌 커브를 모두 선택한다.

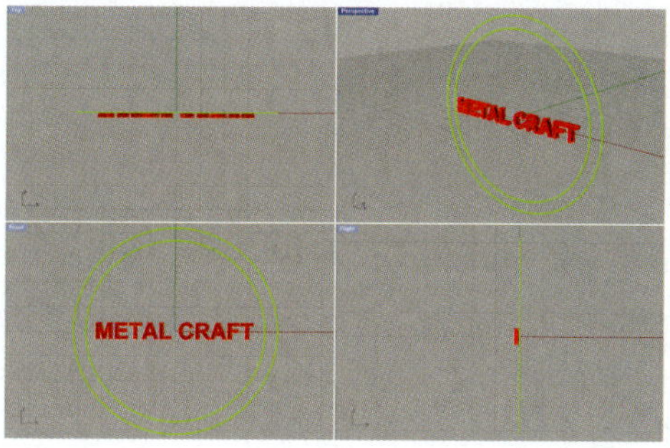

③ Front View의 빈 공간을 마우스 왼쪽 버튼을 클릭하면 다음과 같은 결과를 얻을 수 있다. 선택한 개체의 CPlane에서 지정한 다른 CPlane으로 변경하여 정렬되어진 것이다.

Set XYZ Coordinates

메뉴: Transform Menu 〉 Set Points

버튼: 왼쪽 클릭

기능: 커브나 3차원 개체의 점과 조절점을 중심으로 X, Y, Z방향의 지정된 위치로 이동하게 하는 기능이다. 개체의 위치를 정확하게 변경하기 위해 자주 사용되며 평면형 커브의 집합을 모두 동일한 평면상에 확실하게 배치시키는 가장 빠르고 효율적인 방법이다.

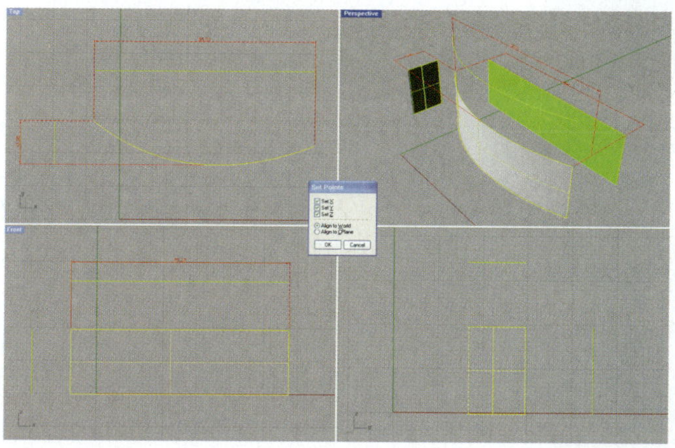

〈Options〉

- **Set X / Set Y / Set Z**

개체를 X, Y, 그리고 Z축 방향으로 정렬시키는 기능이다.

- **Align to World / Align to CPlane**

World 또는 Construction Plane 좌표를 사용하여 정렬시키는 기능이다.

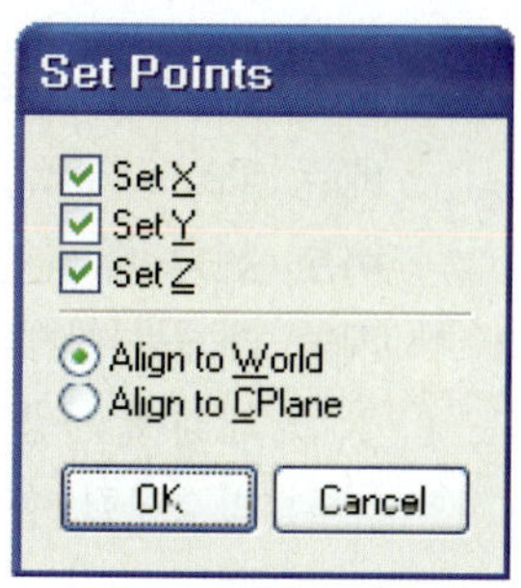

• Copy

명령을 실행하는 사이 원본 개체를 복사하는 기능이다.

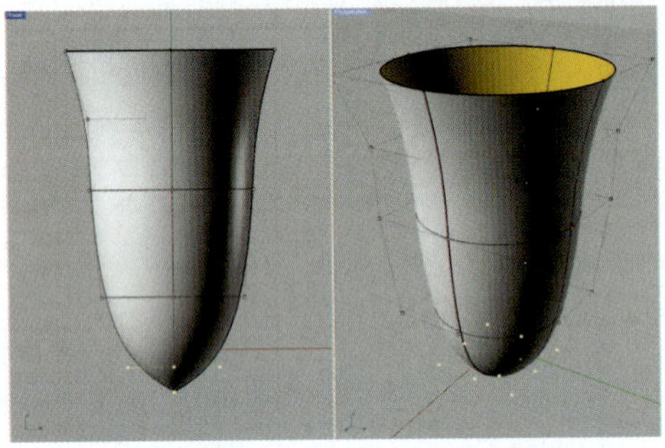

① 다음과 같은 Surface를 생성한 다음 Control Points On기능을 실행한다. 보여 지는 조절점에서 이미지에 나온 것과 같이 밑에 있는 점들을 선택한다.

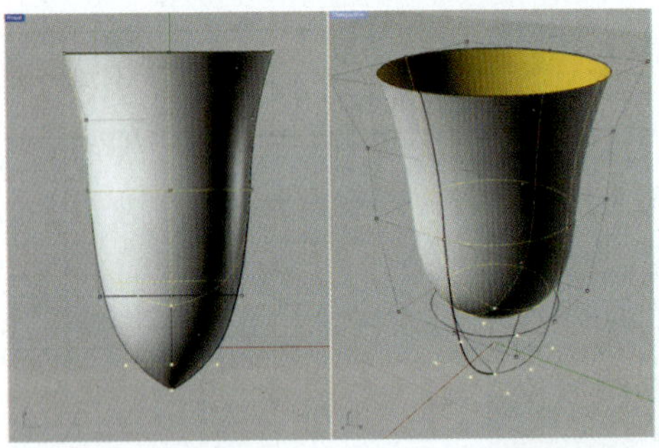

② Set XYZ Coordinates기능을 실행한다. 대화상자가 열리면 X, Y, Z Set을 모두 설정한 다음 Align to World를 체크한다. OK버튼을 누른다. 선택한 Points가 모여진 것을 볼 수 있다. 원하는 지점으로 이동시켜 본다.

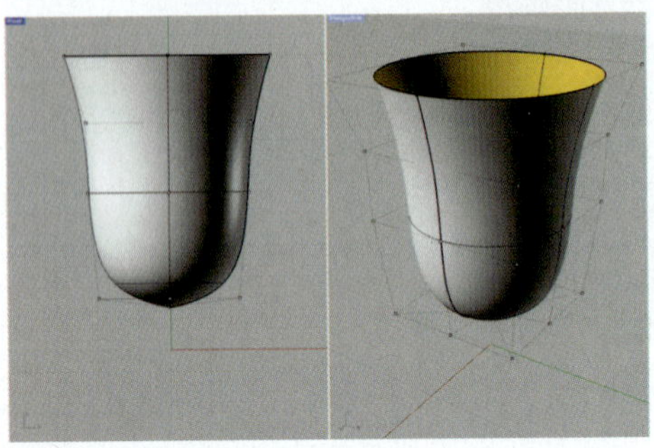

③ 다음과 같이 선택한 점들을 설정 값에 의해 정렬시킨 후 이동되어진 결과를 볼 수 있다.

| Project to CPlane

메뉴: Transform Menu 〉 Project to CPlane

버튼: 왼쪽 클릭

기능: 개체를 현재의 CPlane에 평평하게 투영 시키는 기능이다. Points, Curve, Surface 개체에 사용할 수 있으며 Curve나 3차원 개체를 평면 커브와 3차원 평면 개체로 변경시킬 수 있다.

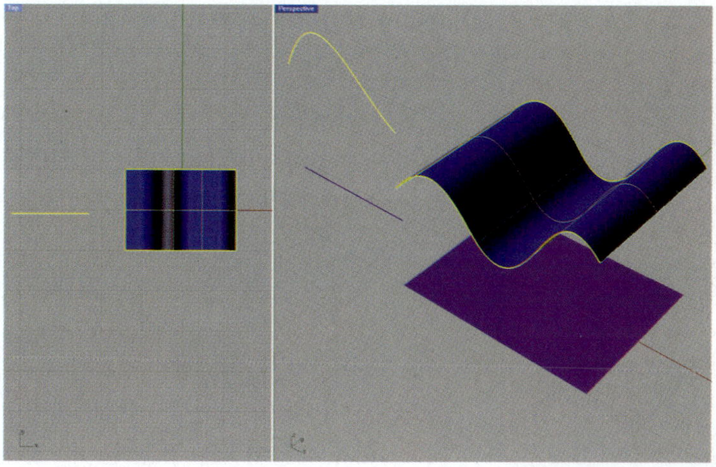

UDT

4.0버전으로 업그레이드 되면서 가장 향상된 기능 중 하나로 닫힌 Poly-surface기능을 분해하지 않고서도 직접 변형시킬 수 있다.

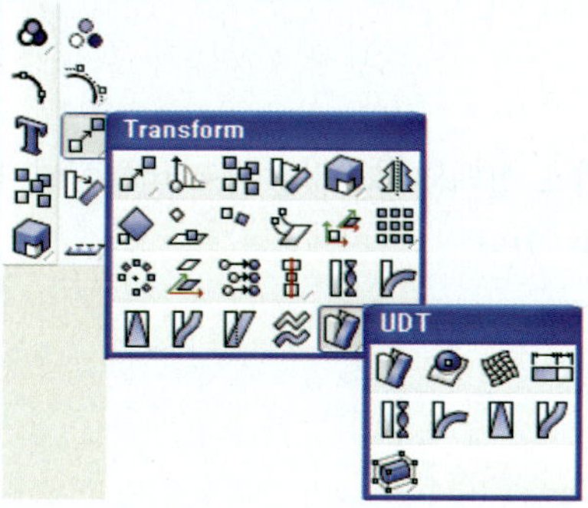

Twist

메뉴: Transform Menu 〉 Twist

버튼: 왼쪽 클릭

기능: 축을 중심으로 개체를 회전시켜 개체를 변형시키는 기능이다. 이전 Rhino 3.0버전에서는 Twist, Bend, Taper 기능은 닫힌 Polysurface와 같은 경우에 가능하지 못했던 작업 이였다. 이 기능은 개별적인 Surface로 분리시킨 다음 각 Surface의 조절점를 증가시켜야 가능했다. 하지만 4.0 버전에서는 이런 작업을 걸치지 않고 한번에 기능을 실행시킬 수 있다.

옵션 중 Infinite 기능을 Yes로 설정한 경우 개체 전체에 일정하게 실행되며 No로 설정한 경우 개체의 해당 부분만 적용하게 된다.

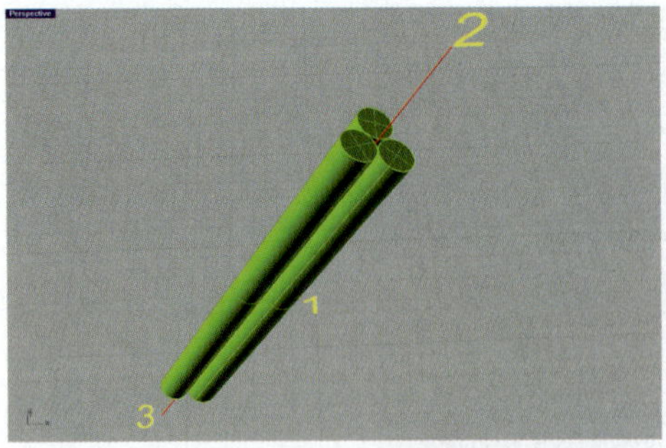

① 다음과 같이 3개의 파이프형태의 Solid를 생성한 후 개체 사이에 축 역할을 하는 직선을 만들어 준다. Twist기능을 실행한 다음 파이프 형태의 Solid를 선택한 다음 이미지에 나타난 것과 같은 순서로 선택해 준다.

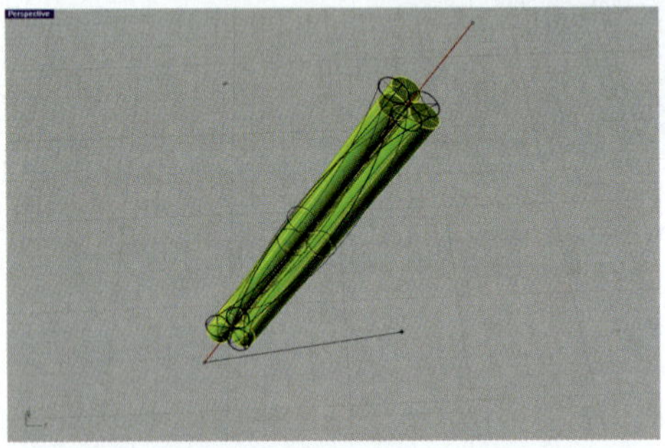

② 각도 또는 첫 번째 참조점을 지정한 후 두 번째 참조점을 지정하여 회전시켜 본다. 파이프 형태의 Solid가 비틀어지는 것을 볼 수 있다.

③ 3개의 파이프 형태의 Solid가 서로 비틀어진 결과를 볼 수 있다.

〈Options〉

- Copy

명령을 실행하는 사이 원본 개체를 복사하는 기능이다.

- Rigid

이 기능은 Polysurface에는 적용되지 않으며, Polysurface가 편집 개체로 선택된 경우에는 Option이 표시되지 않는다.

No

각각의 선택된 개체가 변형된다.

Yes

개별적인 개체는 변형되지 않으나 설정된 축 방향에 따라 회전한다.

• Infinite

Yes

축이 개체보다 길이가 짧아도 변형이 개체 전체에 일정하게 실행된다.

No

Twist가 개체 전체에 일정하게 실행되지 않는다.

축의 길이만큼만 변형이 실행되는데 축이 개체보다 짧으면 Twist는 개체의 해당 부분만 적용되게 된다.

| Bend

메뉴: Transform Menu 〉 Bend

버튼: 왼쪽 클릭

Spine Arc를 따라 구부려 개체를 변형시키는 기능이다.

옵션 중 Rigid 기능을 Yes로 설정한 경우 선택된 개체가 변형된다. No로 설정한 경우 설정된 축 방향에 따라 회전한다.

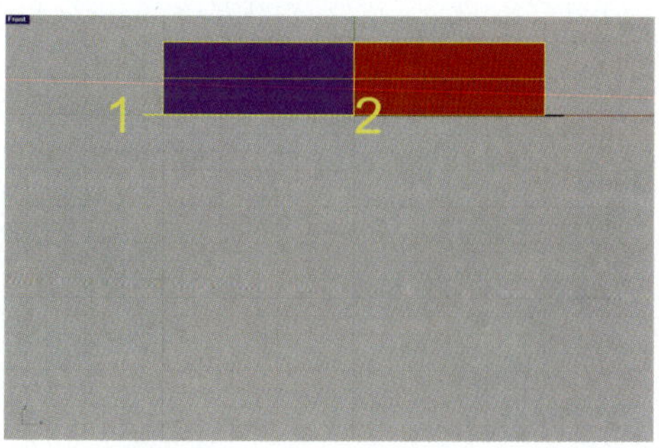

① 다음과 같이 2개의 Polysurface를 생성한 다음 기준점을 지정하기 위해 직선을 만들어 준다.

Bend 기능을 실행한 다음 2개의 Polysuface를 선택한 다음 Spine의 시작점과 끝점을 이미지와 같은 순서와 위치로 지정한다.

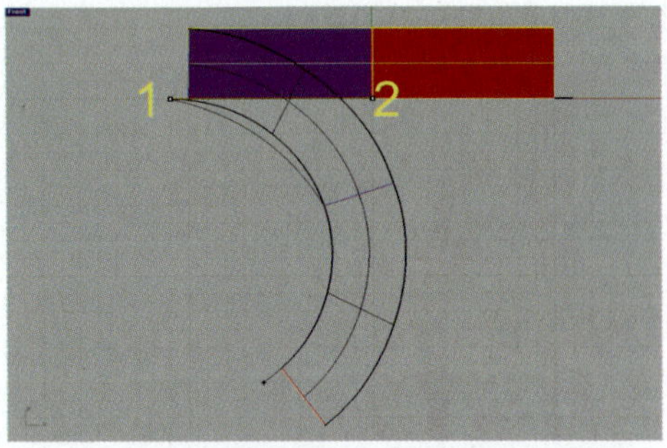

② 구부릴 점을 지정한다.

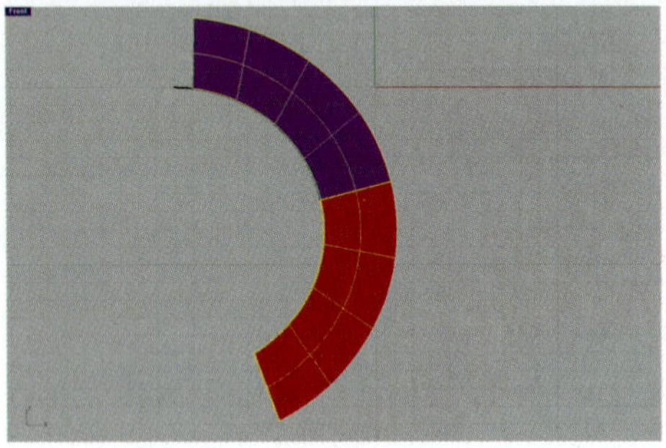

③ 다음과 같이 개체가 구부려진 결과를 볼 수 있다.

〈Options〉

• Copy

명령을 실행하는 사이 원본 개체를 복사하는 기능이다.

• Rigid

이 기능은 Polysurface에는 적용되지 않으며, Polysurface가 편집 개체로 선택된 경우에는 Option이 표시되지 않는다.

No

각각의 선택된 개체가 변형된다.

Yes

개별적인 개체는 변형되지 않으나 설정된 축 방향에 따라 회전한다.

• LimitToSpine

Yes

오직 설정된 Spine 구간만 구부려지게 하는 기능이다.

No

마우스 지정 점에 영향을 받으면서 구부려지게 하는 기능이다.

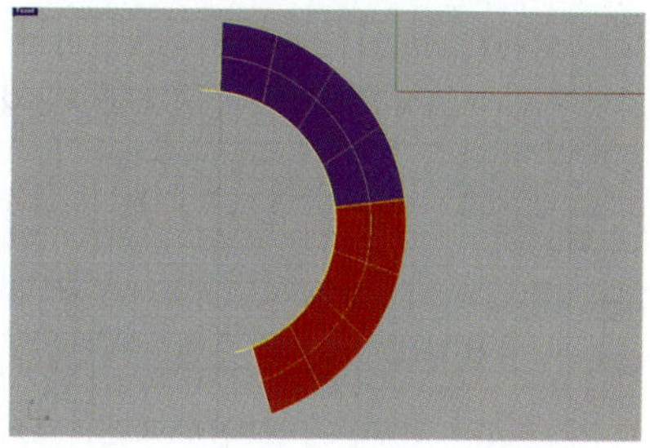

Angle

구부러지는 정도를 설정하는 각도를 입력하는 기능이다.

• Symmetric

No

개체의 한 쪽 끝만 구부리는 기능이다.

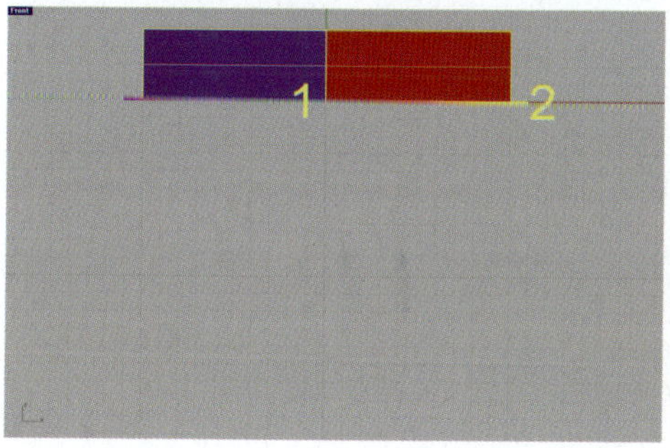

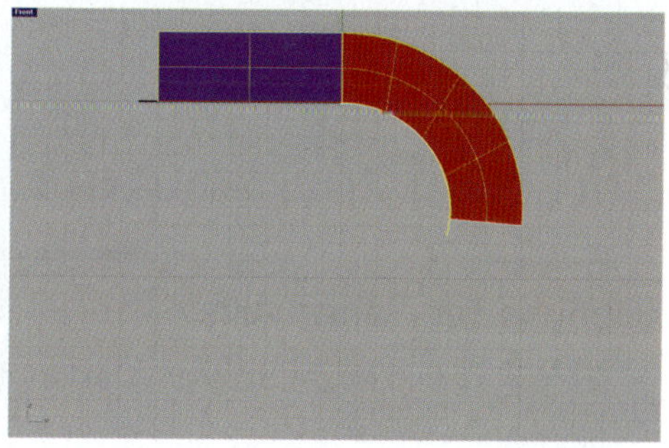

Yes

개체의 중간에서 Spine을 구부리기 시작하여 중심점을 중심으로 대칭으로 구부리게 하는 기능이다.

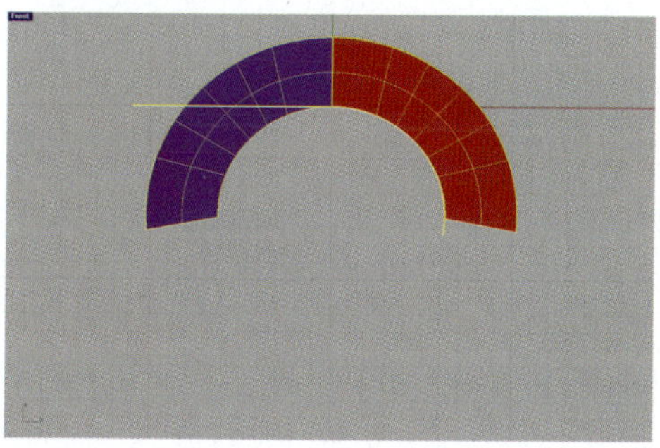

• PreserveStructure

이 기능은 Polysurface에는 적용되지 않으며, Polysurface가 편집 개체로 선택된 경우에는 옵션이 표시되지 않는다.

No

정확한 변형을 위해 더 많은 수의 조절점로 개체를 다시 맞추는 기능이다.

Yes

Surface의 조절점구조를 유지한다. 개체 상에 지나치게 적은 수의 조절점가 있는 경우, 변형의 정확도가 떨어질 수 있다.

Taper

메뉴: Transform Menu 〉 Taper

버튼: 왼쪽 클릭

기능: 개체를 지정된 축 방향을 기준으로 이동시킨 후 Taper형태로 변형시키는 기능이다.

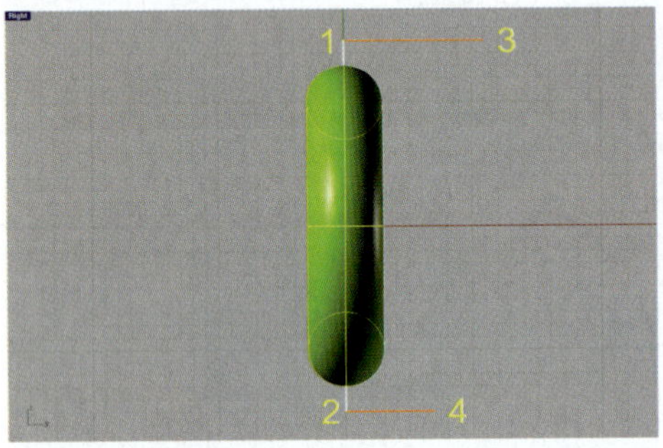

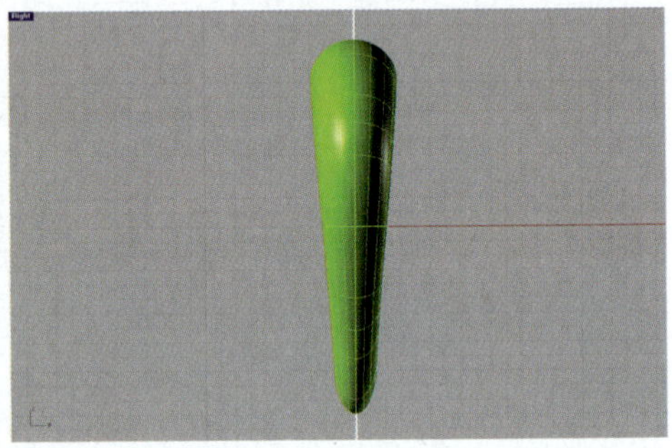

〈Options for Taper Axis〉

지정된 축을 그리는 Stretch Option은 Line명령과 동일하다.

Normal

Vertical

FourPoint

Bisector

Perpendicular

Tangent

Extension

BothSides

■ Copy

명령이 실행되는 사이에 원본 개체를 복사시키는 기능이다.

■ Rigid

이 기능은 Polysurface에는 적용되지 않으며, Polysurface가 편집 개체로 선택된 경우에는 옵션이 표시되지 않는다.

No

각각의 선택된 개체가 변형되면서 Taper기능이 실행된다.

Yes

개별적인 개체는 변형되지 않으나 설정된 축 방향에 따라 회전한다.

〈Options〉

• Flat

한 방향의 Taper형태를 생성하는 기능이다.

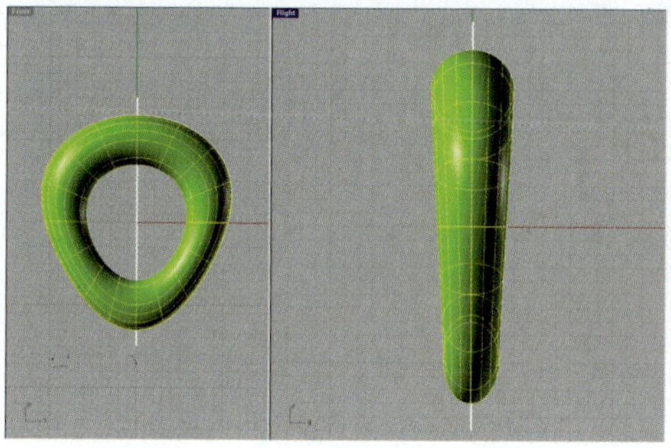

Flat = No

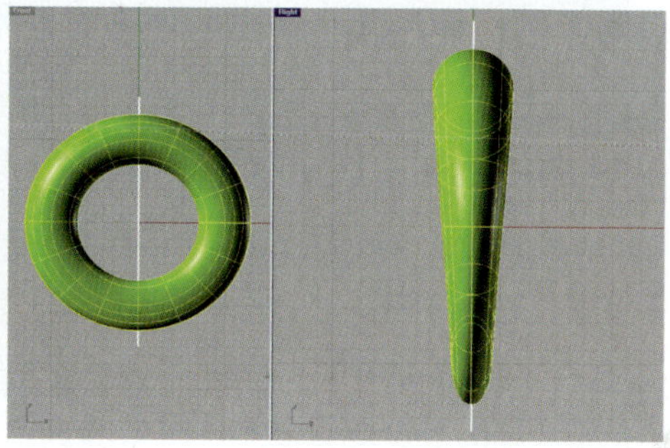

Flat = Yes

■ Infinite

Yes

축이 짧더라도 개체 전체에 변형이 이루어지는 기능이다.

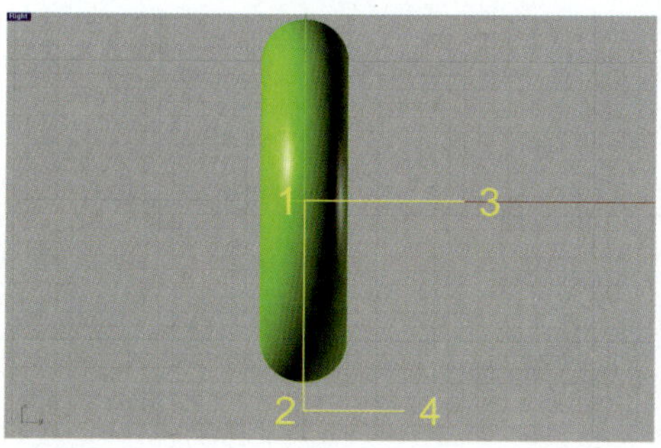

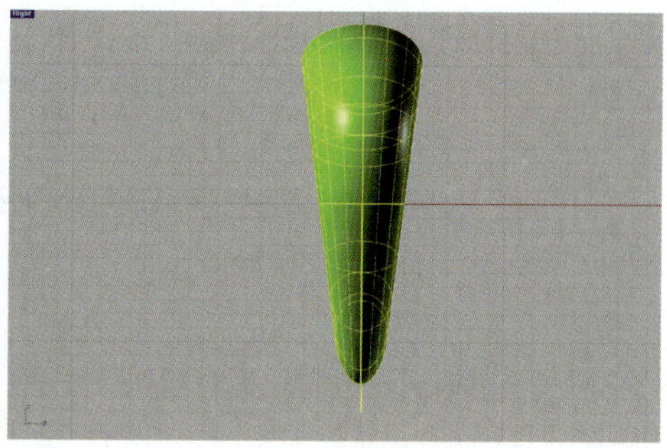

No

축의 길이만큼만 변형이 실행되는 기능이다. 축이 개체보다 짧으면 Taper는 개체의 해당 부분에만 적용된다.

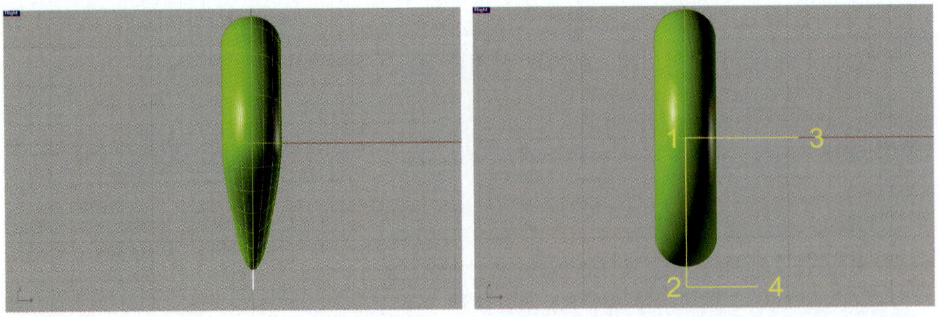

Flow Along Curve

메뉴: Transform Menu 〉 Flow Along Curve

버튼: 왼쪽 클릭

기능: Base Curve에서 Target Curve까지 개체 또는 개체 그룹을 다시 정렬시키는 기능이다. 이 기능은 평평하고 직선 형태를 곡면 형태에 Mapping할 때 사용한다. 커브 주변에 복잡한 형태를 그리는 것보다 커브와 형태가 정렬되었을 때 더 그리기 쉽다.

이 기능은 평평하고 직선 형태를 곡면 형태에 Mapping할 때 사용한다. 옵션 중 Stretch 기능을 실행하여 No로 설정하면 커브 방향을 따르는 개체의 길이는 변경되지 않게 하며 Yes로 설정하면 커브 방향에서 개체가 Stretch되거나 압축되어 Target Curve에 대한 관계는 Base Curve에 대한 관계와 동일하다.

〈Options〉

- Copy

명령이 실행되는 사이에 원본 개체를 복사시키는 기능이다.

- Rigid

이 기능은 Polysurface에는 적용되지 않으며, Polysurface가 편집 개체로 선택된 경우에는 Option이 표시되지 않는다.

No

각각의 선택된 개체가 변형된다.

Yes

개별적인 개체는 변형되지 않으나 설정된 축 방향에 따라 회전한다.
커브를 따라 문자를 흐르게 할 때 효율적으로 사용된다.

- Line

원래 기준 커브가 될 선을 그리는 기능이다.

- Local

No

모든 공간이 변형된다.

Yes

입력 커브를 중심으로 영향력의 Tube를 정의하는 원을 지정한다. Tube 안의 모든 개체는 흐르게 되며 Tube의 바깥쪽에 있는 모든 개체는 고정된다. Tube의 벽 내부에 있는 흐름은 없어지게 된다.

- Stretch

No

커브 방향을 따르는 개체의 길이는 변경되지 않게 하는 기능이다.

Yes

커브 방향에서 개체가 Stretch되거나 압축되어 Target Curve에 대한 관계는 Base Curve에 대한 관계와 동일하다.

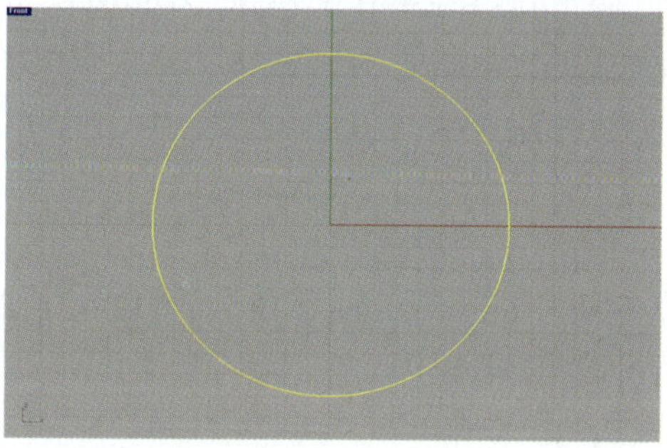

① 다음과 같이 Circle 개체를 생성한다.

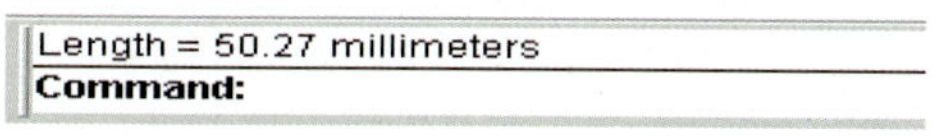

② Circle 개체를 선택한 다음 Analyze 〉 Length 기능을 실행한다. Command Prompt에 다음과 같이 선택한 커브 개체의 길이 정보 값이 나타난다.

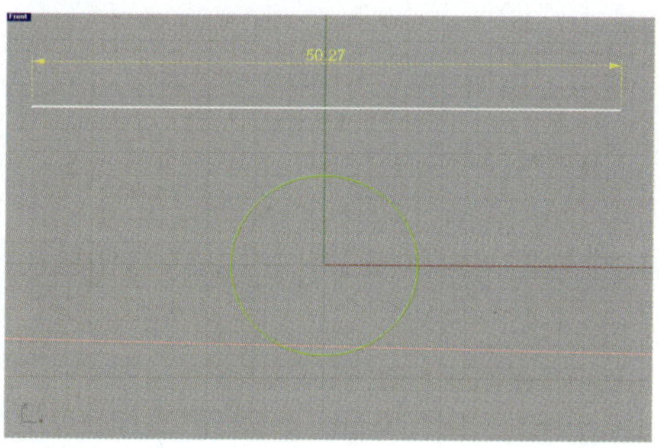

③ 나타난 길이 정보 값을 기억한 후 같은 크기의 직선을 생성한 다음 치수 기능을 사용하여 확인한다.

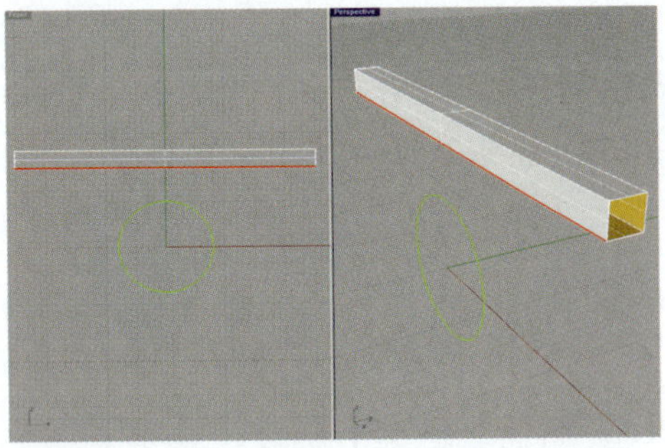

④ 생성한 직선과 같은 길이의 4면체의 Polysurface를 생성한다.

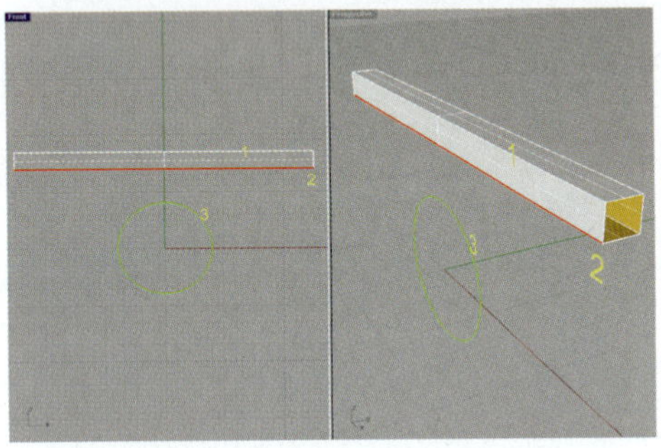

⑤ Flow Along Curve기능을 실행한 다음 1번 Polysurface를 선택한 다음 Enter키를 누른다. 다음으로 Base Curve로 2번 커브를 선택한다. 이때 Option중 Stretch = Yes로 지정한다. 마지막 Target Curve로 3번 Circle 커브를 선택한다.

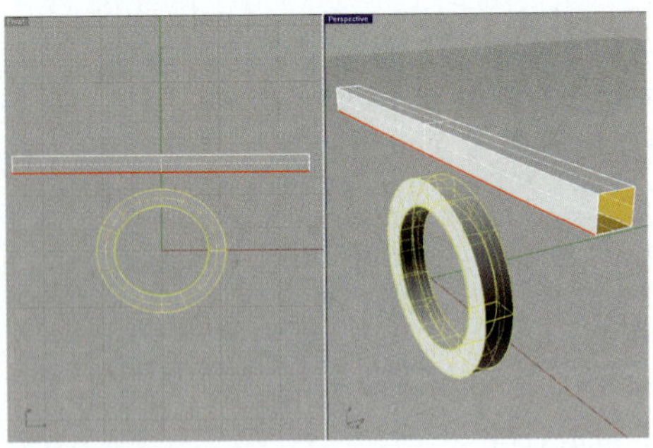

⑥ 직선 형태의 Polysurface가 Circle커브 형태에 맞추어 Flow되어진 것을 볼 수 있다.

| Flow Along Surface

메뉴: Transform Menu 〉 Flow Along Surface

버튼: 왼쪽 클릭

기능: Source Surface에서 Target Surface로 개체를 Morph 변형시키는 기능이다.

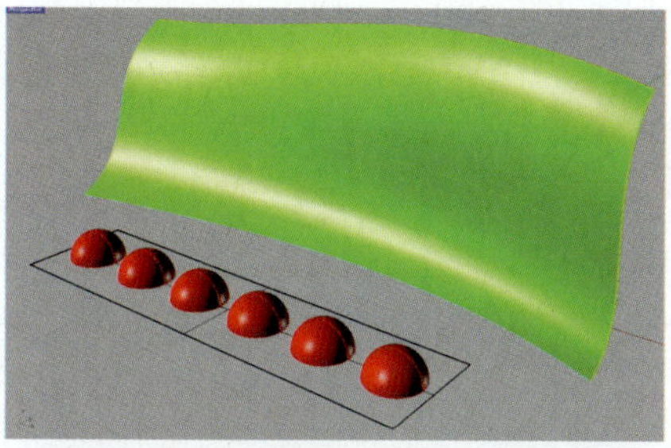

① 다음과 같이 개체들을 생성한다.

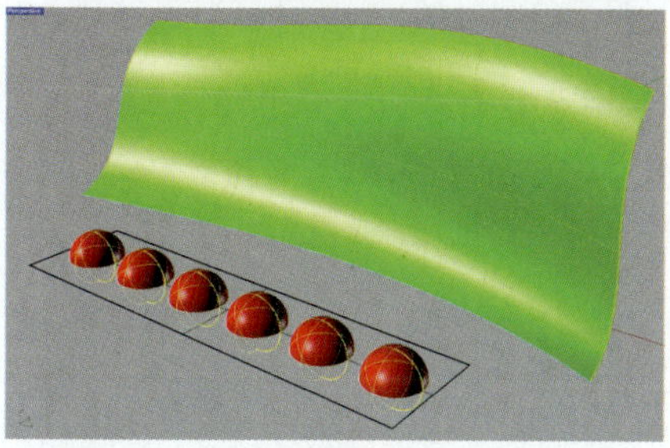

② Flow Along Surface기능을 실행한다. Surface를 따라 Flow시킬 개체를 선택한다. 다음 이미지와 같이 반원 형태의 Surface개체들을 선택한다.

③ Base Surface로 반원 형태의 Surface개체를 포함한 직사각형의 Surface를 선택한다.

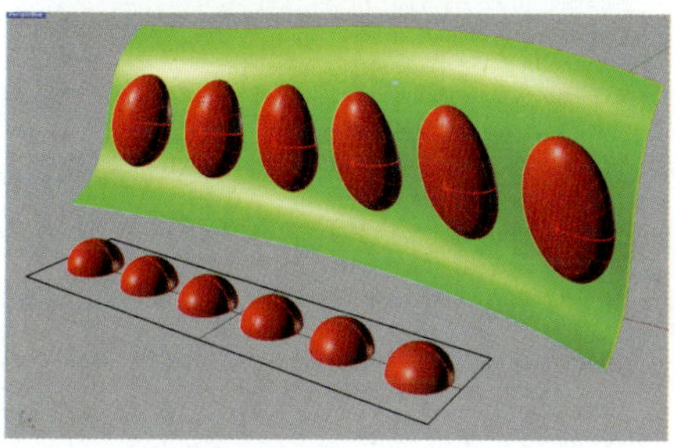

④ Target Surface를 선택한다. 다음 이미지와 같이 Source Surface에서 Target Surface로 선택한 개체를 Flow시킨 결과를 볼 수 있다.

〈Options〉

- Copy

명령이 실행되는 사이에 원본 개체를 복사시키는 기능이다.

- Rigid

이 기능은 Polysurface에는 적용되지 않으며, Polysurface가 편집 개체로 선택된 경우에는 Option이 표시되지 않는다.

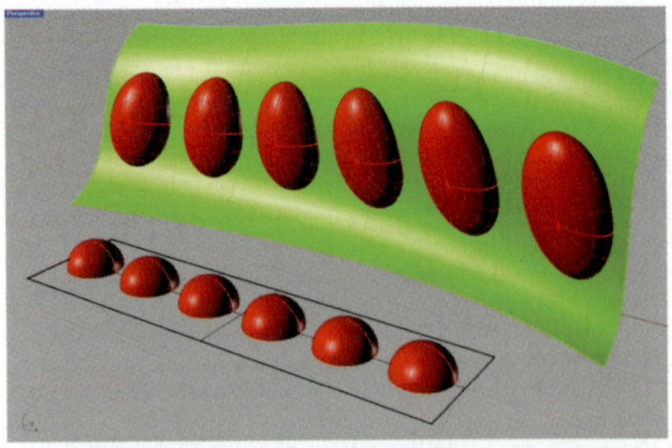

No

각각의 선택된 개체가 변형되게 하는 기능이다.

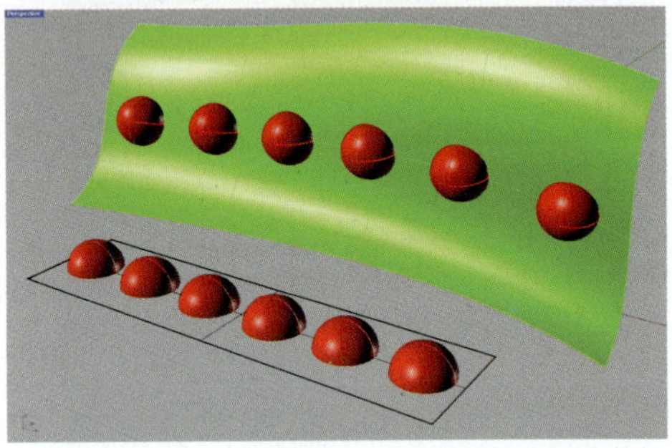

Yes

개별적인 개체는 변형되지 않으나 Target Surface를 따라 회전되게 하는 기능이다. 이 기능은 Surface를 따라 문자를 흐르게 할 때 효율적이다.

Plane

기준 개체를 기존 Surface 개체가 아닌 평면을 생성하여 사용하는 기능이다. 생성되는 평면은 Rectangle 명령과 동일하다.

Smooth

메뉴: Transform Menu 〉 Smooth

버튼: 왼쪽 클릭

기능: 이 기능은 선택한 Curve나 Surface, Mesh개체의 조절점 간격을 지정된 작은 증가치로 완만하게 평균화함으로써 형태를 부드럽게 하는 기능이다. 만약 Curve나 Surface의 일부분에만 적용하려 한다면 먼저 조절점을 표시 한 후, 명령을 적용할 조절점을 선택한 상태에서, Smooth 명령을 적용한다. 또한 Mesh개체인 경우 Mesh 개체를 매끄럽게 하기 전에 Weld명령을 사용하여 Mesh 개체가 서로 떨어지는 것을 방지한다.

〈Options〉

Smooth X / Smooth Y / Smooth Z

지정된 X, Y, Z 방향으로만 매끄럽게하는 기능이다.

World coordinates / CPlane coordinates

절대 좌표 또는 CPlane 좌표를 사용하여 방향을 결정하는 기능이다.

- Smooth factor

0 to 1

커브 조절점 평균을 향하는 기능이다.

Greater than 1

커브 조절점이 평균을 지나 이동하게 하는 기능이다.

Negative

평균에서 멀리 떨어지게 커브 조절점이 이동하게 한다.

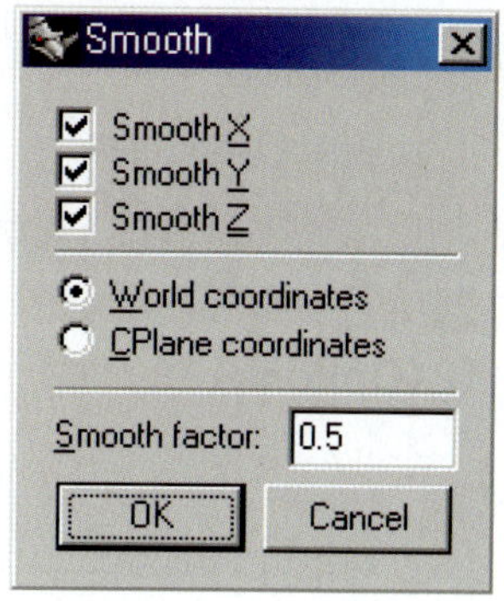

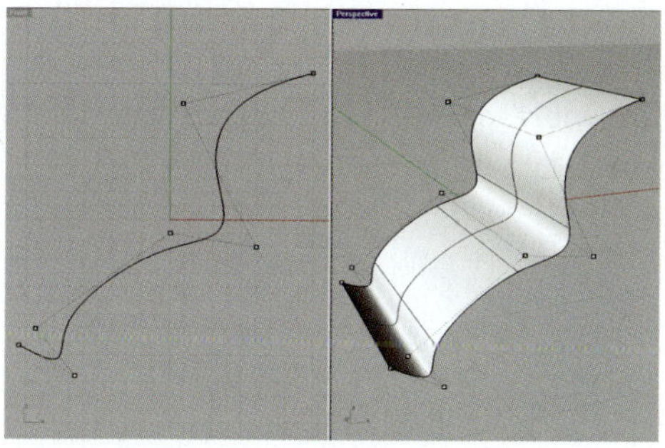

① 다음과 같은 Surface를 생성한 다음 Control Point On 기능을 실행한다.

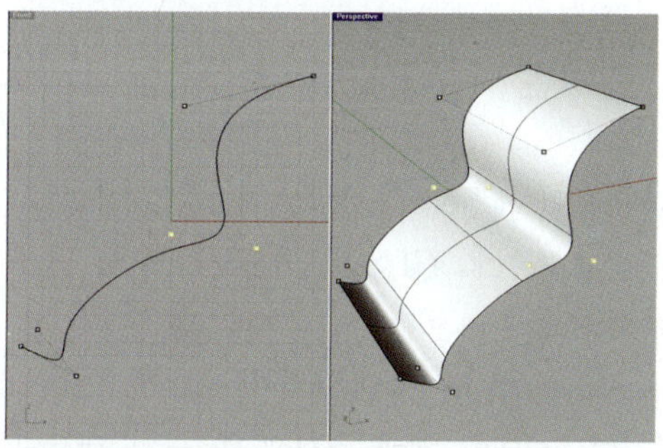

② 다음과 같은 위치에 조절점을 선택한다.

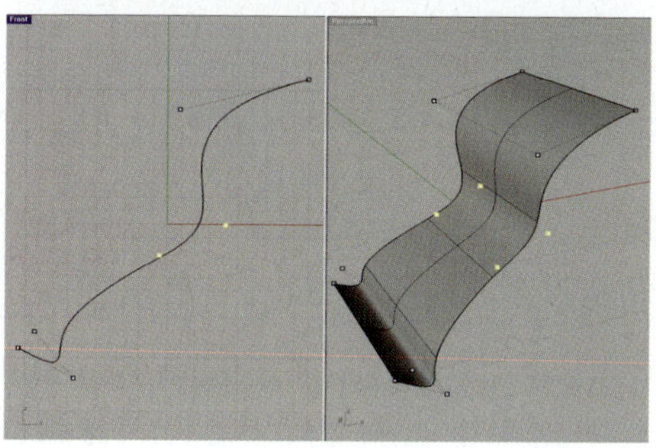

③ Smooth기능을 실행한다. 대화상자가 열리게 되면 Smooth X, Y, Z축을 모두 표시한 다음 Smooth Factor값을 적용한다. 모두 설정한 다음 OK버튼을 클릭 한다. 선택한 지점이 자연스럽게 매끄러워진 것을 볼 수 있다.

Splop

버튼: 왼쪽 클릭

선택한 개체를 Copy, Rotate, Scale하여 특정한 개체에 덮는 기능이다.

〈Options〉

• Copy

명령이 실행되는 사이에 원본 개체를 복사시키는 기능이다.

• Rigid

이 기능은 Polysurface에는 적용되지 않으며, Polysurface가 편집 개체로 선택된 경우에는 Option이 표시되지 않는다.

No

각각의 선택된 개체가 변형된다.

Yes

개별적인 개체는 변형되지 않으나 설정된 축 방향에 따라 회전한다.

• Flip

덮는 개체가 위와 아래 방향이 뒤집혔을 때 사용하는 기능이다.

① 다음과 같이 Sphere와 Splop기능을 사용할 개체를 생성한다. Splop기능을 사용할 개체를 선택한 다음 Analyze > Mass Properties > Volume Cen- troid 기능을 실행한다. 선택한 개체 중심에 Point가 생성된 것을 볼 수 있다.

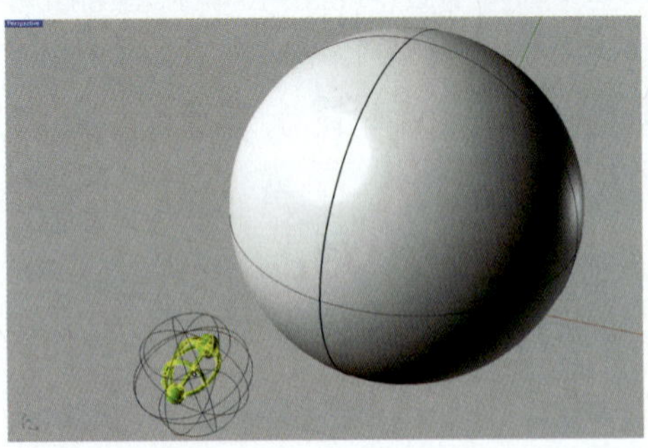

② Splop 기능을 실행한 다음 Splop시킬 개체를 선택한다. Enter키를 누른다. 다음으로 참조 구의 중심을 선택하기 위해 Volume Centroid 기능으로 생성한 점을 선택한다. 반지름 값을 설정한다.

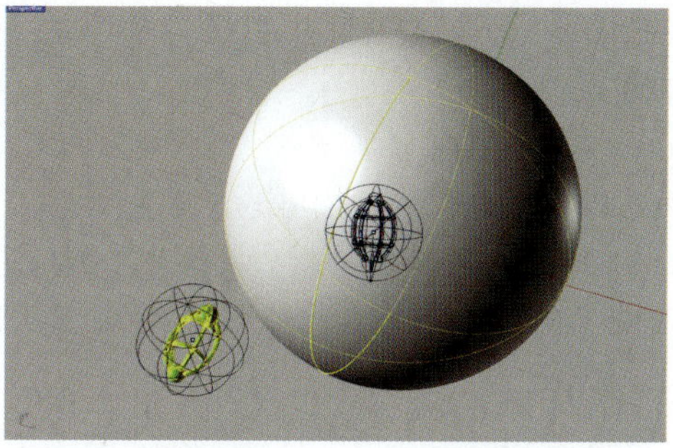

③ Sphere기능을 선택한다. Surface 표면 위에 Drop지점을 지정한다.

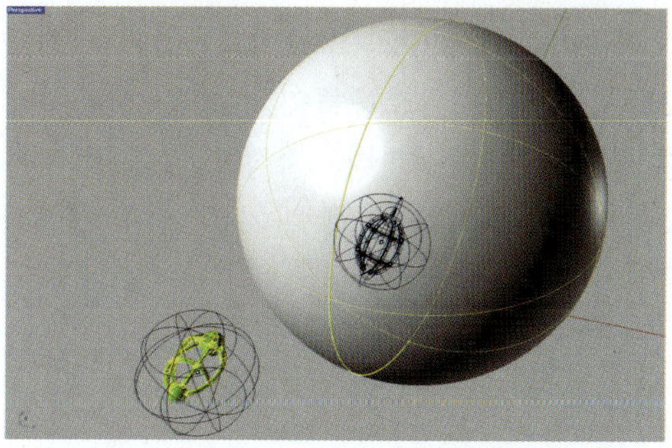

④ Drop지점을 지정한 다음 크기 조절 한다.

⑤ 반복적인 작업을 통해 크기 변화를 주면서 실행한다. 다음과 같은 결과를 얻을 수 있다.

| Maelstrom

버튼: 왼쪽 클릭

기능: 소용돌이 모양으로 개체를 변형시키는 기능이다.

① Maelstrom기능을 실행하기 위해 다음과 같은 개체를 생성한다.

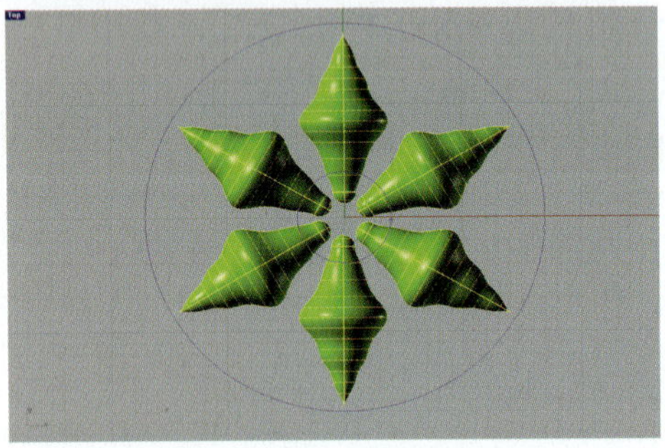

② Maelstrom기능을 실행한다. 생성된 개체들을 모두 선택한다. 소용돌이 기능을 사용하기 위한 중심점을 지정한다. 지정한 다음 반지를 값을 설정한 다음 두 번째 반지름 값을 입력한다.

③ Coil 각도를 입력한다.
다음과 같이 형태가 변형된 것을 볼 수 있다.

〈Options〉

기준 원의 Option은 Circle명령의 옵션과 동일하다.

• Vertical

CPlane에 대하여 수직으로 원을 생성하는 기능이다.

• 2Point

지름의 두 끝점을 사용하여 원을 생성하는 기능이다.

• 3Point

3점을 통과하는 원을 생성하는 기능이다.

• Tangent

커브에 접하는 원을 생성하는 기능이다.

AroundCurve

커브에 대하여 수직으로 원을 생성하는 기능이다.

FitPoints

점 개체에 맞춰 원을 생성하는 기능이다.

Diameter/Radius

중심점과 반지름으로 원을 생성하는 기능이다.

• Copy

명령이 실행되는 사이에 원본 개체를 복사시키는 기능이다.

• Rigid

No

각각의 선택된 개체가 변형되는 기능이다.

Yes

첫 번째와 두 번째 반지름 사이의 영역에 있는 각각의 개체는 변형 없이 회전된다.

Stretch

Stretch를 그리는 Option은 Line 메뉴와 동일하다.

버튼: 왼쪽 클릭

기능: 기능: 개체에서 선택된 일부분을 한 방향으로 크기 조정하여 변형시키는 기능이다.

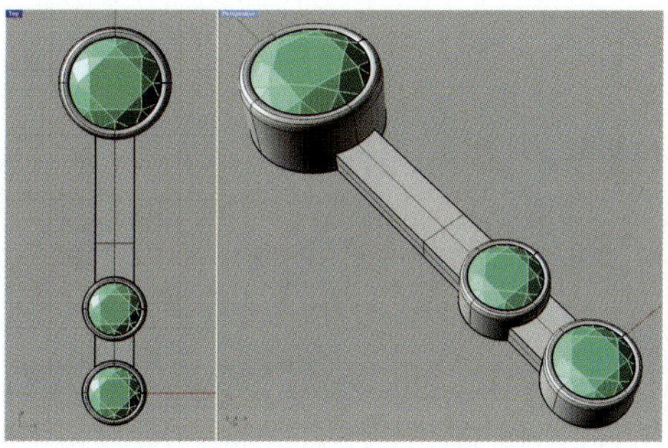

① 다음과 같은 형태를 생성한다.

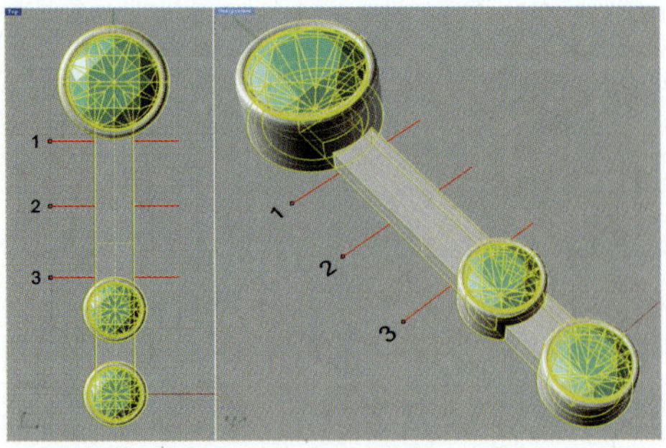

② Stretch기능을 실행한다. 생성된 개체를 선택한 다음 Enter키를 누른다. 1번의 Stretch 축의 시작점을 지정한다. 2번의 Stretch 축의 끝점을 지정한다. 다음으로 Stretch 목표 지점 3번을 선택한다.

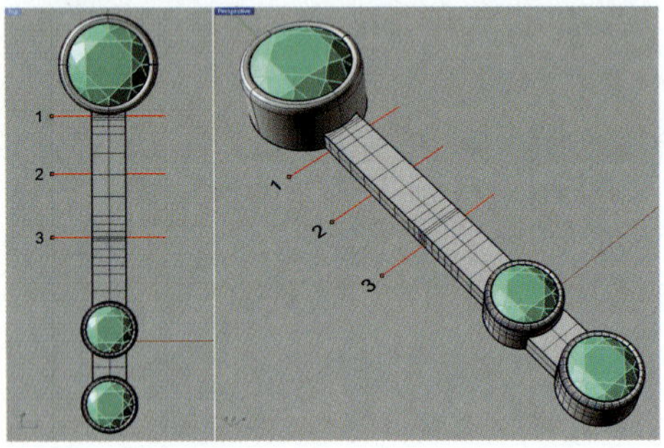

③ 다음과 같이 개체의 일부 구간만을 크기 조정된 것을 볼 수 있다.

〈Options〉

Stretch를 그리는 Option은 Line명령과 동일하다.

Normal

Angled

Vertical

FourPoint

Bisector

Perpendicular

Tangent

Extension

BothSides

- Copy

명령이 실행되는 사이에 원본 개체를 복사시키는 기능이다.

- Rigid

No

각각의 선택된 개체가 변형되는 기능이다.

Yes

첫 번째와 두 번째 반지름 사이의 영역에 있는 각각의 개체는 변형 없이 회전된다.

CAGE TOOLBAR

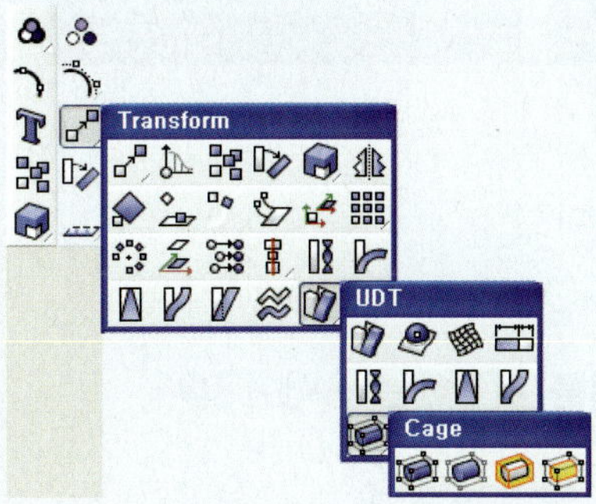

Create 3D Control Cage Object

메뉴: Transform Menu 〉 Cage Editing 〉 Create Cage

버튼: 오른쪽 클릭 3-D Cage 개체를 생성하여 다른 개체를 변형하는데 사용하는 기능이다.

기능: Cage 명령은 상자 모양의 개체를 생성한다.

결과물인 Cage 개체에는 3 방향에 조절점이 있다.Cage 개체는 지오메트리에 첨부되어 Cage Edit명령으로 해당 지오메트리를 변형하는데 사용된다. 이 기능은 형태를 세밀하게 작업할 때 효율적이며 Cage는 복잡한 개체를 적은 수의 조절점으로 수정할 수 있게 설정할 수 있으며 일반적인 조절점 편집으로 얻는 결과물보다 매끄럽게 작업이 가능하다. Cage 개체를 만든 후, Cage Edit 명령을 사용하여 개체를 Cage로 "둘러싸고" Cage의 조절점을 사용하여 종속 개체를 변형한다.

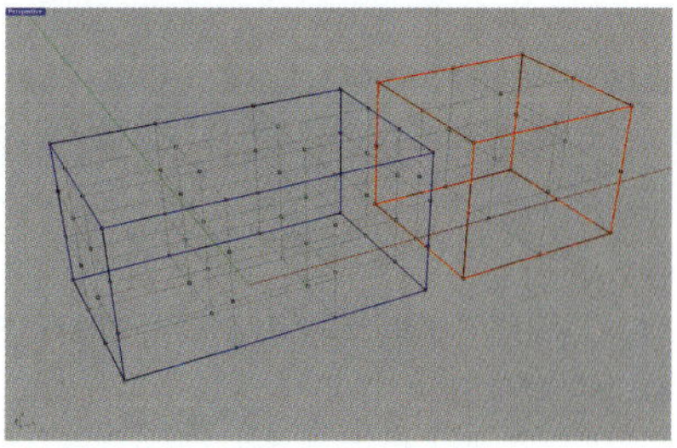

이 기능은 형태를 세밀하게 작업할 때 효율적이며 Cage는 복잡한 개체를 적은 수의 Control Points로 수정할 수 있게 설정할 수 있다.

〈Options〉

- Default

두 개의 대각선 방향 모서리 또는 길이 값을 사용하여 직사각형을 생성하는 기능이다.

- BoundingBox

개체에 BoundingBox를 사용하여 Cage를 생성한다.

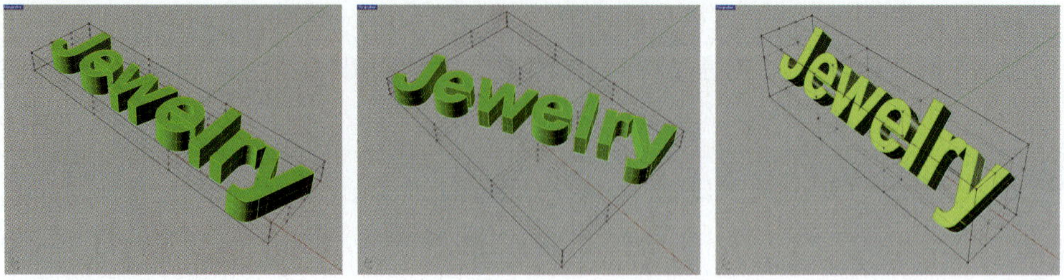

• Coordinate system

CPlane/World 좌표 값을 이용하여 Cage를 생성한다.

• Diagonal

두 개의 대각선 모서리로 상자를 그리며 옆선 길이를 지정하는 옵션이 없다.

• 3Point

두 개의 인접한 모서리 위치와 반대쪽의 한 위치를 사용하여 직사각형을 생성하는 기능이다.

• Vertical

직사각형을 구성평면에 수직으로 생성하는 기능이다.

• Center

중심점을 중심으로 직사각형을 생성하는 기능이다.

• Control Point Structure

일단 상자 모양이 정의되어지면, 3가지 방향에서 Cage의 Degree와 조절점의 수를 지정하게 된다.

• X PointCount / Y PointCount / Z PointCount

X, Y, Z 방향에서의 조절점 수를 설정한다.

• X Degree / Y Degree / Z Degree

X, Y, Z 방향에서의 Degree 수를 설정한다.

Cage Edit

메뉴: Transform Menu 〉 Cage Editing 〉 Cage Edit

버튼: 왼쪽 클릭

기능: 아무리 복잡한 개체라도 사용자가 정의한 적은 수의 조절점 개수로 매끄럽게 변형시키는 기능이다.

복잡한 개체를 제어하고 변형하는 것은 어렵지만 Cage 기능을 사용하면 많은 수의 조절점이 있는 Surface도 매끄럽게 변형시킬 수 있다.
Polysurface도 마찬가지인데 Cage는 간단한 조절점 구조일 수 있으므로, 개체의 국소적인 부분을 변형하기 보다는 전체 변형에 용이하다. Polysurface는 Cage Edit 명령으로 Seam이 어긋나지 않는다.
제어 개체는 Cage 명령으로 만든 Cage 개체가 될 수 있으며 또는 기존의 Surface나 Curve가 될 수도 있다. 상자, 평면, 선 제어 개체는 해당 개체를 만드는 명령을 사용하여 보다 유연하게 초기 형태를 설정하여 만들 수 있다. 또한, 변형될 공간의 체적은 사용자가 정의하는 구, 원통, 상자의 체적으로 제한될 수 있으며 이러한 제한은 Cage 나 제어 개체 자체와는 별도의 것이다. 전체 개체가 아닌 Cage에 들어 있는 종속 개체의 일부만 변형되도록 제한하는 데 사용할 수 있다. 이러한 체적이 사용될 때, 변형된 체적과 개체의 나머지 부분 사이에 정의가 가능한 Falloff 거리가 있다.
Cage 설정된 개체를 업데이트하는 기능이 없이는 이 명령이 무의미하므로 History는 History 명령과 상관없이 생성된다.

① 다음과 같이 Text 기능을 사용하여 Text 개체를 Solid로 생성한다. 다음으로 Cage Edit기능을 실행한다.
먼저 종속 개체를 선택하게 되는데 Text 개체 모두 선택한다. 다음으로 제어 개체를 명령줄에 있는 Option중에서 선택하게 되는데 Bounding Box를 선택한다. 각 설정 값을 적용한다.

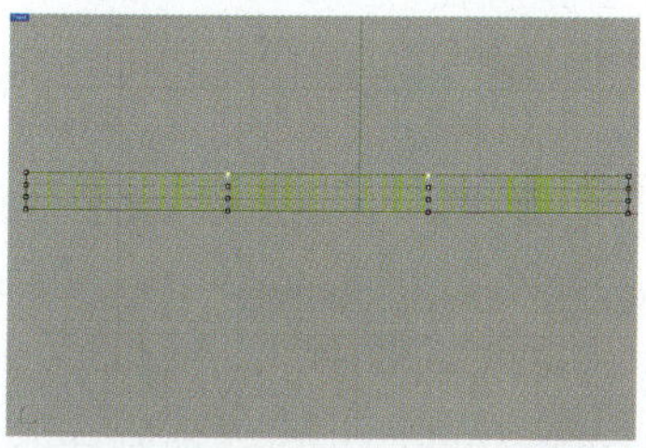

② Front View를 최대화 한 후 다음 이미지와 같은 위치의 제어점을 선택한다.

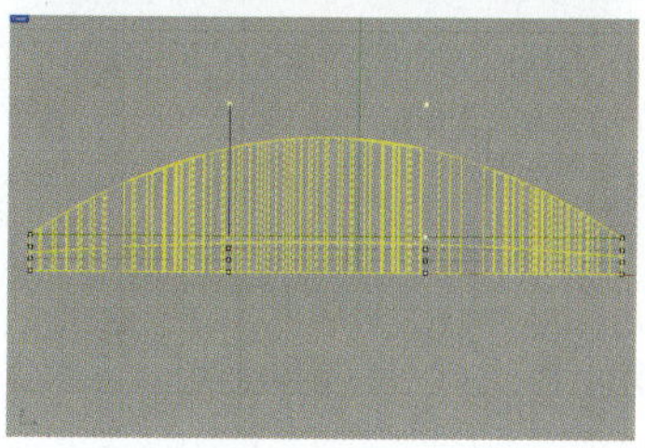

③ Z축 방향으로 이동시켜 본다. Text개체가 드래그 되는 방향으로 형태가 변형되는 것을 볼 수 있다.

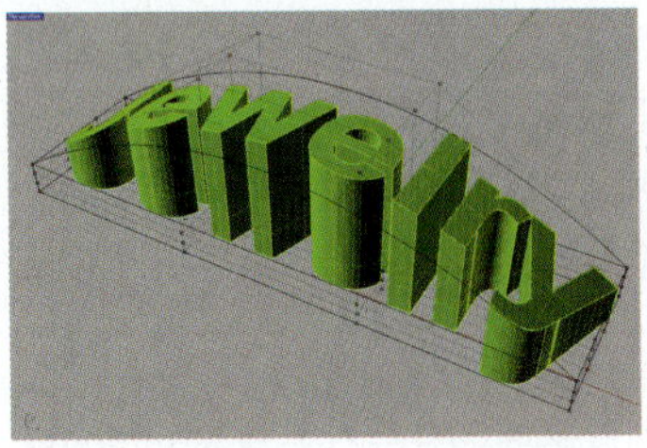

④ 지정한 제어점의 위치에 따라 형태가 변형되어 완성된 것을 볼 수 있다.

〈Options for control object control〉

■ BoundingBox

BoundingBox를 만드는 단계는 Cage명령과 동일하다.

■ Line

제어 개체로 사용될 선을 지정한다.

NURBS Parameters

line의 매개변수를 지정한다.

Degree

차수 지정 기능이다.

■ PointCount

제어점의 개수 지정 기능이다.

① 다음과 같은 Text개체를 생성한다.

② Cage Edit기능을 실행한 다음 Option중 Line기능을 선택한다. 선의 시작점과 끝점을 지정한 다음 NURBS 매개 변수값을 각각 설정한다. 설정한 각 Option값에 맞추어 선과 제어점이 생성된 것을 볼 수 있다.

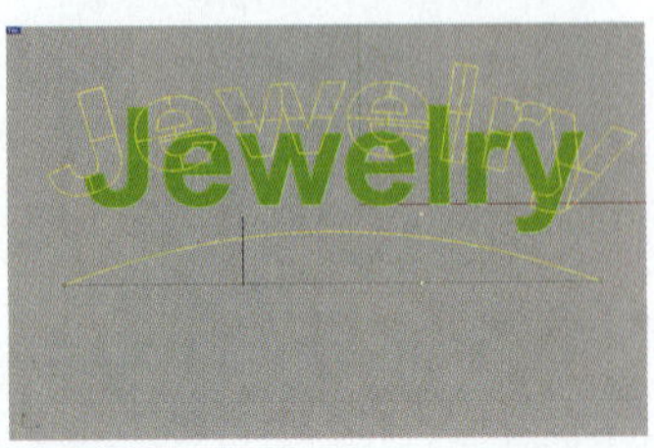

③ 이미지와 같이 제어점을 지정한 다음 이동시켜 본다.

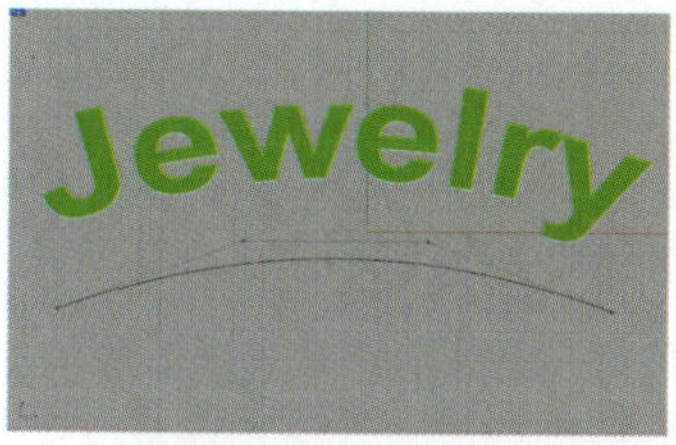

④ 제어점을 이동시킨 만큼 Text개체가 변형된 것을 볼 수 있다.

■ Rectangle

제어 개체로 사용될 상자를 지정하는 기능이다.

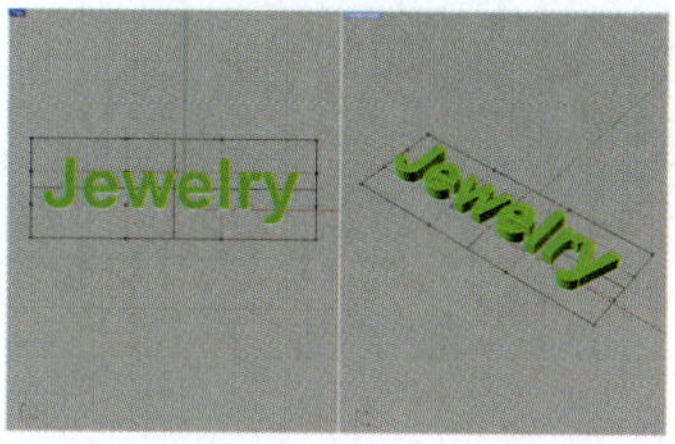

① Text개체를 생성한 다음 Option중 Rectangle기능을 실행한다.

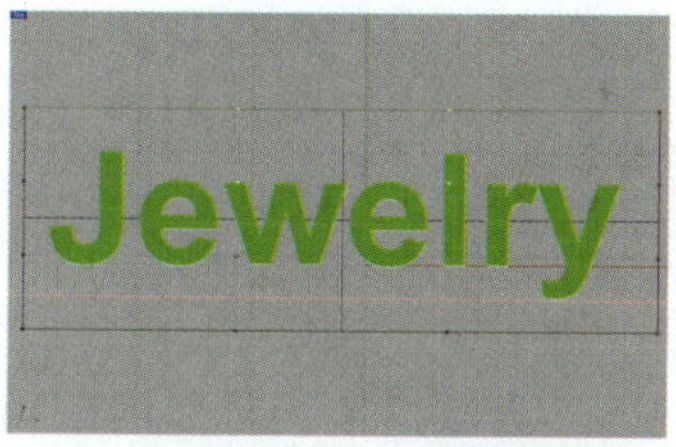

② 이미지와 같이 제어점을 지정한다.

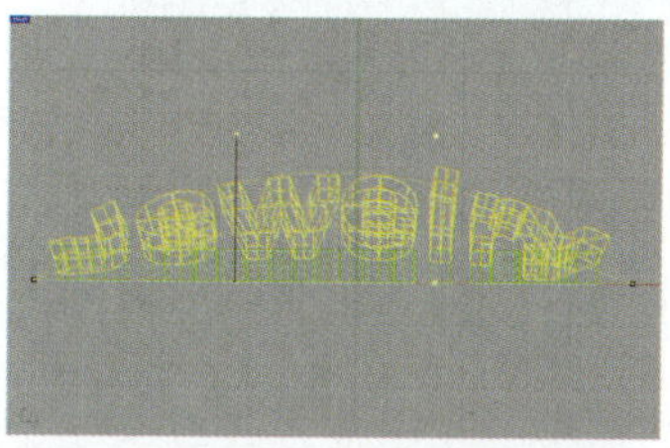

③ 원하는 위치로 이동시켜 본다. Text개체가 이동되는 것을 볼 수 있다.

④ 다음과 같이 Text개체가 제어점에 위치 이동에 따라 변형된 것을 볼 수 있다.

■ Deformation

Accurate

변형된 개체를 다시 맞춘 경우, 정확한 Option을 사용하면 업데이트에 시간이 소요되고, 보다 밀도가 높은 Surface를 결과물로 얻게 될 수 있다.

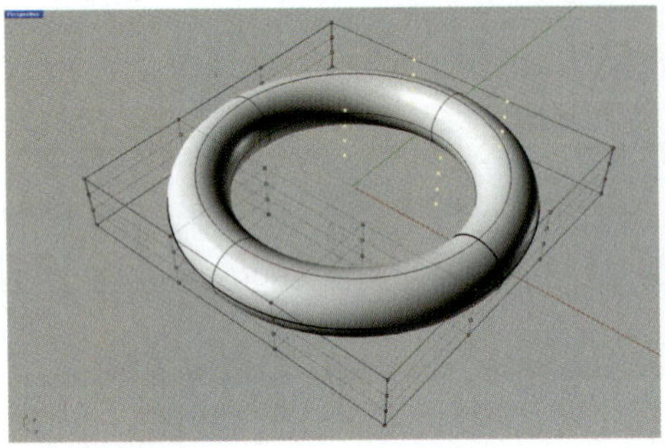

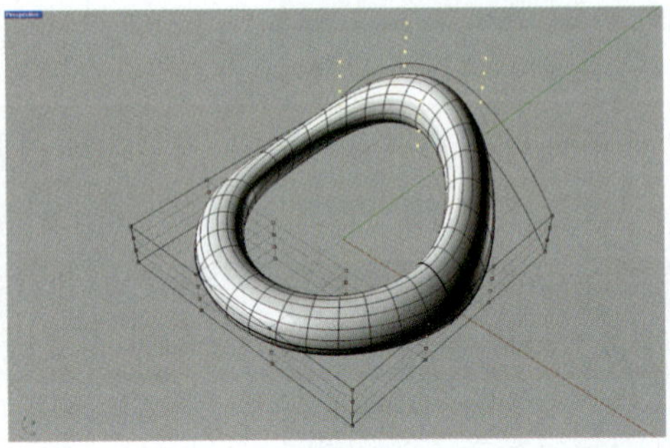

■ Fast

보다 적은 수의 조절점으로 정확도가 떨어지는 Surface를 생성하는 기능이다.

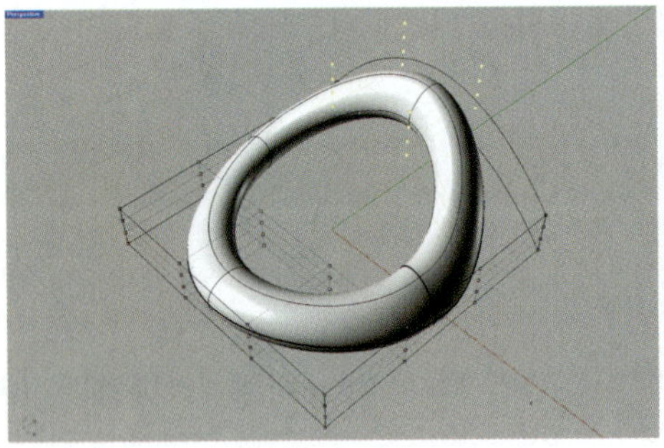

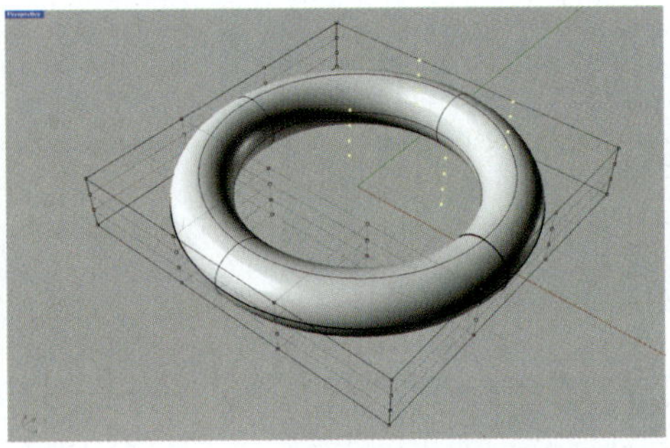

■ PreserveStructure

이 기능은 Polysurface에는 적용되지 않으며, Polysurface가 편집 개체로 선택된 경우에는 Option이 표시되지 않는다.

No

정확한 변형을 위해 더 많은 수의 조절점으로 개체를 다시 맞추는 기능이다.

Yes

Surface의 조절점구조를 유지한다. 개체 상에 지나치게 적은 수의 조절점이 있는 경우, 변형의 정확도가 떨어질 수 있다.

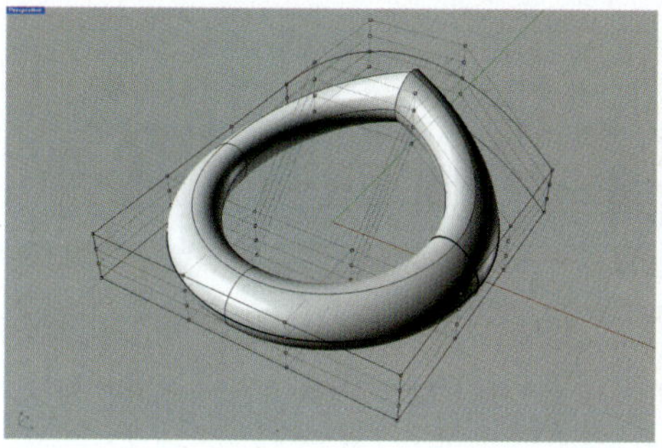
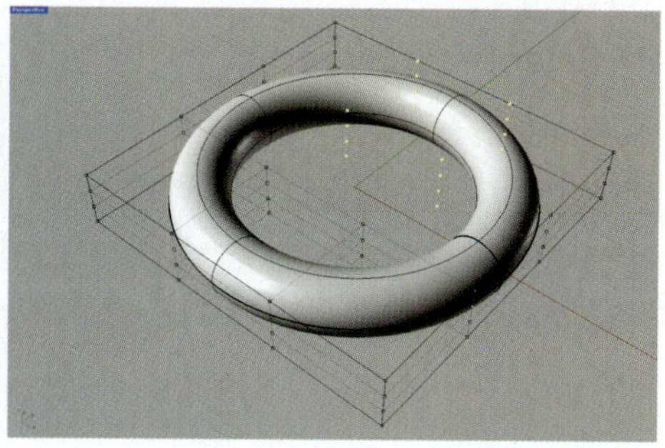

〈Region Options〉

■ Global

개체의 변형은 3D 공간에서 이루어는데 종속 개체에 대한 제어 개체의 영향력은 Cage 개체 또는 인접한 제어 Curve/Surface의 내부 영역으로만 제한되는 것이 아니다. Cage에 일부만 포함된 개체도 전체적으로 변형된다. 제어 개체의 영향력은 멀리 있는 종속 개체가 외부에 있는 경우 더욱 증폭된다.

■ Local

제어 개체와 그를 둘러싼 공간 사이의 Falloff 거리를 지정하는 기능이다. 종속 개체 또는 종속 개체의 일부가 Falloff 거리 바깥에 떨어지는 경우 변형되지 않는다.

■ Other

공간에서 종속 개체에 대하여 제어 개체가 가지는 영향력에 제한을 두는 상자, 구, 원통을 정의하는 기능이다. Falloff 거리를 지정하며 거대한 Cage를 사용하여 Cage보다 작은 개체를 변형할 수 있다.

Release Objects From Control Cage

버튼: 왼쪽 클릭

기능: Cage Edit 명령에서 설정된 제어 개체의 영향을 받는 선택된 개체를 그 영향권에서 제외시키는 기능이다. Explode 명령은 제어 개체를 일반 지오메트리로 변경하게 한다.

Select Controls

버튼: 왼쪽 클릭

기능: Cage Edit 명령을 사용하여 설정된 Control 개체를 선택한다.

| Select Captives

버튼: 왼쪽 클릭

기능: CageEdit 명령을 사용하여 설정된 Captive 개체를 선택하는 기능이다.

Part X

10 TOOLS

OBJECT SNAP TOOLBAR

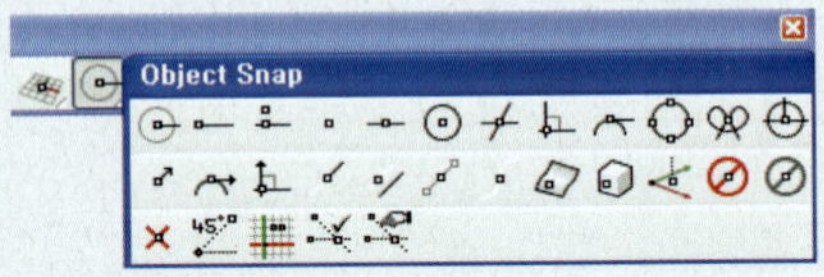

Object Snap은 원의 중심점 또는 선의 중간점과 같이 개체의 정확한 위치를 나타내는 기능이다. 이러한 부분으로 인해 모델링을 효율적으로 진행 할 수 있다. Object Snap Mode를 켜서 점을 선택할지를 묻는 프롬프트가 표시되면 기존 개체의 지정된 부분에 Mark를 제한할 수 있다. Object Snap이 활성화되어 있을 때, 커서를 개체 지정된 점에 가까이 하면 표식이 그 점에 나타나게 된다.

Object Snap은 점을 연속해서 선택할 때 지속적으로 사용하는 것과 단 한 번의 선택에만 활성화하여 사용하는 것 모두 가능하다. Object Snap 대화 상자에서 다중 지속성 Object Snap을 설정할 수 있다. 또한 Grid Snap, Ortho, Distance, Angle, Elevator Mode, Planar Mode 등 다른 제한 조건보다 우선적으로 적용하게 된다.

동시에 Object Snap을 하나 이상 활성화할 수 있다. 커서를 개체로 가져가면 그에 적합한 개체 스냅 Object Snap이 표시되어 다중으로 사용할 수 있다.

Object Snap의 구분

Object Snap은 지속적으로 사용할 수 있는 Persistent Object Snap과 일시적으로 1회만 사용하는 One-Shot Object Snap이 있다. 일시적으로 사용하는 Object Snap은 1회에 한 해 Persistent Object Snap보다 우선하여 적용하여 사용할 수 있다.

Persistent Object Snap

Persistent Object Snap 대화상자를 사용하여 Object Snap을 매번 다시 활성화하지 않고 여러 점을 선택하는 동안에도 유지하며 사용할 수 있다.

Persistent Object Snap 대화상자에 표시하는 방법

상태표시줄에서 Object Snap을 클릭 하면 대화상자가 보이게 된다. 이때 원하는 Object Snap의 확인란을 선택하거나 해제한다.

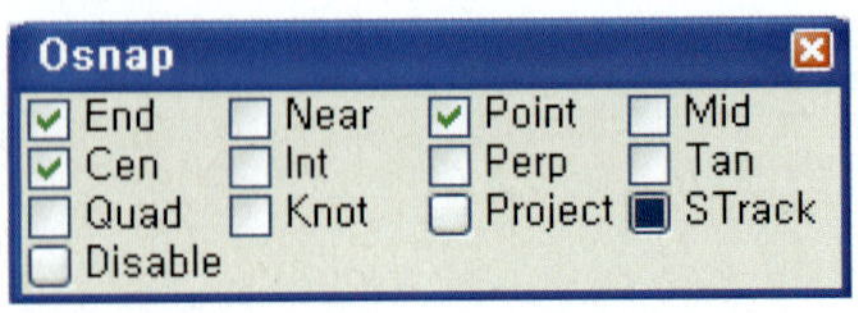

모든 Persistent Object Snap을 끄려면

Disable을 클릭 한다. 이 기능은 일시적으로 Object Snap의 효과를 중단할 수 있다. Disable의 확인란을 선택 해제하면 이전에 설정된 모든 Object Snap이 다시 켜지게 된다.

모든 Persistent Object Snap을 해제하려면

Disable을 오른쪽 클릭 한다.

일시적으로 Object Snap On/Off 전환하려면

Object Snap의 On/Off상태가 전환하기 위해 Alt 키를 사용할 수 있다.
Object Snap이 활성화되어 있는 상태에서 Alt키를 누르고 있으면 일시적으로 Object Snap 상태가 Disable 상태로 전환되어 Object Snap을 사용할 수 없는 상태가 된다. Object Snap이 원하는 선택을 하는데 방해가 되는 경우 일시적으로 사용하면 효율적이다.
Object Snap Toolbar의 Disable버튼을 눌러 비활성화되어 있는 상태에서 Alt키를 누르고 있으면 일시적으로 Object Snap 상태가 활성화된 상태로 전환되어 Object Snap을 사용할 수 있다.

한 개의 Object Snap만 선택하는 방법

한 개의 Object Snap만 체크하고, 다른 Object Snap은 모두 선택을 해제한다.
여러 개의 Object Snap이 선택되어 있는 Osnap Toolbar에서 원하는 Object Snap을 오른쪽 마우스 버튼으로 클릭 한다.

One-Shot Object Snap

One-Shot Object Snap은 한 번의 지정에 사용되기 위해 켜질 수 있다. One-Shot Object Snap은 한 번의 지정에 한하여 모든 Persistent Object Snap보다 우선한다. 예를 들어 끝점, 근처점, 점 Persistent Object Snap이 Object Snap 대화 상자에 설정되어 있을 때, 중간점 개체 스냅을 일회성 지정 설정하면, 끝점, 근처점, 점 스냅이 해당 지정에는 작용하지 않는다. 지정을 끝낸 후에 Persistent Object Snap이 다시 활성화된다.

Osnap Toolbar 표시 방법

■ Show Object Snap Toolbar

만약 Osnap Toolbar가 숨겨져 있을 때 화면 상태표시줄에 있는 Osnap을 마우스 왼쪽 버튼으로 클릭 한다. Osnap Toolbar가 화면에 표시된다.

■ Hide Object Snap Toolbar

만약 Osnap Toolbar가 보여 지고 있을 때상태표시줄에 있는 Osnap을 마우스 왼쪽 버튼으로 클릭 한다. Osnap Toolbar가 화면에 보여지지 않게 된다.

닫힌 커브의 Seam 점에도 End점이 생성되는 것을 꼭 기억한다. Curve Tools < Adjust Closed Curve Seam기능을 이용하여 닫힌 Curve의 Seam방향을 확인 할 수 있다.

End

메뉴: Tools Menu 〉 Object Snap 〉 End

버튼: 왼쪽 클릭

기능: 1회에 한해 개체의 끝점을 Snap 시키는 기능이다. 커브의 끝점이나 Surface Edge의 끝점, Solid의 꼭지점, 닫힌 커브의 Seam점, Join된 커브의 결합된 점을 Snap시킨다.

Persistent End

메뉴: Standard Toolbar 〉 Object Snap Toolbar 〉 End

버튼: 오른쪽 클릭

기능: 지속적으로 End Snap을 설정시키는 기능이다. 화면 하단의 상태표시줄위에 Osnap Toolbar의 End가 체크되는 것을 볼 수 있다.

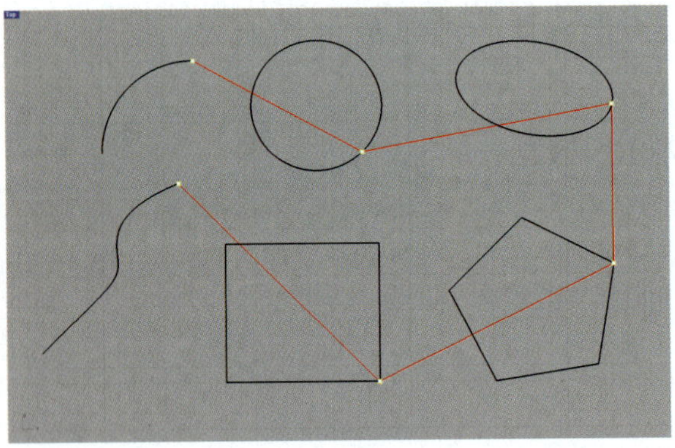

Near

메뉴: Tools Menu 〉 Object Snap 〉 Near

버튼: 왼쪽 클릭

기능: Near 선택 기능은 1회에 한해 객체의 가까운 지점을 선택하여 연결할 경우 사용된다. 이 기능은 가장 가까운 개체의 위치를 Snap한다.

Persistent Near

메뉴: Standard Toolbar 〉 Object Snap Toolbar 〉 Near

버튼: 오른쪽 클릭

기능: 지속적으로 Near Snap을 설정하는 기능이다.
화면 하단의 상태표시줄위에 Osnap Toolbar의 Near가 체크되는 것을 볼 수 있다.

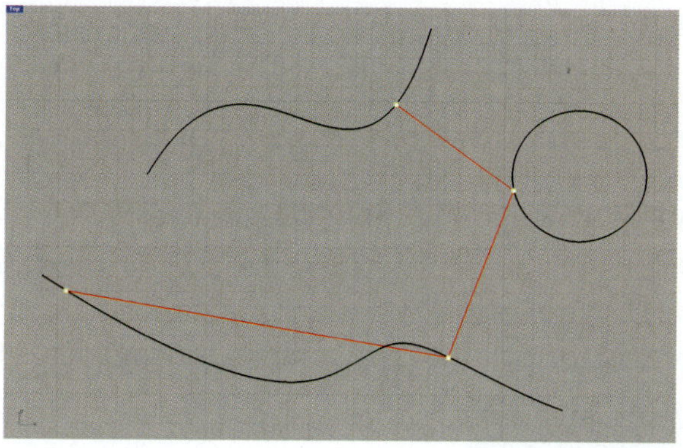

Point

메뉴: Tools Menu 〉 Object Snap 〉 Point
버튼: 왼쪽 클릭
기능: Point 선택 기능은 1회에 한해 생성한 Point와 조절점 또는 Edit Point를 선택해주는 기능이다.

Persistent Point

메뉴: Standard Toolbar 〉 Object Snap Toolbar 〉 Point
버튼: 오른쪽 클릭
기능: 지속적으로 Point Snap을 설정하는 기능이다.
화면 하단의 상태표시줄위에 Osnap Toolbar의 Point가 체크되는 것을 볼 수 있다.

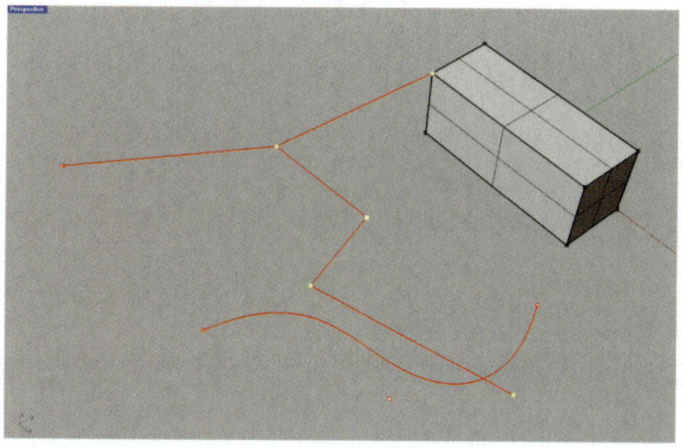

Midpoint

메뉴: Tools Menu 〉 Object Snap 〉 Midpoint
버튼: 왼쪽 클릭

기능: Midpoint Snap 기능은 1회에 한해 개체 중간점을 선택해주는 기능이다.

Persistent Midpoint

메뉴: Standard Toolbar 〉 Object Snap Toolbar 〉 Midpoint

버튼: 오른쪽 클릭

기능: 지속적으로 Midpoint Snap을 설정하는 기능이다.
화면 하단의 상태표시줄위에 Osnap Toolbar의 Mid가 체크되는 것을 볼 수 있다.

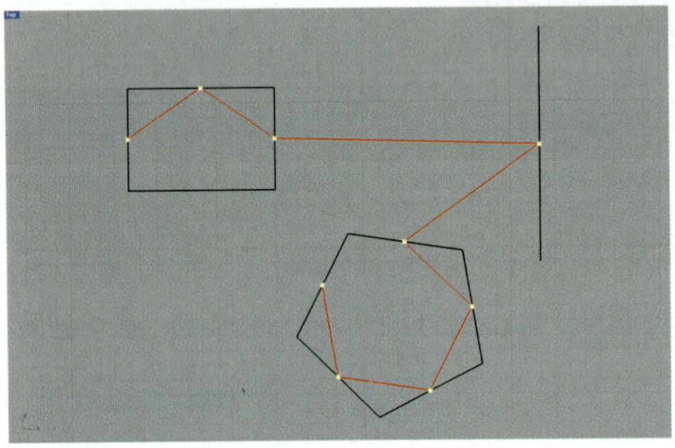

Center 점을 찾을 때는 해당 Curve에 마우스 커서를 가져간다.

Center

메뉴: Tools Menu 〉 Object Snap 〉 Center

버튼: 왼쪽 클릭

기능: Center 선택 기능은 1회에 한해 개체(원, 타원, 호, 사각형, 다각형)의 중심점을 선택해 주는 기능이다.

Persistent Center

메뉴: Standard Toolbar 〉 Object Snap Toolbar 〉 Center

버튼: 오른쪽 클릭

기능: 지속적으로 Center Snap을 설정하는 기능이다.
화면 하단의 상태표시줄위에 Osnap Toolbar의 Center가 체크되는 것을 볼 수 있다.

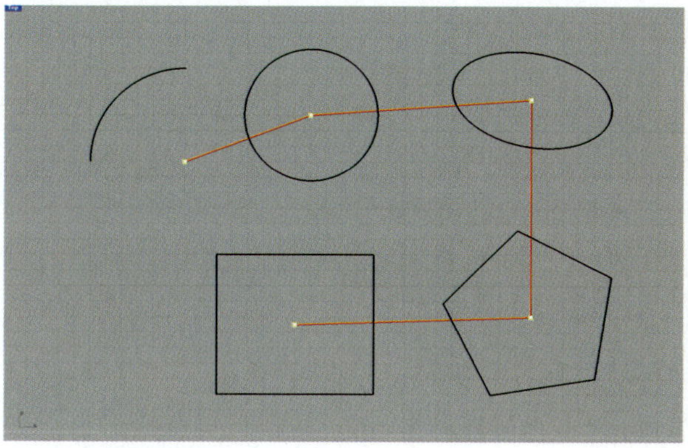

Intersection

메뉴: Tools Menu 〉 Object Snap 〉 Intersection

버튼: 왼쪽 클릭

기능: Intersection 선택 기능은 1회에 한해 커브의 교차점이나 Surface의 Edge 교차점을 선택해주는 기능이다.

■ Apparent Intersection

- Apparent Intersection 옵션을 설정하면, 커브가 3차원 상에서 실제로 교차하지 않아도 Top, Front등의 View에서 교차하면, Intersection Point를 Snap하는 기능이다.
- Apparent Intersection Tools Menu 〉 Rhino Options 〉 Modeling Aids Part에서 Objects Snaps 항목에서 설정할 수 있다.

Persistent Intersection

메뉴: Standard Toolbar 〉 Object Snap Toolbar 〉 Intersection

버튼: 오른쪽 클릭

Standard Toolbar 〉 Object Snap Toolbar 〉 Center

기능: 지속적으로 Intersection을 설정하는 기능이다.

화면 하단의 상태표시줄위에 Osnap Toolbar의 Int가 체크되는 것을 볼 수 있다.

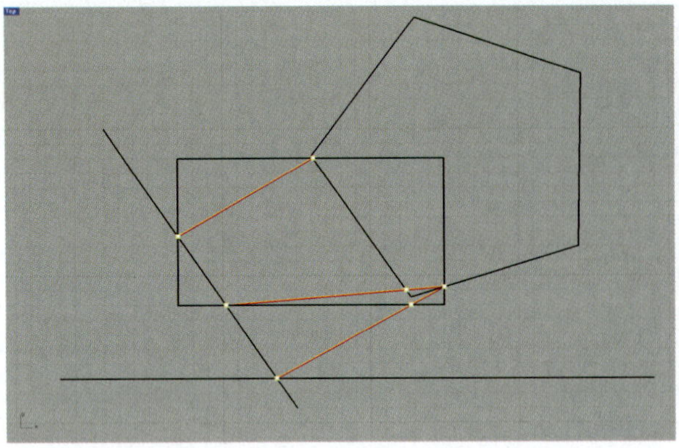

| Perpendicular To

메뉴: Tools Menu 〉 Object Snap 〉 Perpendicular To

버튼: 왼쪽 클릭

기능: Perpendicular To 선택 기능은 1회에 한해 선택된 객체와 직각을 이루는 교차점을 정확하게 선택해 주는 기능이다. Surface Edge와 Solid Edge 또한 Snap이 가능하다.

| Persistent Perpendicular To

메뉴: Standard Toolbar 〉 Object Snap Toolbar 〉 Perpendicular To

버튼: 오른쪽 클릭

기능: 지속적으로 Perpendicular To를 설정하는 기능이다.

화면 하단의 상태표시줄위에 Osnap Toolbar의 Perp가 체크되는 것을 볼 수 있다.

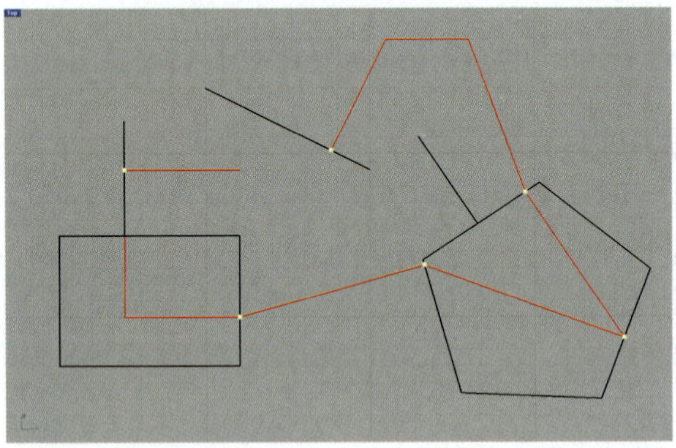

Tangent To

메뉴: Tools Menu 〉 Object Snap 〉 Tangent To

버튼: 왼쪽 클릭

기능: Tangent To 선택 기능은 1회에 한해 원, 호의 접선을 선택해 주는 기능이다.

Persistent Tangent To

메뉴: Standard Toolbar 〉 Object Snap Toolbar 〉 Tangent To

버튼: 오른쪽 클릭

기능: 지속적으로 Tangent To를 설정하는 기능이다.
화면 하단의 상태표시줄위에 Osnap Toolbar의 Tan이 체크되는 것을 볼 수 있다.

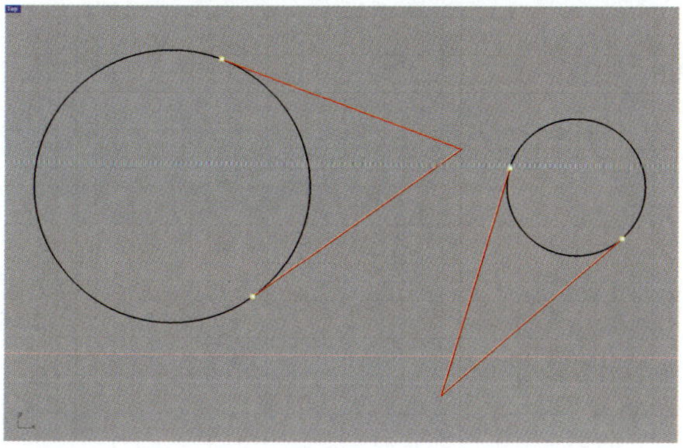

Quadrant

메뉴: Tools Menu 〉 Object Snap 〉 Quadrant

버튼: 왼쪽 클릭

기능: Tangent To 선택 기능은 1회에 한해 원, 호의 4분점을 선택해 주는 기능이다.
4분점이란 0, 90, 180, 270 지점을 말한다.

Persistent Quadrant

메뉴: Standard Toolbar 〉 Object Snap Toolbar 〉 Quadrant

버튼: 오른쪽 클릭

기능: 지속적으로 Quadrant를 설정하는 기능이다.
화면 하단의 상태표시줄위에 Osnap Toolbar의 Quad가 체크되는 것을 볼 수 있다.

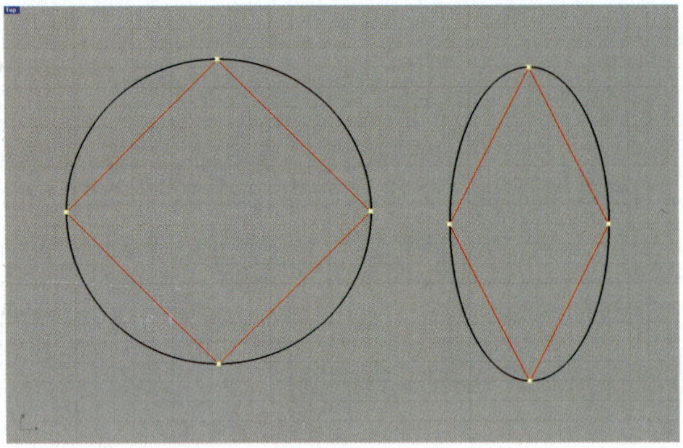

Knot

메뉴: Tools Menu 〉 Object Snap 〉 Knot

버튼: 왼쪽 클릭

기능: Knot 선택 기능은 개체의 Knot지점을 선택해주는 기능이다.

Persistent Knot

메뉴: Standard Toolbar 〉 Object Snap Toolbar 〉 Knot

버튼: 오른쪽 클릭

기능: 지속적으로 Knot을 설정하는 기능이다.
화면 하단의 상태표시줄위에 Osnap Toolbar의 Knot이 체크되는 것을 볼 수 있다.

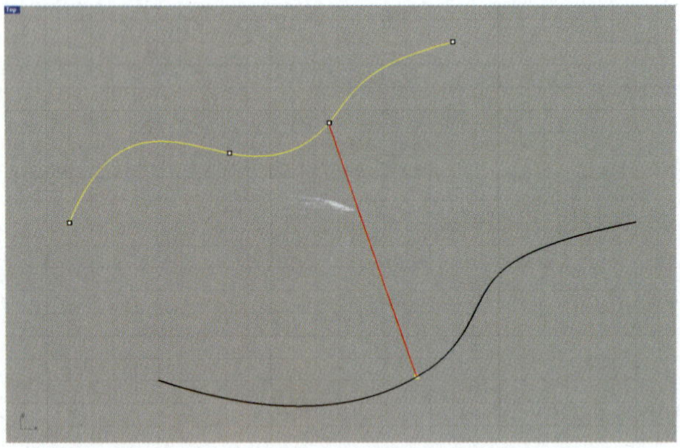

No Osnap

메뉴: Tools Menu 〉 Object Snap 〉 None

버튼: 왼쪽 클릭

명령이 실행되고 있을 때, 해당되는 Object Snap 기능을 해제한다. 마우스 오른쪽 버튼을 클릭하면 Persistent Object Snap기능을 해제하게 된다.

Complex Object Snaps

| Along Line

버튼: 왼쪽 클릭

기능: 선을 따라 추적하는 기능이다.

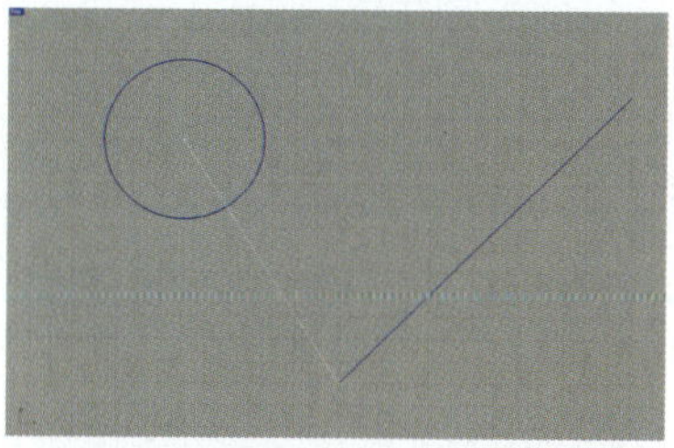

① 다음과 같이 Circle 커브와 Line을 생성한다. Line기능을 실행한 다음 Osanp에 Center와 End를 체크한다. Along Line 기능을 선택한다. 먼저 Circle의 Center에서 추적선의 시작점을 지정하고 추적선의 End점을 끝점으로 선택한다.

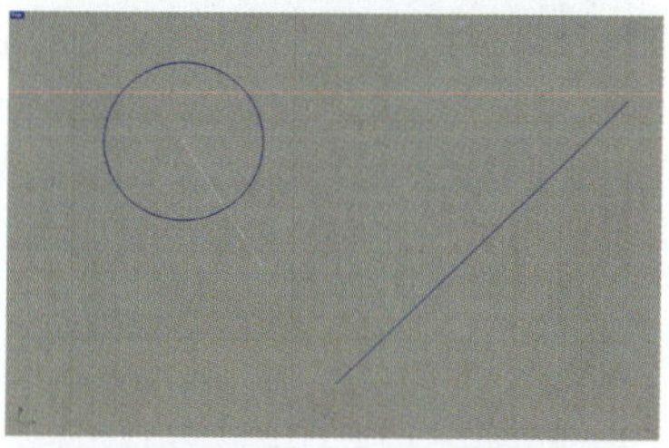

② 추적선의 경로를 통해 Line 시작점을 지정한다.

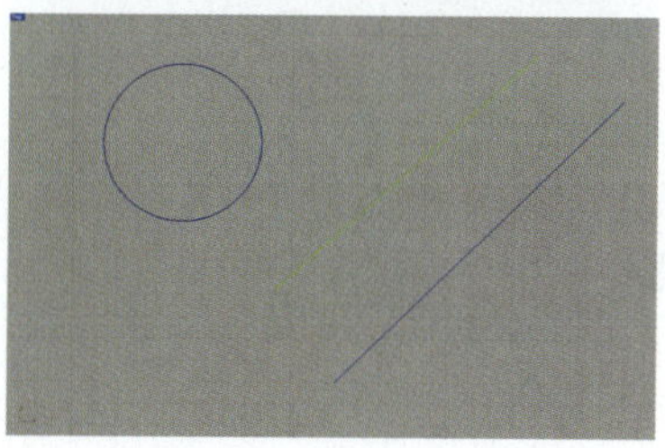

③ Line 끝점을 지정한다.
다음과 같은 Line이 생성된 결과를 볼 수 있다.

| Along Parallel

버튼: 왼쪽 클릭

기능: 두 점 사이의 참조점에 평행한 선을 따라 추적하는 기능이다.

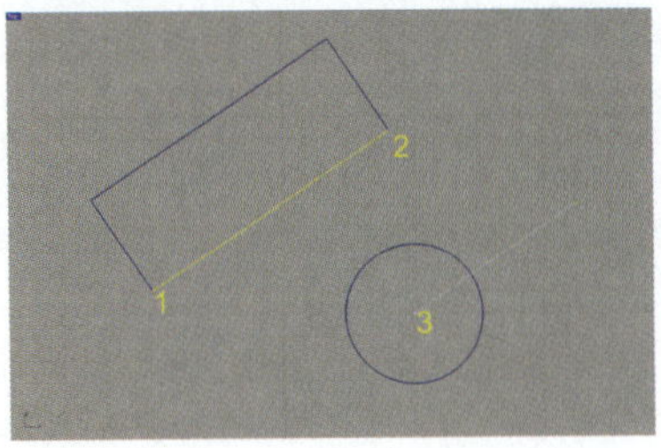

① 다음과 같이 기울기를 가진 사각형과 원형 커브를 생성한다. Line 기능을 실행한 다음 Along Parallel 기능을 실행한다. 먼저 기준선의 시작을 1번으로 기준선의 끝을 2번으로 한다. 평행 추적 점을 3번 원형 커브의 중심점으로 지정한다. Line 시작점을 지정한다.

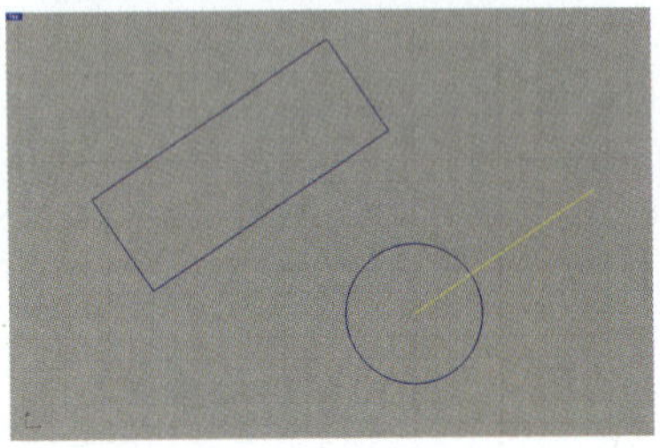

② 다시 Line 끝점을 원형 커브 중심점으로 지정한다. 다음과 같이 사각커브와 평행한 Line을 생성한 결과를 볼 수 있다.

Between

버튼: 왼쪽 클릭

기능: 두 개의 지정된 위치 사이에서 Mid점을 Snap하는 기능이다.

① 2개의 사각 커브를 생성한다. Circle Curve 기능을 실행한 다음 Between 기능을 실행한다.
이미지와 같이 첫 번째 점과 두 번째 점을 지정한다.

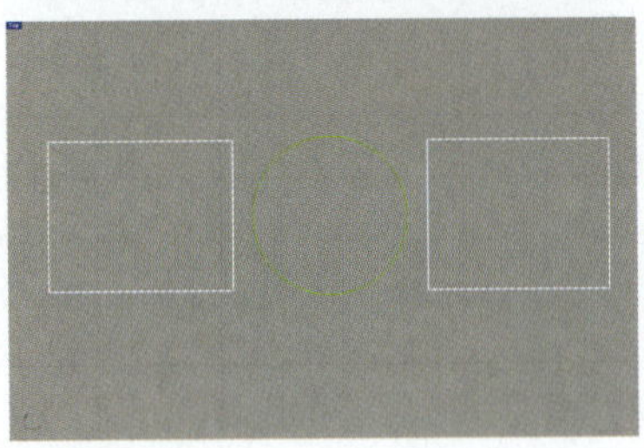

② 반지름 값을 지정한다. 2개의 사각커브 사이로 원형 커브가 생성된 결과를 볼 수 있다.

From

버튼: 왼쪽 클릭

지정된 기준점에 Snap하는 기능이다.

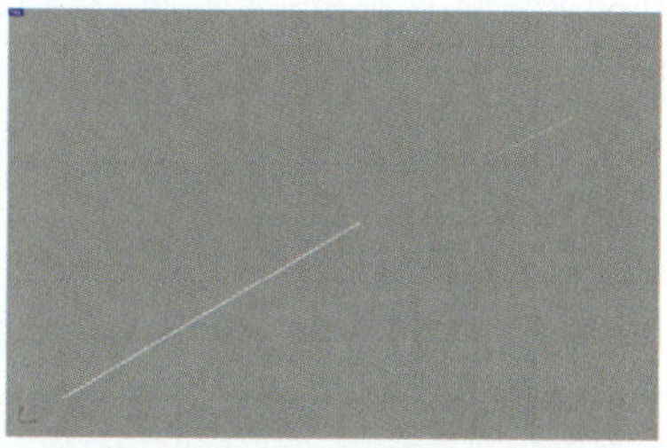

① 다음과 같이 Line을 생성한다. Circle 커브 기능을 실행한다. From기능을 선택한다.

기준점을 선의 끝점에 Snap한다. 4를 입력한 다음 Enter키를 누른다. Mark가 선의 끝점으로부터 4 단위 떨어진 곳으로 제한되는 것을 확인할 수 있다.

② 클릭 하여 원의 중심선을 배치하고 반지름을 지정한다. 이미지와 같이 완성된 Circle을 볼 수 있다.

On Curve

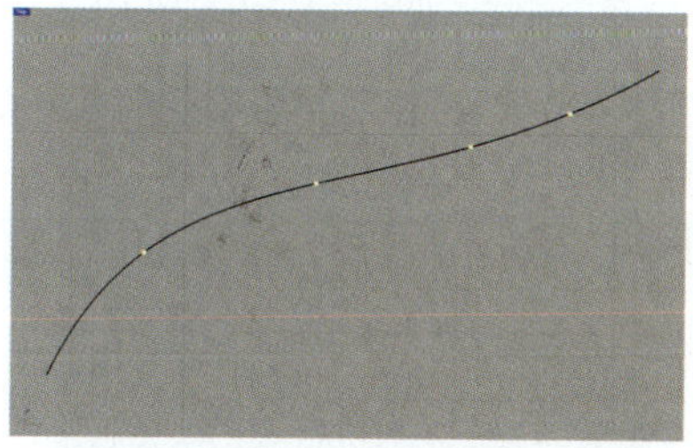

버튼: 왼쪽 클릭

기능: 한 번의 지정에 대하여 선택된 커브를 따라 Snap하고 추적하는 기능이다. 이 기능은 모델이 복잡하고 Near Object Snap만으로 Snap하려는 개체에 Snap할 수 없는 경우에 사용하면 효율적이다. Near Object Snap에서는 점을 다른 커브로 이동 할 수 있으며 마우스 오른쪽 버튼을 클릭하면 지속적으로 사용할 수 있다.

On Surface

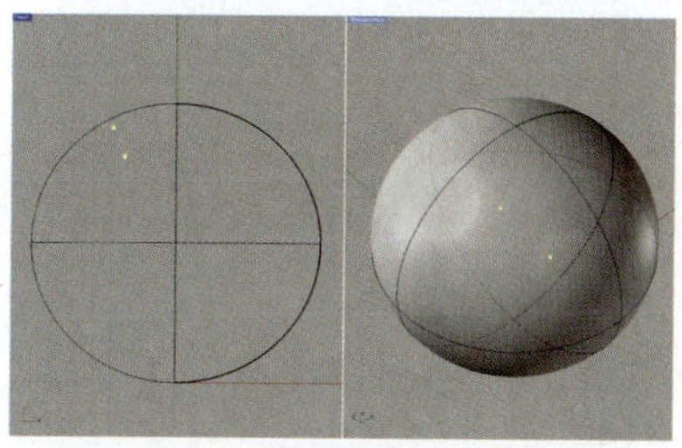

버튼: 왼쪽 클릭

기능: 한 번의 지정에 대하여 Suface 표면에 Snap하고 추적하는 기능이다. 마우스 오른쪽 버튼을 클릭하면 지속적으로 사용할 수 있다.

On Polysurface

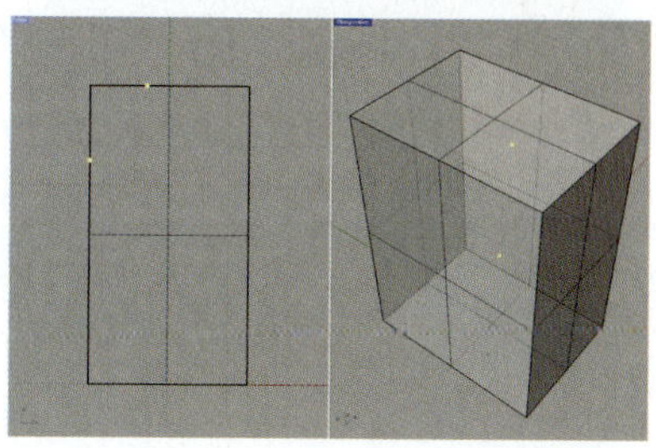

버튼: 왼쪽 클릭

기능: 한 번의 지정에 대하여 Polysuface에 Snap하고 추적하는 기능이다. 마우스 오른쪽 버튼을 클릭하면 지속적으로 사용할 수 있다.

Perpendicular From

버튼: 왼쪽 클릭

커브에 수직인 선을 따라 추적하는 기능이다.

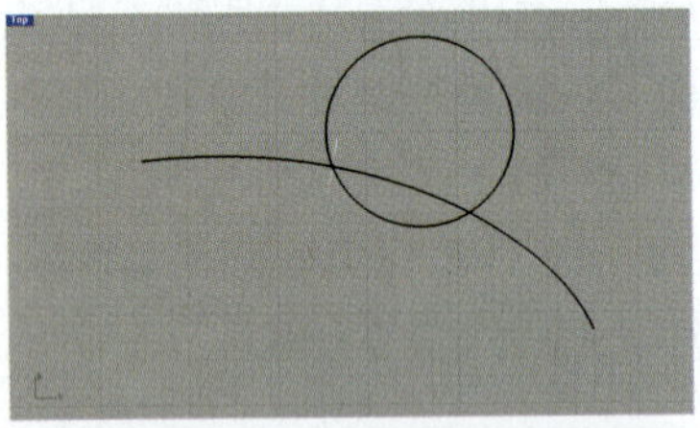

① 다음과 같이 커브 개체들을 생성한다. Line기능을 실행한다. Perpendicular From 기능을 실행한다. 명령줄에"Select curve for perpendicular tracking " 나온다. 원형과 곡선의 교차점을 선택한다.

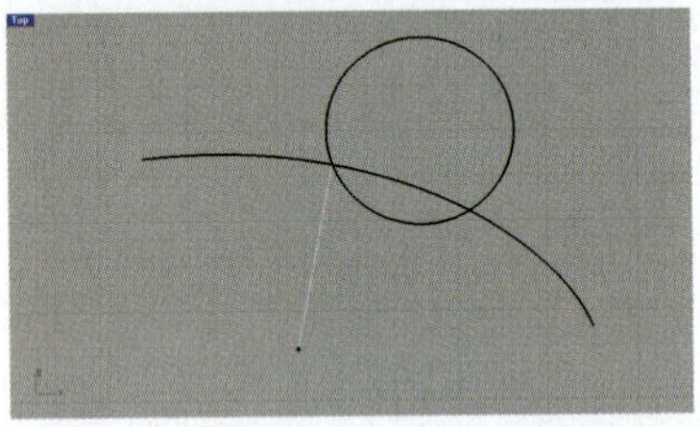

② 추적선이 보여지면서 수직선 방향으로 표식을 이동시킬 수 있다.

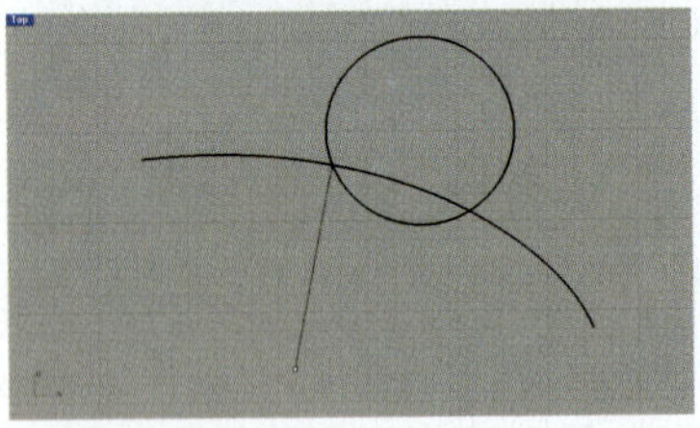

③ 원하는 위치를 선택하여 지정한다. 지정되는 위치가 Line의 시작점이 되는 것이다.

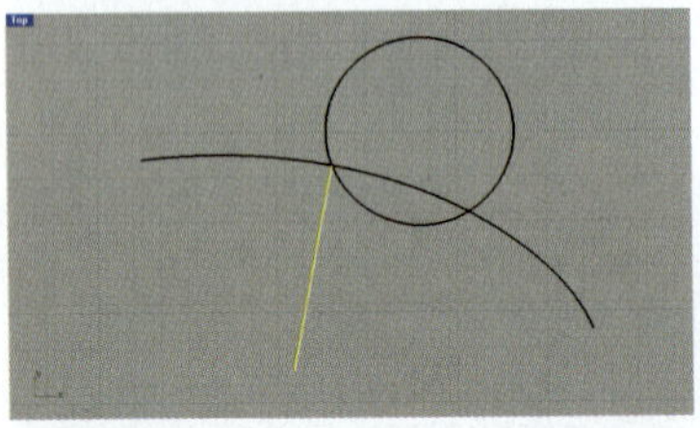

④ 시작점을 지정한 다음 끝점을 지정한다. 다음과 같은 Line을 생성할 수 있다.

Tangent From

버튼: 왼쪽 클릭

커브에 접하는 선을 따라 추적하는 기능이다.

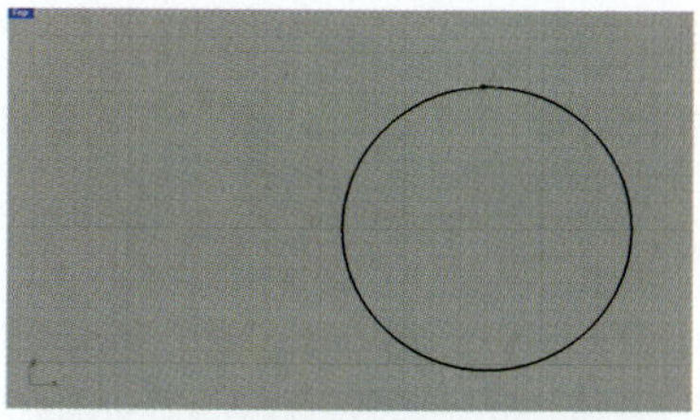

① 다음과 같은 Circle을 생성한다.

Line기능을 실행한 다음 Tangent From기능을 실행한다. 명령줄에" Select curve for Tangent tracking " 나온다. 원하는 위치를 지정한다.

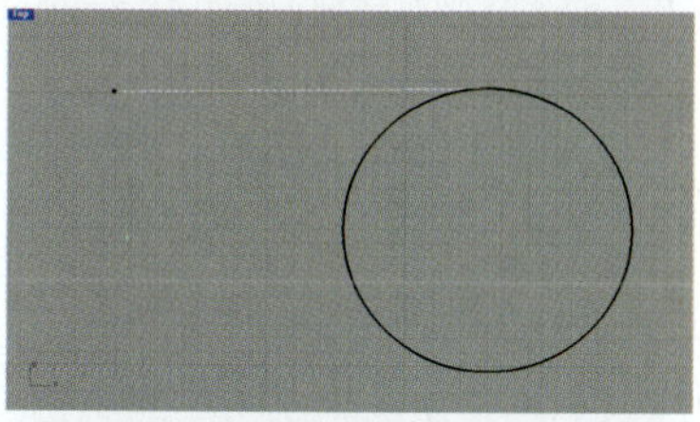

② Circle 커브에 지정한 위치로부터 접선 방향으로 추적선이 보여지면서 표식을 이동시킬 수 있다.

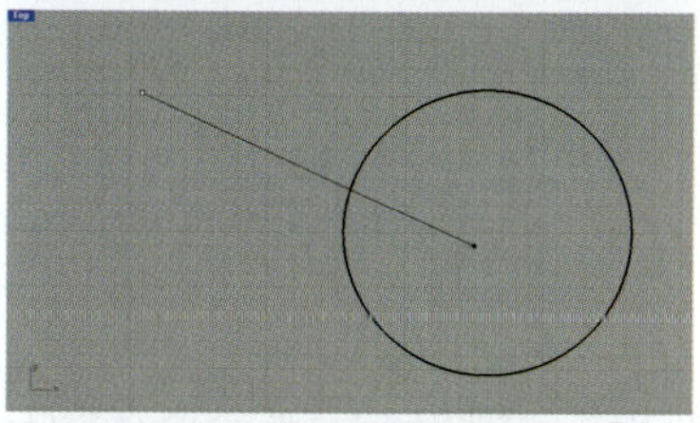

③ 원하는 위치를 지정한다. 지정된 위치가 Line의 시작점이 된다.

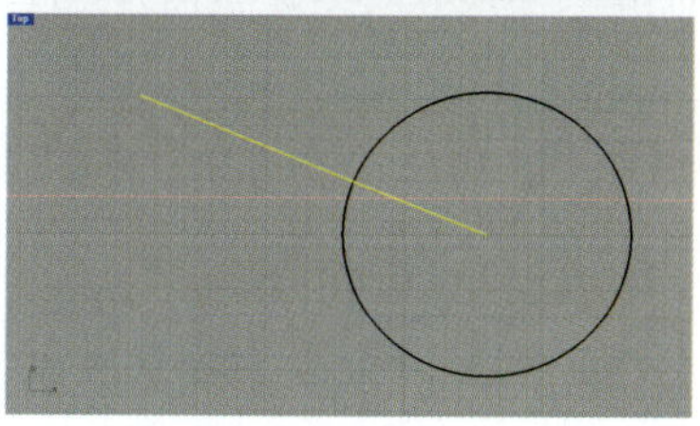

④ Line의 끝점을 지정한다. 이미지와 같은 결과의 Line을 볼 수 있다.

| Toggle Project to CPlane

버튼: 왼쪽 클릭

기능: 실제 Snap Point에서 CPlane까지 Object Snap을 투영시키는 기능이다.

CPlane에 Object Snap 투영 기능이 켜져 있을 때, 커서를 Object Snap 점에 가까이 하면, 표식은 CPlane 위에 대응하는 위치에 있는 점에 Snap하게 된다. 이 때 개체 위에 있는 점과 실제 Snap된 표식의 사이에 흰 색의 추적선이 표시된다.

Planar Mode가 켜져 있는 경우, 이 명령은 Object Snap을 Planar Mode로 설정된 "가상의 평면"에 투영하게 된다.

Planar Mode가 켜져 있는 경우에 이 명령은 Object Snap을 Planar Mode로 설정된 "가상의 평면"에 투영하게 된다.

| Disable / Enable Object Snap

메뉴: Tools Menu 〉 Object Snap 〉 Disable / Enable Object Snap

버튼: 왼쪽 클릭

기능: Object Snap을 일시적으로 중단하는 기능이다. 한 번 클릭 할 때마다 Object Snap의

Disable상태와 Enable상태가 전환하게 되는데 이 기능은 Object Snap의 선택이 해제되는 것이 아니다. 화면 하단에 위치한 Osnap Toolbar에서 Disable를 체크 여부와 같은 기능이다.

Toggle Snap To Locked

메뉴: Tools Menu 〉 Object Snap 〉 Toggle Snap To Locked

버튼: 왼쪽 클릭

기능: Lock이 있는 Layer에서 해당되는 객체에 Osnap을 적용하지 않을 때 또는 사용할 때 사용한다. 기본 설정은 Lock되어 있는 Layer에 Osnap이 적용되도록 지정되어 있으므로 Osnap을 적용하지 않으려면 Toggle Snap To Locked명령을 Disable하면 된다.

Ortho Toggle

버튼: 왼쪽 클릭

직교 모드를 On 또는 Off시키는 기능이다. 화면 하단에 있는 상태표시줄에 표시가 되는 것을 볼 수 있다.

Set Ortho Angle

버튼: 오른쪽 클릭

기능: 직교 모드가 활성화 될 때 커서의 이동 제한 각도를 설정하는 기능이다. Option 대화 상자의 Modeling Aids 페이지에서 직교 각도를 설정할 수 있다.

Grid Size

버튼: 왼쪽 클릭

기능: Minor Grid간격을 조절하는 기능이다.

Snap Size

버튼: 오른쪽 클릭

기능: Snap간격을 조절하는 기능이다.

3-D DIGITIZER TOOLBAR

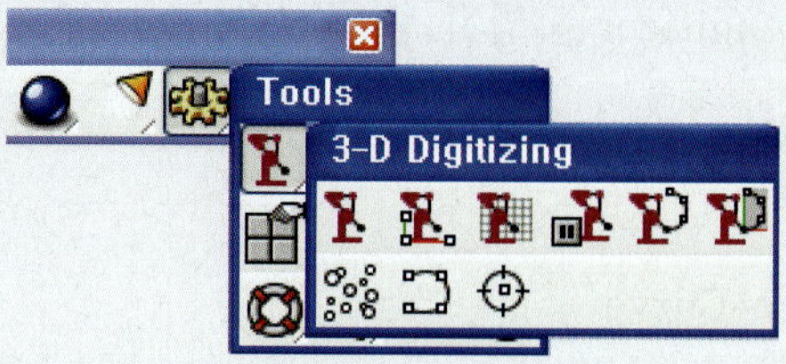

Connect Digitizer

메뉴: Tools Menu 〉 3-D Digitizer 〉 Connect
버튼: 왼쪽 클릭
기능: 3-D Digitize를 연결하고 초기화하는 기능이다.

Disconnect Digitizer

메뉴: Tools Menu 〉 3-D Digitizer 〉 Disconnect
버튼: 왼쪽 클릭
기능: 3-D Digitize를 연결 해제하는 기능이다.

Calibrate Digitizer

메뉴: Tools Menu 〉 3-D Digitizer 〉 Calibrate
버튼: 왼쪽 클릭
기능: 3-D Digitize를 교정하는 기능이다.

Set Digitizer Scale

메뉴: Tools Menu 〉 3-D Digitizer 〉 Set Scale
버튼: 왼쪽 클릭
기능: Digitize된 점의 배율을 설정하는 기능이다.
기본값은 1로 지정되어 있으며 실측 입력을 뜻한다. 이 값을 2로 지정하면 실제 개체의 크기가 라이노에서는 2배가 된 상태로 입력된다.

| Pause Digitizer

메뉴: Tools Menu 〉 3-D Digitizer 〉 Pause

버튼: 왼쪽 클릭

기능: 마우스 사용에 방해가 되지 않게 3-D Digitizer를 일시 중지하는 기능이다.

| Sketch a Curve with Digitizer

메뉴: Tools Menu 〉 3-D Digitizer 〉 Sketch Curve

버튼: 왼쪽 클릭

기능: 측정하기 위한 물체에 스케치하는 기능이다.

| Digitize Planar Section Curve

메뉴: Tools Menu 〉 3-D Digitizer 〉 Planar Section Curve

버튼: 왼쪽 클릭

기능: 3-D Digitizer를 사용하여 평면형 교차 단면을 생성하는 기능이다.

Commands

이 기능은 명령어 관리에 대한 부분으로 단축키를 관리하는 기능이다.

| Macro Editor

메뉴: Tools Menu 〉 Commands 〉 Macro Editor

버튼: 왼쪽 클릭

기능: Script를 만들고 테스트하는 편집 창을 여는 기능이다.

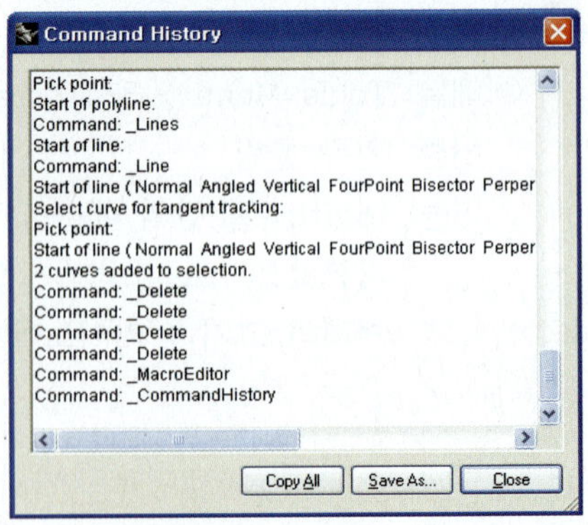

| Command History

메뉴: Tools Menu 〉 Commands 〉 Command History

버튼: 왼쪽 클릭

기능: 최근에 사용된 명령을 별도의 Command History 창에 표시되는 기능이다.

| Paste from Clipboard

메뉴: Tools Menu 〉 Commands 〉 Command History
버튼: 왼쪽 클릭
기능: Window Clipboard로부터 개체를 삽입시키는 기능이다.

| Read Command File

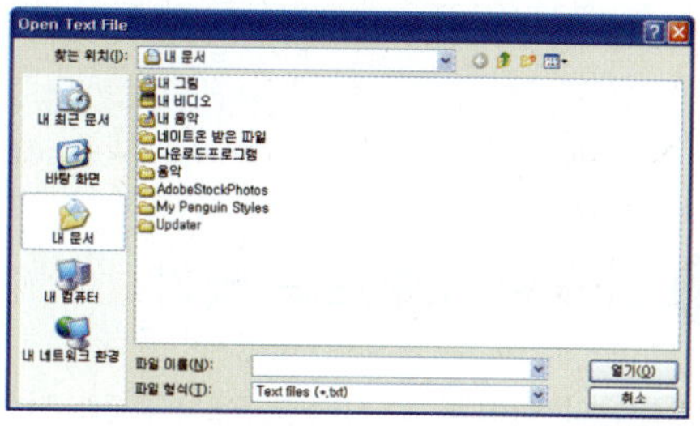

메뉴: Tools Menu 〉 Commands 〉 Read from File
버튼: 왼쪽 클릭
기능: 텍스트 파일에서 명령 Script를 읽고 실행하는 기능이다.

RhinoScript

라이노는 Visual Basic Script를 지원한다. Script 언어는 루프, 변수 이름, 파일 검색, 쿼리 등을 지원하며 VBScript의 Script를 실행하기 위한 플러그 인이 있다.

■ Load

VBScript를 불러오는 기능이다.

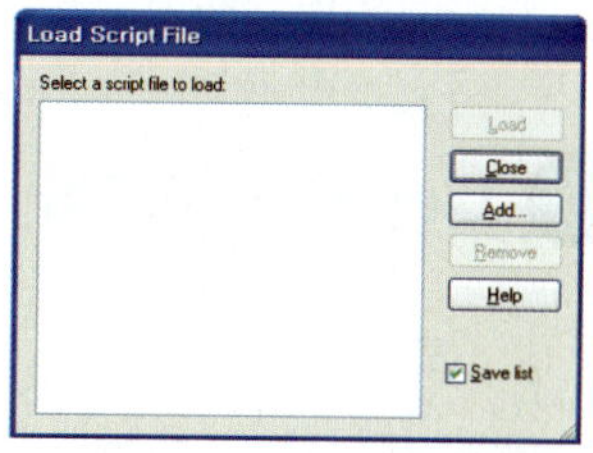

■ Run

VBScript를 실행하는 기능이다.

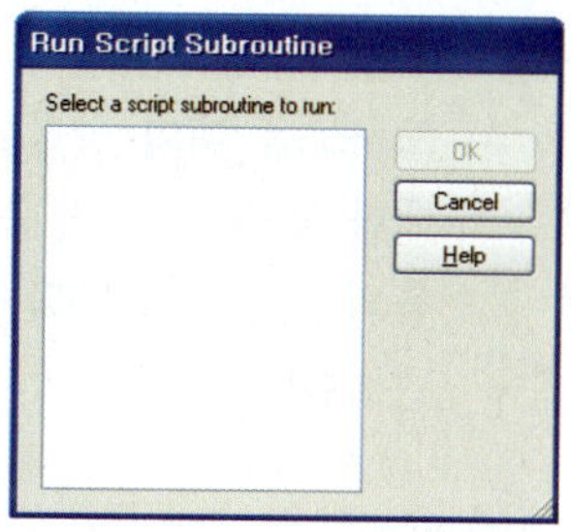

■ Edit

텍스트 편집 또는 Script 편집을 위한 Utility를 여는 기능이다.

Toolbar Layout

라이노를 열면, 기본 도구모음 레이아웃이 열린다. 기본 도구모음은 많은 라이노 도구모음 중에서 3가지만 표시된다. 열리지 않은 대부분의 도구모음은 이러한 세 가지 도구모음에 대하여 하위 단추로 링크되어 있다.

Link된 도구모음 열기

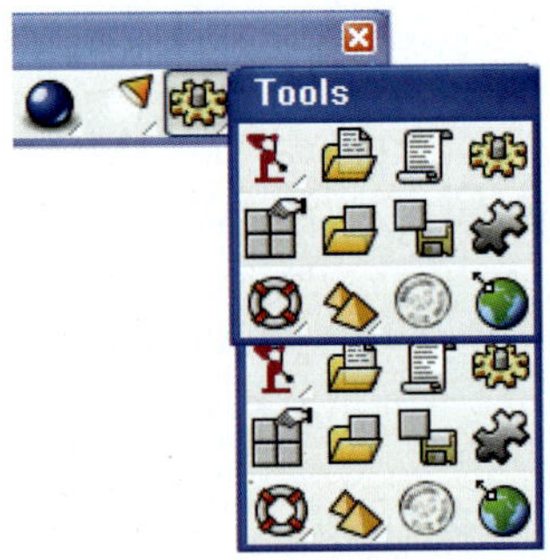

Link된 단추를 클릭하고 잠시 누른 상태로 유지한다. Link된 단추는 우측 하단 모서리에 하얀색 삼각형이 표시되어 있다. 하위 도구 모음이 열리는 것을 볼 수 있다.

Link된 도구모음 분리

도구모음의 제목 표시줄을 마우스 왼쪽 버튼으로 누른 상태에서 마우스를 움직여 본다.

Toolbar

도구모음 대화 상자를 열고 도구모음과 도구모음 단추를 관리하는 기능이다. 도구모음 대화 상자는 도구모음 레이아웃의 내용을 표시하며 도구모음 레이아웃은 도구모음, 도구모음의 단추, 도구모음의 화면상의 위치를 지정한다. 또한 도구모음의 숨김/표시 상태도 결정한다.

〈Options〉

• File Menu

New

새 도구모음 Collection 파일을 만드는 기능이다.

Open

기존 도구모음 Collection 파일을 여는 기능이다.

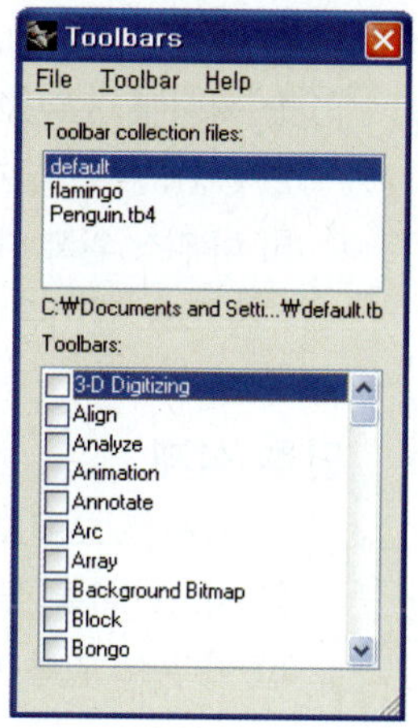

Closed

선택한 도구모음 Collection을 닫는 기능이다.

Closed All

모든 도구모음 Collection을 닫는 기능이다.

Save

선택된 도구모음 Collection을 저장하는 기능이다.

Save As

선택된 도구모음 Collection을 다른 파일로 저장하는 기능이다.

Save All

모든 도구모음 Collection을 저장하는 기능이다.

Properties

도구모음 Collection 화면 표시 대화 상자를 여는 기능이다.

- Toolbar Menu

New

새 도구모음을 생성하는 기능이다.

Import

다른 Collection에서 도구모음을 가져오는 기능이다.

Delete

선택된 도구모음을 삭제하는 기능이다.

Add Button

선택된 도구모음에 단추를 추가하는 기능이다.

Properties

도구모음 속성 대화상자를 여는 기능이다.

Toolbar Collection File

활성 도구모음 Collection의 목록을 표시하는 기능이다.

Toolbars

선택된 도구모음 Collection 파일의 도구모음을 목록으로 표시하는 기능이다.

Toolbar Buttons

단추 이동

① 커서를 도구모음 단추로 가져간다.

② Shift 키를 누르고, 누른 상태를 유지한다.

③ 마우스 왼쪽 단추를 클릭하고 도구모음 단추를 다른 도구모음으로, 또는 동일한 도구모음의 다른 위치로 끌어온다.

단추 복사

① 커서를 도구모음 단추로 가져간다.
② Ctrl 키를 누르고, 누른 상태를 유지한다.
③ 마우스 왼쪽 단추를 클릭하고 단추를 동일한 도구모음의 다른 위치로, 또는 다른 도구모음으로 끌어온다.

단추 삭제

① 커서를 도구모음 단추로 가져간다.
② Shift 키를 누르고, 누른 상태를 유지한다.
③ 마우스 왼쪽 단추를 클릭하고 도구모음 단추를 도구모음의 바깥으로 끌어 놓는다.

Link 만들기

① Link 단추를 포함할 부모 도구모음을 연다.
② Link될 자식 도구모음을 연다.
③ Ctrl 키를 누르고, 누른 상태를 유지한다.
④ 마우스 오른쪽 단추를 누르고, 단추를 자식 도구모음에서 부모 도구모음으로 끌어온다.
⑤ 부모 도구모음에 한쪽 모서리에 흰색 삼각형의 Link 기호를 가진 단추의 복사본이 표시된다.

도구모음 Link 해제

① Link된 단추 위로 커서를 이동한다.
② Shift 키를 누르고, 누른 상태를 유지한다.
③ 마우스 왼쪽 단추를 클릭 하여 도구모음 단추 편집 대화 상자를 연다.
④ Link 해제 단추를 클릭 한다.

Toolbar Button Options

Edit a Button

① 커서를 도구모음 단추로 가져간다.
② Shift를 누르고, 잠시 누른 상태를 유지한다.
③ 마우스 오른쪽 단추를 클릭 한다.

Edit Toolbar Button Options

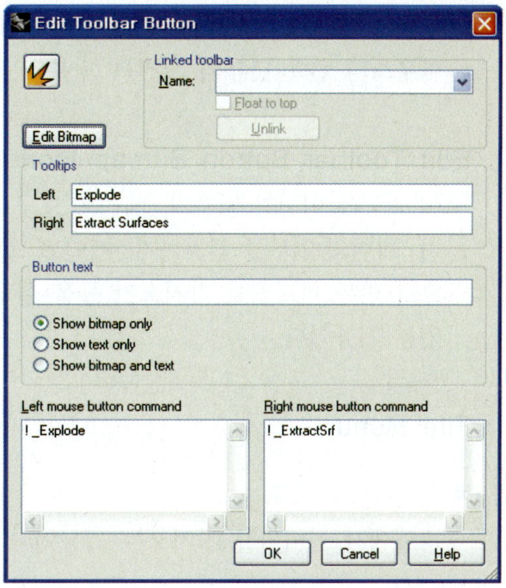

■ Icon

클릭하여 단추 이미지를 편집하는 기능이다.

■ Edit Bitmap Button

클릭하여 단추 이미지를 편집하는 기능이다.

■ Linked Toolbar

Name

자식 도구모음의 이름이다.

Float to Top

자식 도구모음에서 마지막으로 사용된 단추를 부모 도구모음의 링크 단추로 표시한다. 부모 도구모음에 표시되는 도구모음 단추를 링크 단추로 변경하려 할 경우나, 마지막으로 사용한 단추를 링크 단추로 표시되도록 지정할 때 편리하다.

Link된 도구모음에서 한 단추를 주로 사용하고, 나머지 단추를 거의 사용하지 않는다면, 항상 사용하는 단추를 Link 단추에 항상 표시되도록 지정하는 것이 편리할 것이다. 이 경우, 맨 앞에 표시 항목을 선택 해제한다.

Unlink

자식 도구모음의 Link해제 기능이다.

Tooltip

■ 왼쪽/오른쪽

Button의 도구설명에 표시되는 텍스트이다.

■ Button Text

Button에 표시된 Text를 생성하는 기능이다.

Show Bitmap Only

이미지만을 표시하는 기능이다.

Show Text Only

Text만 표시하는 기능이다.

Show Bitmap and Text

이미지와 Text 모두 표시하는 기능이다.

Left/Right Mouse Button Command

마우스의 왼쪽 단추와 오른쪽 단추의 명령 매크로 기능이다.

Edit Toolbar Button Bitmap Icons

이 기능은 이미지 지우기, 페인트 도구로 그리기, 화면의 일부를 캡처하기, 페인트 프로그램으로 만든 비트맵을 가져오기 등을 실행할 수 있는 기능이다.

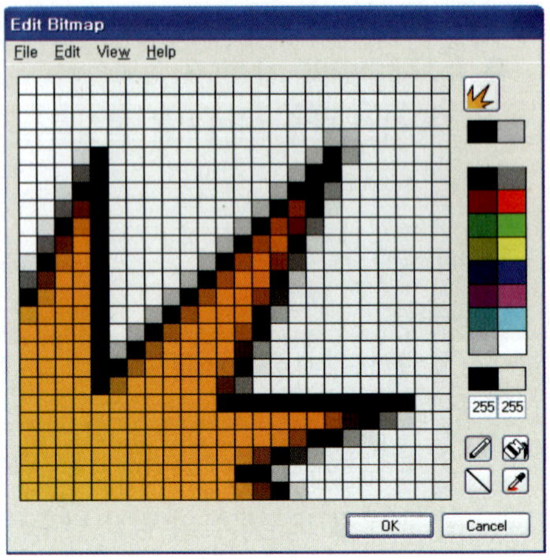

File Menu

■ Import Bitmap

파일에서 이미지를 가져오는 기능이다.

■ Export Bitmap

현재 이미지를 파일로 내보내는 기능이다.

Edit Menu

■ Undo

마지막 작업을 실행 취소하는 기능이다.

■ Copy

이미지를 Clipboard에 복사하는 기능이다.

■ Paste

Clipboard에서 이미지를 붙여 넣는 기능이다.

■ Clear

Button 이미지가 기본 배경색으로 채워지게 하는 기능이다.

■ Grab

화면의 직사각형을 복사하는 기능이다.

■ Shift

그리기 영역에서 이미지를 이동하는 기능이다.

Bitmap Drawing Tools

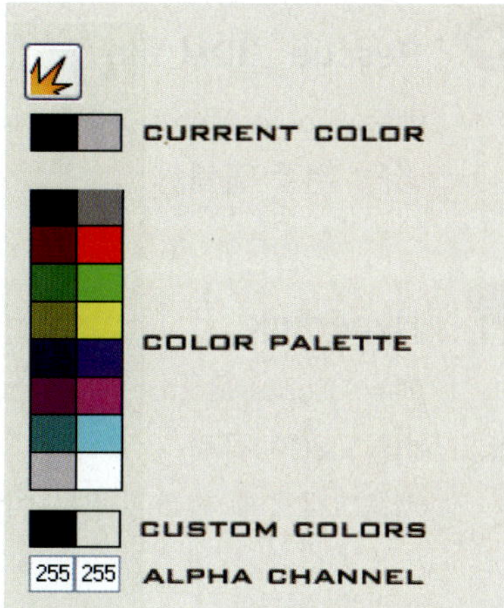

■ Preview

Button을 실제 크기로 표시하는 기능이다.

■ Current Color

현재 마우스 왼쪽, 오른쪽 단추의 색이다.

■ Color Pallete

표준 16색 Palette이다.

■ Custom Colors

색 대화 상자를 표시하려면 두 번 클릭 한다.

■ Alpha Channel

색의 투명도를 설정하는 기능이다.
255는 불투명이며 0은 투명이다.

■ Drawing Tools

Line
직선을 그리는 기능이다.
Fil
단일색 영역을 선택된 색으로 채우는 기능이다.
Pencil Tool
그리기 영역의 비트맵을 픽셀 단위로 편집하는 기능이다.
Color Droper
그리기 영역을 클릭하여 이미지에서 색을 선택하는 기능이다.

Lock the Toolbars

Toolbar를 잠궈 놓는 기능이다.

Purge Unused Block Definitions and Layers

메뉴: Tools Menu 〉 File Utilities 〉 Purge Unused Blocks and layers
버튼: 왼쪽 클릭
기능: 모델에서 사용되지 않는 블록 정의, 레이어, 해치 패턴을 삭제하는 기능이다.

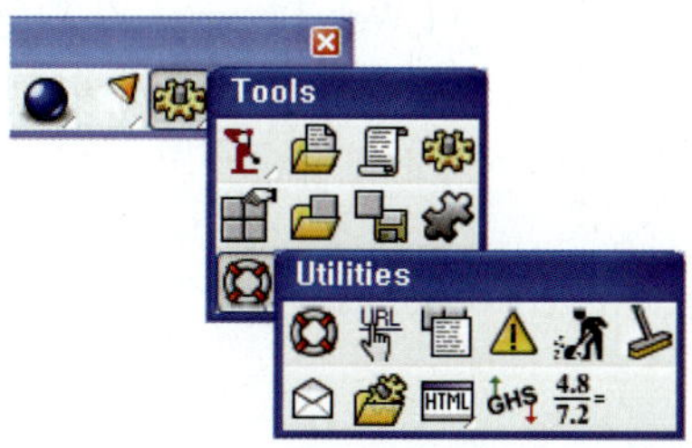

Rescue .3DM file

메뉴: Tools Menu 〉 File Utilities 〉 Rescue .3DM file
버튼: 왼쪽 클릭

Hyperlink

메뉴: Tools Menu 〉 Hyperlink
버튼: 왼쪽 클릭
기능: 개체에 첨부된 웹사이트 주소를 관리하는 기능이다.

〈Options〉

• Attach Hyperlink

개체에 URL을 첨부하는 기능이다.

• Detach Hyperlink

개체에서 URL을 분리하는 기능이다.

• Open Hyperlink

개체에 첨부된 URL을 여는 기능이다.

• View Hyperlink

선택된 개체에서 첨부된 URL의 목록을 표시하는 기능이다.

• Select Objects Hyperlink

URL이 첨부된 개체를 선택하는 것과 URL을 입력하거나 모두를 선택하는 기능이다.

Web Browser

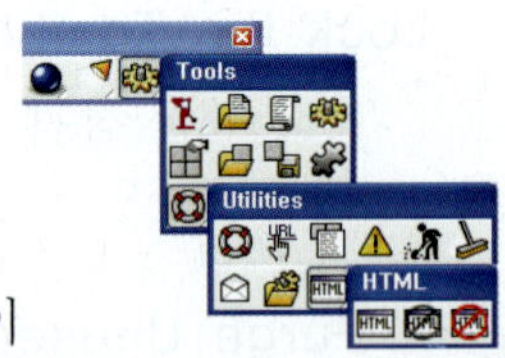

메뉴: Tools Menu 〉 Web Browser
버튼: 왼쪽 클릭
기능: 현재 첨부된 웹 페이지를 열고, 닫고, 숨기고, 표시하는 기능이 다.Web Browser 창은 연결된 웹 주소를 "항상 위"에 표시되는 대화 상자에 표시한다. 이 기능을 사용하여 웹 기반 튜토리얼과 3DM 파일을 연결할 수 있다.

Calculator

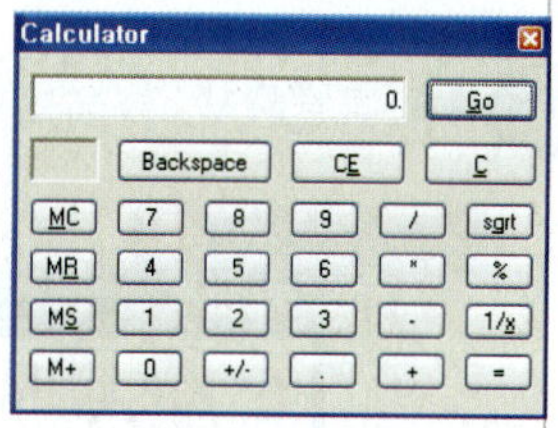

메뉴: Tools Menu 〉 Calculator

버튼: 왼쪽 클릭

기능: 화면상의 계산기 표시를 전환하고, 명령 행에 계산 결과를 출력하는 기능이다.

RPN Calculator

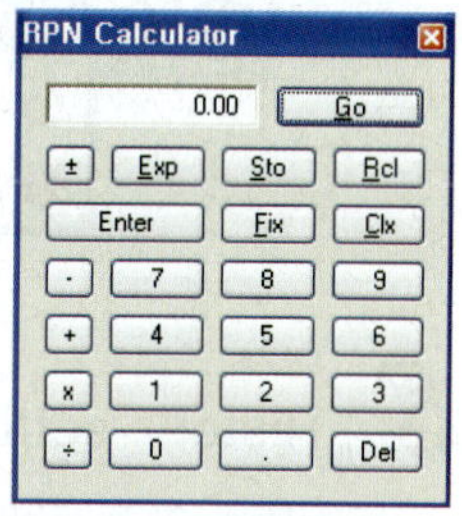

메뉴: Tools Menu 〉 RPN Calculator

버튼: 오른쪽 클릭

기능: 화면상에 RPN(역 폴란드 표기법) 계산기를 표시하고, 명령 행에 결과를 출력하는 기능이다.

Attach GHS Data

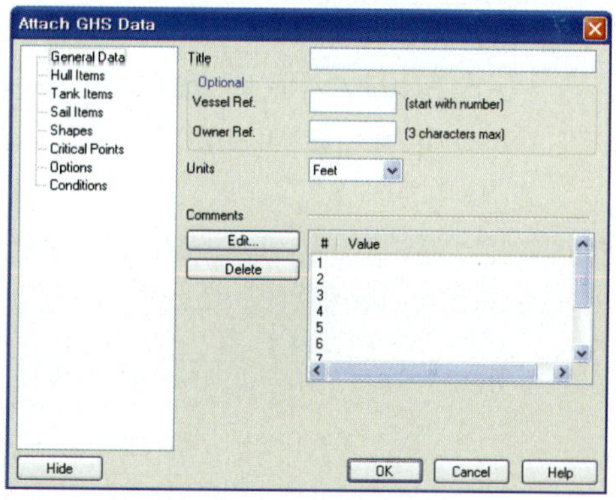

메뉴: Tools Menu 〉 Attach GHS Data

버튼: 왼쪽 클릭

기능: 지오메트리를 GHS 개체로 표시하여 GHS의 특정 정보를 Rhino Model에 추가하는 기능이다. GHS 지오메트리 파일은 부유 선박을 분석하는데 사용된다.

Export Options

메뉴: Tools Menu 〉 Export Options

버튼: 왼쪽 클릭

기능: 옵션 설정을 파일로 저장하는 기능이다.

Import Options

메뉴: Tools Menu 〉 Import Options

버튼: 오른쪽 클릭

기능: 선택된 응용프로그램의 Option 설정을 저장된 파일에서 불러오는 기능이다.

HISTORY TOOLBAR

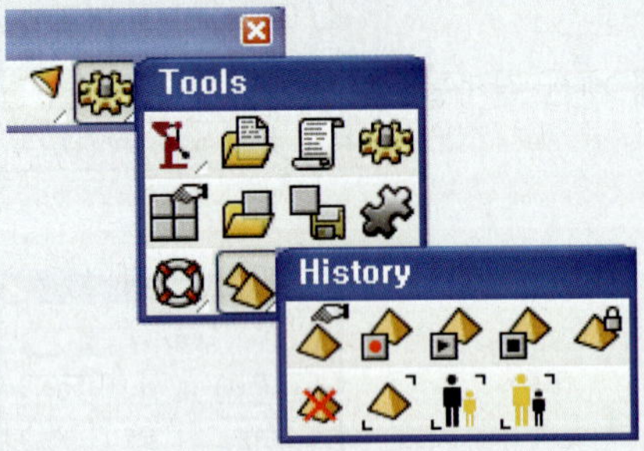

History setting

버튼: 왼쪽 클릭

기능: History를 Record하고 History 인식 개체를 업데이트하는 기능이다. 예를 들어 History 기록 및 업데이트 기능이 켜져 있으면 Loft된 Surface는 입력 커브를 편집하여 형태를 변경할 수 있다.

① Control Point Curve 기능을 실행하여 다음과 같은 개체를 생성한 다음 Copy기능을 이용하여 복사 시킨다.

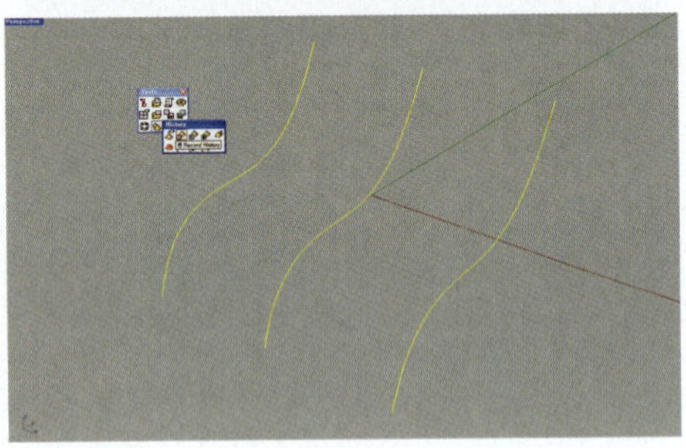

② 생성된 커브들을 선택한 다음 Record History 기능을 실행한다. 화면 하단 상태표시줄에 있는 Record History가 활성화 되어진 것을 확인한다.

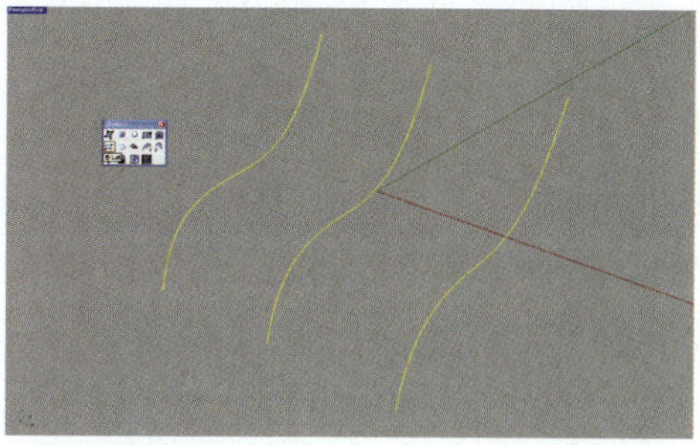

③ Surface 기능 중 Loft Surface기능을 실행한다.

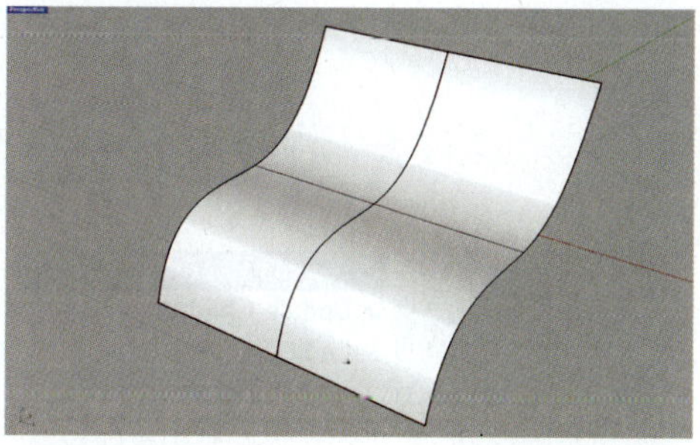

④ 생성된 커브 형태에 맞추어 Surface가 만들어진 것을 볼 수 있다.

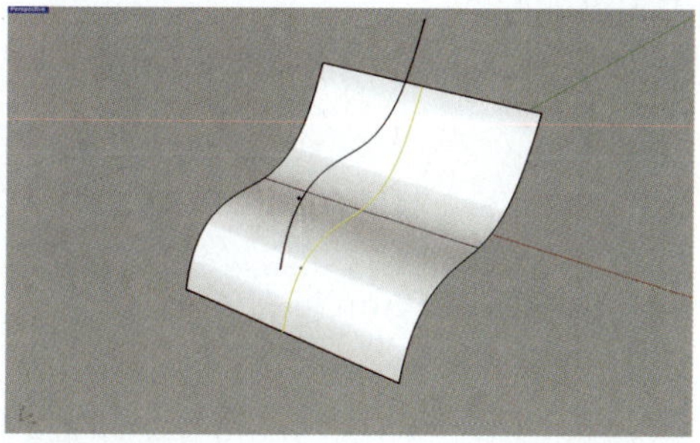

⑤ 가운데 위치한 커브를 선택하여 Ctrl 버튼을 누른 상태에서 이동시켜 본다.

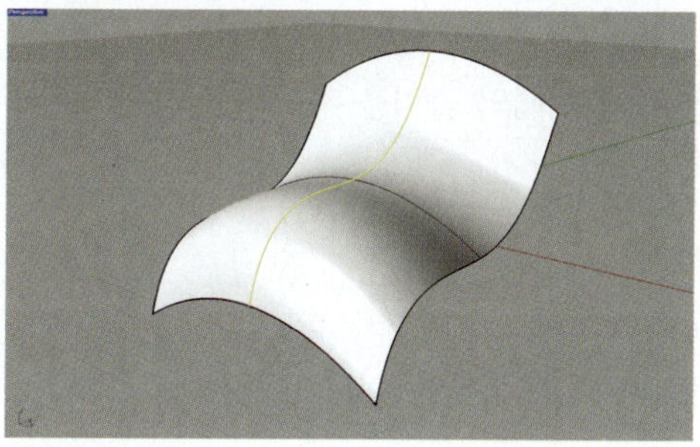

⑥ Surface 형태가 커브의 위치에 따라 업데이트 되어진 것을 볼 수 있다.

History Record은 컴퓨터 Resource를 많이 차지하며 저장된 파일의 크기가 커지게 되기 때문에 일반적으로 Record Option을 No로 설정하고 History Record Status Bar를 사용하여 선택적으로 히스토리를 기록한다.

Record History

버튼: 왼쪽 클릭
기능: 기본 Record History 설정을 제어하는 기능이다.

〈Options〉

• Yes

History를 사용하는 모든 명령은 History를 Record한다.

• No

명령에서 History를 Record하지 않는다.

일반적으로 Record Option을 No로 설정하고 History Record 상태표시줄을 사용하여 선택적으로 히스토리를 기록하는 것이 효율적이다. History Record은 컴퓨터 Resource를 많이 차지하며 저장된 파일의 크기가 커지게 되기 때문이다.

Update History on selected objects

버튼: 왼쪽 클릭
기능: 입력 개체가 변경되면 출력 개체의 특성을 제어하는 기능이다.

〈Options〉

• Yes

History Record을 사용하는 모든 명령은 편집된 원래 개체의 출력을 자동으로 업데이트하는 기능이다.

• No

출력 개체가 업데이트되지 않게 하는 기능이다.
History업데이트명령을 사용하여 수동으로 개체를 업데이트한다.

Stop history recording

버튼: 왼쪽 클릭
기능: History Record 기능을 중지하는 기능이다.

Lock objects with history

버튼: 왼쪽 클릭

기능: 출력된 개체의 직접적인 편집을 막기 위하여 History를 가진 출력 개체를 잠그는 기능이다. 이로 인해 입력 개체로의 History Link를 끊어지게 할 수 있다.
출력 개체는 편집용으로 선택되지 않지만 입력 개체를 편집하면 개체가 변경된다.

Purge History

버튼: 왼쪽 클릭

기능: 개체와 그 자식 개체에서 History를 제거하는 기능이다.
History 기록은 파일 크기를 증가시키므로 필요치 않은 History를 삭제하면 Load시간이 단축된다. 이 기능은 Undo시킬 수 없다.

- History 명령은 명령이 실행 중일 때 히스토리의 기록을 Enable 또는 Disable 시킬 수 있다. 예를 들어, 커브를 만들고, Copy 명령을 사용하여 복사 본을 만들기 시작한다. Copy 명령이 실행 중일 때, History 명령을 사용하여 기록을 On 또는 Off시킬 수 있다.
- History기능이 끊어지게 되면 경고 표시를 보여줄 수 있다.
  Yes를 선택하면 출력 개체와 입력 개체를 분리하는 작업이 완료되면 경고 대화상자가 표시된다. 작업을 취소하려면 Undo 명령을 사용한다.
- 입력 개체와 출력 개체와의 연결은 쉽게 끊어질 수 있다. History를 유지하기 위한 기본적인 룰은 다음과 같다.

  ① 출력 Surface에서 History를 Purge 하지 않는다.
  ② 출력 Surface를 만드는 데 사용된 입력 지오메트리(Curve, Surface)를 삭제하지 않는다.
  ③ 출력 Surface를 제어점 편집 또는 이동하지 않는다.
  ④ 입력 개체와 출력 개체를 함께 이동하지 않는다.
  ⑤ 개체를 결합하면 개체의 History가 끊어지게 된다.

Overriding History Options

- 상태표시줄의 History Record 창틀은 History Record의 현재 상태를 나타낸다. 창틀을

클릭하면 한 명령이 실행되는 시간 안에 전역 설정이 전환된다. 창틀의 텍스트가 굵은 글꼴이면 기록이 활성 중이며, 굵은 글꼴이 아니면, 기록이 비활성 상태이다.

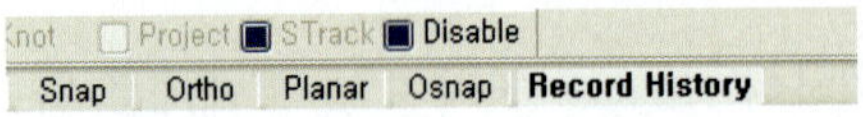

Record On

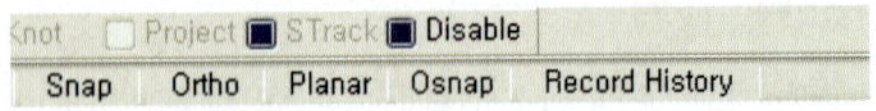

Record Off

- History 명령을 사용하여 Option을 변경한다. 이 명령은 다른 명령의 내부에서 실행될 수 있다. 매크로에도 포함이 가능하다. 이 설정은 한 명령이 끝난 후에도 중단되지 않으며, 설정에서 변경되어야 한다. 히스토리는 입력 개체가 편집될 때 출력 지오메트리가 업데이트되지 않아도 기록이 된다.
- 선택 도구로는 SelObjectsWithHistory, SelChildren, SelParents 기능이 있다. Loft를 만든 Curve, Edge Surface를 만드는 데 사용된 가장자리 등, 이와 같이 최상위 개체를 편집하여 개체 생성의 연결을 제어할 수 있다.
- Project 명령에서 히스토리를 사용하면 NURBS Surface에서 모델링할 때 가장 어려운 문제를 해결할 수 있다. 예를 들면 1개 또는 2개의 View에서 단순한 Surface를 점 편집하여 Surface상의 커브가 특정한 형태를 취하게 하는 작업이다.

History 사용 가능 명령은 다음과 같다.

- Array
- ArrayPolar
- Copy
- Divide
- EdgeSrf
- ExtrudeCrv
- ExtrudeCrvAlongCrv
- ExtrudeCrvTapered
- ExtrudeCrvToPoint
- ExtrudeSrf
- ExtrudeSrfAlongCrv
- ExtrudeSrfTapered
- ExtrudeSrfToPoint
- Flow
- Intersect

- Loft
- Mirror (복사 옵션)
- NetworkSrf

- Orient (복사 옵션)
- Project
- RailRevolve(복사 옵션)
- Revolve (복사 옵션)
- Rotate (복사 옵션)
- Rotate3D (복사 옵션)
- Scale (복사 옵션)
- Scale1D (복사 옵션)
- Scale2D
- ScaleNU (복사 옵션)
- Shear (복사 옵션)
- Symmetry

Part Ⅺ

11 ANALYZE

ANALYZE TOOLBAR

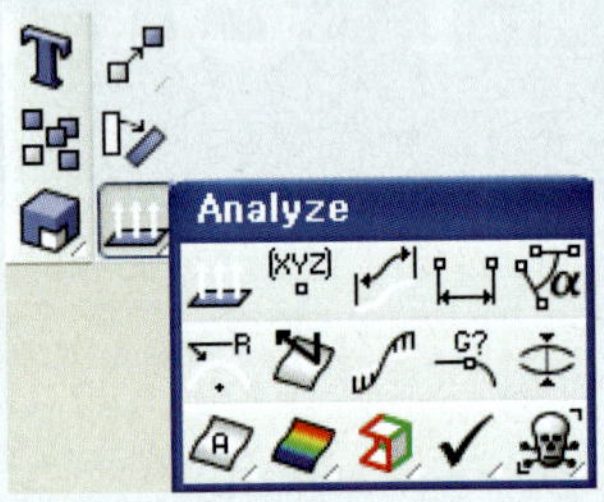

Evaluate Point

메뉴: Analyze Menu 〉 Point

버튼: 왼쪽 클릭

기능: 공간에서 선택된 위치의 World와 CPlane 좌표를 보고하는 기능으로 특정 포인트의 위치 정보를 나타내는 기능이다. 이 기능은 먼저 지정된 점을 확인할 때 자주 사용된다.

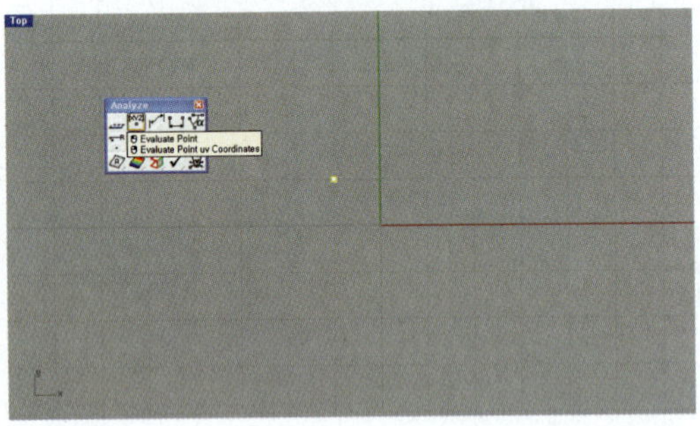

① Point 기능을 실행하여 다음과 같이 어느 지점을 선택하여 생성한다.
생성한 Point를 활성화 시킨 다음 Evaluate Point 기능을 실행한다.

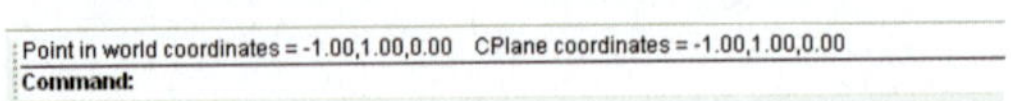

② 다음과 같이 명령줄에 Point에 대한 위치 정보가 나타난다.

Evaluate UV Point

버튼: 오른쪽 클릭

기능: Suface에서 선택된 위치의 U, V방향 좌표를 보고 하는 기능이다.

① 다음 이미지와 같이 Surface를 생성한 다음 Evaluate UV Point 기능을 실행한다. Surface를 선택함과 동시에 계산할 특정 위치를 지정한다.

UV coordinates of point = 0.73524, 10.5707

Point to evaluate (CreatePoint=*Yes* Normalized=*No*):

② 지정한 다음 명령줄을 보면 다음과 같이 위치 값에 대한 정보가 나타난 것을 알 수 있다.

〈Options〉

- Create Point

Yes를 선택하면 Surface상에 Point개체를 생성하게 된다.

- Normalized

Polysurface가 선택된 경우, 선택된 점에서의 구성 요소인 Surface가 계산된다. Surface가 자른 Surface인 경우에는 자르기 취소된 Surface가 계산에 사용된다.

Curvature graph On

메뉴: Analyze Menu 〉 Curve 〉 Curvature graph On

버튼: 왼쪽 클릭

기능: Curve 또는 Surface의 Curvature Graph를 보여주는 기능이다.

Curve 또는 Surface의 Curvature Graph를 보여주는 기능으로 Continuity 정보를 확인할 때 주로 사용된다.

이 기능은 Normal 방향을 기본적으로 하얀색 선으로 표시하고 있으며 곡률에 반비례로 보여준다. 여러 개의 Curve 또는 Curve 자체 내의 곡률의 연속과 미세하게 변화하는 곡률의 커브 형태 파악에 효율적이다.

Curve Analysis

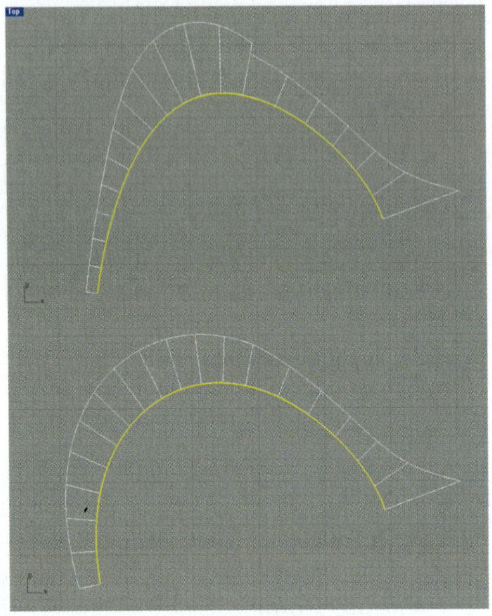

■ Tangent

2개의 Curve Span의 Tangent 방향은 동일하나, 곡률 그래프가 한 값에서 급격히 달라진다. Degree 2의 Curve Span은 G1으로, Tangent 방향의 연속성이 일치하고 있으며 곡률에 대한 연속성은 없다.

■ Curvature Continuous

곡률 그래프에서 값이 급격하게 변하는 곳은 없다. 첫 번째 Span의 곡률 그래프의 끝이 두 번째 Span의 곡률 그래프의 끝에 직접 연결되어 있다. Span이 접하는 곳에서 곡률의 값이 급격하게 변하지 않으므로 이 곡률의 연속성은 G2이며, 곡률의 연속성이 있다. 그러나 첫 번째 Span의 곡률 그래프의 변화의 정도는 두 번째 스팬의 곡률 변화의 정도와 다르므로 곡률의 값은 급격하게 변하지 않으나, 곡률의 변화율은 급격하게 변한다.

- Surface에서 Curvature Hairs는 Surface의 Isoparametric Curve에서만 표시된다. Isoparametric Curve 표시가 꺼져 있으면 Surface의 경계에서만 Curvature Hairs가 표시된다.
- 직선을 제외한 Curve의 어느 점에서나 그 점의 곡률과 가장 근사한 값으로 유사한 원이 있다. 즉, 어느 점의 위치에서나 동일한 접선 방향과 접선에서 동일한 변화율을 갖는 원이 있다. 표시되는 곡률은 대화 상자에서 설정된 배율로 크기가 조정된다. 그래프가 매끄럽게 변화하는 경우, 커브는"매끄러운 커브" 또는 "정형된 커브"라고 한다. 곡률 그래프의 선에 고르지 않은 부분이 있으면 커브에 Kink 또는 급격한 변화가 있음을 나타낸다.

〈Options〉

• Display Scale

변화의 크기는 실제보다 크게 표시될 수 있다. Display Scale 설정에서 100은 1:1 곡률의 척도를 의미한다.

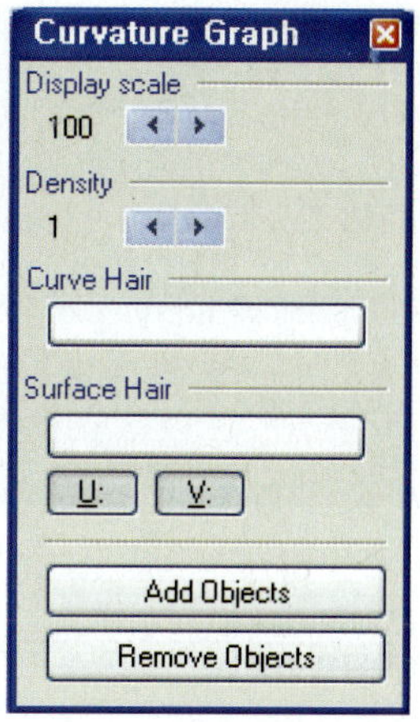

- Density

Graph Hairs의 수를 설정하는 기능이다.

- Curve Hair Color

Curve의 Graph Hairs 색을 설정하는 기능이다.

- Surface Hair Color

Surface의 Graph Hairs 색을 설정하는 기능이다.

- U/V

U 또는 V 방향에서만 Surface Hairs를 표시하는 기능이다.

- Add Objects

추가로 선택된 개체의 Curvature Graph 표시를 On시키는 기능이다.

- Remove Objects

선택된 개체의 Curvature Graph 표시를 Off시키는 기능이다.

Curvature graph Off

메뉴: Analyze Menu 〉 Curve 〉 Curvature graph Off
버튼: 오른쪽 클릭
기능: Curvature graph를 비활성화 시키는 기능이다.

Geometric Continuity of 2 Curves

메뉴: Analyze Menu 〉 Curve 〉 Geometric Continuity
버튼: 왼쪽 클릭
기능: 2개 Curve간의 기하학적인 연속성을 분석하는 기능이다.
이 기능은 Curve의 Continuity를 체크하는 기능으로 명령줄에 Continuity 정보가 나타난다. G0, G1, G2의 3가지 형태로 나타난다.

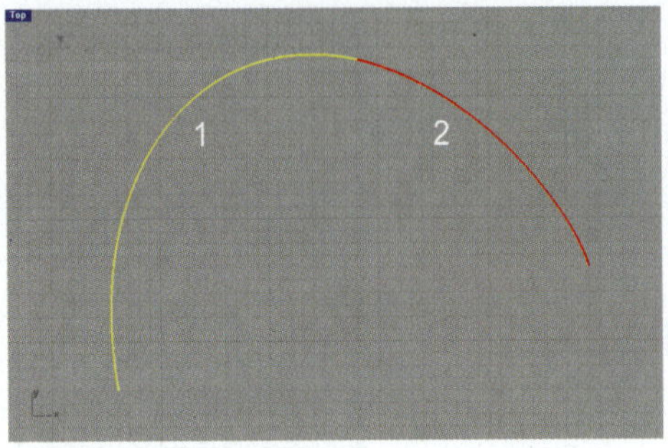

① 다음과 같은 Curve를 생성한다. 이때 생성되는 Curve는 Match Cur- ve 기능을 활용하여 Curve의 연속성을 Curvature로 맞추어 준다.

Geometric Continuity of 2 Cur- ves기능을 이용하여 생성된 Curve를 이미지에 나타난 순서와 같이 지정한다.

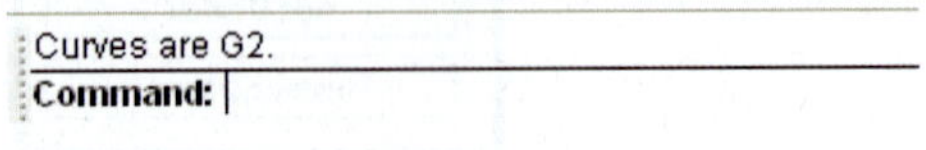

② 2개의 Curve를 선택하고 나면 명령줄에 다음과 같은 문구가 나타난다. Match Curve로 생성된 결과와 같이 Curve의 연속성을 보여주고 있다.

Analyze Curve Deviation

메뉴: Analyze Menu 〉 Curve 〉 Deviation

버튼: 왼쪽 클릭

기능: 선택한 2개의 Curve의 편차를 분석하고 기록하는 기능으로 명령줄에 Curve의 시작점 간격, 끝점 간격, 최소편차(Minimum Deviation), 최대편차(Maximum Deviation)을 분석하여 보여준다. 이 기능은 3개의 표시선으로 표시된다. 각 구간의 양끝에 표식이 나타나고 그 구간 내의 최대 편차점에도 표식이 나타난다.

최소편차(Minimum Deviation) = 녹색 표식

최대편차(Maximum Deviation) = 빨간색 표식

시작점 간격 = 하얀색 표시

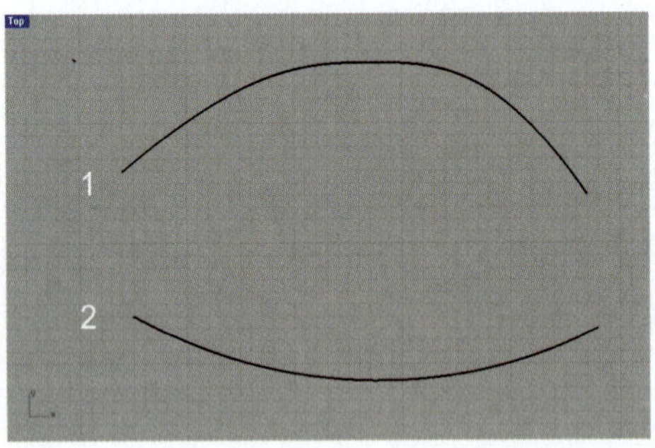

① 다음과 2개의 Curve를 생성한다.

Analyze Curve Deviation 기능을 실행한 다음 이미지에 나타난 순서와 같이 2개의 Curve를 선택한다.

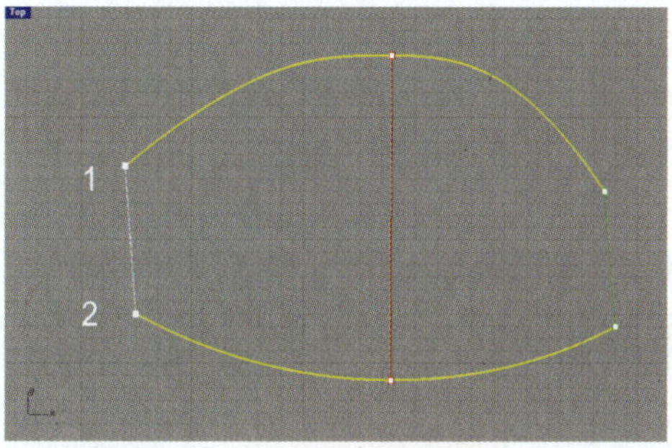

② 다음 이미지와 같이 선택한 2개의 Curve 사이로 편차를 분석하면서 기록되어진 것을 볼 수 있다. 여기서 녹색 표식은 최소편차, 빨간색 표식은 최대편차를 보여주고 있다.

Commad History창을 사용하거나 F2 키를 눌러 별도의 창에서 Data를 확인할 수 있다.

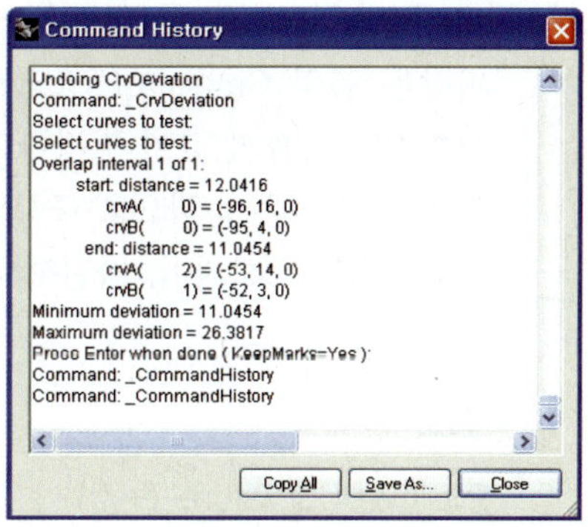

SURFACE TOOLBAR

Surface의 곡률을 화면에 시각적으로 분석하여 보여주는 기능이다.

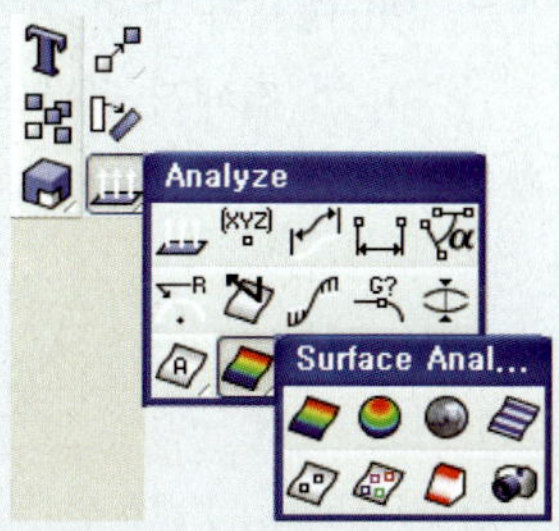

Curvature Analysis

메뉴: Analyze Menu 〉 Surface 〉 Curvature Analysis

버튼: 왼쪽 클릭

기능: Color Mapping을 사용하여 시각적으로 Surface의 곡률을 분석하는 기능이다. Surface에 표시되는 Color Mapping은 Surface에 실제로 매핑된 것이 아니며,

Surface의 곡률을 분석하기 위한 시각적 분석으로만 표시된다.
Surface의 가우스 곡률(Gaussian Curvature), 평균 곡률(Mean Curvature), 최소 곡률 반지름(Minimum Radius of Curvature), 최대 곡률 반지름(Maximum Radius of Curvature)등을 분석한다.

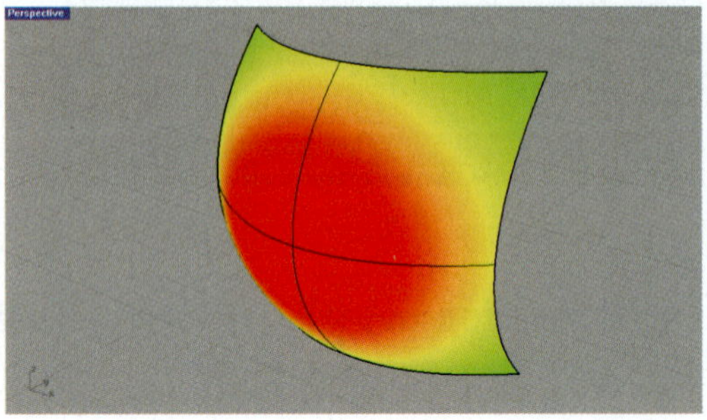

〈Options〉

• Gaussian

빨간색은 양의 Gaussian Curvature값에, 녹색은 0의 Gaussian Curvature에, 파랑은 음의 Gaussian Curvature값을 보여준다. 곡률의 값이 지정한 값의 중간값을 가진 점은 녹색으로 표시되며 빨간색의 범위 밖의 곡률의 값을 가진 Surface의 점은 빨간색으로 표시되어, 파란색의 범위 밖의 곡률의 값을 가진 Surface의 점은 파란색으로 표시된다.

• 결과

Positive Curvature (+값)

곡면이 볼록한 형태로 Surface가 사발 모양인 것을 의미하며 한점에서 곡률 방향이 모두 같은 방향을 나타낸다.

Negative Curvature (−값)

Surface가 말의 안장 형태를 보여주고 있으며 한 점에서 곡률의 방향이 서로 다른 부분이 있는 경우를 나타낸다.

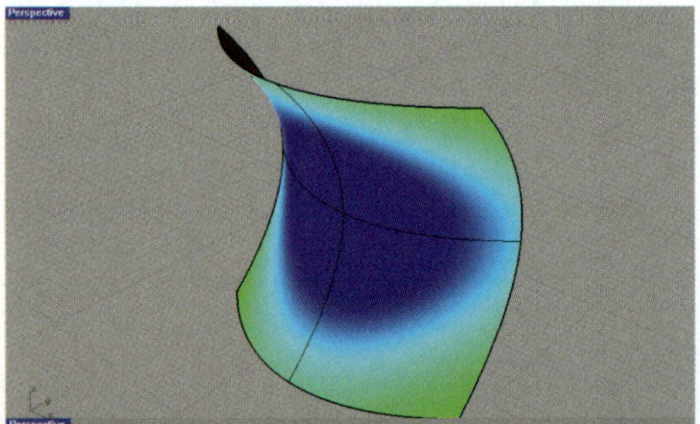

Zero Curvature (0값)

Surface는 적어도 한 방향에서 평평한 것을 의미한다. 평면, 원통, 원뿔의 경우는 모두 Gaussian Curvature가 0이다.

Mean Curvature (평균 곡률)

Mean Curvature의 절대 값을 표시하는 기능이다. Surface Curvature에서 급작스러운 변화가 있는 영역을 찾을 때 또는 G2 연결을 확인할 때 효율적인 기능이다.

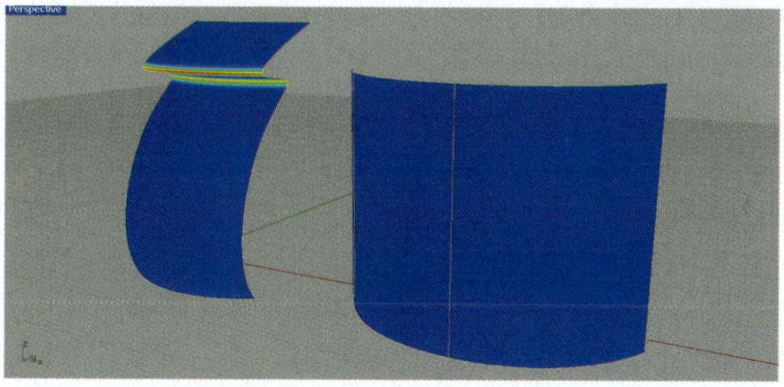

Maximum Radius of Curvature (최대 곡률 반지름)

이 기능은 평평한 부분을 찾을 때 편리하다. 파란색의 값을 비교적 높게 설정하고 (10->100->1000) 빨간색의 값을 무한대에 가깝게 설정한다. 모델의 빨간색의 영역은 곡률의 값이 0에 가까운 평평한 부분을 나타내는 것이다.

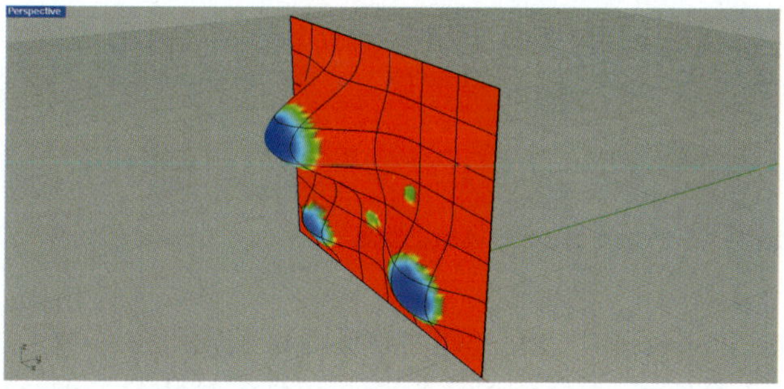

Minimum Radius of Curvature (최소 곡률 반지름)

거리 r 에서 Surface를 Offset 하는 경우 또는 반지름이 r 인 절단공으로 Surface를 연마하는 경우, Surface가 r 보다 작은 반지름으로 "만곡시키는" 부분에는 문제가 발생하게 된다. Offset의 경우, 그 결과로 개체 자체가 비틀린다. 연마의 경우에는 남겨두려는 재질을 절단공이 제거한다.

Surface가 급격하게 구부러지는 부분이 있는지를 확인해야 하며 최소 반지름 옵션을 사용하면 도움이 된다. 빨간색 = r, 파란색 = 1.5 x r로 설정한다. Surface에서 빨간색은 Offset 또는 연마가 불가능한 부분을 나타내며 파란색은 가능한 부분이다. 녹색에서 빨간색에 가까워지는 부분은 주의가 필요하다.

Auto Range

False Color Mapping과 Curvature Analysis 명령을 사용하여 Surface의 곡률을 분석한

다. 컴퓨터의 채도에 값을 매핑해야 한다. 먼저 자동 범위를 클릭하고 자동 범위에서 선택된 것과 같은 크기의 값을 사용하여 값이 대칭이 되도록 조정한다.

Curvature Analysis 명령은 마지막 Surface 분석을 실행했을 때의 설정을 사용하도록 시도한다. Surface의 지오메트리를 급격하게 변경한 경우 또는 새로운 Surface를 분석하려는 경우, 이 설정이 부적절할 수도 있다. 이러한 경우에 곡률과 색의 대응 매핑을 자동적으로 계산하는 Auto Range Option을 사용하여 곡률의 차이를 나타내는 색의 분포를 얻는다.

Max Range

최대 곡률을 빨간색으로, 최소 곡률을 파란색으로 Mapping하려는 경우, 이 최대 범위의 Option을 사용한다. 그러나 극단적으로 곡률이 변화하는 Surface는 이 옵션의 이미지로 좋은 정보를 얻을 수 없는 경우가 있다.

| Curvature Analysis Off

버튼: 오른쪽 클릭

기능: Color Mapping을 사용한 Surface의 곡률 분석을 종료하는 기능이다.

| Draft Angle Analysis

메뉴: Analyze Menu 〉 Surface 〉 Draft Angle Analysis

버튼: 왼쪽 클릭

기능: 이 기능은 현재 활성화된 Viewport의 CPlane의 Z축에 대해 Draft Angle을 Color 매핑으로 표시하여 형상의 언더 컷, 금형을 위한 Draft Angle을 확인하는 기능이다.
Surface가 CPlane에 수직이면 Draft Angle=0, Surface가 CPlane에 평행이면 Draft Angle=90도 이다.
최소와 최대 각도를 같은 값으로 설정했을 때, 그 각도를 넘는 Surface의 모든 부분이 빨간색으로 표시된다.
Surface의 Normal 방향은 주형에서 빼내는 방향을 향하며 Dir 명령으로 확인할 수 있다.

| Draft Angle Analysis Off

버튼: 오른쪽 클릭

기능: Draft Angle Analysis 명령을 종료하는 기능이다.

| Environment Map

메뉴: Analyze Menu 〉 Surface 〉 Environment Map

버튼: 왼쪽 클릭

기능: Surface 분석을 위한 음영 환경맵을 사용하는 기능이다.
Bitmap Image를 Mapping하여 표시하며 Surface에 결함을 확인하거나, Surface에 반사가 제대로 흐르는지 시각적으로 확인하기 위해 사용한다.

Surface 분석을 위한 기능으로 RP와 금형 모델링, 실사 렌더링 작업을 할 때 Surface의 자연스럽지 못한 부분을 자세히 확인할 때 주로 사용된다.

〈Options〉

■ Blend with object render color

개체의 렌더링 색과 Bitmap을 혼합시키는 기능이다. 이에 따라 Environment Map으로 다른 재질을 사용할 수 있다. 다른 재질을 사용하려면 중성적인 색의 비트맵을 사용하여 개체의 렌더링 색과 혼합한다.

| Environment Map Off

버튼: 오른쪽 클릭

기능: Environment Map 표시를 Off시키는 기능이다.

| Zebra Analysis

메뉴: Analyze Menu 〉 Surface 〉 Zebra

버튼: 왼쪽 클릭

기능: 얼룩 줄무늬로 Surface의 연속성을 음영 처리하여 시각적으로 분석하는 기능이다.
Zebra 명령은 일련의 시각적인 Surface 분석 명령 중 하나이다. 이런 명령은 NURBS Surface 평가와 렌더링 기법을 사용하여 시각적으로 Surface의 매끄러움, 곡률, 기타 중요한 속성을 분석하는 데 도움이 된다.

Environment Map 기능과 마찬가지로 NURBS Surface 평가와 Rendering 기법을 사용하여 시각적으로 Surface의 매끄러움, 곡률, 기타 중요한 속성을 분석하는 데 도움이 된다.

Interpreting the Stripes

■ G0

줄무늬가 Surface에서 Surface로 건너는 부분에 Kink가 있거나, 줄무늬가 고르지 않은 경우, 두 Surface가 서로 접하지만, 고르지 않은 줄무늬가 있는 부분에 Kink 또는 주름이 있다는 것이다. 이 결과는 두 Surface의 연속성은 G0인 것을 보여준다.

■ G1

계속되던 줄무늬가 연결된 부분을 건너는 부분에서 급작스럽게 방향을 바꾸는 것은 두

Surface에서 위치와 접선 방향이 일치함을 의미하는데 이것은 두 Surface에 G1의 연속성을 나타내는 것이다. Fillet Surface 명령으로 연결되어 일치된 Surface에 이런 줄무늬가 나타나게 된다.

■ G2

줄무늬가 일치하고 연결된 부분에서도 매끄럽게 계속되면 두 Surface의 위치, 접선 방향, 곡률이 일치함을 의미한다. G2 연속성을 나타낸다. Blend Surface, Match Surface 또는 Network Surface명령으로 연결된 Surface에서 이러한 줄무늬가 나타난다. Network Surface명령의 옵션에서 Surface 가장자리를 Curve Network의 일부로 사용하는 경우, 위와 같은 연결 상태가 가능하다.

〈Options〉

- **Stripe Direction**

  얼룩말 무늬의 방향을 설정하는 기능이다.

- **Stripe Size**

  얼룩말 무늬의 크기를 지정할 수 있는 기능이다.

- **Stripe Color**

  얼룩말 무늬의 색을 지정할 수 있다.

- **Show Isocurves**

  개체에 Isocurve를 보여주는 기능이다.

- **Adjust Mesh**

  Zebra 명령을 사용할 때, 선택된 개체에 Surface 분석 Mesh가 없을 경우에는 Polygon Mesh Option 대화 상자의 설정에 따라 보이지 않는 Mesh가 생성된다.

- **Add Objects**

  얼룩말 무늬가 보이게 하는 기능이다.

- **Remove Objects**

  얼룩말 무늬를 보이지 않게 하는 기능이다.

| Zebra Analysis Off

버튼: 왼쪽 클릭

기능: 얼룩말 줄무늬 대화 상자 기능을 닫는 기능이다.

Points From UV coordinates

메뉴: Analyze Menu 〉 Surface 〉 Points From UV coordinates

버튼: 왼쪽 클릭

기능: Surface의 U, V좌표(U, V Coordinates)를 사용하여 Surface 위에 점을 생성하는 기능이다. U-Direction은 녹색 화살표로, V-Direction은 적색 화살표, Normal Direction은 흰색 화살표로 표시된다.
Polysurface가 선택된 경우, 선택된 점에서의 구성 요소인 Surface가 계산된다. Surface가 Trim된 Surface인 경우에는 Trim되지 않은 Surface가 계산에 사용된다.

〈Options〉

• CreatePoint

Yes를 선택하면 Surface상에 점 개체를 생성하게 된다.

• Normalized

Yes를 선택하면 U와 V의 매개 변수의 범위가 조정되어 출력되는 값이 0에서 1사이가 된다. Surface의 정의역을 바탕으로 계산할 필요 없이 선택한 점의 매개 변수 공간에 따른 퍼센트를 알고 싶을 때 편리하다.
No를 선택하면 크기 조정되지 않은 U와 V의 매개변수 값이 주어진다.

UV coordinates of a Point

메뉴: Analyze Menu 〉 Surface 〉 UV coordinates of a Point

버튼: 오른쪽 클릭

기능: Surface 위에 있는 점의 U, V좌표(U, V Coordinates)를 측정하여 보고하는 기능이다. Polysurface가 선택된 경우, 선택된 점에서의 구성 요소인 Surface가 계산되며 Surface가 Trim된 Surface인 경우에는 Trim되지 않은 Surface가 계산에 사용된다.

Point Set Deviation

메뉴: Analyze Menu 〉 Surface 〉 Point Set Deviation

버튼: 왼쪽 클릭

기능: 선택된 Point와 Surface 사이의 거리를 분석하고 보고하는 기능이며 연결하는 Normal Line을 생성할 수 있다. 또한 특정 지점을 지나는 Surface를 Editing할 때 할용하며 3D Scnner에서 Scan 받은 것을 Curve로 생성할 때 사용한다.

Trim된 Surface에 Point Set Deviation 명령을 적용하면 Trim되지 않은 상태의 Surface가 사용된다.

〈Options〉

- Proximity angle – 근접 각도

Curve나 Surface의 Normal Direction에 대해 설정된 범위 안에 있는 점들만 표시된다. 기본값은 3도이며, 180도의 경우 모든 점이 채색되어 표시된다.

- Hair scale

배율에 따라 Curve 또는 Surface로의 실제 거리보다 과장되어 표시된다.
기본값은 10이다.

- Display hair

대화 상자에서 지정된 점에 Display hair 하는 기능이다.

- Make hair permanent

명령이 종료되었을 때 Display hair를 생성한다. Display hair는"Point Test 〈color〉"라는 이름의 Layer에 만들어진다.

- Statistics

Point count – 측정에 사용된 점의 개수
Mean distance – 평균 거리
Median distance – 중앙거리
Standard deviation – 표준편차
Ignore
설정된 거리를 벗어난 점들은 무시된다.
Bad point
설정된 거리보다 멀리 있는 점은 빨간색으로 표시되거나 무시된다.
Good point
설정한 거리보다 가까운 점들은 파란색으로 표시된다.
On Surface
Surface 위에 있는 점들은 파란색으로 표시된다.

- Apply

대화상자에서 설정값들을 변경하고 Apply버튼을 클릭 하여 표시되는 사항들을 다시 계산하여 표시한다.

| Thickness Analysis

버튼: 왼쪽 클릭

기능: 두 Surface 사이의 거리를 평가하기 위해 False Color로 표시하는 기능이다.

| Thickness Analysis Off

버튼: 오른쪽 클릭

기능: False Color Thickness Analysis 표시를 Off시키는 기능이다.

| Screen Capture To File

버튼: 왼쪽 클릭

기능: 현재 활성화된 상태의 Viewport의 화면을 Capture하여 파일로 저장하는 기능이다. 저장 시킬 수 있는 이미지 파일형식으로는 BMP, TGA, JPG, PCX, PNG등이 있다.

| Capture Viewport To Clipboard

버튼: 오른쪽 클릭

기능: 현재 활성화된 상태의 Viewport의 화면을 Capture하여 Clipboard에 저장하는 기능이다.

PrintScreen 버튼을 눌러 화면 캡쳐하는 방식과 유사한 기능이다.

MASS PROPERTIES TOOLBAR

개체의 면적, 부피, 부력을 측정하과 계산하는 기능이다.

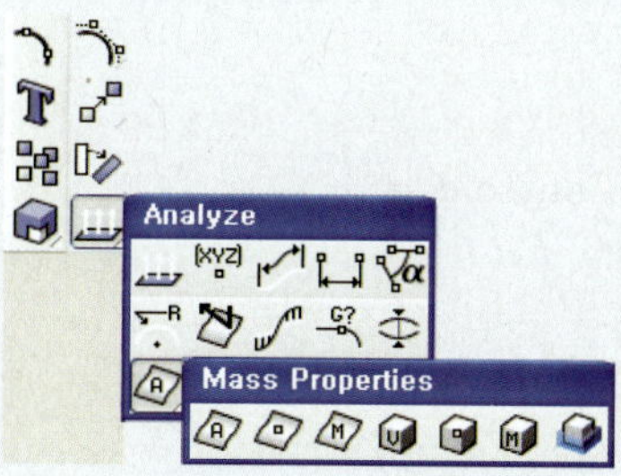

| Area

메뉴: Analyze Menu 〉 Mass Properties 〉 Area

버튼: 왼쪽 클릭

기능: 닫힌 평면형 Curve, Surface, Polysurface 또는 Mesh의 Surface 면적을 계산하는 기능이다.

〈Options〉

- Units

면적 표시 단위를 설정하는 기능이다. 이 기능은 선택된 개체가 없을 때 사용할 수 있다.

해당 Curve나 Surface 중심점을 생성시키고자 할 때 효율적으로 사용되는 기능이다.

Area Centroid

메뉴: Analyze Menu 〉 Mass Properties 〉 Area Centroid

버튼: 왼쪽 클릭

기능: 닫힌 Surface 또는 Polysurface의 중심을 계산하여 중심점을 배치시키는 기능이다.

Area Moments

메뉴: Analyze Menu 〉 Mass Properties 〉 Area Moments

버튼: 왼쪽 클릭

기능: 개체의 면적에 대한 관성 Moment를 계산하는 기능이다.

Volume

메뉴: Analyze Menu 〉 Mass Properties 〉 Volume

버튼: 왼쪽 클릭

기능: 닫힌 Surface, Polysurface, 또는 Mesh의 체적을 계산하고 보고하는 기능이다. 닫히지 않은 여러 개체 그룹의 체적을 계산할 수도 있다. 이로 인해 결합하지 않았으나 닫힌 형태의 Surface의 체적을 계산 할 수 있다.

Area Centroid와 유사한 기능으로 Solid개체에 중심점을 생성시키고자 할 때 효율적으로 사용되는 기능이다.

Volume Centroid

메뉴: Analyze Menu 〉 Mass Properties 〉 Volume Centroid

버튼: 왼쪽 클릭

기능: 체적 중심을 계산하고 보고하는 기능이다.

Volume Moments

메뉴: Analyze Menu 〉 Mass Properties 〉 Area

버튼: 왼쪽 클릭

기능: 개체의 체적에 대한 관성 모멘트를 계산하는 기능이다.

Hydrostatics

메뉴: Analyze Menu 〉 Mass Properties 〉 Hydrostatics
버튼: 왼쪽 클릭
기능: 유체정역학 값을 계산하고 보고하는 기능이다. 유체의 정적인 상태 또는 평행인 상태 또는 고요한 상태를 의미하는 것으로 중력과 압력을 모두 고려하고 있는데 선박 제조 시에 사용되는 부력과 관계된 수치를 측정하는 개념이다.

Length

메뉴: Analyze Menu 〉 Length
버튼: 왼쪽 클릭
기능: 모든 형태의 직선 또는 곡선의 Curve와 Edge의 길이를 측정하고 보고하는 기능이다.

Flamingo 프로그램 기능 중 Depth of Field기능을 실행할 때 필수적인 기능이다.

Distance

메뉴: Analyze Menu 〉 Distance
버튼: 왼쪽 클릭
기능: 두 개체 간 거리를 측정하는 기능이다.

〈Options〉

• Units

거리 표시 단위를 설정하는 기능이다.

Angle

메뉴: Analyze Menu 〉 Angle
버튼: 왼쪽 클릭
기능: 두 Curve 간 각도를 측정하는 기능이다.

Radius

메뉴: Analyze Menu 〉 Radius
버튼: 왼쪽 클릭
기능: Curve 반지름을 지정된 점에서 측정하고 보고하는 기능이다.

EDGE TOOLS TOOLBAR

Surface의 가장자리를 편집 또는 표시하는 기능이다.

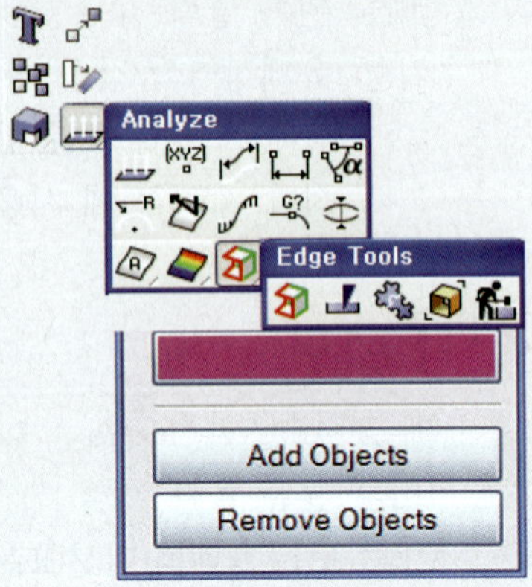

이 기능은 완성된 모델링, 특히 연산 작업을 실시한 다음 확인하는 기능으로 특히 Naked Edge기능은 R·P 작업을 위해 형태를 점검할 때 필요한 기능이다.

Show Edges

메뉴: Analyze Menu 〉 Edge Tools 〉 Show Edges

버튼: 왼쪽 클릭

기능: Suface와 Polysurface 가장자리를 강조 표시하는 기능이다.

〈Options〉

- **Show**

All Edges

모든 Surface와 Polysurface Edge를 표시하는 기능이다.

- **Naked Edges**

Surface와 Polysurface 가장자리의 열린 가장자리를 표시하는 기능이다.
Naked Edge는 다른 Surface 가장자리와 결합되지 않은 Surface 가장자리를 말한다. 특정 개체가 시각적으로 결합되어 Solid처럼 보이더라도 Naked Edge가 존재하면 Solid 개체가 될 수 없다.Naked Edge가 존재하는 개체를 Boolean 작업을 실행하거나 이 개체를 다른 연관프로그램으로 Export하면 작업에 문제가 발생할 수 있다.

- **Zoom**

떨어진 가장자리를 확대 또는 축소시키는 기능이다.

- **Edge Color**

가장자리의 표시 색을 설정하는 기능이다.

• Add Objects

개체를 가장자리 표시에 추가하는 기능이다.

• Remove Objects

가장자리 표시에서 개체를 제거하는 기능이다.

Show Edges Off

버튼: 왼쪽 클릭

기능: 가장자리 표시를 끄고 가장자리 Analysis 대화 상자를 닫는 기능이다.

Split Edge

메뉴: Analyze Menu 〉 Edge Tools 〉 Split Edge

버튼: 왼쪽 클릭

기능: 지정한 위치에서 Surface Edge를 Split하는 기능이다. Show Edge 명령을 사용하여 가장자리 끝점을 표시한다.

하나의 Edge를 분할시키는 기능 & 하나의 Edge로 병합시키는 기능

Merge Edge

메뉴: Analyze Menu 〉 Edge Tools 〉 Merge Edge

버튼: 오른쪽 클릭

기능: 분리된 가장자리를 하나의 연속된 가장자리로 합치는 기능이며 이것은 Surface에서 분리되고 이격된 가장자리를 합친다는 의미이다.

이 기능은 복잡한 Polysurface에 Split된 가장자리가 존재함으로 인해 Join이 실행되지 않을 때 사용하며 효율적이다. Surface를 결합하여 Polysurface로 만들 때는 가급적이면 가장자리들을 1:1로 결합시키는 것이 좋으며 1개의 가장자리와 여러 개의 가장자리가 결합될 때 문제가 발생할 수 있다. 또한 Merge시킬 Naked Edge들은 같은 Surface에 있어야 하며 끝점 공유와 위치가 자연스럽게 만나야 하는 조건이 있다.

복잡한 Poly-surface에 Split된 Edge가 존재함으로 인해 Join이 실행되지 않을 때 효율적으로 사용하는 기능이다.

이 기능은 Surface의 기하학적 형태를 변경하는 것이 아니며 단순히 인접한 Surface들을 붙인 상태로만 생성시키는 기능이다. 이로 인해, Boo-lean 작업 등의 작업에서 간격이 없는 상태로 작업이 진행될 수 있도록 해준다.

Join 2 Naked Edges

메뉴: Analyze Menu 〉 Edge Tools 〉 Join 2 Naked Edges

버튼: 왼쪽 클릭

기능: Tolerance값의 범위를 넘는 2개의 Naked Edge를 결합시키는 기능이다.

Join 2 Naked Edges의 유의사항

Join 2 Naked Edges명령은 지정한 허용 오차를 무시한다. 따라서 멀리 떨어져 있는 상태의 가장자리들도 결합시킨다. 같은 위치에 겹쳐 있는 2개의 Naked Edges들을 결합하거나, 아주 가까운 위치에 근접해 있는 2개의 Naked Edges들을 결합할 때 사용하면 효율적이다. Surface의 가장자리들이 아주 가깝게 근접해 있는 경우에는 아무 문제도 발생하지 않지만 그렇지 않은 경우에는 모델링 데이터를 사용할 때 문제가 발생할 수 있다.
Surface 형태를 변경하는 것이 아니며, 단순히 인접한 Surface들을 붙힌 상태로 생성한다. 이것은 Boolean작업에서 간격이 없는 상태로 작업을 진행시켜 준다.

| Rebuild Edges

메뉴: Analyze Menu 〉 Edge Tools 〉 Rebuild Edge
버튼: 왼쪽 클릭
기능: 편집으로 Surface에서 분해된 원래 3D Surface Edge를 복원시키는 기능이다. Polysurface를 각각의 Surface로 분해한 후, Surface의 원래 3D Edge를 복원하려할 때 이 기능을 사용하면 효율적이다.

DIAGNOSTICS TOOLBAR

각종 점검기능이다.

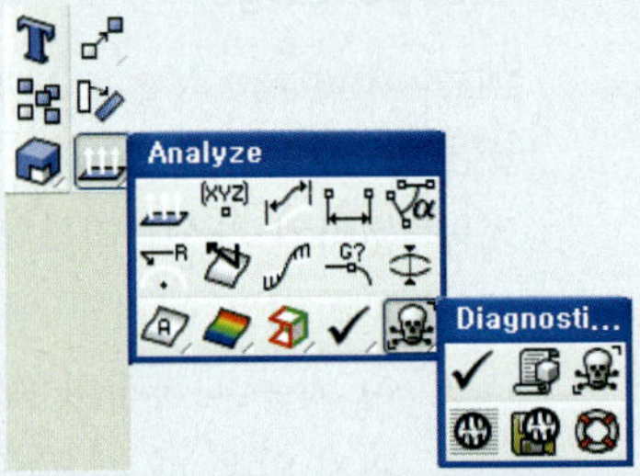

| List

메뉴: Analyze Menu 〉 Diagnostics 〉 List
버튼: 왼쪽 클릭
기능: 선택된 개체의 Data구조에 대한 기술적인 정보를 보여주는 기능이다.

| Check

메뉴: Analyze Menu 〉 Diagnostics 〉 Check
버튼: 왼쪽 클릭

기능: 선택한 개체를 결함 진단하여 결함 내용을 보여주는 기능이다.
이 기능은 주로 기하학적인 결함을 진단하며 개체의 전반적인 구조를 체크한다. 렌더용을 목적으로 한 모델링이면 상관없지만, 제작용 모델링이 목적일 때 이 기능을 통과하지 못하면 삭제하거나 다시 만드는 것이 좋다.

Select Bad Objects

메뉴: Analyze Menu 〉 Diagnostics 〉 Select Bad Objects
버튼: 왼쪽 클릭
기능: 결함이 있는 개체를 활성화시키는 기능이다.

Audit

메뉴: Analyze Menu 〉 Diagnostics 〉 Audit
버튼: 왼쪽 클릭
기능: 현재 열린 라이노 파일에서 결함을 검사하는 기능이다.
Audit 명령에서 Database 결함을 발견하면 결함의 자세한 내용이 인쇄된다. 개체에 잘못된 것이 있거나 개체와 레이어와의 관계에 오류가 있을 경우 그에 관한 정보를 표시해 준다.

Audit 3dm File

메뉴: Analyze Menu 〉 Diagnostics 〉 Audit 3dm File
버튼: 왼쪽 클릭
기능: 라이노의 3DM파일을 검사하고 문제점을 표시하는 기능으로 파일이 손상되거나 열리지 않을 경우 Audit 3dm File 명령으로 문제를 진단할 수 있다.

Rescue 3dm File

버튼: 왼쪽 클릭
기능: 손상된 라이노 파일에서 데이터를 복구하는 기능이다. Open, Import, Insert 명령은 손상된 파일의 데이터를 전부 읽지 못한다. 잘못된 섹터가 있는 하드 디스크와 같은 결함이 있는 미디어에 파일을 저장하거나 파일 전송(잘못된 FTP 전송 또는 USB 포트 전송) 중에 정보에 이상이 생겨 파일이 손상될 수 있다.

Curvature Circle

메뉴: Analyze Menu 〉 Curvature Circle
버튼: 오른쪽 클릭
기능: Curve 또는 Surface상의 점 위치에서 곡률을 분석하는 기능이다.

〈Options〉

• Mark Curvature

Yes를 선택하면 계산할 점에 점 개체와 곡률의 원 또는 반원이 개체로서 놓여진다. 이것은 곡률의 반지름이 무한대로 계산할 수 없는 경우 항상 피드백으로 사용할 수 있다.

Surface의 앞면과 뒷면 설정을 바꾸고자 할 때 주로 사용되며 Apply UV Curves기능을 사용할 때 해당 Surface 방향을 바꾸고자 할 때 효율적이다.

Analyze Direction

메뉴: Analyze Menu 〉 Direction
버튼: 왼쪽 클릭
기능: 선택한 개체의 Normal방향을 보여주는 기능으로 사용자가 직접 변경할 수 있다.

〈Curve Options〉

• Flip

Curve의 방향을 뒤바꾸어 주는 기능이다.

〈Surface Options〉

U방향과 V방향의 화살표 색은 CPlane의 X축과 Y축의 색과 일치한다.
Surface의 Draft Angle이 상태 표시줄에 표시되며 닫힌 Polysurface는 안쪽 방향으로 설정할 수 없다.

■ U Reverse / V Reverse

U방향 또는 V방향을 반대로 뒤바꾸어주는 기능이다.

■ Swap UV

U방향과 V방향을 서로 바꾸어 주는 기능이다.

■ Flip

Surface 방향을 뒤바꾸어 주는 기능이다.

Part XII

12 RENDER

SHADE TOOLBAR

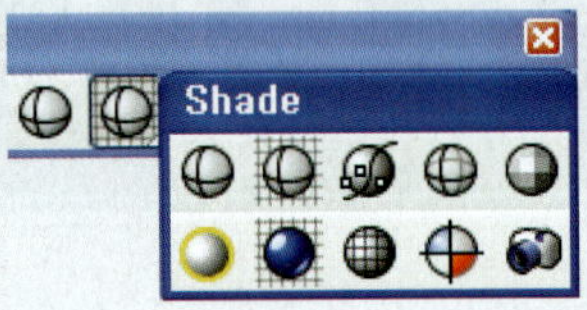

단일 Surface는 둥글게 말아 스스로 결합할 수 있다. Sphere(구), Torus(원환), Ellipsoid(타원체)는 단일 Surface로 결합된 Solid이다. 이 개체들은 제어점을 켜고, 제어점을 이동시켜 Surface 형태를 바꿀 수 있다. Solid Primitive를 만드는 Rhino의 명령 중에는 Polysurface Solid를 만드는 것도 있다. Box(상자), Cone(원뿔), Truncated Cone(원뿔대)와 Cylinder(원통)은 대표적인 Polysurface Solid이다.

Shade

메뉴: Render Menu 〉 Shade

버튼: 왼쪽 클릭

기능: 활성화된 Viewport를 일시적으로 Shade처리하는 기능이다.
선택한 Viewport 내부를 클릭하거나 Esc 키를 누르거나, 다른 명령을 시작하면 취소가 된다.

〈Options〉

• Display Mode

활성화된 화면 안에 있는 각각의 물체를 설정된 Display로 볼 수 있는 기능이다. Shaded, Rendered, Ghosted, X-Ray 설정이 있다.

Chapter 12

• DrawCurves

Curve 개체를 보여주는 기능이다.

DrawCurves = Yes인 경우

• DrawWires

Isocurve와 가장자리를 보여주는 기능이다.

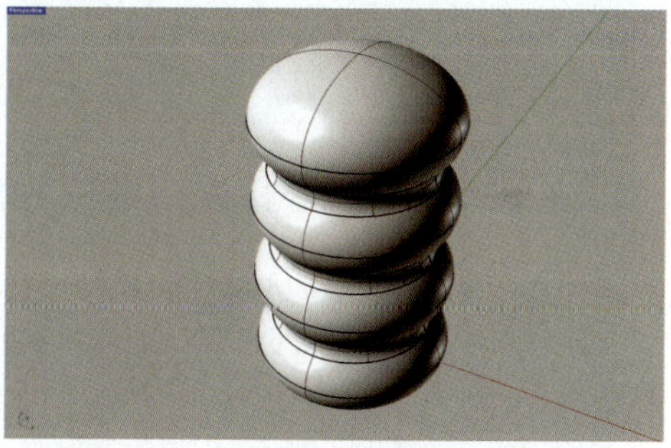

DrawWires = Yes인 경우

• DrawGrid

Grid를 보여주는 기능이다.

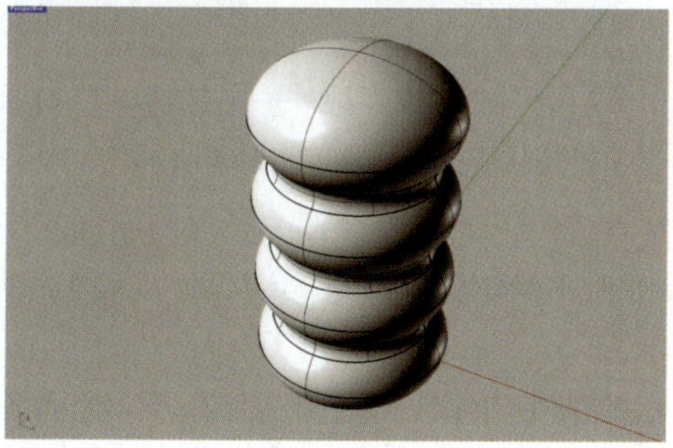

DrawGrid = Yes인 경우

• DrawAxes

CPlane 축을 보여주는 기능이다.

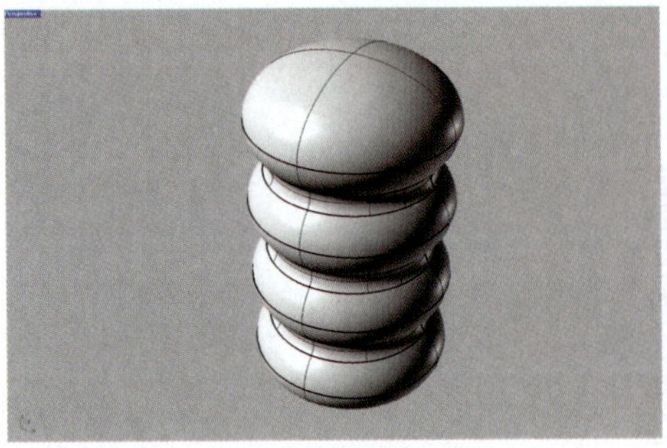

DrawAxes = Yes인 경우

Wireframe Viewport

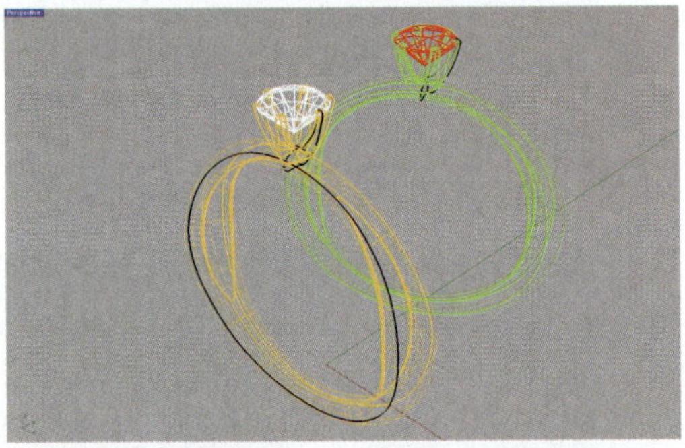

메뉴: View Menu 〉 Wireframe

버튼: 오른쪽 클릭

기능: Viewport Display를 Shaded되지 않은 Wireframe 구조 화면으로 설정하는 기능이다.

Shaded Viewport

메뉴: View Menu 〉 Shaded

버튼: 왼쪽 클릭

기능: Viewport Display를 불투명한 Shade 상태로 설정하는 기능이다.

- Rendering하려는 개체가 매우 복잡할 경우, Rhino에서 처음 Rendering이나 Shaded할 때 속도가 느려 질 수 있다. 그 이유는 Rhino Program이 매끄러운 지오메트리에서 렌더링에 사용되는 숨겨진 Mesh로 계산하기 때문이다. 다음부터 같은 모델을 Rendering을 할 때는 속도가 빨라진다.
- 빠른 시간에 렌더링을 끝내려면 충분한 RAM의 용량이 필요하다. 512MB를 최소권장사양으로 추천한다.
- Surface를 Shaded했을 때 Surface 사이에 이상한 틈새나 형태가 찌그러져 보이는 경우가 있다. 이럴 경우 먼저 Document Properties 대화 상자의 Mesh 페이지에서 Rendering Mesh를 Smooth & Slower의 설정으로 바꾸거나 Rendering Mesh의 Density 수치를 처음 설정된 수치보다 높게 적용해본다.
  또는 Surface를 Polysurface로 결합시켜 해결할 수 있는 경우가 있다.

- Shaded Viewport를 사용하는 경우, Shaded된 개체를 클릭하여 선택할 수 있으며, Isocurve를 선택하지 않아도 된다. Curve, Isocurve, Point 또는 Annotate의 주변을 클릭하면 개체가 선택된다. View에서 복수의 개체가 겹쳐져 있는 경우 사용자의 시점에 서 가장 가까운 개체가 선택된다.

Ghosted Viewport

메뉴: View Menu 〉 Ghosted

버튼: 왼쪽 클릭

기능: Viewport Display를 반투명 상태로 설정하는 기능이다.

복잡한 모델링 작업 시 이 Display Mode를 선택하게 되면 작업을 진행하는데 무리가 생기므로 꼭 필요한 경우에만 잠깐 사용하도록 한다.

X-Ray Viewport

메뉴: View Menu 〉 X-Ray

버튼: 왼쪽 클릭

기능: Viewport에서 Surface 개체에 의해 보이지 않는 모든 Wireframe과 Point 개체를 보여주는 기능이다.

Rendered Viewport

메뉴: View Menu 〉 Rendered

버튼: 왼쪽 클릭

기능: 이 기능은 Render 명령과 비슷하지만, Ren- der 명령의 실행 결과와 똑같지 않으며 Rendered View의 OpenGL Simulation으로 Viewport를 음영 처리하는 기능이다.

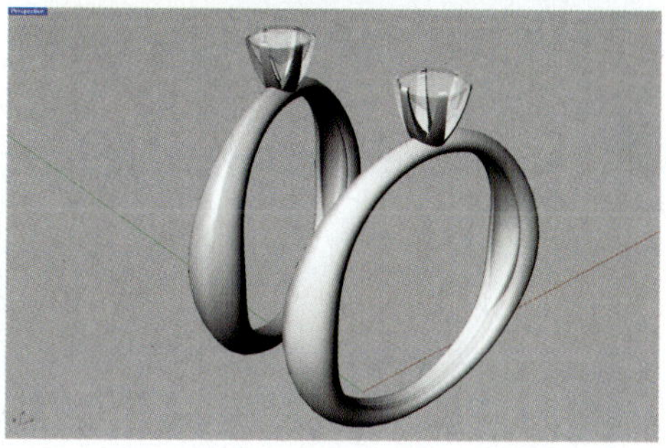

조명 효과의 빠른 근사 값을 표시하므로 조명이 향하는 곳을 확인할 때 효율적이다.

Viewport를 Pan, Zoom, Rotate하여 다른 View에서 모델을 볼 수 있으며, 그림자 또는 Bump Mapping을 표시할 수는 없다.

조명 효과의 빠른 근사 값을 표시하므로 조명이 향하는 곳을 정하기 위해 사용 할 수 있다.

Toggle Flat Shade Mode

메뉴: View Menu 〉 Flat Shade

버튼: 왼쪽 클릭

기능: Mesh를 매끄럽게 하지 않고 Shaded하여 각각의 Rendering Mesh면을 보여주는 기능이다.

Toggle Shade Selected Mode

버튼: 왼쪽 클릭

기능: Viewport Display를 선택된 Surface, Polysurface, Mesh만을 Shaded하도록 설정하는 기능이다.

Render Mesh Settings

버튼: 왼쪽 클릭

기능: Mesh 옵션 값을 조절하는 기능이다.

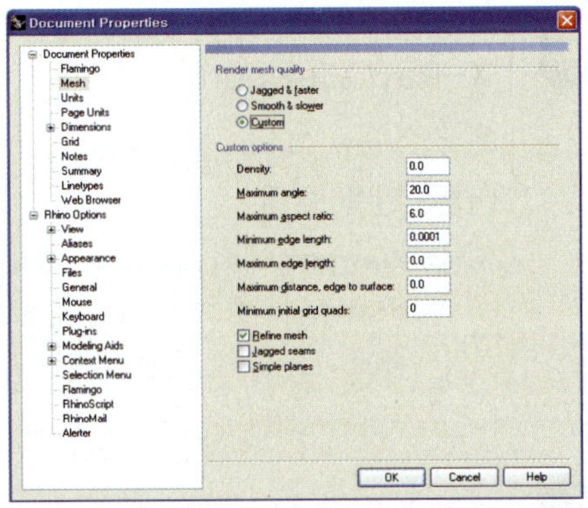

Advanced Display Settings

버튼: 왼쪽 클릭

기능: Rhino Option 〉 Appearance의 Advanced Display값을 설정하는 기능이다.

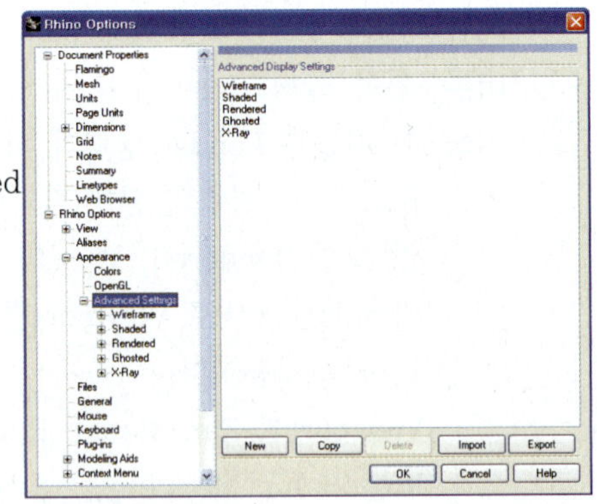

Set Object Shading Attributes

버튼: 왼쪽 클릭

기능: 활성화된 Viewpport에 설정된 Mode와 상관없이 선택한 개체에 별도의 Display를 적용하는 기능이다.

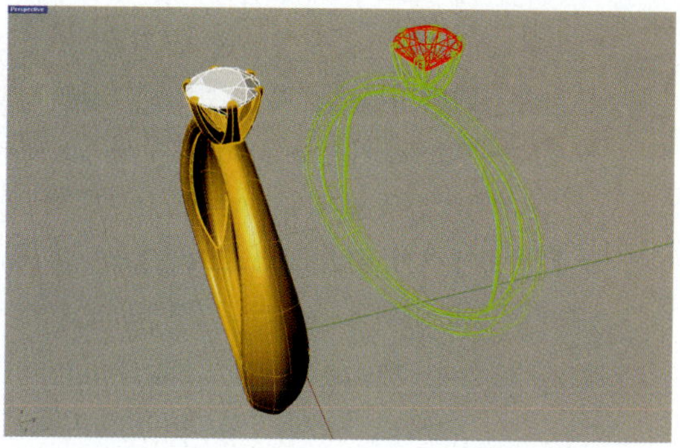

RENDER TOOLBAR

Render Preview

메뉴: Render Menu 〉 Rendering Preview

버튼: 왼쪽 클릭

기능: 현재 활성화된 Viewport를 OpenGL 가속기 기능을 이용하여 대략적인 렌더링을 실행하는 기능이다. 이 기능은 Render Image보다 낮은 수준으로 보여지기 때문에 완성시키기 위한 Render 작업 전에 사용하면 효율적이다.

Rendering

메뉴: Render Menu 〉 Rendering

버튼: 왼쪽 클릭

기능: 현재 설정된 Renderer를 사용하여 선택된 표시 창에 Color Rendering을 생성하는 기능이다. 이 기능은 Document Properties 대화 상자에 설정한 렌더러의 각 옵션을 변경할 수 있으며 모델에 조명 효과를 줄 수 있다.

또한 개체에 Layer Color를 적용하여도 Rendering Color에 영향을 주지 않는다.

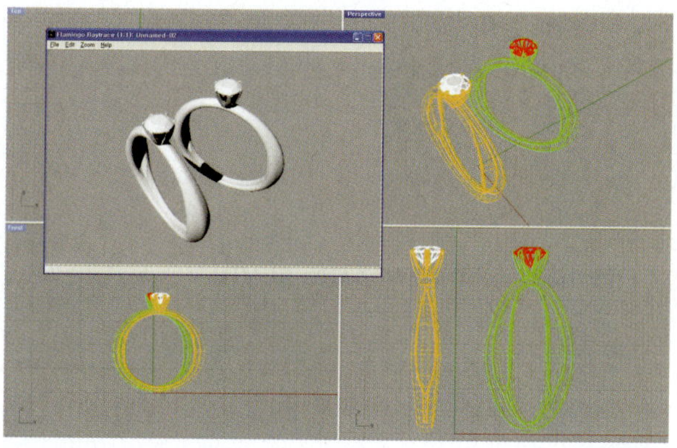

같은 모델과 같은 화면을 다시 Rendering을 할 때는 처음 작업보다 속도가 빨라진다.

- 렌더링하려는 개체가 매우 복잡할 경우 Rhino에서 처음 렌더링이나 Shaded할 때 속도가 느려 질 수 있다. 그 이유는 Rhino Program이 매끄러운 지오메트리에서 렌 더링에 사용되는 숨겨진 Mesh로 계산하기 때문이다. 다음부터 같은 모델을 렌더링을 할 때는 속도가 빨라진다.
- Surface를 Shaded했을 때 Surface 사이에 이상한 틈새나 형태가 찌그러져 보이는 경우가 있다. 이럴 경우 먼저 Document Properties 대화 상자의 Mesh 페이지에서 Rendering Mesh를 Smooth & Slower의 설정으로 바꾸거나 Rendering Mesh의 Density 수치를 처음 설정된 수치보다 높게 적용해본다.
  또는 Surface를 Polysurface로 결합시켜 해결할 수 있는 경우가 있다.

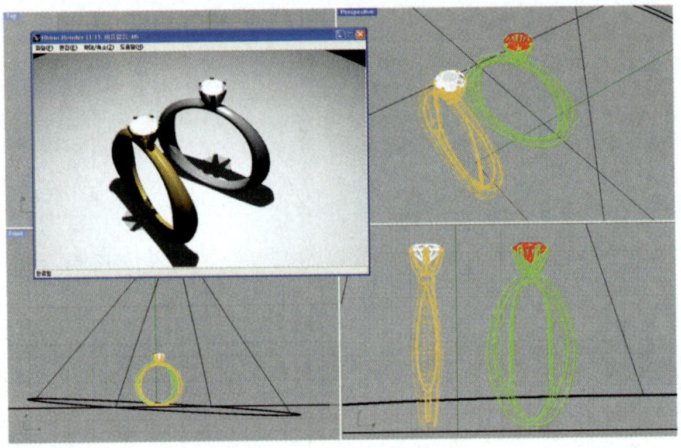

Render Window File menu

■ Save As

이미지를 저장하는 기능이다.

Print: 1:1

이미지를 실제 크기로 인쇄하는 기능이다.

Print: Fit to page

페이지에 맞게 확장되어 인쇄하는 기능이다.

Render Window Edit menu

■ Copy

이미지를 Clipboard에 복사하는 기능이다.

Render Window Zoom menu

■ In/Out

이미지를 확대/축소하는 기능이다.

Render Window Help menu

■ Help

현재 Renderer의 도움말 항목을 보여주는 기능이다.

| Save Rendered Image

버튼: 왼쪽 클릭

기능: Rendering 창의 이미지를 파일로 저장하는 기능이다.

ANIMATION TOOLBAR

Animation 도구모음에는 Rhino에서 움직이는 View를 제작하는데 필요한 도구가 있다. Animation 이미지를 표시하는 다양한 Viewport 표시 모드와 렌더링 모드를 선택할 수 있다. Rhino에는 모델 Animation을 만드는 데 사용되는 제한되는 도구가 있다. 이러한 Animation 도구는 오직 카메라 또는 태양만을 이동시킨다. 개체를 Animation할 수 있는 도구는 포함되어 있지 않다.

Animation 도구는 오직 카메라 또는 태양만을 이동시키는 것으로 개체를 Animation할 수 있는 도구는 없다. 개체를 이동시키기 위한 작업을 원할 경우 Rhino 프로그램 Plug-In 형식의 Bongo 프로그램을 설치하여 사용하면 된다.

| 360 Degree Turntable Animation

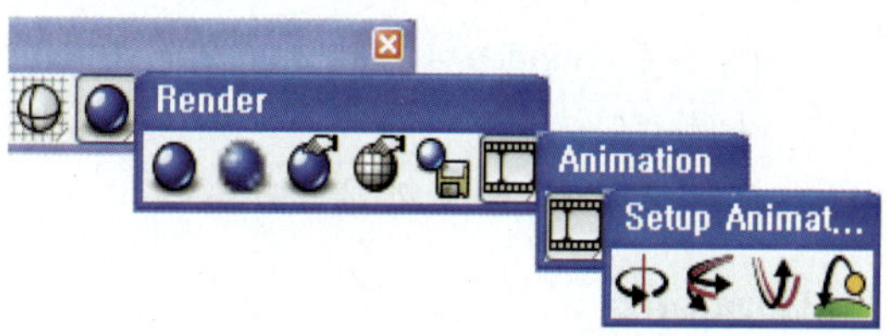

버튼: 왼쪽 클릭

기능: Turntable Animation은 현재 대상 점을 중심으로 한 번 회전하는 기능이다.

| Path Animation

버튼: 왼쪽 클릭

기능: 카메라와 대상을 모두 이동시키는 기능이다.

고정된 대상을 두고 움직이는 카메라, 고정된 카메라와 움직이는 대상, 움직이는 카메라와 움직이는 대상과 같은 세 가지의 다른 유형의 Animation이 가능하다.

| Set Fly Through Animation

버튼: 왼쪽 클릭

기능: 경로를 따라 카메라를 이동시키는 기능이다.

| One-Day Sun Study

버튼: 왼쪽 클릭

기능: 태양을 하늘에서 이동시켜 하루 동안 그림자가 어떻게 변하는지 보여주는 기능이다. 이 기능은 태양 위치에 따라 그림자가 어느 곳으로 지는가를 알아야 할 때 도움이 된다. 건축가, 토목 기사, 도시 계획가들이 새 건축물이 기존의 구조물과 녹지 공간으로의 일광을 차단하는지 판단할 때 이 일조 분석을 사용한다.
또한 이 기능은 카메라 또는 대상 위치를 움직이지 않는 대신 태양을 이동시킨다. 이 기능과 다른 Animation 유형을 결합시킬 수는 없다.

| Seasonal Sun Study

버튼: 왼쪽 클릭

기능: 1년, 1달, 1주와 같이 정해진 기간 동안 매일 같은 시간에 생기는 그림자를 보여주는 기능이다.

PREVIEW ANIMATION TOOLBAR

Animation Sequence를 Wireframe View로 보는 기능이며 각 프레임의 Render 또는 Shaded하는 것보다 훨씬 속도가 빠르다.

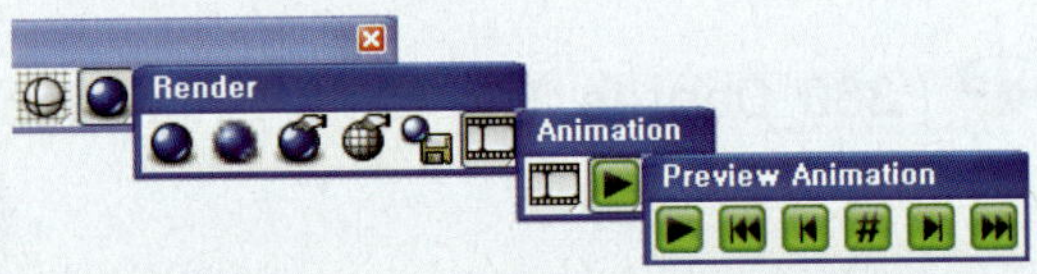

〈Option〉

| Play Animation

기능: Animation 미리보기를 재생하는 기능이다.

| View First Frame

기능: 첫 번째 프레임으로 가는 기능이다.

| View Last Frame

마지막 프레임으로 가는 기능이다.

| View Next Frame

다음 프레임으로 가는 기능이다.

| View Previous Frame

이전 프레임으로 가는 기능이다.

| View Frame Number

지정된 프레임 번호로 가는 기능이다.

| Record Animation

버튼: 왼쪽 클릭

기능: 각각의 프레임을 렌더링하고 지정된 폴더에 저장시키는 기능이며 모든 프레임이 끝나면 Animation의 미리보기가 웹브라우저에 보여 진다.

LIGHTS TOOLBAR

라이노에서는 여러 가지 광원(Light Source)을 사용할 수 있으며 사용자가 광원을 설정하지 않으면, 기본 조명이 설정된다. 기본 조명은 Directional Light로서 사용자의 왼쪽 어깨 위에서 비추는 광원이다.

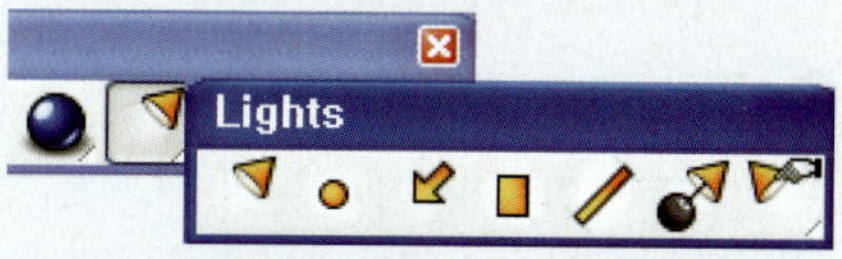

이 기능은 Flamingo 프로그램에 있는 Light 기능과 같다.

| Create Spotlight

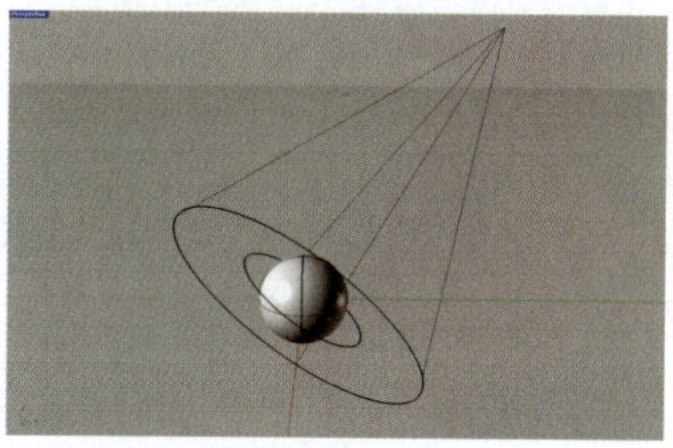

버튼: 왼쪽 클릭

기능: Spotlight를 생성하는 기능이다. Spotlight는 조명이 비추는 방향과 원뿔 모양의 각도를 가지고 있는 광원이다. 또한, 광원과 개체의 각도에 따라 빛을 비추는 각도가 달라지는 광원이다.

Spotlight 속성 설정

■ Color

Spotlight의 색상을 조절하는 기능이다.

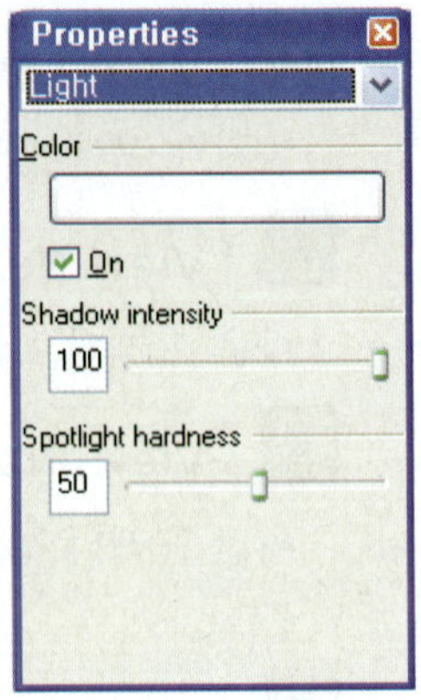

Shadow Intensity

그림자의 강도를 지정하는 기능으로 설정한 값이 100에 가까울수록 그림자 강도가 진해진다.

Spot Hardness

Spotlight의 조명이 약하게 되는 지점을 지정하는 기능으로 설정한 값이 100에 가까울수록 Hotspot의 범위가 넓어진다.

Spotlight의 주요 특징

- Spotlight는 조명이 비추는 방향과 각도, 조명의 가장 밝은 범위의 각도, 조명의 위치 등을 변경하여 설정할 수 있다. Spotlight의 설정을 변경하려면 조절점을 On시키고 편집한다.
- 조명의 위치를 개체로부터 멀리 이동시켜도 밝기가 약해지지 않는다.
- 원뿔의 중심축에 가까운 개체일수록 가장 밝게 비춰진다. 원뿔의 너비의 반에 이르기까지는 그 밝기가 유지되며 원뿔의 바깥에 이를수록 점차적으로 밝기가 감소하여 없어지게 된다.
- 강도는 조명에 완전히 비춰진 영역에 영향을 준다. 강도를 축소하거나 확대하여 빛이 감소하는 곳이 없도록 할 수 있다.

Create Point light

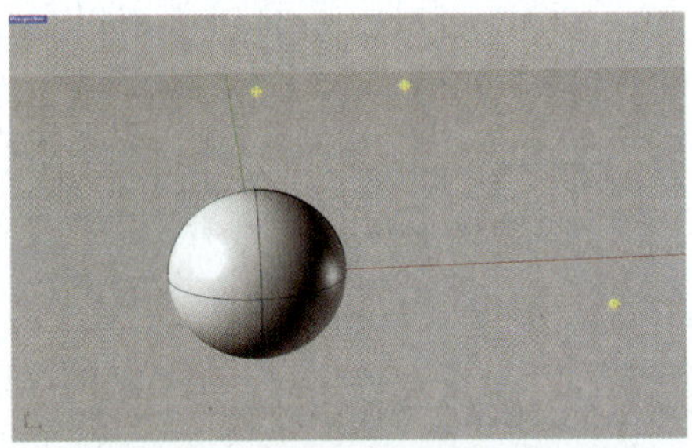

버튼: 왼쪽 클릭

기능: Omni Light라기도 하며 한 위치에서 모든 방향으로 조명을 비추는 조명 개체를 삽입시키는 기능이다.

Create Directional Light

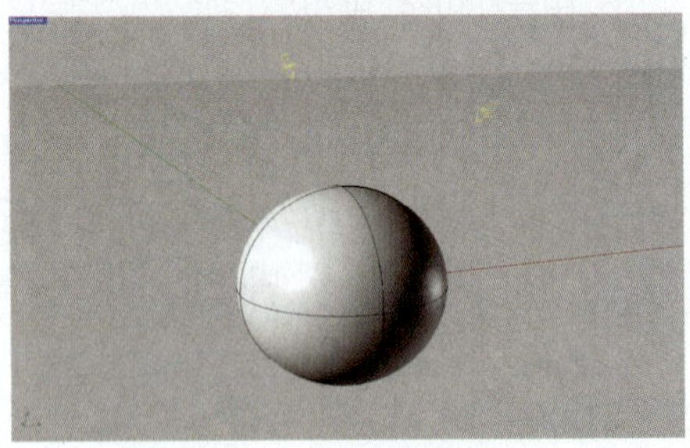

버튼: 왼쪽 클릭

기능: Directional Light를 생성하는 기능이다. 이 기능은 특정 방향을 비추게 되며 조명의 위치는 중요하지 않다. 조명 개체는 다만 조명이 비추는 방향만을 나타낸다.

| Create Rectangular Light

버튼: 왼쪽 클릭

기능: Rectangular Light를 생성하는 기능으로 Rectangular Light는 사각형 평면 모양의 광원이다.

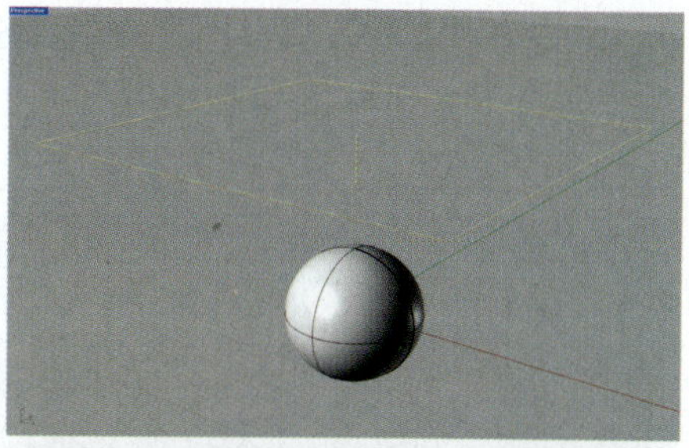

이 Light는 설정할 때 중심점에 있는 막대가 빛 방향이라는 것을 유의한다.

| Create Linear Light

버튼: 왼쪽 클릭

기능: Linear Light를 생성하는 기능으로 형광등 효과를 내는 기능이다.

| Bounce Light

버튼: 왼쪽 클릭

기능: 사용자가 선택한 개체의 지점으로 조명을 옮기는 기능이다.

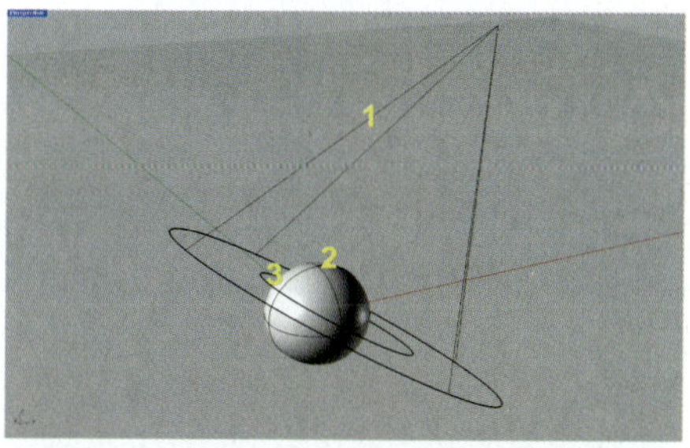

① 다음과 같이 Spot Light를 생성한 다음 Bounce Light이미지에 나타난 것과 같은 순서로 지정한다.1번 Bounce할 조명을 선택하고 2번 조명을 Bounce할 Surface 또는 Polysurface를 선택한다. 마지막 3번 하이라이트 위치를 지정한다.

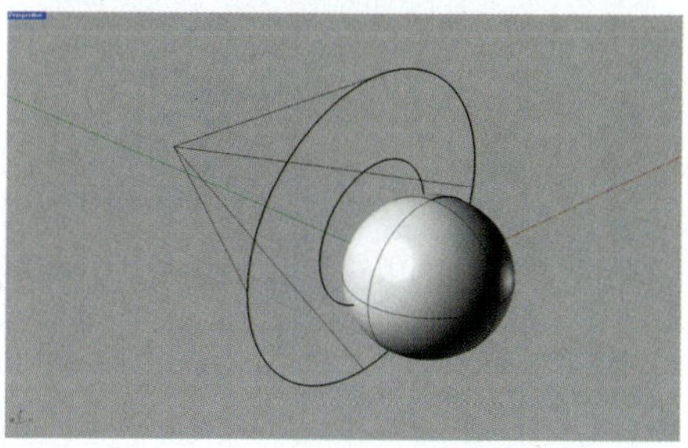

② 3번 하이라이트 위치를 지정한 위치로 Spot Light 위치가 변경된 것을 볼 수 있다.

| Edit Light By Looking

메뉴: Render Menu 〉 Edit Light By Looking

버튼: 왼쪽 클릭

기능: 라이트 위치를 바꾸는 기능으로 보는 위치에서의 라이트는 고정되어 있으면서 Pan,

Zoom기능을 사용하여 화면을 조정하는 기능이다. 조정되는 화면 위치로 최종 라이트 위치가 맞추어진다.

① 다음과 같이 Spot Light를 생성한다. 생성한 라이트를 선택한 다음 Edit Light By Looking 기능을 실행한다.

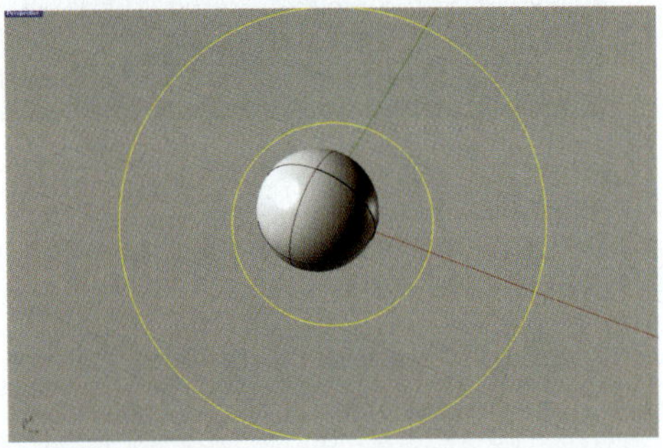

② 다음 이미지와 같이 Light가 물체를 비추는 방향으로 카메라처럼 View를 설정하게 된다.

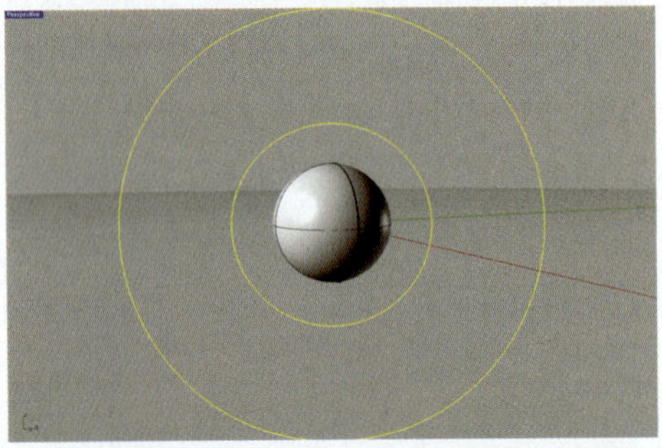

③ Pan과 Zoom을 이용하여 화면을 움직여 본다. 원하는 위치로 화면을 이동 시킨 후 Enter키를 누른다.

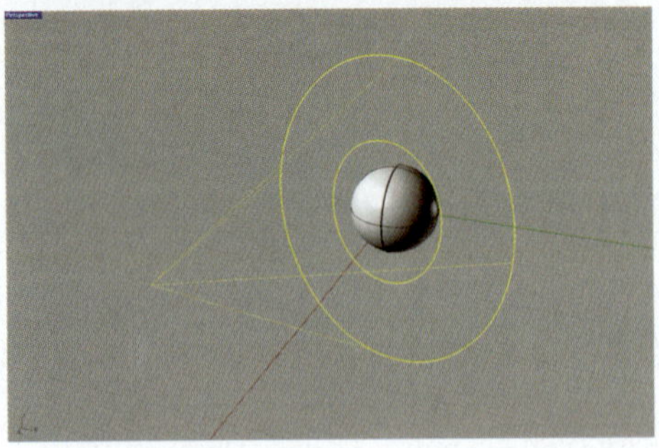

④ 다음과 같이 설정한 화면으로 라이트가 이동된다.

〈Options〉

- New Spotlight

기존 라이트를 수정하는 대신에 현재 설정된 화면 특성을 가진 새로운 라이트를 생성하는 기능이다.

Set Spot light To View

메뉴: Render Menu 〉 Set Spot Light To View
버튼: 왼쪽 클릭
기능: Spotlight 방향을 Viewport Camera 방향에 맞추는 기능이다.

Set View To Spotlight

메뉴: Render Menu 〉 Set View To Spotlight
버튼: 왼쪽 클릭
기능: Spotlight가 설정되어 있는 방향에 Viewport Camera가 맞추어지는 기능이다.

Current Render

사용자가 작업하려는 Render Program을 설정하는 기능이다.

참고문헌

〈참고 문헌〉

1. (주) Sysopt, 「RP 개요」 의 1.1 Rapid Prototyping

2. Chua C.K.,Leong K. F. , Lim C. S.,"Rapid Prototyping: 2th Edition, Principles and Application", World Scientific Press, 2003

3. 태산 솔루션 웹사이트/www.tsol.co.kr/ 참조

4. Steve Uocraft, Richard Fletcher, The rapid prototyping technologies, Rapid Prototyping Journal Volume 23, Number 4, 2003

5. Rhinoceros NURBS modeling for Window Version 4.0 User's Guide
Robert Mcneel & Associates, By Robert Mcneel, 2007

6. Rhinoceros NURBS modeling for Window Version 3.0 User's Guide
Robert Mcneel & Associates, By Robert Mcneel, 2003

7. Rhinoceros NURBS modeling for Window Version 4.0 Training Manual Level 1
Robert Mcneel & Associates, By Robert Mcneel, 2007

8. Rhinoceros NURBS modeling for Window Version 4.0 Training Manual Level 2
Robert Mcneel & Associates, By Robert Mcneel, 2007

9. 유비쿼터스 디지털 기법 쥬얼 캐드 응용편 Advanced JewelCAD 5.1
국민대학교 출판부, 정용진 지음, 2005

10. 모델웍스와 모델제작과정 Modelworks & Process
국민대학교 출판부, 정용진 지음, 2005

11. 조형분야의 RP 기법과 활용 Rapid Prototyping Machine & Technique
국민대학교 출판부, 정용진·김태완 공저, 2005

12. Optimizing Surface Modeling 서페이스 최적화 모델링
ungroup design, 2004

13. 귀금속 공예 실기
한국 산업인력공단, 전미하, 2004

14. **Rhino 3D & 3ds max 활용 예제집**
도서출판 예지원, 홍성수 지음, 2003

15. **라이노 3D 와 플라밍고를 활용한 제품디자인**
도서출판 예지원, 유창국 · 이희명 지음, 2005

16. **Rhino와 제품디자인**
도서출판 과학기술, 김낙권 지음, 2006

Rhino 3D Bible for Jewelry Modeling
주얼리 모델링을 위한 라이노 3D 바이블

저 자 **정용진·남상원** 2013년 1월 25일 인쇄
발행인 **이무형** 2013년 1월 31일 발행
발행처 **태학원**
경기도 파주시 탄현면 장릉로 49번길 26
전화 : 02)719-6680, 715-3554 팩스 : 031)941-4135
등록번호 106-98-37520(1983년 3월 5일)

정가 35,000원

ISBN : 978-89-92832-63-2 93560